La Chronique De Mantes : Ou Histoire De Mantes Depuis Le Ixe Siècle Jusqu'à La Révolution... - Primary Source Edition

Alphonse Durand, Victor Eugène Grave

Iplante et lieu

LA

CHRONIQUE DE MANTES

TIRÈ A 750 EXEMPLAIRES

La grande Eglise de Manthe. Israel ex.

LA

CHRONIQUE DE MANTES

OU

HISTOIRE DE MANTES

DEPUIS LE IXᵉ SIÈCLE JUSQU'A LA RÉVOLUTION

Par MM.

Alp. DURAND   **E. GRAVE**

ARCHITECTE   PHARMACIEN

Chevalier de la Légion d'honneur   Officier d'Académie

Membres de la Commission de l'Inventaire des Richesses d'Art de Seine-et-Oise

*Fragmenta colligere
ne pereant.*

MANTES

IMPRIMERIE DU *PETIT MANTAIS*

G. GILLOT, directeur

—

1883

Lorsqu'il y a un an à peine, nous commencions la publication de cette *Chronique de Mantes*, j'étais loin de penser, quand parut la première feuille, que ce serait la seule que verrait mon regretté collaborateur et ami, M. Alphonse Durand, mort le 3 août 1882.

Je n'ai pas à dire ici tous ses mérites. J'ai payé en son temps le juste tribut d'éloges dû à son savoir, à son talent et à ses qualités d'homme privé. Une grande conformité de goûts nous avait rapprochés et unis depuis longtemps ; pendant plus de dix ans, je l'ai vu presque tous les jours. A force d'échanger nos idées et nos vues sur une foule de sujets où les faits de l'histoire de Mantes tenaient la plus grande place, j'en vins à lui proposer de publier avec lui, cette histoire qui nous tenait également au cœur à tous deux.

Nous avions déjà publié ensemble, plusieurs travaux pour la *Commission de l'inventaire des richesses d'art*, et entre autres, l'inventaire de Notre-Dame et notre notice sur la Fontaine de Mantes. M. Durand avait une confiance entière dans la manière dont je savais résumer nos longues discussions en matière d'histoire, d'art ou d'archéologie. Il accepta ma proposition, et pour le dire en passant, s'en remit entièrement à moi de l'exécution matérielle de l'œuvre dont il voulut supporter seul tous les frais.

Nous arrêtâmes peu à peu, le plan que nous comptions suivre : c'est celui que nous avons exposé dans nos préliminaires et dont je ne me suis pas écarté un seul instant depuis. Chaque jour, dans nos causeries, nous examinions les difficultés de l'entreprise, les sources à consulter, les erreurs courantes à éviter, les oublis à réparer. Dès longtemps, M. Durand avait rassemblé un assez grand nombre de documents imprimés sur l'époque de Charles V, dont il n'y avait plus qu'à tirer le meilleur parti possible pour l'histoire de Mantes. Je me mis dès lors à recueillir tout ce qui pouvait être utile à ce travail un peu considérable.

Resté seul pour continuer l'œuvre à peine commencée, tout le poids de cette publication est retombé sur moi. Je me suis efforcé de faire en sorte que la mort de M. Durand, qui a été une si grande perte pour ses amis et pour la ville de Mantes, fut à peine sentie par les lecteurs de notre *Chronique*. Je me suis astreint à rédiger tout ce livre qu'il ne devait pas lire, avec le même soin scrupuleux que j'avais apporté dans les cinq ou six premières feuilles dont le manuscrit lui a seul été soumis.

Lorsqu'un point difficile ou seulement délicat s'est présenté, je me suis toujours souvenu de nos discussions et de la tournure d'esprit qui lui était personnelle ; j'ai toujours eu présentes à la pensée, ses idées particulières sur certains sujets où nous différions complètement d'opinion. Dans ces cas assez rares, j'ai toujours décidé comme si j'avais eu à lui faire accepter la rédaction à laquelle je m'étais enfin arrêté.

Maintenant, le livre est terminé et appartient à la critique. La situation que la mort de mon collaborateur m'a créée fera peser sur moi toutes ses sévérités, et ce ne sera que juste. Si nous y avons mis beaucoup de choses nouvelles ou peu connues, on y trouvera certainement encore beaucoup de lacunes et de défaillances dont je suis seul responsable. Pris entre mes goûts pour l'étude et des devoirs professionnels très étroits, j'ose compter sur l'indulgence de ceux qui savent quelle volonté et quelle patience il a fallu, pour courir les bibliothèques et consulter les archives, sans trop négliger le travail quotidien que m'impose ma profession.

Je prie donc nos lecteurs, de me pardonner tout ce qui manque à ce livre, en faveur de ce qu'il contient et qui formera je crois, une large contribution à l'histoire de Mantes.

E. Grave.

Mantes, le 1ᵉʳ juillet 1883.

LA CHRONIQUE

DE MANTES

PRÉLIMINAIRES

EXAMEN DES SOURCES HISTORIQUES

L'histoire de Mantes n'a pas encore été publiée et cette lacune a lieu de nous étonner. Les vicissitudes d'une petite ville qui a joué un rôle si marqué pendant tout le moyen âge, non seulement au point de vue militaire, mais encore au point de vue politique et qui fut le séjour préféré de presque toute la famille des premiers Valois, auraient dû tenter la plume de quelque patient chercheur. Les évènements dont elle fut témoin, méritaient un livre à part, et pourtant ce livre n'a pas encore été fait. Nous savons cependant qu'un ancien vicaire de l'église de Mantes, M. l'abbé Groux, avait eu le dessein d'écrire cette histoire. Il a réuni sur ce sujet des documents de toutes sortes, mais, par l'effet de circonstances qui nous sont inconnues, l'œuvre de cet infatigable travailleur est restée manuscrite.

Si nous connaissons le projet de M. l'abbé Groux, nous ne savons point quel plan il avait adopté pour son ouvrage, et nous en sommes presque heureux. Nous n'avons point eu l'ambition de refaire après lui, ou en même temps que lui, le même travail.

Cela demanderait à coup sûr, beaucoup plus de temps que nous n'en avons à distraire de nos occupations habituelles. Mais ayant trouvé sous notre main, une histoire presque toute faite anciennement et de plus, connue de tous nos concitoyens, il nous a paru intéressant de la publier. Notre part, dans l'entreprise que nous espérons mener à bonne fin, consistera donc à colliger les manuscrits connus, à y faire des additions, assez considérables à la vérité, à rectifier quelques erreurs matérielles, et aussi à détruire certaines assertions historiques par trop enfantines, et d'ailleurs controuvées par la critique la plus élémentaire.

Avant de procéder à l'examen des matériaux que nous comptons mettre en œuvre, nous devons d'abord signaler les principaux essais historiques qui ont été faits sur la ville de Mantes. Dom T. du Plessis, dans sa *Description géographique et historique de la Haute Normandie* (1), n'a pas peu contribué à répandre les légendes incroyables que nous aurons à éliminer sans pitié, quand elles se présenteront. Les articles géographiques du XVIII⁰ siècle se répètent les uns les autres et n'ont pas une grande autorité. Millin, dans ses *Antiquités nationales* (2) a consacré à l'histoire de Mantes un article très étendu précédant l'étude de ses monuments. Nous signalerons en son temps, que cet article lui fut communiqué tout entier, par un homme très instruit des choses de notre contrée, mais animé, on ne sait pourquoi, des sentiments les plus bizarrement hostiles à tout ce qui touchait à l'importance historique de notre ville.

Le chapitre : *Historique* de la *Statistique de l'Arrondissement de Mantes*, de M. Armand Cassan, publiée en 1833; la brochure de M. Auguste Moutié : *Mantes et ses Environs* (3), ont été rédigés avec un plus grand soin et méritent davantage de fixer l'attention. Cependant, malgré l'intérêt incontestable de ces deux ouvrages, malgré le mérite très grand de leurs auteurs, on ne peut les regarder comme des histoires de la ville. MM. Cassan et Moutié ont négligé de parti pris, un grand nombre de faits de valeur secondaire peut-être, mais qui doivent rentrer dans le récit d'une histoire locale un peu complète. Les uns leur ont paru sans grande importance; beaucoup d'autres leur sont demeurés inconnus.

(1) 4 vol. in-4⁰ ; Paris, 1740.
(2) T. II.
(3) Chartres, 1852.

En dehors de ces ouvrages imprimés, dont on peut cependant tirer grand profit, il existe encore dans Mantes même, et dans diverses bibliothèques publiques, plusieurs manuscrits concernant spécialement l'histoire de notre ville. En les comparant, on voit que rédigés dans la forme chronologique, tous ont été, à quelques variantes près, copiés les uns sur les autres. La forme primitive de cette espèce de chronique, généralement intitulée : *Antiquités de la Ville de Mantes*, paraît être due à Jean de Chévremont, curé de Vert, à la fin du XVIIe siècle, et issu d'une ancienne famille de Mantes. Toutes les autres copies, celles au moins qu'il nous a été donné de consulter, paraissent avoir été arrangées, amplifiées ou continuées d'après un autre manuscrit dû à Jean Louis Aubé.

Bien que ces *Antiquités* ne puissent en aucune façon prétendre au titre d'histoire de Mantes, nous avons été séduits cependant par leur forme naïve, et nous avons pensé que leur publication ne saurait manquer de piquer la curiosité de nos concitoyens. C'est donc un des nombreux manuscrits répandus dans la ville, que nous nous proposons d'éditer, en nous en servant comme d'un cadre où nous ferons entrer tout ce que nous aurons pu recueillir sur l'histoire de Mantes.

Dans la suite de notre ouvrage, nous indiquerons généralement toutes les sources où nous avons puisé pour augmenter ce fonds primitif; mais auparavant, nous allons décrire les principaux manuscrits que nous avons collationnés, afin de les compléter les uns par les autres.

1° *Antiquiléz de la ville de Mantes,* par Jean de Chévremont, curé de Ver. Manuscrit in-f°.

Ce manuscrit, aujourd'hui à la Bibliothèque Nationale, inscrit sous le numéro 310, est un petit in-f° de 86 feuillets et divisé en trois parties. La première, la plus considérable, suit l'ordre chronologique jusque vers la fin du XVIIe siècle et s'arrête à la page 59. Les deuxième et troisième parties sont composées de faits isolés, brièvement rapportés, peu importants et relatés sans aucun ordre. Ce sont des omissions qui ont été réparées à deux reprises différentes. Ce manuscrit provient de la bibliothèque de Monsieur l'abbé de Caumartin, mort évêque de Blois, en 1733.

2° Une copie ancienne de ce manuscrit appartient à Monsieur Auguste François Guérin, de Mantes. C'est un in-4° recouvert de parchemin, en assez mauvais état et dont la première feuille est déchirée.

A part de très légères variantes, ce n'est évidemment qu'une copie exacte de l'œuvre de Jean de Chévremont. Elle a dû être faite dans le commencement du XVIII° siècle, peut-être même dans les dernières années du XVII° siècle. On y voit de grossières fautes de copiste, comme celles-ci : « pour raison du *roy* d'annates » au lieu de : *droit* d'annates. Ou bien encore : « comme droit *dans l'âge* des bateaux » pour : droit d'avalage des bateaux. A part ces fautes légères, la copie est à peu près exactement semblable à l'original de la Bibliothèque, et comme celui-ci, elle est également divisée en trois parties.

Une autre copie récente, faite par les soins de Monsieur L'Evesque, ancien maire, sur le manuscrit de la Bibliothèque Nationale, se trouve dans la bibliothèque municipale de Mantes. Elle y porte le numéro 87. C'est cet exemplaire qui nous a servi à collationner celui de M. François Guérin.

Ainsi que nous venons de le dire, l'œuvre de Chévremont paraît avoir servi de fonds à tous les autres manuscrits un peu plus complets des « Antiquités de Mantes », copiés ou refaits a diverses époques. Mais à part celui de M. Guérin, nous n'en connaissons dans la ville, aucune copie textuelle. Toutes celles qu'on y rencontre, au contraire, sont dues à un arrangement postérieur; l'original a été rédigé par quelque mantais, dont le nom ne nous est point parvenu d'une façon certaine.

Le mieux fait de ces manuscrits, celui dans lequel les trois parties de Chévremont ont été fondues en une seule, où la succession des temps est bien observée, qui, en un mot, semblerait être l'original de tous ceux qu'on possède à Mantes, est celui de la bibliothèque populaire de la ville, où il est inscrit sous le numéro 405. En voici le titre et la description :

3° *Ce livre des Antiquitéz de Mante a esté fait en l'année 1718 et 1719, par Jean Louis Aubé, huissier de la Maréchaussée de Mante.* Signé : AUBÉ, avec paraphe.

Le second titre, écrit à l'encre rouge, ainsi que tous les titres courants, le sommaire des paragraphes et les premiers mots ou les premières lettres de ces paragraphes, porte simplement : *Antiquitez de Mante.*

Ce registre, de format petit in-f°, est relié en parchemin. Après avoir appartenu à M. Desmarres et ensuite à M. Bosson,

son gendre, il a été offert par M. et M⁽ᵐᵉ⁾ Bosson à la bibliothèque de la ville ; il porte cet ex-dono écrit de la main de M. L'Evesque sur le feuillet de garde.

Ce manuscrit, d'une excellente conservation, est d'une belle écriture. L'ordre chronologique, sauf les erreurs qui tiennent au savoir du rédacteur lui-même, y est assez bien suivi et le copiste ou l'auteur y a ménagé de nombreuses pages blanches destinées dans sa pensée, à combler les omissions historiques déjà prévues de son temps.

Bien que cette copie ancienne soit la plus correcte et comme le type de toutes celles que nous avons eu en notre possession, il est possible cependant qu'elle ne soit pas originale. Nous avons trouvé dans l'exemplaire de Marion beaucoup plus récent et du reste entièrement semblable à celui d'Aubé, quelques fins de paragraphes considérables, qui ne sont pas dans Aubé. Elles prouveraient que Marion n'a pas copié ce dernier, mais bien un autre manuscrit que nous ne connaissons pas (1).

Il existe un grand nombre de copies du manuscrit d'Aubé à peu près identiques ; nous en signalerons quelques-unes.

La bibliothèque de Mantes en possède une en très mauvais état ; il y manque même quelques feuillets. Elle a été faite par un copiste inexpérimenté et contient des fautes nombreuses, mais pas une variante intéressante. Elle provient de la succession Paris.

Un autre appartient encore à M. A. François Guérin. Bien que faite vers 1820, c'est une des plus précieuses que nous ayons eues entre les mains. Voici ce qui en fait tout le prix : le père de M. A. François l'a couverte de notes qui, pour être sans préten- tion littéraire, n'en sont pas moins d'une grande importance. Enfant de Mantes, doué d'un esprit observateur et sagace, ayant encore ses parents en 1820, M. François Guérin père a éclairci le texte de ses *Antiquités* par une multitude de détails topiques, de traits de mœurs, de souvenirs sur l'état de la ville avant la Révolution, que nul autre aujourd'hui ne pourrait plus fournir. Parfois même, il en a illustré les marges de dessins naïfs repré- sentant des monuments disparus, dont nous n'avons plus aucune idée. Aussi avons-nous consulté toutes ces notes avec la plus grande attention, et nous pouvons ajouter : avec beaucoup de fruit. Nous saisissons cette occasion de remercier ici M. Fran-

---

(1) V. notamment la fin des paragraphes 5 et 6.

çois Guérin, de la bonne grâce aimable avec laquelle il a mis ses deux manuscrits à notre disposition.

Nous citerons encore pour mémoire :

Une copie appartenant à M. Alphonse Durand, et une autre à M. Grave.

Cette dernière a été faite en 1819 par Marion, ancien opticien à Mantes. Elle présente, comme nous l'avons dit, la même rédaction que celle d'Aubé ; mais quelques additions un peu longues et importantes, feraient croire à une autre source, augmentée sinon corrigée.

Enfin, un autre exemplaire est encore entre les mains de M. Guerville jeune (1).

Un autre manuscrit que nous n'avons pu voir, appartenait à M. Baldi-Bartet, ancien administrateur des hospices. Il provenait de la succession de M. Huvé, architecte de la Madeleine et membre de l'Institut. Nous ne savons ce qu'il est devenu, ni si c'était l'original que nous ne pensons pas avoir trouvé.

Nous le répétons, jusqu'à l'année 1719, toutes ces *Antiquités* sont copiées sur le registre d'Aubé ou sur un autre à peu près identique et de la même époque.

Nous arrivons maintenant à un autre manuscrit beaucoup plus important en apparence, que tous ceux que nous venons de décrire. Il se trouve en original à la Bibliothèque de l'Arsenal, inscrit sous le n° 311. C'est un in-f° de 765 pages, ayant pour titre :

MÉMOIRES HISTORIQUES
POUR SERVIR AUX ANTIQUITÉS DE LA VILLE
DE MANTE
Contenant un précis du gouvernement des Celtes Chartrains, et un abrégé chronologique de l'Histoire de France, nécessaire pour l'intelligence de ces Antiquités,
par monsieur CHRESTIEN, ancien conseiller, échevin et assesseur (2) de la même ville et officier de la Reyne.
Année 1730.

(1) M. Coqueret, de Limay, possède une copie semblable au ms d'Aubé, et aussi écrite de sa main.
(2) En 1693.

A la première page se trouve une longue dédicace :

A monseigneur Christian, Louis de Montmorency-Luxembourg, prince de Tingry, marquis de Bréval, gouverneur des ville et château de Mante, grand bailly dudit Mante et Meulan, etc.

Tel que nous le rapportons, ce titre ne nous fait connaître que le nom d'Etienne Chrestien comme auteur de ces mémoires ; mais on sait que Desbois, receveur des tailles à Mantes, y a collaboré. Une note des papiers de Levrier, prétend même que Desbois en était le principal auteur. Au reste nous n'avons point à nous occuper de savoir lequel des deux a le plus travaillé à ce volumineux ouvrage ; il nous suffit de le faire connaître sous le couvert de Chrestien qui en a assumé la paternité.

Nous nous sommes servis du manuscrit de Chrestien, comme de tous les ouvrages où nous avons rencontré quelques renseignements utiles. Nous devons déclarer toutefois, que nous l'avons toujours fait avec une grande circonspection. Le principal reproche que nous adressons à Chrestien, et qui nous le rend suspect, c'est de s'être départi de la naïveté des modèles qu'il a incontestablement copiés sans avoir le courage d'en convenir, pour y substituer beaucoup d'emphase et de prétentions de plus d'un genre. Il professe même pour eux un sentiment de dédain profond, qui nous vaut, heureusement, un précieux renseignement: « Je me donnerai bien de garde à la suite de « ma présente compilation, de suivre aveuglement ces mémoires « (1) qui me semblent tous avoir été écrits par des personnes « non lettrées et sans connaissance de l'histoire, *et dont les plus* « *anciens ne paraissent pas avoir été faits, ni écrits, ni copiés* « *avant deux cents ans.* » Malgré ce beau dédain pour le savoir des autres, nous reprocherons surtout à Chrestien une érudition touffue, trop sûre d'elle-même et qu'à l'examen, rien absolument ne vient justifier.

Ce manuscrit de Chrestien, comme il le déclare en commençant, avait été préparé pour l'impression. Nous ignorons par suite de quels évènements il est resté inédit. Pour le rendre intéressant, plus intelligible comme il dit, mais peut-être bien plutôt pour imiter quelques-uns des historiens du XVIᵉ siècle, qui semblent lui avoir servi de modèles et dans lesquels de

(1) Chrestien dit toujours : « Nos anciens mémoires » et n'a jamais cité un seul nom.

larges emprunts ont été faits, Chrestien a pris les choses d'un peu loin : Au commencement du monde, tout modestement ! Sous prétexte d'éclairer ses concitoyens *non-lettrés*, peu versés, dit-il, dans la connaissance des choses de l'histoire, il déroule avec un sang-froid très convaincu, toute une suite ininterrompue de rois ou de chefs des Celtes et des Gaulois qui ont commandé dans le pays Mantois ou Chartrain, 1500 ans avant l'ère chrétienne ! Il était bien persuadé que le berger Pâris avait fondé la capitale de la France, et pour beaucoup d'autres faits tout aussi fabuleux, il avait une foi aussi robuste. Enfin pour ne laisser aucun vide dans son livre, il a comblé l'énorme lacune qui va de l'invasion romaine jusqu'au commencement du xıᵉ siècle, par un précis historique, où plus d'une fois, il a fait jouer un beau rôle à sa ville natale. Confessons que malgré toutes nos recherches nous n'avons pu en faire autant.

D'ailleurs, Chrestien s'acquitte assez bien de toute cette partie de sa tâche ; il n'y manque que l'à-propos. Malheureusement le bon et le mauvais s'y trouvent pêle-mêle; c'est au lecteur à faire son choix. Les fables les plus hasardées ne lui font pas peur. La tour de Ganne, selon lui, a été bâtie par le traître Gannelon, neveu de Charlemagne, bien que ces tours de Ganne existent un peu partout : à Montléry, à Provins, à la Pommeraye en Normandie, etc. Il faut pourtant lui rendre cette justice, qu'il tance fort vertement les *Histoires* de l'Archevêque Turpin, de Huon de Bordeaux, de Roland le Furieux, de la Belle Maguelonne, etc. Ces histoires que nous appelons aujourd'hui fort irrévérencieusement des romans de chevalerie, lui ont embrouillé à plaisir toute l'histoire de Charlemagne ! Voilà bien certainement une érudition un peu relâchée, et l'on comprendra sans peine notre appréciation un peu sévère.

Qu'on n'aille pas croire cependant que les mémoires de Chrestien soient sans aucun intérêt pour l'Histoire de Mantes. Nous aurons au contraire très souvent à les citer. Officier municipal à Mantes, à une époque où le chartrier de la ville était complet et fidèlement conservé, Chrestien a pu compulser des pièces originales nombreuses aujourd'hui perdues, ou tout au moins fort dispersées. Il en a transcrit de nombreuses copies, qui semblent exactes, et à défaut de copies, il en donne de très bonnes analyses parfaitement suffisantes. Il nous a laissé de plus, une peinture fidèle de l'état politique et administratif de la ville à la fin du dix-septième siècle, qui ne laisse pas que de nous intéresser.

Quant aux considérations générales, aux développements historiques dont Chrestien a surchargé son livre, ils ajoutent peu de chose à l'ensemble de l'œuvre. On peut dire sans exagération, qu'il n'a pas trouvé un seul fait important à joindre à ceux que lui-même a copiés dans les *Antiquités*. Ce n'est pas qu'au fond, Chrestien manquât d'une bonne instruction pour son temps. Il est visible au contraire, qu'il a puisé à pleines mains dans Mezerai, dans le Père Daniel, dans Vély ou même dans Papire Masson et les autres historiens du XVIᵉ siècle. Nous ne sommes même pas éloignés de croire qu'il a mis à contribution, pour tout ce qui concerne l'histoire de la Normandie au moyen âge, les recueils excellents d'André Duchesne ou de Gabriel Dumoulin. Pour mieux faire, il lui eut fallu peut-être un peu plus d'esprit de critique et surtout moins d'amour du clocher.

En somme, malgré l'importance matérielle des *Mémoires* de Chrestien, nous n'y avons pas fait une moisson aussi ample que nous l'aurions désiré : quelques copies de chartes, la description de monuments qui n'existent plus, des considérations sur la vente des charges de judicature à la fin du règne de Louis XIV, sont ce que nous y avons pris de meilleur. Nous avons eu soin d'en tirer parti.

Nous n'ajouterons qu'un mot : Chrestien, enfant de Mantes et honoré de charges très considérées de son temps, a donné son nom à une ruelle de la ville, assez peu digne de l'homme qu'elle rappelle.

Nos recherches dans les *Mémoires* de Chrestien, ont été faites sur l'excellente copie de la bibliothèque municipale, inscrite sous le nᵒ 86. Elle est dûe encore aux soins de M. L'Evesque, qui l'a fait faire, sur l'original de la Bibliothèque de l'Arsenal.

Bien qu'inédit, l'ouvrage de Chrestien et Desbois fut connu dès le siècle dernier. Il eut même les honneurs d'un long commentaire et d'une critique acerbe. Une copie en fut faite en effet, et se trouve à la Bibliothèque Nationale, dans la collection considérable concernant le Vexin, désignée sous le nom de : *fonds Levrier*. De cette copie, nous nous occuperons peu, mais nous devons nous arrêter un instant pour parler de son auteur.

Pour faire connaitre Levrier d'un seul trait, à notre point de vue tout spécial, nous ne pouvons mieux y parvenir qu'en citant textuellement le titre d'un de ses ouvrages, auquel nous aurons plus tard divers éclaircissements à emprunter. Voici ce titre :

Analyse d'un mémoire contenant l'explication d'un tombeau qui se trouve dans l'église ci-devant collègiale de N.-D. de Mante-sur-Seine : par M. Levrier, juge à la cour d'Appel d'Amiens ; correspondant de l'Institut National ; membre résidant de l'Académie des Sciences, Arts, Belles-Lettres, Agriculture et Commerce d'Amiens ; de la Société d'Emulation d'Abbeville ; CI-DEVANT PRÉSIDENT ET LIEUTENANT-GÉNÉRAL DU BAILLIAGE ROYAL, ANCIEN SIÉGE CAPITAL, DES VILLE, FORT, CHATELLENIE ET COMTÉ DE MEULAN ; *correspondant de l'Ancienne Académie royale des Inscriptions et Belles-Lettres de France, et de celle des Sciences, Arts et Belles-Lettres d'Orléans.*

Avec un titre semblable nous savons tout ce qu'il nous importe de Levrier : un savant de mérite, un savant un peu vain de son savoir et de ses titres; de plus inspirateur des articles sur les seigneurs du Vexin et les comtes de Meulan, dans l'*Art de vérifier les dates*, et auteur d'une collection de manuscrits sur le Vexin, formant plus de vingt volumes in-folio, dont huit de preuves. Le président Levrier était donc un homme d'une grande valeur et Millin en parle avec éloge. Ce qui le caractérise, pour nous, c'est son amour pour sa ville de Meulan qui n'a d'égal que son antipathie pour Mantes. Remarquez bien en effet cette partie de ses titres : *Ci-devant Président et Lieutenant général du Baillage Royal,* ANCIEN SIÈGE CAPITAL DES VILLE, FORT, CHATELLENIE ET COMTÉ DE MEULAN. Tout est là. Il y avait des siècles que le comté de Meulan n'existait plus ; des siècles que Meulan relevait du Présidial de Mantes ; des siècles surtout que le prestige de Meulan avait disparu, mais qu'importait. Le Président Levrier ne voit que Meulan : Meulan l'ancien municipe gallo-romain, l'antique *Locenius,* l'ancien château-fort pris et brûlé par les Normands au IXᵉ siècle; le chef-lieu d'un comté considérable, la terre patrimoniale d'une famille féodale puissante, mais presque éteinte à la fin du XIIIᵉ siècle. Mantes à côté, n'est rien pour lui : ce n'est qu'*un certain petit château,* un *vicus* du Vexin. Aussi faut-il voir avec quel mépris profond il parle de « *quelques mémoires modernes du pays,* » qu'il n'a pas cependant craint de copier et d'annoter; de « la manière puérile mais trop commune de se parer d'une haute antiquité. » Avec quelle acrimonie Levrier relève la moindre erreur de Chrestien ! Mais où sa fureur éclate, c'est quand il rencontre une expression comme celle-ci : Comté de Mantes, ou bien comté de Mantes et Meulan, ou bien encore, le Mantois au lieu de Pincerais, etc. Le brave savant alors ne se possède plus : il n'y a pas de comté de Mantes, pas plus qu'il n'y a de pays Mantois. On croirait, à le lire, que cette ancienne rivalité de Mantes et Meulan, qui n'est plus qu'un mauvais souvenir depuis longtemps oublié, s'est incarnée dans la personne de l'ancien Président et Lieutenant général du Baillage royal de Meulan. Souvent même, son animosité lui fait perdre la notion du juste, et il reproche à l'auteur mantais, des erreurs dans lesquelles Chrestien n'est pas tombé et qu'il a refusé d'admettre.

Malgré ce travers, nous l'avons dit, Levrier était érudit et chercheur et son grand amour pour sa ville de Meulan, dont il a laissé une histoire manuscrite fort considérable, lui avait fait recueillir une foule de documents, dont la plupart sont précieux pour l'histoire de Mantes. M. E. Réaux a tiré grand parti de ces recueils, pour son *Histoire de Meulan*, que nous aurons à citer plus d'une fois. Or, la copie des *Mémoires* de Chrestien, enrichie qu'elle est de notes nombreuses et d'éclaircissements minutieux, rend l'exemplaire de Levrier excellent à consulter. Nous n'avons pas eu ce manuscrit entre les mains, mais le n° 86 de la Bibliothèque de Mantes est complété par toutes les annotations dont Levrier avait couvert le sien. Ces notes ont été ajoutées par M. L'Evesque lui-même et consistent surtout dans des rectifications de dates, des indications de sources, des copies de pièces originales, et parfois aussi dans des sorties furibondes contre certaines prétentions des historiens mantais. Nous signalerons les plus importantes de ces notes, à mesure qu'elles se présenteront dans la suite de l'ouvrage.

Telles sont les sources principales où nous avons puisé pour établir la partie fondamentale de notre *Chronique de Mantes*. Ce sont ces ouvrages divers, ayant entre eux les plus grandes affinités, que nous avons fondus en un seul tout et que nous nous proposons d'éditer. Il nous reste un aveu à faire. Nous venons de nous montrer sévères pour un de nos devanciers. Nous avons légèrement souri de la prétention de Chrestien, de vouloir combler toutes les lacunes qu'il avait trouvées dans les *Antiquités* qu'il a copiées. Voilà que nous aussi, nous nous sentons pris de la même ambition. Nous nous laissons aller à cette pente facile, et nous ne différons du vieil échevin mantais qu'en ce que nous demandons un peu d'indulgence à nos concitoyens pour notre audace. Nous n'avons pu nous en défendre. A la première lecture de cette chronique, nous avons trouvé, d'une part, tant de bonnes choses à faire connaître, et de l'autre, un si grand nombre de faits à y ajouter, que nous n'avons pu y résister. Notre excuse, si nos bonnes intentions et notre bonne volonté nous en méritent une, sera dans l'engagement que nous prenons et auquel nous resterons fidèles, de ne pas avancer une seule allégation sans l'appuyer de preuves irréfutables, ou sans citer les auteurs auxquels nous l'aurons empruntée. Quand ces preuves nous manqueront et si nous sommes forcés d'avancer quelques conjectures, nous avouerons loyalement nos doutes ou notre ignorance.

Pour remplir cette partie toute personnelle de notre tâche, nous avons sous la main des documents nombreux et de toutes sortes, où le nom de Mantes se retrouve à chaque page. Nous n'entendons pas seulement la *Collection des documents de l'Histoire de France*, ni les savantes éditions de la *Société de l'Histoire de France*. Nous avons plus que cela. Nous avons eu la bonne fortune d'explorer une autre mine d'un intérêt plus immédiat : nous voulons parler des Archives de l'Hôtel-de-Ville. Nous avons trouvé là une série de registres, incomplète à la vérité, mais encore assez considérable, et dont quelques parties remontent à la fin du xiv° siècle. Nous avons découvert de plus, une multitude de liasses, inconnues jusqu'ici, pleines de faits où les conjectures n'ont plus rien à voir. L'histoire positive de la ville s'y trouve écrite jour par jour, à partir du xiv° siècle et nous avons été grandement récompensés, d'avoir arraché ces liasses abandonnées dans les greniers de l'Hôtel-de-Ville, au sort malencontreux qui les attendait.

Nous avons ainsi à notre disposition, toute une suite de délibérations de l'ancien échevinage, de plaids du maire, de lettres, de comptes de recettes et de dépenses, dont l'emploi judicieux ne saurait manquer, nous l'espérons, de jeter un jour tout nouveau sur l'histoire de notre ville.

Quant aux chartes originales, si nous en avons retrouvé quelques-unes, la plus grande partie nous manque; mais nous comptons y suppléer dans une large mesure. Il existe dans ces archives de la ville, à peu près inexplorées ou du moins peu connues, un registre inestimable que nous aurons à citer fréquemment, à titre de preuves, depuis le xii° siècle jusqu'au milieu du xvi°. C'est un inventaire de pièces, une sorte de cata-

logue analytique du chartrier de Mantes, tel qu'il était composé
en 1543. Ce registre est un petit in-4°, recouvert en parchemin,
d'une belle écriture très lisible, bien que pleine d'abréviations
et de sigles. Il a pour titre :

*Mémoire d'inventaire faict par Rolland Labbé n'aguères
greffier de l'Hostel de céans, des lettres appartenans à la
ville, en l'année 1543.*

Disons tout de suite, que cette date doit être celle ou Rolland
Labbé commença son inventaire ; on y trouve en effet des
pièces de 1544 et 1545.

Mantes était alors plus riche en diplomatistes qu'aujourd'hui.
Forcée de soutenir envers et contre tous, les droits et privilèges
nombreux dont elle était investie depuis plusieurs siècles ;
élevant parfois même des prétentions assez aventurées à des
privilèges imaginaires ou exorbitants, la municipalité, le corps
de ville conservait avec un soin extrême, tout ce qui pouvait
appuyer ses droits ou ses prétentions. Le moindre procès
devant la Cour du Parlement nécessitait des recherches nombreuses et de volumineux dossiers. Aussi le chartrier était-il
confié à un des échevins et enfermé sous une solide serrure.
Nous avons pu retrouver, nous le répétons, seulement quelques-
unes de ces chartes et l'une d'elles est de l'année 1210.

Rolland Labbé était un diplomatiste d'une certaine valeur ; il a
fort bien analysé ses chartes et nous en a conservé la teneur
essentielle. Il les a décrites avec soin et il ne manque jamais de
donner les signes caractéristiques des pièces qu'il a catalo-
guées. Il note si elles sont en papier ou en parchemin ; quand
elles sont écrites en latin, datées ou non datées ; s'il y a un
sceau, il le décrit, dit la couleur de la cire et de quelle façon il
est fixé à la pièce, etc. De plus, comme beaucoup de ces chartes
émanées le plus souvent des rois de France, se retrouvent
ailleurs dans d'autres grands recueils imprimés, nous avons eu
ainsi, pour quelques pièces, un moyen facile et sûr de contrôler
la valeur de l'œuvre de notre greffier. Nous ne l'avons jamais
trouvé en défaut. Toutes ces circonstances font de l'inventaire
de Rolland Labbé, un document précieux et dans lequel on peut
avoir confiance. Du reste, les chartes dont il est question dans
notre chronique, se trouvent dans cet inventaire, avec beaucoup d'autres qui ont été omises et que nous rétablirons à leur
place.

Nous avions aussi à consulter les archives de l'église de Mantes. Elles étaient autrefois très considérables, mais un grand nombre de pièces ont disparu ou sont détruites. L'opinion commune, que nous avons trouvée formulée dans des informations de procédures du xviie siècle, est que ces archives ont été enlevées par les anglais, au xve siècle, et sont en Angleterre. Dans le peu qui reste, où la tradition a une très grande part, nous n'espérons guère faire d'importantes découvertes. Nous y avons cependant copié des chartes de fondation, que nous citerons en leur temps.

Nous venons de faire connaître les manuscrits dont la collation doit servir à constituer notre chronique. Notre idée première est de suivre fidèlement le manuscrit d'Aubé, qui nous a semblé le meilleur. Nous y ferons rentrer à leur rang, les paragraphes et les variantes contenus dans quelques-unes des copies que nous avons eues entre les mains. Comme dans tous ces manuscrits, l'épopée de Mantes est relatée chronologiquement, nous donnons à ce livre le titre de *Chronique de Mantes*; celui d'*Antiquités*, en effet, nous ayant toujours paru peu justifié. Nous intercalerons aux meilleures places, les éclaircissements et les faits que nous avons pu réunir, en nous conformant autant que possible à la succession des temps. Mais pour rendre tangible la partie ancienne et la distinguer de ce qui est notre œuvre propre, nous ferons imprimer chacune de ces parties en caractères différents.

Cette forme enlèvera au livre peut-être un peu d'agrément et en rendra sans doute la lecture plus sèche; toutefois il y gagnera en clarté et les recherches y seront plus faciles. Enfin, en agissant ainsi, et c'est pour nous le motif déterminant, nous pensons mieux respecter l'œuvre de nos vieux annalistes mantais.

Voici par quelles abréviations nous distinguerons chaque manuscrit, dans les indications de sources. Dans la partie ancienne, nous rappelons que tout appartient au manuscrit de Jean Aubé, à moins d'indication contraire.

CHEV. désigne le manuscrit de Chevremont et la 1re partie.
2e CHEV. indique les additions.
AUB. indique le manuscrit que nous transcrivons scrupuleusement.
G. est la copie des *Antiquités* de M. François-Guérin.

2ᵉ G.   la copie du ms. Chevremont, appartenant à M. François-Guérin.

M.   est la copie dûe à Marion.

Cʜʀ.   indique les *Mémoires* de Et. Chrestien.

Aʀcʜ.   les Archives de Mantes.

Iɴv. de 1543, le registre d'inventaire de Rolland Labbé.

DIVISION DE LA CHRONIQUE DE MANTES

Il est difficile d'indiquer, dès le début d'un ouvrage aussi considérable que celui que nous entreprenons, tous les développements que nous espérons lui donner. Nous essaierons pourtant
d'en marquer les principales divisions.

Dans une sorte d'introduction, nous nous proposons de rechercher si véritablement Mantes est une ville relativement moderne
et si son existence, pour n'être signalée dans aucun historien,
ne remonte pas, comme on l'a écrit, au-delà du xıᵉ siècle. Dans
cet aperçu, nous embrasserons toute la période gallo-romaine,
mérovingienne et carlovingienne, jusqu'à l'année 1006, c'est-à-
dire jusqu'à la première apparition importante du nom de
Mantes dans un texte authentique. Nous irons droit au but, en
évitant avec soin de nous égarer dans des conjectures hasardées, ou de nous lancer dans des digressions historiques inutiles.
A la suite de ce résumé rapide, nous placerons les premiers
paragraphes de notre manuscrit, jusqu'à la destruction de Mantes
par Guillaume le Conquérant, en 1087. Au § 26, nous pensons
pouvoir démontrer, contrairement à l'opinion reçue, que Mantes
n'a jamais fait partie du comté de Meulan. Ce sera notre première partie.

La deuxième sera la suite de notre Chronique, jusqu'à la mort
de Philippe-Auguste. C'est la période initiale des grands événements auxquels Mantes s'est trouvée mêlée. Nous compléterons
toutes les omissions d'Aubé, par nos recherches dans les nombreux historiens de cette époque, notre Inventaire de 1543, et
le recueil de M. Léopold Delisle, des actes de Philippe-Auguste.

La troisième partie comprendra la période de 1223, jusqu'à
l'avénement de Philippe de Valois. Le règne de Saint Louis étant
marqué par l'octroi de la prévôté, c'est-à-dire du droit de justice
accordé au maire de Mantes, nous en prendrons occasion pour
montrer l'organisation communale, sa puissance, ses relations

avec les villes voisines et enfin les usurpations de privilèges auxquels le pouvoir municipal parait avoir été très enclin.

La quatrième partie, la plus importante peut-être pour l'Histoire de Mantes, se terminera avec le règne de Charles V. Cette époque, à cause des démêlés des Valois avec le roi de Navarre, Charles le Mauvais, et du séjour à Mantes des princes et princesses de la Maison de France ; à cause surtout du complet achèvement de l'église de Notre-Dame, est pour la ville l'apogée de sa gloire. Nous comptons traiter toute cette partie avec une attention spéciale.

Dans la cinquième, nous nous étendrons jusqu'à la fin du règne de François Ier. Nous la ferons précéder d'un résumé général de l'administration municipale, dont les privilèges sont sur le point de disparaître. Les documents nombreux des archives de la ville, absolument inédits, les registres anciens, l'inventaire de Rolland Labbé, nous fourniront, nous osons l'espérer, un chapitre d'un véritable intérêt.

Nous irons ensuite dans une sixième partie, du règne de Henri II à celui de Henri IV. Nous arriverons alors à une période agitée, où le rôle municipal s'efface de plus en plus. Mais la situation de Mantes aux portes de Paris, en la mettant en relations constantes avec la capitale, où se joue une partie terrible entre la Ligue et la royauté, nous fournira encore plus d'une page émouvante. Nous rentrerons dans des données purement historiques et anecdotiques et nous n'aurons que quelques lacunes à combler.

Les règnes de Louis XIII et de Louis XIV formeront la septième partie. L'autonomie communale a disparu en droit sinon en fait ; elle est absorbée par l'absolutisme royal qui ne lui a laissé qu'un semblant d'existence et une ombre de pouvoir. L'administration municipale est exercée par des officiers ayant acheté des charges, créées sans mesure par le grand roi qui prépare la chute de la monarchie française. Notre *Chronique* nous fera entendre de fréquentes plaintes contre cette autorité absorbante.

Enfin, dans la huitième et dernière partie, nous arriverons à une série de petits évènements, d'intérêt purement local où nous comptons peu mettre du nôtre, parce que l'histoire générale n'a plus rien à y voir. Elle nous conduira jusqu'à la Révolution où nous avons l'intention de nous arrêter.

PREMIÈRE PARTIE

DES ORIGINES DE LA VILLE DE MANTES

Avant d'aborder la publication des *Antiquités*, ou mieux de la *Chronique de Mantes*, pour n'avoir pas à réfuter les assertions erronées par lesquelles débute notre annaliste anonyme, nous allons exposer nos propres recherches sur les origines probables de la ville de Mantes, avant la période que nous pourrions appeler historique. Nous éviterons ainsi, dans les premières pages surtout, des observations ou des notes trop nombreuses, qui seraient le plus souvent la négation absolue de la plupart des faits avancés par nos vieux et crédules devanciers.

Lorsque, par suite de diverses circonstances, ou se décide à écrire l'histoire d'une ville qu'on aime, si petite qu'elle soit, si modeste que soit son importance, si secondaire qu'ait été son rôle dans l'évolution nationale, il est difficile de se défendre de lui chercher une antiquité reculée. Cela n'ajoute assurément aucun intérêt aux événements auxquels elle a pu être mêlée ; mais, par une tendance naturelle d'un amour-propre tout particulier, on veut trouver plus que les devanciers ; on veut aller au-delà des temps connus ; on cherche, en un mot, à reculer les bornes de l'histoire. Paris, dont l'origine est pourtant respectable, a connu d'heureux érudits qui sont allés demander ses fondateurs aux Troyens. Chartres, cette vieille cité des Carnutes, a mis sa gloire à être initiée aux mystères du christianisme, quand les Galiléens écoutaient encore la douce parole de Jésus. Mantes, à son tour, s'est trouvée aussi dans le même temps, sur le passage de César allant de *Cesaromagus* (Beauvais) à *Carnutum* (Chartres), et des Chartrains, allant à Jérusalem, offrir leurs hommages à la Sainte Vierge.

2

Par des considérations qui n'ont rien de commun avec l'amour-propre local, nous nous sentions aussi glisser sur cette pente. Placée comme elle est au bord de la Seine, dans une situation topographique remarquable; assise à mi-chemin de deux villes considérables et d'une haute antiquité, Beauvais et Chartres; dans un pays battu sans cesse par les tribus gauloises et par les légions de César et des empereurs romains, il nous semblait impossible que Mantes n'existât pas dès cette époque. Hâtons-nous de déclarer cependant que nulle part, dans aucun texte écrit, nous n'avons trouvé trace de cette existence. Ni dans les *Commentaires* de César, ni dans les *Itinéraires* des empereurs, ni dans l'*Anonyme de Ravenne*, ni dans la *Table de Peutinger* sur laquelle nous allons revenir, on ne trouve une ligne ou un mot ayant trait à l'existence de Mantes. Nous sommes arrivés à quelques probabilités assez solides, mais non à une démonstration incontestable.

Pourtant, si nous en avions cru nos manuscrits des *Antiquités de Mantes* et les dissertations fantaisistes de Chrestien, si aigrement relevées par le président Levrier, à quelle date reculée n'aurions-nous pas fait remonter l'existence de notre ville? Chrestien, le plus prolixe de nos annalistes, n'a reculé devant aucune affirmation. En suivant son récit, on voit défiler *sur le pont de Mantes,* les légions romaines de César, aussi clairement qu'on voit flamber l'incendie allumé par les hordes danoises.

Malgré cette absence de textes certains, nous ne pouvions cependant négliger tout ce que nous a conservé la tradition, ni le rejeter sans un examen préalable. Nous accorderons qu'il faut renoncer, sans réserve aucune, au rôle historique que le bon Chrestien fait jouer à sa ville natale. Nous attendrons des documents absolument inédits et dont rien ne fait prévoir la découverte, pour croire à la situation de la ville primitive sur l'emplacement de Mantes-la-Ville; au temple de Cybèle remplacé par l'église Saint-Maclou; à la fondation de l'église Notre-Dame, par Maurice Cappadocien et Tibère II; à la tour de Ganne construite par Gannelon; au château de Piste placé près de Soindres et à beaucoup d'autres faits, ou aussi fabuleux ou aussi mal établis.

Géographie. — Malgré la publication, déjà ancienne, d'un document important reculant de cent ans au moins l'existence historiquement certaine de la ville de Mantes, on peut dire avec l'*Art de vérifier les dates*, M. A. Cassan, M. A. Moutié, le *Car-tulaire de Saint-Père de Chartres*, etc., que tous ceux qui ont écrit sur ce sujet, s'accordaient à ne pas la faire remonter au-delà du XIᵉ siècle. Pour nous, après avoir étudié le *Polyptyque d'Irminon*, non seulement nous la plaçons vers l'an 800, ainsi que nous l'établirons, mais encore nous croyons à une date plus ancienne que celle assignée par tous les documents certains. Nous nous sommes engagés à n'avancer que des allégations indéniables; cependant, si parmi des traditions locales très discutables peut-être, quelques-unes ont une valeur réelle que nous puissions démontrer; si malgré l'absence de textes avérés, il est d'autres témoignages topiques de cette existence avant le XIᵉ et même le IXᵉ siècle, notre devoir n'est-il pas d'en tenir grand compte, d'en rechercher les probabilités et de les étayer des meilleurs arguments? C'est ce que nous allons essayer de faire.

Grâce au *Polyptyque d'Irminon*, nous connaissons maintenant le nom de Mantes dès les premières années du IXᵉ siècle et nous aurons beaucoup à puiser dans la savante édition qu'en a donnée M. Guérard. Ce livre jette un jour nouveau sur notre ville et nous la révèle deux cents ans plus tôt que les cartulaires de Jumièges et de Saint-Père de Chartres. Toutefois la situation du territoire sur lequel elle est bâtie, est déterminée par les historiens ou les géographes anciens, d'une façon aussi confuse que son existence. Cette confusion tient tout simplement à ce qu'on n'a pas assez distingué le territoire circonvoisin, de l'emplacement même de la ville qui est notre seul objectif. A ce dernier point de vue, le seul que nous voulons envisager, le sol de Mantes fit partie du pays des Carnutes pendant l'indépendance des Gaules, et se trouvait placé sur les confins de la Gaule Belgique. Plus tard, après la conquête, il fut compris dans la province Lyonnaise ou Lugdunaise, puis dans la seconde Lugdunaise, mais seulement pour la partie de l'arrondissement située sur la rive droite de la Seine; celle de la rive gauche, où se trouve Mantes, appartenait alors à la IVᵉ Lugdunaise, avec tout le pays des Carnutes.

Le Madrie. — Au moyen âge, sa position territoriale est tout aussi obscure. Mantes se trouva au centre de plusieurs provinces ou grandes seigneuries féodales tour-à-tour très puissantes, qu'elle gênait par son importance et qui se la disputèrent avec acharnement. A une époque très ancienne, Mantes était située dans le Madrie. Cette division Mérovingienne et peut-être gauloise, appelée *Pagus Malricensis, Madriacensis* ou *Matriacensis*, après avoir eu des comtes particuliers aux VIIIᵉ et IXᵉ siècles, disparut au Xᵉ si complètement, qu'elle a fort embarrassé les géographes et les érudits modernes. De ce comté de Madrie dont toute l'histoire reste dans l'ombre, nous ne connaissons en effet, que quelques noms de lieux cités dans des actes de donation de Pépin et Charlemagne. Ce sont, en général, des noms de hameaux et de fermes, et cela se comprend puisqu'ils étaient donnés à des communautés dont les biens consistaient principalement en terres de culture. Tous ne sont pas faciles à reconnaître sous leurs noms de basse-latinité, mais, tous sont intéressants pour les environs de Mantes. Ce sont, dans l'Eure : Cailly, *Calliacum* et la Croix-Saint-Ouen ou Saint-Leufroy, appelé *Monasterium Madriacense* et aussi *Madrie-sur-Eure* dans les anciens auteurs ; puis dans notre arrondissement : La Villeneuve-en-Chevrie, *Villanova*, Gamachère ou la Gamacherie, *Gamapium*, Rolleboise, *Rosbacium*, les Guinets (?) *Vinias*, Noyon (?) *Niventis*, les Sevestres (?) *Sigrancium*, Bennecourt, *Beranecurtis*, Saussay, *Salcidus*, Bréval, Tilly, *Atiliacus*, Bléry, Neauphlette, *Nidalfa*, Civry-la-Forêt, *Villa Sibriaci, etc.*

D'après la nature des actes qui nous font connaître le Madrie, Mantes ne pouvait y être nommée. Néanmoins, M. A. de Dion qui connaît si bien toute l'histoire de notre contrée, pense que Mantes était la ville principale de ce comté. « D'un autre côté, dit-il, Mantes, chef-lieu du doyenné, me semble par sa position sur un fleuve et à la rencontre de routes importantes, une capitale si naturelle, que je penche en sa faveur, sans toutefois oser conclure (1). »

En somme, nous nous rallions à l'opinion de M. de Dion, qui a démontré que le Madrie comprenait à peu près tout l'ancien doyenné de Mantes et était borné, non point comme on l'a cru longtemps, par la Mauldre comprise dans le Pincerais proprement dit, mais plutôt par la petite rivière de Vaucouleurs (2).

_____

(1) *Mémoire sur le Pagus Madriacensis.*

(2) Si la Mauldre ne fait pas partie du Madrie, il est difficile de dire d'où vient ce nom de Madrie et nous abandonnons la solution de ce problème étymologique. Nous ferons remarquer que le nom primitif de Madrid est *Mantua Carpetanorum.*

Le Vexin et le Pincerais. — Quoi qu'il en soit, le Madrie disparut. Après le traité de Saint-Clair-sur-Epte, Mantes fut annexée au Vexin, le vieux pays des Véllocasses, devenu sous la première race, *Neustrie Occidentale*, comprenant le Pagus *Velcassinus, Vulcassinus;* en français, *Velquesin, Veuxin* et enfin *Vexin*. Par suite du traité, on le distingua en *Vexin Normand*, dont Chaumont était la capitale, et en *Vexin Français*. Le territoire de la rive gauche de la Seine fit partie du Vexin français, avec Pontoise, Magny, Meulan. Mantes fut alors le siège, tantôt d'un vicomte du Vexin, tantôt d'une simple chatellenie. Après la réunion définitive à la couronne de France, la ville devint une sorte d'apanage et plusieurs princes de sang royal portèrent le titre de comtes de Mantes.

Il est difficile et d'ailleurs peu important, de dire à quelle époque tout ce pays devint le *Mantois*, cette petite province dont le nom seul avait le crédit d'exaspérer Levrier. Mantes, Poissy, Saint-Germain, Dreux et Anet composaient le mantois, et bien que Levrier ait prétendu que c'était une création des géographes modernes, on trouve cependant un *Pagus Medantensis*, dans le *Gallia Christiana* (1).

Au point de vue ecclésiastique, Mantes a toujours été comprise dans l'Archidiaconné de Pincerais, relevant de Poissy, à cause du *Pagus Pisciacensis* ou *Pinciacus* dont le territoire finissait entre Bonnières et Vernon : *Chaufour-en-Pinceraye*, dans le canton de Bonnières, était sans doute une des dernières paroisses. L'évêché, c'était le *Grand Diocèse*, c'est-à-dire celui de Chartres, un des plus anciens de France.

Petrum Viacum et Petromantalum. — Le nom de Mantes ne nous est pas encore apparu. Si la ville avait une antiquité certaine, nous devrions trouver son nom dans l'*Itinéraire des Empereurs romains*, surtout ceux des Antonins et pourtant il n'y est pas. Il n'est pas davantage sur la carte ancienne si connue sous le nom de *Table de Peutinger* ou *Table Théodosienne*. Avant de voir quel parti négatif nous avons à tirer de ce document, nous devons dire ce qu'il est.

La *Table de Peutinger*, pour lui laisser le nom le plus généralement employé, est un manuscrit composé de onze segments de parchemin, ayant ensemble 21 pieds de long et 4 de haut. Il y

(1) V. Diocèse de Rouen. Ed. de Palmé.

avait douze segments, mais il y en a un de perdu ; ils appartiennent à la Bibliothèque Impériale de Vienne. Cette carte, si bizarre et pourtant si précieuse de l'empire romain, a été exécutée au XIIIᵉ siècle par un moine de Colmar. Ce n'est qu'une copie d'un monument plus ancien, remontant probablement au IVᵉ ou au Vᵉ siècle. On sait que cette copie, qui est unique, a appartenu à Conrad Meissel qui l'avait trouvée à Worms et la céda, en 1507, à Conrad Peutinger antiquaire d'Augsbourg. Elle fut achetée en 1564, pour la Bibliothèque de Vienne, et n'a plus changé de mains. En 1867, M. Er. Desjardins, de l'Institut, l'étudia à Vienne et en fit une copie exacte publiée depuis aux frais de l'Etat.

Il ne rentre pas dans le cadre de cet ouvrage de décrire cette carte ; un seul point nous y intéresse et nous ne chercherons rien au-delà. Il est à peine besoin de dire que cette carte ne ressemble en rien à celles de nos géographes modernes. C'est une grande projection, sans points de repère, sans proportions gardées, où les villes, les fleuves et les divers lieux géographiques de l'empire romain, se trouvent placés dans un pêle-mêle assez confus.

Si nous prenons la partie qui nous intéresse, nous voyons *Autricum*, Chartres, *Durocortorum*, Dreux ; puis, non pas en ligne directe, mais sur la droite ou à l'est, *Briva Isaræ*, Pontoise ou Chaumont et encore plus à droite, contre toute raison, *Cesaromagus* Beauvais, dont la place serait en haut ou au nord.

Sur une route allant de *Rotomagus* Rouen, à *Lutecia* Paris, se trouve un coude ou zig-zag brusque, et au-dessous est écrit : *Petrum Viaco*. Nous sommes près de Mantes, mais non point à Mantes. Ce *Petrum Viaco* ou mieux *Petrum Viacum*, porte dans l'*Itinéraire d'Antonin*, le nom de *Petromantalum*, à 17 lieues de *Cesaromagus*. Nous ne pouvons nous engager dans l'examen de toutes les opinions émises, pour déterminer le point précis désigné par *Petrum Viacum* ou *Petromantalum* ; ce serait presque la matière d'un volume. Bornons-nous pour les résumer, à dire qu'Hadrien de Valois et Dom Bouquet l'avaient placé à Mantes. C'était une erreur que démontraient les distances indiquées sur la carte et sur les *Itinéraires*. D'Anville l'avait mis à Banthelu, puis avec l'abbé Belley, à Magny ; M. Le Prévost, à Artheuil ; Walkenaer, à Etrépagny et à Saint-Clair-sur Epte. Il résulte aujourd'hui des discussions nombreuses de ce point.

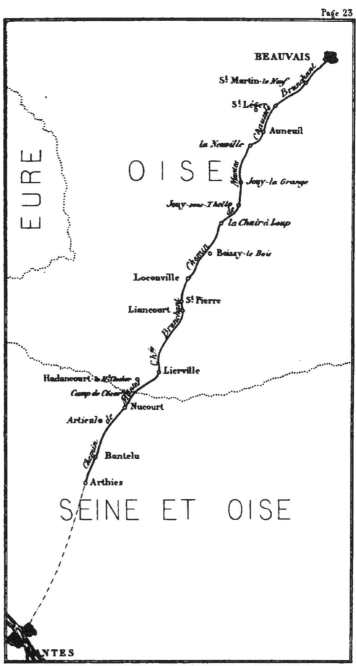

ROUTE ANTIQUE DE BEAUVAIS A MANTES

important de géographie ancienne, que Petrum Viacum ou Petromantalum, comme l'avaient pensé Le Prévost (1) et de Caumont. et comme l'a démontré, le mètre à la main, M. Graves, de Beauvais, en 1839, était une simple borne milliaire, dédiée sans doute à Mercure *(Viacus)* et située à quelque distance de Banthelu, à peu près à l'endroit appelé La Haie des Gendarmes.

Tout cela nous mène, en apparence, bien loin des origines de Mantes. Nous y revenons. Les itinéraires indiquent une route le long de chacune des rives de la Seine : une allant de Rouen à Paris, par *Petromantalum* et *Briva Isarœ* (Pontoise), et une autre par Rouen, *Mediolanum Aulercorum* (Evreux), *Durocassis* (Dreux), *Diodurum* (Jouare) et Paris. Voilà les deux routes parallèles ; où est la route perpendiculaire allant de Beauvais à Dreux et à Chartres ? par quels points passe-t-elle ? c'est ce que nous allons rechercher.

Si l'on tire une ligne droite de Beauvais à Dreux, elle coupe la Seine à Mantes. Cette route devait donc absolument passer par Mantes, que la ville existât ou n'existât pas. En effet, tout autour de Mantes, il reste de nombreuses traces de chemins anciens, connus pendant le moyen âge, et qui prouvent l'importance de ce point central.

Qu'on veuille bien ne pas l'oublier, la route tracée sur la carte de Peutinger fait un crochet ou zig-zag, court mais bien marqué, dans la direction de Mantes. Si au sortir de Beauvais, on suit une route antique connue dans le nord sous le nom de *Chaussée Brunehaut* ou *Chaussée Brunchant*, on devine presque la raison d'être de ce crochet. Cette voie romaine apparaît aux portes de Beauvais, près de l'église de Saint-Martin-le-Neuf ; elle continue dans la direction de Mantes, en passant par Saint-Léger-en-Bray, Boqueteux, toute la grande rue d'Auneuil et la Neuville d'Auneuil. Là elle prend le nom caractéristique de *Chemin de Mantes*, à plus de 40 kilomètres de notre ville. Elle traverse alors le bois de la Chambre-aux-Vaches, passe à Jouy-la-Grange, Jouy-sous-Thelle, la Chapelle-de-la-Chair-à-Loup, puis à l'ouest de Bachivillers et descend vers Gany à l'ouest. A Loconville elle reprend son nom de Chaussée Brunchant, qu'elle conserve jusqu'à Lierville en passant par les ma-

(1) *Mém. pour servir à l'Hist. du Dép. de l'Eure.*

rais de la Troène, Saint-Pierre et Liancourt (1). A Lierville,
elle reprend son nom de Chemin de Mantes, et passant par
Hadancourt-le-haut-Clocher, elle touche l'église de Nucourt,
après avoir traversé l'emplacement d'un camp romain. On la
suit à Arthieul, à Banthelu, près du lieu où fut *Petrum Viacum*
ou *Petromantalum*. A cet endroit on est sur le crochet indiqué
sur la *Table de Peutinger*, et on va en ligne droite sur Mantes,
jusqu'à Arthies où le chemin antique a disparu.

La voie que nous venons de suivre, a été étudiée et presque
mesurée par M. Graves, de Beauvais; elle nous laisse sur le chemin de Mantes, sans nous y conduire (2). Mais pour aller à
Chartres, ou mieux à Dreux, nous le répétons, elle ne pouvait
passer que sur l'emplacement de Mantes.

La Commission de la *Carte des Gaules*, ouvrage actuellement
en préparation, a laissé cette route en pointillé, c'est-à-dire
incertaine. Mais on la suit sur tout son parcourt, par les vestiges
qu'elle a laissés, jusqu'à Houdan. Du reste, parmi les voies anciennes convergeant vers Mantes, celle de Beauvais à Dreux
n'est pas la seule.

M. Aug. Le Prévost, qui a étudié cette partie des antiquités
de Normandie, marque une route allant d'Evreux à Mantes, et
passant à Pacy, au-dessus de Bonnières, près de la tour de Rolleboise et à Rosny. MM. Dutilleux et Guégan, sur une carte des
voies anciennes de Seine-et-Oise (3), marquent une amorce
d'une autre voie passant par Guerville, vers le champtier dit :
le Pressoir-des-Champs.

Cette amorce se rapporte à un chemin de la forêt d'Iveline,
admis par M. Ad. de Dion, et allant de Mantes à Maule et à Neau-
fle. C'est encore ce chemin qu'a suivi Eléonor d'Autriche, en
1535, pour venir de Beine à Mantes par le haut des Mauduits,
là où aujourd'hui on ne connaît plus aucune route (4).

La commission de la *Carte des Gaules*, a admis, comme
probable, le chemin de Beauvais à Dreux, mais non celui d'E-
vreux à Mantes. Pourtant la lecture des historiens du xii° et du

(1) Dans une charte de 1060, souscrite au profit de l'abbaye de Saint-
Père de Chartres, cette voie, près de Locoaville, est appelée « publica via
Belvacina. » Il ne reste plus grande de route à cet endroit. *Cart. de
S. Père*, p. 201.

(2) *Voie romaine de Beauvais à Paris par Petromantalum*, Beauvais 1839.

(3) *Annuaire de Seine-et-Oise*, 1881.

(4) *V. Chemins de l'Iveline*, par Ad. de Dion, et *Une Entrée Royale à
Mantes*, par E. Grave.

xiiiᵉ siècle, donne pleinement raison à M. Le Prévost. Il en est de même pour la voie de Beauvais à Dreux. C'est la route si souvent suivie par les hommes d'armes d'Henri Iᵉʳ, Philippe Iᵉʳ, Louis le Gros et Philippe-Auguste, quand ils allaient de Gisors ou de Chaumont à Mantes.

Voici donc un premier point acquis : plusieurs grands chemins anciens venant converger vers Mantes. C'est là déjà une grande présomption pour faire croire à l'existence d'une ville, à l'endroit de leur intersection. Voyons maintenant si c'est la seule.

Petrum Viacum et *Petromantalum* ne paraissent être qu'un seul et même lieu. Nous avons dit que ce ne pouvait être qu'une simple borne indiquant les distances. On ne connaît en effet aucune substruction dans les environs de Banthelu, mais il n'est pas rare d'y trouver des monnaies romaines et de menus objets antiques. Ces bornes militaires étaient plantées sur les points importants consacrés à Mercure et on connaît des inscriptions où le nom de ce dieu est accompagné de l'épithète de *Viacus*. *Petrum Viacum* ne serait donc que la « Pierre consacrée à Mercure. » Les voyageurs avaient l'habitude de déposer une petite pierre au pied de ce monument consacré, et il ne serait pas difficile de retrouver dans nos mœurs, quelques restes de cette coutume payenne.

Petromantalum, pour M. Le Prévost, est un nom plus explicite. Ce ne serait rien moins que la *Pierre de Mantes*. Nous n'osons, bien qu'elle prête à notre argumentation, accepter cette tentante traduction ; car il faut bien le retenir, la forme du nom de Mantes, à l'époque de la latinité est constamment : *Meduntum*. On trouve aussi, mais plus rarement : Medantum ; cette dernière forme seule, par la contraction, admissible tant elle est fréquente, des lettres *e d* (1), pourrait peut-être se prêter à l'interprétation de M. Le Prévost.

Ainsi trois ou quatre routes anciennes rayonnaient vers l'emplacement de Mantes, et pas une n'a laissé de traces connues dans la ville même ou à ses portes. Il nous faut donc chercher ailleurs, une preuve attestant que ces voies disparues, menaient à une ville ou a un *Vicus* quelconque. Nous laissons un instant l'époque romaine.

Dans notre *Chronique*, le troisième paragraphe a pour titre : *Ancienne grandeur de Mantes et de la Paroisse Saint-Pierre.*

_____

(1) *Médéric* fait *Méry*, *Mediolanum* devient *Milan*, etc.

Il contient le passage suivant : « La paroisse de laquelle ville était Saint-Pierre, qui est à présent lès Mantes, qui est une des plus anciennes églises et paroisses de l'évêché de Chartres, et *selon l'ancienne tradition*, a été honorée des disciples et contemporains des disciples de Notre-Seigneur, qui y ont célébré et offert le Saint Sacrifice de la Messe. »

L'ancienne tradition n'est peut-être pas absolument dénuée de fondement ; elle demande a être rétablie exactement. On doit observer qu'en la rapportant, Chrestien fait remarquer qu'à Mantes on appelle la paroisse : *Saint-Père ;* « comme on dit communément icy » ajoute-t-il. Ailleurs, pages 415 et 416 (1), il dit le *faubourg Saint-Père* et même *Saint-Poir*. L'abbé Delaporte, dans le *Voyageur français* (2), prétend également qu'à Mantes, on disait vulgairement : *Saint-Père*. Cette manière de dire présente un grand intérêt et renferme peut-être une preuve de l'ancienneté de la ville.

Adrien Baillet, avec les hagiographes, dans la vie de saint Paterne, évêque d'Avranches au VI° siècle, s'exprime ainsi : « Le roi Childebert qui avait partagé avec ses frères, la monarchie française après la mort de Clovis, et qui tenoit le siège de ses estats à Paris, ayant ouï parler des vertus et des miracles du saint, souhaita de le voir et le pria de le venir trouver à Mantes. On prétend qu'il laissa sur sa route et dans la ville de Paris des marques du pouvoir que Dieu lui avait donné, sur les maladies et les démons. »

Fortunat, en précisant un des miracles du saint, est encore plus formel : « Sa renommée s'étendant, après mainte prière du roi Childebert, le pieux reclus (3) se décida à venir auprès du glorieux roi, à Paris, dans un char couvert. Au bourg de Mantela, un enfant nommé Milevus, ayant été piqué par un serpent, le saint homme s'approcha pour l'examiner et empêcher que l'enfant ne mourût. Ayant fait le signe de la croix, et répandu une liqueur huileuse, le venin fut pénétré et il guérit l'enfant par ce remède. Aussi dans ce lieu-là, en témoignage de ces choses, *une basilique fut élevée au nom du saint et du Christ.* »

Voici ce texte important : « Hinc famâ percurrente, prece multa Childeberti regis compulsus est glorioso regi Childe-

---

(1) De la Copie de Mantes.
(2) T. XLI.
(3) Il n'était pas encore évêque.

berto Parisiis, in carro cooperto reclusus occurere. *Mantela-*
rico, quidam puer, Milevo nomine, a serpente percussus est,
quo jam exanimante sanctus vir accessit, ne puer, morte inter-
veniente decederet. Itaque facto crucis signo, et olei liquori
perfuso, penetratum venenum tali curavit antidoto. Quo etiam
in loco, ad rerum testimonium *in ejus nomine et Christi basili-
cam conltiderunt* (1). »

Voilà donc un texte ancien et une tradition locale qui viennent
se confirmer l'un par l'autre. Une église fut bâtie à la fin du
vı⁰ siècle, en un lieu nommé *Mantela*, en l'honneur du Christ et
de saint Paterne. Levrier a naturellement contesté que ce lieu
fut Mantes, sous prétexte que Mantes n'était point sur la route
d'Avranches (2). Il a voulu y voir Médan, près Poissy, ainsi que
pour un autre lieu cité dans la vie de saint Germain d'Auxerre.
Voyons s'il a raison.

Il nous semble que Levrier a tort, puisque notre tradition est
appuyée d'un texte certain de la vie de saint Paterne. Mais il a
d'autant plus tort, que ce nom est latinisé, c'est-à-dire un peu
dénaturé, et que le vrai, celui dont se sert le vulgaire est *Per*,
Paer, *Pair* ou *Poir*. Or, que dit la tradition ? Que dit Chrestien,
enfant de Mantes ? Une église est fondée très anciennement à
Mantes et dédiée, *à saint Pierre* suivant ceux qui écrivent correctement et se font un honneur d'avoir le prince des apôtres
pour patron de leur basilique ; mais le peuple, le vulgaire, le
commun, lui qui ne se pique pas de correction et nous a transmis sans variante et si sûrement tant de bonnes choses du temps
passé, le peuple disons-nous, n'a cure du chef des apôtres et,
naïvement, par fidélité aux locutions répétées d'âge en âge, dit
simplement : l'Eglise Saint-Père, le *faubourg Saint-Père* et
même *Saint-Poir*.

Toute cette argumentation tomberait d'elle-même, si l'on
prouvait que Fortunat, ou Lipoman, ou Surius, ont créé leur
pieuse légende d'après les annalistes de Mantes ; ou bien encore
si ceux-ci avaient construit leur histoire de la fondation de
Saint-Pierre, d'après Fortunat et les autres légendaires. Mais

(1) Fortunat : *Vie de saint Paterne*, in-4⁰. Rome 1787. *Acta Sanctorum*.
Ed. Palmé, *Vie de saint Paterne*, p. 425, 16 avril ; une note dit qu'on trouve
écrit : *Antela* et *Mentclavico*, et rapporte ce nom à Mantes.
(2) Saint Paterne, qui est en vénération à Orléans, comme en Normandie,
à pu suivre, à l'aller ou au retour, les bords de la Loire et séjourner à Orléans,
aussi bien qu'il lui importait de visiter en passant, Evreux, Lizieux, Bayeux
et Coutance.

alors, nous aurions l'église *Saint-Paterne* ou *Saint-Per* ou *Paer*, ou *Poir*, et non plus Saint-Pierre et le faubourg Saint-Pierre des beaux diseurs. Il n'en est rien, et constamment nous trouvons, surtout dans les récits d'origine religieuse : l'église Saint-Pierre, le faubourg Saint-Pierre et l'église fondée au temps des apôtres.

Si maintenant, nous rapprochons *Mantela Vicus*, du nom donné à la borne milliaire de l'Itinéraire d'Antonin, de *Petro Mantalum*, n'y a-t-il pas là une coïncidence singulière et qui donne un poids considérable à la thèse que nous essayons d'établir : l'existence de Mantes longtemps avant le XIe siècle ?

Dans la vie de saint Germain, contemporain de saint Paer, nous retrouvons ce nom de *Mantela* ou *Montela* (1) ainsi que Medon (2). L'évêque de Paris, qui se mêlait de médecine et de chirurgie comme tous les religieux des premiers siècles, avait une maison des champs, dépendant de son évêché, à Epône *(Spedotenum, Spedenotum, Spedonta)*. Saint Germain y guérit d'une maladie d'yeux, la servante d'un nommé Waldulsus : « *de vico Mantola*. » Une autre fois, allant à sa ferme d'Inèthe, un homme de *Médon*, vint lui dire qu'il était le seul de chez lui qui ne fut pas malade, et que tous les habitants étaient frappés de la peste. Il lui donna des euloges ou pains bénits et ils guérirent.

Dans ces deux *Vici*, Levrier naturellement, n'a encore reconnu que Médan près Poissy. Mais le voisinage d'Epône est trop probant pour que, comparé au texte de la vie de saint Paterne, et à cette tradition séculaire d'une église de Saint-Paer, à Mantes, on puisse voir dans *Mantela* un autre lieu que Mantes elle-même.

Cette opinion, qui est la nôtre aussi, est contestée d'une façon absolue, par un homme d'un savoir considérable, surtout en ce qui touche à la géographie de la Gaule; M. Guérard voit dans ce *Mantela*, le bourg de Maule, aussi voisin d'Epône. Avant d'examiner cette nouvelle opinion que nous combattrons, il importe d'examiner le document, le nouvel élément du débat, où le nom de Mantes apparaît, plus tôt qu'on ne l'avait vu jusqu'ici.

(1) Fortunat : Ed. d. Rome, *ut sup*.
(2) Trad. de Jean Jallery. Paris 1623.

Polyptyque d'Irminon. — Nous nous heurtons ici à une opinion dont nous ne pouvons avoir aussi bon marché que de celle de Levrier. C'est celle que M. Guérard a développée dans les *Prolégomènes* de son édition du *Polyptyque d'Irminon.* Comme cet ouvrage nous révèle en même temps le nom de Mantes, vers l'an 800, c'est-à-dire deux cents ans plus tôt que les chartes de Gauthier le Blanc, il est du plus haut intérêt, de nous y arrêter, de l'étudier et d'y prendre tout ce qui concerne notre ville.

Irminon était un abbé de Saint-Germain-des-Prés, qui vivait encore vers l'an 812. La célèbre abbaye était fort riche, comme on sait, et possédait autour de Paris, des biens-fonds considérables dont le dénombrement, au IXe siècle, se trouve minutieusement détaillé dans un manuscrit connu sous le nom de *Polyptyque d'Irminon.* Plus tard, par suite de circonstances politiques ou d'échanges dont nous n'avons point à nous préoccuper, ces biens passèrent à d'autres communautés religieuses : Coulombs, Saint-Evroult, etc., eurent une grande part des biens situés autour de Mantes. Toujours est-il, qu'à l'époque où vivait l'abbé Irminon, la plupart des villages, des fermes ou des moulins des environs appartenaient à Saint-Germain-des-Prés, en totalité ou en partie.

Nous relevons en effet dans ce *Polyptyque* (1) beaucoup de noms qui n'ont guère changé et qui intéressent, pour la plupart, l'histoire de l'arrondissement de Mantes. Nous citerons entre autres :

Cavannas, le moulin des Chavannes,
Lodosa, Leuse, hameau de Villette,
Arnoni Villa, Arnouville,
Semodi Villa, Senneville,
Fraxinello, Fresnel,
Sicca Valle, Secval, près Plagne,
Bovani Villa, Boinville,
Porto, Port-Villez,
Septoilum ou *Septogilum*, Septeuil,
Macerias, Mezières,
Wantacum, Gany, etc.

(1) *Polyptychum, livre de cens*, a fait *Politicum, Pule!icum, Puletium, Pullarium* et enfin, *Pouillé.*

Le nom de Mantes est cité trois fois dans le *Polyptyque*. Le savant éditeur de ce manuscrit, M. Guérard, ne résout pas la question de savoir s'il s'agit là de Mantes ou de Mantes-la-Ville. C'est qu'en effet, rien dans la teneur du texte, ne prête plutôt à une interprétation qu'à l'autre. Nous pensons cependant, pour des raisons qui seront déduites un peu plus loin, que c'est bien la ville actuelle qui est désignée dans les citations que nous allons rapporter.

Le *Polyptyque* est divisé par parties ou chapitres dans lesquels les possessions de Saint-Germain-des-Prés sont rangées autour d'un lieu principal appelé *fisc*. La première mention est contenue dans le fisc de Secval ou Forest : « *XXII. Breve de Sicca Valle, sive Forest.* »

Le fisc de Secval dépendait de la maison ou ferme que l'abbé Irminon lui-même, avait fait construire dans la vallée de Guerville et qui a porté depuis, en tant que prieuré au moins, le nom de Saint-Germain de Secval. La chapelle primitive, plus ancienne que celle qui subsiste encore, datait de la même époque : « *Habet in Sicca Valle, capellam benè constructam.* » C'était le séjour préféré de l'abbé Irminon, et l'habitation qu'il y avait fait bâtir devait occuper, sans doute, quelque point de la Plagne que nous ne pouvons déterminer d'une façon exacte.

Quoi qu'il en soit, voici la citation :

Frotgrinus colonus et uxor ejus colona nomine Gundrildis. Isti sunt eorum infantes : Gausbertus, Frotcarius, Gerosmus, Frotberlus, Savidus, Deodildis, Gundrada. Iste manet in MEDANTA. *Tenet mansum I ingenuilem, habentem de terrâ arabili bunuaria XII, de vineâ aripennum I, de prato, aripennum I, etc.* (1). Nous ne donnons pas la fin de l'article qui consiste en conventions compliquées de redevances en argent, en nature, en corvées, etc.

La deuxième citation est à peu près identique : « *Fulbrandus colonus et uxor ejus colona, nomine Aldenildis. Isti sunt eorum infantes : Fulcradus, Fulcrada, Halda. Iste manet in* MEDANTA, etc. (2). »

_____

(1) Frotgrin colon, et sa femme colone nommée Gondrilde. Leurs enfants sont : Gaubert, Frotcaire, Jérôme, Frotbert, Savide, Deodilde, Gondrade. Il demeure à Mantes. Il tient une manse ingénuile, a XII bunuaires de terre arable, 1 arpent de vigne, 1 arpent de pré, etc.

(2) V. T. II. p. 223.

Evidemment, ces deux citations ne jettent pas un grand jour sur l'histoire de Mantes ; mais n'est-ce point déjà beaucoup que d'avoir l'assurance de l'existence indubitable de la ville, deux cents ans plus tôt qu'on ne l'avait écrit jusqu'ici.

Quant aux déductions à en tirer, c'est là le point difficile et nous retombons forcément dans des conjectures que nous voudrions éviter à tout prix. Tout ce qu'on peut dire, c'est que les deux colons de Saint-Germain-des-Prés, Frotgrin et Fulbrand, étaient des serfs de condition supérieure, puisqu'ils tenaient chacun une *manse ingénuile* (1) ; qu'ils avaient à ferme une quantité assez considérable de terres, et payaient de fortes redevances de toute nature. C'est probablement à cause de cette condition à peu près libre, qu'ils devaient de pouvoir habiter Mantes.

Une autre partie du *Polyptyque*, nous semble plus importante ; malheureusement elle est d'une interprétation difficile, et M. Guérard, lui-même, ne parait pas l'avoir élucidée d'une façon satisfaisante. Dans ces sortes d'ouvrages, il ne suffit pas d'avoir une érudition au-dessus de toute critique ; il est encore essentiel de connaître les noms des moindres hameaux, des écarts, des champtiers portés au cadastre. Souvent une conversation d'une heure, avec un garde champêtre, en apprend plus que huit jours d'étude sur la meilleure carte.

Voici sur quoi porte cette remarque : « *XXIV. Breve de Bisconcella* (2). *In maxnili Badanrete, habetur area molendina una...... Pertinet autem eadem terra per suggestionem, ad fiscum Spicarius. De alterâ ripâ Medante fluminis, quicquid ibi est de terra arabili et de pratis, inter duas vias publicas, ad Septem usque Sortes, totum est terra Sancti Germani.*

Bisconcella, Beconcelle ou Bonconseil se trouve dans le canton de Montfort, près d'Orgerus. M. Guérard ignore où était situé le ménil Badanrete et nous ne le savons pas davantage. Quant au fisc de *Spicarius,* il en a fait *Epieds,* dans le département de l'Eure ; ce dût être faute de trouver un meilleur lieu à qui appliquer ce nom. Nous ne pouvons partager cette opinion.

---

(1) Condition la plus élevée de cette sorte de fermage. La manse ordinaire centenait environ 4 hectares.

(2) T. II. p. 266.

Epieds, sur la rive gauche de l'Eure, est trop loin de Beconcelle, pour le rattacher à ce fisc. Trois autres lieux, ayant un
nom à peu près semblable et situés non loin de Béconcelle, semblent mieux convenir à ce *Spicarius*. En première ligne, nous
proposons le Bois-l'Epicier *(Speciarus)*, hameau de Maulette,
peu éloigné de Béconcelle : les deux noms ont un rapport presque absolu. Nous pourrions encore prendre un autre Epié,
hameau de la commune de Montchauvet, beaucoup moins éloigné
qu'Epieds (Eure). Enfin, à la rigueur, il existe encore sur la
Vaucouleurs, le fleuve de Mantes, le moulin des *Epaillards*,
commune de Mantes-la-Ville. Toutefois, cette dernière attribution nous paraît moins plausible qu'aucune des deux autres (1).

Nous touchons à la dernière phrase du paragraphe. M. Guérard dit, dans une note, qu'elle paraît avoir été écrite moins
anciennement que le reste du manuscrit. Dans une autre note,
le savant commentateur fait des mots : « *ad Septem usque
Sortes*, » le nom de lieu « Septem Sortes, » et il ajoute : *Locus
nobis ignotus.* Nous ne sommes pas plus instruits et *Septem
Sortes* nous est également inconnu. Mais le texte se prête-t-il
bien à faire de ces mots un seul nom de lieu ? Nous y voyons
deux noms de lieu et nous lisons ainsi, cette phrase embarrassante : « Sur l'autre rive du fleuve de Mantes, entre les deux
voies publiques, depuis « *Septem* » jusqu'à « *Sortes* », tout est la
propriété de Saint-Germain. » Tout l'intérêt de ce texte est là.
Le fleuve de Mantes, c'est la rivière de Vaucouleurs. L'autre
rive, c'est la rive gauche, puisque Béconcelle est sur la droite,
assez loin ainsi que le Bois-l'Epicier. Mais qu'est-ce que « ad
Septem usque Sortes? » Là est le point difficile. Celui qui a
dénombré le cens de Saint-Germain, a décrit une enclave étendue, bordée de chaque côté par une route et aux deux extré-
mités, par des limites auxquelles il donne les noms de Septem
et de Sortes. Alors pourquoi Septem, ne serait-il pas Septeuil?
Ce n'est pas le nom ancien de Septeuil, mais il peut y avoir
une abréviation dans le manuscrit, comme *Septem* pour
Septe liu *m*.

Quant aux mots, « *usque Sortes*, » nous ne connaissons aucun
nom de lieu qui leur soit applicable. Le *Sors*, selon Ducange,

---

(1) Le passage que nous analysons, se rapporte surtout à des redevances de
moulins. Sur la remarque de M. Brochet, nous proposons encore le *moulin
des Pierres*, commune de Mantes-la-Ville.

était, soit une portion de terrain inculte répartie par le sort pour être mise en culture, soit une mesure agraire très ancienne, soit enfin l'ensemble d'une possession territoriale. Dans l'espèce, c'était peut-être le nom d'un champtier situé vers l'embouchure de la Vaucouleurs, dans la Seine (1).

La basse-latinité s'est permis tant de licences que nous penchons pour une autre traduction. Ducange a omis le sens que nous allons appliquer à ce mot *Sortes*, mais puisque quelques étymologistes l'ont soupçonné, nous n'hésitons pas à lui donner une autre interprétation. *Sortes*, ici, signifie peut-être *Sorties*, et ce pluriel se rapporterait aux deux bras, aux deux sorties de la Vaucouleurs dans la Seine. Tout est complet ainsi; le sens, les faits et la topographie sont conformes à cette traduction, et nous avons : « De Septeuil jusqu'aux *Sorties* (de la Vaucouleurs) tout appartient à Saint-Germain (2). »

Enfin les deux voies publiques confirment ce que nous avons avancé sur les chemins anciens qui venaient converger vers Mantes. L'une allait vers Houdan ; l'autre est celle qui passait sur les Mauduits.

Telles sont les remarques que nous a suggérées le texte de ce *Polyptyque*. Il en est une autre non moins importante, qui nous ramène au *Vicus* de *Mantela* et aux origines de Mantes :

« Le président Lévrier, dit M. Guérard (3), dans ses attributions géographiques, s'est trompé au sujet de Mantela et de *beaucoup d'autres localités*. Il en a fait le village de Mantes-la-Ville, tandis que c'est évidemment Maule-le-Buat, sur la Mauldre, situé à proximité des villages ou des hameaux de Marcil-sur-Mauldre, Auteuil, Beule, Saint-Germain de Secqueval, Flins, qui faisaient partie de ce fisc. C'est le même lieu que le *Vicus Mantola*, et le *Mantela Vicus*, dont il est parlé dans la vie de saint Germain, écrite par Fortunat et dans celle de saint Pair du même auteur. La contraction de Mantula en Maule, par la suppression de la syllabe intermédiaire, est tout-à-fait conforme à la règle. On connaît d'ailleurs l'ancien nom de Mantes-sur-Seine ou de Mantes-la-Ville, qui est Medonta ou plutôt Medanta, tel qu'il est écrit dans le *Polyptyque* et non Mantula. »

(1) Il existe un champtier des Sorts, sur le territoire de Mézières ou d'Épône.
(2) Le bras forcé de la Vaucouleurs est très ancien, et notre interprétation est confirmée par l'examen de ce canal artificiel. V. Littré, sur le sens que nous préférons. Il ne l'adopte pas, mais enfin, il en parle.
(3) T. I p. 874. On voit que nous ne sommes pas seuls à le critiquer.

3

Nous rentrons dans la discussion que nous soutenons en faveur de *Mantela*. Le *Mantula* du *Polyptyque* est Maule, à n'en
pas douter. Mais ce n'est pas une raison absolue pour que le
Mantela de Fortunat ne soit pas également Mantes. M. Guérard
dit que le nom de Mantes est bien connu ; que c'est Medonta et
Medanta (1). Mais le nom de Maule est bien connu aussi et Orderic Vital l'écrit constamment *Manlia*. Il n'y a donc pas lieu
de tenir un compte rigoureux de cet argument.

A la vérité, le *Mantola* de la vie de saint Germain, est peut-
être le Mantula du Polyptyque, bien que la preuve nous manque. Mais le Mantela de la vie de saint Paterne est bien certainement notre ville de Mantes, pour les raisons que nous avons
exposées. Nous avons pour nous, une tradition ancienne et des
expressions locales qui concordent avec le texte précis de
Fortunat. La variété de ce nom de Mantes, si grande au moyen
âge, nous autorise à ne pas nous en tenir à la simple con-
sonnance.

Nous persistons donc, malgré l'autorité de M. Guérard, à
attribuer ce nom de Mantela à notre ville de Mantes.

Fouilles de Mantes. — Pour remonter jusqu'aux origines
de Mantes, nous avons étudié tous les monuments écrits que
nous connaissions. Il en est d'autres encore, de nature diffé-
rente, que nous ne pouvions négliger. Ce sont ceux renfermés
dans le sol même de la ville et mis au jour par les travaux entrepris depuis le commencement du siècle sur divers points. Là
encore, la récolte n'est pas des plus abondantes, mais elle n'en
est pas moins précieuse.

Nous avons à peine besoin de le dire, les environs de Mantes
attestent la haute antiquité de notre contrée. Depuis l'homme
primitif jusqu'à nos jours, il n'est pas une époque des étapes de
la civilisation qui n'y ait laissé une ineffaçable trace de son passage. De tous les côtés, nous sommes environnés de plaines, de
collines, de villages, où les monuments mégalithiques, les instruments de pierre et de bronze, la céramique, les médailles, les
camps antiques, les substructions gallo-romaines, les monuments
du moyen âge, etc., proclament hautement que de tout temps
l'homme a foulé ce sol et en a fait son séjour. Epône, Méziè-

(1) Nous trouverons, § 159, le mot ancien *Manta* et aussi *M ntes* en latin.

res (1), Rosny, Soindres, Port-Villez, etc., furent occupés par
des légions romaines. M. Cassan ajoute Mantes à cette liste,
sans appuyer ce dire, soit dans sa *Statistique*, soit dans ses
Antiquités, de preuves qui viendraient si utilement étayer
tout ce que nous voulons établir touchant les origines de
Mantes. Il nous faut donc nous contenter de signaler les monuments antiques de toute nature, mis au jour par les fouilles ou le hasard. Les résultats, croyons-nous, sont suffisants
et peuvent nous donner raison contre le silence de l'histoire.

Du temple de Cybèle, sur lequel fut bâtie l'église Saint-Maclou,
nous n'avons pas d'autre connaissance que l'affirmation des
chroniqueurs de Mantes. Les fouilles faites autour et sur l'emplacement de cette église, pour l'établissement du marché
actuel, n'en ont pas encore révélé l'existence. Monsieur Moutié ne croit pas plus à ce temple qu'à une station de légion
romaine, mais il ajoute : « Cependant nous devons dire que des
substructions antiques, des médailles celtiques et romaines, des
vases, des urnes, des tombeaux découverts à diverses époques,
sur le sol même de Mantes et de ses environs, prouvent que
toute la contrée a été habitée dès les temps les plus reculés;
mais rien dans ces découvertes ne doit faire présumer de la
haute antiquité de notre ville actuelle (2). »

M. Moutié répond dans cette dernière phrase à Chrestien et à
Dom T. Duplessis. Nous sommes arrivés à un point de cette
étude, où l'on peut affirmer que l'ancienneté de Mantes est fort
respectable, puisque nous prouvons son existence au VII° siècle.
Mais son rôle à cette époque et au-delà, nous échappe, parce
que de ce passé lointain, il n'est rien resté que des traces.

Quant aux substructions, M. le docteur Bonneau que nous
avons consulté, croit se rappeler, en effet, qu'elles furent trouvées dans une fouille de la rue Cadotte. Pourquoi n'en a-t-on
tenu aucun compte?

Les fouilles faites sur le sol de Mantes sont peu nombreuses,
et surtout peu considérables. Avant d'en parler, nous nous occu-

(1) Au commencement de 1881, on a trouvé à Mézières, 2,500 médailles
romaines consulaires, dont les plus anciennes remontaient à peine au II° ou
III° siècle av. J.-C., et les plus récentes, aux premières années d'Auguste. Des
scrupules que nous n'avons pu vaincre, ont empêché l'inventeur de nous les
laisser étudier. Elles sont aujourd'hui dans une collection de Paris, où elles
ont perdu leur valeur topique. Mézières a donc été habité vers l'an 20 ou 30,
par un romain qui y a enfoui son trésor ou celui d'une légion.

(2) *Loc. cit.*

perons d'un objet précieux, trouvé il y a bien longtemps dans la
ville et dont la provenance est encore indéterminée.

On voit à la Bibliothèque Nationale, une très belle tête en
basalte vert égyptien ; elle fut découverte en 1832 ou 33, par
M. Aug. Moutié, dans la cuisine de l'hôtel du Bon-Laboureur, à
Mantes, où elle servait de contre-poids à un tourne-broche. C'est
un objet d'art très précieux, d'un magnifique travail, une des
plus belles œuvres de la sculpture romaine. Elle est d'une conservation et d'un poli parfaits ; le nez et le menton sont un peu
mutilés. Ce qui augmente encore la valeur de cet antique, c'est
qu'il représente la tête de Scipion l'Africain. On voit sur le front
la cicatrice cruciale qui caractérise le portrait du premier vainqueur de Carthage, dont la Bibliothèque ne possède que deux
exemplaires.

D'où vient cette tête ? M. Moutié, qui la céda en 1840 à la
Bibliothèque, n'a jamais su au juste où elle avait été trouvée et
aujourd'hui même, la notice du Cabinet des Antiques dit qu'elle
provient de Rambouillet, où habite en effet M. Moutié. C'est
une erreur, et M. Lenormant, en annonçant cette acquisition à
l'Académie des Inscriptions, a déclaré que c'était à Mantes qu'elle
avait été achetée par M. Moutié.

M. Ernest Muret, du Cabinet des Antiques, auquel nous de-
mandions quelques explications à ce sujet, nous a appris que
sous Auguste, on avait fait de nombreuses reproductions de
Scipion l'Africain et que Gordien d'Afrique, le père, qui vivait
vers 220, se faisait gloire de le compter parmi ses ancêtres.
M. Muret pense que cette tête a pu appartenir à un buste ou à
une statue destinée à orner la villa de quelque riche romain.
Mais par quelle ironie du sort, cette tête de l'Africain est-elle
venue échouer dans une cuisine et y faire tourner les morceaux
de veau et les poulets ? L'enquête que nous avons voulu faire n'a
pu aboutir. Personne n'a gardé souvenir de la façon dont cet
objet est venu à l'hôtel du Bon-Laboureur.

Monsieur le docteur Bonneau, dont la collection est si intéressante, possède une belle petite lampe en terre cuite rouge,
qui provient des fondations de la maison n° 9 bis, de la rue Saint-
Pierre. Elle est de la belle époque gallo-romaine, et justifie
encore la tradition du cimetière de l'église Saint-Père. Une
autre pièce, d'une époque un peu plus basse, a été trouvée dans
les fondations de la maison n° 15, de la place du Marché-au-Blé.
C'est un pot sans verni, en terre rouge, d'une assez belle forme.

La fouille la plus considérable que nous connaissons, est celle qui a été faite à l'occasion de la construction de l'égoût de la rue Royale, en 1875. Elle mit au jour, dans la partie de la rue située entre la Seine et la place du Marché, et à une profondeur de 4 à 5 mètres, une certaine quantité d'objets affirmant sans conteste, l'antiquité de cette partie de la ville. A partir du Marché, au-dessus au contraire, la fouille se fit, en général, dans le sable qui forme le sol primitif.

Parmi les objets que nous avons alors recueillis et qui sont encore en notre possession (1), nous signalerons un grand nombre de vases pansus à large ouverture, munis d'une anse très grande en terre grisâtre, poreuse, mal cuite, et ayant tous subi l'action du feu. D'autres fragments d'une pâte plus fine, appartiennent certainement à une époque plus ancienne. Ce sont des débris de vases, des anses aux belles formes, en terre grise et rouge, mais non recouverte de verni. Ils appartiennent à l'époque gallo-romaine.

Nous avons encore trouvé deux fragments de cuillers en bronze. L'un formé de la cuiller elle-même, l'autre d'un manche avec une partie seulement de la cuiller. Ce manche est allongé, carré et terminé par un petit ornement très délicat. Il est recouvert d'une belle patine vert sombre. Nous n'hésitons pas à le croire également de l'époque gallo-romaine.

Un fragment de lampe grossière, (diamètre 0,07) entièrement ouverte, munie d'un bec pour y placer la mèche, et d'un pied cassé; des fragments de verre mince, oxydé, orné de filigranes de verre blanc opaque; des monnaies frustes du bas empire, complètent la série des objets que nous avons alors recueillis parmi les déblais de cet égoût. Nous ajouterons qu'en 1829, on avait aussi trouvé une médaille d'un Antonin, dans les fondations d'une maison située devant l'église Notre-Dame.

Telles sont les preuves nouvelles que nous apportons en faveur de l'ancienneté de Mantes. Si le nombre en est restreint, cela tient croyons-nous, à ce qu'à l'époque de cette fouille, nous n'avons pu la suivre avec l'attention qu'elle méritait et qu'il ne s'est trouvé personne pour surveiller les travaux à ce point de vue spécial. Cela tient encore, à ce qu'on ne s'est jamais préoccupé de cette question et qu'on a laissé passer d'une façon indifférente, les occasions de rassembler des preuves aussi certaines

(1 A M. Grave.

que l'histoire écrite et moins destructibles qu'elle. Tout ce que nous possédons à Mantes d'objets antiques, provenant de notre sol, nous le devons bien plus au hasard qu'à des recherches entreprises avec méthode.

Grâce à l'ensemble de tous les documents que nous venons de faire connaître, nous avons allongé la chaîne qui relie la ville actuelle au passé. Avec tous les historiens, nous avons pris Mantes au XIᵉ siècle; avec le *Polyptyque d'Irminon*, et la vie de saint Paterne de Fortunat, nous remontons jusqu'aux dernières années du VIᵉ. Si nous joignons à ces textes les témoignages fournis par le sol, nous pouvons affirmer que son existence est plus ancienne encore.

Du reste, ce sol que nous avons vu ouvert dans une seule partie de la ville, est exhaussé vers les bords de la Seine de plus de six à huit mètres. Jamais on n'est descendu jusqu'au sol primitif, si bas au moyen âge encore, que les eaux, dans les grandes crues venaient battre la place de l'Etape. Qui peut dire ce qu'il cache à ces profondeurs? Si nous en jugeons par ce que le hasard ou des travaux mal surveillés ont mis au jour, il est certain que les découvertes seront pleines d'intérêt, le jour où quelque grand travail obligera à descendre au niveau de ce sol antique.

Mantes au XIᵉ siècle. — Abordons maintenant un autre ordre de considérations qui n'ont pas une moindre portée.

Une des premières mentions écrites, de Mantes, apparaît dans une charte bien connue de Gauthier II le Blanc, comte du Vexin. accordant, en l'an 1006, un privilège à l'abbaye de Jumièges. Levrier, dans l'article sur le Vexin fourni aux auteurs de l'Art de vérifier les dates, a bien soin de marquer les nuances de la rédaction : « Un certain petit château vulgairement nommé Mante, qui nous appartient entre autres biens. » Levrier ajoute : « Cette manière fait connaître que c'était peu de choses alors, et que confondu dans la masse de ses domaines, ce n'était rien moins que le chef-lieu d'un comté. On croit que ce fut Gauthier II, qui jeta les premiers fondements de ce château, ainsi que de celui de Crépi, pour garantir ses frontières. »

Levrier oubliait qu'en même temps, Gauthier le Blanc octroyait une charte semblable à l'abbaye de Juziers (*Jociacus*), et que là, avec un autre notaire, il n'est plus question des mots « un certain » qui faisaient son triomphe. Le comte du Vexin dit seulement : « De navibus Sancti Petri Jociacensis, per Sequanam transeuntibus, propè nostrum castellum, quod vulgo dicitur Medanta. Touchant les bateaux de Saint-Pierre de Juziers, passant près de notre château vulgairement nommé Mantes. » Bien plus, une autre charte nous prouve que tout cela était pure affaire de rédacteur et que les notaires n'y regardaient pas de si près : Un acte de l'abbaye de Saint-Père de Chartres, au cartulaire de laquelle nous empruntons ces textes, cite parmi les témoins, en l'année 1080 : « Albericus clericus de Medanta castro. Albéric de *Mante-le-Château.* » Les mots ne tirent donc point à conséquence, autant que le pensait le docte président de l'Election de Meulan ; et le texte isolé d'une charte ne peut seul nous faire connaître quelle était l'importance d'une ville au XI° siècle.

Mais cette ville, ce *ricus*, *castellum* ou *castrum*, comme on voudra l'appeler, qui apparait subitement, en l'an 1006, suivant tous les historiens, mais en réalité en l'an 800, avec le Polyptyque d'Irminon, pour prendre en quelques années un rôle si considérable dans l'enfantement de la puissance royale, ne pouvait être, à coup sûr, une bourgade infime. Tout ce que nous connaissons de Mantes, à cette époque, nous est garant du contraire.

Voici « un certain petit château » ; ou encore « un petit château » qui en 1006, n'est que « peu de chose », et tout à coup, en quelques années, il acquiert une importance militaire incontestable. D'abord en 1027, les bourgeois gênés par le cimetière placé au milieu de la ville, le transportent à la *Porte Chantereine* (Porte-aux-Saints actuelle), et fondent le *Grand Cimetière*. La ville existait donc depuis longtemps, car, à cette époque, chaque église ou couvent avait son cimetière particulier, et Mantes à ce compte en avait au moins trois. Mais poursuivons.

En 1055, Henri I⁰ʳ était dans ses murs, luttant déjà contre son terrible voisin le Normand. Il y apprend la défaite de ses troupes à Mortemer, et le duc de Normandie envoie narguer les habitants sous leurs propres remparts. Puis ce petit château, comme nous l'apprend Orderic Vital, a déjà une Monnaie : on décide dans un accord qu'on paiera en *monnaie* ou *sous de Mantes*, ce que nous confirme d'ailleurs le *Manuel de Numismatique mo-*

derne de M. de Barthélemy (1). En 1087, Mantes subit une catastrophe épouvantable, que racontent de la même façon tous les chroniqueurs contemporains. Guillaume y entre par surprise, après avoir saccagé toutes les récoltes de la campagne, puis la détruit et la brûle de fond en comble. A son lit de mort, le souvenir de la ville en cendres, vient troubler ses derniers instants, et par des dons considérables, il tâche de réparer les ruines qu'il a amoncelées. Une ville infime y aurait péri : il n'en fut rien. Mantes sortit de ses cendres et vingt ans après, les fils de Philippe 1er, après avoir convoité longtemps « ce petit château », se le disputèrent jusqu'à ce qu'enfin il resta dans les mains de Louis le Gros, et presque pour toujours sous la puissance de la couronne de France.

Nous ne tenons pas, a priori, un compte rigoureux de nos chroniques ; mais ce qu'elles nous racontent de l'organisation municipale des habitants, est absolument confirmé par les documents historiques les plus positifs ; et ce fut à la ville de Mantes que Louis le Gros accorda la seule charte de commune qu'il ait bénévolement et personnellement octroyée. Il faut avouer que pour une ville sans importance, son développement aurait été singulièrement rapide.

Tout ceci a trait à la vie politique et militaire de la cité. Mais si nous disions, dès maintenant, l'importance commerciale qu'elle eut à la même époque ; les droits qu'elle possédait sur la Seine et qu'elle soutint mainte fois, contre la Hanse Parisienne elle-même ; l'accord commercial qu'elle conclut avec Rouen, etc. ; nous prouverions surabondamment que le petit château, bien que son existence soit signalée si tardivement, devait remonter à une époque bien antérieure aux premières années du xie siècle, et que le Medanta du Polyptyque, ne peut s'appliquer qu'à notre ville et non au village de Mantes-la-Ville. Dans ces temps si tourmentés et si obscurs du moyen âge, le développement d'une cité ne pouvait être rapide ; tout dans les conditions sociales s'y opposait. La barbarie n'a de rapidité que pour la destruction. Nous découvrons tout d'un coup notre ville, telle que nous sommes destinés à la voir dans la suite des temps. Un château fort, dont la possession est très enviée par ses voisins, proté-

---

(1) A nos preuves sur les origines de Mantes, nous aurions pu en joindre d'autres, tirées de l'étude de la numismatique. Nous préférons, réunir cette étude en un seul chapitre que nous placerons plus loin.

geant une ville d'une étendue médiocre, mais toujours la même,
et une bourgeoisie militaire jouissant de priviléges étendus
qu'elle défend *per fas et nefas*, avec une ténacité et un courage
très remarquables, contre les autorités les plus puissantes.

Mantes apparaît. C'est une ville fortifiée ; son château, tombé
au XVIII° siècle, est le même peut-être que celui de Gauthier II
le Blanc. Ses fortifications furent détruites vers le sud, mais au
long de la Seine nous n'en connaissons pas l'origine. Les tanneries, telles qu'elles existent encore aujourd'hui, ont un caractère architectural très remarquable ; elles sont à plein cintre et
furent construites au XI° siècle, et pourtant postérieurement
aux vieux remparts qui les protègent encore. Saint Louis fit
élever la porte des Cordeliers et Charles V celle du *fort*, avec
l'enceinte de l'église ; mais tout le reste de ses murs, que dans
ses accords avec les rois de France, Mantes s'engageait à entretenir à ses frais, tout cela est plus vieux que l'an 1006, au moins
pour les fondations.

Mais jusqu'à dire que l'Eglise Notre-Dame fut fondée par un
empereur romain, au temps même de Clovis ; que les danois la
brûlèrent au IX° siècle ; que la princesse Letgarde était comtesse de Mantes, et tant d'autres choses aussi peu prouvées,
nous nous en garderons. La conclusion la plus sûre à tirer de ce
que nous savons pertinemment, la plus juste au demeurant,
c'est que la ville de Mantes, dont l'existence est ancienne,
n'acquit une véritable importance qu'à partir du XI° siècle.
Avant ce temps elle existait, mais elle n'a été mêlée à aucun
évènement assez considérable pour avoir mérité de nous être
transmis par les chroniqueurs du moyen âge ; au moins aucune
relation ne nous en est-elle parvenue.

Nous pourrions peut-être trouver la raison de ce silence :
c'est que Mantes ne possédait aucune agglomération nombreuse
de religieux. La collégiale, gouvernée par des séculiers aux allures
un peu bourgeoises, n'a eu personne pour écrire anciennement
son histoire. Car il est à remarquer, en effet, que toutes nos
chroniques historiques, sont les œuvres de quelque grand couvent, comme Saint-Denis, Saint-Wast, Saint-Bertin, Saint-
Wandrille, Jumièges, etc.

A ce silence, il y a peut-être encore une autre explication :
nous croyons qu'il tient à une indépendance relative de la ville
ancienne. Mantes, à la vérité, fait partie du Vexin, mais n'y est
qu'annexée et en est séparée par la Seine. Avant cette époque,

Théotbert, père de Robert le Fort, est comte de Madrie et doit posséder le territoire de Mantes. De ce temps on sait peu de chose et nos conjectures ne vont pas jusque là. Nous savons d'une façon plus certaine qu'en 1074, la ville appartenait à Simon de Crépy, comte de Vexin, qui se fit moine de Cluny à l'abbaye de Saint-Claude. A sa mort, Philippe 1er s'en empara et la réunit, pour ainsi dire à jamais, à la couronne. Les comtes de Meulan, n'en déplaise à Levrier, n'ont donc pu la posséder. Ils y avaient peut-être certains droits héréditaires ; mais quoi qu'en disent les historiens de Meulan, la ville elle-même ne leur à jamais appartenu ; ce que nous comptons du reste établir plus loin, d'une façon irréfutable.

Le baron d'Ivry y possédait l'Etape ou marché devant l'église ; la famille des Mauvoisins avait le droit de travers ; comme seigneurs de Rosny, ils prétendaient à la propriété de la Garenne, entre Mantes et Rosny ; des religieux y jouissaient aussi de certains droits, mais aucun d'eux n'était seigneur et maître de la ville (1). Le comté de Mantes et Meulan, ne fût créé qu'après la réunion de cette dernière ville à la couronne et quand déjà depuis longtemps, Mantes relevait directement de l'autorité du roi et jouissait d'une charte de commune des plus anciennes.

Cependant, même après la réunion à la couronne, Mantes se gouverne par elle-même. Elle n'est pas dans une dépendance aussi étroite que Meulan ou tout autre ville féodale. C'est une ville fermée et comme telle, jouissant de nombreux privilèges. Le maître, pour être plus puissant que celui de Meulan, ne réside pas dans ses murs, et pourvu qu'elle se soumette à payer tout ce qu'exige le rouage compliqué des redevances féodales, elle est à peu près maîtresse chez elle, non seulement au moment où son nom se revèle dans la charte de Gauthier le Blanc, mais encore jusqu'au XVIe siècle.

La ville est importante ; son organisation bourgeoise en fait foi, mais ce n'est le chef-lieu d'aucune seigneurie féodale : duché, comté ou baronnie. Les bourgeois nous paraissent très occupés de commerce, d'industrie et d'agriculture. A titre de comté, ce n'est qu'un apanage appartenant tantôt à l'un, tantôt à l'autre, suivant l'intérêt du roi. Ici, point d'abbé puissant, défendant avec acharnement son temporel, comme à Vezelai ;

_____

(1) Ce sont les Mauvoisins qui semblent y avoir eu le plus de droits, après les seigneurs de Vexin.

point d'évêque turbulent ou cruel comme à Laon, à Beauvais, à Reims, etc. La Collégiale dépend, en grande partie, au temporel de l'autorité communale, et le maire et le doyen, s'efforcent de vivre en bonne intelligence et y réussissent. Il n'y a donc que le roi, qui est loin, et des bourgeois faisant leurs affaires.

Sans doute un château fort se dresse au point culminant de la ville : c'est le signe féodal ; mais les bourgeois semblent en avoir peu de souci. Au contraire, l'enceinte de murailles dont la ville est entourée, paraît être leur chose. Ils l'entretiennent à leurs frais, dès les temps les plus reculés, et cela, bien moins dans l'intérêt d'un seigneur quelconque, que pour se défendre des innombrables ennemis auxquels cette société barbare et sans police les expose chaque jour. Ils vivent dans un temps où le chacun pour soi est une maxime de morale suprême : ils repoussent vigoureusement les attaques des brigands et des ambitieux.

Cette bourgeoisie militante était surtout commerçante et agricole, et nous y trouvons, au XIᵉ siècle, une communauté intérieure peu étendue en dehors de ses murs, mais solidement établie, dont l'objectif principal était une industrie assez active, la vente du vin et des cuirs et la possession du passage de la Seine. Peut-être, ne dépendant que d'eux-mêmes, ces bourgeois en traitant au mieux des circonstances, et en se pliant aux nécessités des temps, purent-ils échapper en partie à la destruction qu'apportaient partout avec elles les hordes danoises. C'est ainsi d'ailleurs que, plus tard, leur position au milieu d'ennemis toujours prêts à s'entre-déchirer, leur valut le maintien de cette quasi-indépendance, dont l'étendue aura lieu bien souvent d'étonner le lecteur.

Ainsi placée aux confins du duché de France, du Vexin et de la Neustrie, Mantes qui avait pu rester ignorée au milieu de la confusion de l'époque carolingienne, acquit une grande importance au fur et à mesure de la formation des grands fiefs. La Neustrie, après le traité de Saint-Clair-sur-Epte, était devenue la Normandie, c'est-à-dire un duché considérable et menaçant pour l'autorité royale encore mal établie. Meulan, dont les comtes avaient d'immenses possessions en Normandie, suivait la fortune de ses maîtres et était souvent en révolte contre le souverain. Mantes, au contraire, veillant sur elle-même d'abord et fidèle au roi ensuite, était comme une sentinelle avancée toujours convoitée par son entourage. C'était pour le

Normand, la porte de la France, comme c'était la clef de la Normandie pour le roi de France. Si l'on joint à cela que les habitants avaient l'allure militaire et savaient se bien défendre à l'occasion, on comprendra de quel intérêt était la possession de la ville. C'est cette position difficile qui la fit sans doute sortir de son obscurité, et peut-être de sa quiétude. C'est à elle aussi qu'elle dût le rôle considérable qu'elle était appelée à jouer.

Avant de nous occuper de ce rôle, qui est le fonds même de notre chronique, nous avons encore à régler deux ou trois points controversés de l'histoire de Mantes.

Mantes-le-Château, Mantes-la-Ville et Mantes-l'Eaue. — Si la question des origines de Mantes est obscure, il en est une autre qui ne l'est pas moins : c'est cette division des trois parties dont Mantes fut formée, au dire des historiens de la ville. Toute cette dissertation est d'ailleurs peu intelligible dans Chrestien, bien qu'il l'ait fort longuement traitée. L'erreur dans laquelle sont tombés tous les auteurs de nos annales locales, est du reste des plus naïves. Ils se sont laissés prendre à ce mot de *ville*, avec une bonne foi dont nous sommes surpris ; et admettant comme très avérée, la destruction de la ville par les danois (1), les conséquences pour eux étaient forcées. Leur ville primitive se trouvait sur l'emplacement de Mantes-la-Ville ; puis, après la destruction de cette cité, les habitants réduits à un petit nombre se réfugièrent dans le château ou à ses pieds, sous sa protection.

· *Mantes-la-Ville*, grâce à la fidélité de quelques cultivateurs, ne fut plus qu'un village, et la nouvelle ville, *Mantes-le-Château*, formée de la forteresse et des habitations riveraines de la Seine, ou *Mante-l'Eaue*, se développa dans le périmètre que nous ferons connaître avec les fortifications.

Tout ceci, à vrai dire, n'atteint pas à une haute importance et peut être discuté et rétabli en peu de mots. La désinence *ville*, dans son acception ancienne, a une valeur bien connue. Elle indique un lieu habité peu considérable et correspond à notre mot *village*, parfois même à une ferme ou métairie. C'était, dans la langue latine, un diminutif dont nous avons fait un augmentatif. Il vient peut-être même à l'appui de la thèse que nous

(1) Ou les Normands.

soutenons, sur l'ancienneté de Mantes. Mantes-la-Ville, c'est l'indication du village près de Mantes, dont il fut longtemps faubourg ou banlieue, mais ce n'a jamais été Mantes (1). On a dit que c'était la ville ancienne et qu'on y avait trouvé d'importantes substructions. Ceci serait une preuve, mais elle manque complètement. Nous ne connaissons rien de semblable et malgré nos recherches dans les fouilles du sol de Mantes-la-Ville, nous n'y avons jamais trouvé que du sable, qui est le sol naturel. Une seule partie est ancienne et d'une ancienneté connue et limitée : c'est le faubourg Saint-Lazare, dans la partie occupée par le cimetière et l'hopital. Il existe des amorces d'un souterrain ou chemin couvert aux environs de l'ancienne Porte-aux-Saints, mais c'est un genre d'ouvrage très-connu dans l'art de la fortification au moyen âge. Il est du reste beaucoup trop éloigné du centre de Mantes-la-Ville, pour avoir jamais dépendu de ce village. Nous connaissons un semblable chemin couvert, aux abords de la Porte Chant-à-l'Oie.

Quant à Mantes-l'Eaue, la question ne nous semble pas d'une solution plus embarrassante. La configuration de cette bande de terre étroite, placée au bord de la Seine et protégée par l'ombre farouche de la vieille forteresse, ne permettait pas un grand développement. Ce quartier resserré, habité sans doute par les nombreux pêcheurs de la ville et surtout par l'importante corporation des tanneurs, n'a jamais pu former une ville à part.

Quant à cette autre opinion, émise par les chroniqueurs de Mantes, et admise bien légèrement, croyons-nous, par M. A. Cassan (2), que Mantes-l'Eaue s'étendait depuis Mantes jusqu'à Villiers, en suivant la Vaucouleurs et passant par les Cordeliers, elle est inadmissible. Un quartier de ville, de 1,500 à 2,000 mètres d'étendue ne disparaît pas sans laisser quelques traces ; et celui-là n'en a pas laissé une seule. Tout ce sol est connu ; il a été fouillé pour l'extraction de la terre nécessaire à une tuilerie, et il ne contient rien autre chose que de la glaise. Du reste, l'histoire des fortifications de Mantes, que nous décrirons par la suite, l'état de culture constant dans lequel a toujours été le plateau des Martraits; cette butte des Cordeliers formant défense naturelle, enlevée dans le courant du XVIII° siècle, et sur

(1) Deux ou trois communes de l'arrondissement ont joint ce mot ville à leur nom : Saint-Hiliers-la-Ville, Velanne-la-Ville, etc.
(2) Statist. p. 230.

laquelle s'étend la promenade actuelle ; l'absence certaine de substructions dans toute cette partie de la banlieue ; enfin, le nom même de *Villiers* indiquant encore une *Villa*, tout concourt à faire rejeter cette opinion.

Nous ne pouvons voir dans Mantes-l'Eaue, qu'une de ces appellations de quartier, comme il en existe tant dans les anciennes villes. Mantes-l'Eaue, c'était le quartier au bord de l'eau, habité par les mariniers, les pêcheurs, les tanneurs ; le quartier du fort, traversé par le rû de Mantes-l'Eaue. Ce rû lui-même, détourné par un travail d'art très ancien de son cours naturel, tirait son nom du quartier pour lequel il avait peut-être été amené dans la ville.

La position stratégique de Mantes, si semblable à celle de Meulan, de Pontoise et de bien d'autres villes de la même région, de la même époque et de la même importance, indique d'une façon certaine que le cœur de la ville était à coup sûr le château, et toute la partie qui s'étend à l'entour et sur le penchant auquel Mantes est adossée.

Mantes-l'Eaue, était donc un moyen de distinguer le quartier bas de la ville, proprement dite, de Medonta, du quartier de l'église placé sur la butte du Mont-Eclair ou Mont-Epervier et occupé par le château. Ce quartier, habité par le clergé et les officiers et soldats du château, était plus spécialement *Medonta Castrum*, Mantes-le-Château.

Dans les textes anciens, on trouve *Medonta Castrum* toutes les fois qu'il s'agit des choses de guerre ; *Mantes-l'Eaue, Medonta Aqua*, dans quelques sentences des Olim, pour le passage de la Seine et pour la juridiction du rû des Cordeliers. Mais *Mantes* et *Medonta*, sans épithète, s'entendent toujours de la commune : *Maior de Medonta*. Cette distinction n'est peut-être pas rigoureuse, mais en général elle est exacte.

Tout ce qu'on peut conjecturer, c'est que ce quartier, à cause de son industrie active et riche, a pu rester une propriété féodale d'un bon rapport et, fut comme tel, soumis à une juridiction particulière. Un arrêt de la Chambre des comptes de Marie de Brabant, le donne à penser (1).

Chrestien, dans ses dissertations si diffuses, a voulu prouver encore, que le quartier autour de Saint-Maclou était la ville ancienne, s'étendant au loin vers l'ouest. Après l'incendie de 1087,

---

(1) V. *Olim* et *Inv. de 1543.*

ce quartier à peu près ruiné, se serait trouvé amoindri et réuni à la partie de la ville située au-devant du château. Tout cela est mal coordonné, et l'espace situé entre l'Etape et Saint-Maclou, n'est pas assez considérable, pour constituer l'assiette d'une ville. Il est trop évident aussi, que les soldats de Guillaume brûlèrent et détruisirent les récoltes du côté de Gassicourt (1), et conséquemment la ville ne pouvait s'étendre au-delà de l'enceinte fortifiée que nous aurons à faire connaître. Chroniqueurs et commentateurs, paraissent avoir été tourmentés de cette idée de créer une ville très grande ; Mantes, en somme, avait l'étendue de toutes les villes fortes de notre contrée : Meulan, Pontoise, Chaumont, Dreux, Gisors, etc. Il leur était pourtant facile de voir que vers l'an 1027, le cimetière, comme nous l'avons dit, était au milieu de la ville et l'Hôtel-de-Ville, à l'endroit où nous le voyons encore ; que ce cimetière nuisant au développement de la ville et surtout aux transactions commerciales, fut supprimé, transféré où il est, et sur l'emplacement où avaient dormi les vieux ancêtres, on fit une place publique et un marché couvert pour les bourgeois.

Conclusion. — Nous venons d'exposer le résultat de nos recherches sur les origines probables de la ville de Mantes. Nous n'avons pris que les grands côtés de nos chroniques. Ils étaient en contradiction flagrante avec la vérité historique. Nous croyons à une ancienneté relative de la ville, mais nous ne pouvons préciser à quelle époque elle remonte. Au fond, cela importe assez peu, puisque nous n'aurions aucun fait à y rapporter.

Nous n'avons pas pris, l'un après l'autre, tous les paragraphes qui commencent notre chronique. Chaque chose maintenant viendra en son temps. Nous relèverons alors les erreurs de détails et le plus souvent légères, de nos prédécesseurs. Nous tâcherons surtout de combler les omissions nombreuses commises par eux, en interpolant tous les faits qui leur sont demeurés inconnus. Nous complèterons enfin, tous ceux qu'ils ont rapportés trop succintement.

D'ailleurs, à part les commencements et quelques grandes lacunes, tous les faits rapportés sont à peu près exacts. Cependant, comme beaucoup de grands faits historiques ou politiques ont échappé aux auteurs des Antiquités de Mantes, notre rôle

(1) C'est peut-être là l'origine du nom de la rue *Gdte-Vigne*.

consistera autant à agrandir le cadre de notre chronique, qu'à
en corriger les erreurs.

DU NOM DE MANTES

Nos études, sur les origines de notre ville, seraient incomplè-
tes si nous n'y ajoutions quelques considérations sur le nom
même de Mantes. Il n'est pas sans intérêt de faire connaître ici,
les formes différentes sous lesquelles on rencontre ce nom, et
les étymologies acceptables dont on a essayé de le faire dériver.

La manière dont ce nom est écrit dans les écrivains du moyen
âge est des plus variables. Ces variations orthographiques, qui
sont au moins au nombre de quarante, sont dues à plusieurs
causes. Les unes, les plus essentielles, tiennent évidemment au
génie de la langue, aux transformations successives que ces
noms ont dû subir pour arriver à la forme moderne définitive,
ou bien encore à l'origine des écrivains qui nous les ont transmises et où l'on sent quelquefois l'influence de leur langue ma-
ternelle ; d'autres, et ce sont les plus nombreuses, sont des effets
du peu d'attention ou de l'indifférence des copistes en matière
d'orthographe. Beaucoup encore sont dues, sans aucun doute, à
des erreurs certaines. Quant aux formes de ce nom, les plus récentes et que nous appellerons définitives, comme *Mante* et
Mantes, elles paraissent être la perpétuation à travers les âges,
d'une forme usitée de tout temps dans le langage du peuple.

Si on accepte notre manière de voir sur l'attribution que nous
laissons à notre ville, d'après Fortunat, de *Mantela*, *Mantola*,
ou même *Mentula ;* si on y ajoute *Medanta*, d'après le Polyptyque d'Irminon et les chartes de Gauthier II le Blanc, on voit que
ce sont là les formes les plus anciennes qui nous soient connues
du nom de Mantes.

Après celles-là, viennent à peu près par ordre de date, les
orthographes suivantes : Sur une monnaie de Philippe Ier, dont
nous connaissons seulement deux exemplaires, on trouve ce
nom écrit *Medanteun ;* puis sur d'autres, de Louis le Gros, frap-
pées à Mantes même, *Nata*, pour *Mata*, c'est-à-dire *Manta*. Ces
deniers de Louis le Gros sont nombreux ; leur attribution à
Mantes a été contestée, mais nous comptons bien les restituer
comme il convient, à notre ville. Ces abréviation si complètes

sur les monnaies du moyen âge, sont très fréquentes et nous espérons démontrer qu'elles ne sauraient empêcher cette restitution.

La forme la plus ordinaire, la plus correcte et la plus généralement adoptée, est *Medunta* et *Medonta*, ou encore *Meduntum* et *Medontum*. C'est celle des chartes originales, des sceaux des Archives Nationales, des Arrêts des Olim, etc. Le mot *Menota*, d'un sceau de 1307, est une grossière erreur du graveur.

La *Chronique de Normandie*, ainsi que le *Ménestrel de Reims*, écrits tous deux en langue vulgaire, nous font connaître le nom de *Mante* correct et sans *s*. Mais le *Ménestrel de Reims* ou ses copistes, ne se sont pas fait faute d'employer les variantes et les orthographes les plus capricieuses. Nous y voyons : *Maiente, Méante*, et *Mate*, formes certainement les plus usitées dans la langue commune ; puis *Maience, Maienche*, qui sentent le picard ; et enfin *Meence* et *Amyens* qui sont des corruptions ou des erreurs inexplicables.

Orderic Vital, dont l'Histoire Ecclésiastique nous sera d'un grand secours, écrit *Madantum, Medantum* et *Meduntum ;*

Guillaume de Malmesbury : *Mundantium ;*

Les *Grandes Chroniques de France* nous donnent par une faute singulière, *Meum* et *Mehum*. Peut-être faut-il n'y voir qu'une abréviation incomprise des copistes, ou inaperçue des éditeurs. Nous lirions volontiers *Meum* pour *Medontum*.

La *Chronique Anglo-Saxonne* écrit *Mantua* et *Mathanta ;* Roger de Hoveden, *Mantuntum*, etc.

Enfin, toutes ces formes elles-mêmes ont fourni par erreur, par l'inattention des copistes, en substituant une lettre à l'autre, ou en en ajoutant d'inutiles :

Maante (1), Mandantium, Medantium, Metanta, Matanta, Mathanta, Mathunta, Manthe, Mente, Mathum, Mandent, Amante, Mahunt, Medandeum, etc.

Tous ces noms, si divers dans leur orthographe, se rapportent d'une façon indiscutable à notre ville de Mantes. Outre qu'ils indiquent le peu d'importance qu'on attachait à écrire correctement un nom, ils nous apprennent au moins une chose bien certaine : dans tous les documents écrits en langue vulgaire, ce nom se présente toujours sous la forme *Mante*, avec toutes les

---

(1) Ce redoublement de l'*a* indique simplement une diphtongue longue ; c'est comme s'il y avait Mântes.

4

altérations possibles et impossibles; au contraire, dans les chroniques écrites en latin, c'est toujours sous la forme de *Medunta* ou Méduntum qu'il nous est transmis. Toutes les autres manières de l'écrire, dans la langue du peuple ou dans la langue savante, dérivent de ces deux formes, quelles que soient les altérations qu'elles aient subies. On peut donc affirmer à coup sûr, que *Mante* ou *Maante*, est le nom primitif de la langue parlée, comme *Medunta* est celui de la langue écrite dans les chancelleries, les couvents, ou par les greffiers et les notaires.

A quoi tient cette différence si radicale entre le nom vulgaire de Mantes et le nom latin? Nous ne pouvons faire mieux que de citer la réponse de Monsieur A. Moutié (1) : « Avec le mot « *Medanta*, quelle que soit d'ailleurs sa signification, il n'est plus « nécessaire d'aller chercher l'étymologie du nom de Mantes « dans la langue grecque ou dans la celtique. *Medanta* a fait « Mantes, comme *Melodunum* a fait Melun, comme *Meldi* a « fait Meaux, *Medericus* Méry, *Rodbertus* Robert, etc. On sait « que rien n'est fréquent comme la suppression de la lettre D, « qui peut-être ne se prononçait pas dans certains mots de notre « langue française ancienne; ainsi *advenir* a fait avenir, *vin-* « *drent* vinrent, *adpercevoir* apercevoir, etc., etc. » Nous ajouterons à ces exemples, celui de Rosny, que nous trouvons écrit *Rodonium*, puis *Rooniacum* sans le *d*. Le nom d'Epône a eu le même sort : *Sepedonum* fit *Speonum*, etc. La suppression du *d* se retrouve là, comme dans tous les mots cités par M. A. Moutié.

Nous abordons maintenant la question de l'étymologie de ce nom de Mante. Mais soit que l'on porte les recherches sur le nom vulgaire, soit au contraire, qu'on n'envisage que le nom latin, le résultat n'est pas plus satisfaisant dans un sens que dans l'autre et, de ce côté, l'origine est des plus obscures.

Un homme d'une grande érudition, Eloi Johanneau, a écrit à l'auteur de la *Statistique de Mantes*, une lettre fort spirituelle sur ce sujet. Malheureusement, la lettre est longue et d'une subtilité de conception qui pourrait bien ne pas plaire à tous nos lecteurs. Nous résistons donc au désir de la citer tout entière, et nous nous contentons de l'analyser. Elle concerne, du reste, à peu près tous les noms des lieux environnant notre ville.

(1) *Loc. cit.* page 9.

Eloi Johanneau fait venir *Medunta* du mot grec *Methuón, Methuontos: enivrant*, qu'il traduit par : la ville où l'on s'enivre. On est bien étonné de voir la langue grecque intervenir en cette affaire ; et cependant ce n'est pas la première fois. Mais le savant critique donne de fort curieuses raisons de son opinion et elles sont au moins amusantes par les rapprochements ingénieux qu'elles lui suggèrent.

Il voit la ville antique de Mantes entièrement livrée au culte de Bacchus, comme sa voisine et sa rivale, Meulan, est vouée au culte de Cérès. Les deux villes tirent leurs noms de deux participes, l'un grec : *Methuón, enivrant* ; l'autre latin, *Molens*, la ville où l'on moud le blé. Il a raison, au moins une fois sur deux ; l'étymologie de Meulan n'est pas discutable, pas plus que son ancien commerce des *meules* de moulin.

Eloi Johanneau regarde autour de la ville de Bacchus et tout le confirme dans son idée. Il voit les *Moussets*, « dont le nom est évidemment un diminutif de *moûts, musta*, vins doux. » Dans la chapelle de Saint-Sauveur, creusée dans le flanc d'un coteau couvert de vignes, il voit un antre de Bacchus, dont le surnom grec est *Sôter, sauveur* ; au-dessus de Limay enfin, est le *Petit Meslier*, qui est encore le nom d'un raisin. Plus loin, vers Guerville est le *Pressoir des Champs*, puis les *Gois*. Il n'est pas jusqu'au village de Saint-Martin-la-Garenne dont il ne fasse un argument : c'était le patron des buveurs, et l'ivresse est le *Mal Saint-Martin !*

Tout cela est ingénieux, trop ingénieux même, et nous ne pouvons y voir autre chose qu'un jeu d'esprit, parce que nous ne saisissons point par quels rapports Mantes aurait pu emprunter son nom au grec, qui n'a eu d'action topique que dans le midi de la Gaule.

Pour la même raison, nous nous refusons à accepter pour étymologie un autre mot grec, *Mantès, divination* (1), sous le prétexte spécieux qu'avant la conquête romaine, la ville était non loin de Dreux, au milieu ou à la lisière des forêts sacrées où les druides exerçaient avec éclat, l'art douteux de prédir l'avenir. Cela ne nous convertit point (2).

(1) *Nouv. recherches sur la France*, T. I.

(2) Voici encore un autre rapprochement : Mantoue, *Mantua*, en Italie reçut, dit-on, son nom de la *prophétesse Manto*, mère d'Ocnus. Or, la ville de Mantoue fut prise au IVᵉ siècle av. J.-C., par une armée de Gaulois cénomans et Aulerques, c'est-à-dire appartenant au territoire du Mans et d'Evreux. Quel beau jeu pour l'étymologie !

Reste enfin une troisième opinion : c'est celle émise par dom Toussaint du Plessis (1). Il fait venir le nom de Mantes du celtique, de *Man, Maen, Men,* roche ou pierre, et *tal, taol, toal, tol, dol*, extrémité, ou table, ou construction. On sait bien peu de chose des langues celtique ou gauloise ; mais enfin, d'après cette opinion, ce serait donc la ville bâtie sur la roche ou à l'extrémité de la roche. Cette étymologie, comme on le voit encore, rapprocherait le mot Mantes, Man-tal, du mot Dolmen.

A la rigueur l'explication semble admissible, et la ville ou la citadelle antique, bâtie à l'extrémité du Mont-Eclair, ou Mont-Epervier, formé d'un tuf dur et résistant, paraît réunir toutes les conditions requises pour que ces mots de *Man Tal* lui soient tout à fait applicables. Mais aussi combien de sérieuses objections n'aurait-on pas à élever contre cette étymologie. Que de villes ou de citadelles, bâties dans les mêmes conditions topographiques que Mantes, bien plus anciennes, et pourtant ce nom est seul dans toute la France, sans équivalent, sans un autre qui lui ressemble, même d'un peu loin. Et puis, cette solution convenable pour le mot *Mantes*, laisse le *Medunta* latin sans explication.

A la vérité, si on adopte nos conclusions sur le *Mantela* de Fortunat que nous attribuons à Mantes ; si du même coup on repousse l'opinion de M. Guérard qui en fait Maule, nous avouerons que le rapprochement est beaucoup plus sensible. Si on remarque la corrélation qui existe entre Mante, Mantela et le *Petromantalum* de l'*Itinéraire d'Antonin*, le *Man-Tal* de T. du Plessis finira peut-être par être admissible.

Quoi qu'il en soit, trop ignorants de tout ce qui tient à la langue primitive des Gaules, sur laquelle les notions sont encore si vagues et si incertaines, nous n'osons nous prononcer définitivement en faveur de l'étymologie de dom Toussaint du Plessis. Elle est attrayante, c'est celle qui serre de plus près, et la situation physique de la ville et un des noms anciens que nous lui attribuons. Mais nous confessons volontiers que tout cela, au moins quant au Mantela de Fortunat, ne repose pas sur des preuves absolument irrécusables. Nous avons dit sur ce sujet, tout ce que nous savions ; nous n'avons trouvé rien de mieux à alléguer et dans une certaine mesure, la question reste réservée.

Encore un mot et nous avons fini. L'usage a consacré l'orthographe de Mantes avec un *s*. Contrairement à l'opinion admise,

(1) Loc. cit. T. II p. 245.

cette forme n'a pas pris naissance exclusivement dans la ville. La plupart des textes anciens portent Mante sans *s*. Chrestien et Aubé l'écrivent ainsi ; le maire Guillaume Lenoir, l'écrit en 1715, avec un *s*. Félibien, au xviie siècle, dans son *Histoire de Saint-Denis*, l'écrit avec un *s*. Il n'est donc pas vrai que cet *s* représente, comme on l'a trop dit, la réunion de Mante-le-Château, Mante-la-Ville et Mante-l'Eau. Cet *s* est venu peu à peu, comme dans beaucoup de noms de villes : Versailles, Andelys, Etampes, etc. On sait que dans les noms de villes antiques, comme Chartres, Nantes, Vannes, etc., cet *s* représente le pluriel des peuples : *Carnutes*, la ville des Carnutes, etc.

Mantes n'a pas de prétentions semblables à faire valoir ; aussi dans le texte de notre Chronique, emprunté à Aubé, nous écrirons constamment Mante sans *s* ; et pour obéir à l'usage généralement adopté, dans la partie qui est notre œuvre, nous écrirons : Mantes.

LA CHRONIQUE DE MANTES

§ Ier. **Commencement des antiquités de Mante.** —
La ville de Mante [diocèse de Chartres] est une des plus
belles et accomplies qui soit en la province, plaisante et
agréable pour sa situation, étant bâtie sur le penchant d'une
petite colline. Egalement éloignée des montagnes, mouillant
l'un de ses côtés dans le grand fleuve de la Seine qui, au-
dessus de ladite ville, se sépare en trois bras qui se rejoi-
gnent au-dessous, faisant à la face de ladite ville plusieurs
belles et verdoyantes îles, bien couvertes de saules, où les
habitants se peuvent promener et prendre récréation. Et sur
lequel fleuve, il y a un très beau pont ancien, de pierre de
taille, contenant trente-sept arches, ayant six cents pas de
long, sur seize pieds de large, fermé et fortifié de trois portails et pont-levis, une herse à trébuchet et forte barrière ;
au bout duquel est le très renommé village de Limay, pour
le délicieux et excellent vin qui y croît, qui sert de faubourg
à ladite ville de ce côté.

D'un autre côté est la plaine et garenne de Rosny, la plus
grande partie plantée en vigne qui rapporte de très bon
vin ; et d'autre côté sont les prairies et vergers les plus
beaux et mieux plantés qui se puissent voir et qui rapportent
de très bons et excellents fruits.

Ce lieu ressemble à un second jardin d'Adam, étant arrosé
de deux petites rivières (1) qui le rendent encore plus agréable. Lesquelles se déchargent toutes deux dans la Seine,
l'une à cinquante pas au-dessus du pont, après qu'elle a passé

(1) Il n'y a qu'une seule rivière ; seulement la Vaucouleurs a un bras forcé,
qui fait tourner les moulins de Mantes-la-Ville, et se jette dans la Seine
au-dessous de Mantes.

par dedans ladite ville où elle fait tourner plusieurs moulins ;
[et l'autre a environ mille pas dudit pont]. M.

Mantes est encore aujourd'hui à peu près dans l'état où l'a
vue l'auteur des *Antiquités*. Les bras de la Seine, cependant, se
sont comblés, et des îles qu'ils formaient autrefois, il n'en reste
plus que deux devant la ville : l'*Ile-aux-Vaches* et l'*Ile-de-Limay*. La promenade de l'*Ile-aux-Dames*, nommée aussi *Ile-
Champion* ou *Ile-de-l'Aumône*, s'est soudée à l'*Ile-Poiré*, qui
est réunie elle-même à la plus grande, ou *Ile-de-Limay*.

Quant au vieux pont qui traversait les anciens bras, depuis
le quai de Mantes jusqu'à la chaussée de Limay, et qui se composait de trois tronçons, nous aurons plus d'une fois l'occasion
d'en parler. Lors des troubles de la Ligue, une de ses parties dut
être démolie et fut reconstruite à la paix, par les ordres de
Sully. On dit que c'est celle qui existe encore sur le bras de
Limay. Nous essaierons alors de démontrer qu'il n'en est rien ;
que cette partie est au contraire la plus ancienne et appartient
sans aucun doute au pont primitif, bâti, suivant notre Chronique
même, vers 1172 (1).

§ 2. **Nombre des rues, maisons et églises de ladite
ville.** — Ladite ville contient en son enclos, soixante-
douze rues, presque toutes fort grandes et belles, dans lesquelles se trouvent plus de onze cents maisons, partie belles,
grandes et bien bâties, sans les jardins et plusieurs églises
et paroisses ; dont la plus grande est la Collégiale dédiée à
Dieu, sous le nom de sa très sainte et sacrée Mère ; fondée
de huit chanoines, huit vicaires, diacres, sous-diacres et
maître des enfants de chœur, avec plusieurs chapelains. En
laquelle église, il y a plusieurs beaux et saints reliquaires, et
entre autres ceux de saint Marcoul et ses compagnons,
saint Domard et saint Cariulphe, à l'intercession desquels
plusieurs personnes viennent de fort loin en pélerinage.
Dans laquelle église, il y a la paroisse de Sainte-Croix, fondée pour les officiers et magistrats de ladite ville, qui auparavant était au château de ladite ville, sous le nom de Saint-

(1) Au moins pour les fondations, comme nous le verrons.

Lubin, et qui y a été transférée, environ l'an 1450. Lesquels officiers et magistrats n'ont plus ce privilège, ainsi qu'il se verra ci-après (1). Il y a de plus l'église paroissiale de Saint-Maclou, qui est fort ancienne (2), fondée d'un curé, vicaire, sous-vicaire, huit chapelains et un sacristain.

Il y a encore en ladite ville, quatre couvents de filles, qui sont : l'Hôtel-Dieu qui est fort ancien, fondé sous le nom de l'*Annonciation de la Sainte-Vierge*, et où l'on retire plusieurs malades, tant hommes que femmes ; les Ursulines qui est fort grand [le couvent] et où il y a beaucoup de religieuses ; le couvent des religieuses Bénédictines et les sœurs de la Congrégation.

Il y a hors l'enclos de ladite ville, deux prieurés de fondation royale ; de plus, trois couvents d'hommes, qui sont les Célestins, de riche fondation royale, les Cordeliers et les Capucins. Il y a aussi un fort bel hôpital, où l'on reçoit tous les pauvres valides de ladite ville et les enfants trouvés, et où tous les principaux de la ville, les uns après les autres, sont administrateurs.

Les prieurés de Saint-Georges, de la Madeleine et de Saint-Martin sont des plus anciens. Ils sont cités dans la liste des prieurés du Pincerais, inscrits dans un pouillé de Chartres du XIIIe siècle (3). Saint-Georges et la Madeleine dans la ville, et Saint-Martin situé à la Porte-aux-Saints, étaient à la collation du roi. Le prieuré de Gassicourt, était à la nomination de Cluny : sa fondation est de l'an 1049. Celui de Saint-Julien fondé après 1223, au décès de Philippe-Auguste, n'est pas cité dans le pouillé de Chartres (4).

Le prieuré de Saint-Martin valait, au XVIIIe siècle, 1200 livres par an ; celui de la Madeleine, fondé en 1133 et dépendant de

---

(1) La séparation définitive des paroisses de Sainte-Croix et de Saint-Maclou n'eut lieu qu'en 1715 ; le manuscrit d'Aubé, finissant en 1716, fournit la date de sa composition intégrale. Marion, malgré quelques variantes, dit aussi la même chose. Le manuscrit que nous avons choisi comme type n'est donc pas plus ancien que cette époque.

(2) L'église de Saint-Maclou était au contraire peu ancienne. Il y a là une allusion à l'édification de l'église sur un temple de Cybèle dont nous avons parlé.

(3) *Cart. de Saint-Père*. T. I. p. CCCI.

(4) Il est donc antérieur à 1223, contrairement à l'opinion de M. Guérard.

l'abbaye de Coulombs (Eure-et-Loir), valait 4 à 5,000 livres. Celui de Saint-Georges était plus considérable et celui de Gassicourt, rapportait 6 à 8,000 livres. Ils furent tous supprimés à la Révolution.

Nous traiterons, à leurs paragraphes, de l'Hôtel-Dieu, des Cordeliers, des Célestins, etc.

Quant à Saint-Maclou, nous en avons déjà parlé. Chrestien pense qu'après la conversion de Constantin, le temple de Cybèle fut remplacé en 306, par une église et un hôpital dédiés à saint Maclou. Les traditions sont souvent respectables, mais celle-ci ne supporte pas l'examen. Constantin succéda à son père en 306, mais ne se convertit qu'en 312. En 313, il rendit le célèbre édit de Milan, qui proclamait la religion chrétienne, religion de l'Empire. Enfin, nous remarquerons simplement encore, que saint Malo, ou Maclou, évêque d'Aleth en Bretagne, ne mourut qu'en 536.

§ 3. **Ancienne grandeur de la ville de Mante et de la paroisse Saint-Pierre.** — Ladite ville était anciennement beaucoup plus grande qu'elle n'est à présent. Laquelle était bâtie dans l'enclos que nous appelons Arrières-Fossés ; étant plus longue que large et en façon d'arc, aboutissant d'un bout vers les Cordeliers, à la petite rivière qui lui servait de fossé, et d'autre bout à la grande rivière de Seine. La paroisse de laquelle ville était Saint-Pierre, qui est à présent lès-Mante, qui est une des plus anciennes églises et paroisses de l'évêché de Chartres, et selon l'ancienne tradition, a été honorée des disciples et contemporains des disciples de Notre-Seigneur, qui y ont célébré et offert le saint sacrifice de la Messe.

Ladite ville est aussi décorée d'un château royal, d'un auditoire, d'une maison et communauté de vilie, d'un lieutenant de police. Il y a aussi un Présidial, un Baillage et Election d'où ressortissent quatre-vingt-quatorze bourgs et villages ; une Prévôté et Chatellenie Royale, Grenier à sel, Maréchaussée, Eaux et Forêts (1) et un Voyer. Il y a aussi une

(1) Dépendant de la maîtrise de saint Germain.

juridiction ecclésiastique appelée Archidiaconé de Pincerais, autrement l'Officialité, dépendant de Chartres.

Nous avons dit notre opinion sur l'existence de la paroisse de Saint-Pierre. Nous croyons à son ancienneté incontestable, mais Chrestien se trompe quand il dit que l'église fut bâtie dans le premier siècle, ainsi que Saint-Etienne de Mantes-la-Ville. Il ajoute encore, que ce fut en même temps que Saint-Pierre-le-Vif, de Sens. Ce sont de pieuses légendes que la discussion historique ne saurait admettre.

L'église de Saint-Pierre ou Saint-Per, bâtie dans le principe en l'honneur de saint Paterne, était située rue Saint-Pierre, sur l'emplacement du n° 19 et très probablement sur le bord d'un grand chemin de Paris à Evreux, qu'on trouve encore dans les bois de Châtillon, au-dessus de Rolleboise, où il porte le nom de *Vieux chemin d'Evreux*. Ce chemin abrège de trois lieues la distance de Mantes à Pacy. M. Aug. Le Prévost l'indique comme l'un des plus anciens de la Normandie.

L'église Saint-Pierre était très pauvre et sa position en dehors des murs l'a exposée à toutes les vicissitudes des révolutions. Elle fut démolie ou saccagée deux ou trois fois et toujours reconstruite. Elle dut souffrir du passage de Guillaume le Conquérant, car en 1213 (1), après une sentence rendue par Guillaume, chanoine de Senlis, contre l'église de Saint-Maclou, elle fut déclarée annexe de Saint-Etienne de Mantes-la-Ville, avec tous les paroissiens du territoire. La même année l'église fut réédifiée, en même temps que la chapelle Saint-Jacques, autre annexe de Mantes-la-Ville. La contestation entre Saint-Maclou et l'église de Mantes-la-Ville durait depuis sept ans (2). L'église Saint-Pierre fut définitivement supprimée à la Révolution, et sur la place on construisit plusieurs maisons, appartenant à la fabrique de Notre-Dame. Elle possédait un cimetière, avait un clocher et quatre cloches très anciennes. Le dernier curé fut M. Onézime Hua (3).

L'auteur primitif de nos manuscrits, que ce soit Chèvremont ou un autre, était certainement un ecclésiastique. Nous ne devons donc point nous étonner des prétentions plus ou moins

(1) *Hist. des Gaules*, T. XVII p. 91.
(2) V. Guill. le Breton, *Vie de Phil. Aug.*, éd. Guizot., p. 266.
(3) Notes de M. Guérin, père.

justifiées que nous lui verrons élever dans presque toutes les questions religieuses. Nous en avons ici une des premières manifestations. L'église de Mantes, abbaye séculière dans le principe, organisée plus tard en collégiale, avait au moyen âge la prétention de ne relever que de l'autorité du pape et du roi de France. Elle avait une maîtrise, instruisait elle-même ses prêtres dans l'église ou dans le cloître et les y faisait ordonner. Le plus souvent c'était l'évêque de Chartres qui faisait cette ordination ; c'était, disaient les chanoines, pure condescendance de leur part. Parfois, en effet, ils appelèrent un autre évêque que celui du *Grand Diocèse*. « J'ai trouvé, dit Chrestien, par des actes capitulaires, qu'il y avait chez ces bons chanoines de ces temps-là, des procédés si fastueux et si opposés à la pauvreté évangélique et à l'humilité chrétienne, que leurs processions étaient plutôt capables d'exciter que d'appaiser la colère de Dieu. » Dans cet acte, de 1220, d'ailleurs absolument faux, ils se font déclarer maîtres dans la ville, et riches annuellement, de plus de 20,000 pièces d'or (1).

Il se peut donc que le doyen de Notre-Dame ait aussi disputé au doyen de Poissy, le titre d'archidiacre de Pincerais. Il est certain toutefois que le doyen de Poissy a toujours eu seul droit à ce titre. Cependant, dans l'épitaphe de Simon Faroul, doyen en 1650, nouvellement rétablie dans l'église, on lui donne non pas le titre d'archidiacre, mais bien celui d'*official* de Pincerais. Nous donnerons plus loin cette inscription.

§ 4. **Des armes de la ville.** — Le peuple et habitants de cette ville étant d'un naturel fort docile, affable et courtois, très dévots envers Dieu et sa très sainte mère, qui est leur patronne, et très affectionnés en l'amour et obéissance de leur roi et souverain seigneur ; lesquels rois, pour reconnaissance de leur fidélité, ont concédé et octroyé auxdits habitants, plusieurs beaux privilèges et franchises. Et entre autres, pour plus grande marque de faveur et amitié, les anciens rois de France, leur ont donné la moitié de leurs armes, qui dans le temps n'était qu'une fleur de lys, pour joindre et ajouter à leur ancien écu et armes, qui était une branche de chêne avec son gland.

(1) Chrestien donne le texte latin, avec la traduction. Millin le cite en partie.

[Nos habitants de **Mante** font gloire d'avoir beaucoup coopéré à la délivrance du roi Louis d'Outremer (936-954), et notre tradition porte qu'ils en eurent de lui pour récompense une demi-fleur de lys qu'il leur accorda dans leurs armes, qui auparavant étaient une branche de chêne de sinople chargée de trois glands d'or sur champ d'azur; et qui depuis ce temps ont été, mi-parti d'une pareille branche de chêne, chargée comme dessus, et d'une demi-fleur de lys d'or sur un *champ de gueule*, et pour devise au-dessus de l'écu sont : *Ex utroque*, pour faire entendre que la ville de Mante ne dépendait que de Dieu et du roi.] (Chr.).

§ 5. **D'une ancienne tombe à Limay.** — Quant à l'antiquité de ladite ville, elle ne peut être que très grande, encore que peu d'auteurs en fassent mention. Si est-ce que l'on ne peut nier qu'elle ne soit très ancienne, vu et considéré le lieu de sa situation, y ayant aparence qu'elle était longtemps auparavant César, et qu'il s'en est servi pour le passage de ses troupes, durant les guerres galliques, qu'il a eues contre les peuples des grandes provinces qui l'environnent, même au secours qu'il donna au roi de Chartres, bien qu'il n'en fasse pas mention dans ses Commentaires. Et pour preuve de ce, il se voit encore au village de Limay, ancien faubourg de Mante, une grande pierre en façon de tombe, qui sert avec d'autres, de clôture au cimetière dudit lieu, où il y a gravé dessus, en caractères syriaques, plusieurs lettres, lesquelles un prédicateur [interprète de ce temps] (M.), dit que c'était un capitaine d'une légion romaine et syrien de nation, qui mourut audit lieu, où un de ses domestiques le fit enterrer, mettre sur son monument cette pierre et graver l'épitaphe qui est en mémoire de son dit maître, qui se nommait Joseph. Et encore pour plus grande marque d'antiquité de ladite ville, c'est que le peuple d'icelle portait anciennement en ses armes, un tronc de chêne de sinople au gland d'or et à la bordure de gueule, qui lui avaient été laissées par les gaulois nommés *Druides*, qui dressèrent un autel à Chartres, à la Vierge qui devait enfanter. [Le chêne représente

l'amour et la fidélité : c'est ce qui fit que Louis le Jeune, gratifia ce peuple de ses armes, composées d'une seule fleur de
lys en champ d'azur. [Et ce en 1143.] (A.) Et il est à remarquer qu'en ce temps, les rois de France ne portaient qu'une
seule fleur de lys en leurs armes ; ce fut Philippe-Auguste
qui commença à reprendre les fleurs de lys sans nombre.]
(M.).

La pierre tombale de Limay était autrefois en dehors de l'église et formait clôture du cimetière à l'encoignure sud. Elle
est maintenant placée dans l'intérieur, à l'entrée, à droite, avec
d'autres restes archéologiques. Chrestien a fait sciemment, une
dissertation erronée sur cette pierre et son inscription. Un certain Maret de ses amis, dont le frère savait l'hébreu, lui avait
fort justement fait observer que c'était une inscription juive et
qu'elle ne fournissait aucun argument en faveur de l'antiquité
de Mantes. La dissertation était faite, comme le siège de l'abbé
Vertot, il fallait qu'elle servît. Elle prit place dans les Mémoires
de Chrestien, avec cette bonne pensée des deux amis, qu'il ne
fallait pas détruire une croyance ancienne, qui plaisait aux habitants de Limay.

M. A. Cassan a donné cette inscription hébraïque dans sa *Statistique*. En voici la traduction : LA EST LE MONUMENT DU
RABBIN MAYER, FILS DU RABBIN...., QUI FUT DÉLIVRÉ
LE TROISIÈME JOUR DU SAMEDI.... DE L'ANNÉE 5101
DE LA CRÉATION (1101).

D'après Chrestien, quelques manuscrits de Mantes rapportaient les armoiries de la ville, soit à Louis VII, dans la confirmation de la charte de commune de Louis VI, soit encore à
Louis X, alors qu'il fit un séjour à Mantes au retour d'un voyage
à Evreux, et ordonna la réparation de la porte de Rosny.

Chrestien penche pour Louis VII, mais nous pouvons affirmer
que les lettres de 1150, gardent le silence sur les armes de la
ville. C'est sur un acte de Louis VII qu'est apparue la première
fleur de lis seule, et sur un sceau de Philippe le Hardi, de 1285,
les trois fleurs réunies. Mais cela ne concerne point Mantes.
Nous allons cependant faire connaître les plus anciens sceaux
de la ville, qui aient été conservés ou décrits.

L'origine des armoiries de Mantes est loin d'être aussi
ancienne que le prétend notre Chronique. De plus, leur forme n'a
pas toujours eu une fixité absolue, et leur partition définitive, a

peu près semblable à celle adoptée aujourd'hui, ne date guère que du xive ou du xve siècle. Nous devons à ce sujet, entrer dans quelques détails.

Nous ne contestons ni n'affirmons le symbolisme du chêne, pas plus que son origine druidique. Dreux, du reste, l'a mis aussi dans ses armes et rien n'empêche de penser que, situées autrefois au milieu ou sur les confins de la forêt Iveline, les deux villes ont voulu conserver dans leurs blasons un souvenir des cultes antiques. Quoi qu'il en soit, les deux figures des armes de Mantes, la *Fleur de Lis* et le *Chêne*, sont à peu près constantes, au moins dans les sceaux qui sont parvenus jusqu'à nous. Voici les principaux exemples :

M. Loir signale un sceau de la commune de Mantes (1) aux Archives Nationales (7,627, n° 8); il est séparé de sa charte et a six centimètres de diamètre. Dans le champ : une *menthe* à cinq feuilles, et autour, la légende : SIGILLVM COMMVNIE ME-DVNTE. Le contre sceau porte une petite fleur de lis et la légende MEDVNTA. Il est de 1228 et était appendu à un acte de serment de fidélité, que Blanche de Castille avait fait prêter par la commune à son fils Louis, encore mineur.

De ce sceau nous pouvons, sans présomption, rapprocher un autre que nous trouvons dans l'inventaire de Rolland Labbé. Un acte de 1229, faisant donation d'aumônes à l'Hôtel-Dieu, portait deux sceaux : « L'un dudit Ostel-Dieu, qui est un *Agnus Dei* et « l'autre de ladite ville, qui est *un Chêne* (2). »

Si ce sceau portait un chêne, tout nous autorise à dire que la *menthe* du sceau précédent, n'est elle-même qu'un chêne. En effet, l'observation attentive du sceau des Archives Nationales démontre que la notice indiquant une menthe, est due à un examen superficiel. La gravure en est assez grossière; cependant cette figure ne ressemble pas plus à une menthe qu'à un chêne. Les feuilles sont ondulées, sinuées, comme celles du chêne, mais aussi larges que longues. Celles de la menthe sont allongées et dentées. Dans ce sceau, le pied de la plante porte une racine rudimentaire, mais suffisamment indiquée. Or, il est constant que le chêne de nos armoiries, quoi qu'en fasse les héraldistes de Mantes, *doit être arraché*, c'est-à-dire pourvu de ses racines. Le sceau des Archives, dont nous connaissons des

(1) *Monnaies, méreaux, sceaux et jetons de Mantes.* 1859. V. la Pl. II.
(2) *Inv. de 1543.*

moulages et la gravure de M. Loir, ne laisse aucun doute à cet égard.

Voici donc deux exemples de sceaux avec le chêne seul.

M. Loir en cite un seul, avec le chêne et la demi-fleur de lis. Il se trouve sur un pouvoir, délivré par la commune aux députés envoyés aux Etats de Tours, en 1307. Ce sceau, également aux Archives Nationales (J. 415 — 54 bis), est rond, d'un peu plus de trois centimètres de diamètre et en cire verte. Le champ est : parti à dextre une demi-fleur de lis, cantonnée de deux petites fleurs de lis, l'une en chef, l'autre en pointe, et à sénestre un demi-chêne glandé et *arraché*. Autour on lit cette légende : S. MAIORIS (præ) POSIT. DE MENOTA. Le contre-sceau très petit, porte les mêmes figures, mais il est sans légende.

Nous connaissons, dans l'*Inventaire de 1543*, un exemple de la *fleur de lis seule*. Il se trouve sur une donation de l'an 1205, faite par Guillaume Martel, trésorier de Notre-Dame, aux habitants et commune de Mantes, « du lieu auprès de Sainct-Maclou, qui y a esté le lieu où les pers prévos, a teneu sa jurediction par le viel tans. » Cette donation est en deux lettres : la première est scellée du sceau de Guillaume Martel et l'autre « d'un cel ou y luy a unne fleur de ly. »

Il existe d'autres sceaux de la commune sans lis, ni chêne. M. Loir signale aux Archives Nationales (L. 1108, n° 26), un sceau en cire, de dix centimètres de diamètre. Dans le champ est un cavalier, allant à gauche, vêtu d'une longue robe et armé d'une épée ; le fourreau pend sur la cuisse gauche ; le cheval est nu. On lit autour, la légende : SIGILLVM COMMVNIE MED...... LVDOV..... ANCORVM. Il n'a point de contre-sceau et est appendu à une charte de 1208. C'est sans doute en souvenir de l'octroi de la charte de commune, qu'il est au nom de Louis VI ou de Louis VII, puisque l'acte date du règne de Philippe-Auguste.

L'Inventaire de 1543 signale quatre sceaux que nous croyons semblables à celui-ci :

1° Sur un acte de vente, faite en 1187 par les prieur et chapitre de Saint-Ladre, du consentement de la ville. Cet acte est scellé en deux sceaux : « L'un des armories de ladite ville *pour lors qui estoit d'un homme à cheval*, et l'autre ung homme sortant d'un tombeau, joignant les mains. »

2° Sur un accord de 1201, conclu entre Guy de Mauvoisin et les gens de Mantes, pour les droits de travers par terre et par eau, de Mantes à Rosny, le sceau porte « un homme à cheval. » Une vente complémentaire, de 1204, scellée du sceau des Mauvoisins « quy est ung escu ou y a deux fasces empraints, » prouve que le sceau avec l'homme à cheval appartient à la commune et non aux Mauvoisins.

3° Confirmation de l'acte précédent, de la même année 1204, porte également « un homme à cheval emprint. »

4° Enfin, une décharge de 1222, au profit du maire, des obligations contractées envers les Mauvoisins, moyennant 60 s. p. à payer par chacun an, à la chapelle de la vierge Marie du Valguyon, porte encore « un homme à cheval. »

Quant au tronc de chêne de Sinople à la bordure de gueule, si ces armoiries ont existé, comme l'affirme la Chronique, elles n'ont laissé aucune trace.

Le plus vieux sceau connu de Mantes, portait donc, en 1187, *un homme à cheval*. En 1228 et 1229, on trouve un *chêne seul* sur le sceau et un lis seul sur le contre-sceau. En 1205, on se servit d'une fleur de lis seule. Enfin le chêne avec la demi-fleur de lis, accompagnée de deux autres petites fleurs de lis, se rencontre sur un sceau de 1307. Jusqu'à cette époque, il n'y eut donc aucune règle absolue et la commune eut plusieurs sceaux différents, qu'elle apposait sans doute suivant la nature des actes. Nous représentons ici ce sceau de 1307, tel que l'a donné M. Loir; nous en avons enlevé la légende pour mieux isoler les armoiries.

Sceau de 1307, d'après M. Loir

L'Inventaire de 1543 porte sur son premier feuillet un écusson fait à la plume, où les armes de Mantes sont mal indiquées : les

deux partis sont d'azur ; de plus, le demi-chêne est tronqué en sifflet par le haut.

Armes de l'Inventaire de 1543

Sur les vasques de la fontaine de la place de l'Hôtel-de-Ville, sont deux armoiries différentes : Les unes sont sur un écu découpé à l'italienne, et la fleur de lis et le chêne sont alternativement transposés. Celles de la grande vasque sont plus correctes, mais on n'y distingue pas la couleur des émaux.

Les meilleures armoiries sont celles qu'on trouve sur les jetons de Mantes, du xvi° et du xvii° siècles. Le demi-chêne, comme on voit, est pourvu de ses racines. Il n'y manque que la gravure des couleurs.

Armes des Jetons de Mantes du xvi° siècle

Pour épuiser ce sujet, nous pensons qu'on devrait, à Mantes, revenir aux armes de notre Chronique, correctement blasonnées, c'est-à-dire : Parti d'azur à la demi-fleur de lis d'or, et d'or, au demi-chêne arraché de sinople, chargé de trois glands d'or. La

5

devise concise de Chrestien : *Ex utroque,* remplacerait aussi avec avantage le distique emphatique des jetons de Mantes :

Manta Dei quercum præfert et lilia regis
Amborum cultrix, amborum numine tuta (1).

Il n'en dit pas plus en deux lignes, que cette devise **en** deux mots (2).

Véritables Armes de Mantes d'après les empreintes anciennes

§ 6. Les habitants de ladite ville eurent connaissance de la parole de Dieu, cinquante ans après sa résurrection. — Robert le Hallais, livre 3ᵉ *De la Gaule,* en parlant de la vie et mort de saint Nicaise, premier évêque de Rouen, dit que ledit saint Nicaise fut envoyé par saint Clément, successeur de saint Pierre, en Gaule, avec les autres ambassadeurs évangéliques, pour y annoncer la parole de Dieu; qu'après avoir prêché l'évangile à Rouen suivi de ses compagnons, Quirin et Scubicule, ayant fait plusieurs miracles à Mante, Meulan et Mousseaux, fut enfin occis par les infidèles à Gasny, sous l'empire de Domitien. Or, est-il que Domitien commença à régner l'an de l'Incarnation de Notre-Seigneur,

____

(1) Ces devises étaient de circonstances. En 1576 c'était celle-ci :

A se ipsa quercum retinet rex lilium adauxit.
Sic juncta quercu lilia Manta gerit.

(2) Nous possédons deux empreintes anciennes, semblables aux armes que nous indiquons.

83, ce qui fait croire qu'il y a plus de 1,600 ans que ladite ville est bâtie, et qu'elle a commencé à recevoir la connaissance de la parole de Dieu [par les prédications de ces saints personnages, Nicaise et ses compagnons. Tout ce que dessus ne peut être mis en doute à cause de la sainteté de l'auteur et servira de fondement certain de l'antiquité de notre ville de Mante, du moins depuis ce temps-là. Encore que de ce qui est dessus, l'on puisse aisément juger que longtemps avant Notre Seigneur Jésus-Christ, la ville était déjà grande et peuplée.

De savoir si en ladite ville, il y avait un seigneur particulier, ou d'autres villes sous elle, ou bien si elle était sous l'obéissance et dépendance d'une plus grande ville et seigneur, comme pourrait être Chartres qui auparavant César avait son roi, on n'en peut rien dire. Il est certain que ladite ville de Mante a eu des comtes particuliers, soit à titre de gouverneur ou de propriété jusqu'à ce que ladite ville ait été unie au domaine de la couronne de France.

Il existait au pied du Château, des maisons de pêcheurs et autres bâtiments le long de la rivière, qui servaient de faubourg auxdits château et ville de ce côté, étant bâtis plus haut ; lesquelles maisons en différence de la ville, s'appelaient *Mante l'Eaue*. Le roi Charles Cinq, en fit abattre une quantité et s'empara des héritages qui étaient proche l'église Notre-Dame, appartenant au Chapître, pour accroître et fortifier ledit Château, et pour indemnité il accorda la somme de trois cents livres, à la charge néanmoins que le Chapître dirait tous les ans, quelque messe à son intention]. M. (1)

La légende de saint Nicaise et de ses compagnons est des plus obscures. Il est certain que la prédication des pieux martyrs ne put avoir lieu avant la fin du III° siècle. C'est à peu près l'époque de l'évangélisation générale de la Gaule. C'était presque l'opinion d'un mantais du XVIII° siècle, et Maret, dont Chrestien nous a transmis quelques critiques, avait eu soin de faire remarquer à l'auteur de ces *Mémoires*, que notre contrée n'a pas été évan-

(1) Cette dernière partie se trouve répétée dans le § 27.

gélisée avant la fin du ^{e} siècle. Les hagiographes sont aujourd'hui d'accord sur ce point. C'est l'opinion d'Adrien Baillet et des auteurs de l'*Art de vérifier les dates*, qui disent explicitement : « Saint Nicaise qui vivait dans le ^{e} siècle (1). » De Masseville dit aussi : « Ces premiers apôtres vinrent dans les Gaules, environ deux cent cinquante ans après l'Incarnation (2).»

Grégoire de Tours d'ailleurs, ne dit pas un mot de saint Nicaise. Godescard en parle d'une façon assez vague ; il le donne comme un disciple probable de saint Polycarpe, mort en 196. Orderic Vital rapporte la légende telle que nous la connaissons ; par suite il fait mourir l'apôtre du Vexin sous Domitien et non sous Dioclétien. M. Aug. Leprévost, le savant éditeur d'Orderic Vital, pense avec toute la critique moderne, que cette confusion tient à ce que pendant tout le moyen âge, on ne faisait aucune distinction entre saint Denis l'Aréopagite, et saint Denis évêque de Paris, au ^{e} siècle.

Dans tous les cas, saint Nicaise ne fut pas évêque de Rouen, puisqu'il mourut à Gâni, avant d'avoir pu atteindre la ville vers laquelle il dirigeait ses pas, avec le prêtre Quirin et le diacre Scubicule ou Escobille. Saint Mellon est le premier évêque effectif de Rouen.

Quant à l'étymologie de Gâni, elle est de pure fantaisie et un diplôme de Charles le Simple, nous a transmis le nom de ce bourg qui est Wadiniacum. Dans le *Polyptyque d'Irminon*, ce nom est plus simple encore, c'est *Waniacum*.

Du reste, il est fâcheux que nous ne puissions admettre la légende racontée par Robert le Hallais. Nous aurions une preuve de l'existence de Mantes dès le premier siècle de l'ère chrétienne. L'avis de Lévrier, sur ce point de critique historique, nous eût été très précieux.

Nous traiterons au § 26, la question si difficile et si complexe du comté de Mantes et Meulan, et nous renvoyons au règne de Charles V, tout ce qui a rapport à la construction du Fort et de la *Porte aux Images*. Les *Ordonnances et Mandements de Charles V*, de M. Léopold Delisle, nous fourniront de nombreux renseignements sur ces travaux considérables, si importants pour l'histoire de la ville, pendant l'occupation anglaise.

(1) T. II p. 685.
(2) *Hist. de Norm.* T. I p. 46.

§. 7. **Notre-Dame bâtie.** — L'église Notre-Dame a été commencée à faire bâtir par Tibère, 2ᵉ du nom, surnommé Constantin, fils de Justin le Jeune, empereur, qui la fit construire. Maurice Cappadocien, empereur, gendre dudit Tibère, fit pendant son règne, parachever ladite église. Elle fut [5 olympiades, deux fois 15 mois et deux fois 15 jours, où] (Cʜ.) 27 ans et 7 mois à bâtir. Elle fut premièrement érigée en l'honneur de saint Denis. Il y eut des moines et chanoines réguliers, et a été depuis brûlée et rebâtie, comme il se verra ci-après. [Saint Denis en était le patron : on faisait la fête le 9 octobre.] M.

Nous ne nous arrêterons guère à relever toutes ces contradictions. Tibère II, Constantin, fut Auguste et empereur de 578 à 582. Maurice Cappadocien lui succéda et occupa l'empire de 582 à 602. Chrestien lui-même a parfaitement vu que le chroniqueur mantais, se laissait emporter par l'amour de son pays. Clovis, en effet, était maitre de la Gaule et mourait en 574 ; l'abbaye de Saint-Denis ne fut fondée par Dagobert, qu'en 640 environ ; et enfin l'ordre de Saint Benoit, qui fut celui des religieux de Saint-Denis, que vers la fin du vıᵉ siècle. Malgré les justes observations de Chrestien, Levrier lui a fait un crime d'une erreur qui n'est pas la sienne.

D'autres mémoires, suivant Chrestien, avaient déjà reconnu cette erreur et attribué la fondation de Notre-Dame à Dagobert. Rien n'autorise à le croire. Nous exposerons plus tard, tout ce que nous savons sur l'église actuelle et sur celle qu'a brûlée Guillaume le Conquérant.

§ 8. **Ondée de sang.** — En l'année 528, apparurent plusieurs prodiges. Le jour de Pâques apparut une étoile chevelue ; il semblait que le ciel ardait, et plut une ondée de sang.

§ 9. **Grande Peste.** — En l'année 580, l'on vit trois ou quatre splendeurs autour du soleil, que le peuple appelait aussi soleils. Et sur le mois d'octobre, le soleil s'obscurcit de telle sorte, que l'on ne voyait presque goutte sur la terre. Et qui plus est, l'on vit une comète flamboyante, ayant la forme d'un glaive, qui se tint par l'espace d'un an en France. Le soleil en parut tout surpris et fut fort épouvantable ; et il y eut cette année une grande peste ; presque tout le monde mourut.

§ 10. **La Lune assiégée.** — L'an 583, on vit, la nuit de la fête de saint Martin, comme l'on célébrait matines, un grand prodige ; car il apparut en l'air, au milieu de la lune, une étoile fort luisante et d'autres étoiles autour de la lune, comme si elles l'eussent assiégée. Et autour de la même lune, était l'arc-en-ciel. Et la nuit de Noël, il tonna étrangement.

§ 11. **Brandons de Feu.** — En l'année 588 (1), au mois de décembre, l'on vit que les vignes produisaient bourgeons, feuilles et le raisin sans forme ; on apercevait les arbres fleurissant, et des brandons de feu courant tout le long de la nuit par le ciel. Et en l'air, se montra une colonne ardente, ayant une grande étoile sur le haut d'icelle, laquelle dura ainsi l'espace de deux grosses heures (1).

§ 12. **Sécheresse.** — L'an 747, il y eut si grande sécheresse, que non seulement la pluie, mais la rosée était dénuée au monde. Tellement que les ruisseaux, lacs, étangs, marais, fontaines et rivières tarirent, au grand dommage et ruine des humains. Et ce qui était le plus effroyable, c'est que l'on vit tomber du ciel. des cendres au lieu de pluie.

§ 13. **Croix caractérées.** — En l'année 751, on vit des croix caractérées sur les habillements des hommes et sur les vitres et tapis des églises, comme qui les y eut empreintes avec de l'huile ; non sans grand étonnement de tout le monde.

(1) *Les Grandes Chroniques,* disent en 584.

§ 14. **Gelée**. — L'an 800, au mois de juillet, il gela de telle sorte que les glaçons étaient gelés sur la rivière de Seine, contre toute disposition naturelle.

§ 15. **Grêle**. — En l'année 823, tous les biens de la terre, furent foudroyés par la grêle, avec laquelle chut quantité de vraies pierres de grande longueur, grosseur et pesanteur. Après quoi s'ensuivit grande mortalité de gens.

§ 16. **Glaçon effroyable.** — L'an 824, chut en France [à Mantes (M.)] par une tempête, un gros glaçon qui avait quinze pieds de long, six pieds de large et deux d'épaisseur. [Il ne fit de mal à personne.] M.

Et c'est très heureux, ajouterons-nous.

§ 17. **Du palais des Pistes.** — Il est dit dans l'histoire, qu'en l'année 861, le roi Charles le Chauve, tint une assemblée dans son *Palais des Pistes*, près Mante, mais l'on n'a aucune connaissance de ce château.

La question du château de Piste ou Pistre, est élucidée depuis longtemps. Chrestien, cependant, a osé bâtir toute une histoire sur l'érection de Notre-Dame par Charles le Chauve. Il confond, à plaisir, l'église ancienne avec celle bâtie au XIe siècle, après la dévastation de Guillaume le Conquérant. Le château de Piste, après la construction de l'église ou en même temps, était une conséquence nécessaire, pour servir d'habitation au roi Carolingien. Là, il donne beau jeu aux critiques du lieutenant-général de Meulan.

Suivant Chrestien, la ville et le château de Mantes furent détruits par les Normands, dans une de leurs excursions du XIe siècle, bien que jamais le nom de Mantes n'ait été nulle part cité. Les *Annales de Saint-Bertin*, la *Chronique des ducs de Normandie,* sont avares de noms de lieux et celui de Mantes ne s'y trouve pas.

Pendant leurs nombreuses incursions, les Normands passèrent un ou deux hivers aux portes de Mantes, à Jeufosse, ou *fossa Ghiwaldi* (1). Etaient-ils arrêtés en cet endroit par une forteresse importante, ou seulement par les facilités d'hivernages qu'ils trouvaient en ce lieu? nul ne le sait.

A cette époque, Charles le Chauve s'occupait à défendre son faible royaume contre les ennemis du dedans et du dehors. Pour protéger le cours de la Seine, à la hauteur de Pont-de-l'Arche, il fit construire un château à Piste « *où d'un côté la rivière d'Andelle, et d'autre la rivière d'Eure viennent se jeter dans la Seine.* » Le doute n'est cependant guère possible. « Et là il fit « fortifier la Seine pour fermer le passage aux navires nor- « mands, soit à monter, soit à descendre la rivière ; puis avec « sa femme, serment prêté par les siens, il parla à son fils « Charles, en un lieu nommé Mehun (2), et Charles presque « aussitôt, soumis de paroles, mais d'une âme rebelle, se sou- « lève et retourne en Aquitaine et Charles revint à Piste, où il « avait réuni une assemblée et un synode (3). »

C'est à ce moment que Chrestien place la destruction de *Mantes-la-Ville*, dont il ne se reforme qu'un village ; opinion des plus problématiques et que nous avons combattue (4). Quant au château de Piste, Chrestien l'a placé d'abord au bout du village de Soindres, dans un endroit appelé, encore aujourd'hui *Château-Poissy* (5). Pour la facilité de Charles-le-Chauve, il en fait aussi le *Château-Poissy* de Mantes, c'est-à-dire l'hôtel bâti par Le Pelletier de Château-Poissy, à la fin du XVIᵉ siècle, dans la rue de la Vieille-Prison.

. Levrier, malgré son savoir, a partagé cette erreur. Mais pour ne pas laisser cette gloire à la ville de Mantes, il a placé le château de Piste, à Médant, près Poissy. L'erreur était tout aussi grosse dans un cas que dans l'autre. Nous pensons que la position de Piste, non loin d'Anfreville-lès-Mants (Eure), ou Sous-les-Monts, a été la cause première de cette confusion.

Millin, qui écrivait d'après les renseignements de Lévrier, a reproduit la même opinion, et comme le Capitulaire de Piste traite longuement de la réforme des monnaies, il en déduit que

(1) *An. de saint Bert.* Ann. 862.
(2) Mehun-sur-Loire. (Ut. sup. texte latin.)
(3) *An. de saint Bert :* Il existe un capitulaire de Piste.
(4) Un acte de Philippe Iᵉʳ, que nous citerons, nomme en même temps, en 1076, Mantes-la-Viile et Mantes.
(5) A Beauregard.

Piste vient de *Picle*, ou *Pitte*, petite monnaie du moyen âge, dont le type appartient au Poitou. Tout cela ne se tient pas.

§ 18. **De la résolution que prirent l'abbé et les religieux de Nanteuil de retirer de leur abbaye, les châsses de SS. Marcoul, Domard et Cariulphe, et de les porter à Paris.** — En l'année 915, l'abbaye de Nanteuil courant risque de passer par le feu et par le sang, pendant les cruautés des Normands, ainsi que les autres églises et abbayes, l'abbé et les religieux se voyant à la veille de leurs misères et en danger de perdre ce qu'ils avaient de plus cher, prirent la résolution de porter les châsses des SS. Marcoul, Domard et Cariulphe, en quelque ville exempte de la malice des Danois et Normands. Et s'étant chargés de ce riche butin, prirent leur route vers la ville de Mante, espérant aller jusqu'à Paris. Lesquels étant proches de Mante, firent halte dans le chemin de Rouen, que l'on appelle aujourd'hui *le Val de Rosny*, à cause du voisinage de la terre et marquisat de Rosny (1). Et là, ils avisèrent de cacher et enfouir dans terre, l'étui de bois dans lequel étaient encloses les châsses de leurs saints, à dessein de les reprendre quelque jour, pour les reporter à Nanteuil, lorsque le feu de cette cruelle pérsécution serait entièrement éteint. Et d'autant que ces pauvres religieux [en s'en retournant, après avoir mis en sûreté leurs saintes reliques, comme il est dit ci-dessus M.], furent prévenus de mort, par les chemins, par la cruauté de ces barbares Danois et Normands, ce qui les empêcha de retourner à Nanteuil, pour rendre raison de leur voyage, et que tout après leur abbaye fut ruinée. Cela fut cause que ces saints reliquaires demeurèrent longtemps comme perdus, jusqu'à ce que Dieu voulut les découvrir par un miracle signalé, aux habitants de Mante, ainsi qu'il se verra ci-après.

J'ai omis de dire ci-dessus, que saint Marcoul avait été abbé dudit Nanteuil, au pays du Cotentin, en Normandie, et qu'il y est mort le premier mai 670.

(1) Nous ferons observer que la terre de Rosny fut érigée en marquisat en 1601. La rédaction de ces *Antiquités* serait donc postérieure à cette date.

L'histoire des reliques de saint Marcoul est un point très controversé de l'histoire de l'église Notre-Dame. Le prieuré de Saint-Marcoul de Corbeny-en-Laonnais (Aisne), revendiquait avec toute espèce de droits, la possession de ces reliques. Cette revendication, justifiée par des documents anciens et authentiques, donna lieu à une polémique très vive entre Simon Faroul et dom Oudard Bourgeois.

L'étude complète de cette prétention de l'église de Mantes, trouvera donc mieux sa place lorsque nous serons parvenus à l'époque où Simon Faroul était doyen de la collégiale.

Nous aurons pour éclairer cette question, une importante brochure de M. A. Benoit, et une autre de M. Ed. de Barthélemy.

§ 19. **Donation faite à l'église Notre-Dame.** — En l'année 980, qui était la vingt-quatrième du règne de Lothaire, roi de France, il y avait encore à Mante, une comtesse qui se nommait Ligarde, qui était comtesse de Mante' et Meulan ; laquelle donna à l'église Notre-Dame de Mante, les dîmes des villages de Mante-la-Ville, Arnouville et terre d'Auffreville, Limay, Hanneucourt (1) et Issou, avec les droits d'oblation et dîmes des églises desdits lieux. Et outre ce, fit encore plusieurs autres dons à diverses personnes et endroits desdits lieux (2).

§ 20. — **Donation de l'île Champion.** — Ladite comtesse Ligarde, en ladite année, donna aux habitants de Mante, l'île Champion, pour leur commodité et plaisir, et y faire mettre tout ce que bon leur semblerait. [Après la mort de cette comtesse, la ville de Mante fut amie de la couronne de France. M.]

Letgarde, fille d'Herbert II, comte de Vermandois, veuve de Guillaume longue Epée, duc de Normandie, avait épousé, en 943,

---

(1) Millin dit *Hodancourt*, mais il faut lire Hardricourt, près Meulan.

(2) Voici ce que dit M. Cassan à ce propos : *Arnovillam, Meduntam villam, Limayum, Issou et terram de Auffrevilla cum ecclesiis.* (Extrait d'un livre couvert de cuir rouge, écrit sur parchemin, faisant mention des donations faites à l'église de Mantes.) Nous ne connaissons pas ce livre rouge, mais nous demandons comment Letgarde pouvait donner en même temps *Limay* à l'église de Mantes et à Saint-Père de Chartres ?

Thibaud le Tricheur, comte de Chartres. Elle lui apporta en dot, entre autres domaines, Juziers, Fontenay et Limay, qu'elle avait reçus de son père. Elle était cousine d'Hildegarde ou Elde-garde (1), femme de Galeran I**, comte de Vexin. La comtesse Letgarde survécut à son mari et fut enterrée à Saint-Père de Chartres, dont elle était une insigne bienfaitrice. Tant qu'elle vécut, Mantes avec tout le Vexin fut sous la domination de Galeran, puis de Gauthier I**. Letgarde ne fut donc jamais comtesse de Mantes, ni de Meulan. Elle était comtesse de Chartres, et dans les actes qui nous restent d'elle, elle prend suivant l'usage, simplement le titre de comtesse.

Chrestien a tenté de prouver, sans citer aucun document, les droits de Letgarde sur les dîmes des villages nommés dans ce paragraphe. Il est certain que ces droits ont été perçus par l'église de Mantes, avant la Révolution. Il existe même aux archives de Notre-Dame, les pièces d'un procès entre la famille Dabos et le chapître, pour la dîme de Binanville, que le curé d'Arnouville refusait de payer. Les droits de l'église, consacrés par l'usage, n'avaient d'autre authenticité qu'une note inscrite en marge d'un registre de l'église, daté de 1594 ou 1595.

En fait, les actes dont il est ici question sont inconnus. Nous avons de la comtesse Letgarde une charte, du Cartulaire de Saint-Père de Chartres (2), encore ne concerne-t-elle pas la ville d'une façon immédiate. Il est possible cependant, qu'elle ait donné lieu à l'erreur que nous signalons et que Millin et Lévrier avaient déjà relevée.

Dans cette charte, de l'an 974, la comtesse de Chartres, en présence du comte Odon ou Eude (3) et de Hugue, archevêque de Bourges, ses fils, déclare ce qui suit : « Je cède à Saint-Père de Chartres, l'église consacrée en l'honneur de Pierre, prince des apôtres et porte-clefs du royaume du ciel, dans le lieu dit vulgairement *Gizei* (Juziers), avec la ferme (*villa*) du même nom dite Gizei, avec XVI manses et les terres cultivées et incultes, les hôtes, les prés, vignes, eaux et cours d'eaux ; de même, dans une autre lieu, certaine terre nommée Fontenay *(Fontenedum)*, avec l'église construite sur cette terre, les mes-nils, les vignes et toutes choses y appartenant ; et de même,

(1) Ledgarde, Legarde, Litgarde, Ligarde, Luitgarde, Luidegarde, Elde-garde, Heldgard, Hildegarde, etc., sont les diverses orthographes de ce nom.
(2) T. I p. 63.
(3) Un écart de Juziers s'appelle *Ménil d'Ode*.

dans un autre lieu, dans le village qu'en langue rustique on nomme *Limais*, tout ce qui paraît m'appartenir. Les susdites choses sont dans le pays Vexin *(in pago Velcasino),* sur la Seine...... J'ai concédé aussi ces choses, pour l'âme de mon père Herbert, comte de Troyes, qui me les a laissées en héritage. »

Cet acte ne cite que Juziers, Fontenay et Limay ; il n'est pas de l'an 980, mais de 974. Mantes, Mantes-la-Ville, Arnouville, Auffreville et Hanneucourt n'y sont pas nommés. Enfin, les terres de Mantes-la-Ville, le fief d'Arnoul et Boinville, furent pris par Philippe Iᵉʳ, avec les biens de Simon de Crépy, en 1074. Simon, par son testament, avait donné ses biens à son abbaye. Philippe Iᵉʳ restitua tout à Cluny, en 1076; l'acte de restitution, passé à Mantes, ne fait aucunement croire, que ces biens étaient à Notre-Dame (1).

C'est sans aucun doute, de cette restitution qu'il s'agit dans ce passage d'Orderic Vital (2) : « Du temps de Pierre le Vieux, « l'abbé Mainier (moine de Saint-Evroul) se rendit auprès de « Philippe, roi des Français, et lui demanda humblement les « biens qui avaient été donnés dans son royaume, à son abbaye « d'Ouche. Ce prince confirma avec bonté ces donations et en- « gagea, avec douceur et gaîté, ceux qui étaient avec lui à faire « des dons abondants. Ces choses se passèrent sur le chemin « entre Epône et Mantes. »

Levrier et Millin ont donné une autre explication, mais ils se sont trompés. Ils supposent que cette Letgarde est Ligarde, femme de Pierre de Meulan, échanson de France et fils de Roger de Meulan, seigneur d'Aubergenville, Fresne, Epône, etc. (3). Dépossédé de la maison de Beaumont, devenu vicomte d'Evreux, il avait vendu sa vicomté à Philippe-Auguste. Les registres de Notre-Dame, dit Levrier, ont toujours porté : Ligarde et cette Ligarde avait habité Mantes. Peut-être était-elle la véritable donatrice des rentes que touchait l'Église, rentes constituées plutôt par l'usage que par des titres. De plus, le *Né-*

(1) Mais cela résulte d'un acte, sans date, dans lequel Simon *(comes Mcdantensis)* voulait que l'abbaye et tous les bénéfices qu'Albéric et tous les chanoines de l'église tenaient de lui, fussent donnés à l'église de Cluny. *(Communiqué par M. Brochet.)* Encore un fait, l'église de Mantes ne tenait donc rien de Letgarde.

(2) T. II.

(3) V. *Seigneurie d'Aubergenville,* par M. Réaux.

crologe de Notre-Dame (1) cite Pierre et Roger de Meulan, parmi les bienfaiteurs de l'église. Enfin, les comptes du domaine de Meulan font foi, dit encore Millin, que le receveur payait diverses rentes au chapitre de Mantes, pour l'anniversaire du *vicomte d'Evreux.*

Nous avons aux archives de Mantes un document qui éclaire cette partie de la question et met à néant les hypothèses de Levrier et de Millin : c'est la *Déclaration* des biens et revenus temporels de l'église Notre-Dame, faite en 1521 (2). Les chanoines firent entre autres déclarations, la suivante : « La moitié par indivis de la terre et seigneurie de Hardricourt, près Meullent, donnée à nostre dicte comunauté et à la comunauté des vicaires de St-Mellon de Ponthoise, pour continuer le divin service et faire certain obit ou anniversaire, par noble et puissant prince monseigneur *Drouyn*, en son vivant conte de Meullant....... Item. A nre comunauté appartient tout le fief de la mairie de Hardricourt, assis aud. lieu de Hardricourt, à cause duquel nous appartient le quay et *port aux Meulles*, assis près ledit Meullent, avec ses droitz et appartenances. »

Ceci indique que ce n'est ni Hanneucourt, ni Hadancourt, qu'il faut lire dans le § 19, mais bien Hardricourt. Drouyn, comte de Meulan, est une autre erreur, plus facile à expliquer; il s'agit ici de Droco ou Dreux, comte de Vexin, mort empoisonné à Bythinie, avec Robert de Normandie, en 1035. Le Nécrologe de Notre-Dame l'appelle Droco, et en fait aussi un comte de Meulan. « Anniversaire de Drocon, comte de Meulan, qui donna « Hardricourt à cette église (3). »

Cette mention du Nécrologe est de la rédaction primitive. Voici celle qui a donné lieu à cette confusion et qui nous paraît une addition moins ancienne. Au mois de novembre : « Ce même jour mourut la comtesse Ligarde, qui donna à cette église, Arnouville, Mantes-la-Ville, Limay, Yssou, *Firmenti* (Fontenay?), Hardricourt, a perpétuité, et pour distributions annuelles, VIII l, II s. (4). »

---

(1) Manuscrit de la Bibliot. Nat., fonds latin, n° 5,250. XIVᵉ S. Nous aurons à le citer plusieurs fois.

(2) Rôle de parchemin de 4ᵐ10, sur 0ᵐ52 de large. Il est très intéressant pour la topographie de la ville et des environs.

(3) December: Obit Droconis comitis de Mellento q. dedit h. ecce. Hadricam.

(4) Ms. 5250. Eodem die ob. Comitissa Ligardis qui dedit hc. ecce. Arnulphivill., Medutavill., Limayu., Ycou, Firmenti, Hardicort, in ppetuu. et distribut. annuat. p. ea VIII l.

Tout le monde semble avoir donné Hardricourt à l'église de Mantes. Le *Nécrologe* contient encore, au mois de juillet, cette mention : « Ce même jour mourut *Odo Ruffinus*, qui constitua le fief de *Ruffus* près Hardricourt. »

Est-ce le fief de la mairie d'Hardricourt, dont nous venons de parler ? Cela est possible, mais ce que nous affirmons, c'est que Ligarde ou Letgarde de Chartres, ne peut avoir donné ce qui appartenait aux comtes du Vexin. Dans tous les cas, et cela est décisif, la *Déclaration* de 1521 ne fait aucune mention de fondations dûes, soit à Pierre, Roger, ou Ligarde de Meulan, pas plus qu'à la comtesse Letgarde de Chartres.

Bien plus, cette *Déclaration* révèle encore une erreur dans laquelle est tombé Levrier, et après lui Millin. Nous y lisons : « Sur la recepte du roy, Nre S^r, à Meullent, pour l'anniversaire de dame Marguerite (1), feme de feu mons' Loys conte d'Evreux et filz du Roy de France Loys, IIIe filz mons' sainct Lois (2), au terme de Toussainctz. » Ainsi, ce vicomte d'Evreux n'est pas de la maison de Meulan, comme le dit Levrier, mais bien un des comtes d'Evreux de la maison de France.

La *Déclaration de 1521* laisse peu de doutes sur toute cette question, et après examen, nous pensons que ces dîmes du § 19, à part, Hardricourt, n'étaient qu'une prétention du Chapitre. L'église ne possédait à Mantes-la-Ville, qu'une rente sur deux maisons ; des rentes sur un grand nombre de maisons et terres de Limay ; 8 sous de rente sur *une seule* maison d'Arnouville ; puis sur cinq maisons de Fontenay, et quelques revenus encore sur Buchelay, Vert, Rosny, Hargeville, etc. Binanville a dû lui échoir après 1521, puisque cette rente ne figure pas sur cette *Déclaration.*

Ce qui le prouve, c'est une addition moderne (relativement), faite sur le *Nécrologe* de Notre-Dame, aux calendes d'Avril : « Ce jour mourut maître Symon de Saint-Cloud, autrefois chanoine de cette église, qui nous donna plusieurs rentes sur Arnouville. *Hic obiit magister Symon de Sco Clodoaldo quond. huius eccle. canonicus, qui dedit nobis plures reddit. apud Arnouvillam.* »

Quant à l'île Champion, il est peu probable qu'elle ait été donnée à la ville par la comtesse Letgarde. Un diplôme du roi

(2) Marguerite d'Artois.
(3) Erreur : Louis d'Evreux, mort en 1319, était fils de Philippe III.

Robert, de l'an 1028, énumérant les biens de l'abbaye de Coulombs, ne nomme point cette île (1). Nous verrons cependant au § 42, que cette abbaye, moyennant un cens annuel, consentit à la céder plus tard à la ville, à laquelle elle était indispensable, tant pour la commodité des habitants, que pour leur sûreté en temps de guerre.

Nous avons traité un peu longuement toute cette question. Nous en demandons pardon à nos lecteurs, mais il était impossible de procéder autrement. Levrier et Chrestien lui-même, ont embrouillé certains points de l'histoire de Mantes, qu'il importe de ne pas laisser passer sans discussion. Nous avons, non-seulement à raconter, mais encore à rectifier toutes les erreurs qui ont eu cours jusqu'ici, et nous ne pouvons rejeter les affirmations de nos devanciers, sans en dire les raisons. Tout ce que nous pouvons tenter, c'est de nous efforcer de le faire le plus clairement qu'il nous sera possible.

§ 21. **Saint-Georges bâti.** — Le roi Robert, fils de Hugues Capet, qui commença à régner l'an 996, possédait Mante qui était venu à la couronne après le décès de ladite Ligarde, dernière comtesse de Mante et Meulan. Et ledit roi, en l'année 998, fonda et fit bâtir le prieuré de Saint-Georges, où il mit des moines (2).

Nous avons vu que la comtesse Letgarde de Chartres, n'avait jamais possédé Mantes. Pendant toute la durée du règne du roi Robert (996-1031) et jusque vers 1074, la ville resta en la possession immédiate des comtes du Vexin, Gauthier II et Drogon, son fils. Notre Chronique avance donc ici deux faits controuvés.

Le prieuré de Saint-Georges, de l'ordre des bénédictins, dépendait de l'abbaye de Fécamp, dont l'abbé nommait le prieur ; c'est une des plus anciennes fondations religieuses de Mantes. Il est possible qu'il existât du temps de Robert, mais comme nous n'en avons pas trouvé la preuve, nous laisserons son origine dans l'ombre et nous rapporterons seulement ce qu'en dit Orderic Vital à propos de l'église de Mantes, vers l'an 1100 :

(1) Gallia Christ. T. VIII.

(2) Le moine Helgaud, dans sa *Vie du roi Robert*, ne dit pas un mot de Mantes. Mais Robert fonda, dans l'église de Saint-Aignan, d'Orléans, une chapelle de Saint-Georges. C'est peut-être la cause de l'erreur que nous signalons.

« Baudry le Roux, de Montfort, s'étant fait moine, donna aux religieux de Maule, savoir : X sols et un setier de sel. Les moines de Fécamp, qui demeurent à Mantes, en faisaient le paiement le jour de la fête de saint Rémi. Le même Baudry donna aussi tout ce qu'il avait dans l'église et dans la dîme de Jumeauville et XII deniers que les fils de Burge (?) payaient pour le cens de la Concie (1)..... Baudry étant mort, son fils contesta toutes les choses susdites ; mais, ayant de nouveau reçu XX sols, il donna une nouvelle concession. En conséquence, il se rendit à Mantes avec le prieur David et signifia aux moines de Fécamp qui demeuraient à Saint-Georges (apud S. Georgium morantibus) de payer désormais chaque année, aux moines de Maule, les X sols et le setier de sel qu'ils avaient coutume de payer à son père (2). »

Les moines de Saint-Georges possédaient des privilèges considérables et, comme tous les privilégiés du moyen âge, leurs efforts tendaient à les augmenter souvent aux dépens du voisin. Nous en avons un exemple dans une contestation jugée en l'an 1290. Les bénédictins de Saint-Georges vendaient du vin de leurs propriétés dans l'intérieur de Mantes, et pour attirer les clients, ils usaient de mesures plus grandes que celles de la ville. Ils faisaient ainsi tort aux taverniers qui voulaient bien mettre une grande pinte sur leurs enseignes, mais non pas sur leurs tables. De là, procès entre la communauté de la ville soutenant ses bourgeois, d'une part, et l'abbé de Fécamp et le prieur de Saint-Georges, de l'autre. Moyennant une somme de 50 livres que la ville paya, la reine Marie de Brabant, devant laquelle le procès fut évoqué, décida que les mesures du prieuré seraient « unes » avec celles de la ville, sauf le droit de forage du prieur de Saint-Georges. L'acte existait autrefois au chartrier de la ville ; il était scellé du sceau de la reine Marie (3).

En 1298, frère Jehan de Saint-Gabriel, était prieur de Saint-Georges (4).

Ce prieuré était le plus considérable de Mantes. Il disparut à la Révolution. Les dépendances s'étendaient sur le Marché-au-Blé, depuis la rue des Halles jusqu'au coin de la maison Girard

---

(1) Ferme de la commune de Thoiry.
(2) Orderic Vital. T. II p. 445.
(3) *Invent. de 1543.*
(4) *Id.*

et vers la Chasse-Royale, dont elles étaient séparées par un passage. Le petit portail de la chapelle qui existait encore, il y a peu d'années, se trouvait en retour, devant l'emplacement de la maison Génin, au sud-ouest de la place du Marché-au-Blé.

Les propriétés situées entre la rue de Berry ou rue de la Savaterie, et la rue Cadotte ou rue de la Friperie, devaient presque toutes censives ou autres droits au prieuré de Saint-Georges.

En dehors de Mantes, Saint-Georges possédait tout le village de Boissy-Mauvoisin. L'abbé Henri, en 1184, écrivait à Philippe-Auguste pour le prier de prendre ce village sous sa protection. Mais la prière n'avait eu, sans doute, aucune efficacité, car en 1205, l'abbé Raoul trouva le vrai moyen de faire entendre ses supplications. Il s'engagea à payer au roi et à ses successeurs une rente de trois muids d'avoine pour le tensement du village (1). C'était Guy de Mauvoisin, qui tourmentait le prieuré de Mantes et le troublait dans la jouissance de sa propriété. Sur les instances du roi, à Gisors, il s'engagea à abandonner les droits qu'il pouvait avoir sur les hommes de Boissy et désormais le village, protégé par le roi, fut laissé en la paisible possession des moines de Saint-Georges (2).

Voici quelques noms de prieurs de Saint-Georges que nous devons aux recherches de M. Brochet, d'Epône :

1416. Thomas Xogueis, bachelier en droit;
1556. Mᵉ Pierre Donjac;
1601. Mʳᵉ Hierosme Hennequin, évêque de Soissons;
1601. Jehan Breton, prieur commendataire;
1680. L'évêque d'Arras;
1680. D. Joachim Dreux;
1681. L'évêque de Montauban;
1681. Dom N. Malus;
1778. Dom Jean Maheu.

Nous touchons enfin à une période historique où les documents de toutes sortes vont abonder. Nous avons passé l'époque des conjectures discutées; nous aurons maintenant une preuve à alléguer ou un texte authentique à citer, à l'appui de chacun des faits qui vont se dérouler sous les yeux des lecteurs.

(1) Droit en argent sur les héritages.
(2) *Catalog. des Actes de Phil.-Aug.*

En l'an 1006, nous trouvons le nom de Mantes dans deux chartes de Gauthier II, dit le Blanc. Nous y avons fait déjà mainte allusion. Par la première, le comte de Vexin exemptait du droit de rivière les bateaux de l'abbaye de Jumièges, montant ou descendant la Seine (1). Ces religieux lui avaient fait présent d'un très beau livre et c'était en reconnaissance de ce cadeau qu'il leur avait accordé cette exemption (2).

Par la seconde, de la même année sans doute, Gauthier, pour son salut, celui de sa femme Agnès et de ses fils, et à la prière de Maynard, abbé de Saint-Père de Chartres, exempte des mêmes droits, les bateaux appartenant au monastère de Juziers, passant sur la Seine devant Mantes : « *Per Sequanam transeuntibus, propé nostrum castellum, quod vulgo dicitur Medanta* (3). »

En 1015, Hugue I⁰ʳ, prenant seulement le titre de comte de Meulan, avait accordé cette franchise aux bateaux de Saint-Wandrille, *passant devant Meulan*. Tandis qu'en 1030, Drogon, comte de Vexin et successeur de Gauthier II, la leur avait accordée pour le travers de Mantes : « *Per castrum Medantum*. » Ce point est important, et nous le signalons tout particulièrement (4).

Ces exemptions de péage, à Mantes, étaient du reste fort recherchées. Les *Olim* contiennent plusieurs sentences en faveur de la ville, contre des particuliers ou des communautés, qui se les étaient arrogées sans aucun titre. L'abbaye de Royaumont, en 1264, prétendait, elle aussi, à l'exemption ; ses bateaux avaient été saisis par le maire et les pairs. L'enquête ouverte à la diligence du bailli, Geofroi de Jouy (*Gaufridus de Joiaco*),

---

(1) M. Cassan appelle Gauthier II, *comte de Meulan* ; c'est une erreur.

(2) « Ego Walterius comes, qui inter cetera bona, *Castrum* quod *Madanta* dicitur tenere videor. Moi, Gauthier, comte, qui parmi d'autres biens, possède un *château*, qui est appelé Mantes. » Telle est le texte exact de la charte de concession. Levrier n'est donc pas fidèle copiste quand, dans l'*Art de vérifier les dates*, il appuie sur l'expression : « Un certain petit château qui m'appartient entre autres biens. » En 1006, Mantes est appellé *Castrum*, et cela n'a pas d'importance, puisqu'en 1037 et en 1058, Galeran et Hugue de Meulan, appellent leur château de Meulan un *Castellum*. V. *Collect. du Vexin*, T. XI, nᵒˢ 90 et suiv.

(3) *Cart. de Saint-Père*, T. I. Ici il y a bien *castellum*.

(4) *Cart. de Saint-Wand.*, aux Archives de la Seine-Inférieure. « Eorum vina seu alia aliqua omnia ad se pertinentia, per Castrum Medantum, absque ullo debito transeant libera. » *Collect. du Vexin*, nᵒ 106.

prouva que les religieux de Royaumont n'avaient aucune raison d'être dispensés du péage des ponts de Mantes.

L'abbaye de Bonport éleva aussi cette prétention, en 1269. Elle obtint par composition arbitrale « que lesdietz abbé et couvent, par chacun an, pourront faire mener une navire en montant et pareillement en descendant par la rivière de Seyne, dont ilz ne payeront aucun péaige à ladicte ville (1). »

Par un appointement de 1264, l'abbaye de Saint-Denis avait déjà obtenu les mêmes faveurs. Elle payait cependant pour le sel et le vin (2).

§ 22. **La Confrérie de l'Assomption et de la Distribution des fruits.** — La Confrérie de la triomphante Assomption de la Vierge a été érigée en l'église Notre-Dame de Mante en l'année 1012 (3) du règne de Robert, roi de France, et la ville mise en commune par le roi Louis le Gros, en l'année 1110 (4). Les habitants supplièrent sa Majesté de vouloir que le maire et les échevins de la ville fussent tirés et choisis à l'avenir entre les frères d'icelle confrérie, espérant que par telle élection les affaires publiques se porteraient mieux et que la sainte Vierge entreprendrait la défense de leur ville. Ce que sa Majesté leur accorda très volontiers. Et depuis ce temps, les maires et échevins ont toujours entretenu dévotement le service de cette confrérie, auquel ils assistent tous les premiers mardis des mois avec leurs officiers. Et font dresser tous les ans, en l'honneur de la Vierge, la veille de sa glorieuse Assomption, un feu de joie devant le principal portail de l'église Notre-Dame, et distribuent le lendemain, en la place publique, une grande quantité

(1) *Invent. de 1543.* « Mathieu de Valois, comte de Beaumont, et la comtesse Éléonore, sa femme, Simon, comte de Montfort, Guy de Malvoysin, Guillaume de Garlande, Mathieu de Montmorency, Thibaut de Malle, et Richard de Vernon, à la prière du roy-duc (de Normandie), exemptèrent l'abbaïe de Bonport du péage des vins sur la rivière de Seyne, aux ports de Beaumont, Conflans, Poissy, Mantes et Vernon. Leurs sceaux sont attachés aux chartes et représentent des chevaliers, l'épée à la main. Celui de Guy de Malvoysin, a pour bordure : *Malus vicinus* et au revers : 3 bandes et 3 besans en chef. (Lebrasseur, *Histoire d'Evreux.)*

(2) *Invent. de 1543.*

(3) En 1011, suivant Chev. et Chr.

(4) Aubé et Marion disent 1198. C'est une erreur.

de fruits, pour symboliser la signification (?) des anciennes armes de la ville (1).

Il se fait aussi une belle cérémonie à l'Assomption, par une image que l'on fait descendre et monter le jour avant la messe et la veille, à Matines, le soir.

[Il se trouve encore aujourd'hui dans les archives de la ville un ancien registre de fort difficile lecture, qui fait mention de cette confrérie qu'on nomme la *Confrérie aux Marchands.* Cette confrérie avait certains droits et revenus qui se mettaient dans un coffre qu'ils appelaient *la Boëte aux Marchands,* dans laquelle on mettait aussi les amendes auxquelles les habitants se trouvaient et étaient condamnés dans les cas de police et autres où ils avaient prévariqué. Et de cette boîte on tirait ce qu'il convenait payer pour les affaires publiques de la ville (2).

Cet établissement se trouva tout fait en l'année 1110, lorsque le roi Louis le Gros mit notre ville en communauté, comme nous le dirons en son lieu, et la différence qu'il y donna, c'est qu'il nomma et qualifia du nom de Pairs ces douze principaux habitants, choisis pour le gouvernement de la ville, qui se tiraient toujours de cette confrérie.] CHR.

Tout ce que notre *Chronique* raconte de l'organisation de la ville, au temps du roi Robert, ne repose que sur cette tradition locale et sur « un registre de difficile lecture » disparu, du reste, des archives de la mairie. Tout cela, on le sait, est conforme à l'administration intérieure des villes du moyen âge. « Les chartes d'affranchissement de communes, octroyées ou demandées et obtenues sous Louis le Gros et sous Louis le Jeune, la création des milices communales, les *égaux* des communes de l'Ile-de-France, choisissant eux-mêmes leurs magistrats, s'emparant des tours et des murailles de leurs cités, possédant, dans la maison de ville, le sceau républicain destiné à sceller les actes municipaux, sont en quelque sorte la consécration de coutumes et d'habitudes sociales que les empiétements des seigneurs féodaux s'efforçaient de détruire (3). » On le voit,

(1) Ce passage manque de clarté et nous renonçons à l'expliquer.
(2) Dans un registre de 1416, cette *Bouctte* a des charges particulières.
(3) Henri Martin.

cela peut s'appliquer au texte de notre *Chronique*, et si Mantes avait déjà un gouvernement propre, il ressemblait à toutes les associations de bourgeois et de gens de métier, de toutes les villes françaises à la même époque. Nous aurons occasion, du reste, de l'étudier plus tard, avec toute l'attention que mérite le sujet.

Que la municipalité mantaise soit née d'une confrérie religieuse, il n'y a là rien qui doive nous étonner. C'est le génie du temps et l'on peut dire qu'au moyen âge, l'église était le lieu de réunion commun à tous ceux qui s'étaient groupés autour de son ombre. Il ne s'est rien passé à Mantes que nous ne retrouvions partout ailleurs. Les corporations de métiers de Paris, comme les écoliers de l'Université, se réunissaient presque toutes dans le cloître ou sur le parvis de quelque église. Sans multiplier inutilement ces exemples, il est certain que nos bourgeois ne firent qu'obéir aux usages et aux tendances de leur temps. Si l'on consulte l'introduction dont M. Aug. Thierry a fait précéder son histoire du Tiers-Etat (1), on verra que tout ce qui existait dans les grandes cités dont il a étudié le mouvement communal, se trouvait également dans notre petite ville de Mantes. Par les traditions que nous transmet notre Chronique, nous devinons les mêmes souvenirs d'une organisation urbaine, rappelant le municipe romain. Nous devinons encore, par les transactions passées avec tous les seigneurs des environs de Mantes, pour l'affranchissement de droits multiples dont la ville était grevée, l'envahissement de la cité par la puissance féodale aux xe et xie siècles. Puis, peu à peu, l'impatience du joug se manifeste de toute part. La bourgeoisie mantaise cherche, une des premières, à se débarrasser des intrus qui s'imposent par la force. Pour y réussir, elle se voit dans la nécessité de remplacer tous ces tyrans seigneuriaux par un seul maître, le roi, qui se substituant à tous les autres, met ses baillis à la place des anciens juges locaux, en laissant cependant aux bourgeois, un semblant de la liberté gallo-romaine, dont l'antique souvenir n'était pas encore absolument effacé.

Le clergé, en général, et celui de Mantes en particulier, par son origine comme par son esprit, était intéressé à faire cause commune avec la bourgeoisie. Si donc la vie communale se révèle par cette confrérie de l'Assomption, c'est le signe d'une

(1) *Documents inédits*. IV vol. T. I.

entente qui ne s'est jamais démentie. Dans tout le cours de cet ouvrage, à part quelques légers débats sans importance et toujours arrangés, nous verrons les bourgeois associés dans tous les actes de la vie publique, avec le clergé séculier de Notre-Dame.

§ 23. **Famine et mortalité.** — En l'an 1015 fut une grande famine et une mortalité universelle. Et mourut tant de monde, que les vivants étaient si lassés d'ensevelir et enterrer, qu'ils ensevelissaient et enterraient les gens encore vivants ; et mourut plus des deux tiers du monde.

Ce paragraphe est copié dans Raoul Glaber.

§ 24. **L'endroit où était anciennement le Cimetière.** — Dans le milieu de la ville, au lieu où est de présent le *Marché-aux-Harengs* et l'église Saint-Maclou, que je crois avoir été bâtie dans ce temps-là, était le cimetière. Et où est l'église Saint-Maclou, était l'Hôtel-Dieu qui depuis a été transféré où il est de présent ; attendu que toutes les maisons qui sont proche ladite église, vers le Marché à Blé, doivent rentes et censives audit Hôtel-Dieu.

[L'Hôtel-Dieu fut dès ce temps-là placé dans une grande salle, laquelle était sur l'arcade de la porte qui fermait le Fort, du côté de l'Etape, et par la suite bâti dans le lieu où nous le voyons présentement, près l'église Notre-Dame.] CHR.

Les titres les plus anciens de l'Inventaire de 1543, sur l'Hôtel-Dieu, sont de 1229 à 1231. Ils concernent des aumônes et quelques réglements d'administration. Le maire de Mantes y agit de concert avec l'évêque de Chartres. La propriété de l'Ile de l'Aumône apparaît seulement par un titre de 1351, mais elle est antérieure.

Le sceau de l'Hôtel-Dieu était un *Agnus Dei.*

§ 25. **Le Cimetière transféré où il est à présent.** — Sous le règne de Robert, roi de France, le 2ᵉ avril 1027, Jean Siresme, Edouard du Temple, Jacques Ripernelle, Georges Double le jeune, Olivier Oger l'aîné, Jean Oger le jeune, Guyon Double, Amaury, les cinq d'iceux et plusieurs autres bourgeois, achetèrent de Denis de Chauvincourt une pièce de terre proche la *Porte Chantereine* (1), que nous appelons aujourd'hui Porte aux Saints, qu'ils firent bénir, pour en faire un cimetière, pour enterrer les morts. Le zèle de ce peuple mantais pour leurs ayeux parut à l'ornement de ce nouveau lieu, qu'ils firent clore tout autour avec des charniers, depuis le portail jusqu'à l'église. Laquelle église fut faite des aumônes des habitants de ladite ville et des bienfaits des maires et échevins et la dédièrent en l'honneur de saint Jacques le Majeur, et s'est vu un des plus beaux cimetières de son temps, même le plus beau de France, sans en excepter. Mais les guerres civiles ont causé sa destruction et l'ont rendu comme champêtre. Et l'ancien cimetière fut donné à la ville, pour faire des *Etails*, couverts et non couverts, à vendre marchandise.

Ce cimetière, placé hors des murs, eut souvent à souffrir des opérations militaires dirigées contre la ville. Il fut plusieurs fois détruit et rétabli. L'administration en était confiée à trois des échevins de la ville. Il en sera mainte fois question par la suite.

§ 26. **Meulan réuni à Mante.** — Il me semble que Meulan fut réuni à la couronne en l'année 1042 [1041 CHEV.], ce que j'apprends par un état que j'ai en main, extrait de la Chambre des Comptes de Paris, de tous les duchés, comtés, baronnies et chatellenies du domaine de la couronne de France, par lequel il se voit que Meulan fut uni à la couronne du temps de Henri Ier, fils de Robert, parce que Galerand, comte dudit lieu, fut rebelle et désobéissant au roi (2). Lequel alla contre lui et le déposséda et joignit sa terre à son domaine, attendu que ledit Galerand tenait le parti de Thibault, comte de Chartres, et d'Etienne, comte de Troye, qui entrèrent en querelle avec le roi Henri. Duquel Meulan, il est dit qu'il n'en dépendait aucun membre ou chatellenie; mais pour ce qui est de Mante, il n'est point parlé comment

(1) Ou *Porte Chartraine*.
(2) Si Mantes avait fait partie du comté de Meulan, elle eut été prise en même temps et unie alors à la couronne.

il a été uni audit domaine, y ayant seulement en ces termes :
Mante est simple domaine, duquel ne dépend aucun membre
ou chatellenie, vrai est qu'il a droit davantage sur villages
circonvoisins.

Or, est-il que depuis le décès de ladite'Ligarde, comtesse
de Mante et Meulan, il est croyable que les rois de France
ont toujours possédé la ville de Mante avec celle de Meulan,
qu'ils y ont réunie après la confiscation susdite, et qu'en
ladite ville de Mante, ils ont fait souvent leur séjour et
demeure, soit pour la salubrité de l'air et beauté dudit lieu ;
soit pour y prendre les plaisirs de la chasse, étant pour lors
la ville environnée de beaux et grands bois ; soit pour y tenir
fort et par leur présence empêcher les courses (1) des Normands, nouvellement habitués en la Neustrie, que l'on appelle
à présent de leur nom : *Normandie*, dont Mante était frontière et de conséquence pour le passage en France.

Cette dernière partie prouve combien les chroniqueurs mantais étaient peu au courant de l'histoire de Mantes. Letgarde
n'avait pu laisser Mantes à la couronne. Elle avait des fils, dont
l'un fut comte de Chartres, et la ville vint au roi Philippe Ier,
qui s'en saisit sur Simon de Crépy. On voit que la tradition a
trop de part dans cette chronique et qu'il faut se défier de tout
ce qui concerne la partie ancienne de l'histoire de Mantes.

Abordons l'épineuse question du comté de Mantes et Meulan.
Nous prétendons, comme nous l'avons avancé, prouver au moyen
des nombreux documents que nous avons étudiés, que jamais
Mantes n'a été en la possession immédiate des comtes de Meulan ?

Le moment est venu de réaliser notre promesse.

Le président Levrier n'écoutant que ses préférences et s'appuyant du reste, sur des titres dont certaines expressions flat-
taient ses préventions, est de tous les historiens de nos contrées,
celui qui a le plus contribué à embrouiller cette question, déjà
fort obscure par elle-même. Nous allons essayer de démêler
'inextricable écheveau ; pour cela nous faisons un appel à l'attention, et un peu à la patience de nos lecteurs.

Pour mieux éclairer la discussion, nous donnons en regard
l'une de l'autre, les suites des comtes du Vexin et de Meulan,

_____

(1) Les Ms. disent corvée.

teiles qu'elles ont été fournies par le président Levrier lui-même.

COMTES DE VEXIN
(DE VALOIS, DE CRÉPY, ETC.)

853. NIVELON, NEBELONG ou NI-
   BELUNG.

873. ALEDRAN ou ALETRAN.

938. HUGUES LE GRAND, duc de
   France.

959. WALÉRAN ou GALERAN, il fut aussi comte de Meulan.

965. GAUTHIER Ier. Comes, Comes Ambianensis, Comes
   Dorcassinus, etc.

987, environ. GAUTHIER II, dit
   LE BLANC.

1027, environ. DREUX, DROGON,
   DROCO, mourut empoi-
   sonné à Bithynie, avec
   Robert Ier, duc de Normandie, en 1035.

1035. GAUTHIER III, fut empoisonné, avec Biote, sa femme,
   à Falaise, en 1063.

1063. RAOUL LE GRAND (Raoul III,
   comte de Crépy). Petit-fils
   de Gauthier II. A pris le
   titre de comte de Mantes.

1076. SIMON DE CRÉPY, fils de
   Raoul. Fut le dernier
   comte de Vexin. Phi-
   lippe Ier, s'empara de ses
   biens. Mourut à Saint-
   Claude, dans un couvent
   de bénédictins.

COMTES DE MEULAN

Av. 990. ROBERT Ier, d'origine
   obscure.

990. ROBERT II, épousa Alix,
   fille de Gauthier II,
   le Blanc.

997. HUGUE Ier TÊTE D'OURS.
   Prend le titre de vi-
   comte du Vexin, dans
   un acte de 1015.

1015. GALERAN Ier ou WA-
   LERAN II. Fils de Ro-
   bert II, frère de Hu-
   gue Ier.

1070. HUGUE II. Témoin
   comme comte de
   Meulan, dans un acte
   de restitution de Phi-
   lippe Ier, à l'abbaye
   de Cluny, en 1076.

1080. ROGER DE BEAUMONT,
   gendre de Hugue II,
   par sa femme Ade-
   line de Meulan.

1082. ROBERT III, fit don de ses
   droits, sur Mantes,
   à Saint-Wandrille,
   d'après Levrier.

1104. GALERAN II.

1166. ROBERT IV, dépossédé
   du comté de Meulan,
   en 1204.

Voici ces deux suites : nous y joignons quelques faits se rapportant à chacun des personnages. Les premières dates concernent seulement les chartes où il est mention de ces comtes (1). Quant aux comtes du Vexin, nous ferons remarquer qu'ils ont pris, suivant les actes qu'ils ont signé, à cause des acquêts faits par héritages ou mariages, les titres de comtes d'Amiens, de Crépy, de Valois, de Dreux, de Pontoise, de Mantes, etc. Les comtes de Meulan, au contraire, n'ont jamais eu d'autres titres dans les actes français ; mais en Angleterre, après la conquête, ils ont possédé diverses seigneuries dont nous n'avons pas à nous préoccuper.

Si l'on compare les dates exposées dans ces deux suites, il est évident que Mantes et Meulan ont eu, jusqu'à l'année 1074 ou 1076, des seigneurs distincts, mais unis à la vérité par des liens de familles très étroits. La prétention de Levrier, de faire des comtes de Meulan les seigneurs de Mantes, est donc inexplicable. « Depuis l'extinction des comtes de Vexin, dit-il (2), cette ville ayant passé sous la domination de ceux de Meulent, a fait partie des fiefs de leur mouvance et les vicomtes de Mantes sont devenus vassaux des comtes de Meulent. Nos rois y possédèrent quelques domaines particuliers en propriété, et entre autre un château qu'ils habitaient assez souvent. Louis le Gros le donna à Philippe, son frère naturel, fils de Bertrade, qui porta même quelques instants le nom de comte de Mante. Mais ce titre était sans réalité, et comme un simple brevet d'honneur, puisque Mante n'avait alors aucun district ni mouvance, et n'était point effectivement un comté ; et qu'il est même constant par les titres et les chartes dont on aura occasion de citer une partie dans peu, que tout le territoire, qui depuis Philippe-Auguste composa le châtellenie de Mante, faisait partie auparavant du comté de Meulent, en portait le nom avant que les géographes modernes eussent imaginé de créer de leur autorité privée, un pays particulier appelé Mantois, qui n'a jamais été connu des anciens. »

Tout cela ne tient pas devant les faits les plus patents. Nous ne voulons pas exposer toutes les chartes où l'on trouve les noms des comtes de Vexin et de Meulan ; cependant, on observera que dans le Cartulaire de Saint-Père de Chartres où leurs

(1) *Art de ver. les dates.* T. II. Levrier a fourni toute cette partie aux Bénédictins.
(2) *Art de ver. les dates.* T. II p. 686.

noms reviennent à chaque page, Galeran, de 1015 à 1069, est le premier qui prenne le titre de comte de Meulan. Son frère aîné, Hugue Iᵉʳ, se qualifie de *comes* et quelquefois de *ricecomes*, c'est-à-dire vicomte du comte de Vexin, son parent. Nous en citerons tout à l'heure un exemple probant.

Maintenant, non seulement le roi de France Philippe Iᵉʳ, son fils Philippe de Mantes, et après lui Louis le Gros, ont possédé Mantes, mais il existe encore, en dépit de Levrier, des seigneurs, contemporains des comtes de Meulan et notoirement plus puissants qu'eux, qui ont pris dans quelques occasions, le titre de comtes de Mantes. Nous n'en voulons pas tirer cette conséquence que Mantes a eu, comme Meulan, une suite de seigneurs héréditaires ; loin de là. Nous savons que cela n'existe pas ; mais cela prouve au moins, que Mantes n'était pas la propriété des comtes de Meulan, ni de la mouvance de leur comté, et nous n'eu voulons pas prouver davantage.

Ainsi, nous lisons dans l'*Art de vérifier les dates* (1), mais non plus dans l'œuvre de Levrier, le passage suivant : « En 1049 ou environ, Eustache II, surnommé Grenon, parce qu'il portait de grandes moustaches, devint le successeur d'Eustache Iᵉʳ son père, au comté de Boulogne. Il épousa, l'an 1050, Goda ou Godoia, fille d'Ethelred II, roi d'Angleterre et veuve de *Gauthier, comte de Mantes*, dont elle avait un fils qui était alors comte d'Herfort. » M. A. Thierry, de son côté, parle aussi de ce Gauthier, sans lui donner de titre. « Eustache venait d'épouser la sœur d'Edward déjà veuve d'un autre Français, nommé *Gauthier de Mantes*. » Et plus loin : « Le roi (Edward) donna le commandement de son armée à ses favoris d'outremer ; et parmi les principaux chefs, figurait un jeune fils de sa sœur Goda et du Français Gauthier de Mantes (2) ».

Ce fait, pris dans Guillaume de Malmesbury, contient une erreur de nom. Goda était la veuve de Drogon, mort à Bithynie en 1035, et non d'un Gauthier. Mais le point capital, c'est que son premier mari est appelé ici comte de Mantes.

Orderic Vital appelle encore positivement Raoul le Grand, comte de Mantes. « Quodam tempore, inter sæpe nominatum Hugonem et Radulfum comitem Mendantentium, Philippi regis

---

(1) T. II p. 760. Levrier a été moins affirmatif dans quelques notes de ses précédés.

(2) *Hist. de la conq. de l'Angl.* Ord. Vit. l'appelle aussi comte de Pontoise.

vitricum, etc. En ce temps, il s'éleva grands débats, entre Hugue de Grandménil et Raoul, *comte de Mantes*, beau-père de Philippe, roi des français » (1).

Voici donc deux citations au moins, qui sont diamétralement opposées aux affirmations de Levrier. Du reste, tant que les comtes de Vexin existèrent, c'est-à-dire, jusqu'à la mort de Simon de Crépy, vers 1080, la ville de Mantes fit partie de leurs domaines et n'eut pas à reconnaître la suzeraineté des comtes de Meulan. A partir du jour où Philippe I⁰ʳ s'empara du Vexin et devint ainsi avoué de Saint-Denis, Mantes fut entièrement au pouvoir des rois de France, et rien ne peut faire supposer qu'ils en aient partagé la possession avec les comtes de Meulan, dans lesquels ils eurent presque toujours des adversaires. L'examen attentif des sources historiques le prouve ; nous ne concevons pas que l'opinion contraire ait été acceptée sans débat, par tous ceux qui se sont occupés de cette question : Millin, Cassan, M. Réaux (2) l'ont partagée et malgré leur autorité, nous ne pouvons nous ranger à leur avis. M. Moutié lui-même ne dit pas autrement, et il en donne à l'appui des preuves qui semblent sans réplique. « Vers 1034, dit-il, le même comte Dreux (Drogon) et Hugues son vicomte du Vexin, se dessaisirent, entre les mains de l'abbé de Saint-Père de Chartres et sur l'autel de Juziers, de plusieurs terres que le vicomte Hugues avait usurpées et retenait au détriment des religieux. L'acte solennel de ce désistement fut passé en la présence de plusieurs grands personnages, parmi lesquels nous nous bornerons à citer Sanson, vicomte de Mantes, pour le comte Dreux. Parmi le grand nombre d'autres témoins, qui sont appelés : *Medantenses de Mellento, Mantois de Meulent*, c'est-à-dire sous la dépendance du comte de Meulent, figurent au premier rang, le vicomte de Meulent, Téduin, etc. (3). »

M. Moutié n'a pas connu une note de M. Le Prévost, qui fait que le texte de cette charte dit justement tout le contraire de cette traduction ; c'est affaire de ponctuation. En effet, les témoins de cet acte sont de trois catégories : ceux de Mantes, ceux de Meulan et ceux de l'abbé de Saint-Père. Après les pre-

---

(1) T. II p. 113. Cette forme latine est même remarquable, car Orderic dit positivement : Raoul, comte des Mantois.

(2) *Histoire de Meulan.*

(3) *Loc. cit.* p. 11. Levrier dans ses preuves a parfaitement fait la distinction importante que nous allons signaler. Il ajoute avec raison que Mante et Meulant avaient leurs comtes particuliers. *Collection du Vexin*, T. XI, n° 167.

miers noms, vient la distinction : *Hi sunt Medantenses, ceux-ci sont de Mantes*. Puis ensuite : *De Mellento : Teduinus, vicecomes, etc. De Meulan, sont : Teduin, etc.* Enfin l'abbé dit : *De nostris, des nôtres, sont, etc.* Ainsi cette preuve, tenue pour irréfutable jusqu'ici, prouve au contraire que Mantes et Meulan avaient en 1015, comme avant et après, une existence séparée.

Quant à l'octroi de certaines franchises, il est possible qu'à cause de leurs alliances avec les comtes de Vexin, les comtes de Meulan aient été possesseurs de certains droits seigneuriaux, dans la ville de Mantes, mais cela n'est pas aussi décisif que le dit Lévrier et nous en cherchons encore la preuve. Les Mauvoisins y avaient aussi de nombreux droits : droits de travers, droits de garenne, etc. Le baron d'Ivry y possédait l'Etape ; un seigneur de Maule y avait X sous de cens qu'il donna à Saint-Georges. Il n'en est pas moins vrai que les comtes de Vexin et après eux les rois de France, ont été les seuls possesseurs de la ville.

Comment expliquer encore que cette possession des comtes de Meulan n'ait laissé aucune trace dans nos archives. Les Mauvoisins et les autres possesseurs de droits seigneuriaux ont été obligés de les céder à la ville et ont eu avec elle des démêlés dont on a les actes. Il ne se trouve rien de semblable pour les comtes de Meulan.

Cependant, d'après Lévrier, leurs prétentions sont formelles. « En 1093, dit-il, lorsque Guillaume de Beaumont, parent de Robert III, comte de Mantes et Meulant, devint abbé du Bec, à la place d'Anselme devenu archevêque de Canorbery, Robert confirma toutes les franchises de l'abbaye. Il lui accorda entre autre, remise de tous ses droits seigneuriaux et des lods et ventes, pour les acquisitions qu'ils feraient dans les environs de Mante et Meulant : « *Apud Meduntam et apud Mellentum et* « *in omnia potestate meâ, circa Meduntam vel circa Mellentum* » (1). Il accorda vers le même temps à l'abbaye de Préaux les remises des droits qui lui étaient dûs sur les vins dans la ville de Mante. Elle avait ces droits sur Meulant depuis longtemps. Jumièges et Saint-Wandrille obtinrent également la confirmation de leurs franchises dans l'étendue des domaines de

---

(1) En 1103, cette franchise fut confirmée pour le passage à Mantes, non pas par le comte de Meulan, mais par Philippe Ier. (Levr. *Preuves*. T. XI.)

Robert III : « *Apud Mellentum et Meduntam et in alia tota*
« *terra meâ* » (1).

Tout cela paraît précis et sans réplique. Qu'on nous permette
encore une citation, et nous allons voir ce qu'il en restera.
« Ceux de S. Wandrille ayant été inquiétés pour les droits seigneuriaux et domaniaux sur la rivière, dans la même ville [de
Mantes] eurent recours à Robert IV, comte de Meulant, qui
adressa une ordonnance ou mandement à ses officiers et Prévots de Mantes, pour leur enjoindre de faire jouir les religieux
de leurs privilèges (2). »

Nous n'avons pu consulter toutes les chartes auxquelles Levrier fait allusion. Elles sont difficiles à trouver. Mais nous
avons, au moins, vu les chartes de Saint-Wandrille qui concernent cette dernière citation ; elles nous donnent le droit d'être
aussi sévères que nous le sommes dans nos appréciations.

Les religieux de Saint-Wandrille avaient des biens à Maison-
sur-Seine ; il leur importait d'avoir franchise sur la rivière pour
faire passer leurs bateaux jusqu'à l'abbaye. Aussi étaient-ils toujours en instance pour obtenir la dispense de péage à Mantes, à
Rosny, à la Roche-Guyon.

Dans une première charte du cartulaire original, Robert IV
de Meulan rappelle que ses prédécesseurs et lui, ont concédé à
Saint-Wandrille le droit de passer *à Meulan*, en montant et en
descendant sans rien payer. Il ne dit pas un mot de Mantes.

Les gens de Mantes et le seigneur de la Roche n'en tinrent
compte. C'est alors que le comte de Meulan, se faisant l'avocat
de l'abbé de Saint-Wandrille, écrivit au roi Louis VII, la lettre
suivante, qui n'est qu'une prière, comme elle devait être (3) :

« Karisssimo domino suo, Ludovico Dei gracia, illustri regi
francorum, baronibus justiciis Robertus comes Mellentis. Inti-
matum est michi, quod Vascio de Peissi et Guido de Ruppe exi-
gunt consuetudinem, de transitu bacci S. Wandregesilli, contra
rationem apud Medantam, per meam guarantisam. Sed sciattis
quod hanc consuetudinem, nec exigere, nec habere debent.....
Unde precor vos, quod prædictam ecclesiam S. W. indè fatigari,
non paciamini. Valete. »

---

(1) *Art de ver. les dates.* T. II p. 691. C'e n'est pas là le texte des *Preuves*
de Levrier lui-mème. « Dona etiam apud Medunctam totius... ad me pertinet. »
Ce qui n'est pas la même chose.

(2) *Ut sup.*

(3) V. p. cccvi et suiv. Levrier ne l'a pas citée dans ses *Preuves*.

« A son très cher seigneur Louis par la grâce de Dieu, roi des français, son baron justicier, Robert, comte de Meulan. On m'a informé que Gascion de Poissy et Guy de La Roche exigent la coutume sur le passage du bac de Saint-Wandrille, contre toute raison, à Mantes, malgré ma garantise. Mais sachez que cette coutume, ils ne doivent ni l'avoir, ni l'exiger..... Aussi je vous prie que vous ne souffriez pas que la dite église de S. W. soit inquiétée à cet endroit. Salut. »

Nous le demandons : est-ce là un ordre donné à un prévôt ou à des officiers dont on dispose? Robert IV n'était donc pas le maître à Mantes. Il intervenait simplement, en ami de l'abbé, en protecteur, en avocat, pour obtenir du vrai maître de Mantes une franchise qu'il n'obtint pas. Il fallut plus de 50 ans d'instances tenaces, pour faire dispenser les religieux de Saint-Wandrille, de payer la coutume de Mantes.

Lévrier, du reste, n'a pas connu ces actes (1). Il parle, en effet, de l'habitude qu'avaient les bateliers de Saint-Wandrille de jouer du flageolet sous les ponts de Mantes et de Meulan, comme d'une redevance singulière exigée d'eux (2). Il ajoute qu'on ne connaît pas les actes, mais il garantit le fait. Tout le monde l'a répété après lui.

Nous avons été plus heureux que lui et on va voir ce qu'était cet usage.

L'affaire du péage traîna longtemps. Les religieux étaient entêtés, car, il faut bien le dire, ils avaient le droit pour eux. Ce droit, ils le tenaient, non pas des comtes de Meulan, mais de Drogon, comte de Vexin, comme on l'a vu plus haut. Quelque temps après, ils étaient revenus devant les Mauvoisins et avaient obtenu de Guillaume et Manassès, qu'ils passeraient, sans payer, un bateau de vin de France, pour leur usage et par chacun an.

Le seigneur de la Roche n'avait jamais voulu céder et ils durent toujours payer l'acquit par le travers de son château. Mantes avait dû s'accorder aussi avec l'abbaye pour les droits qui appartenaient à la ville. Mais comme les Mauvoisins s'en étaient réservés une partie, ils réclamèrent encore le péage, notamment en 1307. Nous donnons ici la curieuse sentence du

(1) Lors de la rédaction de son article sur les comtes de Meulan ; plus tard il les a connus.

(2) Cette expression est du xv⁰ siècle : « Franc en flagolant d'une mette qui est au-dessus dud. pont, jusqu'à une autre mette qui est au-dessous. » *Collect. du Vexin.* T. XI.

bailli de Rosny (1), dont nous rajeunissons un peu le style, pour la commodité de nos lecteurs :

« A tous ceux qui ces présentes lettres verront ou orront, Symon dit Moleit, baillif de Rooni, salut et bonne amour. Comme discord fut mu entre noble homme, monseigneur de Rooni d'une part, et hommes religieux et honnestes l'abbé et le couvent de Saint W., d'autre. Sur ce que ledit seigneur avait fait arrêter le bac desdits religieux pour le travers de leurs vins qui passent à Maante, par le travers dudit seigneur. Lesdits religieux disant et maintenant qu'ils dussent passer quittes, parmi ledit **travers**, *pour corner en passant* parmi ledit travers. Ledit seigneur disant le contraire, car il pouvait bien être qu'ils fussent quittes quant au travers du roy que le maire tient, et que le roy leur pouvait bien avoir fait cette franchise ; mais au travers dudit seigneur qui y a huitiéme et neuvième (la partie réservée) il disait qu'ils ne devaient pas être quittes, s'ils ne le montraient. C'est pourquoi, il se dût taire. A laquelle chose lesdits religieux répondaient qu'ils étaient et avaient esté, eux et leurs devanciers en bonne saisine et paisible, dès lonc temps (qu'il pouvait souvenir à mémoire d'homme) de passer quittes, leurs vins et leurs vaisseaux, *pour corner*, tant au droit dudit seigneur, qu'en droit le roy. Et nous, le devant dit bailly, de l'avis et commandement espécial dudit seigneur, et du consentement desdits religieux enquérîmes, tant du droit dudit seigneur comme du droit desdits religieux. Et trouvâmes par les témoins de ceux qui *hancent* (2) aussi le travers pour le maire le travers audit seigneur de Rooni, et par autres bonnes gens qui avaient les choses vues de lonc temps...... ; nous ledit bailly....... sur le discord de la cause....... assouvimes, prononçames et jugeâmes en notre assise de Rooni, qui fut l'an de grâce mil iij^e et sept, le samedi devant caresme-prenant, et par droit ladite saisine appartenant aux dits religieux, etc. »

Après ces citations, nous n'avons plus rien à ajouter. Il est de toute évidence, que Mantes était au roi de France, et que les comtes de Meulan et en particulier Robert III, partisan du roi d'Angleterre, n'aurait pas vu brûler Mantes en 1087, s'il en avait été le seigneur. De même Robert IV, n'aurait pas adressé

(1) Rosny avait un prieuré de Saint-Wandrille. Levrier a cité cette sentence et a dû voir qu'il n'y est nullement question des comtes de Meulan. *Preuves.* T. XI.

(2) Associer aux droits de navigation et les percevoir.

une prière à Louis VII, s'il n'avait eu, comme le dit Levrier, qu'à commander à ses officiers de faire droit aux justes réclamations de Saint-Wandrille.

Toutes les citations de Levrier sont ainsi adaptées aux besoins de sa cause. « Robert IV, dit-il encore, accorda entre autres choses, aux religieux de Valasse (1) le droit d'ouvrir le ban de vendanges, quand ils le jugeraient à propos, dans sa ville de Mantes. » Nous n'avons rien trouvé de semblable. Lorsqu'il confirma, en 1157, les privilèges que l'abbaye du Valasse tenait de Galeran II, il ne fit aucune mention de droits à Mantes. Les biens qu'il nomme étaient seulement situés à Rouen et sur les terres des chanoines de la Côte des Deux-Amants (2).

De même encore pour Jumièges. Le texte de la *Neustria Pia* (3), n'a pas du tout la valeur que lui attribue Levrier : « Quod Gemetensis ecclesia quieta et libera, ab antiquo, apud Mellentum et Meduntam, et in tota terra mea Francia et Normania, per terram et aquam. » C'est-à-dire : que l'église de Jumièges soit tranquille et libre, suivant l'usage ancien, par terre et par eau, vers Meulan et Mantes, et sur toutes mes terres de France et de Normandie. Rien dans ce texte ne dit que Mantes est à lui, seulement, en vertu des chartes de Hugue et de Drogon, dont nous avons parlé plus haut, il constate que Jumièges ne devait rien, ni à Meulan ni à Mantes. Ce qui était vrai.

Maintenant est-il nécessaire de prolonger ce débat. La preuve nous semble faite et nous nous résumons. Mantes et Meulan ont eu leurs seigneurs distincts, jusque vers 1080. Les comtes du Vexin, maîtres directs de Mantes, étaient en même temps les suzerains des comtes de Meulan. Après 1080, Mantes fut constamment propriété de la couronne, soit directement, soit à titre d'apanage.

Administrée bourgeoisement dès les temps les plus anciens, elle fut mise en commune en 1110, et aucune trace de la possession des comtes de Meulan n'est restée, ni dans les archives de Mantes, ni ailleurs.

---

(1) Près de Rouen.
(2) *Gallia Christ.* T. XI. Ed. Palmé.
(3) **Page 322.** La première exemption était de Drogon, vers l'an 1016 : « Ego Drogo, superni regis nutu comes...., navigerum aditum atque transversum Pontigeris et *Medanciæ* perpetualiter, concedo et trado. » Il n'y est pas question de Meulan. V. *Collect. du Vexin.* T. XI, n° 99.

7

Les comtes de Vexin ont pris quelquefois le titre de comtes de Mantes et même celui de comtes de Meulan *(Nécrologe de Notre-Dame)* ; pas un seul document n'a été fourni, où les comtes de Meulan se soient nommés comtes de Mantes.

Le débat, déjà ancien, ne roule donc que sur des interprétations trop élastiques, de termes de chancellerie qui n'ont pas la précision que Levrier leur a attribuée.

La ville n'a jamais été la possession des comtes de Meulan, et depuis sa réunion au domaine royal, on peut affirmer qu'après le roi, les Mauvoisins étaient les seigneurs qui y avaient le plus de droits féodaux. La seule concession que nous pouvons faire aux historiens de Meulan, la seule qui nous paraisse être la vérité, c'est que les comtes de Meulan, grands propriétaires de l'Ile de France et de la Normandie, ont eu des droits considérables sur tout le territoire environnant Mantes. C'est de ce territoire seulement, qu'il faut entendre les expressions si fréquemment reproduites par Levrier, de *Circa* et *apud Medunlam.*

Les seigneurs du Vexin n'ont pas joué un rôle considérable dans l'histoire de Mantes. Nous pouvons nous contenter, pour éviter des répétitions inutiles, de la liste qu'on a lue plus haut, des indications qui ont été déjà citées et de celles qui se présenteront par la suite.

L'événement raconté dans le § 26 se passait au temps de Gauthier III de Vexin, et de Galeran II de Meulan. Eudes de France, frère de Henri Ier, avait été exclu de la couronne à cause de son état d'esprit. Il conspirait contre son frère, mais les comtes Thibaud de Chartres et Etienne de Troyes dirigeaient l'entreprise. Galeran, mécontent du roi de France, entra dans la conjuration. L'événement tourna au détriment d'Eudes et de ses partisans.

Henri Ier surveillait ses ennemis : il sut empêcher la jonction de leurs troupes et, secouru par Geoffroy d'Anjou, il déjoua leurs projets, les battit séparément et les contraignit à se soumettre. « Galeran, plus âgé et plus expert que ses alliés, se déroba quelque temps aux coups du monarque. Mais vaincu malgré son opiniâtre résistance, il dut chercher un refuge en Normandie auprès de son gendre et laisser ses domaines à la merci du vainqueur. La ville de Meulan fut prise et réduite à l'obéissance du roi, qui déclara le comté confisqué sur Galeran, pour cause de félonie, et réuni au domaine de la couronne (1). »

Cela se passait en 1041. On voit que notre annaliste a bien indiqué les causes de la première réunion de Meulan à la couronne. Il semble avoir ignoré que peu de temps après, Henri rendit son comté à Galeran de Meulan et en fit ainsi un de ses plus fidèles alliés.

Bien que les vicomtes de Mantes n'aient aucune importance historique, nous signalons ici l'existence de ceux qui sont le mieux connus. Presque tous sont dits de Guiri, à cause de leur terre patrimoniale des environs de Magny.

Le plus ancien est Maclou de Guiri, 968 + 987.

Puis Sanson de Guiri, dont on sait peu de chose ; de 987 à 1034 environ. Il signa en 1006, la donation faite par Gauthier II au prieuré de Juziers, un autre acte sans date, et enfin celui dont nous avons parlé plus haut, où il prend le titre de vicomte de Mantes.

Hugue de Guiri, surnommé Broute Saule (*Brustans Salicem*) lui succéda après la mort de Sanson. Les moines de Saint-Père de Chartres (2) ont exalté son mérite et ses vertus, à propos d'une donation qu'il leur fit de ses droits sur Guiri. Vers la fin de sa vie, il se fit moine de Saint-Père et devint proviseur et custode de Juziers.

Hugue Stavel ou de Steuil (3) est le dernier vicomte connu. Il semble avoir été placé à Mantes, lorsque Philippe Ier s'empara du Vexin. Nous le verrons paraître dans la restitution faite à Cluny par Philippe Ier, et au moment de la prise de Mantes par Guillaume le Conquérant.

Les autres personnages qui ont ensuite commandé à Mantes, sont des baillis ou des capitaines de la forteresse. Ils sont peu connus.

Un descendant de la famille de Guiri figure encore dans le *Cartulaire de Saint-Père*, vers 1144 : c'est Guillaume Broute Saule (Brustsalth). Il avait fondé un *obit* dans l'église Notre-Dame.

---

(1) Réaux. *Loc. cit.* p. 102.

(2) V. *Cartul.* T. I p. 188.

(3) Levrier a pris pour cet Hugue un autre, surnommé *Statualis, Statuerius*, etc. M. Guérard n'a pas admis cet interprétation.

§ 27. Des maisons que l'on appelait Mante-l'Eaue. —
Il y avait anciennement, au pied du Château de Mante, des
maisons de pêcheurs et autres bâtiments le long de la rivière
qui servaient de faubourg auxdits Château et ville de ce
côté, ladite ville étant bâtie plus haut. Lesquelles maisons,
en différence de la ville, on appelait : *Mante-l'Eaue*, dont la
petite rivière qui passe au-dessous dudit Château, en porte
encore le nom.

Ce paragraphe est répété dans le cours de cette chronique ;
nous aurons donc occasion de traiter l'objet qui y a donné lieu.

De Mantes-l'Eaue, nous avons vu ce qu'il fallait penser et nous
n'y reviendrons pas. Quant à ces maisons de Mantes-l'Eaue,
elles furent démolies sous Charles V, pour bâtir la Porte-aux-
Images et le *Fort*. Cette démolition donna lieu à une transaction avec les chanoines de Notre-Dame. Nous en parlerons en son
temps, et nous reprenons le cours de notre récit.

Parvenus en plein XI⁰ siècle, nous avons pour nous guider, un
grand nombre de chroniques et de récits où nous pouvons puiser. Il est cependant un auteur, que nous avons déjà cité, dont
le nom va revenir à chaque page et que nous devons présenter à
nos lecteurs : c'est Orderic Vital.

Moine de l'abbaye d'Ouche ou de Saint-Evroul (Orne), Orderic
Vital a laissé une *Histoire Ecclésiastique,* en XIII livres, à
laquelle on ne peut éviter de faire des emprunts quand on s'oc-
cupe de ce qui touche au voisinage de la Normandie. De plus,
c'est un des écrivains les plus exacts du moyen âge ; on peut
dire que c'est le premier de nos historiens.

Orderic Vital était né en Angleterre, vers 1075. Son *Histoire,*
précédée suivant l'usage, d'une récapitulation générale, s'arrête à l'année 1141, voisine de sa mort : « Aucun livre, dit
M. Guizot, ne contient sur l'histoire du onzième et du douzième
siècle, sur l'état politique, civil et religieux de la Société en
Occident, sur les mœurs féodales, monastiques et populaires,
tant de si précieux renseignements. » Jusqu'au milieu du XII⁰
siècle, Orderic Vital sera donc, sinon le seul, au moins notre
guide le plus sûr.

Désormais, la guerre subsiste à l'état permanent entre le duc
de Normandie et le roi de France, trop puissants tous les deux
pour voir sans crainte et sans envie, les progrès de leurs con-

quêtes réciproques. Pendant longtemps, la guerre se poursui-
vra avec des chances diverses, suivant le parti qu'embrasse-
ront tour-à-tour, les nombreux et puissants vassaux évoluant
d'un camp à l'autre, au gré de leur ambition et de leur intérêt.

A notre point de vue tout particulier, la situation du comte
de Meulan, avec sa ville de Meulan dans l'Ile de France, et ses
grandes possessions de Normandie, était des plus redoutables
pour la puissance royale. Si Henri Ier avait cru devoir restituer
son comté à Galéran, un jour Philippe-Auguste devait en priver
à jamais Robert IV et sa descendance.

En arrivant au trône, Henri Ier en butte à la haine de
la reine Constance, avait dû lutter contre les grands vassaux. Il
avait imploré le secours de Robert de Normandie, et en échange
du service qu'il en avait reçu, il lui avait cédé le Vexin, depuis
l'Oise jusqu'à l'Epte.

> Promis a aa duc sans essoigne (sans faute)
> Tout Veuquecin jusqu'à Pontoise (1).

C'était une grande faute politique. Devenu plus fort, Henri
l'avait senti. A la mort de Robert, en 1035, il s'était hâté de
reprendre le Vexin à son héritier. « Guillaume, alors, à cause
de sa jeunesse, ne put revendiquer son droit. » Ce fut pour l'avenir, une cause de discorde constante.

Au printemps de l'année 1054 (2), Henri crut encore avoir à se
plaindre des agissements de son rival normand. Il tenait surtout
à se venger d'un échec essuyé quelques mois avant, à Arques,
qu'il avait en vain voulu secourir, alors que Guillaume l'assiégeait.
Il pénétra encore une fois en Normandie.

Son frère Eudes, auquel il avait donné le commandement d'une
partie de ses troupes, était parti de Mantes ou des environs,
était passé sur la rive droite de la Seine, avait traversé le
Beauvoisis, dans le dessein de surprendre et d'envelopper son
ennemi.

Les troupes de Guillaume avaient à leur tête, Roger de Mortemer et peut-être aussi Gauthier Guiffard, comte de Longueville. Les compagnons d'Eudes arrivèrent dans le pays de Neufchâtel, près de Mortemer-sur-Eaulne. Mais au lieu de faire
tomber l'ennemi dans le piège qu'ils comptaient lui tendre, ils

(1) Wace.
(2) Et non en 1055.

se laissèrent surprendre par les Normands, au milieu de la nuit. Mortemer fut incendié ; un grand nombre de soldats furent tués, et ceux qui ne purent échapper par la fuite, furent faits prisonniers (1).

§ 28. Le roi reçoit à Mante, la nouvelle de la défaite de ses troupes, par les Normands. — Nous apprenons, par la *Chronique de Normandie*, qui ce fut à Mante que le roi Henri, fils du susdit Robert, en l'an 1055, reçut la nouvelle de la défaite de ses troupes par les Normands conduits par Gauthier Guiffard (2), comte de Longueville, qui en avertit incontinent le duc Guillaume de Normandie, qui était pour lors à Evreux. Lequel dès le soir, envoya quatre paysans proche les portes de Mante crier à haute voix :

> Réveillez-vous et vous levez,
> Français qui trop dormez
> Allez bien tost voir vos amis
> Que les Normands ont à mort mis
> Entre Ecouy et Mortemer (3) ;
> Là vous convient les inhumer.

Lesquelles nouvelles furent peu après confirmées par des blessés échappés de la bataille. Ce qui fut cause que le roi partit en diligence de Mante et y laissa les bourgeois bien effrayés.

Henri, pendant qu'on se battait à Mortemer, était tranquillement à Mante, avec une autre partie de ses troupes ; il y attendait le résultat de la marche de son frère, avant de se mettre en mouvement et de frapper Guillaume à l'improviste.

Il ignorait encore le sort de l'armée d'Eudes, lorsque par une nuit orageuse, les soldats qui montaient la garde autour de son camp, entendirent avec épouvante une voix lamentable, leur racontant d'une façon surnaturelle, le récit de la défaite de

(1) *Ord. Vit.* T. III p. 202.

(2) Guissard. CHEV.

(3) Montemer. AUBÉ, M.; Mortemer ; CHEV. L'arrangeur moderne des vers du Roman du Rou s'est trompé, en confondant Mortemer-en-Brai avec Mortemer-en-Lions, près Ecouy.

Mortemer. C'était Guillaume qui, facétieux à ses heures, avait eu l'idée d'envoyer Raoul de Toëni comte de Conches, au camp royal, lui enjoignant de grimper sur un arbre ou un monticule et de crier de là, la déroute d'Eudes (1).

Wace, dans le *Roman du Rou*, raconte ce fait, dans ces vers que notre *Chronique* a un peu dénaturés :

> Franceiz, Franceiz, levez, levez !
> Tenez vos veies, trop dormez !
> Alez vos amis enterrer,
> Ki sont occis à Mortemer.

Parmi les seigneurs qui combattirent avec Eudes à Mortemer, se trouvait Raoul le Grand, comte de Vexin. Il fut un de ceux qui furent pris, tandis qu'Eudes s'échappait par la fuite et abandonnait ses compagnons.

Ce fut à peu près le dernier acte d'hostilité d'Henri contre le duc Guillaume. Cependant, quatre ans après, le roi de France prêta encore le secours de ses armes à Geoffroy comte d'Anjou, contre le duc de Normandie. Comme leurs troupes passaient la Dive, près de Varaville, Guillaume se jetta sur leur arrièregarde ; le pont qu'elle passait se rompit et tout ce qui demeura fut tué ou pris (2). Henri comprit enfin qu'il n'était plus de force à lutter avec un tel adversaire. Il fit la paix avec Guillaume, et la mort (août 1060) l'empêcha bientôt de la troubler.

Philippe Ier son fils, lui succéda, et dès lors ce fut une lutte acharnée, dont Mantes fut souvent le théâtre. Le nouveau roi de France était loin d'avoir l'activité de son adversaire. Celui-ci, d'ailleurs, devenu roi d'Angleterre par la conquête de 1066, avait encore doublé sa puissance et son prestige. De plus, son esprit aventureux lui gagnait beaucoup de partisans, et un certain nombre de seigneurs français le suivirent en Angleterre. Pendant ce temps le roi Philippe, sans souci d'un évènement aussi considérable, ne semblait pas se douter de ses conséquences funestes.

Quelques seigneurs des environs de Mantes répondirent à l'appel de Guillaume. Parmi eux étaient les seigneurs de Bréval,

_____

(1) Nocte intempesta caute instructum, quendam direxit qui tristem regi victoriam, propius castra ipsius, ab alto arboris, per singula inclamavit. *Gesta Guillelmi ducis.*

(2) 1158. Galeran de Meulan fut un de ceux-là : il demeura prisonnier jusqu'à l'année suivante.

de Jouy, les Mauvoisins, etc. Le comte de Vexin, Raoul, ne fit pas partie de l'expédition. Son alliance récente avec la mère du roi de France l'en avait peut-être empêché. Raoul après avoir épousé Adèle, l'avait perdue en 1043. Il se remaria peu après, avec une autre femme nommée Haquenez ou Eléonor. En 1062, il la répudia et épousa alors Anne ou Agnès de Russie, veuve de Henri Ier, et devint ainsi le beau-père de Philippe Ier, au grand déplaisir de celui-ci.

Nous avons parlé déjà du désaccord du comte de Vexin, avec un des vassaux du duc de Normandie, Hugue de Grandmesnil, commandant du château de Neuf-Marché. Raoul, en 1066, le battit et le contraignit à reculer devant des forces supérieures (1).

Si Raoul ne prit aucune part à la conquête de 1066, il assistait cependant à la Pâque solennelle que célébra Guillaume l'année suivante, à la Sainte-Trinité de Fécamp, pour fêter son retour d'Angleterre. « Alors le comte Raoul, beau-père de Philippe, roi des français, se présenta avec beaucoup de noblesse de France (2). » Il avait marié une de ses filles Adeline ou Odeline, à Ansold de Maule. Son divorce avec Eléonor lui valut d'être excommunié et il mourut à Montdidier en 1074, dans l'impénitence finale.

Son fils Simon, connu sous le nom de Simon de Crépy, lui succéda au comté de Vexin et devint le seigneur effectif de Mantes ; ce fut pour peu de temps. Aussi vertueux que son père avait été violent et déréglé, il n'eut qu'un souci ; celui de faire oublier les injustices paternelles en les réparant. Son premier soin fut de rendre Montdidier à ses seigneurs légitimes. Il fit ensuite exhumer (1076) le corps de son père, pour le rapporter dans sa terre patrimoniale de Crépy. Comme il assistait à cette exhumation, il fut tellement ému de ce funèbre spectacle qu'il se résolut à quitter le monde Ses amis cependant, pour vaincre cette détermination, lui firent épouser Judith, fille du comte d'Auvergne. Ce fut en vain ; les deux époux firent vœu de chasteté dès la première nuit des noces et embrassèrent peu après l'état religieux. Simon se retira au monastère de Saint-Claude dans le Jura et après sa mort il fut béatifié (3).

---

(1) *Ord. Vit.* T. II p. 113.
(2) *Id.*   p. 168.
(3) V. *Acta ss. Ord. s. Bened.* et *Art. de ver. les ducs.*

Simon avait disposé de ses biens en faveur de Cluny, mais Philippe I⁰ʳ s'empara de Mantes et du Vexin ; le comte de Vermandois eut le Valois, et le sire de Coucy, Amiens. Philippe en profitant de la débonnaireté du pieux Simon, s'était peut-être considéré comme l'héritier du mari de sa mère. Cependant, en 1076, par un acte signé à Mantes, il rendait à l'abbaye de Cluny, une partie des biens qu'il lui avait pris.

Cet acte important, mérite que nous en donnions au moins la partie essentielle, d'après la *Bibliotheca Clunensis* (1) :

« Tout ce que j'ai pris à Simon qui l'avait donné à Cluny, je le rends. C'est à savoir : Mantes-la-Ville et toutes choses lui appartenant, savoir, les prés, les cultures, les fermes et toute la terre cultivée et tout ce que le susdit Simon possédait de ce village. A ces choses, je concède et je rends, toute la pêcherie d'un certain village appelé *Etluton* (2) et toute la terre avec les hôtes ; et trente livres d'argent du tonlieu de Mantes, le fief d'Arnoul qui fut écuyer du comte Gauthier (3) ; et le service d'un char à à quatre chevaux (?), trois fois par chacun an, à Boinville. De plus, je concède aussi, un certain pressoir, que paie mon prévôt Warin (4) . »

« Videlicet Meduntam Villam atque omnia ad eam pertinentia, scilicet, prata et culturas et villas, et totam cultam terram atque illud totum quod supradictus vir de eadem villa possedebat. Ad hæc concedo, atque reddo totam piscationem cujusdam villæ que Etluton vocatur, et totam terram cum hospitibus ; et triginta nummorum libras de teloneos Medantis Castri, et feodum Arnulphi, qui fuit armiger Valterii comitis, et quadrigas tribus vicibus in unoquoque anno de Bouenvilla. Adhuc etiam, concedo quoddam torcular, quod Warinus tribuit, meus præpositus. »

Nous ne reviendrons pas sur tant de choses discutées. Remarquons cependant, que le *Medunta villa* est bien le Mantes-la-Ville actuel ; car tout ce qui s'y rapporte, concerne seulement des biens ruraux. Que le *Medantis Castri*, comprend *toute* la

(1) P. 527.

(2) Une autre version donne *Gluton*. Ce serait alors Glotton, commune de Bennecourt.

(3) Gauthier III, comte de Vexin.

(4) Parmi les signataires sont : Hugue II, comte de Meulan, et Hugue Stavel de Mantes. Ce texte est aussi celui donné par Levrier. Il en existe un autre avec quelque variante.

ville actuelle, puisque le *tonlieu,* ou droit de place sur les marchés, n'existait que dans la ville, et non dans l'enceinte propre
de la forteresse. Nous ajouterons un seul mot : ce fut ainsi que
la ville passa des mains des comtes du Vexin, dans celles des
rois de France.

§ 29. **Déluge d'Eaux.** — En l'année 1086, fut une grande
innondation d'eau et le cours en fut si fort, qu'il mina les
rochers et abattit plusieurs villages. Les oiseaux domestiques devinrent sauvages et les poissons moururent dans
l'eau.

La prise de Mantes par Guillaume le Conquérant est un des
épisodes les plus tragiques de l'histoire du moyen âge. Cet
acte de vengeance paraît avoir fait une impression terrible sur
les contemporains. Tous les chroniqueurs qui l'ont raconté l'ont
fait presque dans les mêmes termes. Orderic Vital, le plus précis
d'entre eux, rapporte ainsi et les causes de cette attaque et les
suites épouvantables qu'elle devait avoir pour la ville de
Mantes (1) :

« L'ancienne haine entre les normands et les français s'étant
renouvelée, l'incendie des guerres se ralluma. Il en résulta
malheureusement pour les clercs et les laïques une très lourde
affliction de dommages. Car Hugues, surnommé Stavel (2), et
Raoul Mauvoisin et d'autres de la garnison de Mantes, s'insur-
gèrent contre le roi Guillaume et ayant réuni une bande considérable de brigands, ils firent plusieurs incursions en Normandie. Ils traversaient, la nuit, avec leurs satellites, la rivière
d'Eure qui sépare la France de la Neustrie, et cruellement déci-
dés à nuire, ils se ruaient tout-à-coup sur le diocèse d'Evreux.
Ils dévastaient complètement la terre de Guillaume de Bréteuil,
auprès de Pacy, et de Roger d'Ivry [échanson du roi Guillaume]
et se moquant des Normands, en emmenant des bandes de bétail
et en prenant leurs hommes, ils les excitaient outre mesure.
Aussi le fougueux roi Guillaume, grandement irrité, commença
à réclamer sur la possession de la province du Vexin et exigea
du roi Philippe qu'il lui rendit Pontoise, Chaumont et Mantes,

(1) T. III p. 222 et suiv.
(2) Hugue Stavel, ou de Steuil, ou de Septeuil, dont nous avons déjà
parlé, était vicomte de Mantes.

(atque Madantum) et que s'il ne lui était pas fait droit, il marcherait menaçant et terrible contre ses ennemis. Telle fut la raison de ses rigueurs. »

Orderic Vital passe prudemment sur les détails défavorables au bienfaiteur de son abbaye. Il parle vaguement des plaisanteries de Philippe, mais elles sont bien connues. Le roi de France s'entretenant avec les envoyés du roi d'Angleterre, n'avait pu s'empêcher de le tourner en ridicule, et, faisant allusion à son embonpoint et à la maladie qui le retenait à Rouen, il aurait dit suivant Guillaume de Malmesbury : « Par ma foi, ce gros homme « est long à accoucher; il y aura belle fête aux relevailles. » Ces paroles malencontreuses furent rapportées à Guillaume, qui s'écria : « Par la splendeur de Dieu, quand je serai relevé de « mes couches, j'allumerai une brillante illumination dans le « royaume de France. » C'était Mantes qui devait porter le poids de cette colère.

« Dans la 21ᵉ année de son règne sur l'Angleterre, dit Orderic Vital, il fit sa requête sur le comté du Vexin, au roi Philippe de France. Mais celui-ci usa des arguments frivoles des fourbes, et éluda les demandes du roi d'Angleterre en le trompant tout-à-fait. Aussi Guillaume, dans la dernière semaine du mois de juillet (après le 25), marcha à l'improviste sur Mantes, avec son armée, qui y entra pêle-mêle avec la garnison. Les chevaliers (1) étaient sortis secrètement pour voir la destruction de leurs moissons et l'arrachement de leurs vignes, qu'Ascelin Goël (2), la veille de la venue du roi, avait fait dévaster par les troupes normandes. Aussi l'armée du roi se précipitant avec les soldats de la garnison, pénétra par les portes, et dans la fureur du combat, ayant allumé l'incendie, elle brûla la ville avec les églises et les édifices (3); et, comme on le rapporte, une multitude de personnes périt par la violence du feu. Alors l'excès de la chaleur et des fatigues occasionna une maladie au roi Guillaume, dont l'embonpoint était considérable (4) et il languit pendant six semaines dans de grandes souffrances. »

(1) Un manuscrit ajoute : et le peuple, *Et vulgus.*

(2) Seigneur de Bréval.

(3) Les cartulaires de Marmoutiers citent une chapelle de Saint-Guy *(Sanctus Egidius)* comme leur appartenant à Mantes. Peut-être disparut-elle avec l'incendie de 1087. On n'en trouve plus de traces postérieurement.

(4) « La graisse de ses intestins s'étant liquéfiée » dit Guillaume de Jumièges.

L'auteur de notre *Chronique* a bien connu toutes ces circonstances, et voici comment il raconte cette barbare tragédie :

§ 30. **Mante prise par le duc de Normandie, la ville brûlée, Notre-Dame démolie, puis rebâtie comme elle est à présent.** — Ce fut en l'année 1087, que ledit duc Guillaume le Conquérant, roi d'Angleterre, prit la ville de Mante, laquelle il brûla et n'y laissa maison entière. Et sans vouloir pardonner aux choses sacrées, prit plaisir de réduire en cendre l'église Notre-Dame, avec deux religieux qui étaient résolus de ne point sortir du couvent. Mais cet excès de cruauté fut suivi d'un juste châtiment de Dieu. La satisfaction qu'il prenait à voir consommer ce grand édifice, l'ayant fait approcher des flammes un peu plus près qu'il ne devait, il se sentit frappé d'une pressante maladie, et pour comble de sa disgrâce, son cheval voulant franchir un fossé, il lui brisa le dedans du corps. [Il est dit ailleurs que ce Guillaume tomba avec son cheval dans une mollière, dont il fut blessé à la pénillière.] CHEV. (1). S'étant rendu à Rouen, il fut contraint de se mettre au lit et connut bien que c'était là sa dernière maladie. Voulant donner ordre à ses affaires, il fit appeler ses enfants et leur partagea ses états. Alors sentant que son heure approchait, il commanda que l'on eut à délivrer tous les seigneurs qu'il avait fait arrêter, envoya de grands dons au clergé de Mante, pour faire rebâtir les églises qu'il avait brûlées et principalement Notre-Dame ; laquelle fut bâtie par des anglais mêmes comme elle est de présent et bien plus belle qu'elle n'était auparavant, sur la roche nommée Mont-Eclair. Les voûtes (2) d'icelle étaient faites en terrasse et plate-forme propres pour y loger quantité d'archers et arbalétriers pour la défense des guerres étrangères. La tour de laquelle servait d'échauguette, comme elle fait encore de présent, pour découvrir à la campagne et lieux circonvoisins ; n'y ayant pas longtemps que ladite ville

(1) 2ᵉ ms. G. est très court et dit seulement qu'il tomba malade et mourut à Rouen.

(2) Marion dit, les voûtes ; Aubé, les tours. A part cela Marion a très mal copié.

a été déclose et rendue libre aux habitants, ainsi qu'il se verra ci-après (1). Et après qu'elle fut rebâtie, comme il n'y avait point de paroisse, les habitants s'y retirèrent et les vicaires firent quelque temps l'office de curés. Après ils s'en déchargèrent et exigèrent un curé, se réservant le titre de curés primitifs et toutes les offrandes de la cure, à l'exception de celles des messes de paroisse.

[Par la suite, la cure en fut unie, premièrement au Château, ensuite au Trésorier, et enfin au Doyen du Chapître, à la charge d'entretenir le chœur de Notre-Dame de luminaire pendant toute l'année, et sous la condition que la qualité de curés primitifs serait conservée à tout le chapitre, qui à cette condition vient encore faire l'office, deux fois l'année, dans la paroisse Saint-Maclou] (2).

[On croit que le roi Robert a bâti l'église Notre-Dame de Mante pour servir de fort, et qu'il y avait sur les voûtes des fours et des moulins et un puits dans l'église] (3).

Les chroniqueurs, nous l'avons dit, ont peu varié dans le récit de cet événement dramatique : Guillaume de Malmesbury, au lieu des deux anachorètes brûlés vifs, dit seulement une recluse : « Postremo Mundantium civitatem, injectis ignibus concremavit. Combusta illic ecclesia B. Mariæ, reclusa una ustulata, etc. » Roger de Hoveden dit deux reclus. « Il brûla toutes les églises situées dans la ville et deux reclus. » Et Henri de Huntingdon : « Il brûla aussi une noble ville appelée *Maante,* avec toutes les églises qu'elle contenait, une foule d'habitants et deux saints anachorètes (4). »

La destruction des églises et la mort des deux anachorètes est ce qui a le plus excité l'indignation des contemporains. Orderic Vital a glissé sur ces particularités, de même que sur l'accident qui causa la mort de Guillaume. Les uns l'attribuent à la maladie et à la fatigue, mais le plus grand nombre à une chute de cheval. Notre *Chronique* est assez explicite, et Chevremont parait avoir puisé son récit dans la *Chronique de Normandie*

(1) Ce passage ferait croire qu'il a été rédigé vers la fin du xvᵉ siècle.
(2) CHR.
(3) CHEV. ad. Cette opinion est fausse, comme nous l'avons dit, à moins qu'elle ne se rapporte à l'église détruite en 1087.
(4) V. *Grands hist. de France.*

où nous lisons ce qui suit : « Dont s'en retourna Guillaume par
« Mante et ardi (brûla) toute la ville (1), si qu'il n'y demeura
« esglise ni maison ; et comme il chevaucha parmi la ville, son
« cheval bouta ses deux pieds de devant en une fosse et au rele-
« ver, au résouldre (contre-coup), l'archon de la selle du cheval
« hurta Guillaume en la pénillière (bas ventre) et le bleça mal-
« lement (2). »

Quant aux suites de cette cruelle vengeance, nous avons peu
de chose à ajouter. Transporté d'abord à Rouen, Guillaume de
plus en plus souffrant, incommodé par les agitations d'une cité
populeuse, se fit transporter hors les murs, au prieuré de Saint-
Gervais, où, après avoir langui six semaines, il mourut le jeudi
9 septembre 1087. Sentant sa fin approcher, il rentra en lui-
même et chercha à réparer quelques-uns des maux qu'il avait
faits. Les flammes de Mantes venaient hanter ses derniers moments : « Il envoya avec contrition, au clergé de Mantes, des
dons considérables pour rétablir les églises qu'il avait brûlées (3). » Là se borne, croyons-nous, l'intervention de Guillaume
dans l'édification de l'église actuelle de Mantes et nous rectifie-
rons plus tard, au point de vue architectural, archéologique et
militaire, les erreurs de notre *Chronique*. L'église de Mantes
n'est pas plus une œuvre anglaise qu'elle n'est due aux largesses
de Blanche de Castille, comme le prétend Millin. La veuve de
Louis IX ne put y contribuer que pour l'achèvement de certaines parties. C'est ce que nous prouverons bientôt.

§ 31. **Rétablissement de la ville de Mante.** — Après
cette rage passée, les habitants et bourgeois sauvés et restés
de ce naufrage et autres, se rassemblèrent petit à petit et
des ruines et démolitions de leur ancienne ville et murailles
commencèrent d'en bâtir une nouvelle et transférèrent entièrement le cimetière où il est de présent. Et en mémoire de
l'ancien, le clergé et habitants de Saint-Maclou vont tous les
ans, le jour des Trépassés, en procession tout autour et proche les maisons dudit Marché-au-Hareng, Maison-de-Ville,
et autour de la Croix du Marché-à-Blé, jettant de l'eau bénite

(1) Wace dit : fit un *Arson* (incendie).
(2) *Grands hist. de France*.
(3) Ord. Vit. T. III p. 228.

et encensant. Et enfin, avec le temps, firent clore leur dite
ville de murailles et tours, et ce qu'ils purent réparer et rétablir des églises et maisons hors ladite clôture. Dès lors,
l'ancienne ville servit de fauxbourgs à la nouvelle, lesquels
depuis et durant les dernières guerres furent entièrement
ruinés.

Ainsi que nous l'avons établi dans nos recherches sur les origines de Mantes, nous n'admettons pas cette transformation
radicale de la ville, après l'incendie de 1087. Nous sommes persuadés et nous croyons l'avoir démontré que Mantes répara ses
ruines, sans changer notablement la configuration et l'assiette
de son enceinte. Guillaume, cela paraît indiscutable, pénétra
dans la ville par son point faible, c'est-à-dire la Porte-de-Rosny,
ou la Porte-Chant-à-l'Oie. La rue Gâte-Vigne, parallèle à l'ancien
mur, tire certainement son nom de la dévastation systématique
opérée par Ascelin Goel, dans les vignes de la plaine qui s'étend
vers Gassicourt.

Ce qui le prouve, c'est que cette plaine resta longtemps sans
être replantée. Ce fut, du reste, l'objet d'une contestation entre
les religieux de Gassicourt et les bourgeois de Mantes; elle fut
jugée en 1211, par l'abbé de Sainte-Geneviève : « Unes lettres
de composition, données par l'abbé de Saincte Geneviefve de
Paris, juge délégué de l'auctorité appostolicque, en la cause
d'entre l'abbé de Cluny, por l'esglise de Gassicourt, d'une part;
et les bourgeoys de Mante, d'autre : Affin qu'ilz feussent tenuz
de mectre en vigne, les terres qu'ilz labouroient, pour estre
payez de leurs droictz. Et sur ce, est dict que pour chacun arpent, ilz paieront huict deniers de cens, le jour Sainct Remy. Et
par ce, ilz ne seront tenuz de *remectre* lesd. terres en vigne.
Lesd. lectres dactées de l'an mil deux cens unze (1). » Les bénédictins de Gassicourt purent ainsi toucher d'une autre façon les
droits qu'ils avaient avant 1087, sur le vin récolté par les bourgeois de Mantes.

Guillaume était entré par les côtés ouest et sud. Il détruisit
les murs, entre la Porte-de-Rosny et la Porte-aux-Saints. Il brûla
une rue hors les murs, qui s'appela ensuite la rue *Arse*, et qui
a tout-à-fait disparu. Elle se trouvait entre la rue aux Bœufs et
le mur d'enceinte. Après avoir pénétré dans l'intérieur, il dut

(1) *Inv. de 1543.*

s'arrêter vers l'église Notre-Dame, derrière laquelle était la for- teresse qu'il ne prit pas.

L'église fut détruite ; il n'en reste actuellement qu'un seul vestige : c'est la croix en pierre, taillée sur un disque rond, qui terminait le pignon d'une des façades. Cette croix trouvée en 1845, par M. Durand, est actuellement dans le triforium de l'é- glise avec d'autres fragments très intéressants. Le type de cette croix appartient au style du xe siècle.

Notre *Chronique* tombe dans une autre erreur quand elle donne pour preuve de la transformation de la ville, le transfert du cimetière et la procession qui se faisait sur l'emplacement de l'ancien. Nous avons vu, en effet, au § 25, que ce cimetière avait été supprimé en l'an 1027, et transporté où il est encore aujourd'hui. A la place, on avait établi un marché et des étaux pour les marchands. C'est ainsi que furent créées les places ac- tuelles de l'Hôtel-de-Ville et du Marché.

Du reste, le récit de la destruction de Mantes atteste que l'en- ceinte existait avant la venue de Guillaume, puisque les habitants en sortirent pour constater les dégâts commis par les troupes normandes. Celles-ci profitèrent de la confusion, pour pénétrer pêle-mêle avec les troupes de la garnison et se livrer ensuite au pillage, au meurtre et à l'incendie.

La réfection de l'enceinte, qui ne fut qu'en partie détruite, eut lieu, cela est incontestable, en relevant les anciens murs, et non en créant, comme l'ont avancé toutes les traditions locales, une ville nouvelle de moindre étendue. Il suffit, pour s'en con- vaincre, de s'en rapporter aux textes les plus authentiques, et à l'étude du sol qui nulle part n'a révélé l'existence d'une ville ancienne s'étendant soit vers Mantes-la-Ville, soit vers les Cor- deliers ou Villiers.

§ 32. **Mortalité.** — En l'année 1094, il y eut une grande mortalité en France. Les matins, on voyait plusieurs étoiles tomber du ciel et s'engloutir en terre. Et comme quelques personnes voulurent fouir en terre pensant y trouver de la fumée, elles virent sortir de l'eau bouillante de la terre, non sans grande frayeur et étonnement.

Ici se termine notre première partie. Mantes avait à réparer d'immenses ruines. Elle le fit avec une énergie et une activité surprenantes. Nous allons la voir se relever plus forte que jamais, et, unie au roi de France, elle va devenir un des plus sûrs boulevards du royaume naissant, et par cela même, la ville la plus convoitée du puissant vassal qui commande sur la Normandie et l'Angleterre.

_____

8

DEUXIÈME PARTIE

DE L'AN 1807

JUSQU'A LA MORT DE PHILIPPE-AUGUSTE

La puissance du duc de Normandie, devenu roi d'Angleterre par la conquête de 1066, s'était accrue dans une proportion trop redoutable pour espérer qu'un tel vassal put longtemps vivre en paix avec son suzerain. L'organisation féodale était faite encore pour augmenter les causes de discorde existant entre les deux puissances voisines. Les chevaliers de France et de Normandie possédaient des terres et des seigneuries sur les deux territoires. Les lois de la féodalité les obligeaient également à servir l'un ou l'autre de leurs suzerains. De là, des options qu'il fallait obtenir par tous les moyens. De là aussi, des défections qui généralement, ne tiraient pas à conséquence. Une fois la guerre finie, on faisait intervenir quelque composition qui absolvait à bon compte les coupables.

Pendant que Mantes se hâtait de réparer ses ruines, Guillaume le Roux, l'un des fils du Conquérant, lui avait succédé. En 1097, il faisait entendre ces mêmes réclamations sur le Vexin, qui avaient amené la prise et la destruction de notre malheureuse cité. Bien plus, Orderic Vital dit formellement, que ce fut après avoir étudié les événements de la vie de son père et les motifs de sa dernière guerre, que Guillaume le Roux signifia à Philippe Ier, les prétentions qu'il croyait avoir sur le Vexin. Les imposantes forteresses de Chaumont, de Pontoise et de Mantes menaçaient sa sécurité. C'était une barrière difficile à franchir

et solidement défendue par les gens de Philippe (1). Mais pas
plus maintenant qu'en 1087, le roi de France n'était disposé à
affaiblir sa frontière, en livrant à son compétiteur, des forteresses renommées qui faisaient toute sa sûreté.

Philippe Iᵉʳ était gros et paresseux, et de plus, indifférent aux
grands événements qui se déroulaient autour de lui. Son fils
Louis, quoique jeune encore, puisqu'il avait à peine vingt ans,
était décidé à défendre avec opiniâtreté son futur héritage. Orderic Vital, anglais de nation et comme moine, l'obligé du roi
d'Angleterre, parle du jeune Louis comme d'un enfant incapable
de porter les armes. Ce dédain n'était pas justifié et Louis, au
contraire, le prouva en se mettant à la tête des Français et en
combattant lui-même la lance au poing, avec des chances bien
souvent favorables.

La situation n'était pas sans péril. Si d'une part Philippe et
son fils étaient assurés de Mantes, Pontoise et Chaumont, de
l'autre, un grand nombre de barons combattaient contre eux.
Robert, comte de Meulan, commandant une étendue de terres
considérable, suivait la fortune du roi anglais, lui avait ouvert
ses forteresses de Normandie, et par Meulan, lui offrait une
facile entrée sur le domaine de France. Guy de la Roche, qui
donna son nom à la Roche-Guyon, s'était aussi laissé gagner
par l'argent anglais ; il avait livré à Guillaume le Roux, son
donjon de la Roche, dont nous admirons encore les ruines imposantes et pittoresques, et son autre forteresse de Vétheuil :
toutes deux commandaient le cours de la Seine. Enfin le roi anglais avait fait bâtir le château de Gisors, pour contrebalancer
l'action du château de Chaumont.

Également armés, également animés l'un contre l'autre, les
deux partis se livrèrent de nombreux combats autour de Mantes.
Si nous croyons Orderic Vital, ce furent les Français qui eurent
le plus à souffrir. Nous remarquons Robert de Maudetour (Maldestort)(2) parmi les chefs des troupes du Vexin, (Militiœ Vilcassi-
norum prœerant), tandis que Nivard de Septeuil combattait dans
les rangs anglais. Bientôt Guillaume le Roux, obligé de retourner en Angleterre où l'appelaient d'autres démêlés, conclut une

_____

(1) Ord. Vit. T. IV. p. 20.
(2) En 1193, un descendant de ce Robert était connétable du Vexin : Hugo
de Maldestort constabularius wulcassinus.

trêve avec Philippe Ier et la paix assurée pour quelque temps permit à Mantes de se préparer à de nouvelles attaques.

Mantes ne pouvait rester longtemps en repos : aux guerres du dehors allait succéder une guerre intestine entre Philippe et ses fils ; le château fort allait soutenir un nouveau siège.

Le roi de France avait d'abord épousé, vers 1071, Berthe de Flandre ou de Frise, dont il avait eu Louis, surnommée tour-à-tour, Thibaud, l'Éveillé, le Batailleur, et qui devait lui succéder sous le nom de Louis VI le Gros. Berthe étant morte, Philippe s'éprit d'une folle passion pour Bertrade de Montfort, femme de Foulque d'Anjou, la fit divorcer et l'épousa, vers 1093, malgré les remontrances de l'évêque Ive de Chartres. Il encourut de ce fait plusieurs excommunications et le royaume fut mis en interdit.

On ne sait pas précisément qui célébra ce mariage contre lequel s'élevèrent tant d'anathèmes. Quoi qu'il en soit, Oderic Vital prétend qu'Eudes, évêque de Bayeux, frère de Guillaume le Conquérant, prélat de mœurs dissolues, autant soldat que prêtre, consacra cette union adultère. Pour prix de ce service, il reçut de Philippe la possession des églises de Mantes qu'il garda quelque temps. Cependant son passage dans l'abbaye, n'a laissé aucune trace qui soit parvenue jusqu'à nous.

Naturellement Bertrade, femme violente et ambitieuse, détestait Louis-Thibaud son beau-fils, dans lequel elle voyait un obstacle à l'élévation de ses propres enfants, Philippe et Florus ou Fleuri. Dès l'an 1100, elle l'avait envoyé en Angleterre, auprès de Henri Ier, avec des lettres secrètes dans lesquelles elle engageait vivement le monarque anglais à retenir le jeune prince prisonnier toute sa vie. Henri ne voulut pas se prêter à cette infâmie. Il remit le fils de Philippe entre les mains de Guillaume de Buchelay, chevalier plein de prudence et de loyauté qui l'avait accompagné, et le renvoya en France. Plus tard, elle essaya sans y réussir, de le faire empoisonner.

A peu près vers cette époque, Philippe, devenu inactif et adonné à plus d'une passion, associa malgré Bertrade, son fils Louis à la couronne et se déchargea sur lui du soin de défendre le royaume. Il lui donna en même temps, en propre, Pontoise et Mantes (Madantum), avec tout le comté du Vexin. Lévrier a contesté cette donation, mais Suger et Orderic Vital sont formels sur ce point. Ce qui le prouve encore, c'est la cession qu'en fit dans la suite, Louis à son frère Philippe. Celui-ci avait épousé en 1104, Élisabeth, fille unique de Guy Troussel, châtelain de Montléry. Comme cadeau de noces, à la prière de son père, Louis lui donna le château de Mantes : « Et por ce que messires Looys peust mieuz lier à li, en pais et en amor, li dona il, disent les *Grandes Chroniques*, par dessus tot ce, le chastel de Meum (Meduntum) et l'acorda à la proière du père. » C'est de ce fait que Philippe prit le titre de *comte de Mantes*, sous lequel il est plus généralement connu.

Tant que son père vécut, Philippe de Mantes, trop jeune du reste, se tint tranquille sans rien tenter contre son frère. Mais à peine le roi Philippe était-il mort, qu'il commença à remuer, et excité par Bertrade, il se révolta et conspira contre son autorité. Louis le Gros n'était pas d'humeur à le souffrir et ne tarda pas à l'en punir sévèrement.

§ 33. Mante prise par le roi de France. — En l'an 1108, Philippe, comte de Mante, fils du roi Philippe Ier et de Bertrade, se mit dans la ligue des mécontents, contre le roi son père (1); et Louis le Gros son frère, prit Mante d'assaut.

L'an 1108 étant la date de la mort de Philippe Ier, il y a tout lieu de croire que la prise du château de Mantes est un peu postérieure. Le récit de Suger (2) nous apprend qu'avant d'agir aussi violemment contre son frère, le roi avait déjà reçu de nombreuses plaintes de la part des bourgeois et du clergé de Mantes. Philippe de Mantes, en effet, avait été plusieurs fois cité à comparaître devant ses pairs pour se justifier; il avait orgueilleusement refusé de se soumettre au jugement qu'il avait encouru. « Le roi, fatigué des déprédations exercées contre les pauvres, du tort fait aux églises et du trouble qui désolait tout ce pays, se hâta de marcher, quoique bien à regret, contre son frère ; celui-ci et ses parents (Amauri IV de Montfort son oncle, Foulque d'Anjou (3), autre fils de Bertrade), se voyant une troupe nombreuse d'hommes d'armes, avaient annoncé hautement et avec une grande jactance qu'ils repousseraient Louis. Cependant, saisis de frayeur, ils quittèrent eux-mêmes le châ-

(1) Erreur. La ligue eut lieu après la mort de Philippe Ier.
(2) *Vie de Louis le Gros*, trad. Guizot.
(3) Il devint roi de Jérusalem.

teau ; le monarque couvert de sa cuirasse, s'y précipite alors
sans perdre un instant, pénétra dans le centre même de la place
jusqu'à la tour et se hâta de la cerner et d'en former le siège.
Enfin tout en faisant préparer les béliers pour battre les murs,
les pierriers et autres machines propres à lancer des projecti-
les, il réduisit, non sur-le-champ, mais après grand nombre de
jours, les assiégés qui désespéraient d'avoir la vie sauve, à se
rendre à discrétion. »

Ainsi, les fils et les alliés de Bertrade étaient les ennemis de
Louis VI. Des mécontentements de toute sorte lui avaient encore
créé un grand nombre d'adversaires ; il pouvait à peine compter
sur l'appui des chevaliers de l'Ile-de-France.

Il se produisit alors à Mantes, ce qui devait faire dans l'avenir
la force de la royauté ; ce qui se renouvela en 1111, au siège
fameux du château du Puiset (Eure-et-Loir), où l'on vit des bandes de paysans des domaines ecclésiastiques, organisées en
milices et conduites sous les bannières paroissiales, par leurs
propres curés, contribuer à la prise de la redoutable forteresse.
La tyrannie du seigneur du Puiset était devenue insupportable,
et tous ceux qui en avaient souffert, s'étaient unis pour le réduire
à l'impuissance. Suger fait soupçonner la même chose à Mantes.
La partie de la ville habitée par les bourgeois était libre ; le
roi y entra sans difficulté et y fut accueilli comme un libérateur.
Le château, c'est-à-dire l'enclave assez considérable qui entourait l'église et le donjon, défendu un moment par Philippe de
Mantes et ses complices, fut bientôt abandonné. Toute la garnison s'était enfermée dans la tour ; mais ne comptant sur
aucun secours, ayant contre elle l'armée du roi et toute cette
population qui criait vengeance, après quelques jours d'une résistance désespérée, elle n'avait pas tardé à se rendre.

Les suites de ce service intéressé, ne furent pas sans peser sur
les destinées municipales de la ville. Deux ans après, Louis le
Gros octroyait aux bourgeois de Mantes, une importante charte
de commune ; nous pensons que ce fut le prix des services rendus dans cette circonstance critique. Voici comment notre
Chronique raconte cet événement.

§ 34. **De la Confrérie aux marchands et de l'établissement des Maires et Echevins.** — De toute ancienneté
et de temps immémorial, il y a eu entre les bourgeois de

Mante, une noble confrérie aux marchands qui faisaient fête solennelle le jour de l'Assomption de Notre-Dame. La prévôté et les maîtres de laquelle, avaient le gouvernement et administration de l'église et des affaires concernant le public. Ce que lesdits bourgeois et habitants renouvelèrent, et établirent leur confrérie en l'église Notre-Dame; ce qu'ils continuèrent de la sorte, jusqu'à ce que Louis le Gros, roi de France qui commença à règner en l'an 1108, pour gratifier lesdits habitants, à son avénement à la couronne, leur accorda une communauté composée d'un maire et de douze échevins, avec droit de police sur les habitants de la ville et banlieue, et continuèrent ladite confrérie et se continue encore à présent, mais avec beaucoup de changements.

Et ordinairement nul des habitants de ladite ville ne pouvait être nommé pour échevin, qu'il ne fut tiré et pris de ladite confrérie. [Cette dévotion à la Vierge est cause que l'on voit encore plusieurs de ses images sur les portes des maisons, et même sur la plupart de celle de la ville. C'est cette confrérie qui a fondé la messe de la ville, qui se dit tous les premiers mardis du mois.] CHEV.

Les échevins se partageaient, savoir : trois pour l'administration de l'église Notre-Dame ; trois pour l'administration de celle de Saint-Maclou ; trois pour l'administration du cimetière et service des trépassés et trois demeuraient pour faire les affaires de la ville, avec le maire. Néanmoins tout se rapportait à l'assemblée de la ville ; et quand il arrivait quelques affaires de conséquence, ils s'assemblaient tous pour en résoudre ensemble. Ce qu'ils ont continué de la sorte jusqu'en l'année 1551, que ledit nombre fut modéré, par le roi Henri Second, fils de François premier, par son édit de ladite année, à un maire et quatre échevins.

[Cela anéantit cette grande confrérie aux marchands, sous l'invocation de la Vierge, à l'occasion de laquelle il fut pourtant convenu et arrêté que les maires et échevins entretiendraient l'office qui se fait encore aujourd'hui solennellement dans notre collégiale, et aux dépens de la ville, les jours et fête de l'Assomption, et tous les premiers mardis de de chaque mois. On chante encore une messe en musique, à laquelle le corps de ville assiste ; il entretient sur l'autel du chœur deux gros cierges auxquels sont attachés un écusson des armes de la ville.

Nos mémoires manuscrits disent que le roi Louis le Gros, en ce séjour qu'il fit à Mante, fit bâtir notre premier Hôtel-de-Ville, qu'il en fit rétablir les fortifications, et refaire notre pont qui avait été endommagé. Nous apprenons d'ailleurs que ce prince ne fit qu'ordonner toutes ces choses qui ont toujours été faites aux dépens de nos habitants, comme la suite de ces mémoires le fait voir.] CHR.

Nous retrouvons ici, la Confrérie de l'Assomption du paragraphe 22. Ce que Louis VI fit à Mantes, en sanctionnant une organisation très ancienne, se produisit ailleurs et dans le même temps pour d'autres associations semblables. « Louis, dit Orderic Vital, (Liv. XI) réclama l'assistance des évêques dans toute la France, pour réprimer la tyrannie des brigands et des séditieux. Alors les évêques (celui de Noyon entre autres), instituèrent en France, la communauté populaire, afin que les prêtres accompagnassent le roi aux sièges et aux batailles avec leurs bannières et leurs paroissiens. »

Malgré une opinion communément répandue, Louis le Gros ne fut pas le créateur des communes. Il sut habilement profiter du mouvement général de résistance, qui se manifestait de toute part contre l'oppression seigneuriale. Si dans son intérêt, et en même temps dans l'intérêt de ses hommes, il protégea les villes qui se révoltaient pour former des communes, s'il réforma quelques abus dont se plaignait la puissante association des bourgeois de Paris, il est toutefois avéré qu'il n'accorda de charte de commune qu'à notre seule ville de Mantes.

Cette charte, sur laquelle passe si rapidement l'auteur de notre *Chronique* ne figure pas dans le recueil des *Ordonnances des rois de France*. On la connait généralement par la confirmation qu'en fit Louis VII, en 1150. Elle existait autrefois, aux archives de Mantes ; l'*Inventaire de 1543* ne permet pas de la révoquer en doute et l'analyse qu'il contient, est du reste suffisante, pour montrer que l'ordonnance de 1150, n'en était que la reproduction fidèle.

Cette analyse est tellement importante pour l'histoire de Mantes et l'établissement des communes, que nous la transcrivons textuellement et en entier (1) :

« Item. Troys lectres en parchemyn, dont l'une qui est escripte en latin, est une charte du roy Loys, en laquelle ny a aucune dacte, scellée du grand sceau du roy, en cire jaulne, plaqué en la fin desdictes lectres ; faisant une mention que le roy permet à son prévost et aux pers de la ville de Mante et comunité d'icelle, faire justice aux gens d'armes y estans ; permectant à ung chacun de venir trafficquer et marchander à ladicte ville ; Et que ou cas q. aucunes gens d'armes ou estrangers fassent Injures aux habitans de ladicte ville, Il leur est permis de les apprehender et d'en fe. La pugnission ; Et oultre ce, leur est permis faire faire guect, fossez et fortiffications appartenans à ladicte ville ; Et en faire assiette, le fort portant le foible, à faire lesdicts fraiz ; Et si, leur est permis mectre garde à leurs vignes. »

Les termes mêmes de cette analyse, ainsi que la charte confirmative de 1150, qui n'était, suivant l'*Inventaire de 1543*, que la copie de celle de Louis VI, démontrent que l'organisation municipale était bien plus ancienne que l'octroi de commune. Il y avait à Mantes, un officier royal, c'est-à-dire un juge pour la haute justice, établi à Mantes depuis quelque temps sans doute, et aussi, une association municipale désignée par ces mots : Les pairs de la ville de Mantes. Louis VI et après lui, Louis VII, ne firent donc que sanctionner de leur autorité, un ordre de choses déjà ancien et dont eux et leurs successeurs devaient tirer profit contre la féodalité.

Nous ferons connaître plus tard l'étendue des pouvoirs et des privilèges de cette commune. En attendant, voici la traduction de la Charte de Louis VII :

Au nom de la Sainte et Indivisible Trinité, Louis par la grâce de Dieu, roi des Français et duc d'Aquitaine, à tous et à toujours :

Moi, Louis, par la grâce de Dieu, roi des Français et duc d'Aquitaine, voulons qu'il soit connu, tant pour le présent que pour l'avenir (2) :

---

(1) V. *Inv. de 1543*, f° xvij.

(2) Ce préambule est d'après Chrestien. Il manque dans le *Recueil des ordonnances*.

A cause d'une grande oppression des pauvres, par le conseil, tant des chevaliers que des bourgeois, notre très cher père de bonne mémoire, Louis, établit une commune à Mantes, sauf fidélité à lui et ses successeurs, et sauf toutes les coutumes, et de son autorité royale et suivant cette teneur, résolut :

1. Que tous ceux qui demeureront dans cette communauté, demeurent par droit perpétuel, *hommes libres*, et exempts de toute taille, injuste détention, emprunt et de toute exaction, quelles qu'elles soient.

2. Que si l'hôte de quelque soldat, lui avait fait tort en quelque chose, (l'hôte) averti par le chef même du soldat, il en sera fait justement pleine et entière justice, au logis (de l'hôte) à Mantes ; mais si l'hôte avait méprisé de faire satisfaction, le soldat saisira tout ce qui sur la terre de l'hôte appartiendra à celui-ci, de sorte que, rien n'étant enlevé de là, il y laisse tout ; alors ce soldat représentera au prévôt du roi, et aux pairs de la communauté si le prévôt ne pouvait le faire par lui-même, que faute de justice, il a saisi les biens de son hôte ; alors le prévôt s'étant adjoint les pairs de la communauté, s'il le veut, forcera l'hôte du soldat à lui faire justice suivant la loi militaire sous laquelle il vit, parce qu'il a méprisé de la lui rendre ; et du premier tort, suivant le droit, il exigera qu'il soit à plein accompli par l'hôte.

3. De plus, nous avons pensé, ne devoir omettre que si quelqu'un avait fait injure, sans le savoir, à quelqu'un de cette communauté et l'avait conduit en prison *(in castrum)* ; si son ignorance pouvait être prouvée par son serment, qu'il lui soit permis de se retirer libre et paisible, pour cette fois seulement ; si non, nous ordonnons qu'il soit saisi.

4. Nous avons aussi, par cet Institut de notre Majesté, ordonné que quiconque, pour fait de négoce, viendra à la ville *(ad custrum)*, qu'il lui soit accordé d'aller et venir tout-à-fait en paix ; que jamais à l'aller et au retour, il ne soit troublé par personne.

5. Aussi, que les marchands, passant ou même demeurant, soient pendant tout le temps *(omnibus diebus)* laissés en paix.

6. En outre, aux susdites Institutions, nous ajoutons, que si quelqu'un, demeurant hors la ville (1), faisait quelque injure à la

---

(1) Pro mercato, ajoute la copie de Chrestien.

communauté et, étant averti, mépriserait de la satisfaire, que la communauté, de quelque manière qu'elle le pourra, en tire vengeance.

7. Egalement, si quelqu'un en avait frappé un autre, que le coupable, mis à la raison par le prévôt du seigneur roi, et par les pairs de la commune si le prévôt ne pouvait le faire par lui-même, soit averti qu'il ait à réparer (le dommage) ; et s'il ne voulait le réparer, qu'il le voulut ou non, qu'il soit forcé de le faire.

8. Que les communes nécessités, du guet, de l'entretien des chaines *(de catenis)*, de faire les fossés, et de toutes choses appartenant à la fortification et à la défense de la ville, soient supportées par tous en commun ; de sorte que, par considération tenue là pour légitime, ceux qui pourront moins soient moins chargés, et de ceux qui pourront plus, il soit plus exigé ; de même, si d'autres nécessités surviennent, la charge sera supportée pareillement par tous en commun, pour que la chose, comme il est dit ci-dessus, soit modérée convenablement selon le pouvoir d'un chacun.

9. Mais toutes les choses qui appartiendront à Notre service, tous (1) les rempliront en commun, comme chacun le pourra supporter ; et si quelqu'un fait injure aux pairs de la communauté, à la considération desquels ces choses seront faites, il leur en fera réparation, par l'amende qu'il leur conviendra.

10. Nous ordonnons aussi, que personne ne garde les vignes des hommes de cette communauté, hors eux-mêmes ; et si quelqu'un voulait dire qu'il eût droit de garde qu'il le montre en notre présence.

Nous donc (2), suivant les traces de notre très pieux Père, avons agréable sa concession et la confirmons ; nous ordonnons qu'elle soit déposée par écrit et revêtue du sceau de notre autorité et corroborée du signe de notre nom suscrit.

Donné à Saint-Germain-en-Laye, l'an de l'Incarnation du Verbe, mil cent cinquante, de notre règne le Xiiij*, étant en notre palais, ceux dont les noms sont sousnommés et soussignés : Signe de Raoul de Vermandois, notre comte, Guy, bouteiller, Mathieu, camérier et Mathieu, connétable.

(1) Le *Recueil des ordonnances* dit : *Nos*, mais la copie de Chrestien, plus correctement : *Omnes.*

(2) Addition de Louis VII à la charte de 1110.

Donné par les mains de Symon, chancelier (1).

Voici ce texte important, copié sur le *Recueil des Ordonnances :*

In nomine, etc. Notum, etc. Quod pro nimia oppressione pauperum, commune consilio tam militum quam Burgensium, communitatem apud Meduntam, salva fidelitate sua et successorum suorum et salvis omnibus Consuetudinibus, Karissimus genitor noster bonæ memoriæ Ludovicus statuit, et auctoritate Regia, sub hac tenore decrevit :

1. Ut omnes qui in eadem permanebunt Communitate, ab omni talliata, injusta captione, creditione et ab omni irrationabili exactione, cujuscumque sint homines liberi et immunes jure perpetuo permaneant.

2. Quod si aliquis Militis hospes, illi cujus hospes fuerit in aliquo forifecerit, ab eodem domino submonitus, in ejus domum infrà Meduntam scilicet, plenam et justitiam exequetur; si vero hospes rectitudinem facere contempserit, Miles quicumque de illius sui hospitis rebus infrà suam terram *saisiet*, ita tamen quod nichil indè offerens ibi totum dimittet, demum preposito Regis et Paribus Communitatis, si Prepositus per se facere non poterit, idem miles ostendat se penuria justitie, sui hospitis res saisisse ; Prepositus vero, adhibiter sibi Paribus Communitatis, si voluerit, ad hoc hospitem Militis coget ut quia exequi justitiam contempsit, Militi lege qua vivit emendet ; et de priori forifacto quicquid jure exiget eidem ad plenum exequatur.

3. Preterea minime pretereundum censuimus quod si aliquod qui cuilibet hujus Communitatis aliquid injurie intulerit, illam ignorans injuriam, in castrum conduxerit si ignorantiam suam sacramento probare potuerit, illa solo vice liberum et quietum reducere permittatur ; sin autem, statuimus quod ille capiatur.

4. Hoc etiam nostre Majestate Instituto, sanccimus quod quicumque pro mercato ad *Castrum* venerit, ita omnino ire et redire quietus permittatur, ut nunquam vel in adventu, vel in reditu, ab aliquo disturbetur.

_____

(1) La charte de commune de Mantes a servi de modèle pour les 12 premiers articles, à celle octroyée par Robert IV, à la ville de Meulan, en 1189. Celle des Andelys, de 1204, fut aussi copiée sur celle de Mantes. Celle de Chaumont-en-Vexin, de 1182, fut également copiée sur celle de Mantes ; c'est donc par erreur que le savant éditeur des *Olim* a dit justement le contraire. (V. *Ordonnances*. T. XII.)

5. Mercatores autem transeuntes vel ibidem remanentes, omnibus diebus quieti habeantur.

6. Predictis insuper institutionibus adicimus quod si aliquis qui extra Castrum maneat, quodlibet Communitati forifactum fecerit, qui submonitus emendare contempserit, Communitas quocumque modo poterit, de eo sibi vindictam accipiat.

7. Proinde, si alter alterum percusserit, percussor per Prepositum Domini Regis et per Pares Communitatis, si Prepositus per se facere non poterit, ad rationem positus, ut emendet submoneatur; et si emendare noluerit, velit, nolit, emendare cogatur.

8. Communes necessitates, ut de excubiis, de cathenis, de fossatis faciendis et de omnibus ad ville munitionem et firmitatem pertinentibus, communiter ab procurretur, ita ut competenti consideratione ibi habita, ut qui minus poterint, pro posse suo inde minus graventer, et ab eis qui plus poterint, plus exigatur; ibidem aliarum si quidem supervenientium necessitatum onus ab omnibus itidem communiter portetur, ita quod res sicut superius dictum est, pro posse unius cujusque convenienter moderetur.

9. Ea vero omnia que ad nostrum servitium pertinebunt, Nos (omnes CHR.) communiter prout quisque convenienter pati poterit adimplebunt; et si quis Paribus Communitatis quorum consideratione hoc fiet aliquid forifecerit, emendatione que sibi conveniet, illud eis emendabit.

10. Precipimus etiam ut vineas hominum hujus Communitatis nemo preter ipsos custodiat; et si quis dicere voluerit quod in earum custodia jus habeat, in nostra presentia illud ostendat.

Nos igitur piissimi Patris nostri vestigiis inherentes, concessionem ipsius gratam habemus, et in posterum, Deo annuente confirmamus. Quod ne valeat oblivione deleri, etc. Actum apud Sanctum Germanum in Laya, anno incarnati Verbi M° C° quinquagesimo Regni XIIII° astantibus etc.

Data per manum Symonis cancellarii.

Chrestien a donné un texte de cette charte qui diffère un peu de celui des *Ordonnances*. Dans son commentaire, il y a ajouté certaines choses qui ne s'y trouvent pas. Ainsi il a tort de dire que « Louis VII établit un maire, premier officier de la communauté, chargé de présider les douze pairs. » Les maires sont plus anciens que les chartes de communes, et Louis le Gros confirmant un ordre de choses établi et qu'il trouvait très bon, ne fit même aucune mention de ces chefs de la ville. La coutume de ce gouvernement local était si bien passée dans les mœurs, que le roi se contenta de préciser les droits de police qu'il entendait conférer aux échevins, sans se préoccuper ni de leurs titres, ni de leur élection.

Pendant que toute fière d'avoir obtenu cette *commune*, si difficile à conquérir pour d'autres villes, Mantes organisait sa municipalité et jouissait de la consécration de ses privilèges, la guerre avait éclaté de nouveau en Normandie. Louis le Gros était avec ses gens aux environs des Andelys, menaçant de soumettre tout le pays ou de le réduire en cendres. Amaury de Montfort, malgré les efforts de Henri, roi d'Angleterre, s'était emparé d'Evreux et de sa citadelle nouvellement rebâtie et fortifiée. Après en avoir pillé les maisons et les églises et avoir égorgé la garnison anglaise, il avait donné à Philippe et à Fleury, ses neveux, fils de Bertrade et de Philippe I⁰ʳ, le soin de défendre la ville et la forteresse.

Leur résistance acharnée avait forcé Henri à brûler la ville tout entière, pendant qu'Amaury, avec Guy de Mauvoisin, seigneur de Boissy et de Rosny, et d'autres chevaliers, tenaient le château de Pacy, parcouraient audacieusement la campagne entre Mantes et Evreux, et encourageaient les assiégés que le roi d'Angleterre bloquait depuis longtemps. La bataille de Brenmule (1), donnée le 20 août 1119, fut un des épisodes de cette guerre.

Elle est célèbre pour deux motifs : malgré l'ardeur des combattants, il n'y eut que trois chevaliers tués, parce que tous les adversaires, amis ou parents, se ménageaient et se contentaient de se désarmer les uns les autres et de faire des prisonniers. En second lieu, ce serait à Brenmule que Louis le Gros aurait prononcé le mot fameux : On ne prend pas le roi aux échecs. Orderic Vital n'en dit rien et il est probable que c'est là un trait d'esprit historique, comme on en a tant semé partout. Le plus certain, c'est que le soir de la bataille, seul, égaré et errant au milieu des bois, le roi fut trop heureux de se faire ramener jusqu'aux portes des Andelys, par un paysan qui ne le connaissait pas, et qui voyant accourir les gardes au-devant d'eux, maudit sa sottise, quand il sut qu'il venait de sauver l'auteur des désastres dont souffrait son pays.

(1) Brémule ou Brenneville.

Parmi les compagnons de Louis le Gros, à Brenmule, se trouvait un déshérité. C'était Guillaume Cliton, fils de Robert de Normandie et neveu de Henri Ier d'Angleterre. Le duché de Normandie eût dû lui appartenir, mais Robert, pour aller à la croisade accomplir un vœu, l'avait engagé à ses deux frères, Guillaume le Roux et Henri. Celui-ci, à son avénement, trouvant le gage excellent, avait refusé à son neveu de lui rendre le riche duché de son père. Bien plus, le roi Henri sentant qu'il avait un nouvel ennemi, avait poursuivi partout son neveu, qui, ne sachant plus quel protecteur choisir, s'était mis sous la sauvegarde du roi de France. C'est ainsi qu'il avait combattu à ses côtés à Brenmule.

Mantes fut soumise pendant quelque temps à son autorité. « Guillaume Cliton étant parvenu à l'âge de vingt-six ans, et « personne n'ayant pu le secourir assez efficacement contre son « oncle, pour lui faire recouvrer son héritage, la reine Adélaïde « (femme de Louis VI) lui donna en mariage sa sœur utérine, « c'est-à-dire la fille du marquis Rainier (comte de Montférrat.) « Mais le roi Louis VI lui donna Pontoise et Chaumont avec « Mantes et tout le Vexin. Cet événement eut lieu au mois de « janvier (1127) et peu après, au commencement du carême, « Guillaume vint à Gisors, avec une armée, réclamer la Normandie. Les Normands le respectèrent comme leur seigneur « naturel (1). »

Le comte de Meulan, Galeran II, qui avait fait jusque là cause commune avec le roi d'Angleterre, tenait en secret pour le parti de Guillaume Cliton. Il résulte clairement du passage d'Orderic Vital que Mantes et le Vexin faisaient partie du domaine royal, et cependant Levrier persiste, à cette époque même, à voir dans les comtes de Meulan les maîtres de Mantes. Toutes les concessions que fit Galeran en 1120, à quelques églises de Normandie, alors qu'il était en Angleterre et l'ennemi du roi de France, ne purent regarder que ses possessions aux environs de Mantes *(apud Mellentum et Medantum)*. Nous n'insistons pas sur ce sujet que nous avons longuement traité, mais nous voulons rappeler la contradiction de l'historien de Meulan, avec la brutalité des faits que nous racontons.

Le jeune Guillaume ne devait pas garder longtemps la ville de Mantes. L'intérêt de Louis le Gros était bien de voir la Norman-

_____

(1) Ord. Vital.

die dans les mains d'un ennemi du roi d'Angleterre ; sa tranquillité était à ce prix. Mais il lui importait aussi de ne pas avoir
trop près de lui et chez lui, un seigneur d'une origine aussi illustre que Guillaume. Le rôle de prétendant pouvait troubler
son domaine. Louis profita habilement d'une sédition à Bruges (1),
pour en faire un duc de Flandre, et lui reprendre, trois mois
après les lui avoir données, Mantes et toutes les places du Vexin.
Seize mois après, du reste, Guillaume Cliton mourait des suites
d'une blessure.

§ 35. **Tempêtes et Vents**. — En l'année 1136, les vents
furent si grands et si impétueux qu'ils abattirent tours, châteaux, maisons et arrachèrent arbres et forêts entières.

Ce fait est tiré de la *Chronique de Nangis*.

L'auteur des *Antiquités de Mantes*, ami des phénomènes
météorologiques, en a omis un tout à fait spécial aux petits
événements dont la ville a été le théâtre. C'est encore à Orderic
Vital que nous empruntons ce récit, qu'il place au mois d'août
de l'an 1129.

« Dans le même temps, dit-il, une rougeur très vive, passant
de Poissy par Mantes, sembla parcourir la Normandie, et pendant trois nuits, ce signe se manifesta dans l'air à beaucoup de
français. Ceux qui en furent témoins l'interprétèrent de différentes manières, et assurèrent à ceux qui les écoutaient, que ce
qu'ils voulaient aurait lieu selon leur fantaisie. »

Nous abandonnons volontiers la météorologie, sans rien y
ajouter. Comme nous ne connaissons plus aucun événement
survenu à Mantes sous le règne de Louis le Gros, nous plaçons
ici ce que nous avons pu recueillir sur les anciennes monnaies
de Mantes.

Nous avons déjà parlé incidemment d'une monnaie locale
importante. Nous avons la preuve de son existence, non seulement dans les monnaies de Philippe Ier et de Louis VI, mais
encore dans un texte d'Orderic Vital. Il se trouve dans les listes
des monétaires mérovingiens quelques noms de lieu qu'on a
voulu attribuer à Mantes, mais comme quelques-unes de ces
attributions ne sont pas suffisamment appuyées, comme d'autres

(1) Pendant laquelle Charles le Bon fut égorgé dans une église. Charles de
Flandre a été canonisé.

sont absolument fausses, nous nous en tiendrons à celles qui nous semblent indiscutables.

Une première fois, Orderic Vital s'exprime ainsi : « Amaury (de Belvéder) vint à Maule au jour fixé et remit aux moines sur l'autel de Sainte-Marie, le don qu'il avait fait de Fresne (1); il reçut de la bonté des moines, XX sous de Mantes. » Quelques pages plus loin, à propos d'une composition de son abbaye de Saint-Evroul avec Hugue Payen et ses fils, pour certaines possessions autour de Mantes et notamment à Villegat *(Villarius Vastatus)*, Bréval *(Brehervallum)*, Rolleboise *(Rolla crota)*, etc., il ajoute encore : « Quant au fils (Guy fils de Hugue Payen) on lui donna pour sa concession, X sous de Mantes..... Ses autres fils, Raoul, Simon et Robert firent tous leurs efforts pour enlever la vicomté aux moines ; ce qui engagea ceux-ci, pour la posséder en paix, de donner à Raoul qui était l'aîné, cent dix sous de Mantes, cinq sous à Simon, et à Robert des souliers de cordouan (2) ».

Leblanc (3) avait décrit une pièce d'un certain CASTRUM EDANTE, dont on ignorait la situation. Cette légende, rapprochée plus tard d'autres monnaies connues, fit comprendre qu'on devait la lire ainsi : CASTRV MEDANTE. On ne connaît plus d'exemplaires de cette monnaie, et il y a lieu de penser que Leblanc ne nous en a pas transmis exactement la légende.

Il existe en outre au Cabinet des Médailles et dans beaucoup de collections particulières, un grand nombre de monnaies d'argent de Louis VI, attribuées autrefois à Mâcon, puis ensuite à Mantes, et dont M. A de Barthélemy a fait, dans le classement du Cabinet des Médailles, des monnaies de Nanteuil-le-Haudouin. Ces monnaies de Louis VI, qui sont bien de Mantes, étaient les plus anciennes qu'on connût, lorsqu'en 1858, la *Revue de Numismatique* publia la découverte suivante due à M. Bigot : « Découverte de Bain (Ille-et-Vilaine), à l'abaissement de la Grande Rue. Enfouissement de monnaies diverses au nombre de 800, parmi lesquelles s'est rencontré un denier de Philippe Iᵉʳ, inédit et unique, dont voici les légendes : SILYPIS REX; débris de monogramme oḋonique, composé de deux annelets et de deux croisettes. Revers : MEDANTEYNE... croix pattée. Billon,

(1) Ecquevilly, c. de Meulan.
(2) V. T. II, pages 466 et 470.
(3) *Traité Historique des Monnaies.*

22 grains. Ce dernier, dit M. Bigot, est certainement de Mantes, qui fut réunie à la couronne avec le comté de Vexin en 1081. »

Cette monnaie n'est pas unique. Il en existe une autre semblable au Cabinet des Médailles. Elle a été donnée par M. E. Muret, qui l'a trouvée à Mantes même. Nous avons pu nous assurer que M. Bigot avait mal lu la légende qui est celle-ci : SILIPVS REX, et au revers : MEDANTEVN C. pour MEDANTVM CASTRVM. Comme sur la pièce de M. Bigot, le droit porte deux annelets et deux croisettes, et le revers, une croix pattée, cantonnée de deux annelets.

Les monnaies de Louis VI, du Cabinet des Médailles, au nombre de cinq ou six exemplaires, offrent les variétés suivantes :

Sur une première, la légende du droit est rétrograde : XER SVCIVODVL ; elle porte au revers : CASTRVM NAT.

Les autres ont au droit : LVDOVICVS REX et au revers : CASTRVN NAT ; une seule porte : CASTRVN NATA.

Les trois pièces que nous possédons portent : CASTRVN NAT, mais sur l'une d'elles l'S est à l'envers.

Lorsque M. A. de Barthélemy, malgré l'opinion de M. Cartier et de MM. Rollin et Feuardent, contesta l'attribution de ces pièces à la ville de Mantes (1), il ne changea pas celle de Philippe Iᵉʳ. Cela eût été difficile. Mais en attribuant les pièces de Louis VI à Nanteuil-le-Haudouin, il l'a fait avec une hésitation qui nous donne le droit de ne pas être de son avis. La meilleure raison était la différence des légendes dans les monnaies de Philippe Iᵉʳ et de Louis VI ; en si peu de temps, Mantes n'aurait pas changé son coin. Pourquoi donc dans les seules monnaies de Louis VI trouvons-nous au moins quatre coins dissemblables ? Une autre raison était la présence de l'N au lieu de l'M dans NAT, et enfin la situation de Nanteuil-le-Haudouin dans un fief des cadets des comtes de Vexin. Nous en demandons bien pardon au savant archéologue, mais nous ne pouvons admettre cette interprétation.

La substitution de l'N à l'M, dans la gravure des coins du XIᵉ et du XIIᵉ siècle, est un fait trop fréquent pour en tenir un compte sérieux. Dans la pièce de Philippe Iᵉʳ, MEDANTEVN est mis pour MEDANTEVM. Dans toutes celles de Louis VI, CAS-

---

(1) *Revue de Numism.* 1860. M. de Barthélemy avoue, dans son article, ne pas avoir connu la citation d'Orderic Vital, autrement que par un renseignement de M. Léop. Delisle.

TRVN est constamment mis pour CASTRVM. Voilà pour les monnaies de Mantes. Mais dans les seules monnaies de Melle, *Metallum*, de la même époque, on trouve plusieurs exemples d'M gravés en forme d'N ou d'H ; la planche III de la *Revue de Numismatique* de 1840, sur onze figures, en contient trois avec cet N au lieu de l'M.

M. A. de Barthélemy objecte que Mantes, qui inscrivait ME-DANTEVM sur ses monnaies de Philippe Iᵉʳ, n'aurait pas changé son coin d'une façon aussi profonde sous Louis VI, pour mettre seulement NAT. Nous retournerons cet argument contre lui et nous demanderons comment Nanteuil, qui n'aurait eu un moné-taire particulier qu'après le passage de Mantes dans le domaine royal, aurait-il changé cinq ou six fois son coin sous le règne de Louis VI? Un coin avec LVDOVICVS à l'envers, un coin avec NAT, un avec NATA, un avec NATV (catalogue Rollin), un avec l'S de CASTRVN à l'envers et un point secret entre cet S et l'A, etc. Et puis enfin, si NAT laisse un peu de vague, NATA est plus embarrassant, car Nanteuil fait NAnTOlium, et non NAnTAlium. Nous faisons encore remarquer que dans des textes anciens, nous trouvons le nom de Mantes écrit *Manta*, *Mata* et *Mate*, ces deux derniers mots par abréviation de l'*n*.

La similitude du type des deux faces des différentes monnaies dont nous nous occupons, est absolue ; le peu de soins que les graveurs de cette époque mettaient dans la confection de leurs coins, le texte d'Orderic Vital, indiquant un monnayage impor-tant, l'opinion de MM. Rollin et Cartier, tout nous autorise à laisser à la ville de Mantes, les deniers d'argent de Louis VI, que M. A. de Barthélemy a attribués à Nanteuil-le-Haudouin.

Denier d'argent de Louis VI, frappé à Mantes. (Collect. E. Grave)

Nous revenons à notre *Chronique*.

§ 36. **La première dignité de Notre-Dame était abbé.** — En ce temps, la première dignité de l'église royale et collégiale Notre-Dame, s'appelait abbé, ce qui a été depuis changé en trésorier et à présent est un doyenné. Et de fait il se voit, par un ancien titre de ladite église, qu'un nommé Guillaume Dubois, abbé d'icelle, par son testament, donna aux chanoines et vicaires qui assisteraient aux Matines et heures canonniales, les dîmes de Guerville et autres dîmes (1).

[Ce testament fut confirmé par le pape, le 7 janvier 1187.] CHEV.

[Pierre de Bois Guillaume, l'an 1145, donna à cette église, la moitié des dîmes du Bois-Guillaume et de *Lierville*, que du consentement de l'évêque de Chartres, il avait retirées des mains laïques et rachetées d'un nommé Hébert, écuyer, sieur de Tranchabise, comme il appert par la bulle de confirmation du pape Lucius et datée du 7 janvier, adressée à cet abbé et donnée à Agnanie l'an .... de son pontificat, laquelle se trouve en original dans les archives du chapitre de cette église, et nos chanoines et chapitre jouissent encore de ces dîmes, qu'ils afferment en bled.] CHR.

Nous n'insisterons pas sur les nombreuses contradictions que contient ce paragraphe. Nous sommes obligés d'avouer que nous n'avons rien trouvé qui nous permette de démêler la vérité.

Chrestien semble dans le vrai en assignant à cette donation, la date de 1145 ; elle se rapproche du pontificat du pape Luce II. Quant au lieu qui en fait l'objet, ce doit être plutôt Guerville, que Lierville (canton de Chaumont, Oise). Chévremont se trompe aussi en donnant la date de 1187.

La *Déclaration de 1521* qui pourrait nous éclairer sur toutes ces propriétés de l'église de Mantes, est muette sur ce point. Le nom de Guerville ou de Lierville ne s'y trouve pas.

Il n'est pas certain que ce Pierre de Boisguillaume ait été abbé de Mantes. En effet, Henri, fils de Louis le Gros, était lui-même abbé de Notre-Dame, vers 1143. De plus, son frère Phi-

(1) Copié dans CHEV. qui appelle le donateur : Pierre de Bois Guillaume les dîmes : Lierville.

lippe de Courtenay, qui lui succéda, le fut aussi en 1145 ; il y a
donc une confusion évidente, soit sur les dates, soit sur l'abbaye
possédée par Pierre de Boisguillaume. Quoi qu'il en soit, suivant
une tradition ancienne recueillie par Millin, il était inhumé
dans le chœur de Notre-Dame.

§ 37. **Dispute entre l'abbé de Mante et les chanoines et vicaires.** — L'église de Mante a eu l'honneur
d'avoir pour abbé, le prince Philippe, fils de Louis le Gros,
seigneur de Courtenay, archidiacre de Paris, abbé de Saint-
Spire de Corbeil et frère du roi Louis le Jeune. Il eut dispute
avec les chanoines et les vicaires, pour raison de quelques
biens qui leur appartenaient et dont il s'empara ; ils en firent
plainte au pape Lucien (1), qui fut élu l'an 1144. Lequel, par
sa bulle donnée à Avignon, le quatorze des Calendes de
mars, défend très expressément à aucun abbé, de ne plus
retenir par ses mains, les biens des chanoines et vicaires, à
peine d'amende.

Des fils de Louis VI, deux avaient embrassé l'état religieux,
et ce qui montre l'importance de l'église de Mantes, comme
dignité ecclésiastique, c'est que tous deux furent abbés de Notre-
Dame. Henri, le second fils, l'avait d'abord été ; peut-être après
Pierre de Boisguillaume. Il avait conservé cette dignité jusqu'au moment où il devint évêque de Beauvais, puis archevêque
de Reims. Il possédait en même temps, Etampes et Pontoise (2).

Philippe de Courtenay, son frère, lui succéda. En même
temps qu'il était abbé de Saint-Spire de Corbeil, il était trésorier de Compiègne, et comme on le voit, abbé de Mantes. Il
s'était rendu coupable de violences et d'exactions si désordonnées, que Suger en écrivit à Raoul de Vermandois, en 1150,
pour lui demander une repression sévère des méfaits du prince-
abbé. A Mantes, comme à Compiègne, son administration n'avait
été ni plus régulière, ni plus douce. La bulle du pape Luce II
n'eut pas une action de longue durée sur le violent abbé ; huit
ans après, comme on va le voir, il était déféré par le roi son
frère, au jugement d'un tribunal ecclésiastique.

(1) Luce II, pape de 1144 à 1145.
(2) *Gallia Christ.* T. VIII, col. 1210.

§ 38. Autre différend vidé par un arrêt célèbre.

— Ce différend vidé, en arrive un autre entre les parties.
pour raison de la juridiction que ce prince-abbé prétendait
avoir sur eux, non seulement au chapitre, mais en tous lieux,
ce qui lui fut contesté; de telle sorte que l'autorité royale
intervint. Et cela fut terminé par un arrêt qui fut tel :

« Comme procès avait été meu dès un long temps entre
« notre frère Philippe, abbé de l'église de Mante, et les cha-
« noines d'icelle, pour raison de la juridiction que notre dit
« frère prétendait exercer en tous lieux sur les chanoines et
« autres ecclésiastiques de cette église, pour les défauts par
« eux commis au service divin, qui luy estoit contestée par
« les chanoines et chapitres, qui soutenoient que la juridic-
« tion de leur abbé se devoit tenir au lieu capitullaire de leur
« église seullement; hors lequel, il ne pouvoit user de
« corection sur eux, ny mesme reprimander leurs chantres,
« sans blesser l'autorité et les privilèges de l'église; nous
« avons sur ce, pris l'avis et conseil du vénérable Samson,
« archevesque de Reims, gardé et maintenu l'église de ·
« Mante en la possession de ses droits; et désirant pourvoir
« à l'avenir à tous autres procès qui pourraient naistres en
« cas semblables, entre les parties ou leurs successeurs ;
« nous avons, par le mesme avis dudit archevesque et autres
« officiers de notre couronne, du consentement de notre dit
« frère Philippe, et ce requérant lesdits chanoines, ordonné,
« voulons et ordonnons, de notre autorité royale, que dores
« en avant l'abbé de Mante ne pourra exercer aucun acte de
« juridiction sur ces chanoines, ny mesmes sur leurs chan-
« tres, hors le lieu capitullaire. Voulons en outre que lesd.
« chanoines jouissent à jamais, paisiblement et sans aucun
« contredit, des franchises, libertés et privillèges qui leur
« ont esté de tous temps accordés et conceddés par les roys
« et abbés nos prédécesseurs. A ce que personne ne s'ingère
« d'y establir aucune loy, status, ny ordonnances, sinon par
« l'avis commun du chapitre, et afin que notre volonté soit
« inviolablement gardée, nous avons fait sceller ces pré-
« sentes de nre. scel royal. Donné à Paris, scéant en notre lit

« de justice, l'an de l'incarnation de Notre Seigneur 1152 et
« de notre règne le 15°. Scellé en cire jaune d'une seule
« fleur de lys » (1).

§ 39. Autre différend pour la présentation de l'office de Chantre.

— Deux années s'étant écoulées, après
cet arrêt célèbre, il renaît un autre différend entre les parties, qui prit son origine du droit de présentation de l'office
de chantre qui vint à vaquer en l'église Notre-Dame. Cela
fut terminé par l'autorité de notre Saint Père le pape Adrien,
4° du nom, moine, anglais de nation, qui fut élu l'an 1154.
Lequel par sa bulle, ordonna que la présentation de cet
office appartiendra à l'abbé et aux chanoines conjointe-
ment ; chargeant d'anathême ceux qui contreviendraient à
son ordonnance, comme il se voit par sa bulle, donnée à Bé-
névent, le 16 des calendes de janvier. Nous voyons encore
que cette abbaye a été desservie par saint Adjure qui y a
été longtemps, où il vivait très saintement ; et fut appelé au
pays chartrain pour gouverner une autre abbaye et mourut
à Orléans.

Les collèges de chanoines avaient pour premiers dignitaires,
un abbé, un trésorier ou un chantre *(cantor)* ou primicier.
Celui-ci était maître du chœur, donnait le ton dans les chants
des offices, et portait pour insigne de sa fonction, le bâton can-
toral.

Quant à saint Adjutor (2), le renseignement biographique
consigné ici, ne se trouve nulle part ailleurs. Il était fils de Jean
de Vernon et de Rosemonde de Blaru. Godescard, dans sa *Vie
des Saints*, ne dit point qu'il ait vécu à Mantes, mais seulement
à Tiron et à Vernon.

Saint Adjutor, en vénération à Vernon, a donné son nom à une
espèce de piscine ou bénitier très intéressant, que l'on voit dans
l'église de Vernon.

---

(1) Louis VII est le premier roi qui se soit servi de la fleur de lis sur ses
sceaux ; il n'en avait qu'une. Ses successeurs les portèrent sans nombre ;
Philippe le Hardi le fixa à trois.
(2) Adjuteur, Adjutre, Adjoutre ou Ustre.

§ 40. L'abbaye de Mante donnée à Saint-Denis. —

A ce prince (1), qui fut le treizième abbé de notre église, succéda un autre prince qui fut son neveu, Philippe-Auguste,
fils de son frère Louis le Jeune. Lequel aima si fort notre
église, que, quoique étant roi, il ne voulut se dépouiller de sa
qualité d'abbé de Mante qu'en l'année 1196, qu'il la donna à
Hugues Foucault, abbé de Saint-Denis et à ses religieux ;
leur échangeant l'abbaye de Mante, pour en disposer à leur
volonté, au village de Leur moutier qu'ils possédaient,
duquel Sa Majesté disposa à la faveur du sénéchal de l'empereur, nommé Marchoald, sans en retirer aucune foi, ni
hommage (2).

Cet abbé Hugues ne perdit point de temps. Il fit aussitôt
homologuer cette donation par le pape Célestin, troisième du
nom, qui avait été élu en l'an 1192. Par sa bulle donnée à
Latran le cinq des calendes de juin, indiction 15°, l'an de l'Incarnation du fils de Dieu 1197 (3), de son pontificat le 5°, il
donne pouvoir, que les chanoines d'icelle venant à décéder,
l'abbé de Saint Denis y mettrait de ses religieux. Le pape
Innocent, troisième du nom, qui fut élu l'an 1198, confirma
aux mêmes religieux, abbé et couvent de Saint-Denis, la
concession et patronage de l'église Notre-Dame de Mante,
avec toutes les appartenances que le roi Philippe-Auguste
leur avait cédées, et pouvoir d'y mettre de leur religieux, les
chanoines venant à décéder.

Ce fut pourquoi l'église de Mante prit dès lors pour un de
ses patrons, le bienheureux saint Denis, et commença d'en
solemniser la fête, avec octave, ce qu'elle a religieusement
observé depuis ce temps (4). Et son image fut mise sur le
grand portail de l'église (5). Mais il est à croire que ce prince
retira incontinent après cette abbaye des mains de l'abbaye

(1) Philippe de Courtenay, frère de Louis le Jeune.
(2) C'est une erreur.
(3) Par sa bulle du mois de mai 1198. CHEV.
(4) On sonnait l'office de Saint-Denis, avec une cloche spéciale nommée :
la Denise.
(5) L'image de l'abbé Hugue.

de Saint-Denis, et qu'il la récompensa sur les biens mêmes de la mense abbatiale, desquels les abbé et religieux jouissent encore à présent, comme *droit d'Avalage* des bateaux passant sous le pont de Mante et *du Travers* de la rivière, puisqu'on remarque par des titres d'environ 50 ans après la donation de cette abbaye, faite au profit de l'abbé et de ses religieux par le roi Philippe-Auguste, qu'il n'est nullement parlé de l'abbé ni des religieux de Saint Denis, mais seulement du trésorier de l'église de Mante. [CHEV.]

Cette dernière partie de la rédaction de Chévremont est assez obscure. Mais Chrestien a longuement commenté ce paragraphe et l'a assez bien expliqué pour qu'il y ait peu de chose à ajouter à ce qu'il en a dit.

Louis VII avait donné l'abbaye de Mantes à son frère Philippe de Courtenay. Celui-ci, à son décès, eut pour successeur son neveu Philippe-Auguste lui-même à titre séculier, bien entendu. En 1184, les chanoines se plaignirent au pape Luce III; leur royal abbé retenait le plus clair de leurs revenus pour en faire son bon plaisir et laissait les bons chanoines à la portion congrue. Le pape, comme avait fait un de ses prédécesseurs, répondit par une bulle datée d'Avignon, dans laquelle il défend encore à qui que ce soit, de saisir et arrêter leurs revenus, sans motifs raisonnables. Philippe-Auguste n'en tint pas compte.

Cependant, douze ans après, on ne sait pour quels motifs, il conclut un accord avec l'abbé de Saint-Denis; il échangea son abbaye de Mantes contre le domaine de Liepvre ou Leurmoutier, en Alsace, qu'il laissa en foi et hommage à Marchoald, sénéchal de la cour impériale (1). L'abbaye de Saint-Denis ne devait avoir de droits à Mantes qu'en cas de vacances.

Quant aux droits de Saint-Denis, sur la Seine, à Mantes, ils provenaient d'un autre accord direct fait entre l'abbé et les frères de Garlande, Thibaud, Guillaume et Robert. Thibaud avait spécialement abandonné le *tonlieu* de Mantes et ses droits de Gruerie dans la forêt d'Arthie. Il avait reçu en échange le Chateauneuf de Saint-Denis ou Chateau-sur-Epte qui appartenait à

(1) V. Doublet et Félibien, *Hist. de l'Abb. de Saint-Denis*, et Léop. Delisle, *Actes de Philippe-Auguste.*

l'abbaye. L'accord avait été confirmé à Mantes même, par Philippe-Auguste, au mois de mars, 1197 (1).

Don Félibien en rapportant les conventions intervenues entre l'abbaye et Philippe-Auguste, remarque avec raison qu'elles ne reçurent jamais aucun effet, quant à l'établissement des religieux dans l'église de Mantes. Il exista pourtant des signes de cette possession : le portrait de l'abbé Hugue sur le pilier de la porte centrale, et les armes de Saint Denis, qui étaient un temple à deux tours. Ces signes ont disparu depuis longtemps.

Néanmoins, l'abbé Hugue Foucaut s'était hâté d'envoyer à Mantes, quelques-uns de ses religieux. Il les avait installés dans un lieu de la ville que nous ne pouvons préciser, qui prit de ce fait le nom de *Val Sainte-Marie* (2) et ils y attendirent quelque temps la mort des chanoines titulaires.

Mais Philippe-Auguste avait sans doute changé d'avis, car en 1212, en même temps qu'il confirmait aux bourgeois de Mantes le droit de vendre seuls du vin dans la ville, il prescrivait à ces religieux d'avoir à s'abstenir de faire ce commerce (3) : « Car nous ne voulons pas, dit Philippe-Auguste, que vous achetiez du vin pour le vendre dans notre ville de Mante ; et si vous en achetez pour le vendre dans la susdite ville, nous voulons que la Communauté de cette même ville s'en empare et en fasse à sa volonté comme de son bien propre : car nous avons concédé à la susdite Communauté, que si un moine ou un autre religieux ou clerc achète du vin pour le vendre, qu'il ne puisse le vendre dans la ville de Mante » (4).

En résumé il n'est rien resté de cette cession, et l'abbaye de Saint-Denis n'a jamais eu d'autres droits à Mantes que ceux qu'elle tenait de Thibaud de Garlande.

Cette famille de Garlande, dont le nom reviendra quelquefois dans cette *Chronique*, a occupé une position considérable à Mantes, au XII° siècle. Elle paraît être la souche de celle des Mauvoisins ; c'est l'opinion généralement acceptée. Cette donation à Saint-Denis du tonlieu de Mantes et d'une portion du droit de travers possédé par les Mauvoisins et cédé dans la suite par eux à la ville, le prouverait assez.

(1) Léop. Delisle. *Ut sup.*
(2) Ou Val Notre-Dame, parce que ces religieux venaient de cette abbaye.
(3) Léop. Delisle, *Loc. cit.* et *Invent. de 1543.*
(4) D'après Chrestien.

§ 41. **Les Images du grand Portail de Notre-Dame données par un Abbé.** — Je ne peux passer sous silence le zèle et le soin particulier que ce bon et dévot abbé Hugues portait à son église de Mante, puisque c'est lui qui fit à ses dépens enrichir deux grands portaux, à l'entrée de ladite église, d'images bien taillées et relevées en bosse, semblables à celles du grand portail de son abbaye de Saint-Denis, qu'un de ses prédécesseurs abbé, nommé Suger, avait fait bâtir, en l'an 1140. A son imitation, et pour en perpétuer la mémoire à la postérité, il fit graver et relever en relief son effigie en habit de religieux, ayant un genou en terre, les mains jointes, les yeux élevés, comme priant aux pieds d'une grande représentation du fils de Dieu, tenant en sa main une croix, qui se voit au pilier qui fait séparation des deux grandes portes qui s'ouvrent en deux et se ferment contre le même pilier.

Nous prenons bonne note de cette tradition, et nous en parlerons un peu plus tard dans le chapitre que nous consacrerons à l'église Notre-Dame.

§ 42. **L'Ile Champion appartenant aux Religieux de Coulombs et le Pont tombé puis rebâti de neuf.** — En l'année 1172 (1), l'île que nous appelons Champion, située au milieu de la rivière de Seine, et qui avait été donnée pour le plaisir de ladite ville, ainsi qu'il est dit ci-devant, laquelle joint le pont, appartenait à l'abbé et aux religieux de Coulombs. Philippe Ier, roi de France, au retour de son voyage de Calais, passa par Mante pour voir la grande ruine d'icelluy, causée par la forte desserre de glaces qui emportèrent tout le pont, *à la réserve du donjon*, et de trois arches à côté de ladite ville Et par son commandement, ledit pont fut refait de neuf, et fit donner à ladite ville par l'abbé et les religieux de Coulombs, l'île Champion, à cause qu'elle joignait le pont, ce qui était à craindre en temps de guerre ; à condition que

(1) Les manuscrits disent 1162. Nous avons rectifié 1172, avec l'*Inv. de 1343*.

la ville paierait quatre sols parisis de cens (1) à l'abbaye, en reconnaissance qu'elle était sortie de leur maison.

NOTA. L'on ne sait point comment, après la donation de ladite île aux habitants de Mantes, elle a été à l'abbaye de Coulombs (2).

C'est par erreur que Chrestien et tous les manuscrits des *Antiquités* de Mantes, placent cette cession de l'île Champion en l'année 1162. L'*Inventaire de 1543* indique l'année 1172 et c'est celle que nous préférons. L'acte est perdu, mais Chrestien en donne une traduction conforme à l'analyse de Rolland Labbé. Voici comment il raconte le fait :

« En l'année 1162 [1172], le même roi Louis VII fit concéder à nos maire, pairs et habitants, par l'abbé de Coulombs, la grande île au bout de laquelle passe notre pont, nommée l'île Champion, parce qu'elle était nécessaire tant pour la sûreté que pour la commodité de nos habitants. Voici la copie des lettres de cette concession, par lesquelles on verra que le maire de notre ville était déjà établi. Et elle fut approuvée par le même roi en termes généraux mentionnés dans les lettres patentes que nos habitants obtinrent l'année qui suit celle-ci :

» Roger, par la grâce de Dieu, très humble ministre de Coulombs, aux maire, pairs et commune de Mante, salut. En considération des bons offices et de la bienveillance mutuelle que vous avez toujours témoignée à nous et à nos frères, comme l'expérience le fait connaître, nous ne pouvons vous refuser ce que vous nous demandez. Vous nous demandez que nous vous cédions pour l'avenir, l'île nommée Champion, qui nous appartient depuis longtemps pour servir d'un commun usage à la ville, dont par l'autorité de Dieu, vous êtes les pairs, afin de donner aide et conseil au roi de France; à la charge que vous nous ferez payer par chacun an, au jour de Saint-Rémi, des deniers communs et par les mains de celui qui sera maire de la ville, la somme de cinq sols par forme de cens; sous laquelle condition, et à votre considération, nous donnons acquiescement à votre demande, *pourvu toutefois qu'aucun de vos pairs ou ministres de roi ou toute autre personne que ce soit, ne puisse s'approprier ladite île, ou la donner à cens, en quelque manière*

_____

(1) Quatre sols parisis équivalent à cinq sols tournois.
(2) A la suite se trouve une répétition du § 33, que nous supprimons.

que ce puisse être, mais qu'elle demeure toujours pour le profit de la commune. Que s'il arrivait cependant que nous ne fussions pas payés au terme préfix des cinq sous de cens, l'amende nous en sera due, suivant l'usage de votre ville : et si on refusait absolument de nous payer ce cens, nous révoquons à perpétuité cette présente concession, pour en disposer comme nous voudrons faire honnêtement (1) ».

Notre *Chronique* contient aussi plusieurs erreurs ou contradictions. A cette époque, Philippe I⁰ᵉ était mort depuis soixante ans, et ce voyage de Calais nous est totalement inconnu. Le seul voyage plausible serait celui que fit Louis VII en 1179, lorsqu'il se rendit en Angleterre, au tombeau de Thomas Becket, archevêque de Cantorbéry, pour obtenir la guérison de son fils Philippe. Louis débarqua à Wissant et non à Calais. Il avait déposé une coupe d'or sur le tombeau du saint, et accordé aux religieux de Cantorbéry un don de cent muids de vin à prendre sur les revenus de sa résidence royale de Poissy.

Ce qui reste du vieux pont de Limay semble bien être de cette époque. On voit qu'il était déjà fortifié, comme il l'a toujours été.

Le récit de toutes ces affaires ecclésiastiques, curieuses au point de vue des mœurs et de l'état des personnes à cette époque, a interrompu l'ordre chronologique ; nous le reprenons.

Au point de vue militaire, le règne de Louis VII n'amena guère d'évèments à Mantes. « Pendant les premières années de ce règne, l'histoire des états normands et angevins se rattache peu à celle du royaume de France, dit M. Henri Martin. » En effet, aucun fait important ne se produit jusqu'au retour de la croisade. C'était presque en arrivant que Louis VII avait confirmé la charte de commune de Louis le Gros.

« Louis VII, dit Chrestien, créa et donna en ce même temps, deux sergents à masse, un procureur-syndic, un receveur, un greffier, un *Clerc d'Eau* (2) avec six sergents à verge, tous sous la nomination et relevant du maire et de ses pairs; mais le maire de ville, qui devait se changer tous les deux ans, par des élections qui s'en feraient par tous les habitants, était obligé de prêter serment entre les mains du roi. »

(1) Scellée de cire blanche en lacs de cuir. *Inv. de 1543.* f⁰ 48. En 1184, Philippe-Auguste étant à Mantes, confirma aux moines de Coulombs, la possession de leurs biens.

(2) C'était un officier municipal, un huissier, chargé de veiller à la police du passage de la Seine.

Toutes ces fonctions municipales qui existaient effectivement, sont très anciennes, mais nous n'avons trouvé nulles preuves de leur création par Louis VII. Nous pensons même qu'elles lui sont bien antérieures ; nous en laissons donc toute la responsabilité à Chrestien. Les maires se firent aussi peu à peu dispenser du serment qu'ils devaient prêter entre les mains du roi, quand la cour se trouvait éloignée de moins vingt lieues de Mantes.

Il existait encore autrefois à l'Hôtel-de-Ville, d'autres chartes de Louis VII. Ainsi, en 1163, étendant les privilèges confirmés en 1150, il avait accordé aux bourgeois de Mantes, en reconnaissance des bons services qu'il en avait reçus, la permission d'acquérir partout pour leur demeurer à perpétuité (1).

En 1152, Louis VII commit cette lourde faute de répudier sa femme Eléonore, dont, à la vérité, il n'avait pas lieu de se louer ; la guerre régna de nouveau et pour longtemps aux portes de Mantes.

Eléonore, âgée de trente-trois ans, consentit, à peine séparée du roi de France, à épouser Henri Plantagenêt, duc de Normandie et d'Anjou, âgé de dix-neuf ans. Elle lui apportait l'Aquitaine et le Poitou et le faisait maître d'un domaine plus étendu que celui de Louis VII lui-même. De plus, la succession de l'Angleterre qui devait lui échoir à la mort du roi Etienne, allait en faire un roi puissant et détruire l'œuvre de Louis le Gros. Louis VII sentit sa faute. C'est alors qu'il se ligua avec les ennemis d'Henri et qu'il envahit la Normandie.

Henri, qui était en Angleterre revint précipitamment et força Louis VII et ses alliés à reculer : « Le roi ayant appris l'arrivée du duc, après mûre réflexion, ne voulut pas entrer sur ses terres et le même jour se retira à Mantes » (2). Il fut obligé de faire la paix quelque temps après.

En 1159, les deux frères de Louis VII avaient encore attaqué la Normandie ; Henri revint d'Angleterre et après avoir fait face à toutes les attaques, détermina Simon de Montfort, comte d'Evreux, à recevoir dans ses places les troupes Anglo-Normandes ; puis il se borna à bloquer toute l'Ile-de-France, sans rien tenter contre les villes importantes.

Un peu plus tard, la Bretagne avait à souffrir du fougueux Henri : les Manceaux étaient venus à la rescousse, mais leurs

(1) Le texte se trouve dans Chrestien.
(2) Robert du Mont.

forces réunies ayant été insuffisantes, Bretons et Manceaux avaient invoqué l'appui du roi de France. Louis VII au lieu d'agir avec vigueur se contenta de brûler quelques villages entre Mantes et Pacy et laissa accabler toute la Bretagne (1167).

Puis enfin en 1169, pendant les odieux démélés de Henri II et de Thomas Becket, les deux rois se rencontrèrent encore une fois entre Mantes et Pacy. L'entrevue n'amena aucuns résultats favorables, car le roi d'Angleterre ne devait pardonner à l'archevêque de Cantorbéry qu'après sa mort.

Le débile Louis VII était mort le 18 septembre 1180, laissant la couronne de France à un enfant de quinze ans, à ce fils que Rigord (1) a depuis appelé Philippe-Auguste. La paix régnait depuis quelque temps avec Henri II ; ses fils avaient assisté au sacre du jeune roi, à Reims. Une amitié très vive semblait établie pour toujours, entre Philippe et les princes anglais.

Aussi ardent que son père avait été indécis, Philippe nourrissait déjà d'ambitieux projets et si la paix fut troublée on ne peut l'attribuer qu'à lui seul. Après avoir soumis son oncle Philippe de Flandre et forcé Hugue III de Bourgogne à reconnaître sa suzeraineté, il n'eut plus devant lui que le roi d'Angleterre et ses fils, maîtres de l'Aquitaine, de la Bretagne, de l'Anjou et de la Normandie. C'était, il est vrai, une puissance formidable.

Jusqu'en 1186, Philippe fut grand ami des enfants de Henri II révoltés contre l'autorité paternelle. Henri au Court-Mantel et Geoffroi étaient morts ; il ne restait plus que Richard alors comte de Poitiers. Philippe réclama le Vexin Normand, que Louis VII avait donné en dot à sa fille Marguerite (2), veuve de Henri au Court-Mantel. Les pourparlers traînèrent jusqu'à l'année suivante, où les hostilités éclatèrent dans le Berry. L'orage se calma cependant.

Tous les regards se tournaient encore une fois vers l'Orient : Les princes de France et d'Angleterre, réunis entre Gisors et Trie sous l'*Orme des Conférences*, où tant de fois déjà les destinées du Vexin s'étaient décidées, avaient pris la croix avec un enthousiasme qui ne devait produire aucun résultat. Richard, le plus ardent promoteur de la croisade, au lieu de partir, avait attaqué les places du comte de Toulouse ; Raymond porta plainte au roi Philippe. Ce débat devait amener dans les plaines de

(1) Rigord était médecin de Philippe-Auguste et moine de Saint-Denis.
(2) Elle devint plus tard reine de Hongrie.

Mantes, un fait d'armes qui a fourni à Guillaume le Breton, une des pages les plus mouvementées de sa *Philippide*.

§ 43. **Combat près Mante.** — En l'année 1180 (1), il y eut combat près Mante, entre Philippe-Auguste roi de France et Henri deux, duc de Normandie.

L'ambitieux Philippe avait avidement saisi cette occasion de rupture. Bien qu'il eut enlevé le Berry et l'Auvergne aux hommes du roi d'Angleterre, Henri II qui voulait finir sa vie en paix avec son suzerain, lui fit demander une entrevue : Gisors et l'Orme des Conférences furent encore une fois choisis. On sait ce qu'il advint.

Henri II et ses chevaliers étaient arrivés les premiers, et quoiqu'on fut au mois d'octobre, la journée était belle et chaude. Les négociations duraient depuis trois jours ; les anglais se prélassaient à l'ombre de l'orme séculaire : « Lors donc que j'aurai perdu cet arbre, avait dit Henri, je consens à perdre cette terre. » Philippe et ses gens, exposés au soleil dans la plaine, ruisselaient de sueur sous le poids de leurs armures. Bientôt ils crurent s'apercevoir que les anglais riaient et se moquaient d'eux. Emportés par la colère autant que par l'ennui des négociations, ils coururent aux armes, fondirent sur les anglo-normands et les forcèrent à reculer et à rentrer dans Gisors. Philippe et les siens tournèrent leur fureur contre le vieil arbre. L'orme ne put être préservé par sa ceinture de fer et de bronze ; il tomba sous la hâche des hommes d'armes du roi de France.

Avant de reproduire le récit de Guillaume le Breton, consacrons quelques lignes à un historien qui a chanté la ville de Mantes, qui nous a laissé sur elle de précieux renseignements, et qu'on pourrait sans forfanterie considérer comme un écrivain Mantais.

Guillaume le Breton, *(Brito* ou *Armoricus)* était né en Bretagne vers 1165. Il vint à Mantes (2) à l'âge de douze ans en

(1) 1188 : Henri était alors roi d'Angleterre.

(2) Et non à Nantes, comme a dit M. Guizot. « Ce fut lui aussi (Philippe-Auguste) qui ordonna de bâtir notre ancien collège qui a été détruit de nos jours. C'était un beau et grand bâtiment avec une cour et un préau situé dans la rue qui porte ce nom. Ce collège subsistait encore dans ma grande jeunesse avec trois classes et trois régents, pour le latin. Et il me souvient qu'après nos heures de classe, nous montions de cette maison sur les murs de la ville par dessus une arcade qui avait autrefois servi de clôture au fort, dans la rue de la Piperie. » Chrestien.

1177. Il fallait que la réputation de l'école fut connue puisqu'il fut envoyé tout exprès de Bretagne pour y étudier les
belles-lettres :

> *Patria Britigenum duodennem misit alendum,*
> *Jam tunc Castalii sitientem pocula fontis.*

Appelé plus tard, au poste de chapelain de Philippe-Auguste,
il le suivit pendant toute sa vie. Il était à la bataille de Bouvine
où il entonna les psaumes au moment du combat. Il a laissé une
Vie de Philippe-Auguste, qui n'a pas été achevée par lui, et un
poème, la *Philippide*, qui est son œuvre la plus remarquable.
Elle fut écrite en 1220. C'est elle que nous allons le plus souvent
citer, parce que c'est elle qui contient le plus de détails précis
sur Mantes et les environs qu'il a bien connus.

Guillaume le Breton, chapelain du roi, a signé comme témoin
dans quelques actes de Philippe-Auguste. Nous avons vu deux
fois son nom dans le Cartulaire de Saint-Wandrille, dans des
accords entre l'abbaye et Guy de La Roche ; son nom : *Guil-
lelmo Britoni*, vient après celui de Gyrard, prévôt de
Poissy.

Guillaume le Breton a raconté le combat de Mantes, dans la
Vie de Philippe-Auguste et la *Philippide*. Nous donnons la traduction de la Philippide parce qu'il y est entré dans des développements qui montrent combien le pays lui était familier.

Le lendemain de l'escarmouche de Gisors, Henri II et Richard
étaient allés à Vernon et de là à Pacy-sur-Eure. Ils formèrent
le projet de venir surprendre Mantes. « Courons en avant, allons
vite assièger Mantes : elle se soumettra promptement à nos bras,
si nous ne la laissons nous-même rester debout. Le héros de
Garlande (1) est seul à la garder et n'a avec lui qu'un petit nombre de chevaliers..... »

« L'armée entière était sortie des portes de Pacy et suivait la
route qui conduit directement à Paris. Déjà elle s'était portée
à deux milles en avant et le soleil n'avait point encore entièrement déployé son orbite doré. Dès qu'Henri reconnaît qu'il a
atteint de son pied malheureux le territoire de Philippe, il commande à ses coureurs : « Allez, leur dit-il, allez par bandes ;
« n'épargnez aucune métairie ; livrez les maisons aux flammes ;
« frappez de mort les hommes qui n'auront pas voulu recevoir

---

(1) Peut-être Thibaud.

« les fers, et enveloppez dans une cruelle destruction, tout le
« pays des Gaulois..... »

« Le roi cependant, entouré de tous ses chevaliers, et s'avançant à pas lents, bercé de ses vaines espérances, marchait toujours au milieu de la route, pensant qu'il lui serait facile de
s'emparer de vive force du château de Mantes et de le détruire
de fond en comble. Déjà Chaufour, Boissy-Mauvoisin, Neauflette,
Bréval, Mondreville, Jouy, Favrieux, Menerville, Mesnil (1), La
Folie-Herbaut, Aunay et Landelle étaient enveloppés de
fumée ; déjà Fontenay (2), Lommoye et Blaru étaient tout en
flammes ; en ces mêmes instants, le feu se répand de tous côtés.
Les Anglais enlèvent du butin, chargent les hommes de fer, se
chargent eux-mêmes de dépouilles ; rien ne demeure à l'abri de
leur fureur. La fortune enveloppe tout le pays dans une même
calamité..... (3).

« Déjà les nôtres avaient acquis la certitude, et par les flammes qu'ils voyaient, et par leurs espions que le roi de Londres
arrivait avec d'innombrables milliers d'hommes (4) pour les assiéger et investir leurs murailles, et que, s'il les enlevait de
vive force, il changerait la ville en une campagne fertile, après
en avoir expulsé les citoyens, ou les avoir frappés d'une mort
honteuse. C'était par de telles menées que le roi faisait tous ses
efforts pour obtenir que les citoyens effrayés, consentissent spontanément à lui permettre de dresser ses bannières au milieu de
la place de Mantes et à se soumettre volontairement au joug des
Anglais. Mais nous voyons souvent que les paroles sont bien
différentes des actions, et que ceux qui se répandent en menaces
ne frappent pas toujours à leur gré.....

« Les citoyens donc prennent leurs armes, et ouvrant leurs
portes, s'avancent dans la plaine : le chevalier de Garlande s'as-
socie à eux (5), et avec lui marche à la rencontre de l'ennemi,

(1) Mesnil-Renard ?
(2) Fontenay-Mauvoisin.
(3)   Ez parties devers Maante,
        Villes embrasent plus de trente. (Guill. Guiart, *Chron. rimée*)

    Et jam Cauforium, Buxis, Neuflata, Brevallis
    Mondrevilla, Jois, Faverilli, Villa Menardi,
    Mesnilium, Follis, Alnetum, Landula fumant ;
    Jam Fontanetum, Lomaizia, Barrulus ardent.
(4) Exagération épique !
(5) On voit que l'initiative vint des bourgeois.

une troupe de cinquante chevaliers, remplis de courage et bien armés. Aussitôt que le roi d'Angleterre les aperçoit de loin, rangés en bon ordre et tout disposés à se défendre, il est frappé de stupeur, et donnant un signal pour faire retentir les trompettes, il rassemble ses escadrons dispersés et ralentit un peu sa marche. Alors, rempli d'admiration, il murmure tout bas ces paroles : « Que signifie un tel acte de folie de la part de ces fran- « çais, et d'où peut venir au peuple d'une seule ville, une telle « témérité, d'oser attendre mes phalanges innombrables? A « peine sont-ils *cinq mille* en tout, et ils semblent cependant « vouloir opposer leurs forces à mes forces, eux qui devraient « chercher des asiles cachés et fermer leurs portes, plutôt que « de courir ainsi à ma rencontre le glaive nu. Il se peut toute- « fois que le roi dans sa prévoyance leur ait envoyé des secours ; « peut-être est-il enfermé lui-même derrière ces murailles avec « de nombreux chevaliers.....

« Il dit, et donne ordre à ses troupes de se retirer un peu ; puis réunissant ses forces, il s'arrête dans les plaines de Soin- dres (Soendrinis) (1), et là, disposant son armée par compagnies et par cohortes, et établissant un ordre régulier, il ordonne que nul n'aille errer et ne s'avise, dans sa témérité, de quitter, sous un prétexte quelconque, le rang qui lui est assigné, jusqu'à ce qu'il connaisse mieux lui-même les secrets enfermés dans la ville de Mantes, et que les connaissant, il puisse délibérer sur ce qui lui conviendra le mieux, ou de diriger ses bannières vers Ivry, ou de tenter de briser les portes de Mantes. De son côté, dès que la commune de Mantes digne d'éloges éternels, vit que le roi faisait un mouvement rétrograde, elle se mit aussi à se porter en avant, toujours en bataillon serré et parvint ainsi au sommet de la colline de Pongebœuf (2). O commune, de quelles louanges dignes de toi pourrai-je t'exalter? quels éloges suffi- ront à te célébrer? quel glorieux courage te porta à suivre ainsi la marche du roi des anglais? C'est pour toi un immense triom- phe qu'à cause de toi, il ait reculé d'un seul pas, que la terreur de ta présence l'ait contraint à se retirer en arrière. Si j'avais autant de talent pour bien dire que de bonne volonté, si ma lan- gue était en état d'exprimer tout ce que pense mon cœur, ta

(1)	In que Soendrinis juncto stetit agmine campis.
(2) Nous ne connaissons pas de colline de Pongebœuf sur le territoire de Soindres, mais seulement le *Trou aux bœufs*.

renommée en deviendrait et plus belle et plus grande, le monde entier répéterait que tu as mérité les plus beaux éloges. Toutefois, si mes chants peuvent inspirer quelque confiance, si l'envie au teint livide permet qu'ils soient lus, tu seras à jamais célèbre dans la postérité et ton nom vivra dans tous les siècles. Tel est l'hommage que te présente avec empressement la voix de ton nourrisson, afin que tu ne puisses te plaindre d'avoir nourri en moi un ingrat, en moi qui, chargé déjà de onze lustres et portant des cheveux blancs, fut envoyé pour être élevé chez toi, de la Bretagne, ma patrie, quand je n'avais encore que douze ans, et quand déjà j'aspirais avec ardeur à m'abreuver dans la fontaine de Castalie (1). »

Pendant ce temps, Philippe-Auguste, qui était retenu à Chaumont, fut prévenu par un messager du péril que courait son château de Mantes. Il accourt suivi d'une nombreuse escorte ; il traverse les deux portes de Mantes sans s'y arrêter et parvient enfin à la colline de Pongebœuf. Là, il revêt son armure et marche en avant. Henri II ne se sentant plus en force, avait donné prudemment le signal de la retraite. Toute l'affaire, nous sommes forcés d'en convenir, se résuma en un sérieux combat d'arrière-garde, dans lequel Guillaume des Barres se battit contre Richard. L'honneur de la journée resta à la commune de Mantes et aux chevaliers de Philippe-Auguste, parmi lesquels se trouvaient Dreux de Mellot, Girard de Fournival, Hugue d'Alaincourt, etc. « A l'entrée même de la nuit, le clairon enroué résonne et annonce leur retour : bientôt le roi et ceux de sa suite rentrent à Mantes en triomphe, et tout joyeux, ils prennent soin de leurs personnes en mangeant et en se livrant au sommeil. Dès ce moment, le roi des Anglais n'osa plus attaquer nos frontières avec ses chevaliers armés (2). »

§ 44. **Sécheresse.** — En l'année 1188, il y eut une si grande sécheresse en France, que la plupart des rivières et

_____

(1)   Hoc tibi lingua tui munus largitur alumni ;
              Ingratum tibi ne me nutrivisse queraris,
              Undenis tibi quem cano jam vertice lustris,
              Patria Britigenum duodennem misit alendum,
              Jam tunc Castalii sitientem pocula fontis. *Philipp.* Ch. III.
(2) *Philippide,* ch. III.

puits séchèrent; et par l'ardeur du soleil, plusieurs villes furent brûlées (1).

§ 45. **Famine.** — L'an 1194, à cause des guerres, il y eut une si grande famine que tous les plus riches mendiaient leur vie, et ce, parce que l'on ne pouvait semer les terres, la guerre étant par tout le royaume (2).

§ 46. **Rosée ayant goût de miel et grandes tempêtes.** — La nuit de la Saint Jean-Baptiste, 1190, en France, la rosée qui tomba du ciel eut le goût et saveur de miel, ce que l'on goûta sur le jour en suçant les épis de blé imbus de cette rosée. Et au mois de juillet, sur le territoire de Paris et Mante, il y eut une si effroyable tempête et orage, et tomba de la grêle d'une telle grosseur, qu'il ne demeura vigne, blé ni arbre qui ne fut gâté. Les toits des maisons en furent rompus et les bêtes, aux champs, mortes et assommées.

Tout ceci se trouve dans Rigord, où l'auteur de notre Chronique semble l'avoir copié presque mot à mot. La seule erreur encore qu'on y puisse trouver, c'est que ces phénomènes météorologiques arrivèrent en l'an 1198. Le manuscrit de M. Durand dit, en effet, 1199.

Philippe mettait à profit l'absence de Richard Cœur-de-Lion, alors retenu dans les prisons du duc d'Autriche. Il lui avait repris tout le Vexin normand, s'était emparé d'Evreux et y tenait garnison. Il fit à cette époque de fréquents séjours à Mantes, comme le montre le *Catalogue* de ses actes; c'était son quartier-général. Le 9 février 1193, il y avait fait avec Jean Sans-Terre, comte de Mortain, frère de Richard, un accord par lequel entre autres, Robert IV de Meulan reprenait les terres que Jean lui avait confisquées en Angleterre. L'année suivante, Richard ayant recouvré sa liberté et voulant attirer Robert dans son parti, confirma ces concessions.

Mantes n'était pas seulement pour Philippe un centre de ralliement, et un entrepôt où ses troupes venaient se réunir et

(1) La *Chronique de Nangis* cite parmi ces villes : Tours, Chartres, Beauvais, etc.

(2) Pris aussi dans la *Chronique de Nangis*.

prendre leurs munitions et leur matériel de siège ou de guerre ;
la forteresse lui servait encore de dépôt pour les nombreux
prisonniers enlevés dans tant de rencontres avec le roi d'Angleterre. Le château de Mantes, vers 1196, devint, à ce propos.
le théâtre d'une scène terrible qui faillit faire tomber la ville
au pouvoir des prisonniers anglais qui y étaient enfermés.

Philippe-Auguste venait de prendre Dangu et Nonnancourt.
La garnison de cette dernière place avait été chargée de
chaines, et envoyée dans la tour de Mantes que commandait
Josselin (1), chevalier d'une brillante valeur « et portant en son
cœur une tendre compassion pour les affligés. Il donnait donc
généreusement à boire et à manger à ses prisonniers, et très
souvent il leur permettait de se coucher devant les tables avec
lui, sans précaution pour lui-même; tandis qu'il buvait au milieu
d'eux, il fut tué par ces hommes enfants de satan, qui le
frappèrent d'un coup de poignard dans le cœur, au moment
même où il buvait. Cet acte de trahison étant ainsi consommé,
les prisonniers qui avaient depuis longtemps aussi limé leurs
chaines, ouvrirent alors les portes, descendirent jusqu'à terre,
par une pente rapide, à travers les aspérités d'un escalier (2) et
se trouvèrent ainsi hors de la tour. Tandis que comptant sur les
ténèbres d'un brouillard très épais, ils se disposaient déjà à
sortir de divers côtés, par les fausses portes, tout-à-coup un
grand bruit s'élève dans toute l'enceinte du château, les
habitants accourent, ferment les portes devant ces hommes
tout tremblants, et bientôt ils les arrêtent presque tous (3). »
Le lendemain ils furent impitoyablement pendus.

Richard avait à sa solde une troupe de brabançons ou routiers,
commandée par le célèbre Marcader ou Marchader. Malgré son
audace et sa valeur, cette troupe s'était laissé battre aux environs
des Andelys. Le roi d'Angleterre s'en vengea cruellement en
faisant crever les yeux à quelques prisonniers qu'il renvoya
auprès de Philippe. Celui-ci, usant de représailles, fit également
crever les yeux à quinze chevaliers anglais qu'il renvoya
mutilés. L'Ile-de-France allait ainsi être de nouveau menacée, et
le Vexin encore une fois témoin de la lutte acharnée à laquelle
se livraient les deux rois depuis près de quinze ans. Une armée

(1) Ou Joslain, archer du roi. V. Léop. Delisle. *Loc. cit.* N° 137.
(2) C'est l'escalier qui, de la place du Château, descend encore dans la rue
du *Fort.*
(3) *Philippide.* Ch. V.

considérable était assemblée autour de Gisors, dès le mois de
juillet 1198. Philippe ne sachant rien des forces de son adversaire, s'était porté imprudemment à sa rencontre. « Le roi
Philippe, avec deux cents cavaliers et quelques gens d'armes de
Mantes (1), marcha vers Richard à la tête de mille cinq cents chevaliers et d'une multitude infinie de cottereaux et autres (2). »
La bravoure l'empêcha de reculer, mais il fut complètement
battu. Il s'échappa sain et sauf en laissant 90 de ses chevaliers
entre les mains de Richard. Philippe se vengea de cet échec
sur les forteresses de la Normandie.

C'était la seconde fois que les troupes royales, inférieures en
nombre, étaient écrasées par celles de Richard (3). Les deux
fois Philippe rentra à Mantes pour y puiser de nouvelles forces.

Bientôt, du reste, il allait avoir devant lui un autre adversaire. Le 6 avril 1199, Richard Cœur-de-Lion mourait des suites
de la blessure reçue à Chalus. Il laissait, dit-on, ses possessions
à son frère Jean Sans-Terre. Philippe, absorbé alors par son
mariage avec Ingeburge, sa séparation immédiate, son autre
mariage avec Agnès ou Marie de Méranie et l'excommunication
qui s'en suivit, laissa quelque répit au successeur de Richard,
mais ce ne fut pas pour longtemps.

Jean cité à comparaître devant la cour des pairs à Paris, n'y
vint pas et n'envoya personne à sa place. Philippe l'en punit en
envahissant la Normandie et surtout en prenant ouvertement,
sous sa protection, le jeune Arthur, neveu de Jean et légitime
héritier de l'Angleterre. Le 3 avril 1203, Arthur, prisonnier à
Rouen, était assassiné sur la Seine, par son oncle lui-même.
Dès lors Philippe ne lui laissa plus ni paix ni trève et attaqua
toutes ses possessions du Poitou, de l'Aquitaine et de la Normandie. On suppose que Jean, effrayé de la colère de Philippe,
demanda secrètement au pape Innocent III, sa médiation.

**§ 47. Assemblée faite par le roi Philippe-Auguste,
à Mantes.** — L'an 1203 (4) le pape Innocent III, envoya son
légat en France, vers le roi Philippe-Auguste et vers le roi
Jean d'Angleterre, pour les admonester et commander

(1) Il laissait à Mantes le gros de ses forces. *Philipp.* Ch. V.
(2) Guill. le Breton. *Vie de Philippe-Auguste.*
(3) Rigord. *Ibid.*
(4) 1200, A. ; 1220, CHEV. CHR. et Millin ; 1208, 2° G. ; Rigord dit 1202.

qu'ils fissent la paix ensemble et qu'ils rétablissent les
abbayes qui avaient été détruites à cause de leurs guerres
et les missent en l'état qu'elles étaient auparavant. Ledit
légat vint trouver le roi qui était à Mante ; après quoi le roi
ayant fait assembler à Mante tous les principaux de son
royaume, après délibération, il se porta appelant du commandement du pape. La cause fut, par délibération desdits
prélats, commise au pape. Le roi partit ensuite de Mante et
mit le siège au Radepont.

Notre *Chronique* paraît d'ailleurs avoir puisé ce paragraphe
dans Rigord. « Philippe, dit cet historien, reçut communication
de cette injonction à Mantes, dans l'octave de l'Assomption de
la Bienheureuse Vierge Marie ; il interjeta appel, en présence
des évêques, abbés et barons du royaume, et on renvoya cette
affaire à l'examen du souverain pontife. »

La vraie date de cette assemblée doit être 1203; c'est
l'année où Philippe-Auguste prit Radepont et celle où il assiégea
le Château-Gaillard. Enfin il était à Mantes à la fin d'août 1203,
et non de 1202, où il n'est venu qu'une fois. Le légat du pape
était le cardinal de Casemar de l'ordre de Citeaux, auquel
s'était joint l'abbé de Trois-Fontaines.

Le dernier jour du mois d'août, Philippe alla donc assiéger
Radepont et mit quinze jours à s'en emparer. Quand ses troupes
furent suffisamment reposées, il tenta une autre entreprise
autrement longue et périlleuse : le siège de Château-Gaillard.
C'était une forteresse considérable, nouvellement bâtie et l'un
des plus beaux specimens de l'architecture militaire. Richard
avait déployé une très grande science à la construire. M. Viollet-
le-Duc, qui lui a consacré dans son *Dictionnaire* un chapitre
spécial, dit que le siège fut fait par Philippe avec une science
stratégique égale à la science de l'ingénieur qui en avait imaginé l'admirable défense. Ce siège remarquable dura six mois :
le 6 mars 1204, le Château-Gaillard tombait au pouvoir du roi
de France.

Nous n'aurions pas à nous en occuper si un des habitants de
Mantes, nommé Gaubert, n'y avait pris une part glorieuse qui
valut à son nom de passer à la postérité.

C'était au début du siège, vers la fin d'octobre 1203. Philippe
prenait ses dispositions pour asseoir son camp et ruiner les

approches de la forteresse qui consistaient, surtout, dans des ouvrages en bois établis dans une île de la Seine. Il s'agissait de les détruire, d'en chasser les soldats anglais et de les forcer à rentrer dans le Château proprement dit. Nous choisissons encore le récit de la *Philippide,* parce qu'il est le plus complet :

« Cependant Gaubert, Louis Galiot, Thomas et Jean que l'on a surnommé le Noir, ayant rencontré, par hasard, deux bateaux, bons coureurs, s'en emparèrent et prirent avec eux des guerriers exercés aux combats sur l'eau. Ces quatre hommes, poursuivant vivement ceux qui fuyaient sur la rivière, leur faisaient en même temps la guerre ; et, s'étant enfin approchés davantage, ils parvinrent à leur enlever deux barques, avec des matelots, des combattants, des effets et des vivres.

« Ce Gaubert était tellement habile dans l'art de nager, qu'il pouvait aller sous l'eau à une distance de mille pas (1). Cet homme ayant donc rempli des vases avec des charbons ardents, les ferma et les frotta de bitume à l'extérieur avec une telle adresse, qu'il devenait impossible à l'eau de les pénétrer. Alors il attacha autour de son corps, la corde qui tenait à ces vases, et, plongeant dans l'eau sans être vu de personne, il va secrètement aborder aux palissades élevées en bois et en chêne qui enveloppaient d'une double enceinte, les murailles du château. Puis, sortant de l'eau, il va mettre le feu aux palissades, vers le côté de la Roche-Gaillard qui fait face au château, côté qui n'était défendu par personne, les ennemis n'ayant nullement redouté qu'on pût leur faire aucun mal vers cet endroit, en sorte qu'ils mettaient tous leurs soins à se défendre seulement sur les points par où les assiégeants les attaquaient plus vivement. Tout aussitôt le feu s'attache aux pièces de bois qui forment les retranchements, et aux murailles qui enveloppent l'intérieur du château, et s'élèvent dans les airs en tourbillons tous chargés d'étincelles, trouvant un nouveau secours dans les rayons du soleil et dans le souffle du vent de l'est, que l'Orient poussait avec force et qui, en athlète vigoureux, secondait parfaitement les artifices de Gaubert. Ainsi qu'Encelade, à la gorge embrasée, vomit sur l'Etna des vapeurs brûlantes et des rochers calcinés par le feu, telle la flamme dévorante, allumée furtivement par l'habileté du fidèle Gaubert, dépouillait les

---

(1)   Hic Gaubertus erat ita doctus in arte natandi
        Quod sub aqua poterat millenis passibus ire. Ch. VII.

murailles de tout ce qui servait à les défendre, et consumait les palissades, les retranchements, les maisons, les tours à trois étages et les claies en bois doublées en cuir qui concouraient pareillement à la plus grande sûreté des remparts. »

L'adresse et le courage de Gaubert firent sans doute une grande impression sur Guillaume le Breton. Dans le chant XIe de son poème, il trouva occasion de parler encore du pêcheur de Mantes. Gauthier de Saint-Paul, à Bouvines, « revient par un autre côté et enveloppe, avec une égale valeur, une foule innombrable de combattants, qu'il retient enfermés comme des poissons pris dans un filet, de même qu'à Mantes, Gaubert attire les aloses au moment où elles s'élèvent à la surface des eaux, dans les filets qu'il a tendus (1).

Il existe à Mantes une rue Jean-Gobert. Nous ne pensons pas que ce soit en l'honneur du hardi pêcheur de Guillaume le Breton, mais plutôt en souvenir d'un échevin du XVIIe siècle qui s'appelait en effet Jean Gobert.

§ 48. **Sécheresse.** — En l'an 1203, depuis le mois de janvier, jusqu'au mois de mai, il fit une sécheresse si excessive, que les chaleurs étaient semblables aux grandes chaleurs de l'été.

Nous passons à des faits plus intéressants.

En 1209, Juhel de Mayenne s'était plaint au roi des incursions que faisaient les Anglais sur les terres environnant le château de Guarplic (2) et dont souffrait la province. Philippe-Auguste, sur ses instances, assembla une armée auprès du château de Mantes et l'envoya assiéger Guarplic sous les ordres de Juhel et du comte de Saint-Paul. Le château fut pris et confié à Juhel, qui s'engagea l'année suivante à le rendre au roi, sur sa réquisition. Ceci donna lieu à une complication qui faillit avoir des conséquences funestes.

(1)   Utque ascendentes fallit Gaubertus alosas
                  Retibus oppositis vada sub piscosa Medontæ.
Nous aidant d'une heureuse expression de M. Cassan, nous traduisons : Comme Gaubert surprend l'alose remontante en ses filets tendus dans les *Gords* poissonneux de Mantes. L'alose est un poisson qui remonte, et les gords de Mantes sont célèbres.
   (2) Près de Cancale (Ille-et-Vilaine).

« Tous les barons et évêques, dit Guillaume le Breton (1). appelés à cette armée, s'étaient assemblés à Mantes ; et ayant envoyé leurs hommes à cette expédition, d'après l'ordre du roi, ainsi qu'ils le devaient, les évêques d'Orléans et d'Autun revinrent chez eux avec leurs chevaliers, disant qu'ils n'étaient tenus d'aller à la guerre ou d'y envoyer une armée que lorsque le roi la faisait en personne. Comme ils ne pouvaient alléguer aucun prétexte, et que la coutume générale était contre eux, le roi leur demanda de réparer cette offense. Les évêques l'ayant refusé, le roi confisqua leurs régales, à savoir leurs biens temporels qu'ils tenaient de lui en fiefs... Lesdits évêques jetèrent un interdit sur la terre et les hommes du roi, envoyèrent vers la cour de Rome et s'y rendirent en personne. Le seigneur pape Innocent III ne voulant point enfreindre ou changer en rien les droits et coutumes du royaume, ils firent réparation au roi (2). »

C'est là une des plus curieuses applications du droit féodal.

§ 49. **Différend entre l'abbé de Saint-Victor et les Chanoines et Vicaires.** — Les rois de France ont tant chéri et affectionné l'église de Mante, qu'ils en ont voulu être les abbés. Cela se justifie par la transaction passée en l'an 1210, entre Jean, abbé de Saint-Victor-lès-Paris, et le chapitre de Mante, pour raison du droit d'annates et de déport (3) que ledit abbé prétendait sur les vicaires perpétuels, ainsi que sur les prébendes et chanoinies de cette église. Par laquelle transaction, il est dit en ces termes exprès : Que pour démouvoir l'abbé de ses prétentions, le chapitre lui transporte comme dette due annuellement et sans aucune garantie, le droit du *premier saumon* qui se pêchait au Gord des coupes, appartenant au chapitre ; le tout sous le bon plaisir du roi, qui est abbé de cette église. Ce titre justifie assez clairement qu'en ce temps, l'église de Mante était retirée des abbés et religieux de Saint-Denis, puisqu'il nous assure que le roi en était lors abbé (4).

(1) *Vie de Philippe-Aug.*
(2) V. La lettre d'Innocent III à ce sujet : *Gr. Hist. de France.* T. XIX.
(3) Droits perçus sur les bénéfices ecclésiastiques, généralement proportionnés aux produits annuels.
(4) Tout ceci est pris dans Chevremont, fait suite au § 40 et complète les explications dont nous l'avons fait suivre.

Par une charte de 1125, Louis le Gros avait concédé aux chanoines de Saint-Victor de Paris, le droit de percevoir le droit
d'annates dans un certain nombre d'églises. Philippe-Auguste
leur avait confirmé ces privilèges en 1218. Il est probable que
l'église de Mantes, protégée par son royal abbé, parvint à se
faire exempter de ce tribut, moyennant le don d'un saumon;
poisson, hélas! qu'on ne prend plus guère dans les gords de
Mantes. La remarque sur Saint-Denis est parfaitement juste et
confirme ce que nous avons dit précédemment.

§ 50. **Les châsses trouvées** (1). — Le dix-neuf octobre,
lendemain de saint Luc, en l'année 1215, Dieu désirant donner un riche trésor entre les mains du peuple de Mante, fit
paraître dans le chemin de Mante, au *grand val* de Rosny (2),
sur le lieu où étaient cachés les corps des saints Marcoul,
Domard et Cariulphe, une verdure extraordinaire de laquelle
quelques moutons s'approchant pour prendre leur pâture,
ne purent jamais aborder, faisant mille cercles autour en
forme de processions. Ce qui fit connaître qu'en ce lieu il y
avait quelque chose de précieux en dépôt ; ce qui obligea
les bergers qui les avaient conduits, de donner avis au clergé
et aux officiers de la ville de ce qui se passait en ce lieu.
Lesquels furent audit endroit et y ayant fait fouiller, trouvèrent un grand étui de bois, en forme de trois chapiteaux, où
étaient enfermées trois châsses, sur l'une desquelles était
écrit le nom de saint Cariulphe, sur celle du milieu celui de
saint Marcoul et sur la troisième, celui de saint Domard, qui
furent retirées de terre et apportées solennellement en l'église Notre-Dame.

Pendant les dernières années du règne de Philippe-Auguste,
Mantes ne fut plus témoin d'événements aussi importants que

(1) Nous plaçons ici, avec Aubé, l'invention des Châsses de saint Marcoul
et de ses compagnons. D'autres mémoires l'indique à l'année 1250 et Chrestien, d'après Chévremont, la met en 1343. L'autel des châsses ou mieux de
la chapse, fut fondé en 1303 et il y a tout lieu de croire que l'invention est
un peu antérieure à cette date. On verra plus loin ce que nous avons à dire
des célèbres reliques de l'église de Mantes.

(2) On y planta une croix blanche et une procession y allait tous les ans le
jour des Rogations; cet endroit, où la route fait un coude pour aller à Rosny,
s'appelle encore la *Croix blanche*.

ceux qui viennent d'être racontés. La monarchie française était solidement fondée; le Vexin normand était acquis au roi; la Normandie était entamée et la ville de Rouen s'était elle-même rendue. A l'ouest et au sud-ouest, le domaine royal s'étendait jusqu'à la Bretagne et à l'Aquitaine. Si les expéditions armées se renouvelaient encore, Mantes avait cessé d'être un centre d'approvisionnement et de ralliement.

Le château, séjour préféré par sa situation et sa force pendant les années de lutte et de conquête, dut être laissé à la garde d'un gouverneur, et le roi n'y fit plus que de rares apparitions. Le *Catalogue des Actes de Philippe-Auguste* contient un état, non pas rigoureux, mais au moins précieux de ses divers séjours attestés par les actes nombreux datés de notre ville. Cinquante et un actes, environ, ont été signés à Mantes, et, par une singulière coïncidence, Philippe-Auguste signait son premier acte connu, dans la ville où il devait mourir.

Il serait trop long de rendre compte de tous ces actes. Une vingtaine seulement ont trait aux affaires de la ville. Un des plus importants fut d'abord la confirmation qu'il donna, vers 1202, de toutes les *hanses* dont jouissaient les communiers ou bourgeois. Ces hanses consistaient en diverses associations qui dispensaient de payer certains droits dans les transports par terre et par eau. Ce droit de hanse, à Mantes, était de 3 livres une fois payées, plus 3 livres 15 s. par chaque chargement. Le marchand qui avait payé ce droit était dit *Hansé*, c'est-à-dire associé. Sur tout le parcours de la Seine, les marchands se faisaient hanser dans tous les lieux sujets à péages. Cette confirmation, pour Mantes, était donc un droit considérable qui lui créait une source importante de revenus.

Chrestien a remarqué avec assez de justesse, que cette faveur fut faite en reconnaissance des services de toutes sortes que les gens d'armes, les bourgeois et la batellerie de Mantes avaient rendus à Philippe-Auguste pendant les événements qui précédèrent le siège du Château-Gaillard. Pendant le siège, les habitants avaient pris à leur charge tous les transports de matériel et de munitions; les hommes de Mantes avaient aussi payé de leurs personnes.

Vers la même époque, Philippe-Auguste concéda encore aux maires et échevins la prévôté de Mantes, moyennant une rente de 1,100 livres parisis. Cette concession donnait au maire le droit de basse et moyenne justice, sur les non nobles, non-seulement dans la ville, mais encore dans toute l'étendue de la banlieue. C'est là un fait ignoré ; on attribue généralement la cession de la prévôté à Saint-Louis (1).

Au règne de Philippe-Auguste se rapportent de nombreux contrats passés avec la famille de Mauvoisin. Par un acte de 1201, Guy de Mauvoisin et Elyse, sa femme (2), avaient vendu à la commune les *Coutumes* ou droits de passage possédés dans Mantes par la seigneurie de Rosny, avec leurs droits sur leurs hôtes et sujets de Mantes. La charte de commune n'avait pas suffi à affranchir la ville, et il fallait encore lutter contre la puissance seigneuriale.

En 1204, confirmation, par Guy de Mauvoisin, de la précédente convention, qualifiée de bail des deux tiers de la *coutume* de Rosny, moyennant 173 liv. 6 s. 8 d. de rente. Puis d'autres actes encore, qui existaient autrefois au chartrier de la ville, et dont nous avons signalé ceux qui étaient munis de leurs sceaux (3).

Les Mauvoisins, cependant, avaient gardé une portion de leurs droits. C'était cette part que leur contestaient les moines de Saint-Wandrille, ainsi qu'on l'a vu au § 26; ils avaient raison, puisqu'en 1204, Raoul de Mauvoisin avait vendu à la ville la neuvième et dernière partie réservée de leurs coutumes, perçues à Mantes. Outre les 173 livres de rente, la ville s'obligeait à payer annuellement 60 livres parisis à la chapelle du Val-Guyon (4).

En 1256, au mois de mai, un premier accord fut fait entre la commune et Yde de Rosny, touchant le droit de chasse dans la garenne de Rosny : « Noz dame Yde,... dame de Roony, fesons à savoir à toz cels qui verront ces lettres que la pès qui est fète... de la garenne de Roony,... ne s'étend fors seulement à toz cels qui sont de la commune de Mante (5). » Ce fut seulement en 1266, que Louis IX appointa le seigneur de Rosny et la commune de Mantes sur la possession de cette garenne (6). La ville paya encore 100 liv. p. pour cette fois; puis 1,000 autres livres pour la possession et le droit de justice en 1281. Cette acquisi-

(1) Léop. Delisle. *Loc. cit.*

(2) Alix de Porhoet.

(3) V. *Inv. de 1343*, f°⁸ 30 et suiv.

(4) « Aux moines de Valguyon XX d. par chun. moys. » *Comptes de 1466.*

(5) V. A. Cassan. *Statist.* et Inv. de 1543.

(6) Le seigneur de Rosny s'engageait à n'avoir aucune garenne, entre Mantes et Rosny. En 1265, il avait donné au chapitre de N.-D. 4 d. ob. de censive sur une maison devant l'église, et un ornement de grand prix. A. Cassen.

tion donnait au maire la connaissance des délits sur le territoire, comprenant Vétheuil, Guernes, Saint-Martin-la-Garenne,
le Coudray, Fontenay-Saint-Père, avec les droits sur Limay,
Mantes-la-Ville, et sur deux hommes (hôtes) d'Auffreville.

Nous terminerons par quelques mots sur ces seigneurs de
Rosny. La famille de Mauvoisin était une branche de la famille
de Garlande. Saint Gaucher qui naquit vers l'an 1060 était de
cette famille. Un Mauvoisin est l'un des héros de la fin de la
Geste de Garin le Loherin.

L'un d'eux a acquis une célébrité au commencement du xiii°
siècle. Robert de Mauvoisin était un ami du terrible Simon de
Montfort et de pareille humeur. Pendant la croisade contre les
Albigeois, il avait été chargé de porter une lettre au pape Inno-
cent III, qui l'appelle « son cher, fidèle et noble homme Robert.
Dilectum et fidelem meum, nobilem Robertum. »

La *Chanson de la Croisade* dit ailleurs (1210) : « Le comte de
Montfort est entré au palais, et avec lui la comtesse et le reste des
barons. Ils s'assirent sur un tapis de soie ; Robert de Mauvoisin
qu'on y a mandé et Gui le Maréchal, furent côte à côte (1). »
Robert était trouvère à ses heures. C'était un des précurseurs
de Thibaud de Champagne. De deux chansons qu'on lui attribue,
une seule est de lui, et ne rappelle en rien l'implacable compagnon
de Simon de Montfort. Elle commence par ce vers :

> Au tens d'esté que voi vergier florir.

C'est le seul cité dans l'*Histoire littéraire de la France* (2).

De 1218 à 1222, Philippe-Auguste signa seulement trois actes
à Mantes ; d'où nous pouvons conclure qu'il n'y fit plus de longs
séjours. C'était là qu'il devait mourir. Malade depuis l'année
1222, miné par une fièvre lente, il passait tout son temps au
Louvre ou à son château de Pacy-sur-Eure. C'était là qu'il était
au mois de Juillet 1223, non pas à se divertir comme dit Mé-
zeray, mais y attendant la réparation de ses forces épuisées.

Il voulut, malgré l'avis de ses médecins, rentrer à Paris où
se réunissait, sous la direction du légat Conrad, évêque d'Ostie,
un concile qui devait s'occuper des nouvelles agitations des Albigeois.

(1) V. aussi Pierre de Vaux Cernay, chap. XIX.
(2) T. XXIII, et ms. de Cangé 65,66,67.

Le Ménestrel de Reims dit qu'il tenait alors « un parlement à Maiente, environ la Magdeleine ; et y avait beaucoup de grands seigneurs, et y avait tant évêques que archevêques, quarante-huit. » Notre chronique, elle-même, est dans l'erreur, quant à la fondation de Saint-Julien, quant à son séjour, aux circonstances de sa mort, etc.

§ 51. **Mort de Philippe-Auguste à Mante et fondation du Prieuré de Sain-Julien.** — En l'année 1222, le roi Philippe-Auguste fonda et dota le prieuré de Saint-Julien-la-Croix-le-Roi-lès-Mante (1). Lequel roi étant à Mante, y décéda le 14 juillet 1223, après avoir été longtemps malade d'une fièvre quarte. Son corps fut enterré à Saint-Denis, son cœur et ses entrailles à Notre-Dame de Mante. Laquelle mort fut au grand regret des habitants de ladite ville et de tous ses sujets. Et les habitants de ladite ville tiennent par tradition, qu'il décéda en une maison de la Grande-Rue où était, il n'y a pas longtemps, l'enseigne de la *Belle-Image*. Et le cœur dudit roi a été trouvé, avec ses intestins, au pied du grand autel Notre-Dame, dans un petit caveau fait à dessein, le samedi 7 avril 1629.

[Le prieuré de Saint-Julien fut détruit lors des grandes guerres qui sont arrivées depuis ; et à cause des grosses eaux dont il était inondé, on a bâti, depuis environ un siècle, cette petite chapelle qui est à présent auprès de la *Bove des Cordeliers*, laquelle est desservie par un prieur du même ordre de Prémontré, qui en perçoit le revenu, lequel monte encore à 7 ou 800 liv. par chaque année.] CHR.

Nous ne pouvons mieux faire, pour établir la vérité, que de citer encore Guillaume le Breton. « Le roi partait pour Paris, malgré l'avis de ses médecins, et sortant de Pacy, il se rendait en hâte au Concile, désirant mettre en tête de tous ses mérites, celui d'avoir, au moment de sa mort, relevé l'église et la foi, et de leur rendre leur vigueur catholique.... Animé d'un dessein semblable, le roi était arrivé à Mantes. Là, après la célébration des saints mystères, après que l'eucharistie lui eut présenté la

(1) Chévremont dit simplement, Saint-Julien.

pâture de vie, le dernier jour, terme de sa vie bienheureuse, se présenta à lui ; Dieu ayant voulu le délivrer, en ce lieu, par une belle mort, et recevoir en son sein son âme sainte, au moment où le jour de lendemain allait amener les ides du cinquième mois.

« Des cris s'élevèrent aussitôt ; tout retentit de lamentations ; les gosiers s'épuisent à force de sanglots, toutes les poitrines sont inondées de larmes. Il n'est personne qui puisse soulager sa propre douleur ou celle des autres : les paroles mêmes ne peuvent les adoucir, car l'excès de l'angoisse contraint la langue à demeurer immobile dans le palais. On n'entend qu'un cri de deuil dans toute la ville de Mantes (1) ; il n'est pas une maison, pas une place, pas un coin de rue qui ne soient assourdis par les gémissements et tout trempés de larmes. La même cause produit tout ce deuil, la douleur de tous est la même, et cependant ces tourments se manifestent sous mille formes diverses (2). »

Le continuateur de Guillaume le Breton (3) dit positivement que le roi « mourut dans un *Château* appelé Mantes, » ce qui est du reste absolument conforme aux habitudes féodales, et nous devons sacrifier, sans pitié, cette tradition qui fait mourir Philippe-Auguste dans la maison n° 29, de la rue Thiers actuelle, maison qui n'a jamais été qu'une habitation particulière.

« Le troisième jour, dit encore Raoul de Coggeshale, comme il allait à Paris, se sentant malade, il s'arrêta au château de Mantes, *ad Mantuam Castellum divertit*, et après avoir fait généreusement son testament, il s'endormit dans le seigneur. » Il est donc absolument certain qu'il mourut au château de Mantes.

« Le corps, dit le *Ménestrel de Reims*, fut enseveli et arrangé ainsi qu'il appartient au corps de si haut roi, et fut porté par hauts hommes et chevaliers, à Saint-Denis en France ; et à chaque reposée, faisait-on une croix (4) où son image est figurée. » Guillaume le Breton est encore plus précis :

(1) *Nil sonat in tota nisi vox funesta Medontâ.*

(2) *Philippide*. Ch. XII.

(3) *Vie de Philippe-Auguste*. La fin de cet ouvrage n'est pas de Guillaume le Breton.

(4) Il existait plusieurs de ces croix auprès de Mantes et la ville était obligée de les entretenir. V. *Invent. de 1543.*

« Lorsqu'ils furent sortis (de Mantes), par la porte que l'on appelle Porte de Paris, à une portée d'arbalète (1), les porteurs s'arrêtèrent et on désigna ce lieu pour qu'une croix y fut plantée. Puis on construisit, en fort peu de temps, une église dans laquelle on pensa honorer le lieu de repos de Philippe. » Telle est l'origine du prieuré de Saint-Julien-la-Croix-le-Roi, comme on l'appelait anciennement.

Quant au cœur et aux entrailles, aucun écrivain n'a parlé de cette distraction de la dépouille de Philippe-Auguste. Il existe cependant sous le chœur de Notre-Dame, un petit caveau contenant une boîte carrée, surmontée d'une petite moulure, ayant contenu des entrailles et un cœur, mais ces restes sont difficiles à déterminer. M. Durand les a retrouvés il y a quelques années ; rien n'autorise à y voir des restes de Philippe-Auguste. Le petit caveau est en plâtre, ce qui n'indique pas qu'il soit bien ancien ; la boîte de plomb est d'un travail relativement moderne. Il est probable qu'on aura trouvé ces objets anciennement, et qu'on aura changé les récipients sans dresser aucun procès-verbal, ni sans tenir compte des inscriptions. De sorte que les restes appartiennent peut-être bien à un abbé ou à un personnage historique, mais dont le nom est aujourd'hui ignoré.

Les dotations de Saint-Julien sont encore, suivant nous, une autre erreur. Le testament de Philippe-Auguste, daté de 1222, est un document connu ; il n'a rien laissé à Mantes. L'article 10 est ainsi conçu : « Nous donnons et léguons à l'abbaye de Saint-Denis où nous voulons être enseveli, tous nos joyaux, etc. »

Cela répond à la question du cœur et des entrailles, en même temps qu'à celle des dons faits à la ville.

Nous n'avons pas à juger l'homme considérable qui venait de mourir à Mantes. Notre rôle se borne à constater que la ville lui dût beaucoup et que toute dévouée à son service, c'est sans aucun doute à l'influence de ce roi, qui fonda une France forte, puissante et étendue, qu'elle dût l'affranchissement, aussi complet que le comportait cette époque, de toutes les servitudes que lui avait imposées la féodalité. C'est à Philippe-Auguste que Mantes dût de compter parmi les communes les plus privilégiées du moyen-âge.

_____

(1) *Alias :* « d'une arbalète lançant trois fois ses traits. »

TROISIÈME PARTIE

———

DE LA MORT DE PHILIPPE - AUGUSTE

A L'AVÈNEMENT DE PHILIPPE DE VALOIS

Le court règne de Louis VIII (1223—1226) n'a laissé d'autres traces dans l'*Inventaire de 1543,* qu'une confirmation (1224) de divers accords, passés en 1195, entre les maires de Mantes et le seigneur de La Roche-Guyon, pour le péage des marchandises des bourgeois, dans le passage sur la Seine, devant son château. Il semble résulter d'une analyse assez confuse, que les gens de Mantes ne payaient que pour le vin, le sel et le hareng.

Une autre lettre du même Inventaire nous révèle un usage singulier. Dans l'octave de l'Ascension, tout marchand de Mantes, menant ou faisant mener du vin par l'acquit de La Roche-Guyon était tenu d'aller au château, devant le seigneur affirmer que ce vin était à lui et qu'aucun autre n'avait part au chargement. En cas d'absence ou de maladie, le bourgeois de Mantes devait se présenter quinze jours après son retour ou sa *vallitude* (en cas de maladie), et faire cette affirmation. Le péage de La Roche-Guyon était un des plus durs de la Seine, et on a vu que les moines de Saint-Wandrille n'avaient jamais pu s'en faire affranchir.

En mourant, Louis VIII laissait une veuve étrangère et un fils encore mineur. Les commencements de cette régence furent difficiles pour Blanche de Castille. Afin de résister au puissant baronnage qui voulait reconquérir le pouvoir que Philippe-Auguste lui avait enlevé, Blanche, abandonnée même de l'homme que sa beauté avait, dit-on, le plus captivé, de

Thibaud VI de Champagne, s'était tournée vers les communes
et leur avait demandé assistance. Il existe des actes de serment
de fidélité, dans lesquels les magistrats des villes jurèrent
de suivre le parti de Blanche, du roi et de ses frères,
contre tous ses ennemis et surtout contre Thibaud et Pierre
Mauclerc, comte de Bretagne. Blanche vint à Mantes avec
son fils, et les bourgeois jurèrent entre ses mains d'être
fidèles au jeune roi. Le serment de Mantes existe au *Trésor
des Chartes* et c'est à cet acte qu'était suspendu le sceau
dont nous avons parlé page 62. Il doit être de 1227, puisque
la défection du comte de Champagne ne dura pas : son
caractère versatile le ramena cette année même, fidèle et
dévoué, pour quelque temps, à Thouars où l'armée du roi
était assemblée.

Ce n'était pas en vain que la reine Blanche avait demandé
ce serment de fidélité à ses communiers. Saint Louis le rappela
en 1234, notamment aux bourgeois et à la noblesse de Mantes
et de Vernon ; il leva, dans tout son domaine, ses milices
communales et avec leur aide, marcha encore une fois contre
l'indomptable Pierre Mauclerc (1).

Du reste Louis IX ne paraît pas avoir habité Mantes aussi
souvent que son grand-père. Cependant ce fut là qu'il reçut.
en 1238, l'hommage de Pierre de Courtenay, pour sa baronnie
de Conches (2).

La même année, la chapelle de Saint-Pierre, fut érigée en
paroisse. Depuis sa reconstruction ordonnée en 1213, il est
probable que ce n'avait été qu'une simple chapelle dépendant
de la paroisse de Mantes-la-Ville. « L'évêque de Chartres,
faisant sa visite à Mantes, y érigea en paroisse la chapelle
Saint-Pierre, à la prière du curé de Saint-Etienne de Mantes [-la-
Ville], duquel elle dépendait, à la charge que le roi qui estoit
patron de l'ancienne paroisse, le serait aussi de la nouvelle (3). »

§ 52. **Dons faits par Saint Louis à l'église Notre-
Dame.** — Par un ancien registre de l'église Notre-Dame
contenant ceux qui ont donné des ornements et autres choses à ladite église, appert que le roi saint Louis, qui

(1) Le Nain de Tillemont. *Histoire de saint Louis.*
(2) Id. T. II p. 332.
(3) Id. T. II p. 332

commença à régner l'an 1227, (8 novembre 1226), aimait
fort l'église et ville de Mante, comme il se voit par l'article extrait dudit registre, dont la teneur suit :

« Le bon roy saint Louis, qui aymoit fort l'église et ville
« de Mante, lui donna les plus beaux vêtements qui y soient.
« C'est assavoir, pour le prestre, diacre et sous-diacre, une
« ceinture belle et noble. Et y donna la belle chape que l'on
« met aux grandes festes, en laquelle est escrit et fait men-
« tion de la passion de Notre-Seigneur. » Il donna aussi la
grande croix d'argent. On croit qu'il a fait bâtir quelques-
uns des prieurés de cette ville.

Ces précieux ornements ont dû disparaître seulement à la
Révolution. Quant aux prieurés, saint Louis n'en a fait bâtir
aucun à Mantes, au moins, Le Nain de Tillemont n'en a-t-il rien
dit.

Vers cette époque se place un curieux dissentiment qui s'était
élevé entre la ville et le curé de Saint-Maclou, chef du chapitre
de Notre-Dame. Nous donnons ici, comme très suffisante, l'analyse de l'*Inventaire de 1543*. C'est un petit tableau de mœurs
des plus intéressants.

« Item. Deux lectres en latin, escriptes en parchemyn, scellées de trois sceaulx de cire blanche, faisans mencion d'une
sentence donnée par les doyen et archediacre de Paris, juges
déléguez par Nre Sainct Père le Pape, en certaine cause pen
dante entre les maire et commune de Mante, contre les curé et
chappellains de Sct Maclou : Pour les abbuz que faisait ledict
curé de Sainct-Maclou, dényant mectre en sépulture les décédez,
donner la bénédiction de mariage et baptiser les enfans, extor-
quans grans deniers pour ce faire. Par ladicte sentence est dict
que doresenavant, sans faire exaction, ledict curé donnera sépulture aux décéddez, recepvra les mariages, et *selon l'ancienne coustume*, qu'il sera payé raisonnablement. Et que des
baptesmes il n'aura aulcune chose. Aussi que l'on ne sera con-
trainct faire les anuelz et autres services de mors, sinon qu'il
soit ordonné, et que les héritiers et exécuteurs de testamens le
veuillent. — Et la deuxiesme est une composition faicte entre
lesdictz maire et commune, avecques le curé dudict Sainct-
Maclou, pour le faict des mariages, par lesquelles ledict curé a
cuidé (pensé) prendre pour tous droictz : des plus riches, la

somme de troys sols parisis, et des moyens, deux sols parisis, et des moindres et inférieurs, douze deniers parisis. Et de ceulx qui n'ont riens, n'en doibvent riens prendre. Et pour discuster des facultez des personnes qui se marient, ledit curé doibt eslire ung prebstre avecques le maire, et s'ilz ne s'accordent, l'on doibt prendre ung eschevin avecques les deux autres. »

La première de ces deux lettres est du mois de septembre 1226, et la deuxième du 4 juillet 1231.

C'est à peu près la seule contestation sérieuse que nous ayons trouvée, entre les chanoines de Mantes et la municipalité. Il en existe une autre qui eut pour cause, plus tard, la séparation de la ville en deux paroisses. Nous en parlerons en son temps.

§ 53. **Le Couvent des Cordeliers bâti**. — L'an 1229, le couvent des Cordeliers a été bâti. Saint Bonaventure y a demeuré. L'en voit à l'Hôtel-de-Ville de Mante, une lettre qu'il écrivit aux maire et échevins, dans un temps de peste, pour leur recommander ses religieux.

Saint-Louis avait été élevé par les Cordeliers et les Jacobins. Les Frères Mineurs, de l'ordre de saint François, avaient été établis en France par Romain, cardinal de Saint-Ange, vers 1216. Il ne paraît pas cependant, qu'il ait contribué à leur établissement à Mantes, pas plus que la reine Blanche. Au moins, Le Nain de Tillement n'en fait-il aucune mention dans son *Histoire de Saint-Louis*. Cependant le 2 juillet 1239, étant à Mantes, le roi leur fit donner, en présence de la reine, la somme de X l. à titre de don (1).

Suivant Millin ce couvent, à sa création, comptait plus de trois cents religieux profès ; ce qui est peut-être beaucoup. Leur église était petite et renfermait entre autres monuments, le tombeau d'Ide de Rosny, de la maison de Créqui, décédée en 1260, et probablement une des bienfaitrices de cette maison. Le chapitre de Notre-Dame possédait deux lettres de saint Bonaventure. Elles sont perdues comme celle de l'Hôtel-de-Ville. M. A. Cassan a donné le texte de cette dernière, écrite d'Arras, en 1268, à la prière de saint Bonaventure, mais non de sa main : « De la volonté de notre révérend père, frère

_____

(1) *Gr. hist. de France*. T. XXII.

Bonaventure, ministre général, nous voulons et consentons que la maison des Frères Mineurs de Mantes, soit placée sous la puissance et patronage de votre commune, et nous confions à votre charité, les frères de cette maison et la maison elle-même. »

Chrestien a vu la donation faite aux Cordeliers, le 1ᵉʳ mars 1231, par Robert le Chat, écuyer, d'une pièce de vigne et d'une carrière ou bove, joignant leur couvent.

Une tradition, que les biographes n'ont pas admise ou n'ont pas connue, dit que saint Bonaventure habita, aux Cordeliers, un petit oratoire qui a disparu depuis longtemps, et qu'il y écrivit la vie de saint François d'Assise.

Les Cordeliers étaient les prédicateurs attitrés de la ville, et recevaient de ce chef une petite redevance qui leur fut longtemps payée. Nous avons à peine besoin de dire que le couvent des Cordeliers, était situé dans la propriété, qui porte encore aujourd'hui leur nom, ainsi que la promenade qui y conduit, à quelques pas du bord de la Seine.

§ 54. **Etablissement du Grand Marché.** — Le grand marché de Mantes fut établi en l'année 1245 (1) et le trésorier de l'église Notre-Dame de Mante consentit que le cimetière de l'église Saint-Maclou, annexe de ladite trésorerie, serait dorénavant pour faire le grand marché, à condition que lui et ses successeurs prendraient, sur toutes les boutiques ou loges, couvertes et non couvertes, la somme de quarante sols de cens. Et cela fut donné par Guillaume Milloto, trésorier, suivant ses lettres scellées d'un grand sceau de cire jaune, sur lequel est représenté un aigle à deux têtes, avec cette inscription : Sigillum magistri Guillelmi Miloto, tresorarii ecclesie beate Marie de Medunta et de beati Maclovii annexari. Et par ce qui est ci-dessus, il se voit que dès ce temps la cure de Saint-Maclou était une annexe de la première dignité de l'église Notre-Dame, ainsi qu'elle est encore aujourd'hui.

L'*Inventaire de 1543* appelle ce trésorier Guillaume Marlet. Il désigne la place cédée, par « le lieu où le maire prévost a

_____

(1) Chrestien dit 1205, ainsi que l'*Inv. de 1543* ; Aubé et les autres ms. portent l'année 1245.

tenu sa jurisdiction par le vieil temps. » En 1404, la ville
s'affranchit de ce sens de 40 s., en cédant elle-même une portion
de terrain pour agrandir Saint-Maclou. Seulement il est assez
difficile de concilier ce paragraphe avec le 25°.

§ 55. **La Prévôté vendue aux Maire et Echevins.** —
Le roi saint Louis, pour faire son second voyage en la
Terre-Sainte, aurait été contraint d'engager plusieurs pièces
de son domaine à ses sujets, où entre autres, il engagea
aux maire et échevins de la ville de Mante, en 1265, la
prévôté de la ville moyennant la somme de trois cents
livres de rente et une somme d'argent payée comptant.
Laquelle rente lesdits maire et échevins ont depuis acquittée
à ses successeurs rois et depuis auraient toujours joui et
exercé la justice de ladite prévôté, jusqu'à ce que le roi la
leur ait ôtée ainsi qu'il se verra ci-après.

Ainsi que Chrestien l'a reconnu, il existe une charte de
Philippe le Hardi, de 1275, donnant ou confirmant le bail de la
prévôté aux maires de Mantes. Mais dans celle de 1381, en
confirmant encore une fois ces privilèges, Charles VI visa un
autre acte de 1265, dont le texte ne nous est pas connu, mais
qui nous autorise à laisser ce paragraphe 55 à cette place.
Boniface VIII, du reste, avait d'abord refusé d'inscrire saint
Louis au nombre des saints, à cause de cette idée d'affermer
ou de vendre les prévôtés. « Le pape, dit une chronique de
Flandre, qui n'aimoit mie le roi de France, dit que pour cause
qu'il avoit mis ses bailliages et ses prévôtés à ferme, de quoi
maint povre homme estoit déshérité, il ne l'oseroit lever à
saint (1). »

Amiens et les grandes communes du Nord, ne furent mises
en possession de leurs prévôtés qu'à la fin du xiiie siècle ;
Mantes, on l'a vu, avait obtenu cette ferme dès 1201. Philippe-
Auguste avait fait cette concession moyennant une rente de
onze cent livres parisis. L'acte de Louis IX, et plus tard celui
de 1275, n'étaient donc que des contrats nouveaux modifiant
les conditions premières du bail de la prévôté.

Ce n'est pas seulement une question d'amour-propre qui nous
guide ; nous mettons la vérité historique bien au-dessus.

(1) Du Cange, au mot *Prepositura*.

Nous sommes étonnés cependant, que M. A. Thierry, dans ses
belles études sur le Tiers-Etats, n'ait pas dit un mot de la
commune de Mantes. C'est qu'en effet, tout ce qu'il admire
dans l'organisation des communes du Nord, toutes les conquêtes
sur le pouvoir royal ou féodal, tout cela nous le trouvons à
Mantes bien avant que les bourgeois d'Amiens, d'Abbeville,
du Crotoy, n'en aient été en possession.

Nous avons vu comment était organisé le pouvoir municipal
de Mantes. Ce bail de la prévôté conférait à la commune, de
nouveaux droits qu'il ne faisait peut-être encore que de
consacrer. Le prévôt, en général, était un délégué du bailli ;
il était chargé, moyennant une somme qu'il s'engageait à payer,
de recevoir tous les droits du roi : Amendes, péages des fours,
des moulins, des pressoirs, de la rivière, taxes des métiers, des
marchés, etc. (1). C'était exposer les administrés à être pres-
surés, dans les prévôtés où le prévôt était un étranger qui ne
pensait qu'à gagner le plus possible sur le prix de sa ferme.
Les conditions de Mantes étaient particulières, puisque le
prévôt était maire électif, nommé pour un ou deux ans et de
plus nécessairement bourgeois de la ville. C'était donc une
sécurité contre les exactions. Comme maire, les droits se
bornaient à la police et à l'administration de la ville. Avec la
prévôté, il devenait un percepteur exerçant des fonctions
notariales et de plus une sorte de juge de première instance,
dont le ressort comprenait une banlieue considérable.

Ces attributions, acquises par l'usage, peut-être même par
des usurpations de pouvoir autant que par des octrois royaux,
nous sont révélées par les chartes, les arrêts anciens, les pièces
des procès conservées dans l'*Inventaire de 1543*, etc. La
charte de 1381 (2) constate que les titres des privilèges de la
commune ont été perdus au temps des guerres : « Néant moins,
nre procureur ou (au) bailliage de Mante, autres noz officiers
dudit lieu, saischans les diz exposants avoir perdu plusieurs
de leurs chartes et privilèges, à la prise de ladite ville, ont
depuis icelle prise, qui fut faicte environ l'an soixante-sept
darrenièremt passé, empesché les diz exposans en leurs droiz
et usaiges et en plusieurs autres. » Aussi Charles VI leur
rendit-il leurs droits anciens, après une enquête qui les avait

(1) Wallon. *Saint Louis et son temps*. T. II. p. 91.
(2) Aux archives de Mantes, en original.

prouvés. « Et il soit ainsi que les diz exposans qui d'ancienneté sont fondez en corps et comune par bail à eulx fait par
noz prédécesseurs en l'an mil deux cens soixante-cinq, de la
prévosté de Mante, avec la justice, tele que le prévost Royal
qui lors estoit, exerçoit, parmi la some de trois cens livres
tourn. qu'ilz nous en rendoient et sont tenuz de rendre chascun
an, de ferme perpétule. (Retenu à nous, la haulte justice avec
les apparten. d'icelle, le jugement du larron et des autres cas
qui requièrent mort ou mutilacion de membre), ayent usé
et accoustumé d'user de plusieurs droiz de justice en la dte
ville et banlieue d'icelle; come de visiter et faire visit. les
navirez en ladte ville et banlieue, rapporter le péril et
cognoistre se il y a péril de mort ou non ; de donner sauves
gardes et asseurement (1) aus subgiez de la dte comune et
prévosté sans cognoistre de l'infraccion, et de recevoir con-
traux obligatoires et lectres et autrement. D'avoir aussi la
cognoissance seulz et pour le tout, de l'exécucion de toutes
lres (lettres) obligatoires, de faire les criées des héritages qui
sont ès tmes (termes), de leur comune et d'en bailler et délivrer
le décret. »

L'analyse de la charte de Philippe-le-Hardi contient quelques
concessions qui ne sont pas répétées dans celle de 1381. « Pour
tenir et exercer la basse justice en la ville et banlieue, et premt.
les amendes, et encores leur est donnée l'amende de soixante
solz de la haute-justice et des forfaictures. Et la garde des prisons dudict Mante: et permission de instituer et destituer tant
de sergents qu'il leur plaira. Par ainsi que lesd. sergens seront
tenuz faire le serment devant le hault-justicier (2). »

Toutes ces justices attribuées aux maires de Mantes ne sont
rien. Il semble que dans l'usage, ils avaient encore d'autres
droits, consacrés par le temps, acquis par empiètement sur
d'autres officiers voisins ou rivaux, ou enfin concédés pour la
facilité des justiciables.

Un arrêt des *Olim*, de 1279, déclare que les maires n'ont pas
droit de basse-justice sur les nobles : « Ayant vu une charte de
la commune de Mantes faite sur un nouveau contrat de la Prévôté de Mantes, il fut décidé par arrêt, que le maire et les pairs

---

(1) Assurer ou donner sauvegarde à la partie adverse, dans les cas de rixe
ou de coups. V. sur ce sujet A. Thierry, *loc. cit.* T. I. p. 126. Tous ces privilèges sont semblables à ceux concédés à la ville d'Amiens en 1292.

(2) *Inv. de 1543.*

(jurati) de ladite commune, n'auront pas la basse-justice sur les nobles demeurant dans la banlieue ; que le voyer exercerait cette justice et qu'elle lui demeurerait, parce qu'elle n'était pas donnée à ferme avec la Prévôté. » Mais un autre arrêt de la même année émendait cette décision : « Il fut ordonné au bailli de Gisors, que les nobles demeurant dans la banlieue de Mantes, n'ayant pas coutume d'être jugés par le voyer, il leur soit permis de l'être par le maire de Mantes, à raison de la prévôté qu'il a à ferme perpétuelle. »

Quant aux droits contestés aux maires et qu'ils s'étaient arrogés, ils sont aussi nombreux. Ils sont indiqués encore dans un autre arrêt des Olim (1) qui dût précéder de très peu de temps, si même il ne le provoqua, le bail consenti par Philippe le Hardi ; il est en effet de 1275. En voici les articles principaux :

« Le maire et les pairs de la commune de Mantes s'enquérant qu'il leur soit permis ainsi qu'ils l'avaient fait de temps immémorial, *(a tempore a quo non exstat memoria)* d'exercer dans la ville de Mantes, les justices qui suivent ; savoir : des mesures, des poids, des boisseaux, des pales des moulins (?) *(paletas molendinorum)* qu'ils soient bons et légitimes, et de conserver les étalons auxquels ils sont ajustés ; Item : la justice des vivres ou des denrées vendues en la ville de Mantes, qu'elles soient bonnes et loyales ; Item : que le pain soit suffisant, suivant la vente du blé ; Item : les questions difficiles, l'écoulement des eaux des maisons, les bornes *(clausulas)*, les murs en péril, leur chute subite ; Item : le droit de faire ranger les voitures et les étaux *(stalla)* pour la liberté du marché, par hommes justes *(per bonos)* à ce constitués ; Item : la justice des salaires, des conventions, quand le *Catel* n'aura pas été libéré de l'affranchissement des denrées vendues à Mantes ; Item : la justice de forcer ses pairs *(juratos)* à juger du fait de hanse et de marchandises, *(de societale et mercheandisia)* ; Item : la justice des outrages, en tourmentant, en poussant, en frappant, sans plaie ni sang et sans mutilation ; Item : la justice de la voiture ou du cheval s'il écrase un porc ou autre animal, ou fasse autre dommage ; celle du *catel* (2) ; Item : des meubles des orphelins, des mérétrix, des joueurs de dés *(de deciis)*, des partages d'héritages, quand les

(1) T. II. p. 65 § xiv.

(2) Propriété mobilière particulière. La justice de Catel concernait aussi certains droits de basse-justice, d'amendes. V. A. Thierry, *Du Thiers-Etat.* T. I.

partis sont d'accord sur leurs parts; des dettes réclamées par les pairs, et celles que les pairs demandent des non-pairs; etc. »

Tous ces droits étaient contestés par le bailli de Senlis, dont relevait alors la prévôté de Mantes, et l'arrêt qui s'en suivit lui donna raison : « *Pronunciatum fuit per jus, dictas justicias, ad dictos majorem et pares pertinere non debere.* » L'arrêt, dit une note des *Olim*, montre jusqu'à quel point les juridictions municipales avaient étendu leurs compétences. Nous en convenons; cependant nous pensons, malgré cet arrêt, que les maires de Mantes étaient réellement en possession, sinon en droit, du moins en fait, de toutes ces justices. Il est probable qu'ils se soumirent un moment, mais l'*Inventaire de 1543* et les archives conservées à la mairie, montrent qu'ils continuèrent à jouir de ces attributions, qui n'étaient au fond que des droits de police municipale, librement consentis par les communiers.

Marie de Brabant les étendit encore. En 1312, au mois de juin, elle accorda une charte, « par laquelle appert qu'elle a confirmé et approuvé au maire prévost, à cause de la Prévosté, l'examen et congnoissance du Ru de Manteleaue et des chemins, nonobstant l'entreprinse que de ce en auroit faict le bailly et procur. du roy oud. bailliage. Et est en la banllieue dud. Mante. » On voit que le maire n'abandonnait pas facilement les privilèges de la ville.

Il ne reste plus qu'à faire connaître l'étendue de cette juridiction et les bornes de la banlieue. C'est encore dans les *Olim* que se trouvent ces renseignements. « La susdite banlieue s'étend des murs de Mantes jusqu'au bout des prés de Bercherenne (1) et depuis là jusqu'au bois de *Busco-Rotondo* (Beuvron), et de là, jusqu'à la fontaine près de l'orme de l'Epervier *(ulmus esperverii)* derrière Jouy, et de ce lieu jusque entre Soindres et le moutier du même village *(et monasterium ville ejusdem)*, et de ce lieu jusqu'à la pierre appelée *Pierre du Trésor.* » Le même arrêt constate le droit de justice sur tout le domaine de Rosny. Enfin, on a vu que la ville possédait les mêmes droits jusque vers Vétheuil, Saint-Martin, le Coudray, Follainville. Fontenay et Limay. Un arrêt de 1257 fait rentrer dans la banlieue de Mantes, Guerville, jusqu'à l'orme de la *Couarée*, malgré

---

(1) Ce n'est pas Berchère-sur-Vègre mais quelque lieu vers Jouy-Mauvoisin. Levrier pense que c'est le nom de Buchelay altéré ; nous croyons qu'il a raison.

le refus de la dame de Forest (Plagne ou Secval.) Enfin, une sentence de 1316 y avait ajouté Guitrancourt; » et ne pourra ledict seigneur pour demander ses cens, contraindre ses hommes dudict Guitrancourt ailleurs (1). »

Les maîtres de Mantes ont souvent emprunté sur cette Prévôté. Philippe-Auguste commença le premier. Philippe d'Evreux en fit autant. Il permit en 1322, « prendre ausdictz habitants lesdictz troys cens livres, pour le bail de ladicte prévosté, jusques ad ce qu'ilz aient receu deux mil cinquante livres trns. qu'ilz avoient prestez a feue Marie, sa mère, Royne de France. » Ce prêt se renouvela encore en 1445, avec Henri, roi d'Angleterre, alors maître de la Normandie.

Suivant notre *Chronique*, le bail de 1265 aurait été le résultat des désastres éprouvés en Egypte.

On sait de quelles conséquences funestes furent pour la France les croisades de saint Louis. Il était parti à la première (1248-1254) plein de ferveur et de foi dans le but de son expédition. Tout lui avait été contraire. Sans parler de la discorde qui régnait parmi les chevaliers qui l'accompagnaient, ceux qui étaient restés en France n'avaient pas mieux agi. Ils s'étaient ligués contre Blanche de Castille et lui avaient tendu mille embûches. L'énergique femme avait fait face à tous les orages et les avait surmontés.

Les annales mantaises disent qu'au moment de la captivité de Louis IX, les habitants contribuèrent de leur bourse, au rachat du roi. « La même année (1250), le roi pour sa rançon vendit 1,100 arpents de bois de la forêt d'Arthies, à Guyon de la Roche, grand-maître de ladite forêt; 800 à Pillavoine de Mesrées, 400 à Mathurin Rubantel, 120 au sire de Rolleboise (3). »

Cependant, ce n'est pas tout-à-fait ainsi que les choses se passèrent. Les 400,000 bezants stipulés pour la délivrance du roi, furent payés à Damiette, par la reine Marguerite de Provence qui gardait le trésor royal. Cette vente de la forêt d'Arthies et ces contributions des bonnes villes, furent faites sans doute dans la suite, soit par les ordres de la reine Blanche, soit au retour de saint Louis.

1 *Inv. de 1543.*
(2, *Ibid.*
(3) A. Cassan. P. 251.

Sa délivrance cependant, ne put le décider à revenir en France. Malgré les lettres de sa mère qui l'informaient de l'état tourmenté du royaume, saint Louis voulait voir Jérusalem qu'il ne vit pas. La mort de sa mère elle-même, ne lui fit pas quitter sur le champ la Terre-Sainte.

Ses compagnons lui conseillaient de revenir, et un dimanche qu'ils étaient assemblés, il leur demanda encore une fois leur avis : « Ils respondirent tuit que il avoient chargié monsignour Guion Malvoisin, le (du) conseil que il vouloient donner au roy. » L'avis de Guy de Mauvoisin était de revenir, mais saint Louis ne le voulait pas : « Li roys ne se vout pas tenir à ce que messires Guis Malvoisin avoit dit ; ains demanda au conte d'Anjou, au conte de Poitiers et au conte de Flandres et à plusours autres riches homes qui séoient emprès aus ; et tuit s'acordèrent à monsignour Guion Malvoisin (1). »

La reine Blanche, bien qu'âgée de soixante-cinq ans, avait conservé toute sa vigueur de corps et d'esprit lorsqu'elle tomba malade à Melun. Elle se fit aussitôt rapporter à Paris, demanda à prendre le voile de religieuse de Maubuisson, près Pontoise, et mourut vers le 1ᵉʳ décembre 1252. Elle fut enterrée à Maubuisson, mais on n'est pas fixé sur le lieu où reposent son cœur et ses entrailles. Une relation contemporaine, dit qu'ils sont à Notre-Dame du Lys, près Melun, mais une autre tradition veut qu'ils aient été apportés à l'abbaye de Saint-Corentin.

« Il y en a qui prétendent que le cœur de Blanche ne fut pas porté au Lys, mais à l'abbaye de Saint-Corentin, près Mantes, où on dit qu'elle a donné quelque revenu, et où l'on monstre encore son cercueil, sur lequel il y a la figure d'une reine et tout autour les armes de Castille. Néanmoins, si l'autre opinion est autorisée par le nécrologe du Lys et par un acte de l'évesque de Paris, comme M. d'Auteuil semble dire, estant certain que Blanche a esté comme fondatrice du Lys, j'ay peur que ce qu'on dit de Saint-Corentin ne soit d'une autre Blanche et peut-estre de la fille de saint Louis, mariée au prince de Castille (2) . »

On voyait encore, avant la Révolution, l'inscription suivante dans l'église de l'abbaye de Saint-Corentin :

(1) Joinville, éd. N. de Wailly p. 150. Guy de Mauvoisin eut un rôle considérable en Egypte. Sur la famille de Mauvoisin voyez les savants articles de M. A. de Dion, publiés dans les *Mémoires de la Société de Rambouillet.*

(2) Le Nain de Tillem. T. VI. Blanche était la deuxième fille de saint Louis ; elle épousa Fernand de la Cerda, fils d'Alphonse le Sage, roi de Castille.

« Cette tombe est de la reine Blanche de Castille, épouse de Louis huitième, roi de France et mère de saint Louis, aussi roi de France, dont le cœur et les entrailles sont dans ce monument. Elle a donné à cette abbaye 50 livres parisis de rente, les vitres de cette église et quantité d'autres bienfaits ; pour l'âme de laquelle reine, on dit tous les mois un obit en ce monastère (1). »

Entre Tillemont et l'épitaphe transcrite par M. Cassan, nous n'osons nous prononcer ; cette inscription a une tournure un peu moderne, et il est impossible de la comparer à l'original qui est perdu. Quoi qu'il en soit, l'abbaye de bénédictines de Saint-Corentin avait été fondée par Philippe-Auguste (2).

« La même année (1201), Octavien légat du seigneur pape étant encore en France, Marie (Agnès de Méranie), cette femme qui avait été illégitimement épousée par le roi, mourut et fut ensevelie avec honneur dans l'église du monastère de Saint-Corentin, éloigné de six mille pas de Mantes-le-Château, et où le roi avait fondé une abbaye de cent vingt vierges, qui servent continuellement le seigneur sous les ordres d'une abesse (3). »

La mère de saint Louis était aussi une bienfaitrice de Saint-Corentin (4). C'est ce qui semble donner raison aux prétentions des bénédictines, contre l'abbaye du Lys. « La reine Blanche, dit Chrestien, légua aux religieuses de Saint-Corentin, dix milliers de harengs saurs, par chacun an, *comme il se remarque par une épitaphe de leur église*. Il est à croire que cette quantité de harengs ne leur convenant point, elle a été convertie en leur *Franc sallé*, qui leur est tous les ans délivré à notre gabelle. » Voilà une petite différence avec la leçon de M. Cassan, qui ne dit mot du moindre hareng saur.

Blanche paraît avoir affectionné Mantes. Ses armes se trouvaient dans des vitraux de Notre-Dame qui ont disparu. C'est certainement à elle que Gassicourt doit les deux magnifiques verrières des fenêtres latérales de l'abside. Celle de droite est intacte et la bordure qui l'encadre est formée des armes alternées de France et de Castille. C'est un des beaux monuments de l'art du XIII° siècle.

(1) Cassan, p. 252.
(2) Ubi rex fecit abbatiam centum et vigenti monalium. *Chron. d'Albéric de Trois Fontaines.*
(3) Guil. le Breton.
(4) En 1234 et en 1248 saint Louis étant à Mantes fit un don au couvent de Saint-Corentin. *Grands historiens.*

Suivant une tradition très accréditée à Mantes, Blanche contribua aussi à l'achèvement de l'église. Nous reviendrons plus loin sur ce point important de l'histoire de Notre-Dame.

§ 56. Donation des Vitres et Tuiles de Notre-Dame (1).

— Après la réduction (?) de Notre-Dame, les vitres en furent données par la reine Blanche de Castille, mère de saint Louis. L'on en voit encore les armes à la bordure qui est autour. La couverture est de tuiles plombées, agencées en façon des armes de Champagne, qui sont : bandé, contre-potencé. Elles furent données par Thibault, septième du nom, comte palatin de Champagne et de Brie, roi de Navarre, seigneur de Mante, époux de madame Isabeau, deuxième fille de saint Louis.

Thibaud VII, comte de Champagne et roi de Navarre, avait épousé à Melun, en 1257, Isabelle, fille de saint Louis. Chrestien dit qu'elle apporta en dot à son époux, le comté de Mantes et Meulan ; c'est encore une erreur. Suivant Le Nain de Tillemont, auquel appartient le dernier mot pour tout ce qui concerne saint Louis, elle reçut seulement 10,000 livres, comme toutes ses autres filles.

On ne sait pourquoi Thibaud VII fit à l'église de Mantes, la libéralité dont il est ici question. Il est certain que la grecque formée par les tuiles de couleur de la toiture de Notre-Dame rappelle parfaitement les vieilles armes de Champagne. Du reste, la couverture de Saint-Mammès de Langres offre la même disposition ; mais Langres faisait partie du comté de Champagne.

Thibaud VII était fils de Thibaud VI, comte de Champagne et de Brie, surnommé le Chansonnier ou le Faiseur de chansons. Une autre tradition veut que celui-ci ait habité Mantes, bien qu'il n'y ait jamais rien possédé. « Thibault, comte de Champagne, qui aimait Blanche et la suivit partout, composa à Mantes une partie de ses chansons et de ses pastourelles (2). » Thibaud VI est peut-être venu à Mantes, mais c'est surtout à Provins et à Troyes qu'il a composé les chansons qui l'ont rendu célèbre et ont fait oublier l'indignité de son caractère.

(1) Ce § se trouve le 36ᵉ dans Aubé.
(2) A. Cassan.

Quant à son amour pour Blanche de Castille, imaginé par l'anglais Mathieu Pâris, ce n'est pas une vérité historique. Lévesque de la Ravallière a démontré, il y a longtemps, que l'héroïne des chansons de Thibaud, pour si peu qu'il l'ait désignée, ne ressemble guère à la mère de saint Louis. La différence d'âge fait difficilement admettre cette passion. Thibaud avait seize ans de moins que Blanche ; en 1241, revenant de la croisade, il chantait sa mie jeune « et rose souveraine de beauté », quand la reine avait déjà 56 ans.

Dans tous les cas, l'honneur de sa dame paraît être resté sauf, puisqu'il dit dans sa 35ᵉ chanson :

> Qui lès lui pourroit gésir
> Une nuit lès son costé
> Grant joye auroit recouvrée.

On ne s'explique pas davantage que cet homme sans décision, ait montré une telle constance dans ses chansons, quand historiquement, il fut toujours pour Blanche un ennemi dangereux et jamais un allié fidèle.

Lévesque de La Ravallière pense, et il est presque admis aujourd'hui, que cette dame, chantée dans une langue très appréciée autrefois, pas toujours respectueuse et souvent légère, était la fille de Perron ou Pierre, chambellan de saint Louis (1). C'est à elle qu'il disait :

> Moult me sceust bien esprendre et allumer,
> En biau parler et accointement rire.
> Nus ne l'orroit si doucement parler,
> Qui ne cuidast de l'amour estre sire.

Ou bien encore :

> Amour le veult et ma dame m'en prie,
> Que ie m'en part ; et ie moult l'en mercy.
> Quand par le gré, ma dame m'en chasty,
> Meilleur raison ny voy à ma partie.

Nous devions ces explications. Si, en effet, Thibaud VI n'a jamais poursuivi de ses soupirs la femme qu'il a si souvent combattue comme reine, il n'est plus besoin de supposer qu'il l'ait suivie à Mantes, pour y composer sous ses yeux, des chansons

---

(1) Le père de La Brosse, le favori de Philippe III, qui fut pendu le 30 juin 1278.

d'un très grand mérite littéraire, mais malheureusement étrangères à notre *Chronique*.

Mantes fut, vers ce temps, témoin d'une de ces querelles entre privilégiés, qui, nées d'un motif presque futile, prenaient alors une si grande importance. Les corporations ou les diverses classes de la société se déclaraient volontiers solidaires d'un tort ou d'une injure faite à l'un de leurs membres, et la moindre dispute entre particuliers dégénérait facilement en une lutte intéressant bientôt toute une ville. Le récit suivant en est la preuve.

« Le chantre de Chartres ayant été tué, dit Tillemont, (de quoy on ne sçait rien davantage) les évêques de la province de Sens tinrent concile à Paris (1). »

Nous allons raconter d'après Chrestien, ce curieux épisode, auquel Mantes se trouva mêlée en donnant asile au chapitre de Chartres. Chrestien l'a placé à l'année 1210, mais c'est vers 1250 ou 1252 qu'il faut la reporter.

« L'an 1210 (1252 ?) en la ville de Chartres, le siège épiscopal étant vacant, le valet du doyen de la cathédrale ayant invectivé, injurié et frappé un habitant de la ville, plusieurs voisins de ce dernier se joignirent à lui, pour poursuivre le valet qui se sauva chez son maître, ou l'ayant arrêté, il arriva que dans la chaleur de la dispute, un chantre allant à Matines, prit le parti du valet et les choses furent poussées à ce point, que le chantre y fut tué et la maison du doyen pillée. Ce doyen et tout le clergé criant bien haut s'adressèrent au bailly et au prévôt de la ville pour obtenir justice de toute la communauté des habitants, qu'ils disaient avoir eu part à cet assassinat. Mais ces officiers ne firent pas grand cas de cette plainte si générale, et sur ce refus, le chapitre ayant écrit au pape, le saint Père leur envoya son bref de Rome, et leur manda qu'ils usassent de leur autorité sacerdotale. Ce qu'ils firent de cette sorte.

« Ils excommunièrent, aggravèrent et réaggravèrent tous les complices de la prétendue sédition, vol, et assassinat, desquels crimes ils prétendaient que la communauté avait été consentante, firent fermer aux habitants toutes les églises de la ville et banlieue, etc. ... Déclarèrent tous les habitants excommuniés, rebelles à Dieu et à l'Eglise, leur faisant savoir que par l'autorité

(1) T. VI p. 182.

du pape, ils transféraient le service divin en la ville. et Mantes. Et de fait, à l'instant ils fermèrent les portes de l'église cathédrale et s'envinrent en cette ville de Mantes où ils restèrent plus de six semaines. »

Le différend dura bien plus longtemps. Porté en 1253, devant le concile de Paris, les évêques rendirent un premier décret par lequel, à l'occasion du meurtre de Réginald de l'Epine, chantre de l'église de Chartres, le chapitre était tranféré à Mantes.

Puis, en 1255, un autre concile de Paris, condamna Hugue de Chavernei, chanoine et non pas simple habitant de Chartres, et son frère Colin, coupables tous deux du meurtre de Réginald. Ils furent bannis pour cinq ans, et deux clercs leurs complices, mis en prison, pour être ensuite envoyés en Palestine. Ce qui fut exécuté l'année suivante au mois de juillet.

Enfin, en 1256, le 24 octobre, le concile de Sens décida que le chapitre qui était revenu de Mantes, quitterait encore une fois Chartres et se transporterait à Etampes, jusqu'à ce que la tranquillité fut tout-à-fait assurée dans Chartres.

Nous avons tenu à raconter cette lutte caractéristique des chanoines et des bourgeois d'une ville, luttant jusqu'à la dernière extrémité, pour soutenir les membres de leur corporation ou de leur collège. La façon même dont Chrestien en rend compte, indique que le vieux bourgeois donnait raison à ses compères de 1252.

§ 57. **La Porte des Cordeliers bâtie.** — En l'an 1265, la *Porte Basse* autrement des Cordeliers, fut faite aux dépens de la ville, sous le règne du roi saint Louis ; en preuve il fut imposé une somme sur tous les habitants (1).

Nous adoptons cette date de 1265, parce qu'elle concorde à peu près avec une décision prise quatre ans plus tard. La levée de deniers imposée aux habitants, avait été jugée trop lourde, car saint Louis, en 1269, envoya des commissaires enquêteurs qui firent, en son nom, des restitutions à Paris, à Mantes et à Etampes. Pierre de Montiéramé, prieur des Jacobins de Paris,

---

(1) CHEV. ADD. dit 1290 sans changer rien à la rédaction. Il y a une erreur, soit de date, soit de règne.

fut chargé de cet acte de justice, dont nous n'aurons pas d'autre exemple à citer.

Nous renvoyons au règne de Charles V, pour parler de la porte des Cordeliers.

§ 58. Des deux grosses cloches de Notre-Dame. —
Par l'écriture étant autour des deux grosses cloches de l'église Notre-Dame, il se voit qu'elles ont été faites en l'an 1266, Michel de Porcheville étant maire pour lors.

Il y avait un anniversaire, le 4 mai, à Notre-Dame, pour Michel de Porcheville (1).

§ 59. Fondation de la Chapelle Saint-Jean-Baptiste (2). —
L'an 1267, la chapelle de Saint-Jean-Baptiste fut fondée en l'église Notre-Dame de Mante par Marie, veuve de feu Henri des Granges ; et la dota de huit livres deux sols parisis de rente, à prendre sur plusieurs maisons situées à Mante, et 27 septiers de blé à prendre par chacun an, sur deux moulins situés sur le pont de Mante. Ladite fondation fut insinuée et enterrinée par le roi Saint-Louis étant à Vernon, au mois de mai 1267. [*Collatio ab originali*] (Chev. et 2° G.).

§ 60. Fondation de la chapelle de Saint-Paul, Saint-Louis et Saint-Blaise. —
En l'année 1280, la reine Marie, deux° du nom, fille seconde du duc de Brabant et seconde femme du roi Philippe le Hardi, fils de saint Louis, fonda en l'église Notre-Dame de Mante, la chapelle de Saint-Paul et celle de Saint-Louis qu'elle dota chacune de vingt-sept livres, et celle de Saint-Blaise de 20 l. Et donna à ladite église, l'image de Notre-Dame qui est en albâtre et qui est encore de présent sur le grand autel. Elle donna encore à ladite église, les mairies de Boinvilliers (3), qui est la justice et police dudit lieu, et outre, elle fit encore plusieurs bien-

(1) *Nécr. de N.-D.*
(2) Appelée aussi chapelle des Voûtes. (Arch. de N.-D. liasse 1).
(3) Confirmé par les archives de N.-D.

faits à ladite église. Il y a apparence qu'elle eut pour dot et apanage, le comté de Mantes et Meulan (1) et j'ai entendu dire qu'il se voit dans la ville quelques titres de ladite reine en cette qualité.

Louis IX fut seulement canonisé au mois d'août 1297 ; aucune chapelle ne put donc être placée sous le vocable de saint Louis avant cette année là.

En réalité, les deux chapelles de Saint-Paul et de Saint-Louis furent bien fondées par Marie de Brabant, mais ce dut être après 1305 (2). Au lieu de 27 livres parisis, c'était 32 livres qui avaient été assignées à chacun des deux chapelains. Philippe le Bel approuva ces fondations en 1312, et dans le préambule de ses lettres. il déclare que ces chapelles dues à Marie de Brabant, sont fondées en mémoire de Philippe le Hardi, son père, de Jeanne de Navarre, sa femme, morte le 4 avril 1305, et de tous ses parents et prédécesseurs.

Aux 64 l. à prendre chaque année sur le revenu de la grande arche du pont de Mantes, Philippe le Bel ajoutait *de gratia speliali*, 36 autres livres, à prendre sur les prévôtés ou chatellenies de Mantes, Pacy, Anet *(Ennel)*, Nogent et Bréval, *(Brennevallis)* (3).

On ignore la place primitive de ces chapelles dans l'église ; mais elles furent plus tard transportées dans la chapelle du Rosaire, où elles existaient encore avant la Révolution. Il en sera parlé dans la quatrième partie.

La statue de la Vierge donnée par Marie de Brabant, serait aujourd'hui une œuvre d'art très précieuse. Elle rivaliserait avec la Vierge de marbre blanc de l'église de Magny, qui est de la même époque. Elle avait 4 à 5 pieds de haut et avait été dorée en 1716 (4). Elle resta dans l'église jusqu'à la Révolution ; elle disparut alors, sans qu'on sache ce qu'elle est devenue.

Nous aurons mainte occasion de parler de la donatrice. Marie de Brabant, en effet, à la mort de Philippe le Hardi, avait eu en douaire la ville de Mantes qui passa ensuite à la maison d'Evreux. Restée veuve en 1285, elle résida à Mantes pendant

(1) Marie de Brabant n'eut jamais Meulan dans son douaire.
(2) Les frères mineurs d'Evreux consacrèrent des premiers une chapelle de saint Louis en 1299.
(3) Ces chartes sont aux archives de N.-D. Liasse I. art. 11.
(4) Note de M. Guérin père.

36 ans. Elle y attira tous les princes de la maison d'Evreux, qui redonnèrent à la ville une nouvelle importance. Elle y établit une Chambre des Comptes, installée au-dessus d'une arcade qui fermait le Fort au bas de la rue Montéclair. Puis elle créa un bailli particulier, pour les procès des nobles et des privilégiés qui ne relevaient pas de la prévôté. C'est ainsi que Mantes devint chef-lieu du bailliage de Mantes et Meulan, au détriment de celui de Senlis duquel elle relevait précédemment (1).

Ceci est l'opinion de Chrestien. Elle se concilie avec l'arrêt de 1277, qui envoyait les contestations des nobles devant le bailli de Gisors. Il est certain cependant qu'il y eut des baillis à Mantes avant 1277. Bérenger dit Rabot, était bailli de Mantes en 1262, et Geoffroy de Jouy, en 1266. Celui-ci avait 135 l. de gages, 100 l. pour robes, et 50 l. pour ses chevaux (2). Il fonda un obit à Notre-Dame, ainsi noté sur le *Nécrologe* : Avril. Obit de Geoffroy de Jouy, autrefois châtelain de Mantes, qui donna à cette église XXX huit sols VII deniers, pour l'anniversaire de ses père et mère. Sans nous étendre sur cette question du bailliage de Mantes et Meulan, si controversée par Levrier, nous citerons un jugement rendu en 1287, par le *bailli de Mantes*, à Pacy-sur-Eure, en faveur de l'évêque d'Evreux, pour le fief de la Gerte. Dans l'exécutoire du jugement figure Jehan Juhel, *atorné* de l'évêque (3). M. Henri Martin, remarque que ce nom d'atorné est très rare en France. Il y avait des *atournés* à Compiègne (4); c'était le titre des échevins.

Marie de Brabant avait bien donné aussi Boinvilliers aux chanoines, ainsi qu'on peut le voir dans les archives qui sont encore conservées à Notre-Dame (5).

---

(1) Tant que Mantes et Meulan furent séparées et en la possession de Marie de Brabant et de Marguerite de Provence, il est probable que les deux villes eurent chacune un bailli particulier. La réunion eut lieu sans doute, à la création du comté d'Evreux, tel qu'il fut constitué à la mort de Marie de Brabant. Plus tard, du reste, le bailliage fut tour à tour séparé et réuni.

(2) V. *Ordonnances*, T. XXII. Ailleurs il est dit seulement *garde du bailliage* de Mantes.

(3) Archives de l'Eure. *Cartulaire du Chapitre d'Evreux.*

(4) H. Martin. T. VI. p. 368, note.

(5) Liasse I. Hic fit aniversarius illustrissime dne, dne Marie, condam regine Francie, qui dedit nobis, etc. *Nécrol. de N.-D.* Cet anniversaire se célébrait le 13 mai.

§ 61. **Procession pour le fait de Contagion.** — L'an de notre salut mil deux cent quatre-vingt-trois, le trente juin, environ neuf heures du matin, messieurs sont sortis processionnellement de leur église cathédrale, accompagnés de tout le clergé de cette ville et de tous les curés, vicaires et chapelains des villages et lieux de leur appartenance ; tous avec leurs croix et bannières ainsi qu'il leur avait été enjoint, et de toute la noblesse voisine et des justiciers et praticiens, majors et anciens et de tous les manans et habitans d'icelle ville, de l'un et l'autre sexe, tenant et portant à la main un cierge de trois livres ardant. ainsi que mesdits sieurs avaient ordonné ; et ont fait le grand tour des murailles par dehors, chantant les litanies des saints et en cet ordre : Monsieur l'Official marchant à la tête de la procession, le sergent devant lui et M. l'ancien, officiant revêtu d'une chape de toile d'argent, la mitre en tête et crosse abbatiale en main, comme quand ils font l'offices aux bonnes fêtes ; icelui ayant jeûné trois jours auparavant au pain et à l'eau. Et au retour de la procession a été célébrée solennellement et *in pontificalibus*, la messe de la *belle dame*, par mondit sieur l'ancien. Le tout pour l'affliction et la nécessité commune. Ce qui fut le jour précédent fait à savoir à son de trompe à tous les habitants d'icelle ville, par le héraut de mesdits sieurs monté sur un cheval blanc, avec sa robe de velours violet semée de fleurs de lys d'or et les armes du chapître devant et derrière, accompagné du sergent et de deux clercs à simple tonsure, qui fut ainsi, par toutes les rues et carrefours d'icelle ville. Fait par moi soussigné le jour et an que dessus. Signé Noblet. Et dessous : Par Messieurs (1).

Ce paragraphe manque dans Aubé ; il est si curieux que nous l'avons copié dans Chrestien et intercallé dans notre Chronique. Il donne un idée du faste des chanoines et explique un acte faux que le chapitre disait émané de Philippe-Auguste. Chrestien a donné cet acte en latin et en français ; en voici la

(1) Se trouve aux *Preuves* de Levrier.

teneur essentielle, que nous ne saurions mettre à une meilleure place.

Philippe-Auguste commence par déclarer que le Saint-Siége a fait ces chanoines, dont il est abbé, très puissants et indépendants. Il dit qu'ils sont libres de choisir tels juges qu'ils veulent, qu'ils lui en ont montré de nombreux titres, bulles et privilèges, *qu'il a vu de ses propres yeux;* qu'ils ont toujours eu des abbés de sang royal, dont ils tiennent leur dignité, pour en jouir paisiblement à perpétuité ; que quand ils officient, ils portent la crosse et la mitre abbatiale, comme les princes de son sang, *dont ils sont les successeurs légitimes;* qu'ils font tenir les ordres majeurs par tel évêque qu'il leur plaît. Pour leur garantir leurs immunités, droit sur ses gabelles, tant sur les villes, bourgades et villages dont ils tirent annuellement plus de vingt mille pièces d'or, il veut qu'à toujours, ils soient les maîtres et souverains seigneurs dans la ville de Mantes, tant au temporel qu'au spirituel, qu'ils aient les premières places dans les assemblées et cérémonies. Ces prérogatives sont réservées aux chanoines et non aux vicaires et curés, sur lesquels ils ont toute autorité.

Le chapitre de Mantes était riche et puissant, mais il y a un peu d'exagération dans les prérogatives exorbitantes de cet acte. Plus d'une fois elles leur furent contestées par l'évêque de Chartres, par les maires de Mantes, et plus souvent encore par les vicaires.

Pendant quelque temps, Mantes ne se trouva plus mêlée à aucune grande action historique. Elle vécut pour elle-même et s'occupa de son administration et de ses intérêts. Elle avait conquis bien des privilèges et ne demandait qu'à les conserver ou à les étendre.

En 1289, le prieur de Juziers possédait une maison à Mantes dans laquelle, malgré les droits de la ville reconnus et confirmés, il faisait vendre du vin par un de ses mandataires. Le maire le lui fit défendre ; et comme le prieur, soutenu par le puissant abbé de Saint-Père de Chartres, résistait à toutes les défenses, pour trancher le différend, l'affaire fut évoquée au conseil du roi. Un commissaire fut nommé du consentement des parties : ce fut maître Jean Leduc *(Ducis)*, chanoine de l'église de Saint-Quentin. Il vint à Mantes dans l'octave de la Trinité et, les témoins entendus, il décida que la maison demeurerait à la commune, moyennant une rente annuelle et perpétuelle de 20 livres parisis.

Cette maison était située sur la place du Marché-au-Hareng et contiguë à l'Hôtel-de-Ville : *Sita in foro Medonte, juxta domum ville.* Elle se trouvait donc sur l'emplacement du tribunal. L'*Inventaire de 1543* dit en effet : « Pour raison du vin que ledit prieur vendoit audit Mante, en une maison où sont de présent les prisons dudit Mante. »

Il semble résulter de cet arrêt, que d'autres prisons ont existé à Mantes. Car la rue Thiers actuelle qui porta autrefois le nom de rue de la Vieille-Prison, indiquerait que la prison n'a pas toujours été près de l'Hôtel-de-Ville. Peut-être était-elle là avant 1320, car à cette époque Marie de Brabant acheta pour y établir la geôle, une maison située aussi près de celle du prieur de Juziers. Toute cette partie du vieux Mantes aura disparu lors de la construction de l'Auditoire, à la fin du xve siècle.

Comme prévôt, le maire de Mantes avait la garde des prisons, mais la commune n'était pas tenue de l'entretien des bâtiments. C'était au voyer du roi que ce soin incombait. L'*Inventaire de 1543*, contient un très grand nombre de mentions de pièces, concernant la geôle et les prisons, et les attributions respectives du maire et des officiers du roi ou des maîtres de Mantes.

Une autre grande affaire suivit de près celle-là ; c'est une sorte de traité de commerce conclu avec la ville de Rouen. De tout temps jalouse des privilèges de la Hanse parisienne, Rouen protégeait à outrance son marché et ses marchands. Elle avait fait de son port une étape où elle forçait toutes les marchandises, descendant ou montant la Seine, à débarquer ou à se mettre, moyennant finance, sous la protection d'un de ses bourgeois. Pas un tonneau de vin passant au pont de Mantes ne pouvait aller directement sur les marchés des Flandres ou de la Hollande, sans s'arrêter à Rouen et y payer le droit d'étape.

Lorsqu'après les défaites successives de Jean Sans-Terre, la Normandie se soumit à Philippe-Auguste, Rouen eut soin de stipuler pour ses bourgeois, des garanties qui pouvaient contrebalancer la puissance de la Hanse parisienne ; elle l'empêcha de communiquer directement avec la mer. Mais Paris, en revanche, défendit aux Rouennais le commerce de la Haute-Seine ; il leur fut seulement permis de remonter leurs bateaux vides jusqu'au Pec. Leurs franchises finissaient au pont de Mantes. En 1258, leurs doléances furent soumises au roi, puis renvoyées au Parlement ; celui-ci décida que les privilèges de la Hanse parisienne ne pouvaient être enfreints. Tout marchand de la Basse-Seine qui n'était pas bourgeois de Paris et de plus hansé, c'est-à-dire associé à la marchandise de l'eau, était forcé de s'arrêter au pont de Mantes et d'y prendre compagnie française, en payant, pour aller au-delà. C'est un de ces privilèges monstrueux du moyen-âge qui disparut seulement devant le droit commercial moderne (1).

Dans de pareilles conditions sociales, chaque ville, comme une puissance isolée, traitait au mieux de ses intérêts. C'est ainsi que Mantes fut amenée à conclure avec Rouen, pour le transit de ses marchandises, deux accords successifs. Dans le premier, d'une date indéterminée mais antérieure à 1290 (2), on trouve quelques conditions bizantines, qui sentent bien leur époque du moyen-âge. Le deuxième, de 1290, est un amendement notable aux conditions commerciales anciennes.

Voici ces accords (3) : « Item : deux lettres faictes et passées soubz le scel de la commune de Rouen ; la première en latin, ou n'y a aulcun date, fait mention, qu'il est permis aux bourgeoys de Mante, eulx estans à Rouen, vendre quelconque marchandise, à toutes gens tant de Rouen que estrangers ;

Et aussi de achepter toutes marchandises, *fors de cuirs*, qu'ilz ne pourront achepter sinon de ceulx de Rouen.

Et ne leur est permys charger leur navire de sel ou de harancs en greniers, sinon qu'ilz aient société avec les aucuns *(sic)* dudict Rouen.

Touteffoys est permis de povoir achepter du sel et des harancs autant qu'ilz en pourroient mectre *en vesseaulx à vin qu'ilz auroient mené à Rouen.*

Et se peuvent mectre en grenier, cinq poises (mesure) de sel, et non plus, sans avoir société à ceulx de Rouen.

Et s'ilz vendent vin en leurs basteaulx, faulx qu'ilz vendent tout, sinon que leur vin feust trouble, et pour le reposer sur terre et le y laisser jusques à quarante jours et le vendre en taverne, come dessus, au pris y contenu ou à moindre.

---

(1) V. Depping. *Le Livre des Métiers.*
(2) Levrier dit vers 1220.
(3) *Inv. de 1543,* f° 19.

Et quant leurs navires sont trop chargez, ils les peuvent alléger et descharger sur le kai, de troys tonneaulx ou de quatre, et les vendre audict lieu.

Et se par accident, leurs nefs étaient agitez à danger, sans licence, il les pourront descharger.

Et peuvent lesdictz habitans mener leur dicte marchandise par terre et par eaue durant la foire Saincte-Vandrille, fors que les meulles et le vin, qu'ilz seront tenuz les laisser là, durant ladicte foire.

Et ne peuvent oster lesdictes meulles par nécessité et tempeste, sinon que la navire feust trop chargée ; ou pourront descharger troys tours de meulles ou quatre, par tempeste.

Et ne pourront emplir deux tonneaulx (sinon qu'ilz soient dedans leurs navires) de sel ou de haranc, sinon que aucuns de ceulx de Rouen *y ayent porcion* (1).

Et peuvent mectre pain et noix en solle (magasin) et les vendre à leur voulunté (2).

La deuxième (lettre) est accord et contract faict entre lesdictz citoyens de Rouen et de Mante, l'an mil deux cens quatre-vingtz-dix, par lequel lesdictz marchans de Mante peuvent vendre jusques à quarante tonneaulx de vin, en payant deux solz tournoys ; et du plus, plus, et du moings, moings.

Et s'ilz chargent de kai, ne payeront non plus, et s'ilz deschargent leur vin.

Ils paieront de chacun tonneau, ung denier tournoys quant ilz ne le vendront. »

Le premier traité est un peu confus : il faut être familier avec cette langue entortillée, pour débrouiller les intentions des contractants. On voit cependant que les intérêts en présence se contrebalancent. Les restrictions des Rouennais, imposées dans certains cas, se levaient dans d'autres, surtout en ce qui facilitait l'arrivage du vin sur leur port.

Ce qui semble le plus remarquable dans ce traité, c'est qu'on ne demande aux bourgeois de Mantes aucune compensation. On traite avec eux comme avec une puissance. Sans doute, on leur concède des droits limités et étroits, mais il n'y a pas réciprocité apparente. Elle existait en fait, parce que le péage du pont était lui-même très rigoureux (3).

(1) **Y** ait un intérêt.
(2) Ici fini le premier traité sans date mais antérieur à 1290, comme on va voir.
(3) **V.** *Olim*, deux arrêts de 1258 et de 1270.

Il en est de même dans un autre arrangement, conclu antérieurement avec les bourgeois de Pontoise, en 1228. Ceux de Mantes imposent leurs conditions, sans se préoccuper de ce qu'on leur donnait en échange, ou peut-être plutôt, pour dédommager la commune de Pontoise des droits excessifs que payaient ses marchandises au passage. « Il appert, lesdictz maire et pers *avoir permis* ausdictz habitans de Ponthoise, qu'ilz puisse mener scorce (écorce) pour leur usaige, et jusques à soixante *solles* en affermant par eulx ou leurs serviteurs, que c'est pour leur usaige. Et pareillement, il leur est permis de mener boys ou eschallatz, pour leur usaige, *sans payer hance*. Et d'autres choses, ne doibvent hance, »

Il est indubitable que Mantes avait une importance commerciale que nous ne pouvons plus comprendre avec nos idées de droit moderne. Ces restrictions, ces concessions bizarres elles-mêmes, sont pour nous une source d'étonnement. Cependant, quand nous voyons Mantes traiter avec Rouen, résister souvent avec avantage aux exigences du Prévôt des Marchands de Paris (1), nous pensons qu'il y a là une véritable puissance dont l'origine et la raison nous échappent, mais certainement considérable.

Une autre preuve encore, c'est une condition imposée aux bourgeois de Falaise, par Philippe-Auguste, en 1204. Il parcourait en conquérant toutes les villes de la Normandie, confirmant partout les communes et les privilèges, et ne négligeant rien pour rendre sa victoire acceptable aux vaincus. Falaise confiante en sa bourgeoisie et en sa forte garnison, lui avait résisté. Au bout de sept jours, elle ouvrait ses portes et Philippe II lui offrait une capitulation avantageuse. Les bourgeois de Falaise obtinrent le droit de voyager et de trafiquer librement dans tout le domaine royal, sans acquitter aucune péage ; il n'y eut qu'une seule exception pour la ville de Mantes (2). L'ordonnance n'en donne aucune raison.

Tout ce que nous venons de raconter nous a un peu éloignés du règne de saint Louis. Il n'a plus guère, d'ailleurs, d'évènements intéressant la ville. Il y était revenu en 1256, au mois d'août. La veille de l'Assomption, il fêtait avec les bourgeois de

(1) La hanse parisienne fut plusieurs fois forcée, sur les instances du maire, de contribuer aux réparations du pont de Mantes.

(2) V. *Ordonnances royales* T. VI.

Mantes, et faisait distribuer XX l. à deux cents pauvres. Le lendemain, jour de la fête, il offrait VI l. à douze clercs qui avaient chanté devant lui, pendant les offices. Il y fit enfin une dernière visite en 1259.

Si saint Louis n'a pas fait de fréquents séjours à Mantes, il est un autre personnage qui semble l'avoir affectionnée; c'est Odon Rigaud, archevêque de Rouen. Il ne faisait pas une tournée pastorale dans cette contrée sans venir coucher à Mantes. Un jour du mois de septembre 1260, le jour de la fête de l'apôtre saint Mathieu, tandis qu'il chevauchait avec ses gens, entre Mantes et Juziers, il aperçut dans les champs deux paysans travaillant et labourant sans souci de la fête du jour. Ils pensaient sans doute aussi :

> Le mal est que dans l'an s'entremêlent des jours
> Qu'il faut chômer, on nous ruine en fêtes.
> L'une fait tort à l'autre ; et monsieur le curé
> De quelque nouveau saint, charge toujours son prône.

Odon Rigaud fit prendre les chevaux et les fit mener jusqu'à Meulan. Il appela ensuite les deux laboureurs et leur reprocha d'oser travailler le jour de la fête d'un si grand saint. C'étaient Jean Poilecoc de Mantes et Jean Lecointe d'Issou, qui, tout confus d'avoir été surpris par l'archevêque, promirent d'un commun accord de se remettre à sa volonté.

En 1261, Odon Rigaud était encore à Mantes, accompagné de ses suffragants. Sur le matin, il passa le port, et s'en alla avec toute sa suite à l'église Saint-Aubin de Limay. Il y dit une messe simple, sans diacre ni sous-diacre, puis il parla aux fidèles de l'objet de sa mission. Il exposa les progrès des Turcs en Palestine, et les périls toujours renaissants auxquels elle était exposée. Il fit connaître la volonté du pape et du roi de la secourir, et après avoir lu des lettres du pape, il demanda le concours de tous. c'est-à-dire des subsides (1).

Nous ne savons pas les suites de cette prédication; elle dut être peu efficace. La foi de la foule dans ces expéditions était bien refroidie. Ces guerres saintes avaient dépeuplé la France et épuisé ses finances. Saint Louis, cependant, chez qui la foi était toujours aussi ardente, devait encore tenter un effort. Ce fut le dernier de tous, mais il lui coûta la vie (1270).

(1) V. *Gr. Hist. de France*. T. XXI.

§ 62. **Grand débordement d'Eaux**. — L'an 1276, la rivière de Seine déborda de telle sorte qu'elle ne s'est point vue pareille de mémoire d'homme. Les eaux furent épandues jusqu'à la moitié de l'Etape de Mante et partout à proportion. Et dans les rues basses les habitants furent obligés de quitter leurs maisons et de se réfugier au haut de la ville.

Nous avons fait allusion à ce débordement. On voit combien le sol de l'Etape était bas à cette époque. Le sol de la gendarmerie actuelle est élevé de 2 à 3 mètres au-dessus de celui de l'ancien couvent des Ursulines. Lorsqu'on creusa les fondations, on descendit de 5 à 6 mètres et on découvrit, à cette profondeur, des restes d'une ancienne maison, des traces de four, de carrelages en briques, et un nombre considérable de cornes de bœuf, de cerf, etc. On voit de combien ce niveau a été exhaussé.

§ 63. **Du Beau portail de Notre-Dame.** — En l'an 1300, les maire et échevins firent faire le portail de Notre-Dame de la petite porte et sur lequel il y a une image de la Vierge, et étaient pour lors au nombre de douze, aux dépens des deniers de la fabrique de Notre-Dame. Ils firent apposer à leurs dépens, douze images, au bas desquelles ils firent mettre leurs noms et surnoms.

Nous renvoyons encore, pour ce paragraphe, au chapitre d'ensemble que nous voulons consacrer à l'église Notre-Dame. Nous le placerons à la fin de la quatrième partie. On y trouvera l'historique de cette intéressante œuvre d'art et la description de sa fine ornementation.

§ 64. **L'autel de la Châsse.** — L'an 1302, le grand autel de la Châsse de l'église Notre-Dame fut fait et bâti aux dépens de la fabrique et y fut fait un tronc dans lequel on met les deniers de dévotion, et s'appelle le *trésor caché*, parce qu'il est difficile à forcer.

Le 23 octobre 1303, la chapelle de la châsse fut fondée en l'église Notre-Dame, à la charge d'y dire cinq messes par semaines. Pour subvenir à cette fondation, sire Denis Descauville et Jehan Ripernel, furent les principaux donataires. Cette chapelle possédait dans le principe 20 liv. 8 s. par. de rente.

Elle fut érigée derrière le maître autel, en l'honneur des châsses de saint Marcoul et de ses compagnons. Sur le même autel se trouvaient aussi les reliques de sainte Agathe.

Cette chapelle avait pour administrateur, un des échevins qui prenait le titre de *Prévôt de la Chapse*. Il en est souvent question dans les anciens comptes de l'Hôtel-de-Ville (1).

§ 65. **Accord fait entre le Chapitre et les Maire et Pairs, pour la décoration des places devant le Chateau de cette ville et de celle devant l'Eglise collégiale.** — Il y avait une rangée de maisons devant le portail de Notre-Dame, lesquelles offusquaient et ôtaient la vue de ce beau bâtiment. Il y en avait aussi quelques-unes entre cette église et le Château, sur la place dite du *Mirouer*. Pour faire disparaître ces maisons, les chanoines et le maire firent l'accord suivant: Les maisons du parvis avaient été données au chapitre par un nommé Parrocin, vicaire perpétuel, mais elles devaient censive au seigneur de Vert, aux religieuses de Haute-Brière (2) de l'ordre de Fontevrault et même au roi. Ils en obtinrent l'amortissement et les maisons de part et d'autres furent abattues. Chr. (3).

La ville paya jusqu'à la Révolution une petite rente aux religieuses du couvent de Haute-Bruyère; cette cession de droits de censives, qui n'a pas de date certaine dans Chrestien, en est sans doute l'origine. Quant aux maisons devant et derrière l'église, il semble aussi qu'on les fit disparaître pour augmenter les travaux de défenses de l'église, dont nous parlerons plus tard.

§ 66. **Donation faite à Notre-Dame, pour établir la Trésorerie en doyenné.** — Nous avons dit ci-devant que la première dignité de l'église Notre-Dame était celle d'abbé, de laquelle le roi Philippe 4ᵉ du nom, fut le dernier, après avoir retiré icelle de l'abbaye de Saint-Denis. De sorte que

(1) V. *Invent. de 1545*, fᵒ 25.
(2) Canton de Montfort-l'Amaury.
(3) V. aussi *Preuves* de Levrier.

cette église demeura sans chef pour la gouverner ès-choses
temporelles et spirituelles, assez longtemps ; jusqu'à ce que
M° Nicolas Le Poix, chanoine et trésorier de cette même
église et Esltère (1) épouse du roi Philippe le Hardy, émus
de dévotion, désirant remédier au désordre qui arrivait tant
au service divin qu'au maniement et administration du
bien temporel, ledit M° Nicolas Le Poix donna et assigna,
pour créer de nouveaux chefs à icelle église, un clos de
vigne contenant huit arpens ou environ, situé en le hameau
de la Baste et Villette (2) proche Villiers-en-Désœuvre ; plus
une maison située proche ledit clos, plus un jardin contenant
trois arpens ou environ , proche Guainville. Ce que le
roi Philippe le Bel agréa par ses patentes données à
Vincennes, au mois de janvier 1304. Et parce que les trois
arpens de jardin étaient situés dans l'apanage de la très-
renommée reine Marie, elle en donna ses patentes à Mante
le samedi d'après l'Epiphanie, 1304 (3) ; par lesquelles elle
consent qu'ils (les doyens) les tiennent paisiblement, à
condition néanmoins de lui payer et à ses successeurs, tous
les ans le jour de Saint-Rémi, quatorze sols parisis de cens.
Cette donation fut aussi reçue par le chapitre de Mante,
suivant les lettres arrêtées au chapitre, en l'an 1304, scellées
d'un grand sceau de cire jaune avec la représentation de
l'Annonciation de la Vierge, avec lacs de soie rouge, en
forme de charte, avec cette inscription : *Sigillum capituli
beate Marie de Medunta.*

Selon le désir dudit donateur, on arrêta que le premier
doyen qui serait créé serait pris de leur corps et que la
prébende qu'il possédait comme chanoine, il en recueil-
lerait entièrement les distributions et le gros fruit comme
doyen ; consentant qu'elle fut assignée pour dot au même

---

(1) Erreur des ms. Ce ne peut être que Marie de Brabant, comme il est dit
plus loin.

(2) La Basse-Villette, CHEV. La Baste de Villette, CHR. « De maistre Jehan
Collart por les arrérages de xxv s. p. de rente qu'il devoit à cae de sa f. sur
la maison ou ilz demeurent et sur une vigne asss. à la Baste, LXVJ s. »
Fragm. d'un Reg. de 1416.

(3) 1305, comme pour toutes les autres dates.

doyen et qu'icelluy premier doyen mort, il en serait pourvu un autre de leur chapitre ou d'autre lieu, à cette dignité et prébende comme chose à elle propre.

Ce même M⁰ Nicolas Le Poix, bien qu'il eut contribué beaucoup à cette fondation, consent et accorde que l'office de Trésorier qu'il possédait en ladite église fut, avec la cure de Saint-Maclou qui était son annexe et toutes les appartenances et dépendances d'icelle, annexé à celle du doyen. Et, à cause que la présentation en appartenait au roi, le chapitre favorisant le dessein de ce chanoine, l'accepte, sous le bon plaisir de Sa Majesté, pour dot du même doyen. Mais il ordonna que le même doyen venant à vaquer, l'abbaye de Saint-Victor recevrait l'année de la prébende (1), comme elle faisait auparavant son annexion seulement, et non pas des autres [biens] qui lui ont été donnés pour la fondation, lesquels seraient cautionnés au doyen futur.

L'on conclut aussi que le premier et tous les autres qui seraient pourvus par Marie, reine de France, pendant son vivant, et après son décès par le roi de France, seront présentés à l'évêque de Chartres, qui admettra cette présentation. Ce même chapitre, en considération des bienfaits de M⁰ Nicolas Le Poix, pour la fondation et création du doyenné. ordonna que quiconque serait doyen, paierait tous les ans 40 sols pour être distribués aux présents qui célèbreront son anniversaire.

Tout ce que dessus fut accordé entre nos chanoines de Mante, en tant qu'à eux appartenait; et supplièrent Sa Majesté qu'il lui plût favoriser ce saint dessein et conconfirmer tout ce que M⁰ Nicolas Le Poix avait donné pour dot au doyenné; et que les doyens qui seraient à l'avenir puissent les tenir paisiblement, sans être contraints de les mettre hors de leurs mains. Cela fut arrêté en leur chapitre par acte du samedi, lendemain de la fête de Saint-Luc, l'an 1303. Le roi Philippe le Bel, favorisa en tout leur requête selon leur désir par ses patentes, données à Vincennes, le samedi d'après la Saint-Barnabé 1304. Et l'illustrissime

_____
(1) Voyez sur ce sujet, page 155.

évêque de Chartres, Jean, y contribua de son autorité épiscopale, par sa lettre de la même année 1304, datée du vendredi d'après la fête de l'Invention de Saint-Etienne.

Cette relation sur l'ancienne administration de l'église de
Mantes est complète ; il est inutile d'y revenir et d'entrer dans
de nouveaux développements (1). Cependant avant de donner la
liste des doyens qui va suivre, nous rappellerons les noms de
quelques-uns des dignitaires qui les ont précédés.

Albéric était abbé de Notre-Dame, vers 1074. Il est nommé
dans un acte de Simon de Crépy. L'abbé Samson est nommé dans
un autre acte de 1125. Pierre de Boisguillaume, comme on l'a
vu, était peut-être abbé vers 1140. Après lui vinrent Henri, fils
de Louis le Gros, vers 1145, puis Philippe de Courtenay, son
frère, qui était encore abbé en 1150.

Après eux, nous ne connaissons plus que Philippe-Auguste,
et Philippe le Bel, puisqu'il est désigné ici comme tel.

Les réunions de chanoines séculiers étaient souvent dans le
cas de l'église de Mantes. Les Saintes Chapelles de Paris, de Vincennes et de Bourges n'avaient qu'un trésorier. Dans d'autres,
comme à Saint-Cloud, ce trésorier n'était pas même chanoine (2).

Le *Nécrologe de Notre-Dame,* contient les noms de plusieurs
trésoriers prédécesseurs, pensons-nous, de Nicolas Le Poix.
Nous donnons leurs noms sans aucun ordre, car la date de leur
mort n'est jamais indiquée.

Obit de Raoul d'Epône, trésorier et chanoine de cette église.

André d'Orléans prêtre, autrefois trésorier de cette église.

Obit de vénérable homme dom Odard dit Boylyauee, autrefois
trésorier de la chapelle du roi à Paris, chanoine de cette église.
Ce **Boileau** est peut-être bien de la famille d'Etienne Boileau,
prévôt royal de saint Louis, auquel on doit un recueil d'Ordonnances sur les métiers de Paris.

Enfin Guillaume Milloto était trésorier en 1205 (3).

_____

(1) M. Douet d'Arcq a publié un sceau qu'on s'explique difficilement ; le
voici : S. ODONIS DECANI S. MARIE MEDONTENSI. Il tient à une charte
de 1237 ! Quel est cet Odon ? Serait-ce Odon de Bayeux ? Mais alors comment
expliquer cette date de 1237 ? Comment y avait-il un doyen en 1237 ?

(2) Millin, T. II.

(1) *Inv. de 1543.* Millotot ou Mileto ou Marlet.

§ 67. **Noms des chefs qui ont été en l'église Notre-Dame de Mante, depuis qu'ils sont sous le nom de Doyen. Premier doyen.** — Le même M° Nicolas Le Poix, chanoine et trésorier de ladite église dont nous avons parlé ci-devant, fut pris et créé pour le premier doyen de ladite église, en l'année 1305, dont il a joui l'espace de quatre ans. Il est inhumé au dedans du chœur, sous une tombe plate, où sur icelle il est représenté revêtu d'une chasuble, tenant un calice en main (1). Il décéda le jour de la Toussaint, en 1309.

§ 68. **Second doyen.** — Après le trépas de ce premier doyen, sa Majesté pourvut de cette dignité, M° Nicolas Richer, qui donna à ladite église des ornements et aubes qu'il avait achetés des exécuteurs du testament de Monseigneur l'évêque d'Evreux (2).

§ 69. **Troisième doyen.** — M° Jean Le Boucher (3) fut le troisième doyen et successeur dudit Richer au même office.

§ 70. **Quatrième doyen.** — M° Jean Damet fut le quatrième doyen. Il fit couvrir d'argent, les livres des Epitres et Evangiles dont on se sert aux chants des fêtes solennelles. Il fonda son anniversaire de cinq sols. Il y a mémoire de lui en l'an 1340.

§ 71. **Cinquième doyen.** — M° Amaury Lefebvre fut le cinquième doyen. Il succéda son devancier par permutation. Il excellait à bien chanter, et pour ce, il était assidu au service divin. Il dépensait volontiers son bien, étant fort libéral.

§ 72. **Sixième doyen.** — M° Eustache de Meulan, aumônier du roi, fut le sixième doyen. Il aima beaucoup ladite église.

---

(1) **Sans mitre, ni crosse**, comme le remarque Chrestien. Il ajoute : On ne sait ce que sont devenus les biens de Nicolas Le Poix. Ils ne figurent pas dans la *Déclaration de 1521*, mais sont connus en 1416.

(2) Il y avait un *Obit* fondé par lui au mois de juin. *Nécr. de N.-D.*

(3) Leboche, d'après Cassan.

Il avait dessein d'exempter notre église de la juridiction de tout archevêque et évêque, afin que les chanoines ne dépendissent que du Saint-Siège ; ce qui lui avait été assuré par le roi Charles 5ᵉ, lorsque Sa Majesté visita ladite église (1). Mais la mort l'ayant prévenu, ce dessein ne fut pas exécuté. Pour l'anniversaire qu'il fonda, il laissa soixante écus d'or, dont fut achetés cent sols de rente.

§ 73. **Septième doyen.** — Mᵉ Guillaume Culdoué, homme fort curieux et qui par excellence fut appelé le *bon doyen*, et fut le septième en nombre. Il fit faire inventaire de tout ce qui était au trésor de ladite église, par Mᵉ Jean Bullon, chanoine d'icelle, le jour de saint Luc 1383. Il était parisien de nation, fils de Mᵉ Jean Culdoué prévôt des marchands à Paris.

Jean Culdoé fut prévôt des marchands en 1258. Ce fut le successeur médiat d'Etienne Marcel. Appelé aux affaires dans une époque très troublée, il a été mêlé à tous les différends de Charles le Mauvais et du fils de Jean le Bon, dont il était le partisan. A ce titre, il n'est pas étranger à l'histoire de Mantes. Un autre membre de cette famille, Charles Culdoué ou Culdoé, fut aussi prévôt des marchands, en 1404.

§ 74. — **Huitième doyen.** — Mᵉ Marin Gasset fut le huitième doyen, homme de lecture et successeur dudit Culdoué.

§ 75. **Neuvième doyen.** — Mᵉ Jean Denet (2), neuvième doyen, successeur dudit Gasset.

§ 76. **Dixième doyen.** — Mᵉ Pierre Geneville fut le dixième doyen. Il fonda à l'église son anniversaire le 13 mai.

---

(1) Les chanoines n'avaient donc pas tous les droits énumérés dans l'acte supposé, attribué à Philippe-Auguste.
(2) Damet, d'après Cassan, comme le 4ᵉ doyen.

§ 77. Onzième doyen. — M° Guillaume Allancé (1), licencié en droit protonoteur de notre Saint-Père le Pape, fut le onzième doyen. Il eut différend avec les prêtres de Saint-Maclou, son annexe, en 1449.

§ 78. Douzième doyen. — M° Jean Duplet fut le douzième doyen. Il y a mémoire de lui en l'année 1469.

§ 79. Treizième doyen. — M° Etienne de Mondomet (2) fut le treizième doyen. Il y a mémoire de lui en 1512.

§ 80. Quatorzième doyen. — M° Thomas Barachin (3) succéda audit de Mondomet, et a été le quatorzième doyen. Il fonda une procession le jour de Pasques, et son anniversaire le jour de son trépas.

Il vivait encore en 1535 ; il alla avec son clergé, au devant de la reine Eléonore, femme de François I°°, quand elle entra à Mantes, le lundi 1°° mars.

§ 81. Quinzième doyen. — M° Jean Baptiste Bucemy, conseiller et aumônier de la reine mère Catherine de Médicis, régente, comtesse de Mante et Meulan, fut le quinzième doyen. Il y a mémoire de lui en 1568.

§ 82. Seizième doyen. — M° Antoine de Gamache fut le seizième doyen, homme extrêmement grave en la célébration de l'office divin. Il excellait entre toutes· les bases de son temps. Il mourut subitement en sa chaire (stalle) pendant complies, où tout le chapitre était présent. On lui a fait cette épitaphe, écrite sur une table de cuivre enchâssée en bois, posée contre le pupitre au-dessus de sa chaire ; et porte ces mots : CI DEVANT GIST VÉNÉRABLE ET DISCRETTE PERSONNE, M° ANTOINE DE GAMACHE, PRESTRE, CONSEILLER ET AUMOSNIER DU ROY, DOYEN DE L'ÉGLISE ROYALLE ET COLLÉGIALLE NOTRE-

(1) Allaire, d'après Cassan.
(2) Mondomet ou Mondonnet.
(3) Ou Barrassin. *In modum obitus dni. Barrassin hujus eccle. decani. Nécrol. de N.-D.*, 1°° mai.

DAME DE MANTE, ET OFFICIAL EN LA JURIDICTION ECCLÉSIAS-
TIQUE, LEQUEL APRÈS AVOIR SERVI 3 ROYS, CHARLES 9,
HENRI 3 ET HENRI 4, RENDU BONS OFFICES AU PUBLIC, TENU
LA DIGNITÉ DE DOYEN 44 ANS, FONDÉ UN ANNIVERSAIRE ET
OBIIT SOLLEMNEL EN LAD. ÉGLISE, LE JOUR DE SON DÉCEDS,
ET POUR CET EFFET LÉGUÉ LA SOMME DE 30 L. DE RENTE,
ENFIN PRÉVENU DE MORT SUBITTE, DÉCÉDDA EN LAD. ÉGLISE,
LE MERCREDY 22 SEPTEMBRE 1610, ESTANT EN SA CHAISE
DECANALLE, EN CHANTANT LES COMPLIES. PRIEZ DIEU POUR
L'AME DE LUY (1).

Après sa mort l'on trouva dans ses coffres, des provisions
en faveur de M° René Bourgeois, chantre de l'église de
Saint-Martin d'Angers, lequel en vertu d'icelle prit possession de sa dignité et de son annexe. Cela n'empêcha pas
M° Guy Millon, chantre de la chapelle du roi, de s'en faire
pourvoir par *obituum*, par sa Majesté, et troubler ce chantre
de Saint-Martin dans la possession de ce droit.

§ 83. **Dix-septième doyen**. — Ce qui contribua beaucoup
à ce différend, fut l'autorité du sieur des Barres, lieutenant
pour le roi, en ces ville, château et citadelle de Mante, qui
prit le droit de Millon à pension, pour M° Hubert des Barres
son fils, qui enfin l'emporta par arrêt contre Bourgeois,
lequel nous ne mettrons point au nombre des doyens, mais
le sieur Millon pour le dix-septième.

§ 84. **Dix-huitième doyen**. — M° Hubert des Barres fut
le 18°, bien que par arrêt il en fut dépossédé, faute de paiement de la pension. Et par la forme de cet arrêt, ledit Millon
rentra en possession dudit doyenné, lequel il résigna tout
de nouveau à pension, audit des Barres.

§ 85. **Dix-neuvième doyen**. — M° Simon Faroul, licencié
ès-lois, avocat en parlement, protonotaire du Saint-Siège et
official de Mante, lequel sera le 19° en nombre. Il était grand

(1) Ravaillac fut assisté, au moment de son supplice, par deux docteurs
de Sorbonne, MM. Filesac et de Gamache. Nous ne savons si celui-ci était
le doyen de Mantes. V. *Mémoires de Condé*. T. VI.

amateur de l'antiquité. Il a composé un livre : *De la Dignité des rois de France, du pouvoir que Dieu leur donna de guérir les écrouelles, ensemble la vie de Saint-Marcoul, abbé de Nanteuil, au pays de Constantin en Normandie*. Et *La vie de Mᵉ Robert Guériteau* (1). Ledit Mᵉ Simon Faroul, doyen, a fait de belles fondations dans l'église Notre-Dame de Mante, le jour de Saint-Sacrement ; et la veille de l'Assomption a fondé *Matines*, le soir avant que la Vierge monte au ciel (2), et le *De profondis* en faux-bourdon. Il est mort le 28 juin, veille de saint Pierre, et fut enterré le jour [suivant] en 1656 (3). Et tomba ce jour là, si grande pluie que l'on croyait que tout était perdu.

Simon Faroul appartient à une famille distinguée de Mantes, qui a fourni à la ville des maires, des échevins et des chanoines de la collégiale. Outre ses œuvres littéraires, il est surtout connu pour le zèle qu'il montra dans la défense de l'authencité des reliques de saint Marcoul.

L'église Notre-Dame possède la plaque de marbre noir avec inscription, qui lui fut autrefois érigée pour rappeler ses titres et ses fondations. Voici cette inscription :

CI-GIST PROCHE DE CE LIEU, VÉNÉRABLE ET DISCRETTE PERSONNE SIMON FAROUL, VIVAT PRESTRE, LICETIÉ ES DROICTS, PROTONOTAIRE DU Sᵗ SIÈGE APOSTOLIQ. DOYEN ET CHANOINE DE CETTE EGLE ET DE Sᵗ MACLOV SON ANNEXE, ET OFFICIAL DE LA COVR ARCHIDIA-CONALE DE PINSSERAYS, EN CETTE VILLE, LEQˡ APRÈS S'ESTRE AC-QVIS DANS LA POSSESSION ET EXERCICE DE CES CHARGES DAS L'ESPACE DE XXXVIII ANNÉES, LES APPROBATIONS ET APPLAVDIS-SEMENS D'UN CHACUN, ET DIGNEMET ACQVITÉ DES PLVS DI-GNES ET HONORABLES EMPLOYS DVN HOMME DE SA VA-LEUR, QVITA EN FIN CETTE VIE MORTELLE, POʳ SVNIR ETERNEL-MENT A DIEV, LE SAMEDY XXVIIᵉ Ioʳ DE IVIN LAN M. VIᶜ LIIII, LE ..... DE SO AAGE ; AYAT FODÉ, POʳ IMMORTELLE MARQUE DE SA FOI LES PROCESSION ET MESSE DV Sᵗ SACREMENT DV PREMIER Ioʳ DV MOIS DE IVILLET, ET LES MATINES SOLENELLES DE LA VEILLE DE LASSOMPTION DE LA Sᵗᵉ VIERGE, PAR CHACVN AN ET A FONDÉ EN CETTE ÉGLISE, ET LAISSÉ POVR CET EFFECT VINGT 5 LIVRES TZ DE RENTE A MESSʳˢ DV CHAPITRE D'ICELLE.

(1) Elle est à la bibliothèque de Mantes.
(2) Cérémonie assez singulière dont il sera parlé plus loin.
(3) L'inscription porte 1654.

§ 86. **Vingtième doyen**. — M⁰ Pierre Le Couturier, conseiller et aumônier du roi, homme très docte. Il avait façon de prélat. Il était curé de Saint-Maclou. Deux chapelains, bénéficiers de Saint-Maclou, l'un nommé M. Faroul et l'autre M. Yard, lui faisaient insulte tous les jours dans l'église Saint-Maclou ; jusque, quand l'on voulait faire la procession du Saint-Sacrement, qu'il était à l'autel, ils venaient comme des lions lui ôter l'étole de dessus le col ; c'était pitié. Et quand le peuple voyait cela, il s'en allait chacun de son côté. Après quoi, ils se mirent en procès. Ledit Faroul est mort subitement debout dans sa chambre.

§ 87. **Vingt-unième doyen**. — M⁰ Michel Aupers (1) conseiller et aumônier du roi, protonotaire du Saint-Siège et official de Mante. Il a bien officié dans les églises. Il n'ennuyait point au peuple d'entendre ses messes, étant fort prompt. Il est décédé le 18 décembre 1703. Il est enterré dans le chœur de l'église Notre-Dame. Il a fondé dans l'église Saint-Maclou, des prières avec des distribution de pain de chapitre, le 17 septembre.

§ 88. **Vingt-deuxième doyen**. — M⁰ Charles Martineau, licencié ès-lois. Il a pris beaucoup de soin à rétablir Saint-Maclou qui était en très mauvais état. C'est lui qui a fait faire le retour du chœur, le retable et le tableau qui est au-dessus du grand autel, où est représenté le Père Eternel. Tous ces ouvrages ont été faits des aumônes des particuliers de cette ville. L'*Ecole des Pauvres* a été fondée de son temps et par ses soins. Il est venu à bout de faire ordonner le partage de la ville et de le faire exécuter malgré toutes les oppositions qui s'y sont trouvées (2).

§ 89. **Vingt-troisième doyen**. — M⁰ Pierre Logné, docteur en Sorbonne, fut le 23⁰ doyen. Il avait une belle prestance, l'air sévère, mais aisé à parler. Charitable aux pau-

(1) **Et non Aubert.**
(2) **Le manuscrit d'Aubé s'arrête au 22⁰ doyen. Nous donnons les autres, d'après Marion et Guérin.**

vres, il excellait à prêcher. Il a prêché plusieurs fois devant
le roi, et a, par ses soins et les aumônes du public, fait avoir
à l'église Notre-Dame, les beaux ornements que l'on met les
grandes fêtes ; à Saint-Maclou, l'*oye* (1) qui sert de pupitre,
la belle lampe du chœur, et enfin les tambours qui sont aux
deux portes. L'on a vu à sa mort sa grande humilité. Il cou-
chait sans draps, sur un matelas de crin, quoiqu'il eut de
beaux lits de parade. Il a voulu être enterré avec son
troupeau au pied de la grande croix du cimetière, où est sa
tombe, qui contient ces mots : *Ci-gît Jean Pierre Logné,*
docteur en Sorbonne, doyen de Notre-Dame de Mante et
curé de Saint-Maclou : Dieu l'appela à lui le 8 octobre
1748 (2).

Et cet éfigie (sic) :

> Dans la place éminente où le choix l'éleva,
> On vit revivre en lui, celui qu'il remplaça.
> Il fut de son troupeau, le chef et le modèle ;
> Intègre dans ses mœurs, dans ses devoirs fidèles ;
> Par ses rares talents il se fit admirer,
> Des grands et des petits également aimer.
> Plein de l'esprit de Dieu, formé dans son école,
> Il fut puissant en œuvre, et puissant en parole.
> Il sut gagner les cœurs ; ses discours animés
> Rappellent l'heureux temps des apôtres zélés.
> Son style était sans fard, un style évangélique
> Qu'accompagnait partout la force pathétique.
> Il ne se borna point au devoir d'enseigner ;
> Il aida de ses biens ceux qu'il put soulager.
> Le pauvre secouru par lui, dans sa misère,
> A jamais bénira ses entrailles de père.
>   *Requiescat in pace*

Pierre Logné était un ancien dragon, et avait logé à Mantes,
du temps qu'il était militaire. Il avait prêché devant Louis XV
d'une façon un peu gasconne, et cela ne fut pas étranger à sa
nomination de doyen de Mantes. M. Guérin père, auquel nous
empruntons ces renseignements, raconte sur lui quelques anecdotes, qui sentent en effet le dragon d'une lieue.

(1) Les anciens lutrins étaient en forme d'oie ou d'aigle.
(2) 10 octobre. G.

§ 90. **Vingt-quatrième doyen**. — M⁰ Jacques Martin, ancien avocat au parlement, licencié en droits civil et canon, fut le vingt-quatrième doyen.

§ 91. **Vingt-cinquième doyen**. — M⁰ André Muidebled fut le vingt-cinquième doyen. Il prit possession le 3 juillet 1754. Il mourut le 26 juillet 1757.

§ 92. **Vingt-sixième doyen**. — M⁰ François Mariauchaux, natif de Paris, âgé de 56 ans environ, fut le vingt-sixième doyen. Il fut reçu doyen le 1ᵉʳ octobre 1757, après vêpres, trois heures après midi. Il fut accompagné à sa prise de possession de M. Cottin, ancien chanoine de l'église royale et collégiale de Mante et de beaucoup d'autres chanoines et ecclésiastiques, vicaires de ladite église. Quand les cérémonies accoutumées furent faites à Notre-Dame, il fut conduit à Saint-Maclou, par M. Cottin, où il donna la bénédiction du saint ciboire. On chanta le *Veni creator* et il monta en chaire où il fit un petit discours à ses paroissiens.

§ 93. **Vingt-septième doyen**. — M⁰ Pierre Félix Hua, natif de Mantes, fut le vingt-septième. Il fut reçu doyen et curé de Saint-Maclou, le 12 mars 1770, à trois heures après-midi. Il fut accompagné à la prise de possession, par M. Dubecqué, ancien chanoine et promoteur de l'église royale et collégiale de Mante, assisté de tous les chanoines et vicaires de ladite église. Quand les cérémonies accoutumées furent faites à Notre-Dame, il fut conduit à Saint-Maclou par ledit sieur Dubecqué, où il donna la bénédiction du ciboire, et on y chanta le *Veni Créator*. Il monta dans la chaire où il a fait un très beau discours à ses paroissiens. Tout le peuple en a été édifié.

§ 94. **Il y avait anciennement chantre et sous-chantre à Notre-Dame**. — Après avoir recueilli les dignités et les personnes qui ont été chefs en l'église Notre-Dame de Mante, et qui par leurs vertus l'ont rendue auguste et magnifique, je remarquerai que l'antiquité demeure d'accord et nous

affirme qu'elle a aussi eu un chantre et sous-chantre,
pour rendre les cérémonies en la célébration de l'office
divin, pleines de majesté et de magnificence, à l'égal
des métropolitaines. Le chef et le chapître étaient pré-
sentateurs de ces offices. Maître Jean Fillon, doyen (1)
en son inventaire, nous produit un chantre de ladite église,
en être chanoine, et avoir fait un don à leur chapître, d'une
grange sise à la Garenne, au mois de juillet 1209. Et nous
voyons que l'office de sous-chantre a été desservi par un
particulier non de leur corps. L'épitaphe suivante nous sert
de preuve. Voyez ce qui est écrit sur une tombe de pierre
plate qui est devant la chapelle Saint-Pierre, fondée en icelle
église, l'an de grâce 1196 : *Le Mardy devant la feste de
saint André, trépassa maistre Jehan Volland, sous-chantre
de cette église. Priez dieu pour l'âme de luy.*

Pendant que ces petits événements locaux se déroulaient
à Mantes, d'autres révolutions s'étaient accomplies ou se préparaient. Philippe le Hardi était mort en 1285, laissant la couronne,
à son fils Philippe IV le Bel, sous le règne duquel devaient
disparaître les Templiers et naître cette sombre lutte du roi de
France avec Boniface VIII.

En 1298, Philippe le Bel, administrant encore pacifiquement,
donna le comté d'Evreux à son jeune frère Louis, fils de Marie
de Brabant ; il mit dans son apanage, entre autres, le comté de
Meulan, qui avait été auparavant à Blanche de Castille (2). Il lui
confirma cette donation en 1307, en y apportant quelques modifications qui ne furent pas les dernières. L'année suivante,
Philippe IV qui luttait contre le pape depuis cinq ans, convoqua
de nouveau les Etats-Généraux. Déjà la première fois, en 1302,
ses bonnes villes avaient reçu l'ordre d'envoyer deux ou trois
députés à Paris, pour le conseiller sur les affaires du royaume ;
on ne sait pas si Mantes y fut représentée. Mais en 1308, elle n'y
manqua pas. Philippe voulant provoquer une manifestation écla-
tante contre les Templiers, assembla à Tours un *Parlement*
général des trois-ordres. Les députés des villes devaient se
présenter munis d'une procuration de leurs communes.

---

(1) Marion ne dit pas doyen. Ce doit être Jean Bullon, l'auteur de l'inventaire, dont il est parlé au VII° doyen.
(2) Puis à Marguerite de Provence, en 1260.

Guillaume Dernoville (Darnouville) et Jean Garancière se présentèrent pour Mantes. Leur procuration, conforme aux vues de Philippe le Bel, disait en substance : « Promettons tenir et avoir et garder fermement tout ce qui sera fait par les dits procureurs ou par l'un d'iceux *ès choses dessus dictes, sur la cauption de tous nos biens*, et des biens de notre commune dessus dite ; en témoignage de quoi nous avons scellé ces présentes lettres du scel de notre dite commune (1). » Au mois de mai, les Etats se réunirent et la suppression des Templiers fut résolue. On ne sait si les députés de Mantes suivirent Philippe le Bel à Poitiers, où résidait Clément V (2).

§ 95. La Porte de Rosny bâtie et la ville close de haies.

— En l'année 1313, Louis le Hutin, au retour de son voyage de Normandie, passant par Mante vit la porte de Rosny toute ruinée et commanda aux maire et échevins de ladite ville de la faire réédifier aux dépens des habitants. Et de fait fut commencée à bâtir en l'année 1313, et finie en l'année 1315. Ne se voit aucunes armes sur ladite porte, sinon celles de ladite ville. Et parce que la ville était fort incommodée et les habitants fort pauvres, et ne pouvant continuer les réparations qui étaient à faire aux murailles de ladite ville, qui étaient toutes tombées depuis la porte de Rosny jusqu'à la porte aux Saints, cela fut cause qu'il ne fut pour lors fait qu'une clôture de haies vives pour empêcher le monde d'y entrer, laquelle fut faite aux dépens des habitans, en 1316.

Le voyage de Louis le Hutin, dont il est ici question, est peut-être celui qu'il fit en Angleterre, quand il n'était encore que roi de Navarre, du chef de sa mère. Il y alla avec Enguerrand de Marigny, pour apaiser la division profonde qui régnait entre le triste Edouard II et ses sujets. Ce fut pendant ce voyage, qu'éclatèrent les scandaleux adultères commis par Marguerite de Bourgogne, femme de Louis le Hutin et ses sœurs.

La porte de Rosny, devait être très forte. Nous en avons vu les fondations, en 1876, lors de la construction de l'égoût de la

(1) Nous avons cité ce sceau, précédemment, p. 64. L'acte est daté de 1307 après Pâques-Fleuries, c. a. d. de 1308.
(2) V. Boutaric. *La France sous Philippe le Bel.*

rue Royale. Le plan et l'appareillage annoncent bien une construction du XIV° siècle. Bâtie un peu en avant de la fontaine
actuelle de la place de Rosny, elle se composait de deux grosses
tours rondes, reliées entre elles, assez rapprochées, de manière
à laisser en dessous le passage d'une voiture. Celle de droite, en
entrant, se trouve presque dans l'axe de la rue de la Madeleine ;
celle de gauche, entre la fontaine et la grille de l'Hôtel du
Grand-Cerf.

Elle avait un étage, et un toit en poivrière au-dessus de
chaque tour. C'était là, autrefois, qu'étaient gardés la poudre
et divers engins de guerre, appartenant à la ville.

§ 96. **Du crucifix de Notre-Dame.** — Environ ce temps,
il y avait à Mante un huguenot qui croyant se moquer de
Dieu, fit un crucifix de carte, qui est un des plus beaux qui
se voient ; et mit le pied droit, qui doit être dessous, par-
dessus, espérant par là se moquer de Notre Seigneur. C'est
celui qui est au-dessus du pupitre.

Ce paragraphe est à peu près inexplicable, puisque les hugue-
nots n'ont été connus qu'au XVI° siècle, pendant les guerres de
la Réforme. On ne comprend ni le mot, ni la chose.

En 1315, l'apanage du comte d'Evreux avait encore été mo-
difié. A la mort de Philippe le Bel (novembre 1314), Charles de
Valois, son frère, s'était emparé de la direction des affaires, à la
place de son neveu, l'incapable Louis le Hutin. Il en profita pour
sacrifier tous ses ennemis. Enguerrand de Marigny, l'âme
damnée et l'exacteur impitoyable de Philippe le Bel, fut sa victime la plus célèbre. Il fut pendu à Montfaucon ; ses biens furent
donnés à Louis d'Evreux, en échange de 8,000 livres que le
trésor du roi lui payait comme indemnité du faible revenu
produit par le comté d'Evreux (1).

Louis le Hutin étant mort le 5 juin 1316, Philippe le Long, son
frère, reprit en 1318 ces biens de Marigny (2), et comme compensation il donna au comte d'Evreux, Mantes (3), Pacy, Anet,
Nogent-le-Roi, Monchauvet et Bréval. Mais, à cette époque,

(1) Lebrasseur, *Histoire d'Evreux, Preuves,* p. 32.
(2) Il voulait les rendre aux enfants d'Enguerrand.
(3) Avec l'*Arche du Pont,* c. a. d. le revenu du péage de la Seine.

Marie de Brabant vivait encore et ne pouvait être dépossédée de Mantes; Louis d'Evreux reçut donc à la place 3,000 l. qu'il toucha jusqu'au décès de la reine douairière.

La fille unique de Louis le Hutin et de Marguerite de Bourgogne avait été confiée à Marie de Brabant. Jeanne de France fut élevée à Mantes dans le château où ne retentissait plus depuis longtemps, le bruit de la guerre. La reine Marie était une femme instruite, de mœurs douces et agréables. Il semble qu'elle ait attiré à Mantes une société aimable et lettrée, parmi laquelle figura peut-être un de ses compatriotes, le brabançon Adam, ou Adenès le Roi, l'auteur de tant de romans de chevalerie. Le *Cléomadès*, qui est sa meilleure œuvre, comme la *Berthe aux Grans Piés* est la plus connue, lui fut, dit-il, dicté par deux dames dont il veut taire les noms :

> Leur nom ne veuil en apert (ouvertement) dire
> Car leur pais aim et dout (je redoute) leur ire.

Ces noms, il les révèle cependant à la fin de son récit, dans un acrostiche où l'on retrouve : La roine de France Marie, madame Blanche. Cette Blanche était, ou la fille de saint Louis, ou Blanche d'Artois, cousine de la reine Marie.

M. Arthur Dinaux (1) n'est pas éloigné de croire à la collaboration de Marie de Brabant. Une miniature du *Cléomadès* de l'Arsenal, la représente entourée de Mahaut d'Artois et de Blanche de Lacerda ou de Castille. Elle semble parler, pendant que le poète l'écoute.

Elevée au château de Mantes, Jeanne de France devait y rester encore longtemps. En 1318, elle épousa Philippe, fils de Louis d'Evreux, qui devint ensuite roi de Navarre (2). Celui-ci fixa pour quelques années son séjour à Mantes. « Il y commença, dit Chrestien, dans notre Chateau, ce beau bâtiment qui avait sa façade sur la rivière et au devant duquel était cette belle terrasse qui aboutissait à la chapelle dressée contre la tour de *Ganne*, dans le dessein de faire son séjour ordinaire en cette ville (3). » Ce fut peut-être pour payer ces dépenses que Philippe d'Evreux em-

---

(1) *Trouvères du Nord de la France*. T. III. et IV.

(2) Du chef de sa femme Jeanne, héritière de la Navarre à la mort de Charles IV le Bel.

(3) On voit dans un bandeau, au-dessus de la rue des Tanneries, un écu aux armes de France, de trois fleurs de lis, qui appartient à l'époque de Charles V.

prunta à la ville, vers 1328, une somme de 1,000 l. qu'il lui rendit par annuités à prendre sur les 300 livres de la ferme de la Prévôté (1).

Marie de Brabant mourut aux Mureaux près Meulan, le 12 janvier 1321. Son corps fut porté aux Frères Prêcheurs, à Paris. Elle fonda à Notre-Dame de Mantes, un obit qui se célébrait le 13 mai. Philippe d'Evreux posséda alors la ville , qui resta dans sa famille jusqu'à la révolte de son fils contre le roi Jean. Charles le Mauvais perdit Mantes, définitivement, en 1364.

Ce fut à cette époque, mais sans doute après 1320, que fut bâtie la chapelle Saint-Eutrope, car Jeanne de France n'avait encore que quinze ans.

§ 97. **Fondation de la chapelle Saint-Eutrope.** — Jeanne de Navarre, fille de Louis le Hutin roi de France. qui fut femme de Philippe, comte d'Evreux, pendant son jeune âge se plaisait fort à Mante et fonda en l'église Notre-Dame, en l'année 1320. la chapelle Saint-Eutrope, qu'elle dota de vingt livres parisis de rente.

Comme aussi la reine Blanche, fille dudit Philippe d'Evreux, qui fut seconde femme de Philippe de Valois, après la mort du roi son mari, se retira à Mante et fit beaucoup de bien à l'église.

La chapelle Saint-Eutrope est aujourd'hui la chapelle du Sacré-Cœur.

§ 98. **Grand Hiver.** — En l'année 1325, fut l'hiver fort long et fâcheux. Et la rivière de Seine fut tellement glacée que les charettes allaient par dessus. Et au dégel, les glaçons rompirent plusieurs ponts.

Ici se termine la troisième partie de notre *Chronique*. Philippe le Long et Charles le Bel étaient morts sans laisser d'héritiers mâles. Avec eux s'éteignait la branche des capétiens directs. La couronne échut en 1328, à Philippe de Valois, cousin des derniers rois. Ce fut seulement alors que le nouveau roi de France restitua à Jeanne et à son mari, le royaume de Navarre qui n'avait jamais été remis à la fille de Louis le Hutin.

(1) Levrier et Chrestien. L'*Inv. de 1543* mentionne seulement une somme de 2050 l. t. empruntée en 1322.

QUATRIÈME PARTIE

DE PHILIPPE DE VALOIS A LA FIN DU RÈGNE DE CHARLES V

« Avec les Valois, dit M. Henri Martin, s'ouvre cette lutte implacable entre la France et l'Angleterre dans laquelle se trempent et se caractérisent, par leurs oppositions réciproques, les deux nations, si rapprochées à leur origine, que leurs premières guerres n'ont été que des guerres civiles ; lutte la plus terrible, la plus cruelle à l'humanité qu'ait vue l'Europe moderne. » Cette guerre entre les deux nations a ceci de particulier pour l'histoire de Mantes, que les principaux personnages sont des seigneurs de Mantes ou leurs alliés. De plus, il y ont résidé si souvent, que pendant cent ans, il ne se passe pas un grand événement sans que notre ville n'y soit mêlée d'une façon plus ou moins directe.

Il importe donc, avant de raconter le drame épouvantable qui va se dérouler, d'en faire connaître les principaux acteurs Nous avons vu déjà, Philippe d'Evreux et sa femme Jeanne de France. Philippe, roi de Navarre, mourut en Espagne, en 1343, et Jeanne en 1349 (1). Ils eurent, entre autres enfants, Charles, né en 1332, surnommé le Mauvais, et qui fut roi de Navarre. Blanche, la seconde femme de Philippe VI de Valois, et Philippe de Navarre, comte de Longueville, mort à Vernon en 1363.

---

(1) Jeanne de Navarre, par son testament, laissa 109 s. p. de rente au chapitre de Notre-Dame, à prendre sur l'Arche du Pont, pour fonder un anniversaire solennel. Elle était morte à Conflans, et non à Mantes, comme le dit Chrestien.

A la mort de Charle le Bel, la couronne fut disputée, non seulement par le droit héritier Philippe de Valois, mais aussi par Philippe d'Evreux à cause de sa femme, fille de Louis le Hutin; puis surtout par Edouard III, roi d'Angleterre. Celui-ci se prétendait héritier à cause de sa mère Isabelle, fille de Philippe le Bel. Plus tard, après la mort de son père, Charles le Mauvais, devait relever ses prétentions. Il ne vit pas sans une sourde rage la couronne sur une autre tête que la sienne. De plus, le comté de Champagne et de Brie qui avait été à sa famille, avait fait retour au domaine royal moyennant certaines compensations librement acceptées. C'était encore une autre cause des discordes sans cesse renaissantes d'où devaient résulter tous les troubles de la France.

Avant de nous engager dans ce récit qui a trait à l'histoire générale, nous donnerons place ici à des événements d'intérêt purement local.

§ 99. **De la donnée du pain.**— En l'année 1335 M° Nicolas Cochery, prêtre, par son testament, légua à l'Hôtel-de-Ville de Mante, la somme de seize livre parisis de rente, à prendre sur tout son bien, à condition que par chacun an, le jour de la Trinité, l'on ferait une *donnée* de pain à toute personne qui se trouverait, depuis le soleil levant, jusqu'au soleil couchant dudit jour, sur le pont de ladite ville.

Il y a ici erreur de date et de fait : ce fut vers 1351 et 1352 que Nicole ou Nicolas Cochery de Mantes et chapelain d'Alençon, augmenta les ressources de cette *donnée* dont l'existence était très ancienne. C'est ce que prouve l'*Inventaire de 1543* : « Unes autres lectres dudict vidimus, faictes et passées soubz le scel dud. messire Nicole Cochery, en l'an de grâce mil troys cens cinquante et deux, le dimanche troisième jour de mays, faisant mencion que ledict messire Nicole a donné aux maire, pers et eschevins de Mante et leurs successeurs, les dictes *vingt livres* tournoys, à les prendre et recevoir des dictz Adam et Jehan [de Poissy] ses nepveuz dessusnommez (1), pour entretenir la *Charité* et *Donnée* que les bourgeoys *ont accoustumé* faire le jour de la Trinité en l'isle Champion. »

(1) En 1351, il leur avait donné un moulin et un demi-muid de blé, moyennant 20 liv. de rente annuelle.

« Ce jour-là, dit Chrestien, était pour les habitants de tous états, une fête qui les conviait d'aller après vêpres se réjouir dans l'Isle l'Aumône ou Champion. » Tous les passants qui se présentaient à la porte placée sur le milieu du pont, recevaient un petit pain blanc. Il s'en distribuait environ *400 douzaines* (1), depuis le lever jusqu'au coucher du soleil. « Mais , ajoute Chrestien, par les lettres de Louis XIV, qui ont réglementé les hopitaux, tout ce que les communautés possédaient pour les les aumônes, se trouve acquis aux hopitaux. La *donnée* qui s'élevait à 120 liv., n'eut plus lieu : 80 liv. restèrent à l'hopital, **une** partie fut adjugée aux Cordeliers, une autre aux Capucins, et le surplus affecté à un achat de pains qui étaient distribués aux officiers de la ville, pour perpétuer le souvenir de la fondation de Nicolas Cochery. » Ainsi prit fin ce singulier usage, dont l'origine et la signification nous sont inconnues. Peut-être était-ce un signe de l'hospitalité communale.

§ 100. **Donation faite aux diacres et sous-diacres de Notre-Dame, du fief des Chattes** (2). — L'an 1338, au mois de novembre, Jean de Guerville, donna par son testament, le *fief des chattes* aux diacres et sous-diacres de Notre-Dame de Mante. Laquelle fondation fut bien reçue par Philippe de Navarre, comte d'Evreux, à la charge d'une messe tous les samedis, avant le soleil levé, à dire sur la tombe du donateur.

Cette possession ne se trouve pas sur la *Déclaration de 1521*. Nous n'y avons vu qu'une *Vigne des Vicaires*, sise à Séraincourt, canton de Meulan.

§ 101. **La charité de l'Hôtel-Dieu.** — En l'année 1339, la charité de l'Hôtel-Dieu, fut approuvée par monseigneur Emery (de Chateau-Luisant), évêque de Chartres, étant à Mante.

[Cette charité est une confrérie qui subsiste encore, de plusieurs bourgeois, lesquels font faire tous les ans, un service solennel, le jour de la Conception de la Vierge, dans

---

(1) Chaque pain pesait 12 onces. V. *Registre de 1535*, à l'Hôtel-de-Ville.
(2) Des Châsses, CHEV., Des Chantres, M. et G.

l'église de l'Hôtel-Dieu. Ensuite duquel service, ils donnent à dîner aux pauvres malades convalescents de cette maison, qu'ils servent à table, avec bien du zèle, de la piété et de l'édification] CHR.

Les filles de l'Hôtel-Dieu n'étaient point cloîtrées et leur supérieure prenait le titre de *Mère des Pauvres*. Le chapelain avait le titre de recteur. L'administration de l'Hôtel-Dieu était confiée aux principaux bourgeois de Mantes. Vers 1698, les religieuses furent remplacées par des Augustines. Le bureau se relâcha de son administration et finit par l'abandonner. Cet état de chose fut très préjudiciable à l'établissement. La supérieure eut la libre disposition des revenus qui s'élevaient à plus de 3,000 livres ; elle n'en rendait compte à personne, pas même à sa communauté. Chrestien se plaint amèrement de ce que Louis XIV avait changé, non sans profit pour ses finances, l'ancien gouvernement des hopitaux et maladreries.

§ 102. **Fondation de la chapelle de l'Assomption**. — L'an 1339, la chapelle de l'Assomption fut fondée en l'église Notre-Dame de Mantes, Philippe roi de Navarre étant à Paris, par Robert du Moulant (1) bourgeois de Mantes, et Jeanne sa femme. Et la dotèrent de seize livres parisis de rente, deux pièces de vigne contenant deux arpents, situées, l'une aux Bas-Villiers et l'autre aux Mézouard ; environ neuf arpents de terre, assis à Arnouville, et sept livres parisis de rente sur une maison que l'on appelle La Motte, pour la demeure du chapelain.

La chapelle de l'Assomption se trouvait peut-être sous l'entrée du petit portail méridional. Cependant l'ancienne chapelle de la Vierge était érigée devant le 1er pilier de droite, à l'entrée du chœur. Les lieux-dits cités dans ce paragraphe existent encore. La Motte (2) se trouve rue du Cloître-Notre-Dame, et la maison n° 11, est l'ancienne maison des enfants de chœur de Notre-Dame.

(1) Du Moulay, CHEV., De Moulay, CHR. On trouve Dumolay, dans la *Déclaration de 1521*.

(2) Les *Mottes* étaient des défenses qui entouraient les vieux châteaux. C'était le plus souvent une butte, derrière laquelle s'abritaient les combattants.

§ 103. **Les chaires du chœur de Notre-Dame faites**.
— L'an 1340, les chaires du chœur de l'église Notre-Dame,
furent faites aux dépens du chapitre et de l'Hôtel-de-Ville,
Michel de Porcheville étant pour lors maire et prévôt de
ladite ville.

Le corps de ville avait une place spéciale dans le chœur de
Notre-Dame, à toutes les fêtes et dans toutes les réunions
extraordinaires qui se tenaient à l'église.

§ 104. **La Tour de Saint-Maclou bâtie**. — En l'année
1343, la tour de Saint-Maclou, fut commencée à bâtir et
achevée en 1344, des deniers provenant du halage des
bateaux, montant sous le pont de Mante, les dimanches et
fêtes. Car en tels jours, cela était défendu. Ce qui fut permis
par la ville, à la charge que les habitants qui aideraient à
monter lesdits bateaux, mettraient [dans la boite] (G.), l'argent qu'ils gagneraient, à faire bâtir ladite tour.

Les manuscrits ne sont pas d'accord sur cette date. Chrestien
dit et cela est certain, que quelques mémoires assignent une
date bien postérieure à 1343. Le 2ᵉ manuscrit Guérin dit 1540,
ce qui est aussi trop tard. La tour Saint-Maclou, qui est encore
bien conservée, est plutôt de la fin du XVᵉ siècle pour la fondation, et du XVIᵉ pour la partie supérieure. La forme des
fenêtres, les profils des piliers, le dessin des pilastres, les
vases qui ornent la balustrade supérieure, les motifs de sculptures et la statuaire, en font un monument de la Renaissance.
C'est sans doute à son caractère religieux que la tour Saint-
Maclou doit d'avoir conservé l'ogive dans la plupart de ses arcs.
Elle a encore ceci de particulier, outre sa valeur architecturale,
que, comme tous les monuments de Mantes, elle a une origine
municipale.

Cependant d'autres événements plus tragiques se préparaient.
L'orage menaçait de toutes parts. L'hostilité entre la France et
l'Angleterre avait commencé dans les Flandres que le roi anglais
soutenait, tandis que le roi de France voulait réduire à l'obéissance, les indomptables communes de Bruges et de Gand. Dans
le midi, Philippe VI attaquait les troupes anglaises de la
Guyenne. Edouard III arrivait à leur secours avec une flotte
nombreuse, lorsque le vent contraire le força à débarquer

(juillet 1346) en Normandie : ce fut une fatalité pour la France.
Il divisa ses troupes en trois batailles : Barfleur, Cherbourg,
Valogne, Carentan et Saint-Lô tombèrent en son pouvoir. Caen
fut mise à sac, puis Edouard se dirigea sur Rouen ; mais bientôt
remontant la Seine, il ravagea toutes les villes assises sur ses
bords :

§ 105. **Mante prise par les Anglais.** — En l'année 1345
(1346), du règne de Philippe de Valois, roi de France, le roi
Edouard d'Angleterre prit la ville de Mante, et de là s'en
fut en Picardie. Et laquelle ville de Mante, il donna au roi
de Navarre après l'avoir saccagée, avec sa décharge de
neuf nefs de gens d'armes, qu'il avait amenées avec lui,
pour livrer bataille au roi devant Paris.

Mais la ville était au roi de Navarre, et Edouard n'eut pas
besoin de la lui donner. Plus tard seulement, le roi anglais et
Charles le Mauvais furent presque toujours unis contre le roi
de France ou son représentant.

Voici d'ailleurs le récit de Froissart (1) : « Point ne tournèrent
les Anglais vers Rouen, où il y a un bon châtel et fort : si
ardirent la ville, mais au château ne portèrent-ils point de
dommage. En après ils ardirent Vernueil et tout le pays
d'environ Rouen, et le Pont-de-l'Arche ; et vinrent jusques à
Mante et Meulent, et gâtèrent le pays de là environ ; et passèrent de-lez le châtel de Rolleboise, mais point ne l'assaillirent ;
et partout trouvoient-ils sur la rivière de Seine les ponts
défaits ; et tant allèrent qu'ils vinrent jusques à Poissy. »

Edouard III séjourna trois jours à Poissy et s'en alla
ensuite jusqu'aux portes de Paris (août 1346). Puis il entra
dans le Beauvoisis qu'il ravagea et peu de temps après eut lieu
la célèbre bataille de Crécy. La prise de Calais fut l'acte le
plus important de cette fatale campagne (1347).

En 1350, Philippe de Valois était mort laissant pour veuve
Blanche de Navarre fille de Philippe d'Evreux et sœur de
Charles le Mauvais. Le roi Jean, son fils, confirma à celui-ci
toutes ses possessions de France. Mantes et Meulan qui en
faisaient partie, ne lui furent donc pas données comme il est
encore dit ci-après :

(1) Ed. du *Panthéon littéraire.*

§ 106. **Mante donnée en échange au roi de Navarre.**
— Par les histoires de France et de Navarre, qui se trouvent
conformes, nous voyons qu'en l'an 1351, le roi Jean, fils de
Philippe de Valois, fit accord avec le roi Charles de Navarre
et lui donna sa fille nommée Jeanne, en mariage. Et en
échange des comtés de Brie et de Champagne qui lui
appartenaient et que le roi Jean avait unis à sa couronne
pour plusieurs raisons, lui donna les comtés de Mante et de
Meulan, avec grande somme d'argent. Lesquelles villes,
dès lors, ledit roi de Navarre fit fortifier et y mit une grosse
garnison d'Anglais et de Navarrois. Par ce qui en est dessus
dit, il fallait que le roi de France ait repris des Anglais et
Navarrois, lesdites villes puisqu'il les avait en sa possession (1).

Nous revenons aux choses locales. Quelques abus s'étaient
introduits au sein du clergé de Notre-Dame. En 1350, l'archevêque de Sens vint à Mantes, et dans une ordonnance en date
du 8 février, il fait mention d'une visite antérieure et d'une
condamnation dont il avait frappé les diacres et sous-diacres,
toutes les fois qu'ils manqueraient à leurs fonctions. Il imposa
aussi une amende à tous ceux du clergé de Mantes, chaque
fois qu'ils se trouveraient dans l'église sans surplis, après que
la cloche aurait sonné pour chanter *Prime* (2).

§ 107. **Donation d'un petit Muid de Sel aux huit
Vicaires.** — Par un ancien titre de l'église Notre-Dame, il
se voit que noble et puissante dame, Jeanne d'Elleville (2),
châtelaine du château de Mante, par son testament fait au
château dudit Mante, où elle décéda en l'année 1352,
donna aux huit vicaires de ladite église, un petit muid de
sel par chacun an, à prendre sur les bateaux qui en seront
chargés, passant par ladite ville, soit par bateaux ou par
charrois.

(1) Notre *Chronique* suppose aussi qu'Edouard III avait gardé Mantes.
Nous avons vu qu'il n'avait fait que la dévaster en passant.
(2) Chrestien.
(3) Commune de Saint-Martin-des-Champs, arr. de Mantes.

Cette Jeanne d'Elleville est sans doute la femme d'un gouverneur du château. Cette quantité de sel donnée aux huit vicaires était levée par le chapître et distribuée à tous les gens de l'église. Ce droit ayant amené quelques abus, le grenetier de Mantes, en 1690, fit un procès au chapître qui en fut déchu (1).

Revenons au roi de Navarre. Il avait alors à peine vingt ans, et ce jeune homme qu'on avait d'abord traité comme un enfant, allait se révéler comme une espèce de monstre incapable de reculer devant une lâcheté ou un crime. Jean, nous l'avons vu, lui avait donné sa fille Jeanne, mais au lieu de remplir lui-même fidèlement les promesses du contrat, il avait tout fait pour les éluder. Le roi de Navarre pouvait nuire et rien ne fut fait pour l'en empêcher. Du reste, son caractère jaloux et envieux s'exaspérait de tout ce qui se passait autour de lui.

Charles de Lacerda ou d'Espagne, connétable de France et favori du roi Jean fut le premier objet de sa haine. Ayant eu avec lui quelques discussions assez vives, il le fit assassiner à Laigle, le 6 janvier 1353. Le roi Jean ne le lui pardonna pas.

Peu rassuré sur les suites de son crime, Charles le Mauvais se retira à Mantes. De là il envoya son chancelier et son familier, Friquet de Friquant, gouverneur de Caen, au duc de Lancastre, parent du roi d'Angleterre. Celui-ci, comprenant le parti qu'il pouvait tirer de la position dans laquelle le roi de Navarre s'était mis, lui avait déjà fait des ouvertures pour se liguer avec lui contre le roi Jean. Le chancelier et Friquet, après avoir vu le duc de Lancastre près de Bruges, revinrent à Mantes rendre compte de leur mission. Ils y trouvèrent le roi de Navarre entouré de ses partisans, les comtes de Montfort et de Namur, et du sire de Meulan (2).

Le roi de Navarre se prépara à la guerre en fortifiant ses villes et ses châteaux. Les remparts de Mantes, comme le dit Chrestien, furent peut-être complétés du côté du midi, tandis que le château et l'enceinte dans laquelle l'église était enclose, étaient réparés et augmentés. Toutefois ce dernier travail fut surtout l'œuvre de Charles V.

La position militaire du roi de Navarre était redoutable. Il était aux portes de Paris et maître de Mantes, de Meulan, de

(1) Chrestien.
(2) Secousse ; Mémoires sur Charles le Mauvais, *Preuves*.

Pontoise et de Beaumont-sur-Oise. De plus, tous les mécontents du royaume étaients prêts à s'allier à lui, sans compter le roi anglais Edouard III, qui n'attendait qu'une occasion pour envahir la France. Le roi Jean allait assiéger Mantes et Evreux, mais il vit le danger et l'orage fut conjuré pour cette fois; Jeanne d'Evreux, veuve de Charles le Bel, et tante du roi de Navarre, et Blanche sa sœur, veuve de Philippe de Valois, intercédèrent auprès de lui. Il en résulta un important traité, passé à Mantes, le 22 février 1354 (1). Il avait été négocié par Guy, cardinal de Boulogne et Pierre, duc de Bourbon, auxquels Froissart adjoint Robert le Coq, le fameux évêque de Laon. C'étaient plutôt les amis du roi de Navarre que ceux du roi de France, car le traité fut assez désavantageux à celui-ci.

Les intérêts du roi de Navarre le retenaient auprès de Paris, et son royaume d'outremonts où il avait été assez mal accueilli, l'attirait peu. Les intrigues qu'il entretenait dans le Grand Conseil et la colère du roi Jean le forcèrent à quitter Mantes et Evreux; il s'enfuit déguisé à Avignon, où il sollicita l'intervention du pape, puis il passa en Navarre où il resta deux ans. Pendant ce temps, le roi Jean s'était emparé de toutes ses places fortes de Normandie et probablement de Mantes et de Meulan. Dans les premiers jours du mois d'août 1355, il débarqua à Cherbourg avec 10,000 hommes, et demanda à rentrer en grâce; ce qui lui fut accordé après le traité de Valogne, conclu sur les bases de celui de Mantes (10 septembre). Ses villes lui étaient rendues, mais auparavant il devait se présenter devant le roi et lui parler en public *avec toute obéissance, révérence et honneur*, et le supplier de lui pardonner (2).

Charles, résolu à tout, alla trouver le dauphin Charles au Vaudreuil et ils vinrent ensemble à Paris. A partir de ce moment, il témoigna à celui-ci une grande amitié. Son intention était de le brouiller avec son père. Il s'insinua dans son esprit, lui persuada que son père le haïssait et le décida à quitter la France pour aller se réfugier auprès de son parent, l'empereur Charles

---

1) V. Secousse. *Loc. cit.* p. 143. M. Cassan, d'après le père Simplicien *(Etat de la France* p. 301) dit que ce jour-là, le *comté de Mantes* fut érigé en pairie. Le traité de Mantes ne dit pas un mot de cela. Du reste comme comte d'Evreux, Charles de Navarre était pair, et jamais il n'est question de comté de Mantes à cette époque, mais seulement de la *ville et chatellenie* de Mantes.

(2) Secousse. T. I p. 52 et suiv.

IV. On devait aussi s'assurer du roi Jean et l'enfermer. Le complot fut découvert.

C'était de Mantes que Charles le Mauvais menait toute cette basse intrigue. Tout était convenu ; il avait envoyé de Mantes une trentaine d'hommes d'armes au-devant du Dauphin pour l'amener auprès de lui. Mais l'affaire manqua ; Jean pardonna encore une fois à son gendre. En même temps, il créa son fils duc de Normandie. Le roi Jean n'était pas sans garder quelque ressentiment à l'auteur de tant de noirceurs. Il avait encore bien d'autres motifs de colère, mais ceux-là suffisaient pour justifier l'acte auquel il s'était décidé. Le 16 avril 1356, il faisait arrêter à la table du duc de Normandie, au château de Rouen, le roi de Navarre et quelques-uns de ses complices ordinaires. Le comte d'Harcourt, le sire de Graville, messire Maubué, et Colinet Doublet furent décapités quelques heures après dans le *Champ du Pardon*. Charles fut emprisonné et toutes ses villes remises dans la main du roi.

Mantes fut évidemment de ce nombre. Nous en avons la preuve dans l'*Inventaire de 1543*. Le roi Jean adressa des ordres à Mantes, pour faire fortifier la ville, dans des lettres du 4 août 1356 : « Une charte en latin du roy Jean..... par laquelle il est mandé aux bailly de Gisors et de Mante, contraindre les habitants de Mante de refaire les repparations nécessaires pour ladicte ville, et en plus grande nécessité de contraindre les habitans des villages d'Arnouville, Jumeauville, Guerville, Goussonville, Boinville, Flacot (Flacourt), Rosay, Soindres et autres villaiges de la chastellenie dudict Mante, sans desroger aux droictz des habitans dudict Mante, et que par ce ilz ne puissent estre assubgectiz de ce faire. »

Cette charte nous apprend en même temps l'étendue de la chatellenie de Mantes. Mais les habitants d'Arnouville, Goussonville, Guerville et *Boinvilliers*, se refusèrent à contribuer aux fortifications. Ils furent condamnés, par sentence arbitrale, à payer 15 liv. t. au maire de Mantes (1).

La bataille de Poïtiers (19 septembre 1356), la captivité du roi Jean qui en fut la conséquence, la régence du dauphin, et les essais de parlement tentés par Étienne Marcel devaient seuls rendre la liberté à Charles le Mauvais et lui permettre de se livrer à de nouvelles trahisons.

(1) 2e G. met ce fait à la date de 1345.

Après avoir été enfermé dans plusieurs forteresses, il était en dernier lieu à Arleux-sur-Somme. Il fut délivré par Jean de Picquigny, de concert avec les Etats et Etienne Marcel, le 8 novembre 1357. Le fils du roi Jean allait avoir un nouvel adversaire, plus redoutable que le Prévôt des Marchands et tous ses amis. Le roi de Navarre vint à Paris, *prêcha* devant le peuple, et avec l'aide d'Etienne Marcel, força le duc de Normandie à lui pardonner. Celui-ci, à la prière des reines Blanche et Jeanne, lui fit expédier, le 12 décembre, des lettres d'accord par lesquelles, entre autres, les châteaux et villes lui appartenant, lui furent rendus.

Quelques jours après, il quitta Paris, et il était à Mantes au commencement de janvier 1358. De là, il partit pour Rouen, où il prêcha encore, et fit dépendre les corps de ses complices, qui étaient exposés depuis trois ans.

Une nouvelle assemblée d'Etats devait avoir lieu à Paris, le 13 janvier. Les reines Blanche et Jeanne y étaient restées, pour aider Jean de Picquigny et quelques autres personnes qui travaillaient à un nouvel arrangement entre le duc de Normandie et le roi de Navarre. Celui-ci en attendait l'issue à Mantes. Le 27, il envoya Jean de Picquigny se plaindre au duc de Normandie, de l'inexécution du dernier traité. Il demandait la remise de ses forteresses, de 40,000 florins et des joyaux qui lui avaient été pris.

Après le meurtre des maréchaux de Champagne et de Normandie, au mois de février, il était à Paris; c'est alors que fut signé un accord dont la teneur n'est pas connue. Il revint à Mantes le 13 mars, la veille même du jour où le dauphin se déclarait régent du royaume.

§ 108. Résidence du Roi de Navarre à Mante. —

Le roi de Navarre résidait ordinairement à Mante et c'est où il fut parlé d'accomodement d'entre lui et le duc de Normandie, le 18 mai 1358, et fut dit qu'ils se rendraient à Pontoise (1). Le duc de Normandie fut déclaré, le 13 mars audit an, régent du royaume, car auparavant, il ne s'était nommé que le lieutenant, depuis la prison de son père.

(1) V. Secousse, T. II. p. 637. Les entrevues de Pontoise eurent lieu en 1359.

Les seules entrevues du roi de Navarre et du Régent, au mois de mai 1358, eurent lieu, non à Mantes, mais à Clermont-en-Beauvoisis. Il se joignit ensuite au comte de Saint-Paul et concourut avec lui, aux premières défaites de la Jacquerie. Puis il passa tout le mois de juin à Paris avec Etienne Marcel, qu'il feignit d'abord de soutenir pour mieux le trahir ensuite.

A la fin de juillet, ne comptant plus sur le succès de Marcel, il sortit furtivement de Paris, guerroya avec ses gens dans les environs et s'unit enfin au régent pour vaincre la résistance des Parisiens. Le jour même où l'on pendait et décapitait ses anciens amis, il signait un traité avec les Anglais où lui et son frère Philippe de Navarre déclaraient la guerre au régent. Il revint encore à Mantes où son frère établit, ainsi qu'à Meulan, une sorte de quartier-général pour ses garnisons : « Et messire Philippe de Navarre se trait à Mante et à Meulan sur la rivière de Seine ; et en firent leurs garnisons, il et ses gens ; et tous les jours leur croissoient gens et venoient de tous côtés, qui désiroient à profiter et à gagner (1). »

Paris, en ce moment, était au régent, mais il n'en pouvait sortir sans mettre le pied sur une terre ennemie ou tout au moins suspecte. Le cours de la Seine était tenu par Charles de Navarre ou par ses alliés. « A cause des paz et destroiz que le roy de Navarre avoit sur Seyne par amont Paris, le pont de Melun qui estoit à la royne Blance qui tenoit le parti de ses frères (Charles et Philippe) et au dessoubs de Paris, le pont de Meullent et le pont de Mante, pour quoy par la rivière de Seyne rien ne povoit monter ne avaler, pour venir à Paris, dont Paris estoit moult grevé (2). »

Le régent alla assiéger Melun ; là se révéla la bravoure de du Guesclin. La ville ne fut pas prise, mais on conclut un nouveau traité qui la mit au pouvoir du régent. Les négociations se firent par correspondance; le régent étant à Melun et son adversaire, tantôt à Mantes et tantôt à Meulan. Friquet de Friquant se rendit à Paris ; il fut reçu par le Prévôt des Marchands, Jean Culdoé. Après plusieurs conférences, il revint à Mantes et c'est alors que l'on convint que les deux princes se rencontreraient à Pontoise (août 1359). Mantes et Meulan restaient encore une fois au roi de Navarre. « Parmi l'ordenance de celle

---

(1) V. sur toute cette époque, Froissart, Rymer, *La Chronique normande du* XIVᵉ *s.*, et surtout Secousse.

(2) *Chron. des quatre prem. Valois.*

pais, dit Froissart, demorèrent au roi Charlon de Navarre, pluseurs villes et chastiaus en Normendie qui estoient en débat, *et par espécial Mante et Meulent, qu'il n'euist rendu pour nulle autre garnison.* »

Après divers séjours à Mantes, de Charles et de son frère, ils y étaient encore sur la fin de l'année. Ils y reçurent la visite du célèbre Jean de Grailly, si connu sous le nom de *Captal de Buch.* C'était un autre ennemi du Régent, mais au moins un ennemi loyal, sur la parole duquel ou pouvait compter. Il avait obtenu un sauf-conduit, pour venir de Cherbourg jusqu'à Mantes, auprès de ses cousins. Enfin ayant encore machiné quelque conspiration (1), Charles quitta brusquement Paris où il était allé, revint dans son observatoire de « Mantes sus Sainne et deffia, dit Froissart, le dit duch de Normendie et ses frères : de quoi tous li royaumes de France fut moult esmervellies à quel titre ceste guerre estoit renouvelée. »

Froissart fait tomber à cette époque le château de Rolleboise entre les mains de Wauter Strael ; mais M. Siméon Luce préférant le récit plus exact de la *Chronique des quatre premiers Valois,* reporte cet événement à la fin de 1363 (2).

Le roi Jean fut remis en liberté le 25 octobre 1360 ; la veille, par les soins de Philippe de Navarre et d'Edouard III, une nouvelle paix fut conclue entre le duc Charles et le roi de Navarre. Le régent lui envoya des otages à Mantes. Mais, voulant faire preuve de confiance, il les ramena avec lui à Saint-Denis, où eut lieu son entrevue avec le roi Jean et le dauphin. Le roi de Navarre fut remis en possession de toutes ses forteresses de Normandie.

Pendant trois ans, Charles le Mauvais se tint cependant tranquille : il les passa dans son royaume de Navarre. Il soutenait bien les chefs de *Compagnies* et les troupes anglaises qui bataillaient en Normandie, mais il ne se mêlait pas ouvertement à leurs brigandages. Du reste, le roi Jean était rentré en France ; il sut lui en imposer, fit la paix avec Philippe de Navarre, et la ville de Mantes profitant de cette accalmie, jouit d'une tranquillité relative jusqu'à la fin de l'année 1363.

---

(1) Avec Martin Pisdoé, l'ami d'Etienne Marcel.
(2) Siméon Luce, *Histoire de Du Guesclin.*

§ 109. **Fondation de la Chapelle de la Trinité.** —
L'an 1359, Charles, roi de Navarre, comte d'Evreux et de
Mante et Meulan, accepta la fondation de la chapelle de la
Trinité, faite par Jean d'Escauville l'aîné, bourgeois de
Mante, et Agnès, sa femme ; pour laquelle fondation, ils donnèrent une maison et jardin, sis à Mante devant l'*Ecole des
Juifs*, six septiers de blé par chacun an, à prendre sur cent
trente perches de vignes et autres héritages, sis au village
de Boinville ; un arpent de vigne, sis à la Pierre de Mante-
la-Ville, 20 l. parisis de rente à prendre, savoir : 12, sur
plusieurs terres au village de Follainville, et le reste sur
plusieurs maisons à Mante ; à la charge de quatre messes
par semaine et que la chapelain serait tenu de faire résidence
et d'assister à vêpres et à la messe du chœur, à peine d'être
privé de son revenu, et icelui distribué aux chapelains et
vicaires de ladite église.

Nous ne savons pas quelle est cette chapelle de la Trinité,
mais les Descauville appartiennent à une vieille famille mantaise qui a disparu. Ce que nous retenons dans ce paragraphe,
c'est cette mention d'*Ecole des Juifs*, qui remontait peut être au
temps de Philippe-Auguste. « Les superstitions de la synagogue,
ainsi réjetées dit Guillaume le Breton, le roi fit consacrer les
synagogues en églises, et en tout lieu où il y avait eu une *Ecole*
ou une synagogue, il augmenta le service divin. » Quoi qu'il en
soit, il existe à Mantes une rue de la Juiverie, et des lettres de
rémission de 1380 nous apprennent qu'il y avait alors des juifs
tenant des maisons de banque.

En fouillant les fondations d'une maison, rue de l'Eglise,
M. Grimber père, a trouvé trois belles pierres tombales avec
inscriptions hébraïques, qu'il a offertes à la ville. Ces inscriptions n'ont pas encore été traduites, mais elles indiquent qu'il y
a eu une juiverie importante à Mantes, dans le courant du moyen
âge.

§ 110. **La chapelle du Rosaire bâtie.** — Charles le
Mauvais, roi de Navarre, fit bâtir pendant qu'il résidait à
Mante, en l'église de Notre-Dame, la chapelle du Rosaire.
Son portrait et celui de la reine son épouse, s'y voient à côté

d'un crucifix sur l'autel, étant à genoux chacun sur un prie-dieu, et revêtus de leurs habits royaux.

Nous parlerons bientôt de cette partie importante de l'église de Mantes. Quant au mobilier ancien de cette chapelle qui contenait des autels dédiés à saint Louis et à saint Yve, voici ce que nous en savons par les *Mémoires* de Chrestien : « On peut remarquer dans cette chapelle, à l'autel Saint-Louis, un contretable d'une grande pierre plate, sur laquelle, avec plusieurs figures, sont le portrait de ce Charles roy de Navarre, au naturel et celui de la reyne Jeanne son épouse, qui sont peints *à fresque,* l'un et l'autre à genoux sur leurs carreaux, devant une espèce de baptistère dans lequel est la figure de Jésus-Christ (1).»

L'autel de Saint-Yve était décoré d'un édicule sous lequel était une statue du patron des avocats. Cette statue se trouve maintenant dans le jardin de la maison n° 22 de la rue de la Pêcherie. Elle a plus d'un mètre de haut, est en pierre et d'un assez bon style. Le saint est en costume laïque de l'époque et tient un rôle à la main.

On a dit aussi que la chapelle de Navarre avait été construite en expiation du meurtre du connétable d'Espagne, Charles de Lacerda. Le *Second Continuateur de Nangis* prétend que l'une des conditions du traité de Mantes de 1354, fut que le roi de Navarre fonderait des Chapelles où l'on dirait des messes pour le repos de l'âme du connétable. Le texte du traité ne contient rien de semblable, et nous pensons que cette chapelle est antérieure à 1354. Elle n'est pas plus un monument expiatoire, que la *Chapelle du Pardon* d'Evreux, fondée vers 1350, par des pèlerins revenant du grand jubilé de Rome. Nous dirons bientôt notre pensée sur ce sujet.

§ 111. **Une fille du roi de Navarre morte à Mante.** —

L'on voit dans le chœur de l'église Notre-Dame, au côté de l'évangile, un tombeau de pierre sur lequel est représentée une jeune fille en relief, vêtue à la ducale, ayant en chef deux anges tenant chacun un encensoir et, au bas, plusieurs autres figures où sont écrits ces mots :

COMMITESSA MARIA CAMPANIÆ.
REX NAVARRIÆ,

(1) Il reste quelques fragments de ce retable de pierre ; ils sont dans la galerie de l'église. L'exécution en est fort belle.

TOMBEAU DE LA FAMILLE DE NAVARRE
autrefois dans le chœur de l'Église de Mantes

REGINA NAVARRÆ
COMMITESSA CAMPANLÆ
COMES THEOBALDVS,
COMES HENRICUS.

Cette fille est un des enfants de Charles, roi de Navarre.

Ce tombeau était dans le principe au milieu du chœur, derrière le lutrin, au dessus d'un caveau. Comme il gênait, on le transporta plus haut dans le sanctuaire, où il resta jusqu'en 1786. Les chanoines voulant alors faire un autel à la mode romaine, le déplacèrent encore et le firent rétablir dans la chapelle Saint-Etienne ou Saint-Roch. La tradition en faisait le tombeau de la princesse Letgarde. La vérité, que Levrier a démontrée dans un long mémoire auquel nous avons fait allusion, est que c'était un cénotaphe élevé par la ville et les chanoines, dans le courant du XIVe siècle, à la mémoire des princes de la maison de Champagne et d'Evreux. Nous devons dire que les déplâcements dont il a été l'objet, avaient fait disparaitre les inscriptions citées. Voici quels personnages Levrier reconnaissait dans la statue et les bas-reliefs du socle :

La figure couchée était Jeanne, fille de Louis X et femme de Philippe d'Evreux. Dans les bas-reliefs il reconnait : Charles le Mauvais, roi de Navarre, *Rex Navarriœ*; Jeanne de Navarre, femme de Philippe le Bel et reine de Navarre de son chef, *Regina Navarrœ*; Blanche de Navarre, femme de Thibaud V de Champagne et Thibaud V lui-même *Commitessa Campaniœ* et *Comes Theobaldus*; Henri 1er de Champagne et Marie de France, sa femme, fille de Louis le Jeune, *Comes Henricus* et *Comitissa Maria Campaniœ*. Le bas-relief placé au bout du tombeau, devait représenter Marie de Brabant.

Ces attributions qui ne sont peut-être pas toutes justes, sont au moins vraisemblables pour l'ensemble du monument (1).

§ 112. **La Reine de Navarre accouche à Mante d'un fils qui fut roi.** — Dans laquelle ville de Mantes, la reine de Navarre se plaisait beaucoup et y accoucha en l'an 1361, de son fils aîné qui fut nommé Charles, comme son père et lui

(1) V. aussi Millin. *Loc. cit.* Ce tombeau a complètement disparu.

succéda au royaume de Navarre et fit beaucoup de présents aux églises de Mante.

Charles III le Noble, naquit non pas à Mantes, mais à Evreux où il fut baptisé dans la cathédrale, par Robert de Brucour, évêque d'Evreux (1). Il fut aussi fidèle à Charles VI que son père avait été révolté contre Charles V. Du reste, à part quelques réclamations pacifiques, faites par lui à propos de Mantes et Meulan, il ne fut en rien mêlé à l'histoire de notre ville.

§ 113. L'Autel de la Châsse bâti (2). — En l'année 1362, le grand autel des châsses, fut bâti aux dépens de la fabrique. Et y fut fait un tronc dans lequel on met les deniers de dévotion, et fut fondé par les prévôts, maire et échevins de la ville.

L'autel de la Châsse se trouvait autrefois dans la nef, adossé au pilier de droite qui précède l'entrée du chœur. A celui de gauche était l'autel de Sainte-Croix. Plus tard, on le mit dans le chœur, derrière l'autel.

Cette année 1362, nous ramène aux révolutions dont le contrecoup se faisait sentir si souvent à Mantes. La partie allait s'engager encore une fois, mais plus sérieuse et plus terrible, entre le dauphin Charles et son beau-frère. La ville devait définitivement échapper aux mains du Navarrois.

Les événements dont elle fut alors le théâtre sont importants et nombreux. Il n'est pas toujours facile cependant, de leur assigner une date certaine. Les historiens ne manquent pas, mais leurs récits ne s'accordent pas toujours. Nous avons le choix entre le *Continuateur de Nangis*, les *Grandes Chroniques de Saint-Denis*, la *Chronique de Du Guesclin*, sans compter Froissart et les *Mémoires* de Secousse. Nous nous rallions à la savante critique de M. Siméon Luce et nous adopterons la chronologie qu'il a suivie (3), en se basant sur le narrateur sobre et exact, auquel nous devons la *Chronique des quatre premiers Valois* (4). Nous tiendrons compte cependant, des indications

(1) Lebrasseur. *Histoire d'Evreux*, p. 266.
(2) Dans tous les actes anciens, on écrit *Chapse*. Ce § est une répétition du 64e.
(3) Dans la *Vie de Bertrand du Guesclin*.
(4) Secousse ne l'a pas citée parce qu'il ne l'a pas connue. C'est une des rares lacunes de ses savantes recherches sur l'époque de Charles le Mauvais.

particulières rapportées par chacun des auteurs que nous venons
de citer.

Nous racontons sans juger ; notre œuvre ne le comporte pas.
M. Siméon Luce, avec d'autres critiques, ne donne pas tous
les torts à Charles le Mauvais dans ses funestes démêlés avec
l'héritier de Jean le Bon. Ainsi, par exemple, il n'est pas bien
prouvé que les hostilités ouvertes par le régent au commencement de l'année 1364, aient été justifiées par les actes du roi de
Navarre, alors très occupé dans son royaume. De plus, la prise
de Mantes, par des seigneurs qui y avaient reçu la veille l'hospitalité, est un fait qu'on est en droit de juger sévèrement.

Quoi qu'il en soit, la guerre éclata à propos de la succession
de Bourgogne, que Charles le Mauvais revendiquait à cause de
sa grand'mère, et dont le roi Jean s'empara malgré lui. Mécontent de ce procédé, toujours en relation occulte avec Edouard III,
le roi de Navarre s'apprêtait à résister vigoureusement. Ses
partisans étaient partout, en même temps que ses garnisons de
Mantes et de Meulan ravageaient tout le Vexin et faisaient des
courses jusqu'aux portes de Paris. Dans de pareilles conditions,
on comprend les doléances de notre *Chronique*.

§114. **Mante a beaucoup souffert pour les garnisons.**—

Il est à remarquer que depuis que la ville de Mante fut
donnée en échange au roi Navarre, elle endura beaucoup de
mal, tant à cause de la garnison étrangère qui y était ordinairement, qu'à cause des prises et reprises d'icelle, tant par
les Français que Navarrois et Anglais, et par la mauvaise
intelligence desdits Navarrois avec les ennemis des Français.

C'est ce qu'a si bien dit Cuvelier, dans sa *Chronique de du
Guesclin :*

> ...... Y avoit d'Engloiz tant
> Avec les Navarroiz, dont j'ai parlé devant
> C'on n'osoit pas issir qui n'avoit sauf alant.
> A Mante et à Meulent estoient repairant
> Engloiz et Navarroiz au tamps que je vous chant (1).

Parmi les chefs de compagnies qui rôdaient dans la contrée,
se trouvait le fameux Jean Joucl. Il était au service d'Édouard III,
et dès la fin de 1363, s'était emparé de Rolleboise et inquiètait les

(1) Edition de M. Charrière. Docum. Hist. T. I.

15

environs aussi bien que la garnison navarroise de Mantes. Comme cet épisode est lié à la prise de Mantes par Du Guesclin, nous croyons devoir le raconter tout au long. Nous rajeunissons un peu le style de la *Chronique des quatre premiers Valois*, à laquelle nous en empruntons le récit :

« En ce temps que ledit roy Jehan fut la seconde fois en Angleterre, monseigneur Jehan Jouel, chevalier Angloiz fit guerre en Normandie, et en Chartrains. En une chevauchée qu'il fit par France, il vint devant une forteresse qui étoit nommée Rouleboise. Il prit le chastel, fors la tour en laquelle Madame de Rouleboise avec autres nobles dames et gentilz hommes se retirèrent et moult bien la deffendirent. Mais monseigneur Jehan Jouel consentit que la dame et les autres fussent dehors de la tour. Quand elle fut dehors, il fit mettre la dame et les autres en une charrette, et lors fit assaillir la tour d'icelle partie. Pourquoi de la tour par nulle voie n'ôsaient geter, car ilz eussent getté sur leur dame et mise à mort. Par ce, prit monseigneur Jehan Jouel, le donjon de Roulleboise et en envoia la dame et sa compagnie. »

Dès lors les bateaux furent rançonnés entre Mantes et Rouen, malgré la flotille que fit faire le régent pour protéger les marchands. Les gens de Mantes s'unirent même à une troupe de jeunes gens de Rouen, pour attaquer les Anglais de Rolleboise. Mais la position était tellement forte, qu'ils réussirent seulement à leur faire quelques prisonniers, et à prendre quelques ouvrages avancés.

Jean Jouel ne resta pas à Rolleboise, et le capitaine que nous allons y retrouver, se nommait Wauter Strael. C'était un flamand de Bruxelles, intrépide et hardi, qui soumit tous les environs de Mantes à ses exactions. Sa forteresse était bloquée par ordre du régent, mais il n'en continuait pas moins ses courses, grâce à son audace et au froid de l'hiver qui fut des plus rigoureux.

Le régent se décida alors à faire un siège en règle et envoya du Guesclin pour le diriger. La prise de Mantes et celle de Meulan en furent les conséquences. « Monseigneur le duc de Normandie, pour rebouter les ennemis du royaume, manda monseigneur Bertrand du Guesclin lequel amena une grosse route (troupe) de Bretons. » Jean de Châlons, comte d'Auxerre, se joignit à lui avec d'autres chevaliers, parmi lesquels étaient les seigneurs d'Yvry et de Blaru (mars 1364).

Quoi qu'en aient dit les auteurs, Mantes, bien qu'à Charles de Navarre, ne refusa pas ses portes aux gens du régent; ce qu'elle refusa, ce fut l'entrée pour le gros de leurs troupes, ce qui se conçoit de reste : « Et s'assemblèrent à Mantes les seigneurs, mais leurs gens n'y entrèrent pas...... A Pasques, l'an mil trois cens soixante quatre, furent les dessus diz nobles à Mante où ils firent leurs Pasques. Et landemain vindrent mettre le siège devant le chastel de Rolleboise (1). » Le samedi suivant, Wauter Strael (Gauthier Strot) sans souci du danger, sortait avec un archer et attaquait un paysan qui apportait des vivres. Celui-ci se mit à crier : haro, haro ! Les Français accoururent, tandis que les Anglais qui suivaient les mouvements de leur chef, sortaient de leur côté, et tout en le protégeant, réussirent à s'emparer d'une troupe de marchands qui amenaient des vivres *en l'ost*. La mêlée devint générale et du Guesclin était sur le point de s'emparer du château, quand la nuit l'en empêcha (30 mars).

Le 4 avril, les choses étaient dans le même état. Jean Le Maingre, maréchal de Boucicaut, arriva alors devant Rolleboise, porteur d'un message adressé à du Guesclin. Le régent s'impatientait et voulait frapper un coup décisif contre le roi de Navarre : la prise ou la surprise de Mantes fut décidée.

§ 115. **Mante reprise par les Français.** — Ce qui fit mettre les armées aux champs à Charles, dauphin régnant en France pendant la prison du roi Jean son père, sous la conduite de Bertrand du Guesclin, chevalier breton qui fut depuis connétable de France, et le maréchal de Boucicault, allant en marche en Normandie, faire la guerre aux Anglais et Navarrois, lesquels au commencement de l'année 1364 (2), prirent subitement la ville de Mante. Et s'était mis ledit Bertrand en vigneron; le roi de Navarre étant lors en son royaume.

Si M. Siméon Luce préfère la version que nous adoptons avec lui, il est certain cependant que Cuvelier est venu à Mantes avec du Guesclin et a connu les mœurs de cette ville, composée alors de bourgeois et de cultivateurs bataillant au besoin. Le tableau

---

(1) *Chron. des quatre prem. Valois.*

(2) Autrefois l'année commençant à Pâques, la prise de Mantes eût lieu, en effet, dans les premiers jours de l'année.

qu'il fait de ces habitudes mantaises est copié sur le vif; il n'y a pas un mot de fantaisie et nous savons par d'autres relations locales, qu'elles furent celles des habitants tant que la ville fut fermée. Si les soldats de du Guesclin s'emparèrent brutalement d'une porte, au moment où le pont-levis était abaissé, nous sommes persuadés que les soldats qui guettaient ce moment étaient déguisés, sans quoi les bourgeois ne les auraient pas laissé approcher. Nous sommes donc autorisés à entremêler les détails topiques de la *Chronique de du Guesclin* (1) avec la précision rigoureuse de la *Chronique des quatre premiers Valois*.

Or, le dimanche après la *Quasimodo*, dans la nuit, c'est-à-dire le 7 avril, Bertrand du Guesclin réunit tous ses gens du Vexin et les divisa en deux troupes : « Et icelle nuit fit faire deux embuscades. »

Ains s'en vont tout à pié, les escus acolez.
La nuit y ot bruine, grande fu l'oscurtez ;
Encor véoient po quant solauz fu levez.

Ils arrivent donc de nuit déguisés, et se tiennent près de la porte de Rosny ou mieux peut-être de la porte aux Saints, attendant l'ouverture :

Or sont li vingneron sur la maistre chaucie ;
Bien semble à leur abit une poure maisnie,
Leurs oustilz en leurs mains dont la vingne est taillie.
Droit à l'aube crevant, ains que fust esclaircie,
Ont tuit li compaignon Mante bien approchie.
Or avoient coustume *en la ville jolie*
Qu'à droit soleil levant la gaite (2) s'esbanie,
Et puis IIII bourjois par droite compagnie
Venoient à la porte, qui estoit verroillie.
Et là estoit la proie (3) trestoute appareillie,
Vaches, brebis, pourceaux et autre besterie,
Et les mettoit-on hors de la porte abaissie :
Aler les faisoit-on en une praerie.
Et puis estoit la porte refermée et drécie (4).

(1) Ce sont les vers que nous allons citer. Cette ruse et l'arrêt d'une voiture sur le pont-levis, étaient traditionnels dans les surprises des places.
(2) Le guet.
(3) Le bétail.
(4) Ces habitudes militaires étaient de rigueur quand la ville était menacée. V. un registre des archives de Mantes, de 1536.

Au point du jour, avant d'être relevés de garde, les bourgeois
du poste avaient jeté un coup d'œil par la barbacane et avaient
aperçu les soldats de du Guesclin :

> Droit à soleil levant, à celle matinée.
> Sont venus li bourjois à la porte fermée :
> Ouverte l'ont briefment et la baille tirée ;
> Li uns a regardé parmi une valée (1),
> Et vit de celle gens venir à la volée,
> Dist à ses compaignons : « Getez vostre visée :
> Quelles gens viennent ici qui leur voie ont hastée ? »
> Et li autres a dit, qui oy (2) sa pensée :
> « Se sont cil vingneron de la nostre contrée
> Qui se viennent louer pour gaignier lor journée.
> Ce ne sont mie gent de male renommée ;
> A leur vesture pert (3) qu'ilz n'ont coustel n'espée. »
> — « C'est voir ce dit li autres ; n'aiez chière effraée. »

Sur cette assurance on ouvre la porte, on baisse le pont-levis ;
le bétail sort pour aller paître et une charette s'engage sur le
pont pour sortir (4). Les faux vignerons arrivent, l'arrêtent,
tombent sur les gardes sans défiance et pénètrent dans Mantes :

> . . . . S'ont la ville estounée.
> La fu toute la gent tellement esgarée
> Que chascun s'en fuioit comme beste dervée ;
> Par dedens une esglise qui estoit bien murée,
> Aloient à garant, c'est vérité prouvée ;
> De Nostre-Dame fu celle esglise fondée.
> Mais petit leur valu l'église bien ouvrée (5).

Les bourgeois affolés se sauvent de toutes parts. Les partisans
les plus compromis du roi de Navarre, se dirigent vers le pont
ou sautent par dessus les murs. De ce nombre sont Jacques le
Prestrel, trésorier de Charles le Mauvais, Regnault de Paris,

---

(1) La porte aux Saints domine les prairies et la vallée de Mantes-la-Ville.
(2) Qui comprend sa pensée.
(3) A leur habit on devine.
(4)   Une charrette estoit sur le pont arrestée
             Qui cuidoit aler hors de Mante la fermée,
             Mès des bons vignerons fu tantost destellée,
             Et par ce ne pot-on ceste matinée
             Lever le pont qui fu d'une œuvre charpentée
             Ne la porte fermer.   *Variante* p. 138.
(5) Variante du vers précédent.

son bailli de Mantes, Jean d'Haincourt et Jean Doublet (1), qui s'enfuirent à Meulan où nous les retrouverons.

Aussitôt que les soldats se furent emparés du pont et de la porte du pont, ils firent prévenir du Guesclin qui se tenait près de là.

> Bertrand fu en l'agait par-dessus maint noier ;
> Un messager li dit : temps est de gaaignier ;

La *Chronique des quatre premiers Valois* ne parle que du pillage, et aucunement de résistances ; nos vieux bourgeois avaient donc bien changé d'humeur. La *Chronique de du Guesclin* fait plus d'honneur à leur courage :

> Et la ville s'esmut et devant et derrier :
> Vos poez bien savoir qu'en culx n'ot qu'à irer.
> Li l porte I pestel (pilon), li autres I mortier,
> Et getoient aval pour lor honte vengier,
> Et crioient : Tray ! pour leur gens esvoillier.
> Fames veissiez-là leurs enfans embracier
> Et plorer et crier, hideusement noisier.

Du Guesclin arriva bientôt et fit crier par la ville que nul ne « meffeist à femme ne à enfant, mais la ville avoit ainçoiz esté pilié. »

> Entrèrent en la ville de Françoiz l millier
> Et conquirent la ville tout à lor desirier.

Du Guesclin se dirigea ensuite vers l'enceinte de l'église et bientôt ceux qui s'y étaient réfugiés demandèrent à se rendre :

> Et Bertran assailli telement le monstier
> Que cil qui léens (dedans) furent, montèrent au clochier.
> Crioient tout : « Faittes l'assaut cesser
> Nous renderons à vous l'esglise sans cesser. »
> Dont cessèrent nos gens sans personne bleciér.

Maître de la place, Bertrand fait mander les bourgeois à leur Hôtel-de-Ville, et leur demande s'ils veulent reconnaitre l'autorité du Régent et lui faire hommage : « Si vous ne le voulez, leur dit-il, déclarez-le loyalement ; il vous sera loisible de quit-

---

(1) D'une famille de Mantes. Charles le Mauvais fit une rente aux enfants de Jacques le Prestel : « A Jehannin Leprestel auquel monss. » donné pour considération des bons et agréables svices que feu Jacquet Leprestel son pe. li avoit faiz et à madame la royne... lx l. par an. » *Comptes d'Evreux* ms. 10,367. Bibl. Nat.

ter la ville avec vos femmes et vos enfants, à vos risques et périls. Quant à vos fortunes,

> Mès n'en emporterez plus taillant que la dent.

Vous n'aurez ni joyaux, ni argent. J'attends votre réponse sans
feintise. » Les réflexions philosophiques que ce petit discours
inspire à Cuvelier sont d'une observation juste dans le fonds,
d'une naïveté charmante dans la forme.

> Quant les nobles bourgois perent Bertran oyr,
> De leurs biens ont peour con ne les voist tolir (1).
> A jurer léalment se vont tous assentir;
> Car leurs grans héritages ne puent déguerpir,
> Ne perdre leur chevance n'en pevent eslougnir :
> Mal fait à un riche de sa terre guerpir ;
> Mès au poure (pauvre) n'en chaut où il doic venir
> Mais (2) qu'il ait à mengier et qu'il puist bien dormir.

Que pouvaient-ils faire? Ils jurèrent « d'aimer la couronne de
France entièrement. »

Pendant que Mantes tombait ainsi au pouvoir d'un capitaine
peu scrupuleux, et d'une soldatesque que le régent ne payait pas
depuis longtemps, le château de Vétheuil surpris aussi par une
troupe de quatre-vingts Bretons, avait subi le même sort (3).
Du Guesclin laissa la ville sous le commandement d'Yvain Cha-
ruel et du Vert Chevalier, frère du comte d'Auxerre et retourna
à Rolleboise où Wauter Strael lui jeta à la face cette vérité,
semblable à une injure :

> « Fausse gent enragie
> Vous avez faussement Mante prise et traïe. »

Cela ne l'empêcha pas de donner un dernier assaut qui n'eut
aucun résultat. Mantes donnant des preuves de loyauté, avait envoyé de ses soldats :

> Noblement s'y porta la *commune jolie*,
> Qui de Rouen estoit sévrée et partie (4).

(1) Qu'on ne leur enlève leurs biens.
(2) Pourvu.
(3) Bréval eut un sort semblable. V. *Mandem. de Charles V.* Perrinet
Trenchant, chef de la vénerie de Bréval, cassé de son emploi, eut une rente
de Charles le Mauvais. *Comptes d'Evreux*, ms. 10,367. Bibl. Nat. f° 47.
(4) Ces détails font voir combien Cuvelier connaissait Mantes et ses intérêts. Comment aurait-il su qu'il importait à la ville d'avoir ses relations
libres et sûres avec Rouen?

Renonçant à prendre Rolleboise, du Guesclin leva le siège et laissant quelques hommes dans la forteresse de Rosny, sous le commandement du seigneur de la Ferté, il dirigea ses bandes vers Meulan. La sûreté de quelques détails de la *Chronique de du Guesclin* fournit un exemple, ou de la haine ou de la jalousie qui existait autrefois entre les deux villes. Quand les bourgeois de Mantes eurent consenti à reconnaître l'autorité du régent, ils

« mirent en leur couvent (convention)
Qui n'en feroient rien, s'en n'aloit temprement
Assaillire et conquerre bien efforciement
La ville de Meulent et la tour ensement. »

Le château de Rolleboise ne fut pas pris. Wauter Strael consentit, quelque temps après, à le rendre moyennant une forte somme : « Ne sçai cinq ou dix mil frans et puis s'en retourna arrière en Braibant dont il estoit (Froissart). » Charles V, dans le courant du mois de mai 1365, le fit raser afin qu'il ne put plus nuire à personne. Les habitants de Mantes furent même requis d'aider à cette démolition (1).

§ 116. **Le roi Charles vient à Mante où il reçoit la nouvelle de la mort du roi Jean son père.** — Ledit Charles régnant en France, arriva à Mante le onze avril (2) de ladite année 1364, pour donner ordre à ladite ville, nouvellement prise. Auquel lieu de Mante, il reçut les nouvelles de la mort du roi Jean, son père, en Angleterre, ce qui le fit partir promptement dudit Mante, pour aller se faire sacrer roi à Reims. Et commanda audit Breton, de faire fortifier Mante et d'en sortir, et d'aller contre ses ennemis qui étaient en grand nombre aux environs d'Evreux ; ce qu'il fit, et remporta sur eux une glorieuse victoire proche Cocherel (3), entre Vernon et Evreux.

(1) Léop. Delisle. *Mandements de Charles V*. Les ruines de Rolleboise appartiennent à un homme qui s'intéresse à ce vieux château-fort. M. Pinaguet a formé le projet de dégager la partie du donjon qui a disparu sous la terre végétale d'un jardin. Il mériterait d'être encouragé et aidé dans cette entreprise.
(2) Il ne put être à Mantes avant le 14 ou 15.
(3) Eure, c. de Passy.

Tout ceci est exact. Le régent semble avoir suivi de très près le maréchal de Boucicaut. Le 10 avril, il était à Paris (1) et savait déjà la prise de Mantes. Cependant il vint à Meulan pendant que du Guesclin en attaquait la tour, c'est-à-dire le 12 ou le 13. Les bourgeois de Mantes ou plutôt les officiers de Charles de Navarre qui s'y étaient réfugiés, l'insultèrent et « commencèrent à getter pierres moult fort et disoient de villaines paroles de monseigneur le duc. » Ils comptaient sur la solidité des murailles et non sur le sort que leur préparait le Breton. La tour fut sapée et les insulteurs pris avec les autres combattants : « Et furent lesdiz bourgoiz de Mante menez à Paris et là furent-ilz décapités (2) ».

« Ainsi furent Mante et Meulenc prinses, dont le duc de Normandie fut moult joyeux, et le roy de Navarre, moult courroucé quand il le sceut... Il tint à grand dommaige la perte de Mante et de Meulenc, car ce luy estoit une belle entrée en France (3) ».

Le récit de Froissart sur la prise de Mantes et de Meulan est plus pittoresque et plus épisodique que le nôtre. Il donne le rôle actif au maréchal de Boucicaut, comme Cuvelier le donne au chevalier Guillaume Lannoy. Froissart fait commencer le siège de Rolleboise par le même Boucicaut, que vient rejoindre du Guesclin, qui était allé avec sa *route* (troupe) vers Evreux, pour surprendre cette ville. Si notre récit est moins agréable, nous croyons néanmoins qu'il est plus près de la vérité.

Cependant arrivé à Mantes, le régent reçut le serment de fidélité des habitants et y apprit sans aucun doute qu'il était roi : Jean le Bon était mort à Londres, dans la nuit du 8 au 9 mai. Charles V se posant désormais en protecteur de la ville, fit évacuer les bandes de Bretons et, au lieu de se rendre à Reims, il alla à Vernon, traiter avec la reine Blanche qui tenait le parti de son frère, le roi de Navarre.

Un peu après, le Captal de Buch, lieutenant dévoué du roi de Navarre, débarquait à Cherbourg et, s'avançant sur Evreux, comptait reprendre Mantes et courir de là à Reims, pour empêcher ou troubler le sacre de Charles V. Le 13 mai, il assistait à un dîner donné en son honneur à Vernon par la reine Blanche; la reine Jeanne, veuve de Charles le Bel qui l'aimait, était au

---

(1) Léop. Delisle. V. *Mandements de Charles V*, n° 1.
(2) Secousse, *Preuves*; et Siméon Luce, *Hist. de du Guesclin*.
(3) Froissart.

nombre des convives. Le baiser d'une femme de cinquante ans,
fut pour le Captal le seul succès de cette campagne : trois jours
après, du Guesclin le battait et le faisait prisonnier à Houlbec-
Cocherel (16 mai 1364).

Après le Captal de Buch, le prisonnier le plus considérable
fait à Cocherel, fut Pierre de Saquainville, de la famille de Blaru,
conseiller de Charles le Mauvais et l'un des plus obstinés Navarrois. Il avait fait au Régent tous les maux possibles ; Charles V
lui fit trancher la tête à Rouen. Charles le Mauvais constitua une
rente à sa veuve : « A Madame de Saquainville, femme de feu
mess. Pierre de Saqinville, laquelle, du don et octroy de mons.
prent p. an, à vie, depuiz le trespassement dudit feu mess.
Pierre... ... Vc l... depuis le mois d'aoust ccc lxiiij (1364) q. ledit feu mess. Pierre mourut à Rouen aps la bataille de Cocherel
où il fut prins en la compie (compagnie) de monss. le Captal (1). »

Les conséquences de la prise de Mantes furent rudes pour
quelques familles. Plusieurs bourgeois, nous l'avons dit, pris
à Meulan, avaient été décapités à Paris. Leurs biens furent confisqués et donnés aux serviteurs de Charles V. D'autres en furent
quittes pour cette dernière peine. De ce nombre étaient Denizot
le Parizé, Jean de Banthelu et Jean Doublet, probablement le
fils du malheureux Colinet Doublet, pris et décapité à Rouen,
avec d'Harcourt (2).

Bertrand du Guesclin ne fut pas oublié ; il eût la part du lion.
Charles V lui attribua, le 24 avril, les biens de toute nature, de
vingt-quatre bourgeois de Mantes, partisans du roi de Navarre.
Nous reconnaissons parmi ces noms ceux de quelques vieilles
familles mantaises : Jean Dufour, Guillaume Berout, Jean Doublet (3), Etienne Rive, Guillaume Aupert, Michelet Dutemple
(§ 25), Jean de Romilly, Guérin Deschamps, etc. Quelque temps
après, du Guesclin fut pourvu du comté de Longueville, qui avait
appartenu à Philippe de Navarre.

§ 117. Donation faite par le roi Charles 5ᵉ à Notre-Dame. — Après que notre roi Charles 5ᵉ dit le Sage, eût été sacré et couronné roi à Reims, il revint à Mante et donna

(1) *Comptes d'Evreux.* Ms. 10,367, Bibl. Nat.

(2) Ces Doublet étaient d'une famille de Mantes qui a disparu ; V. § 25,
Georges Double et Guyon Double, autre forme du même nom.

(3) Ses biens avaient été donnés la veille à Lucas Maillechat, écuyer.
V. Siméon Luce. *Histoire de du Gesclin.* T. I. p. 595.

à l'église Notre-Dame, à son joyeux avénement à la couronne, deux draps très riches et très nobles, dont l'on a fait deux chapes pour le chœur, pour les fêtes solennelles, qui y sont encore aujourd'hui.

§ 118. Mante reprise par les Anglais et Navarrois. — Ladite ville de Mante fut prise par les Anglais et Navarrois sur les Français, en l'année 1365, qui la pillèrent entièrement et brûlèrent en partie.

§ 119. Mante reprise par les Français. — En l'année 1367, le roi Charles 5ᵉ reprit la ville de Mante sur les Navarrois et Anglais, laquelle il fit fortifier.

§ 120. Mante rendue au roi de Navarre. — L'an 1369. le roi de Navarre vint de son royaume à Cherbourg et fit savoir au roi de France qu'avant de venir vers lui, il avait une requête à présenter à son conseil. Le roi lui députa plusieurs personnes, pour savoir ce qu'il désirait et l'on sut que c'était pour redemander les villes de Mante (1) que le roi de France tenait en sa main. Et pour cet effet, les reines Blanche et Jeanne firent plusieurs voyages vers le roi de France, qui fit accord avec le roi de Navarre, son beau-frère, et lui donna sauf-conduit pour le venir trouver. Et étant assemblés avec le roi d'Angleterre en la ville de Vernon (2), le roi de France rendit audit roi de Navarre, Mante, Meulan et la libre jouissance de toutes ses terres en Normandie (3), pour la rançon de Bertrand du Guesclin et d'un autre qui furent pris en la bataille d'Auray (4).

Ces trois derniers paragraphes sont absolument erronés. Mantes et Meulan ne retournèrent jamais au roi de Navarre, mais il passa le reste de sa vie à les désirer et à les redemander.

(1) Et Meulan ? Marion fait cette même faute.
(2) Erreur, ce fût en 1371.
(3) Erreur.
(4) La bataille d'Auray, fut perdue en 1364. La rançon de du Guesclin, 100,000 florins, fut payée par Charles V, le pape Urbain V et Henri de Trastamare.

Aussitôt après Cocherel, « les reines Jeanne et Blanche pourchassèrent et exploitèrent tant » qu'elles parvinrent à renouer des négociations de paix qui traînèrent un an. Le traité de Vernon (1365) enleva sans retour à Charles le Mauvais le comté de Longueville et les deux places de Mantes et Meulan. A l'égard de celles-ci, le traité était exécuté avant même qu'il ne fut signé. Comme compensation, Charles V lui abandonnait la ville et la baronnie de Montpellier, pour lesquelles on devait faire une prisée. La conduite du roi de Navarre retarda l'exécution de cette dernière clause (1).

§ 121. **Mante reprise par les Français**. — L'histoire de France dit que ledit roi de Navarre connaissant combien de fois il avait abusé de la bonté de Charles cinq, roi de France, il ne put se fier à lui ; à cause de quoi il s'en retourna en Navarre où étant tout confus, il fit de nouvelles brigues avec l'Anglais et autres ennemis de la France, jura entreprise contre la personne du roi Charles cinq, qu'il voulut faire empoisonner par deux de ses domestiques, qui furent exécutés, le Navarrois déclaré criminel de lèse-majesté et toutes ses places de Normandie, Mante et Meulan et autres, saisies et mises en la main du roi. Ce qui arriva l'an 1375. Il y en a qui croient que ce fut ledit roi de Navarre, qui fit mettre en une les deux chapelles de Saint-Paul et de Saint-Louis, comme on les voit à présent.

Tout ceci est obscur ou inexact. En 1369, Charles V déclarait la guerre à Edouard III. Les deux belligérants se tournèrent en même temps vers Charles de Navarre qui tenait de bonnes places en Normandie, entre autres Cherbourg qui pouvait faciliter la descente des troupes anglaises. Le Navarrois, toujours fidèle à son caractère cauteleux, négocia avec les deux souverains. Il fit même un voyage en Angleterre, pendant que ses commissaires conféraient avec ceux du roi de France. S'étant vu repoussé par Edouard III, tandis que Charles V offrait de lui rendre Montpellier qui lui avait été confisqué en 1367, il accepta ses propositions, au mois de mars 1370. Toutefois, ce projet ne fut ratifié qu'au mois de mars de l'année suivante. Charles de Na-

(1) V. *Mémoires* de Secousse.

varre ayant obtenu un sauf-conduit, vint d'Evreux à Vernon auprès de Charles V. Il abandonna alors définitivement ses prétentions sur Mantes et Meulan. Ce traité cependant ne fut pas signé à Vernon, mais à Mantes, ainsi qu'il résulte des lettres de Charles V, du 19 février 1380, où il ordonne de faire une enquête sur les gens qui ont tenu le parti du roi de Navarre, depuis la bataille de Cocherel jusqu'à ce traité : « Lesquieulx furent mors en la besongne de la ditte bataille et traytié fayt à Mante l'an mil ccc LXXI, entre nous et nostre dit adversayre de Navarre (1). »

Quant aux tentatives d'empoisonnement de Charles de Navarre sur Charles V, elles sont étrangères à notre sujet.

Dans chacun des accords conclus depuis 1364, entre les deux beaux-frères, Charles de Navarre réclamait toujours la prisée comparative de Mantes et Meulan et de Montpellier; ses demandes furent toujours éludées. « Il y a grande apparence que ces estimations n'ont jamais été faites, dit Secousse. » Elles ont au moins été commencées pour Mantes et Meulan, car Levrier a cité un procès-verbal d'une enquête faite à ce sujet, en 1376. Elle eut lieu au Château.

« Les commissaires nommés, arrivés à Mante le mardi, premier jour de décembre 1377, les officiers du roy, avec les maire, pairs et compagnons, au nombre de trente-cinq, furent interrogés sur les droits féodaux qui appartenaient au roy de Navarre, à cause des villes de Mantes et Meullent, ainsy qu'il suit :

« Demandés et interrogés sur le droit que prend chaque seigneur des héritages vendus en ses censives. — Déposèrent par serment, que ledit seigneur prend de son droit, le douzième qu'on appelle *Ventes*.

« Demandés et interrogés furent, quel droit le roy et autre seigneur prennent des fieux (fiefs) tenus d'eux en foy, quand ils sont vendus. — Déposèrent que le seigneur prend de qui le fieu est vendu, en prend une année ou la valeur d'une année.

« Demandés furent, si en *échoiles*, descendans ou successions collatérales ou testamentaires, le seigneur de qui la chose est tenue en *villenage*, prend aucun droit. — Dirent et répondirent que non.

« Demandés furent et interrogés, quel droit en fieu et renouvellement d'homme le seigneur prend de qui le fieu est tenu. —

(1) *Ibid.* et Léop. Delisle, *Mandements*, n° 1893.

Dirent et répondirent que si le fieu échiet en droite ligne ou en
collatérale, le seigneur de qui le fieu est tenu, aura une année
dudit fieu (sauf les châteaux) des héritages où il *chaye* labourage (1). Et si ledit fieu vient en droite ligne ou en collatérale à
une personnne qui soit moindre d'âge et qui ne soit âgée de
vingt ans, et entrant sur le vingt et un ans, le plus prochain de
la ligne dont le fief est échu aura le bail, et le seigneur en aura
une année de la terre; et si le mineur vient à trépassement, le
fieu demeure à celui qui avait le bail, sans rachat, ni autre droit
que le seigneur y doive prendre.

« Demandés et interrogés furent, si les seigneurs de terres en
baronnies, pour mariages de filles, chevalerie de leur fils ainé,
pour voyage de Jérusalem, pour sa rançon d'eux-mèmes, ou pour
rachepter forteresse de grand prix, peuvent tailler leurs hommes. — Dirent et répondirent que *non et que, onques ne le virent faire* (2). »

Ce procès-verbal n'est pas moins curieux pour l'histoire de
Mantes que pour celle du droit civil; c'est ce qui nous a engagés à le citer.

§ 122. **Le Couvent des Célestins fondé, et autres fon-dations**. — Le 13ᵉ février 1376, le roi Charles cinq fonda le couvent des Célestins où était auparavant un ermitage dédié à sainte Christine. Il y avait encore la chapelle sur la ter-rasse d'en haut, en entrant dans le bois, qui a été démolie en 1713, et l'on a mis à la place un colombier. Les prieurés de Saint-Martin, celui de la Madeleine de l'ordre de Saint-Benoit et celui de Gassicourt aussi par lui fondés (3).

Charles V, la reine et plusieurs archevêques et évêques
assistèrent à l'installation des religieux, qui n'eut lieu qu'en
1377. Le couvent avait été commencé à construire en 1373,
par Jehan Autabour, maître des œuvres du roi (4).

L'acte de fondation des Célestins est curieux à plus d'un titre.
Cité par A. Becquet dans son ouvrage sur les Célestins, il offre

(1) C'est-à-dire une année des fiefs qui produisent : les châteaux ne rapportant rien.
(2) Levrier. *Preuves*.
(3) Cette dernière phrase est une grosse erreur. Charles V n'a fondé que
les Célestins, à Limay. On a vu ce que nous avons dit des autres prieurés.
(4) Levrier. *Preuves*, T. XVI.

comme première particularité, le portrait de Charles V, peint dans la lettre K, de *Karolus*, par laquelle il commence. Le roi est agenouillé, en manteau très simple, et présente la charte à quatre religieux également agenouillés. Au-dessus des religieux est la Trinité, groupe formé du Père Eternel, du Christ en croix et de la Colombe mystique. Au-dessus de la tête de Charles V est un écu de France à trois fleurs de lis (1).

Pierre Pocquet, bourguignon, docteur en l'un et l'autre droit, fut le premier prieur des Célestins. Il fut l'exécuteur du testament de Louis d'Orléans et mourut en 1408.

Charles V leur accorda le 29 mai 1376, 500 l. à prendre sur le receveur de Mantes, pour clore leur vigne et leur ermitage de Sainte-Christine. Deux ans après, il donnait ordre de laisser jouir les religieux des revenus de la terre de Cosseville (2), qui avait appartenu à Aude Martel et qu'il leur avait assignée dans sa charte de fondation (3).

L'église des Célestins était riche en œuvres d'art. Au milieu du chœur était une tombe incrustée de marbre blanc et noir, avec des ornements de cuivre, et une statue couchée, l'effigie dit Chrestien, de Jean Martel, chambellan de Charles V. Ce roi avait donné 128 francs d'or, pour exhumer son corps des Augustins de Rouen, et le faire rapporter aux Célestins-lès-Mantes (4).

On y voyait encore la sépulture de Thomas le Tourneur, archidiacre de Tournay, premier secrétaire de Charles V et maître de ses comptes. C'est cette belle statue couchée, qui est actuellement à l'ermitage de Saint-Sauveur. Les mains et le masque sont en marbre blanc, et du plus beau travail. Thomas le Tourneur avait contribué de ses deniers, à l'édification du clocher, du portail et de la nef de la chapelle.

Cette nef était peinte à fresque ; cette peinture représentait une assemblée de cardinaux. Le portrait de Charles, était dans le réfectoire. Il était peint à l'âge de 30 ans, sans barbe et en manteau rouge. Dans le fond de la salle était un tableau représentant Jésus à table avec les pélerins d'Emmaüs, sous la figure

(1) A. Moutié : *Charte de Fondation des Célestins-lès-Mantes* (1857).
(2) Près de Pont-de-l'Arche.
(3) V. Léop. Delisle. *Loc. cit.* nᵒˢ 583 A, 1719.
(4) Léop. Delisle : *Ibid.* nᵒ 1844. Le tombeau de l'église de Limay qu'on attribue a Jean Martel, ne ressemble en rien à la description de Chrestien.

Jules II, Charles-Quint, François 1er et derrière eux, Henri VIII, roi d'Angleterre (1).

La ville payait quelques redevances aux Célestins, notamment 4. d. par mois, plus 30 s. de rente pour l'ancienne chapelle de Sainte-Christine (2).

Le 16 mai 1376, Charles V accorda aux maire et échevins, la permission de pourvoir des offices de courtiers de vin et de vendeur de poisson de mer. Le rapport de ces charges devait servir à dédommager la ville, des pertes éprouvées pendant les troubles excités par Charles le Mauvais (3).

§ 123. **Démolition de maisons autour de Notre-Dame.** — Par le susdit ancien registre de l'église Notre-Dame de Mante, il se voit qu'environ ledit temps ledit roi Charles cinq° fit abattre quantité de maisons et héritages qui étaient proche et autour de ladite église, appartenant au chapitre, pour croître et fortifier ladite église. Et pour récompenser ledit chapitre desdites démolitions, il leur fit bailler et délivrer comptant la somme de 300 liv. à la charge néanmoins de faire dire par ledit chapitre, quelques services tous les ans à son intention.

Sur ce point spécial, voici ce que contient la *Déclaration de 1521* : « Ce roy Charles le Quint, que Dieu absoulle, pour emparer et fortiffier ladite église de Notre-Dame et acroistre la fortiffication, environ l'an de N. S. mil iij c lx vj, fit abastre et desmollir la plus grande partie des maisons et héritaiges appartenas à nred. communauté, lesquelles, p. son comandement, furent prisées par les maçons, charpentiers et aultres ad ce congnoissans, à la somme de deux mil cinq cens quarante six frans d'or, en quoy nostred. Sre pour icelle cause, fut tenu à lad. église. »

Mais Charles V, prit aussi d'autres maisons ; nous allons en parler, un peu plus loin.

(1) D'après d'anciennes notes de M. de Roissy, sous-préfet de Mantes avant 1830.
(2) *Comptes de 1416*, fragments.
(3) *Invent. de 1543.*

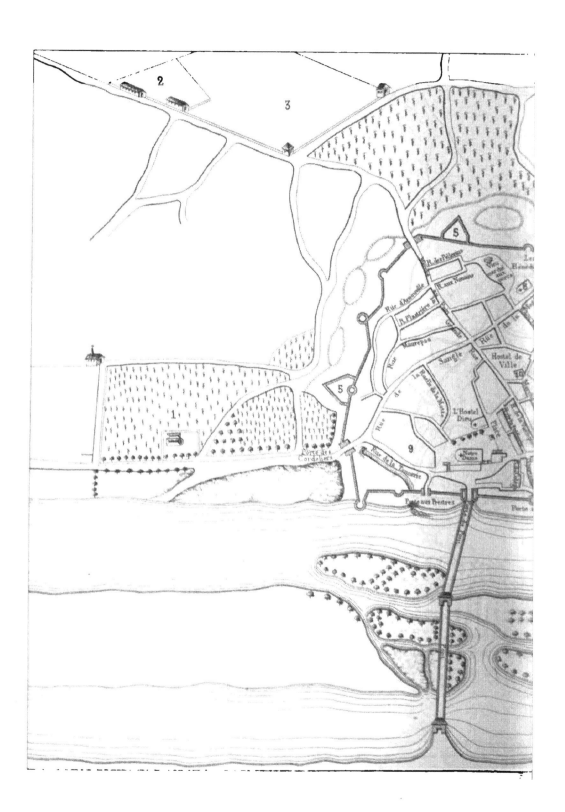

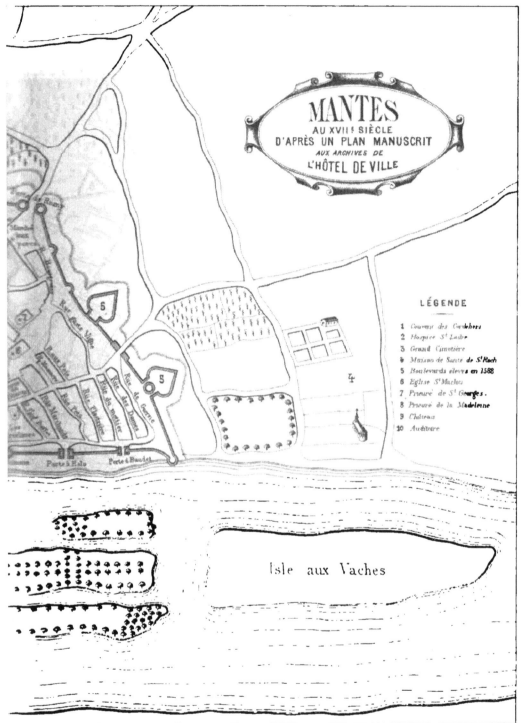

MANTES
AU XVIIIe SIÈCLE
D'APRÈS UN PLAN MANUSCRIT
AUX ARCHIVES DE
L'HÔTEL DE VILLE

LÉGENDE

1 Couvent des Cordeliers
2 Hospice St Lazare
3 Grand Cimetière
4 Maison de Santé de St Roch
5 Boulevards élevés en 1588
6 Eglise St Maclou
7 Prieuré de St Georges.
8 Prieuré de la Madeleine
9 Château
10 Auditoire

Isle aux Vaches

§ 124. La Porte du pont bâtie. — La plus commune opinion des habitants de cette ville est que ce fut par ledit Charles cinq, que la porte du pont appelée *Porte-aux-Images*, fut fait bâtir ; appuyée au fondement [se fondant sur ce] que à côté de l'image Notre-Dame qui est au-dessus de la porte, sont les figures en pierre dudit roi et de la reine sa femme, aux pieds desquels sont les armes de France, aux fleurs de lis sans nombre ; n'étant encore lesdites armes réduites à trois comme elles sont à présent, ce qui n'a été que sous Charles 6ᵉ son fils (1).

A peine maître de Mantes, Charles V mit tous ses soins à rendre cette place plus forte encore qu'elle n'était. Pendant le temps de sa régence, il avait été tellement inquiété par la garnison ; il se sentait encore si menacé par les places que tenait Charles le Mauvais, qu'il ne ménagea aucun sacrifice pour faire de Mantes une forteresse capable de résister à tous les efforts. Si les travaux qu'il ordonna embrassèrent toute l'enceinte, il est certain toutefois que la porte du pont et le *Fort* de l'église, qui a laissé son nom à la rue du Fort, furent les objets spéciaux de son attention. Il y travailla plus de dix ans.

Nous connaissons vaguement l'ancien Château de Mantes. Il est probable que l'église fut toujours comprise dans l'enceinte de ce Château ; quelques parties de la *Chronique* le font comprendre. Des documents plus authentiques en fournissent la preuve. Ainsi Notre-Dame malgré son importance monumentale n'était pas une paroisse. Dans les temps anciens, il y eut une chapelle de Saint-Lubin particulièrement affectée à la garnison du château. Plus tard, les bourgeois firent ériger dans l'église la paroisse Sainte-Croix, pour les privilégiés, et Saint-Lubin fut supprimé. Saint-Maclou, cure du doyen de la Collégiale était la paroisse du *commun* de la ville, tandis que Sainte-Croix avait son curé particulier. Ce fut l'objet de bien des conflits.

Le Château avait la tour de Ganne pour donjon, mais l'église semble avoir eu, avant la prise de Mantes par du Guesclin, des

(1) On a vu que les armes de Charles V ont été de trois fleurs de lis, sur le sceau de la charte de fondation des Célestins. Les armes d'Evreux étaient : d'azur aux fleurs de lis, *sans nombre*, au bâton componé d'argent et de gueule.

ouvrages défensifs particuliers. Cuvelier le dit dans sa *Chroni-que de du Guesclin*, en un endroit déjà cité :

> Par dedens une esglise qui estoit *bien murée*
> Aloient à garant, c'est véritez prouvée.

Une variante de ces deux vers en apprend davantage ; il y avait une tour :

> Hault ont prier ceulx qui sont au monstier
> Qu'il rendroient *la tour* du nobile monstier.

La Chronique des quatre premiers Valois, moins prodigue de détails, laisse entrevoir que l'église était sûre : « Les autres si finoient aux églises. » Enfin la traduction en prose de la *Chronique de du Guesclin*, connue sous le nom de *Faiz de du Guesclin*, ne permet pas le doute : « L'église fut attaquée avant qu'on eut commencé à la fortifier. »

Charles le Mauvais a peut-être entrepris cette fortification de l'église ; nous pensons cependant qu'il en a plutôt augmenté les ouvrages. Chrestien dit, sans fixer la date, qu'il y avait des maisons devant et derrière Notre-Dame ; les premières au chapitre, les autres(1) à la ville. D'un commun accord, elles furent démolies. C'est alors sans doute, que l'église fut fortifiée ou ses défenses augmentées.

Des fortifications de l'église, il reste un ouvrage bien ignoré. C'est une petite tour de guette, carrée, adossée au quatrième contrefort, sur la rue Mont-Eclair. L'escalier en est détruit à partir du triforium et on n'y accède que par l'extérieur. Elle fait partie de la construction primitive.

Quoi qu'il en soit, Charles V dépensa de grandes sommes pour fortifier le pont et l'église. Ce sont ces travaux que nous allons examiner, en nous servant des actes publiés par M. Léop. Delisle dans ses *Mandements de Charles V* (2). Nous ferons connaître ensuite l'enceinte continue de Mantes, dont à dessein, nous avons jusqu'ici négligé de parler.

Donc, après son passage à Mantes, Charles V avait donné ordre de pourvoir aux défenses de la ville. Au 8 janvier 1365, les travaux était en cours d'exécution et déjà très avancés. Il mande alors à ses trésoriers généraux, de payer deux cents

---

(1) Au chevet de l'église, sur la place du *Miroir*, § 65.
(2) Collection des *Documents de l'Histoire de France*.

francs d'or à Philippe Roussel, auquel était confiée la direction des travaux de sa forteresse. Cette première somme servit à acheter de l'artillerie pour la garnison (1). Une autre somme de quatre cents francs d'or devait être payée pour aider à parfaire la forteresse (2).

Pour subvenir aux dépenses de toute sorte ordonnées pour ces travaux, Mantes et tous les environs à sept lieues à la ronde, furent frappés d'une imposition. Un receveur spécial fut même nommé à cet effet et installé à Mantes, pour établir et percevoir cette imposition : ce fut Robert de Maule (3).

Mais tant de chatellenies avaient souffert des maux endurés par Mantes, qu'un grand nombre de paroisses se virent dispensées de payer à Robert de Maule, sans quoi quelques-unes eussent été obligées de payer en plusieurs lieux à la fois. Mantes, pour sa part, fut d'abord forcée, en décembre 1366, de payer 400 francs d'or (4).

Les travaux durèrent longtemps ; le 5 janvier 1375, ils n'étaient pas terminés. Charles V, ordonna à cette époque, de faire bailler à Robert de Maule, par le grénetier à sel de Vernon, 1000 francs d'or « pour certaines œuvres et réparations qui sont nécessaires à faire présentement *au fort de l'église* de Notre-Dame de Mante et du pont (5). »

Ces travaux n'étaient pas sans gêner la circulation des piétons et des voitures. Pour parer à cet inconvénient, Charles V interdit l'usage du pont et le 12 janvier 1375, ordonna que « l'en passera dès ores en avant par la rivière de Saine, par bacz et bateaux, sans passer par dessus le dit pont. »

La Porte-aux-Images fut vraisemblablement bâtie à cette époque, car c'est seulement à partir de ce moment que viennent les expropriations, qu'on nous passe le mot, de ces maisons de Mantes-l'Eau, dont il est parlé dans les § 6, 27 et 123. Nous avons signalé celles enlevées au chapitre. D'autres appartenaient à divers habitants de Mantes, auxquels le roi assigna des indemnités qui ne furent pas toutes régulièrement payées. Jehan

(1) Léop. Delisle. *Ibid*. n° 161.

(2) Jehan Autabour dirigeait les travaux en 1367. Levrier, *Preuves*.

(3) Il tua un Mantais, Jehan Boutdumonde, vers 1367, et fut condamné à payer 400 l. t., non à sa veuve, mais aux églises de Mantes, pour faire des œuvres pieuses ! *Reg. du Parlem. ap.* Levrier.

(4) V. *Ibid*. N°⁸ 312, 358, 374, 350.

(5) *Ibid*. N° 1093.

Blanchandin et non Blanchardin, reçut 300 l. p. pour une maison près de la rivière où étaient des *éluves* ; Robert de Henuicourt, 200 francs d'or. pour une maison auprès de Notre-Dame, où on logea le capitaine de Mantes. Le 28 février 1376, on donnait 470 l. p. à Robert Pasquier et à sa femme Marguerite Ogier, pour deux maisons abattues (1).

Les choses ne se passèrent pas toujours d'une façon aussi équitable. Le 8 mai 1377, Charles V était à Mantes et reçut la visite de pauvres malheureux qu'on avait dépossédés sans leur rien donner en échange. La peinture de leur misère est navrante, et la teneur des lettres que nous allons citer, montre que les ordres d'un roi du XIVe siècle, n'étaient pas toujours pris en considération par ses propres officiers. « Receue avons la grieve complainte de Colin le Rouge, Maciot le Magnion, Tierry Lambert et Estienne de la Tresce, de nostre ville de Mante, povre genz chargez de femmes et de vint petis enfans, consors en cette partie, contenant que, comme nous te eussions mandé par noz lettres, verefiées par noz amez et feaulz gens de noz comptes à Paris, que auz diz complaingnans tu paiasses le pris et sommes que leurs maisons condempnées à abatre pour notre fort et église de Mante ont été estimées, dont tu ne voulz rien faire et pour ce se feussent trais *les diz complaingnans et leurs femmes et enfans par devers nous*, le VIIIe jour de may derrenierement passé, que nous fusmes en nostre dicte ville de Mante, et nous eussent supplié qu'il nous pleust par toy les faire payer, et pour ce derechef te eussiens fait exprès commandement de bouche que, sur toutes autres assignacions, tu paiasses y ceulz complaingnans.... dont tu as esté et encores es, si comme ilz dient, du tout refusant et contre disant..... ; pourquoy nous, attendu ce qui dit est, te mandons de rechief..... que à yceulz complaingnans tu paies le pris et sommes que leurs dictes maisons ont esté estimées (2). »

L'Hôtel-Dieu ancien, qui était devant Notre-Dame, « sur une arcade au-dessus de la rue du Fort », avait aussi été démoli et les maîtres, *les frères et les sœurs* de cette maison, avaient été indemnisés. C'est à la suite de cette dépossession, sans doute, que l'Hôtel-Dieu fut établi où il était avant la Révolution, dans une enclave bornée par la place de l'Eglise, les rues de la Heuse, de la Sangle et du Cloître.

(1) *Ibid.* Nos 1108 et 1161.
(2) *Ibid.* No 1444.

Après avoir commencé par imposer des charges aux bourgeois, Charles V, par générosité ou par nécessité, se vit dans la suite obligé de venir à leur secours. Le 5 mars 1375, il leur accorda 500 francs d'or, pour être appliqués aux fortifications de la ville dont ils avaient l'entretien. Ce don était motivé par les pertes énormes que les habitants avaient faites dix ans auparavant. *Raymond Dutemple*, bourgeois de Mantes et *maître des œuvres*, était chargé de les employer aux réparations des créneaux, des guérites, du couronnement des portes et des tours, à l'élargissement des allées des courtines, etc. (1).

L'ensemble des travaux ordonnés par le roi, était si intimement lié aux bâtiments de l'église, que dans un acte de 1373, il dit qu'il a nommé « ja piéca, garde et capitaine de *l'Eglise Notre-Dame* et ville de Mantes, Jehan de Thibivuiller, chevalier, et Sarrazin de Richebourt, écuyer, pour en commander la garnison. »

Examinons maintenant les moyens de défense dont la ville disposa, à partir de l'époque de Charles V ; nous supposons que l'on entre à Mantes, par l'ancien pont de Limay.

En arrivant au bout du pont, on trouvait un premier ouvrage appelé porte des Moulins (2) ; puis sur le milieu un second, qualifié quelquefois du titre de donjon, et le plus souvent de porte de l'Ile. Elle était située à peu près vers le trou Fayole actuel. Après avoir traversé la Seine, on était devant la porte aux Images. Cet ouvrage ordonné par Charles V, était considérable ; il se rattachait à un ensemble de défenses sur lesquelles nous n'avons que des renseignements confus. La gravure d'Israel Sylvestre, *La Grande Eglise de Manthe*, nous en donne une idée suffisante. On aperçoit au bout du pont, un grand bâtiment carré, flanqué en avant de deux grosses tours rondes, crénelées, armées de machicoulis et surmontées de tourelles en poivrières. Un pont-levis la séparait du pont.

Faisons d'abord le tour de l'enceinte, et comme le quai n'existe pas et que l'eau de la rivière vient battre les murs, nous suivrons à l'intérieur par la courtine ou chemin de ronde, en allant vers la gauche. A peu de distance, se trouvait une porte basse, espèce de poterne, à l'usage des pêcheurs qui avaient

(1) *Ibid.* N°˙ 1110, 1322 et 1572.
(2) Ou encore Loge des Portiers. « Il y avait une bonne forteresse au bout du pont du côté de Limay... et une autre au milieu de ce pont. » CHR.

leurs gords ou muettes, à peu de distance : c'est la porte aux Prêtres, qui est encore assez bien conservée. Un peu plus loin était une guérite ou tour de guette, construite en encorbellement et peu saillante (1).

Enfin au bout de la courtine, la rivière était fermée par un ouvrage avancé qui défendait le passage par eau et l'approche du mur : C'était le *Château Fêtu* ou tour Saint-Nicolas. L'enceinte remontait alors presque à l'angle droit et à l'endroit ou la rue de la Sangle débouche sur la petite place, on trouvait la porte Basse ou des Cordeliers.

Le mur, rampant ensuite le long de la côte, passait de là derrière et audessus du moulin des Cordeliers, derrière l'école congréganiste de filles (2), le long de la rue des Martrais où le fossé subsiste encore, et on arrivait à la tour Courtebranle, Foucret ou Pasquin (3). Un peu plus loin la tour Saint-Martin s'avançait sur l'angle de l'enceinte. Son couronnement, armé de canons, pouvait défendre les fronts est et sud. Elle est encore assez bien conservée pour faire juger de son importance. Bâtie seulement en 1446, elle était appelée à résister aux nouveaux moyens d'attaques mis en œuvre à cette époque.

A peu de distance était la porte aux Saints, dont les derniers restes ont été démolis vers 1820. Une muraille droite, presque parallèle à celle de la rivière, allait de là jusqu'à la porte de Rosny. C'était un ouvrage très fort, composé comme nous l'avons dit d'un corps carré, flanqué de deux grosses tours rondes d'environ six mètres de diamètre. Lors des troubles de la Ligue, ont avait encore bâti un fortin en avant ; il fut démoli vers 1616 et les matériaux donnés pour construire le couvent des Capucins de Limay.

Le front ouest, partant de la porte de Rosny, était défendu par la tour de la *Truite qui file* ou *Trouye qui file* dont on voyait autrefois les restes dans la Grande Cour de la rue Bourgeoise, et par une autre, la Tour Neuve, derrière les maisons de la rue Gâte-Vigne. On arrivait à la porte Chant-à-l'Oie ; celle-ci, dont il ne reste plus qu'un des pieds-droits, était carrée et peut-être une des plus anciennes de la ville. Charles le Mauvais l'avait fait réparer, et en 1590, Henri IV donna ordre au

(1) Appelée peut-être : *Le fer à cheval.* V. Levrier. T. XVI.
(2) Là il y avait une petite poterne.
(3) Du nom de son ancien propriétaire, apothicaire de Mantes.

sieur de Buhy, de la défendre par un grand boulevard qui existe
encore. Buhy y fit mettre cette inscription (1) :

ARDENTE BELLIS GALLIA CIVILIBVS
FIDEQVE DVBIA FRAVDIBVS HISPANICIS
NVTANTE SCEPTRO BVHIS HOC
PRO PRINCIPE PATRIAQVE PROPVGNACVLVM
VRBI CONDIDIT.

De la porte Chant-à-l'Oie, le mur se continuait jusqu'à la
Seine, dont le passage était défendu par un énorme bastion demi-
circulaire, appelé tour Saint-Roch, ou tour à Masson, dont le
pied baignant dans la rivière, en défendait le passage. En remontant, on trouvait alors la porte à Baudet, dans l'axe de la rue du
Metier, la porte de l'Eau, ou à Eslo, ou du Milieu, ou de la Pêcherie, au bout de la rue de la Gabelle et la porte au Plus ou de
l'Etape ou à Poisson, dont les deux jolies tourelles sont aujour-
d'hui enfouies dans le remblai de la culée du pont. De là on revenait à la porte aux Images, notre point de départ (2).

Lorsqu'on pénétrait dans la ville par la porte aux Images, on
était dans le Fort ou le Château (3). Il y avait là une arcade
dont parle Chrestien, s'appuyant sur le jardin qui longe la rue
de la Piperie, et une autre qui venait s'appuyer sans doute à la
terrasse formée par le parvis de l'Église. Pour monter au *Château*, on passait sous une autre porte élevée au bas de la rue
Mont-Eclair. L'enceinte particulière de la forteresse se trouvait
au nord, un peu en retraite le long des rues du Fort et des Tanneries, jusqu'au coin de la rue de la Sangle où on voit encore
une barbacane d'angle. Elle suivait cette rue parallèlement, jusqu'à la rue aux Prêtres, fermée par une poterne, se continuait
encore et venait enfermer la *maison de la Motte*, où nous per-
dons sa trace certaine (4).

Le Château proprement dit, était borné par la rue et la ruelle
aux Prêtres, et la place actuelle du Château. Presque à l'angle

---

(1) L'endroit s'appelait avant, la *Grenouille* ; on l'appela ensuite *Ravelin
de Buhy. Registre de 1592.*

(2) V. un procès-verbal de visitation des fortifications, du 19 janvier 1671

(3) « Le *Fort* était fermé par l'Etape, vers la rue de la Piperie et vers la
porte aux Prêtres. » CHR.

(4) Les doyen, chapitre et commté. de lad. église, jouiront d'une place dont
débat est entre lesd. parties... entre la chapelle de l'Hôtel-Dieu de Mante, et
les fossés du fort d'icelle ville, en laquelle souloit avoir n'aguerre une haie au
long du chemin desd. fossés. » Levrier. *Preuves.* T. XVI, année 1348.

État en 1855

gauche était la fameuse tour de Ganne, grand donjon carré bâti
au xɪᵉ siècle et qui s'écroula une belle nuit de mai 1710 sur les
maisons de la rue des Tanneries. Du reste, au dessus du sol, rien
n'est demeuré du vieux château de Mantes. Il faudrait fouiller
tout l'emplacement pour en retrouver la structure et le plan.

Toutes ces grandes murailles droites des fortifications de
Mantes, devinrent facilement attaquables après l'invention de
l'artillerie. Dès le xvᵉ siècle on avait reconnu l'insuffisance de
ce système de défenses. Aussi au xvɪᵉ, pendant les guerres
civiles, Henri III ordonna-t-il de construire de grands boulevards ou éperons dont nous parlerons plus tard.

ÉGLISE NOTRE-DAME

Notre *Chronique*, qui se trompe quelquefois sur les faits d'ordre purement civil, est généralement très sûre pour tout ce qui
regarde les affaires religieuses. Cela se conçoit aisément : le ou
les rédacteurs primitifs, auxquels nous en sommes redevables,
appartenaient au clergé de Mantes ; et comme ils vécurent en un
temps où les archives de l'église étaient riches en documents ;
où les traditions, dans tous les cas, étaient très vivaces et régu-
lièrement transmises, ils ont pu nous laisser sur les transformations du monument, les fondations des chapelles, le mobilier,
etc., des renseignements presque rigoureusement exacts. Ce
qui nous donne encore le droit de porter un tel jugement, c'est
que si nous comparons les traditions que nous ont transmis nos
devanciers, avec l'étude archéologique de chacune des parties de
l'église Notre-Dame, on peut assigner à celles-ci des dates absolument en rapport avec celles fournies par les paragraphes déjà
cités et par d'autres encore qui viendront à leur place.

Ainsi que nous l'avons vu § 30, l'église de Mantes fut détruite
en 1087, par Guillaume le Conquérant. Il n'en est resté aucun
autre souvenir, qu'une croix de pignon dont nous avons parlé (1).
Guillaume, repentant, avait laissé « des sommes considérables »
pour relever les ruines fumantes de l'église. Tout fait croire que
les chanoines et les bourgeois, aidés sans doute de Philippe Iᵉʳ et
de ses successeurs, se mirent aussitôt à l'œuvre, déblayèrent

(1) Elle est dans le triforium.

État en 1850

l'édifice ruiné et sur le même emplacement, commencèrent à réédifier l'église actuelle, qu'ils orientèrent de l'orient à l'occident.

L'église de Mantes suggère elle-même, les réflexions inspirées à MM. Viollet-le-Duc et Vitet par les grandes églises des villes mises en commune. Mais nous n'avons pas l'autorité de ces maîtres incontestés et nous renvoyons à leurs ouvrages ; cependant, elle a tous les caractères des églises de Laon, de Noyon et de tant d'autres. Ce n'est plus le temple sombre, sévère et étroit du x° ou du xi° siècle. C'est un édifice religieux et municipal en même temps. C'est l'asile où l'on prie le matin ; et l'ombre des piliers, les grandes lignes architecturales peuvent élever l'esprit et disposer à la méditation religieuse. Mais c'est aussi un monument suffisamment éclairé, dont les proportions vastes permettent à tous les communiers de se réunir, et, unis au clergé séculier dont les intérêts sont souvent solidaires, de délibérer sur les affaires de la cité.

Le maître de l'œuvre chargé de cette entreprise, la conçût dans un plan d'une grande et admirable simplicité. L'œuvre principale est d'un seul jet, et si les différents styles ont laissé leur empreinte dans quelques parties, la construction primitive est cependant reconnaissable et facile à retrouver dans tout l'édifice. Après avoir été attribuée à un architecte du xiii° siècle et à la munificence de Blanche de Castille, on a reconnu que Notre-Dame était plus ancienne. Didron (1) en faisait une œuvre du commencement du xiii° ou de la fin du xii° siècle ; il était près de la vérité.

L'époque la plus probable de la reconstruction remonte aux règnes de Louis le Gros et de Louis le Jeune, c'est-à-dire aux premières années du xii° siècle. Le plan et l'ornementation classent Notre-Dame dans l'architecture de transition, dans ce style où l'on trouve l'arc ogive dans tous les arcs, en même temps que des dispositions architectoniques et des ornements particuliers au style roman. Du reste, il ne faut pas l'oublier, nous sommes dans l'Ile-de-France, aux lieux mêmes où l'ogive a pris naissance, où se développa cet art auquel nous devons tant de chefs-d'œuvre. Le nom de style ogival ou gothique est même devenu avec plus de vérité, pour beaucoup d'archéologues, le *style français*, ou de l'Ile de France. Nous sommes donc, à Mantes,

(1) *Annales archéologiques.* T. VII.

en avance de beaucoup sur le mouvement général que subit l'architecture religieuse dans le courant du XIIᵉ siècle.

Ainsi, l'église de Mantes, qui est certainement antérieure à Notre-Dame de Paris (1), est bâtie, toute comparaison à part, sur un plan plus simple encore que la grande cathédrale. Elle ne présente pas de trace de transsept et n'avait pas une chapelle dans le principe. Si nous descendons aux détails, la grande corniche qui couronne le soubassement, du côté nord, au-dessus de la rue Mont-Eclair, est formée d'un double rang de dents de scie ; les fenêtres primitives, sans meneau, dont quelques-unes subsistent encore, sont assez semblables à celles de Saint-Etienne de Caen et offrent ce même ornement. Le triforium n'était éclairé que par de larges *oculi* ou roses ; ceux qui restent présentent encore ces dents de scie dans leurs archivoltes. Les murs gouttcrots sont percés, pour éclairer la nef, de hautes fenêtres simples qui portent encore ce même ornement répandu, on le voit, avec une uniformité particulière, depuis la base jusqu'au sommet de l'édifice. Enfin la corniche qui couronne le pourtour du grand comble est formée de trois rangs de damiers et de gros modillons supportant le chéneau qui caractérisent aussi l'architecture romane.

L'importance des murs est très remarquable. Tandis que les architectes de la fin du XIIᵉ et ceux du XIIIᵉ siècle, faisaient de larges percées dans les bas-côtés aussi bien que dans les murs gouttcrots sous le grand comble, au point de supprimer les surfaces lisses et de porter tout l'effort des poussées sur d'énormes arcs-boutants ; celui de Mantes, au contraire, imitant presque le style roman, avait percé seulement une fenêtre simple et étroite dans chaque travée du collatéral (2), un *oculus* au-dessus dans le triforium, et une autre grande fenêtre sous le comble.

A l'intérieur cependant, l'église est franchement ogivale et bâtie sans reprise depuis la 3ᵉ travée jusqu'à l'abside, depuis le sol jusqu'aux voûtes. La façade du plan primitif n'a peut-être été construite que jusqu'à la hauteur du premier bandeau, qui contourne tous les ressauts des tours et s'arrête sur le mur du

(1) Les deux églises ont plus d'un point de ressemblance. Il est évident cependant, que Notre-Dame de Mantes a été bâtie avec économie : le premier maître de l'œuvre a cherché à dépenser très peu, ce qui a beaucoup gêné le plan et l'exécution. V. Viollet-Le-Duc au mot TRIFORIUM.

(2) Il en reste encore quatre ; trois à gauche, une à droite dans les bas-côtés. Une cinquième a été condamnée lors de la construction de la sacristie.

collatéral. La partie supérieure, qui appartient à une autre époque, est une des plus intéressantes de l'église. Nous l'abandonnons pour un instant.

L'intérieur est d'une pureté de lignes qu'on ne saurait assez admirer. Il est divisé en sept travées, cinq pour la nef et deux pour le chœur. L'abside ou rond-point est soutenue par six colonnes monolithes, à chapiteaux très fermes et très solides, à tailloirs très larges, sur lesquels viennent retomber les faisceaux des colonnettes de la voûte. Un bas-côté règne à droite et à gauche et pourtourne le rond-point. Dans l'origine, il n'y avait pas une seule chapelle, même au chevet.

Suivant la méthode des voûtes d'arêtes romaines, le système des voûtes comprend deux travées. On connaît l'inconvénient architectural de ce système auquel on renonça au XIII° siècle ; c'est que sur les six piliers de chaque voûte, les deux piliers intermédiaires supportent une poussée moins considérable que les autres, sur lesquels retombent les arcs doubleaux. Le maître des œuvres de Mantes a connu ce défaut, et pour y parer dans une certaine mesure, il a alterné les piliers fasciculés très massifs et très solides, avec les colonnes rondes plus légères à l'œil (1).

Au-dessus des bas-côtés se trouve un magnifique triforium ou galerie qui contourne toute la nef. Sa construction simple a été peu imitée ; celui de Notre-Dame de Paris, à peu près semblable, a cependant un système de voûtes très compliqué. Au lieu de voûter cette galerie en voûtes d'arêtes, elle a été recouverte par une suite de berceaux en ogives, reposant sur des linteaux et des colonnes portées par les arcs doubleaux des bas-côtés. La difficulté architectonique a été habilement tournée dans le chœur. Là, les berceaux sont rampants, les arcs formerets intérieurs étant plus petits que les formerets extérieurs ; ces berceaux forment des portions de cônes. M. Viollet-le-Duc paraît croire que ces berceaux n'existaient qu'autour du chœur ; ils existaient dans toute la galerie, à partir de la troisième travée. Ils n'ont été détruits qu'au XV° siècle et furent remplacés alors par des voûtes d'arêtes, comme nous le dirons bientôt. Chacune des travées s'ouvre sur la nef, par un arc ogive, subdivisé en trois petites arcades supportées par d'élégantes colonnettes à

(1) A Paris, toutes les colonnes de N.-D. sont rondes quoique le système de voûtes soit le même qu'à Mantes.

bases carrées. Une balustrade simple à hauteur d'appui sert de garde-fou.

Cette disposition de voûtes en berceau était économique et savante, la poussée se faisant sur les linteaux et non sur les piliers de la nef. On évitait ainsi de faire rondir les faisceaux de colonnettes, comme on l'observe dans un grand nombre d'édifices. C'est ce qu'on voit à Mantes même, partout où plus tard ces berceaux furent supprimés et remplacés par des voûtes d'arêtes qui ont poussé au vide intérieur.

Le triforium était éclairé, à chaque travée, par une rose ou *oculus* de 3 mètres de diamètre, qui jetait dans la nef un jour adouci. Les grandes fenêtres ogives, sous les fermerets des voûtes, complétaient l'éclairage de l'église.

Nous l'avons dit, toute cette partie qui vient d'être décrite est d'un seul jet. L'étude attentive des deux premières travées, du sol à la voûte et jusque dans le triforium, montre d'une façon indubitable qu'elles sont d'une époque postérieure. Les chapiteaux et les bases ont un caractère particulier ; et dans le triforium, les deux travées ont été voûtées de prime-abord par des voûtes d'arêtes et non par des berceaux. On admire dans cette partie, la petite galerie étroite qui relie entre elles les deux grandes galeries, en passant devant les trois fenêtres élancées de la façade. Elle est divisée par une arcature soutenue par de hautes et sveltes colonnes à bases très élevées et ornées d'un évidement en ogive. Elles sont monolithes et disons en passant, que toutes les colonnes monolithes de l'église sont fort belles.

Revenons à la façade : le premier maître s'était arrêté au bandeau au-dessus des portes. Celui qui continua son œuvre était digne de lui succéder et de couronner ce rez-de-chaussée, composé d'un grand portail central et de deux tours d'angles donnant entrée, par un portail secondaire, dans chacun des bas-côtés. L'œuvre du nouveau maître s'harmonise heureusement avec l'œuvre primitive, et c'est par les détails plutôt que par des différences profondes de style, qu'on reconnaît une autre main, plus savante et plus sûre.

Au premier étage, trois hautes fenêtres s'ouvrent au-dessus de la porte centrale, et deux autres plus larges, dans chacune des tours. Au second étage se trouve une grande rose de 8 mètres de diamètre, et l'une des premières qui aient été percées (1). De chaque côté se trouve une fenêtre sans meneau, haute et large, enfoncée sous une voussure. Enfin au-dessus de la plate-forme, à la base des tours, se déploie cette belle colonnade, si légère et si élégante dont la restitution savante appartient à M. Alph. Durand.

Une tradition respectable et glorieuse attribue l'achèvement de Notre-Dame au célèbre Eudes de Montreuil, au maître auquel on devait à Paris tant d'églises disparues. Blanche de Castille et Marguerite de Provence lui avaient, dit-on, confié le soin de terminer l'église commencée un siècle auparavant. Millin attribue de plus à Eudes, le rond-point du chœur. Tremblant de la hardiesse de son œuvre, il n'aurait pas voulu assister à l'enlèvement des cintres et y aurait envoyé son neveu. Lorsqu'il apprit que les voûtes n'avaient pas bougé, il était tombé à genou et s'était mis à pleurer. On hésite à repousser de si touchantes légendes que nous rapportons sans y croire ; car ce rond-point fait partie de l'œuvre primitive et a tous les caractères des constructions analogues du xiiᵉ siècle (2).

Nous nous demandons pourtant, à quel moment Eudes de Montreuil aurait travaillé à Mantes. Etant mort en 1289, après avoir été en Palestine avec saint Louis jusqu'en 1254, ce serait donc avant 1249 qu'il aurait terminé la façade de Notre-Dame. Il semble que 1280 soit bien tard pour le style, et 1240 bien tôt pour l'âge de l'architecte de Sainte-Catherine-du-Val-des-Ecoliers. Du reste, nous nous contentons de présenter ces objections, sans nous prononcer positivement.

L'âge de Pierre de Montereau, qui construisit la Sainte-Chapelle en 1245 et qui mourut en 1266, s'accorderait mieux avec l'époque probable de l'achèvement de Notre-Dame. La similitude des noms a pu aussi tromper ceux qui nous ont transmis cette tradition que nous voudrions pouvoir accepter. Ajoutons que M. Viollet-Le-Duc paraît d'avis que le plan de la partie primitive, appartient peut-être au premier architecte de Notre-Dame de Paris.

Nous avons décrit chronologiquement, l'ordre dans lequel l'édifice fut construit. Des modifications importantes y furent

(1) Elle est antérieure à celle de N.-D. de Paris et peut-être du même architecte. V. Viollet-Le-Duc au mot ROSE.

(2) V. dans Viollet-Le-Duc l'étude d'un des chapiteaux du rond-point, au mot CHAPITEAU.

apportées au cours même de la construction. Par une singularité inexplicable, elles ont presque échappé à tous ceux qui l'ont étudié : nous voulons parler du portail nord et du portail central. L'examen de l'appareillage, montre d'une façon évidente qu'ils ont été ajoutés et leur style indique que c'est à une époque presque contemporaine de l'édification.

Ce style rappelle les portails de Saint-Denis, de Chartres, de Saint-Maurice d'Angers ; et Millin, au milieu de tant d'erreurs dites à propos de Mantes, pensait qu'ils pouvaient appartenir à l'église détruite en 1087. Il se peut, en effet, qu'ils aient appartenu à une église plus ancienne et qu'ils aient été utilisés et adaptés dans l'église nouvelle, comme cela a eu lieu à Chartres; ou bien encore qu'ils aient été posés après coup pendant la possession éphémère de l'église de Mantes par l'abbaye de Saint-Denis, possession dont il est question aux § 40 et 41, à l'année 1196. On retrouve à ces deux portails une telle différence de style et de main, le placage est si apparent, que nous sommes obligés de croire au récit de notre *Chronique.* C'est là une œuvre contemporaine de Saint-Denis, inspirée ou imitée de l'église de Suger. Mêmes colonnes avec statues engagées, représentant les rois et les patriarches de l'Ancienne Loi, mêmes chapiteaux, mêmes soubassements d'un travail fini et délicat ; les frises des pieds-droits des deux portes, sont ornées des mêmes enroulements (1).

Le tympan de la porte du Nord, d'un style très archaïque, pourrait bien, lui, être un reste d'une autre église. Il représente la résurrection du Christ. Le tombeau est gardé par deux soldats endormis, rappelant ceux de la tapisserie de Bayeux ; leur costume appartient au milieu du XI° siècle. Les deux saintes femmes s'avancent à droite portant leurs parfums, tandis qu'un ange, assis à gauche, leur montre le tombeau vide, le suaire pendant sur le bord et la pierre renversée. Au dessus de cette partie, le Christ est sur un trône, tenant un livre d'une main et un globe de l'autre, et reçoit les adorations de deux anges qui l'encensent. Dans la voussure, six prophètes sont sur l'archivolte intérieure, tandis qu'un rang de feuilles orne celle de l'extérieur. Le meneau qui soutient ce tympan est moderne.

L'ornementation de la porte centrale est plus riche. Les huits statues des colonnes ont disparu ; *elles ont été enlevées au*

(1) Celle du portail central vient d'être moulée pour le musée du Trocadéro.

ciseau, par les ordres d'un maire de Mantes, au commencement
de ce siècle, comme celles de la porte nord ; on ne voit plus
que leurs silhouettes sur les fûts (1). Les chapiteaux sont très
richement décorés d'espèce de feuilles d'acanthes ; d'autres
feuilles forment la moulure du tailloir. Dans les archivoltes,
cinquante statuettes encadrées de rinceaux, sont disposées sur
quatre rangs, tandis qu'aux clefs, la Trinité est représentée par
une Colombe, le Père Eternel et la Croix du Christ soutenue par
des anges. Un rang de feuilles du plus beau travail, délimite
l'arc ogive de cette porte. Au tympan sont sculptés les funérailles
de la Vierge et son couronnement. En bas, les apôtres réunis
déposent le corps de la Vierge dans le tombeau ; au-dessus,
le Christ entouré d'anges, pose sur sa tête la couronne qui
en fait la reine du ciel.

Ce tympan était soutenu, au siècle dernier encore, par un
trumeau orné, dans lequel Millin, on ne peut plus confus sur ce
point, reconnait un prince de Champagne, un Thibaud quelconque tenant un sceptre en forme de Tau ou de T. Pour nous, si
nous nous en rapportions au texte de la *Chronique*, ce serait
simplement le Christ tenant sa croix, et ayant à ses pieds l'abbé
Hugue Foucaut ; ce que Millin ne dit pas. Au contraire, il relè-
gue l'abbé Hugue au portail nord, sans dire comment il y était
représenté.

Ces deux portes sont curieuses ; mais celle du milieu, avec
ses chapiteaux, son rinceau de feuilles du premier arc, sa belle
frise des pieds-droits et surtout ce très beau soubassement, si
abondamment orné d'arcades romanes, de rosaces, de ca-
neaux d'une si fine exécution, est un admirable spécimen de
cette sculpture où se manifeste encore l'influence byzantine du
XII° siècle. L'exécution en est toute particulière et la pierre d'un
beau grain dur, a été poncée dans toutes les surfaces lisses.

Telle était l'église Notre-Dame après son achèvement vers
1250; elle ne resta pas longtemps en cet état.

Une des premières additions, sinon la première, est la porte
méridionale, à droite. Construite vers 1300 (§ 63), elle a peut-
être enlevé à la façade son unité originelle, mais elle présente
aujourd'hui l'une des plus charmantes dispositions de l'architecture de cette époque, en même temps qu'elle montre les pro-

(1) Il reste six ou sept têtes de ses statues, dans le triforium. Elles sont
belles, mais la vie y manque.

grès de la sculpture dans l'Ile-de-France. Elle a eu l'honneur de servir de modèle au célèbre portail de la Calande de la cathédrale de Rouen, construit vers 1310.

Cette porte est divisée par un trumeau formant niche et surmonté d'un dais sous lequel était une statue de la Vierge, dont tous les fragments sont conservés dans le triforium (1). Les vieux contreforts du XIIᵉ siècle se sont revêtus d'arcatures, de niches, de hauts pinacles, que surmontent des statuettes récemment refaites et en partie recopiées. Le gable central, d'une construction légère et hardie est terminé par une statue d'abbé, ou peut-être de chanoine de la collégiale.

Dans les médaillons ménagés sur les contre-forts, se trouvent sculptés en bas-reliefs : saint Etienne lapidé, saint Pierre crucifié la tête en bas, saint André nu écartelé sur une croix, saint Laurent étendu sur un gril ; puis deux autres scènes de martyr. Dans les niches principales, au-dessus de la cymaise, se trouvaient les douze échevins de Mantes, en pierre blanche et fine, sous les attributs de leurs patrons, avec leurs noms inscrits sur un socle. A part les têtes dont il ne reste qu'une seule, ces statues quoique brisées, sont presque toutes conservées dans le triforium. Rien ne peut donner une idée de leur beauté, ni de l'art profond avec lequel elles sont drapées. Au bas de quatre fragments, on lit encore sur les socles :

ROGER   GUERNIER
IEHAN . . . .
SIMON   DVTE   PLE
HUGVE   DVTEMPLE

Sur un des socles qui était resté dans une niche et qui a été perdu, nous croyons avoir lu le nom de *Jehan Pellerin* (2).

Les dais couronnant ces niches, sont d'un travail délicat et la faune y est très variée ; c'est le dernier mot du fini d'exécution.

La double voussure de l'ogive présente sur un premier cordon, les apôtres avec leurs attributs ordinaires. Sur le deuxième rang sont douze martyrs, parmi lesquels on reconnait, saint Denis agenouillé, saint Laurent, saint Vincent, saint Eustache,

_____

(1) Sur cette statue v. § 139.
(2) Ces fragments ont été retrouvés en 1850, par M. Durand.

tenant son taureau d'airain, saint Georges et saint Maurice, en costumes militaires.

Le tympan est divisé en trois zônes. La première : L'*Annonciation*, la *Visitation*, la *Naissance*, le *Réveil des Bergers*, l'*Adoration des Mages*. La deuxième : la *Résurrection des morts ;* les élus à gauche sont guidés par les anges, tandis que les réprouvés, à droite, sont poussés vers une grande gueule de monstre simulant l'enfer, et près de laquelle attendent les démons. Dans la troisième : deux groupes, l'un d'hommes l'autre de femmes, semblent rendre grâce à Dieu. Les figures centrales sont effacées.

Ce tympan a été copié pour la porte principale de l'église de Vernon. Les têtes et les petits détails des ornements ont été en partie détruits.

Nous ferons remarquer que ce nom de Du Temple, que nous retrouvons deux fois inscrit sous deux statues des échevins de 1300, appartient à une vieille famille de Mantes qui compta parmi ses membres, en 1375, un des maîtres des œuvres de la ville (1). Devons nous voir dans l'un ou dans l'autre, l'artiste même auquel on doit cette œuvre de premier ordre ? La fréquence avec laquelle à cette époque, les fils adoptaient la profession paternelle, donne quelque probabilité à cette hypothèse hasardée.

On sait que tout ce portail fut bâti aux dépens de la ville. Cependant ce ne fut pas sans contestations de la part des chanoines, que le maire et les échevins purent y mettre leurs figures. Dans cet acte, prétentieux nous en convenons, il faut voir surtout l'intention de bien préciser leurs droits sur le monument, dont l'administration et l'entretien appartenaient en grande partie à la commune.

Jusque vers 1290, il n'y eut aucune chapelle à l'abside, ni dans les collatéraux. C'est alors que celle consacrée aujourd'hui à la Vierge, fut construite par les ordres de Marie de Brabant. Elle n'est pas dans l'axe de la nef. Les fenêtres sont divisées par un seul menceau, et le gable qui les surmonte à l'extérieur, s'arrête à la corniche en la pénétrant.

Les autres chapelles de l'abside sont d'une construction postérieure. On a vu que celle de Saint-Eutrope (§ 97) était dûe à Jeanne de France et à son mari Philippe d'Evreux, en 1320. Les

(1) V. *Mandements de Charles V*, n° 1572.

autres furent construites après et sans doute par les princes de
la maison d'Evreux.

La chapelle de Navarre, appelée aussi chapelle Royale, ou du
Rosaire, est dans l'église de Mantes et dans l'histoire de l'art
même, comme un monument à part. Nous ne pouvons mieux
faire que de rapporter ici le sentiment de M. Viollet-le-Duc :
« On éleva contre le bas-côté sud du chœur une belle chapelle
composée de quatre voûtes, retombant sur une pile centrale,
mise en communication avec ce bas-côté par l'ouverture de deux
arceaux percés entre les anciennes piles.... Cette adjonction
fut faite avec adresse ; en conservant les voûtes du bas-côté
dont les arcs sont anciens, l'architecte du XIV° siècle remplaça
la pile en sous-œuvre, accola les deux piles d'entrée aux piles
du collatéral du XII° siècle, conserva les anciens contreforts, et
supprimant celui qui existait derrière la pile (intermédiaire), y
substitua un arc aigu venant reporter le poids des constructions supérieures, sur la pile (du milieu de la chapelle). Une
charmante arcature décore l'appui des quatre grandes fenêtres,
dont les menaux offrent un dessin d'une pureté remarquable. »

Avant 1792, la chapelle était fermée par une balustrade en
pierre, semblable à celle qui est dans la grande galerie. Une
porte s'ouvrait dans chaque arceau et donnait entrée près des
autels de Saint-Louis et de Saint-Ive. Six statuettes d'environ
90 centimètres de hauteur, ornaient le devant de cette balustrade. Voici la description de Chrestien, bien plus exacte que
celle de Millin, qui n'a pas vu cette disposition : « On voit aussi
ce Charles de Navarre et son épouse dans la balustrade de
pierre à jour qui fait clôture.... Les deux qui sont aux côtés de
l'une de ces portes, par en haut, représentent le roi Philippe de
Navarre, sous les attributs de saint Philippe son patron, et
Jeanne de France, fille de Louis le Hutin, son épouse. Et au-
dessus, dans la balustrade, Marguerite d'Evreux, femme de
Charles le Bel et fille de Louis comte d'Evreux (1). Aux deux côtés
de l'autre porte, par le bas, on voit celle de ce roi, Charles de
Navarre surnommé le Mauvais, la couronne en tête, et de Jeanne
de France sa femme, fille du roi Jean. Et dans le milieu de cette
balustrade, entre ces deux portes, est aussi la figure de Blanche
de Navarre, 3° femme du roi Philippe de Valois, fille de Philippe
comte d'Evreux, roi de Navarre et sœur de Charles de Navarre.

(1) La sœur de Philippe d'Evreux.

Les deux Jeanne tiennent chacune une chapelle dans leurs mains, d'où l'on doit être persuadé que ce furent elles qui firent bâtir cette chapelle du Rosaire. »

Les deux statuettes d'hommes sont perdues. Quant aux quatre statuettes de femmes, après quatre vingt dix ans, elles vont redevenir la propriété de l'église (1). Ce sont des morceaux de sculpture du xiv° siècle, du plus haut intérêt, car elles sont traitées avec le plus grand talent, et sont peut-être les portraits de Jeanne de France, de Jeanne de Navarre, de Blanche de Navarre et de Marguerite d'Evreux.

Nous ne pensons pas que Charles le Mauvais ait fait construire cette chapelle, où les armes de Navarre se retrouvent partout, sous le badigeon comme dans les fragments des vitraux. Ce doit être plutôt l'œuvre des femmes qui portent les petites chapelles dans leurs mains, et auxquelles, quoi qu'en dise Chrestien, il est difficile d'assigner un nom certain. Cette construction, selon nous, est antérieure à 1350. Si l'on veut comparer avec attention le style et la *manière* des sculptures de cette chapelle, avec le portail construit en 1300, on se convaincra que très peu d'années les séparent, et que ces deux œuvres intéressantes, *sont de la même école.*

Les autres chapelles des bas-côtés n'offrent guère d'intérêt architectural ; cependant les deux premières à gauche étaient ornées extérieurement de trois dais élégants, portés par de minces colonnettes, sous lesquels étaient trois grandes statues, peut-être des fondateurs. Il ne reste plus que deux dais et une seule statue sans tête.

Cependant toutes ces additions, n'avaient en quelque sorte rien ôté à l'ensemble des constructions primitives. Mais au xiv° et au xv° siècle on sent le besoin d'introduire plus de lumière encore dans le vieil édifice. On donne une dimension prodigieuse en largeur, aux fenêtres des trois chapelles des bas-côtés. On perce une large fenêtre à meneaux dans le haut de la nef, au droit de la chapelle de Navarre ; il y a là comme un essai de *Clerestory,* qui n'a pas été continué. On supprime dans le triforium, la plupart des roses ou *oculi :* quatre à gauche et cinq à droite. Puis, comme conséquence, on détruit les voûtes en berceau, et on remplace cette disposition rare et

(1) Par son testament M. A. Durand, qui les possédait, les rend à leur destination première.

intéressante, par des voûtes d'arêtes dont les arcs ogives sont soutenus par des consoles feuillagées ou des amortissements qui sentent déjà le xv⁰ siècle, au risque de troubler l'économie des poussées et de compromettre la solidité de l'édifice.

A l'extérieur, même transformation imposée par la mode. On supprime les dallages, on change le mode d'écoulement des eaux ; on abaisse le bahut du mur du bas-côté, en supprimant la corniche, et on masque le monument par d'affreux combles en charpente.

La sacristie, dont nous n'avons pas parlé, fut bâtie en 1415. Elle est intéressante. Elle servait autrefois, dans la salle haute, de salle de chapitre et de trésor. A l'intérieur son ornementation disparaît derrière le mobilier ou sous le badigeon.

Quant aux richesses artistiques qui remplissaient autrefois l'église, il n'en reste plus rien, que le souvenir. Nous en avons déjà signalé quelques-unes ; il sera question des autres par la suite.

Voici les différents noms des chapelles que nous avons pu retrouver, avec les dates de leur construction; les derniers noms sont les vocables actuels :

1. Chapelle de l'Abside, Saint-Pierre, et peut-être Saint-Paul et Saint-Louis, de la Vierge; après 1380.

2. 1ʳᵉ chapelle du chœur, à gauche : Saint-Eutrope, Sacré-Cœur ; vers 1320.

3. 2ᵉ chapelle, à la suite : Sainte-Barbe, Sainte-Catherine, Sainte-Anne (?), Saint-Joseph.

4. 1ᵉ chapelle du chœur, à droite : Rosaire, Royale ou de Navarre, dans laquelle furent : Saint-Ive, Saint-Laurent, Saint-Louis, Rosaire; vers 1350.

5. 2ᵉ chapelle, à droite : Saint-Jean, Notre-Dame de Pitié ; 1412 (?).

6. 3ᵉ chapelle à droite : Saint-Etienne, Saint-Roch.

7. 1ʳᵉ chapelle du bas-côté gauche: Sainte-Anne, Saint-Charles, Sainte-Marguerite, de la Trinité et des Fonts; vers 1428.

8. 2ᵉ chapelle au-dessus : De la Trinité, Sainte-Thérèse, Sainte-Geneviève; vers 1428.

9. Chapelle du bas-côté droit : Saint-Nicolas, Ange-Gardien.

Enfin nous rappelons que le grand autel était autrefois au milieu du chœur, l'autel des châsses derrière, l'autel de la cure de Sainte-Croix, au premier pilier du chœur, à gauche, et l'autel de l'Assomption au pilier de droite.

Telle est aujourd'hui l'église Notre-Dame. Si quelques parties ont souffert des ravages du temps et des révolutions, elle n'en reste pas moins telle quelle est, un monument remarquable dont pas une des diverses parties n'est médiocre. Les transformations du goût ont introduit de profondes modifications au plan primitif; mais comme elles ont toujours été faites par des hommes d'un grand talent, sinon de génie, on peut dire sans exagération que tout, dans l'ensemble de cet édifice, y est digne de l'attention des indifférents, de l'étude des archéologues, ou de l'admiration des artistes.

Nous avons fait reproduire par la gravure, une vue de l'église dessinée en 1850 par M. A. Durand, et une autre de la porte méridionale. Ces deux gravures donneront une idée suffisante de la disposition de l'église et de la valeur artistique de son ornementation.

CINQUIÈME PARTIE

DU RÈGNE DE CHARLES VI

A LA FIN DE CELUI DE FRANÇOIS Iᵉʳ

Le triste règne de Charles VI, que nous n'avons pas l'intention d'écrire, commença par des troubles qui n'étaient que le prélude des scènes plus horribles qui devaient ensanglanter Paris et la France pendant de longues années. Le peuple de Paris chargé d'impôts, avait donné le signal en se révoltant contre les *Aides*, aussitôt après le sacre du roi. Ne pouvant en obtenir l'abolition, une réunion populaire demanda que les juifs et les usuriers fussent chassés de Paris. Sans attendre le résultat de cette démarche, la populace se porta chez les fermiers, brisant leurs boites et leurs coffres, déchirant partout les livres des aides ; puis il envahit les maisons des Juifs : « Allèrent environ en quarante maisons de juifs, pillèrent, robèrent vaisselle d'argent, joyaux, robbes et les obligations. Et aucuns nobles et autres à ce les induisoient; aucuns en tuèrent (1). » (9 novembre 1380).

Le contre-coup de cette commotion populaire se fit sentir à Mantes.

« L'an mil CCC IIII** derrenièrement passé, lendemain que la commocion fu de plusieurs habitans de nostre ville de Paris, sur les juifs demeurant en icelle, lesquielx furent pillez et robez par aucuns des habitans d'icelle, plusieurs gens d'armes et autres qui estoient venuz et estoient lors au païs d'environ ladicte ville de Mante, vindrent et se boutèrent en icelle à heure

(1) Juvénal des Ursins. *Hist. de Charles VI.*

de portes ouvrir, crians et disans au menu peuple et aux habitants d'icelle qu'ils alassent chez les juifs qui y demouraient et que nous leur en avions donné congé, ce que non, et que ceulx de la ville de Paris estoient pilliez. » Les maisons des juifs furent pillées, mais quelques jours après on publia dans la ville, de par le roi, un blâme sévère contre les fauteurs, avec ordre de rapporter ce qui avait été dérobé. Quelques habitants se soumirent aussitôt. D'autres ne le firent pas. Ils furent pris et menés au Châtelet de Paris. Quatre ans après ils obtinrent des lettres de rémission et en furent quittes pour une amende (1).

Un descendant d'une famille bien déchue mêlé aux pilleries de maisons juives, avait été emprisonné. C'était un Guillaume Mauvoisin « de povre chevance. » Il obtint, trois ans après, des lettres de pardon dans lesquelles sont consignés ces détails : « Néantmoins pour ce que ledit suppliant, après ce que les juifs demourans en ladite ville de Mante, furent triboulez et molestez par le commancement de ceulx de Paris (2). » Il avait emprunté à un juif nommé Croissart de Vezou et avait eu des difficultés avec lui.

D'ailleurs le jeune roi et ses conseillers n'étaient rien moins que disposés à diminuer les impôts, sous le faix duquel pliait le pauvre peuple. On continua à lever les aides de toute part et le Pincerais eut pour sa part 5000 liv. à payer. En 1381 Guillaume Aupas, ou mieux Aupers, bourgeois de Mantes en était fermier, et Nicolas de la Hèze (Delaclaye?) receveur (3).

La reine Isabeau de Bavière, qui devait avoir douze enfants de son mariage avec Charles VI, informa paraît-il, les habitants de Mantes de la naissance de son premier né, en 1386. La lettre est assez curieuse pour être conservée. Le texte nous en a été donné par Chrestien.

« Chers et bien amez, pour ce que nous scavons que vous désirés tousjours ce qui peut estre au plaisir, profit et prospérité de Monseigneur (le roi), de nous et du royaume, nous vous signifions qu'à notre premier Enfantement, aujourd'hui notre Seigneur, par son bon plaisir, nous a délivrée d'un fils, à la suffisante santé de nous et de l'Enfant. Notre Seigneur soit gardé de vous. Ecrit au Bois de Vincennes, le 25 septembre 1386,

(1) Douet d'Arcq, *Choix de pièces du règne de Charles VI.*
(2) *Ibid.*
(3) *Ibid.*

et fut né ledit enfant à la douzième heure du jour. » On donna, par délibération de la ville, trente pièces d'or à Henri Vovier, porteur de cette nouvelle, qui n'avait été annoncée qu'aux bourgeois de Paris et de Mantes.

§ 125. **La cloche de la paroisse St.-Lubin donnée à Notre-Dame**. — En l'an 1407, la plus petite des deux clochettes de Notre-Dame a été faite et fut donnée à la fabrique, quand la fabrique de Saint-Lubin qui était au château pour les officiers de la ville qui étaient tous de cette paroisse, fut transférée à Notre-Dame. Sur laquelle cloche sont écrits ces mots : « Le 7° mai 1407, sire Michel Demaire de Mante (sic) » et ensuite un mot que l'on ne peut lire.

§ 126. **Grand hiver**. — En l'année 1407, il y eut un grand hiver qui dura depuis le 22 novembre jusqu'à la Madeleine, sans dégeler. Et au dégel, les glaçons emportèrent plusieurs ponts.

§ 127. **L'Auditoire bâti**. — Il y a de l'apparence que l'Auditoire royal de Mante a été commencé à faire bâtir par les maire et échevins, du règne de Charles six°, pendant que Louis onze (sic) duc d'Orléans et de Milan, frère du roi, avait le gouvernement du royaume pendant la maladie du roi, qui était environ l'an 1408; attendu que sur la porte dudit Auditoire, à côté des armes du roi, il se voit les armes dudit duc d'Orléans, écartelées de France et de Milan, et au-dessus couronnées, qui était son ordre et devise, nouvellement par lui érigé. Et il y a de l'apparence que ledit bâtiment ne fut lors achevé, à cause des guerres civiles et anglaises, jusque après le mariage de Charles huit avec Anne de Bretagne ; attendu qu'au pignon dudit bâtiment, à côté des armes du roi, sont celles de ladite reine : une partie de France et l'autre de Bretagne.

L'Auditoire, qui sert actuellement de tribunal, est en effet une construction du xv° siècle, mais il est assez difficile de dire si c'est du commencement ou de la fin. Le porc-épic convient aussi bien à Louis d'Orléans, fils de Charles V et régent de France

pendant la démence de son frère Charles VI, qu'au roi
Louis XII. Les armes de France et de Milan qu'on voyait dans
l'arcature de la porte, se peuvent attribuer aussi à ces deux
princes ; mais quant aux armes de France et de Bretagne qui
étaient, avant 1792, au-dessus des grandes fenêtres à meneaux,
avec celles de France et celles de Mantes, elles se rapportent au
contraire au règne de Louis XII, qui avait épousé Anne de Bretagne, veuve de Charles VIII.

Ce qui est certain, c'est que dans les premières années du
xvi⁰ siècle, on terminait à l'Auditoire un certain nombre de
travaux de serrurerie et de menuiserie qui indiquent son achèvement complet.

On refit en 1405, selon Chrestien, le bas du portail central de
l'église. Mais il faut entendre par là, soit le bas du trumeau qui
n'existe plus, soit le seuil ou le pavage de porche, car le portail
tel qu'il est, appartient tout entier au xii⁰ siècle.

§ 128. **Du beau Portail de Notre-Dame.**— En l'année
1409, le portail de Notre-Dame où il y a une image de la
Vierge, et par lequel on (est) de coutume d'entrer, fut fait
bâtir de neuf par les maire et échevins, qui étaient pour lors
en charge, aux dépens des deniers de la fabrique Notre-
Dame, et y firent poser à leurs dépens, chacun une image
de leur nom (1).

[Le 20 juillet 1405, fut abattu le portail Notre-Dame, pour
le refaire de neuf]. 2⁰ CHEV.

Malgré la précision de ces faits, il y a ici une confusion évidente, et ces travaux indiqués d'une façon si nette, ne peuvent
concerner la porte centrale, ni même la porte méridionale, qui
est, comme nous l'avons vu, une œuvre des premières années
du xiv⁰ siècle. Peut-être se rapportent-ils à quelques-uns des
ouvrages qui entouraient l'église.

§ 129. **L'Horloge de la Ville faite.** — La grande horloge
qui est au-dessus de l'Hôtel-de-Ville, fut faite aux dépens
de ladite ville, en l'année 1411 et coûta lors pour la façon
d'icelle, 24 livres.

(1) Ce paragraphe manque dans la ms. Paris.

On voit sur un compte de 1466, que la ville payait X s. p. par mois, pour le « gouvernement » de cette horloge.

§ 130. **Fondation de la Chapelle Notre-Dame-de-Pitié et de Saint-Jean-l'Evangéliste**. — L'an 1412, Charles 6° roi de France, eut pour agréable le dot que fit M° Robert Dunesme, maire prévôt de Mante et contrôleur du scel, âgé de 68 ans, d'une chapelle qu'il a fondée en l'honneur de la Vierge, nommée Notre-Dame-de-Pitié, et Saint-Jean-l'Evangéliste. Lesquelles images, il a fait mettre et apposer en ladite chapelle, qu'il a dotée de la somme de 15 l. parisis, aux charges de deux messes par semaine ; ayant pour cet effet auparavant pris la permission de monseigneur l'évêque de Chartres et des doyen, chanoines et vicaires de l'église Notre-Dame de Mante, et retenu pour ledit Dunesme et ses successeurs, la prétention d'un chapelain pour desservir ladite chapelle, et que ne le pourrait être qui ne fut prêtre. Et présenta ledit fondateur, au roi, la personne de M° Jean Martin prêtre qui fut le premier chapelain.

C'est la chappelle qui se trouve dans le déambulatoire de droite, après la chapelle de Navarre. Cette famille de Dunesme, a longtemps occupé les premiers emplois de la ville.

§ 131. **La Sacristie de Notre-Dame bâtie.** — En l'année 1413, la sacristie [ou trésor (CHEV)] de Notre-Dame, fut bâtie aux dépens du chapitre. Cette même année, les églises de Notre-Dame et de Saint-Maclou furent toisées. Celle de Notre-Dame contient de tour, 200 toises, et celle de Saint-Maclou, 70 (1).

Il reste dans la fenêtre de la salle du chapître, au-dessus de la sacristie, quelques fragments de vitraux anciens, mais malheureusement peu importants.

§ 132. **La mesure réformée.** — En l'année 1415, fut, suivant la permission du roi, réformée l'ancienne mesure en la-

(1) 2° CHEV.

quelle on détaillait le vin à la pinte, et fut faite comme elle est de présent. Et pour ce faire, il coûta de gros deniers à la ville, pour le remboursement desquels fut faite levée de deniers sur tous les hôteliers et cabaretiers de ladite ville et villages circonvoisins. Elle était plus grande que celle de Saint-Denis.

« L'Hostel-de-Ville de Mante est en possession de plus de six cens ans de la police dans la ville et banlieue et de la justice criminelle de la police. C'est à l'Hôtel-de-Ville que sont les poids et mesures ; c'est où se marque et s'étalonne (sic) toutes les mezures ; c'est aux armes de la ville qu'elles se marques, et l'on y conserve encore pour le poids et mezures un ancien marc de cuivre gravé, de 1290 et des pinte, chopine et demy setier de fonte, gravez de la mesme année (1). » On voit que malgré son droit, la ville dut payer, pour en user librement.

Que devenait la France pendant que les bons bourgeois de Mantes consacraient des chapelles, construisaient des horloges ou réformaient leurs mesures ? On a peine à prendre intérêt à de si minces évènements, quand une nation pillée, ruinée, déshonorée par ses maîtres, est livrée à la plus horrible anarchie et voit ses destinées remises aux mains d'un pauvre roi insensé, instrument inconscient de princes dont le nom seul est une honte, et qui gouvernent ou plutôt pressurent et martyrisent ce peuple misérable, au gré des passions les plus désordonnées. Déchirée jusqu'au cœur, supportant les plus effroyables dilapidations, témoins de tous les crimes, de vols, d'assassinats dont les auteurs sont des princes de la maison royale, la France devait succomber momentanément au sort que lui avaient préparé Louis d'Orléans, Philippe de Bourgogne et son fils Jean sans Peur. Le meurtre de Louis d'Orléans, la lutte des Bourguigons et des Armagnacs, dont les vrais chefs malgré ces noms princiers, étaient les bouchers Legoix et Saint-Yon, l'écorcheur Caboche, Jean de Troies le chirurgien et Capeluche le bourreau, sont comme une tache de boue et de sang dans notre histoire nationale. Les *sires des fleurs de lis*, débordés par leurs partisans, mirent le comble à leur honte en appelant les Anglais à leur secours.

(1) Archives. *Moyens fournis contre les charges de justice* ; fin du XVIIᵉ siècle. Feuille volante.

Henri V, qui avait en lui le courage et le génie d'Edouard III, se décida à écouter de trop flatteuses propositions : le **14** août 1415 il débarquait à l'embouchure de la Seine. La ville d'Harfleur, place alors importante, fut assiégée. Charles VI était dans un de ses moments lucides ; aidé de son fils, le duc de Guyenne, il voulut tenter quelque chose pour Harfleur dont la population faisait des prodiges de valeur. Au lieu d'aller à son secours, ils s'arrêtèrent à Rouen et revinrent sur leurs pas. Charles VI resta à Mantes, tandis que le duc de Guyenne était à Vernon, au milieu d'une petite armée inoccupée. Les gens de Harfleur envoyèrent auprès d'eux pour presser leur arrivée : « Le seigneur de Bacqueville et autres en sa compagnée furent envoyez par ceux de Harfleur, qui encores estoient assiégez, par devers le roi à Mante, afin d'avoir secours et par devers monseigneur de Guyenne, qui estoit à Vernon, mais ils ne firent et gagnèrent rien ; car les gens d'armes de France n'estoient pas assez forts pour lever le siège (1). » Harfleur capitula et tomba au pouvoir des Anglais. Ce fut la première étape de l'envahissement de la France.

Charles VI était demeuré à Mantes et il y apprit le sort de Harfleur qui s'était héroïquement défendu : « Quand le roy, qui était à Mante, eut ouït la nouvelle, il en fut moult dolent. » Il quitta Mantes seulement le 7 octobre pour aller à Vernon retrouver son fils, et de là à Rouen, où était le maréchal de Boucicaut.

C'était le prélude et comme la préface d'Azincourt et de trente ans d'une occupation permanente.

Pendant ce temps, Paris livré aux mêmes horreurs, voyait les deux factions se livrer des combats furieux pour conserver le pouvoir. Tannegui Duchâtel, l'un des chefs Armagnacs, commandait la Bastille, en juin 1418. Il avait mandé à son secours tous les chefs Armagnacs qui rôdaient autour de Paris. Quelques bourgeois écrivirent secrètement au bailli d'Aussaux et au sire de l'Ile-Adam, chefs bourguignons qui étaient en garnison à Mantes, à Vernon, à Meulan et aux environs, de venir avec toutes leurs forces à une certaine heure de nuit qu'ils leur assignaient. Ils leur disaient qu'ils trouveraient les portes de Paris, par où ils viendraient, ouvertes devant eux (2). Ils vinrent

(1) Juvénal des Ursins.
(2) *Chron. anonyme*, à la suite de Monstrelet.

en effet et trouvèrent la porte Saint-Germain ouverte par Perrinet le Clerc. Le 4 juin, Tannegui rendit la Bastille aux Bourguignons.

La marche du roi d'Angleterre à travers la Normandie put seule exciter un sentiment plus noble dans ces masses livrées aux excès de toutes les passions politiques. La haine de l'ennemi se ranima dans le cœur des Parisiens, quand on sut que la ville de Rouen était assiégée. Quelques tentatives furent faites pour la secourir, mais elles échouèrent misérablement. Le siège commencé en juillet, se termina par une capitulation qui mit Rouen au pouvoir de Henri V, le 19 janvier 1419. Les bords de la Seine, jusqu'à Mantes, eurent bientôt le même sort.

Le jour où Rouen tombait aux mains anglaises, Charles VI écrivait aux habitants de Mantes pour les exhorter à lui garder la fidélité qu'ils lui devaient (1). Mais il était trop tard. « La première semaine de février oudit an, fut prinse Mante par les Engloys et plusieurs forteresses d'entcur, et n'estoit homme qui y meist aucun remède (2). »

§ 133. **Mante prise par le roi d'Angleterre.** — L'histoire nous apprend qu'aux plus fortes guerres civiles d'entre le dauphin et le duc de Bourgogne, vint d'un autre côté Henri cinq, roi d'Angleterre, qui n'attendait que cette occasion. Lequel descendit et entra dans la Normandie avec une grosse armée, prit toute la basse Normandie jusqu'à Rouen, lequel il assiégea et prit en l'année 1419 (3); ensuite tout le reste de la Normandie et une partie de l'Ile-de-France, Mante y compris. En laquelle ville de Mante il séjourna longtemps, pendant qu'il fut assiéger et battre la Roche-Guyon et plusieurs autres villes autour de Mante. Laquelle ville, il fit fortifier et

(1) *Inv. de 1543.*

(2) *Journ. d'un Bourgeois de Paris.*

(3) Aubé dit 1417. On trouve, dans les *Lettres des rois et Reines*, une liste des capitaines, nommés par Henri pour commander dans ses villes de Normandie. Elle porte la date de 1417 et on y voit figurer : Mantes, Vernon, Meulan ; le comte de la Marche commandait à Mantes, sir William Porter à Vernon et John Fastolf à Meulan. Mantes et Vernon ne furent prises cependant qu'en 1419, mais le duc de Bourgogne, qui était déjà l'allié secret de Henri V, s'empara dès 1417 de Mantes, Poissy et Vernon. « Et partout, dit Juvénal des Ursins, les nobles et spécialement les riches, estoient pillez, dérobez ou rançonnez et aucuns mis dehors.» V. aussi *Chronique de la pucelle.*

y mit forte garnison et en cet état garda ladite ville l'espace
de 32 ans en son obéissance et y établit un bailly et gouverneur anglais.

Mantes capitula le 5 février 1419, mais elle ne fut rendue au
roi Henri que le 3 mars suivant (1). Ce que le chroniqueur mantais ne dit pas, c'est que Mantes ne se rendit pas sans coup férir.
Il semble, au contraire, qu'elle se défendit vaillamment, et
qu'elle n'ouvrit ses portes qu'après l'épuisement de ses forces et
quand tout espoir de secours lui manqua. « Après la prinse de
Rouen, se rendirent au roy d'Engleterre, les villes et forteresses
de Mantes et de Vernon, *par défaut de vivres*. Et ce venoit par
les divisions et guerres qui si longuement avoient duré et régné
en France (2) ». C'est ce qui explique les dates différentes de la
capitulation et de la reddition de la ville.

Ce pauvre pays, tourmenté par la guerre civile, n'acceptait
pas volontiers le joug du vainqueur. Henri V cherchait par d'ha-
biles moyens à se faire des partisans ; il n'y parvint pas sans de
longs efforts. « Il eut de plus, dit Juvénal des Ursins, Mantes et
Vernon, qui se rendirent en son obeyssance : peu de nobles s'y
mirent : un nommé Guy le Bouteiller (3) luy fit le serment. Il y
avoit une jeune dame, fille du seigneur de la Rivière, vefve de
feu messire Guy, seigneur de la Rocheguyon, lequel mourut en
la bataille d'Azincourt : elle avoit deux beaux fils et une fille
dudit seigneur : laquelle estoit dedans le chastel de la Roche-
guyon, bien garnie de biens meubles, autant que dame de ce
royaume : et si avoit, tant à cause d'elle que de ses enfants, plusieurs belles terres et seigneuries, devers laquelle le roy d'Angleterre envoya (de Mantes?) luy faire sçavoir que si elle vouloit
faire le serment pour elle et ses enfans, qui estoient jeunes, qu'il
estoit content que ses meubles, terres, seigneuries luy demeu-
rassent et à sesdits enfans : sinon il auroit la place et tous ses
biens. Laquelle, meüe d'un noble courage, aima mieux perdre
tout, et s'en aller desnuée de tous biens et ses enfans, que de se
mettre, ny ses enfans ès mains des anciens ennemis de ce royaume, et délaisser son souverain seigneur. » On aime à trouver de
tels exemples d'héroïsme, au milieu d'une époque si avilie. Guy

(1) *Inv. de 1543.*
(2) *Chron. anonyme.*
(3) C'était un traître qui avait aidé à la défaite des Rouennais.

le Bouteiller qui voulait épouser la veuve, dût se contenter de
la seigneurie de la Roche-Guyon.

Maître de toute la contrée, Henri V s'installa tantôt à Rouen,
tantôt à Mantes. Le 20 février, il donnait un muid de froment et
un muid d'orge *aux frères et aux sœurs* de l'Hôtel-Dieu. C'est
de Mantes, ensuite, qu'il traita toute cette odieuse affaire de son
mariage avec Catherine, fille de Charles VI. Les pouvoirs donnés
à ses commissaires, sont datés de Mantes : « *Teste regis, apud
villam suam de Maunte,* XXIII° *die junii* (1). »

§ 134. **Le roi d'Angleterre vient à Mante.** — L'an 1419,
Henri d'Angleterre arriva à Mante pour traiter du mariage
de madame Catherine (2), fille de Charles 6°, roi de France.
Laquelle fut amenée par le duc de Bourgogne, entre Pontoise
et Meulan, avec le roi et la reine pour traiter dudit mariage.
Mais il ne fut lors rien conclu. Et de là s'en allèrent à Pontoise et le roi d'Angleterre revint à Mantes.

Un peu après Pâques, il fut convenu que les deux rois de
France et d'Angleterre se rencontreraient vers le pont de Meulan, pour y traiter de la paix et du mariage de Henri V avec
Catherine, fille de Charles VI. Celui-ci arriva avec sa suite à
Pontoise dans le courant du mois de mai, tandis que le roi d'Angleterre était à Mantes avec les ducs de Clarence et de Bedfort,
ses frères, « à grant puissance de gens d'armes et d'archiers. »
Le plus difficile était de savoir à qui se fier et comment prendre
ses sûretés. Une trêve avait été convenue. Le duc de Bourgogne
avait consenti à une suspension d'hostilité de trois mois. Après
de longs pourpalers, Henri se décida à une conférence aux environs de Meulan. La première réunion fut retardée par des ma-
laises de Charles VI. Mais amené enfin à Pontoise, les entrevues
commencèrent par l'entremise de la reine Isabeau (3). Des tentes
avaient été dressées dans un pré palissadé, à quelque distance
de Meulan, à La Chat, vers Mézy, et un cérémonial rigoureux
fut réglé en vue de ménager les susceptibilités réciproques.
Rien ne fut décidé le premier jour, ni les jours suivants.

(1) *Lettres des rois, Documents hist.* T. II.
(2) Aubé dit Christine, ce qui est une erreur.
(3) Les commissaires de Charles VI vinrent à Mantes auprès de Henri V.
V. *Lettres des Rois*, T. II p. 372.

« Et quant icelui fut finé, chacune partie s'en retourna en la manière qu'ilz y estoient allés, les ungs à Ponthoise et les autres à Mante. » La conférence dura longtemps. « Et alloient aucunes foix trois fois en la sepmaine, et une autre foix deux, et à l'autre une ; et aucune foix actendoient x ou xij jours. Mais cependant, ilz en voiient les ambaxeurs les ungs aux autres ausdis lieux de Ponthoise et de Mantes (1). »

Cela dura ainsi jusqu'au mois de juillet. Puis la trève fut rompue. C'est à la suite que fut dit par Henri d'Angleterre, au duc de Bourgogne, ce mot, qui devait être une triste prédiction : « Beau cousin, je veuil que vous sachiez que une foiz, j'auray « la fille de votre roy et tout ce que j'ay demandé avec elle (2). » Henri revint à Mantes et de là retourna en Normandie.

Les pourparlers de Mantes et de Meulan furent rappelés à quelque temps de là ; ce fut au pont de Montereau, quelques heures avant le meurtre de Jean sans Peur. Le dauphin et le duc de Bourgogne ne se fiaient guère l'un à l'autre. Leurs amis réciproques leurs déconseillaient l'entrevue qui ne promettait rien de bon. Tandis que ceux du duc lui disaient que le dauphin ne pouvait avoir d'assesseurs, « sinon de ceux qui avoient esté grandement endommagez par luy », ceux du dauphin lui rappelaient que Jean avait laissé prendre ses places par le roi d'Angleterre: « Et encores n'y avoit guières, avoient parlé eux deux tous seuls ensemble devers Mante.... Et en effect leur avoit baillé ou laissé prendre Pontoise (3). » L'entrevue eut lieu quand même, et Jean sans Peur y périt assassiné par les compagnons du dauphin.

§ 135. **Les Religieuses de Saint-Corentin se retirent à Mante.** — En l'année 1419, l'abbesse de Saint Corentin se retira avec ses religieuses, en la ville de Mante et firent leur demeure à l'Hôtel-Dieu avec les religieuses, à cause des troubles qui agitaient la France et des courses que les ennemis faisaient par la campagne ; et y restèrent jusqu'à ce que les troubles fussent appaisés.

Cependant le duc Jean sans Peur avait été assassiné au pont de Montereau, (10 septembre 1419) et Philippe son fils et son

---

(1) V. *Chron. anonyme.*
(2) Jehan Le Fèvre. T. I p. 362 ; V. aussi Pierre de Fenin.
(3) Juvénal des Ursins.

héritier, n'écoutant que sa haine aveugle, sacrifia dès lors sa famille et son pays à sa vengeance. Il pactisa ouvertement avec le roi d'Angleterre ; il fit proscrire le dauphin qui avait assisté au meurtre de son père; Henri V fut déclaré héritier de France, et son frère le duc de Clarence, nommé commandant de Paris. Le 1ᵉʳ décembre 1420, il y faisait son entrée avec le malheureux Charles VI et le duc de Bourgogne Philippe le Bon.

Henri V était ensuite retourné en Angleterre, mais le parti du dauphin se relevant et lui inspirant des craintes, il débarqua à Calais, au mois de juin 1421, avec 12000 combattants. Il se hâta d'arriver à Paris, pendant que le dauphin assiégeait Chartres. Puis il envoya ses troupes se reposer aux environs de Mantes, où il vint les rejoindre le 8 juillet. « En après, icelly roy d'Angleterre assembla grant puissance de gens d'armes ou pays de France, à tous lesquelz, avecques ceulx qu'il avoit amenez d'Angleterre, se tira à Mante, pour aler combattre le daulphin, qui jà avoit esté trois semaines devant Chartres ; et manda le duc de Bourgongne qu'il venist devers lui, à tout ce qu'il pourroit avoir de gens, pour estre à la journée (1). » Le duc de Bourgogne arriva deux jours après, par Gisors : « Si laissa ses gens en ung gros village (Limay) et ala, à privée mesgnée (en petite compagnie) audit lieu de Mantes, devers le roy d'Angleterre, qui de sa venue et bonne diligence fut très content. »

Le dauphin averti de cette réunion, se retira de Chartres vers Tours ; Henri V se contenta d'aller assiéger Dreux qui résista pendant trois semaines. Le duc de Bourgogne quitta Mantes, repassa à Gisors, et alla livrer la bataille de Mons-en-Vimeux, contre la Hire et Pothon de Saintrailles (2).

Le 4 février 1422, Henri VI étant à Mantes, rendit une ordonnance par laquelle il exemptait les gens du Parlement, de tous impôts sur les fruits (revenus) de leurs héritages, pendant en un an (3).

Le parti du dauphin était ruiné pour longtemps en Normandie. Quelques bandes d'Armagnacs se montraient encore de temps en temps aux environs de Paris, mais ce n'est pas tout-à-fait sans raison qu'elles y étaient encore plus détestées que les troupes anglaises. « En icelluy temps (1422), le premier jour de l'an,

(1) Monstrelet. T. IV.
(2) *Ibid.* Jehan Lefèvre, Pierre Cochon, *Chronique Normande.*
. (3) *Ordonnances.* T. XXII.

18

prindrent les Arminaz, le pont de Meullent, qui tant leur cousta que Dieu le scet ; car il leur convint assiéger, et ils se rindrent fort et puissamment et coururent jusques à Mante souvent piller et robber (voler) ou ailleurs, comme accoustumé avoient (1). » L'affaire de Meulan fut un véritable trait d'audace.

Quelque temps après (31 août 1422) Henri V mourait à Vincennes ; le duc de Bedford son frère devenait tuteur du jeune Henri VI et régent anglais du royaume de France.

§ 136. Les Portes de l'Église fermées aux habitants.
— En l'année 1423, M⁰ Jean de Hautfort, (2) chevalier natif d'Angleterre, [était] bailli et capitaine de Mante, au nom du roi Henri d'Angleterre, roi par conquête de très grande partie de France ; icelui bailli avait grande dévotion à l'église, laquelle était enclose et fermée, et l'on n'y allait que par pont-levis. Le peuple n'y allait point, si ce n'était aux fêtes solennelles. Et la plus grande partie des jours de la semaine, les chapelains ne trouvaient personne qui leur aidât à dire la messe, parce qu'il n'y avait que les vicaires, un chapelain ou deux qui faisaient l'office. Et quand il se faisait quelque mariage, il se faisait [en] se présentant seulement aux portes de l'église.

§ 137. Fondation de la seconde chapelle de la Trinité.
— L'an 1428, Estienne Le Ventrier et Marie Descauville sa femme, fille de Denis Descauville, en son vivant écuyer, sieur de Boinville, fonda la seconde chapelle de la Trinité, en l'église Notre-Dame de Mante.

D'après les archives de l'église, ce ne serait pas en 1428, mais bien en 1520 que cette chapelle aurait été fondée. Pierre Gardien, sur le point d'être reçu à la prêtrise, en fut le premier chapelain, de la volonté expresse d'Etienne Leventrier. Celui-ci laissait pour l'entretien du chapelain, la moitié de la dîme de Boinville et le fief de Crévecœur, au comté de Montfort.

---

(1) *Journal d'un Bourgeois de Paris.* Le Bourgeois de Paris est un bourguignon qui ne perd aucune occasion de montrer sa haine des Armagnacs.

(2) Jean de Hénefort ou de Hanford d'après Levrier. Chrestien l'appelle Beaufort ; serait-ce Jean de Beaufort, duc de Sommerset ?

Mais quant à la chapelle elle-même, elle est certainement d'un style qui indique le xv° siècle. C'est la seconde chapelle dans le collatéral de gauche.

Les Descauvilles et les Leventrier appartenaient à d'importantes familles de Mantes, qui ont fourni à la ville de nombreux magistrats municipaux : maires, échevins et officiers de toutes sortes.

Au milieu des périls que courait son royaume, Charles VII, après avoir convoqué des ombres d'Etats-Généraux à Meung-sur-Yèvre (Cher) en 1426, les avait encore convoqués à Tours, puis enfin à Chinon, au commencement d'octobre 1428. Nous serions presque tentés de croire que les bourgeois de Mantes eurent le glorieux courage d'y envoyer des députés, qui furent victimes de leur dévouement à la cause française.

Chrestien raconte un évènement qui dût faire couler bien des larmes aux Mantais, et il ne lui assigne aucune date précise ; mais par induction, nous pensons qu'on peut le rapporter aux Etats de Chinon. « Après le décès de notre roi Charles 6, nos habitans de Mante qui reconnaissoient l'usurpation du royaume par les Anglais, sous le nom de cet enfant de leur roi Henri 5. au préjudice de Charles 7 qui en était le véritable héritier, envoyèrent une députation à Chinon, où était le roi Charles 7, pour lui offrir leurs devoirs et prendre des mesures avec son Conseil, pour se mettre sous son obéissance. Mais le duc de Bedfort, régent du royaume pour les Anglais, ayant eu vent de cette députation, se fit informer de ceux de nos habitants qui avaient pris part à cette prétendue conspiration, et il en couta la vie à vingt-deux des principaux, qu'il fit pendre au gibet qui pour lors étoit sur la côte des Célestins ; lesquels il permit pourtant d'inhumer aux pieds de ce gibet, à l'instante prière de madame la duchesse (Anne) de Bedfort son épouse, laquelle étoit sœur du duc de Bourgogne. (Extrait, dit Chrestien, de la Chambre des Comptes de Mante, qui passe 4 l. parisis, pour l'exécution de 22 bourgeois.) » Voilà un acte de patriotisme qu'il était bon de faire connaître. Quand à la froide cruauté du duc de Bedfort, il y ajoute peu de chose.

L'hiver de 1431 fut rude. Au mois de décembre précédent Henri VI était venu de Rouen à Paris, se faire sacrer à Notre-Dame, et était reparti bien vite. A Noël, le froid était devenu intense et il dura si longtemps que toutes les provisions venues de la basse-Seine pour Paris, s'arrêtèrent à Mantes et s'y predirent : « Mais moult grand dommaige fist, car il y avoit grant foison vins, blés, lars, œufs, fromaiges qui estoient arrivez à Mante pour venir à Paris, mais tout ou bien près fut perdu pour les marchans (1). »

Le 25 janvier 1381, Charles VI, par une lettre adressée au bailli de Mantes, avait·ordonné que les prêtres *communiers de la ville*, fussent tenus de payer leur part dans les charges de la ville, comme les autres bourgeois. Le 10 février 1431, Henri VI rendit une ordonnance à peu près semblable, pour contraindre toute manière de gens, privilégiés ou non, à faire le guet de nuit et contribuer aux charges de la ville (2).

Charles VII, qui n'était plus seulement le *roi de Bourges*, ne demeurait pas inactif et ses partisans avaient reconquis une partie du royaume. Etablis en Normandie, ils avaient à leur honte éternelle, laissé brûler Jeanne-d'Arc. Mais à peine le dernier acte de cette horrible tragédie était-il terminé, qu'ils se remirent en campagne. Il s'en fallut de peu que Rouen ne tombât en leur pouvoir. Le Régent anglais, épié par les amis de Regnaud de Chartres (3), partait pour Paris avec une suite peu nombreuse ; il faillit être pris à Mantes. « Cette année (août 1431), fut la Saint-Dominique au dimenche ; et ce jour revint le Régent à Paris, lequel avoit esté espié des Arminaz, quand il cuida passer à Mante et le cuidèrent prendre ; mais comme bien advisé, repassa la rivière (4). »

Le maréchal de Boussac et Saintrailles attendaient en effet le duc de Bedfort à Mantes. Il traversa en toute hâte la Seine, abandonnant ses gens qui se firent massacrer pour le sauver.

Anne de Bourgogne, duchesse de Bedfort, qui avait intercédé pour les familles des malheureuses victimes de 1428, mourut à Paris le 13 novembre 1432, « dont ceulx de Paris perdirent moult de leur espérance. » Son mari, pour se consoler, vint à Mantes quelques jours après. « S'en alla la sepmaine d'après le Régent à Mantes et y demoura environ trois sepmaines, et puis revint à Paris. » Il utilisa son séjour en demandant de l'argent à la Normandie, pour soutenir la guerre contre Charles VII. Une grosse taille lui fut accordée et le 4 février 1433, il quittait en-

(1) *Bourgeois de Paris.*
(2) *Invent. de 1543.*
(3) Archevêque de Reims.
(4) *Procès de Jeanne d'Arc.* T. V.

core une fois Paris pour aller la recueillir (1). Ce que le *Bour-geois de Paris* ne dit pas, c'est que cet argent demandé régu-lièrement, fut accordé par des *Etats* réunis à Mantes, justement à l'époque de la mort d'Anne de Bourgogne. Le duc de Bedfort, qui ne reculait pas devant une violence, préférait toujours ce qui pouvait lui concilier l'estime des pro-vinces conquises, et c'est à cette tendance intelligente qu'il faut attribuer sa détermination, de demander de l'argent à une assemblée, au lieu de lever des subsides par la force. Voici d'ail-leurs la preuve de la tenue de ces Etats à Mantes, pendant l'oc-cupation anglaise : « Pierre Surreau, receveur *général* de Nor-mandie a receu de Henri Scandich, comis à recevoir en la vi-comté de Conches et Brétheuil, le quart de derrain (dernier) paiement de l'aide de II⁰ M. l. t. (200000) octroyées au roy nostre S⁰ *par les gens des Trois-Etats* du duchié de Normandie et pais de conqueste, *en l'assemblée faite à Mante* ou mois de novem-bre CCC XXX II (2). » Cela vient corroborer les renseignements du *Bourgeois de Paris*.

§ 138. **L'Eglise déclose.** — Lequel chevalier de Hautfort, voyant la misère où étaient les habitants de Mante, il en eut pitié et s'en fut à Rouen vers M. de Betfort, qui était pour lors chancelier et gouverneur de France, au nom du roi Henri d'Angleterre, et fit tant qu'en l'année 1432 il obtint que l'église serait déclose et démurée. Il s'en revint aux bourgeois de cette ville et leur dit d'abattre leurs murailles qui étaient autour. Lesquels avec les gens de métier et les gens d'église travaillèrent et abattirent les murs, déclouè-rent les trois poteaux qui étaient ménuisés, excepté le *droit manteau* de la porte du milieu, où après était un fossé et dessus un pont-levis et une herse par où l'on entrait dans l'église seulement. Lequel chevalier regardait travailler et y travaillait souvent lui-même. Puis fut fait un grand pont de pierre maçonné par où l'on allait à l'église, et fut pour lors mise l'image de Notre-Dame qui est à présent au *portail neuf* et qui auparavant était à l'autel de la cure de ladite église.

(1) *Bourgeois de Paris.*
(2) Levrier. *Preuves.* T. XVI.

Chrestien a ajouté, d'après un registre de l'église, quelques détails qui ne sont pas sans intérêt quoique très confus et très difficiles à comprendre : « Et abattirent murs, guérittes et décloirèrent les trois poteaux qui étoient mussés, tant qu'on ne voyait point les beaux images qui y sont (au portail) excepté le dextre manteau de la porte du milieu (1) et au plus près étoit un fossé dessous, et dessus un pont-levis et une herse par où on entroit dans l'église tant seulement; et y besognèrent, et regardait besogner icelui chevalier; puis fut fait un grand pont de pierres maçonnées, par où on entre à l'église, et pour lors *fut remis un bel image de Notre-Dame sur le pilier qui est au neuf portail, qui par devant avoit été longtemps à l'autel de la cure de l'église.* »

Ainsi une partie de la fortification fut alors détruite, et ce qui se comprend mieux, la statue de la Vierge dont nous avons parlé, n'avait pas toujours été dans la niche du trumeau.

Ce bailli est-il bien le même en 1432 qu'en 1423? Cela n'est pas probable. On voit dans le *Journal du siège d'Orléans* qu'un bailli de Mantes périt au siège où se révéla l'héroïsme de Jeanne-d'Arc : « Le bailli de Mante et plusieurs autres chevaliers bannerets et nobles d'Angleterre, furent noyez parce qu'en eulx cuidans sauver, le pont fondit soulz eux (2). »

Ne serait-ce pas la raison des différents noms qui lui sont donnés? Ce qui est certain, c'est que « Jehan de Hanford » était bailli de Mantes en juillet 1431, tandis qu'en 1426, nous voyons un « Edoart Malzvillain, escuyer » aussi bailli de Mantes. En 1434, c'était Robert Guitchin et en 1437, Thomas de Hoo, qui garda cette fonction jusqu'en 1449 (3).

§ 139. **Etablissement de la musique.** — En ladite année 1432, icelui chevalier fit beaucoup de bien à l'église Notre-Dame, car en ce temps il n'y avait nuls musiciens et pour y en établir, il fit venir deux Anglais dont un

---

(1) C'était donc un ouvrage bâti en avant du parvis avec ouverture devant la porte centrale.

(2) A la prise de la Tournelle d'Orléans.

(3) E. Réaux et *Collection Levrier*. Voici encore quelques noms de commandants anglais, trouvés dans les *Preuves* de Levrier : Allain Bugxill, capitaine en 1422, Guillaume Bomton, capitaine en 1425, Richard Guéchin, en 1435. T. XVI.

avait une voix claire et l'autre haute. Lesquels, à la prière
dudit chevalier et bailli, montrèrent aux enfans de ladite
ville et autres qui voulaient apprendre la musique et l'ayant
apprise à quelques-uns, l'église fut servie très solennellement, les dimanches et fêtes. Lui-même y assistait à chaque
fête et chantait avec les autres, ce qui fit que plusieurs l'ap-
prirent et la chantèrent dans ladite église (1).

Comment les chants d'église étaient-ils si inconnus à Mantes ?
Jumièges avait, dès le IX° siècle, des chants notés, et l'un des
moines, fuyant devant les Normands qui venaient de brûler
l'abbaye s'enfuit à Saint-Gall, en Suisse, avec un antiphonaire
et y enseigna la musique (2). Wace, dans le *Roman de Rou*, dit
que les ménestrels normands chantaient à Hasting devant le
duc Guillaume :

> Taillefer qui mult bien cantout
> Sor un cheval ki tost alout
> Devant li dus alout cantant
> De Karlemaine et de Rollant.

Enfin, le duc Philippe le Hardi qui mourut en 1404, était
un prince artiste et le Religieux de Saint-Denis dit qu'il entretenait dans sa chapelle « la plus excellente musique qu'on
eut encore ouïe. » Il est donc bien étonnant que l'église de
Mantes ait été obligée d'apprendre l'art du chant des artistes
anglais.

Cependant une sourde colère s'élevait de toute part contre
les Anglais. La Normandie trouvait le joug un peu lourd et des
masses de paysans au désespoir se révoltaient ; on les égorgeait
sans pitié. Le duc de Bedfort ne pouvant plus faire justice, laissait ses capitaines impunis de leurs inutiles cruautés. Les diverses bandes anglaises se multipliaient pour faire face au danger.
« Durant lequel temps (1434), le conte d'Arondel se tenoit souvent à Mante et en pays devers Chartres. Si prinst et gaigna

---

(1) Le ms. Marion ajoute : L'an 1438, il y eut une grande famine et mortalité en France. Le monde aux environs de Paris et de Mante n'osait sortir
à cause de la grande quantité de loups qui dévoraient les personnes quand
ils les rencontraient. Ils venaient même jusque dans la ville. On prétend
qu'ils ont étranglé plus de quatre-vingts personnes. V. *Bourgeois de Paris.*

(2) Depping, *Expéd. des Normands.*

pour cest an, plusieurs forteresses sur les Français, tant oudit pays de chartrain comme au pays de Perche (1). »

Le temps des plus grands malheurs était d'ailleurs passé. Un soufle de patriotisme avait couru par toute la France, à la voix inspirée de Jeanne-d'Arc. Les haines privées s'apaisaient pour ne laisser de place qu'à la haine de l'étranger; des jours meilleurs s'annonçaient.

En France, le pouvoir de Henri VI périclitait. En 1435, Meulan était retombée par un coup de main du capitaine Jaillet, au pouvoir de Dunois. Le duc de Bedfort était mort le 14 septembre; le duc d'York lui avait succédé comme régent de France, mais n'avait pas hérité de ses talents. Séparés de leurs lignes, les Anglais avaient évacué Paris le 17 avril 1436, et tandis que les villes de l'Ile-de-France étaient tour à tour prises par les Français et les Anglais, Mantes restait comme le poste d'observation de ceux-ci et la place qu'ils gardaient avec le plus de vigilance. Leur capitaine Talbot (2) semble s'y être établi en permanence; c'est de là qu'il tenta de nombreuses expéditions aux environs, presque toutes redoutables aux troupes de Charles VII; elles prouvent au moins une singulière audace.

Dans les premiers jours de l'année 1441, Talbot était à Mantes ou aux environs, et c'est lui sans doute qui dirigea l'expédition dont il va être question. Nous ne l'avons trouvée dans aucun historien, mais elle concorde avec un séjour du connétable de Richemont, Arthur de Bretagne, à Paris (3). « Mais les Angloys, dit le *Bourgeois de Paris*, couroient souvent jusques aux portes de Paris, et si n'y avoit qu'ung seul cappitaine d'Angleterre nommé Tallebot qui faisoit visaige, et tenoit pié contre le Roy et sa puissance, et pour vray il sembloit au semblant qu'ils monstroient que moult le doubtassent, car toujours eulx esloingnoient de lui de vingt ou trente lieues, car il chevaulchoit parmi France, plus hardiment qu'ils ne faisoient. » Il allait cependant trouver quelqu'un devant lui.

---

(1) Monstrelet. T. I, p. 94. Le comte d'Arundel était gouverneur de Rouen et l'un des meilleurs lieutenants de Jean de Bedfort. Il mourut à Gerberoi l'année suivante.

(2) Jean Talbot, comte de Shrewsbury, 1373—1453.

(3) V. Guillaume Gruel, *Histoire de Artus III*.

§ 140. — Défaite de la Garnison de Mante par le connétable de France. — L'an 1440 (1), le 7 février, la garnison anglaise, qui était à Mante, alla jusqu'au faubourg Saint-Jacques de Paris et prit, en chemin et par les villes, plusieurs prisonniers, bêtes et chiens, et s'acheminant pour revenir à Mante, Monsieur le Connétable, qui était à Paris, envoya en diligence après eux de l'autre côté de la rivière de Seine, Mᵉ Gille de Saint-Simon (2), Mᵉ Jean de Malessis, Geofroy de Couvran (3) et autres vaillants capitaines, accompagnés de quatre-vingt ou cent soldats. Et passèrent la rivière au pont de Saint-Cloud pour devancer les Anglais. Et les ayant joints, frappèrent dessus et les mirent tous en déroute. Il y en eut peu qui rapportèrent des nouvelles à Mante, y en ayant eu un grand nombre de morts sur la place et plusieurs autres prisonniers.

L'apathique Charles VII s'était enfin décidé à agir ; Paris redevenu français, était bloqué par de petites places et les Anglais encore solidement établis à Pontoise, en inquiétaient les abords et en empêchaient les approvisionnements. Au mois de juin, entouré de ses meilleurs capitaines, il vint assiéger Pontoise. Ce n'était pas une petite entreprise ; les Anglais en avaient fait une place solide, et la garnison se défendit avec opiniâtreté.

Talbot, envoyé par le duc d'York, était parti de Rouen, pour ravitailler la place que Charles VII voulait prendre par la famine. Il avait avec lui quatre mille soldats : « Et ala par aulcuns jours, tant qu'il vint logier jusques à une ville nommée Cheverin (Chauvry) assis près dudit lieu de Pontoise, et la jut deux nuis. Et entretant, bouta des vivres dedans ladicte ville, sans avoir aulcun empêchement et destourbier. Car le Roy et ceulx de son conseil estoient délibérés de non combattre yceulx Anglois, si non que ils les trouvassent grandement à leur advantage. (C'est bien ce que disait le *Bourgeois de Paris*). Après lequel ravitaillement, messire Jehan Thalebot s'en retourna à Mante et se

(1) 1441.
(2) Il était allé à Harfleur à la fin de l'année 1440.
(3) Jean de Malestroit, Geoffroy de Couvran et Gilles de Saint-Simon, capitaines du connétable de Richemont assistaient à son mariage en 1442. V. *Guillaume Gruel.*

logèrent ses gens en ung village (Limay) au-dehors de la ville, et de là s'en retournèrent en Normandie (1). »

Pontoise tint longtemps ; le duc d'York et Talbot revinrent souvent sous ses murs et délogèrent plusieurs fois les troupes de Charles VII. Celles-ci retournaient, tantôt vers Paris, tantôt vers Poissy. Mantes était toujours la base d'opération de Talbot. A la mi-août, Charles VII était à Saint-Denis d'où il revint à Conflans. C'est à ce moment que les Anglais de Talbot revinrent encore une fois vers Pontoise et pillèrent Poissy au retour. « Durant lequel temps, Thalebot vint piller la ville et l'abéye de Poissy et les biens des dames, et puis s'en retourna à Mantes. Et brief ensievant fut la ville de Pontoise ravitaillée pour la quatriesme fois, et y demeurèrent les gens du duc d'Yorch ou lieu de ceulx qui y estoient de par ledit Thalebot (2). » Notre chronique ajoute encore quelques détails.

§ 141. L'abbaye de Poissy pillée et le butin amené à Mante. — L'an 1441, Vallot (3), vaillant capitaine anglais, revenant de Pontoise faire entrer des vivres, passa par l'abbaye de Poissy, laquelle il pilla et amena la dépouille et le butin de ladite abbaye en son hôtel à Mante.

[Environ ce temps-là, notre église Saint-Jacques du cimetière fut démolie, sans que nos manuscrits nous en disent le sujet. Chr. et M.]

Pontoise fut emporté d'assaut, le 19 septembre, après avoir été battu par l'artillerie de Jean Bureau, pendant quinze jours. Charles VII, ce jour-là, mérita son surnom de *Victorieux*.

§ 142. Les Halles couvertes. — Anciennement les Halles de Mante étaient couvertes de charpenteries et tuiles et en l'année 1441, elles furent closes de haies, par le voyer de Mante et Meulan et de son autorité, y prétendant quelque droit. Ce qui vint à la connaissance des maire et échevins qui les firent déclore et ruiner.

(1) Manstrelet. T. VI.
(2) Monstrelet. T. VI.
(3) Talbot.

§ 143. **Etablissement de la Confrérie du Saint-Sacrement.** — En l'année 1441, il fut, entre les chanoines et vicaires de l'Eglise Notre-Dame, érigé une confrérie du Saint-Sacrement aux octaves dudit jour. Et fut ordonné entre eux, que quatre torches de cire blanche seraient faites à leurs dépens, pour être portées aux coins du dais, sous lequel serait porté le corps de Notre-Seigneur. Et chacun des chanoines et vicaires à leur tour faisaient faire lesdites torches et faisaient un festin, auquel assistaient tous les frères de ladite Confrérie et autres prêtres qui étaient par eux conviés.

[Cette même année 1441, le 16 juin, les torches des métiers, pour assister le *Corpus Domini* à l'octave, furent érigées. CHEV.]

[Elles étaient carrées, du poids de 30 à 120 livres, et brûlaient pendant tout le temps de la procession. Chaque métier avait sa torche posée sur son brancard. Celui-ci était orné de fleurs et de couronnes, et au pied de la torche était figuré un jardin ou bien des boutiques en cires de couleur, dans lesquelles on voyait les outils et marchandises de chaque métier. Pendant les offices, toutes ces torches brûlaient rangées autour du chœur, au nombre de 40 à 45. CHR.]

La Fête-Dieu, instituée en 1264, par Urbain IV, ne fut solennisée qu'à partir de 1311. En France, on ne la célébra pas avant 1318. Le diocèse de Chartres l'adopta seulement vers 1325. Martin V, dans une bulle de 1429, attacha des grâces spéciales à la célébration de cette fête et recommanda aux fidèles d'assister à la procession, dont l'usage est moins ancien que la fête. Le *Bourgeois de Paris* raconte, à l'année 1433, les efforts des prédicateurs, pour rendre cette procession plus solennelle. C'est sans doute à l'effet d'imiter le clergé de Paris, que celui de Mantes, uni aux bourgeois, s'associa pour donner plus d'éclat à la procession de la Fête-Dieu.

Cette cérémonie fut longtemps célèbre à Mantes, par le faste qu'y déployaient les corporations de métiers. Cet usage a cessé depuis longtemqs.

§ 144. **Pardon ou Angelus.** — Le 3 janvier 1442, la salutation de l'*Ave Maria* a été faite et fondée par Guy le Baveux, et pour ce faire a *demandé permission* aux maires et échevins de faire sonner, le soir, 15 coups de cloche à Notre-Dame, et a pour cela laissé 20 s. de rente sur son bien. Nota. Ce Guy le Baveux était seigneur d'un fief sis à Jouy, appelé *Dormon*, tenu en fief de Malassis, et possédé par les S⁻ de Jouy. 2ᵉ CHEV.

L'*Angelus* ou *Pardon*, institué, pense-t-on, par Urbain II à la fin du XIᵉ siècle, était établi à Soissons en 1375. Louis XII le fit sonner à Paris en 1472. Ce qui est le plus remarquable dans ce paragraphe, c'est la permission demandée au maire, pour instituer une pratique religieuse.

§ 145. **Les Halles changées.** — En l'année 1444, le Marché et Petite Halle de Mante, que l'on nommait le *Marché aux Femmes*, était établi devant le parvis de Notre-Dame, et appartenait au baron d'Ivry, qui en tirait un grand tribut et ne tenait compte de le faire recouvrir. Ce qui fut cause que les maire et échevins intentèrent contre lui un procès tendant aux fins de réparer et tenir ladite Halle couverte. Pour amortir lequel procès, transaction fut faite, par laquelle ledit sieur baron d'Ivry qui était en ladite ville, céda tous les droits et prétentions qui lui pouvait appartenir, moyennant la somme de 150 l. pour une fois payée. Depuis laquelle transaction, ladite Halle et Marché fut transférée au devant de l'Hôtel-de-Ville, où elle tient à présent.

Le marché devant l'église, était surtout l'endroit où se faisait le grand commerce des vins de la contrée, que l'on menait a Rouen, et de là jusque dans les Flandres. C'est de là qu'il a pris le nom d'*Etape* que l'endroit à conservé.

§ 146. **La Tour de Saint-Martin bâtie**. — En l'année 1446, la grosse tour qui est proche l'église, proche la Porte-aux-Saints, que l'on nomme la tour Saint-Martin, fut bâtie aux dépens des habitants de Mante.

§ 147. Pêche d'un esturgeon donné au chancelier d'Angleterre . — Le 19 juin 1447, la ville de Mante étant en obéissance du roi d'Angleterre qui levait pour lors de grandes tailles et impositions de ladite ville, il fut pêché au bout de l'Ile de l'Aumône, un esturgeon d'une merveilleuse grosseur, qui fut acheté par les maires et échevins, deux saluts (1). Et fut par eux porté en la ville de Rouen et présenté au Chancelier d'Angleterre et de France, et qui pour lors était bailli et gouverneur de cette ville. Et ne fut pas ledit présent ingratement reçu, car il fit donner à ladite ville et fauxbourg, affranchissement de tous impôts pendant trois ans.

A ce sujet, voici ce qu'on connaît. D'après Levrier, Henri VI, aurait remis les 300 liv. de la prévôté, pendant trois ans, à partir de 1441. Dans l'*Inventaire de 1543*, il y a mention, au contraire, à la date du 15 mai 1445, de cette même remise de 300 l. aux maire et pairs de Mantes, pendant sept ans, à la condition d'employer cette somme à l'entretien des fortifications (2).

Cependant, cette somme peut très bien avoir été remise en 1441 et en 1445 ; la misère de la ville et les services qu'en tirait le roi d'Angleterre, justifiaient parfaitement cet affranchissement d'impôts. D'après Chrestien, la lettre de Henri VI, constatait le piteux état de la ville et ce qu'elle avait souffert. Les environs étaient dépeuplés et dans la plus grande misère.

L'Ile-de-France se dégageait peu à peu de l'invasion, et cependant, malgré les progrès de l'armée de Charles VII, Mantes restait toujours au pouvoir des Anglais. Quelques projets d'attaque avaient bien été discutés dans le courant de 1443, *(Bourgeois de Paris)*, mais ils n'avaient eu aucun résultat. Le moment de la délivrance approchait ; pourtant, Mantes devait encore une fois souffrir la présence des chefs Anglais dans ses murs.

§ 148. Arrivée du Chancelier d'Angleterre à Mante. — Mons' le chancelier d'Angleterre et de France (3) vint à Mante en l'an 1448. Au-devant duquel furent, pour le recevoir, le lieutenant général et gens de justice, accompagnés

---

(1) Pièce d'or dont la face principale portait une *salutation angélique.*
(2) La tour Saint-Martin fut, en effet, bâtie en 1446.
(3) Probablement Edmond de Lancastre, régent.

des maire et échevins et des plus notables de la ville. A l'arrivée duquel il y eut une si grande foudre et tonnerre et débordement d'eaux, qu'il était très difficile d'aller et venir par les rues. Et enfin la tour de [Montespervier] du château de cette ville fut découverte, ce qui fut cause que ledit Sᵣ Chancelier ne logea au château, mais en une maison bourgeoise.

§ 149. **La Châsse de saint Marcoul couverte d'argent.** — Le lendemain de l'arrivée duquel chancelier fut faite une procession générale à laquelle il assista. Et y fut portée la châsse de saint Marcoul qui était couverte seulement de bois. Il commanda aux maire et échevins de la faire couvrir d'argent. Ce qui fut fait et exécuté et fut portée à Rouen à un orfèvre qui la couvrit d'argent et eut pour la façon soixante saluts d'or.

On verra qu'elle ne revint de Rouen qu'après la défection des Anglais.

§ 150. **Puits bouché, Four et Moulin qui étaient dans Notre-Dame démolis.** — Peu après que le chancelier d'Angleterre fut parti de Mante, il fut clos et étoupé un puits qui était dans l'église Notre-Dame, devant la chapelle, Sainte-Anne (1). Comme aussi fut démoli un four qui était sur les voûtes, au droit des fonts et un moulin. [C'est ce chancelier qui a fait mettre dans la chapelle de la Châsse un saint Georges à cheval.] CHEV.

Le puits était donc dans le bas-côté, vers la deuxième travée à gauche, et le four au-dessus, dans le triforium.

Enfin la domination anglaise touchait à sa fin. Le patriotisme des capitaines de Charles VII s'était éveillé, et l'argent si noblement offert par Jacques Cœur aidant, la Normandie allait être délivrée. Richard, duc d'York était tombé en défaveur; Edmond de Lancastre, duc de Sommerset, lui avait succédé comme régent de France. Talbot, quoique vieux, était resté l'infatigable capitaine, toujours prêt à batailler, mais son étoile

(1) Chapelle actuelle des Fonts.

avait baissé, ou plutôt l'Angleterre était épuisée à son tour; les hommes et l'argent lui manquaient.

La Normandie était envahie partout à la fois par l'armée de Charles VII; Verneuil était pris malgré les secours de Talbot. Mantes allait bientôt aussi revoir une garnison française. Les bourgeois s'agitaient et appelaient les Français de tous leurs vœux. Dès le mois d'avril 1449, la ville inquiète regardait du côté des libérateurs; Jean de Tilly, écuyer, grènetier de Mantes, était allé en informer le gouverneur de Vernon; ses nouvelles étaient inquiétantes. Il avait requis un cheval, et c'est par l'ordre de paiement donné au bailli de Gisors, que nous apprenons l'état où se trouvaient les esprits (1).

Enfin, l'heure avait sonné. Pont-Audemer avait été pris d'assaut; Lisieux s'était soumis; Dunois se dirigea alors sur le Vexin. « Et d'ilec se tirèrent iceulx seigneurs et leur compaignie, devant Mante qui assez brief se rendit; puis allèrent à Vernon qui pareillement se rendit dans briefs jours ensievans (2). » Le récit de la prise de Mantes, tel qu'il est raconté ici, doit être tiré d'un de ces minutieux procès-verbaux que rédigeaient si bien les anciens greffiers de l'Hôtel-de-Ville. Il est d'une grande précision historique, et nous n'avons rien à y ajouter.

§ 151. **Révolte des Mantais contre la garnison anglaise et la ville prise par les Français.** — En 1449, les Anglais qui étaient en garnison à Mante allaient courir sur les chemins, entre Paris, Orléans et Chartres, en habits dissimulés et épouvantables, de sorte qu'on ne pouvait les connaître. Et pillaient maisons de gentilshommes, les tuaient. volaient et tuaient marchands et faisaient tous les maux dont ils se pouvaient aviser. A cause de quoi, le roi Charles sept et son conseil, conclut que les Anglais avaient rompu les trèves et leur déclara guerre ouverte (3). De fait, le 26 août,

(1) *Chron. de Mathieu d'Escouchy.* Louis de Mérédith était maréchal de Mantes, en 1444, d'après cette chronique. Jehan Harnoiz en était aussi bailli, en 1445.

(2) Mathieu d'Escouchy, *Chronique.*

(3) « Considérant encore que, malgré les tresves, les Anglois de Mante, Verueil et Laigny alloient sur le chemin d'Orléans et de Paris desrober et copper les gorges aulx bonnes gens,.... que ceux qui faisoient cela se faisoient appeler les *frais visaiges* et se vestoient et déguisoient d'habits dissoluts et espouvantables, etc. » *Mémoires de Jacques du Clercq.*

audit an 1449, le roi de France partit de Chartres et vint coucher à Chateauneuf-en-Timerais, d'où il envoya sommer la ville de Mante par un de ses hérauts, de se rendre et qui était *(sic)* en la possession des Anglais contre son gré. Et pendant que ledit héraut était allé la sommer, le comte de Dunois, les comtes d'Eu et de Saint-Pol, et ceux de leur compagnie qui étaient cinq à six mille combattants, arrivèrent ce même jour devant la ville de Mante pour sommer les gens de guerre, manants et habitants d'icelle, de la rendre et restituer au roi de France, ce que les habitants auraient bien voulu faire. Mais la peur des Anglais qui étaient en dedans de la ville jusqu'au nombre de deux cent-soixante hommes de guerre [les arrêta.] Et était capitaine M° Thomas Hoa (1), chevalier et chancelier des Anglais en leur parti, qui n'était pas en la ville; mais son lieutenant, nommé Thomas de Sainte-Barbe, lequel était bailli d'icelle, voulait à toute fin défendre la ville contre l'armée du roi de France. Et les habitants, voyant la perte et la ruine de leur ville, après la sommation à eux faite, firent dire au bailli que s'il n'appointait et ne prenait composition avec le roi, qu'ils la prendraient eux-mêmes. Mais le bailli voulant tenir fort dans la ville, et les habitants se sentant les plus forts et pour mieux réussir, ils gagnèrent la tour [Saint-Martin] et la Porte-aux-Saints, avec un quartier de la ville haute. Après quoi, ils envoyèrent vers le roi, vers les quatre heures après midi, qui leur envoya un héraut accompagné de cinquante hommes d'armes qui entrèrent en la ville, et furent reçus par les habitants et mis sur ladite porte et sur la tour, pour les défendre contre lesdits Anglais. Et le roi s'étant approché de la Porte-aux-Saints avec les seigneurs du camp, les habitants députèrent vers le roi les plus notables d'entre eux, qui firent tant, qu'il y eut l'accord qui suit :

Premièrement, fut dit que les gens de guerre qui étaient au nombre de huit-vingts chevaux et plusieurs de pied et toutes autres personnes que ce soit, pourront s'en aller librement hors de la ville de Mante, sauf qu'il ne sera permis

(1) Thomas de Hoo.

aux soldats d'approcher d'une lieue d'aucun lieu où soit le camp royal ou autre troupe française tenant le siège devant quelque place que ce soit.

Que ceux qui s'en iront pourront faire emporter avec eux leurs biens meubles, par eau ou par terre, quelque part qu'ils voudront, par une ou plusieurs fois, pendant le temps de la sureté ci-dessous limitée, savoir : huit jours pour vider du lieu, et quinze jours pour faire transporter leurs meubles ; étant lesdites suretés gardées, tant aux soldats et citoyens sortant, qu'à ceux qu'ils députeront pour emporter leurs hardes, qu'ils pourront vendre si bon leur semble, durant le terme susdit, en la place de ville, et emporter les prix sans aucun empêchement.

Est accordé, aux nobles, bourgeois et ecclésiastiques de ladite ville, qu'ils jouiront de ce qui leur appartient et demeureront en leurs états, offices, bénéfices, terres et possessions, par quelque droit que ce soit, sauf s'ils les avaient obtenus par confiscation de ceux que l'on aurait chassé pour la querelle du roi de France, ou pour avoir suivi son parti.

Le roi a donné abolition et pardon de tous crimes, à tous les bourgeois et habitants de Mante, et de tout ce qu'ils ont fait et pourpensé ci-devant, contre Sa Majesté ; desquels, s'il y a aucuns qui veulent retourner pour jouir de cette grâce, étant absents, ils le pourront faire dans le [jusqu'au] 24 septembre prochain, sans qu'il leur soit besoin de prendre aucune assurance ni sauf-conduit que ces présentes ou copies d'icelles, rentrant dans leurs biens, meubles et immeubles aussi bien que les autres.

Parmi les meubles, ne seront compris les bâtons de guerre, comme artillerie et toute autre machine à trait, sauf ce que le soldat est accoutumé de porter.

Est accordé aux bourgeois, manants et habitants de ladite ville, qu'ils sont maintenus en leurs anciens droits, franchises, privilèges et immunités, ainsi qu'ils étaient devant que Henri dernier décédé (1), descendit en France.

(1) Henri V, roi d'Angleterre, mort en 1422.

19

Tout ceci, ayant été ainsi accordé entre les parties, fut arrêté que le roi ferait apposer son scel pour que le tout fut plus authentique.

Donné à Saint-Ladre-lès-Mante, le 26 août 1449. Signé Charles (1), Louis (2), Jean (3), Pierre de Bressay (4), Culant (5), et Guillaume Coussinet (6). Et peu après, le roi y fit son entrée, après que les Anglais en furent sortis, qui y étaient au nombre de huit vingts chevaux harnois, saufs. Il demeura en icelle ville, capitaine et gouverneur, le Sʳ de Culant, maréchal de France. Ainsi furent chassés les Anglais de ladite ville, qui y avaient été l'espace de 32 ans (7).

Les pièces de cette capitulation étaient conservées autrefois à l'Hôtel-de-Ville, mais elles sont perdues. L'*Inventaire* de 1543 en fait mention sans donner aucun détail. Le traité conclu avec Dunois, était scellé de six sceaux et l'acte de serment de fidélité prêté au roy, y était joint.

Les lettres de rémission et d'abolition données par Charles VII, sont datées de Chartres, et d'août 1449, sans indication de jour.

On trouve dans les pièces justificatives de la *Chronique* de Mathieu d'Escouchy, quelques renseignements intéressants sur Thomas de Hoo, le dernier Anglais qui commanda à Mantes. Activement mêlé aux dernières défaites de l'armée anglaise, il était commissaire de Henri VI lors de la reddition de Rouen, au mois d'octobre suivant. Il parait qu'il se fixa en France et embrassa le parti de Charles VII, qui lui donna la seigneurie de Brouillard, près les Vaux-de-Cernay (8).

(1) Charles d'Artois, comte d'Eu.
(2) Louis de Luxembourg, comte de Saint-Pol.
(3) Jean, comte de Dunois, bâtard d'Orléans.
(4) Pierre de Brézé, sénéchal de Poitou, puis capitaine de Rouen et sénéchal de Normandie.
(5) Philippe de Culant, seigneur de Jalognes.
(6) Il faut lire Cousinot. C'est Guillaume Cousinot le Chancelier, seigneur de Montreuil, près Vincenne, l'auteur de la *Chronique de la Pucelle*. V. l'éd. de M. Vallet de Viriville et sa dissertation.
(7) 30 ans et 6 mois environ.
(8) Réaux, *Histoire de Meulan*.

§ 152. L'Administration de Saint-Lazare appartient à la Ville. — En l'année 1450, l'administration et maîtrise de Saint-Lazare-lès-Mante, fut donnée, par les maire et échevins lors en charge, à M° Thomas Messange, prêtre. Ce qui sert pour faire voir que c'est à ladite ville et communauté à pourvoir de ces charges.

En 1460, cette maîtrise fut donnée à Guillaume Sabrevois, prêtre, par les maire et échevins. Plus tard, ce fut le roi qui nomma l'administrateur; la ville ne garda que le droit d'installation. L'*Inventaire* de 1543 contient plusieurs mentions et pièces sur l'hopital.

§ 153. Les Châsses de SS. Macoul, Domard et Cariulphe ouvertes, et leurs ossements mis dans de neuves. — En l'année 1451, le chapitre et les maire et échevins de Mante supplièrent le révérendissime père en Dieu, M° Pierre Bêchebien, évêque de Chartres, étant au cours de sa visite en la ville de Mante, de visiter les reliques de SS. Marcoul, Domard et Cariulphe et de les retirer de leurs vieilles châsses pour les remettre dans les neuves qu'ils avaient fait préparer à ce dessein. Ce qu'il leur accorda et y procéda en la manière qui suit :

Ledit sieur évêque, assisté de plusieurs personnes, tant ecclésiastiques que séculiers de l'un et de l'autre sexe, retira de la vieille châsse de saint Marcoul ses reliques qu'il remit aussitôt en une autre châsse neuve, couverte d'argent, et ôta tous les ossements de saint Cariulphe et de saint Domard qui étaient dans deux vieilles châsses, et les mit dans deux autres châsses de bois neuf préparées (1). Mais parce que l'on ne pouvait pas facilement discerner quelle était la châsse de saint Cariulphe et celle de saint Domard, l'antiquité en ayant fait perdre la connaissance, et les écriteaux de dessus ne pouvant plus se lire, il fit un mélange des ossements de ces deux saints et les enferma dans des châsses

(1) Elles furent aussi recouvertes d'argent, au XVII° siècle, par Antoine Bonenfant, orfèvre de Mantes, qui n'était pas sans talent.

neuves. Et afin qu'ils fussent honorés à perpétuité, ledit
sieur évêque donna à tous chrétiens qui viendraient visiter
l'église de Mante le jour de leur fête, quarante jours d'indulgence. Cette cérémonie fut faite le dimanche 19 décembre 1451, ainsi qu'il se voit par le procès-verbal dudit sieur
évêque, signé : Daniel et scellé en cire jaune.

On a vu que les châsses avaient été recouvertes d'argent par
les ordres du *chancelier* d'Angleterre. Envoyées à Rouen en
1448, elles avaient mis au moins deux ans à en revenir.

Puisqu'il est ici question de l'évêque de Chartres, il convient
de parler d'un singulier différend existant entre lui et l'archevêque de Rouen. Mantes appartenait au diocèse de Chartres, et
Limay à celui de Rouen. Jusque-là, pas de discussion. Mais de
qui dépendait le pont jeté sur les différents bras de la Seine?
Là était la question, et l'intérêt portait sur les quelques meuniers habitant sur le pont même. Ce point demeura longtemps
en litige. En 1450, l'archevêque de Rouen, messire Raoul Roussel employa un singulier moyen pour affirmer son droit sur le
pont de Mantes : Etant en tournée à Limay il s'avisa, entouré
de tout son clergé, de conférer la tonsure à quelques clercs, au
beau milieu du pont, entre la croix et la rive de Limay. Cette
sorte de prise de possession violente ne leva pas la difficulté,
car la contestation existait encore en 1491. L'archevêque de
Rouen dût se contenter d'exercer sa juridiction spirituelle sur
la *Loge des Portiers,* située à l'entrée du pont (1).

§ 154. Les Francs-Archers créés. — En l'année 1452,
les francs-archers furent créés par le roi Charles 7° en la
ville de Mante.

Mantes possédait une Compagnie d'Arbalétriers depuis 1411.
Charles VI, dans ses lettres patentes, lui accorda les mêmes
franchises qu'à celles de Paris, Rouen, Tournay, etc. Il y avait
20 compagnons. Ils étaient exemptés des tailles, aides et subsides, excepté pour ce qui regardait les réparations de la ville.
Jugés par le bailli, ils recevaient 3 s. par jour quand ils sortaient de la ville pour leur service; leur capitaine en avait 5.

(1) Levrier, *Preuves.* T. XVI.

Les dix premiers compagnons nommés par Charles VI étaient: Jehan Pélerin, Michelet Bourdon, Robin Vincent, Tassin Langlois, Gilot le Flament, Richard des Roches, Perrin Amillon, Jacquet Pinart, Perrin Lecoup et Huguet Basselet (1).

Charles VII, par son édit du 28 avril 1448, avait ordonné l'organisation des *francs-archers;* il voulait compléter son armée pour porter un coup décisif aux Anglais, en leur opposant un corps qui put rivaliser avec leurs archers. L'application de son édit à Mantes, à cause de l'occupation anglaise, n'eut lieu qu'en 1452, et probablement dans les conditions prescrites pour tout le royaume, c'est-à-dire qu'on leva un archer par cinquante feux. Ils jouissaient à peu près des mêmes privilèges que les arbalétriers créés en 1411.

§ 155. **Les Fonts baptismaux de Notre-Dame faits.** — En l'année 1453, les fonts baptismaux de Notre-Dame furent faits et plombés en dedans et aux dépens des maires et échevins.

§ 156. **La Clergie de S. Maclou appartient à la Ville.** — M⁰ Denis Lesdents prêtre, en l'année 1475, présenta requête aux maire et échevins, afin d'avoir quelque récompense pour avoir mené et conduit l'horloge de la ville, l'espace de 32 ans. Et lui fut donné pour récompense, par la ville, lettres de provision de la *clergie* de Saint-Maclou, que l'on dit à présent sacristie, vacante par la mort de M⁰ Nicolas Lemire, à condition de continuer sa charge d'horloger. Ce qui sert pour faire voir que c'est à la ville à pourvoir de ces charges.

§ 157. **Le Marché franc établi.** — En l'année 1457, le roi Charles revenant de la ville de Rouen, passa par Mante, où il fut reçu par les habitants au mieux qu'ils purent. Ce qui contenta fort ledit seigneur roi, et leur dit qu'au retour de son voyage ils eussent à l'aller trouver à Paris et qu'il leur donnerait tout contentement. Ce qui fut fait, et fut député le

(1) *Recueil des Ordonnances.*

maire et deux échevins qui furent vers le roi, duquel ils obtinrent à l'instant, un marché franc toutes les semaines, qui
se tiendrait le jour de mercredi. Auquel marché l'on pourrait
vendre, troquer et échanger toutes sortes de bestiaux sans
rien payer. Ce qui fut exécuté et ledit marché tenu. Mais il a
cessé au moment des guerres civiles, jusqu'au mercredi
20 juillet 1624, que l'on le rétablit en la grande place, devant
la porte de Rosny. Et était auparavant dans la place qui
porte encore son nom de *Vieux Marché aux Porcs* (1).

Ce marché, quoi qu'en dise notre annaliste, tint régulièrement toutes les semaines. Etabli d'abord le mercredi, il fut mis
ensuite au samedi : « Un charte du roy Loys de l'an mil quatre
cens soixante unze, le dixiesme novembre, par laquelle est permis aux habitans de Mante de *muer* le marché de mercredy au
samedy (2). » En 1496, il fut remis au mercredi.

Au règne de Louis XI appartiennent peu d'évènements intéressants. En voici cependant quelques-uns empruntés à la *Chronique scandaleuse* de Jehan de Troies (3). A la fin d'août 1465,
Louis XI vint à Paris et y séjourna quelque temps. C'est
peut-être pour tenter son maître-queux, que Mantes expédia de
ses bons pâtés à Paris. « Et le vendredy ensuivant, vindrent et
arrivèrent vivres à Paris du pays de Normendie. Et entre les aultres
choses y fut amené de la ville de Mante, deux chevaulx chargez de
pastez d'anguilles de gort, qui furent vendus devant le Chastellet
de Paris, en la place à la Volaille. » *Des pastez d'anguilles de
gort!!* L'eau en vient à la bouche. Pourquoi la recette en est-
elle perdue ?

Il y avait bien de quoi consoler Louis XI de ses fatigues de
Montléry, et lui faire attendre que la *Ligue du Bien Public* se fut
dissoute d'elle-même. Il ne fallut pas moins que toute l'énergie
et toute l'astuce de ce prince singulier, dont le caractère fut un
étonnant mélange d'élévation, de grandeur patriotique quant
au but, et de bassesse et de cruauté quant aux moyens, pour
triompher de l'union des princes français coalisés contre son

(1) C'est la place du Marché-aux-Veaux actuelle.
(2) *Inventaire de 1543.* La charte existe encore ; elle est signée : « Par le
roy, le s. Delaforest et aues (autres) pns. » Et plus bas : « Demoulins. »
(3) Collection Michaud, T. IV. L'attribution de cette chronique à Jehan de
Troies a été contestée.

autorité despotique. Paris, sollicité de le trahir, avait résisté, mais la Normandie lui échappait. Evreux avait été livré aux troupes du duc François de Bretagne ; Caen et d'autres villes étaient au pouvoir de Charles, duc de Berry et frère du roi ; Rouen, par la trahison de madame de Brézé, avait été livré au duc de Bourbon. « Et depuis ce, le roi envoya en la ville de Mante grant quantité de gens de guerre et de francs-archiers » (1). Mais ils ne furent pas utilisés : Louis XI céda et signa la paix à Saint-Maur, le 29 octobre. Deux mois après, son habileté avait détruit la *Ligue du Bien Public*.

Il revint à Mantes deux ans plus tard. Absorbé en ce moment par ses affaires de France, il laissait lâchement écraser les Liégeois par Charles le Téméraire. La Normandie était menacée par le duc d'Alençon (Charles frère du roi) et par les troupes du duc François de Bretagne. Louis XI sacrifia les Liégeois. « Le mardi vingtiesme jour dudit mois d'octobre (1467), le roy se partit de sa bonne ville de Paris, pour aler au pais de Normendie, et ala cedit jour au giste de Villepereux et le lendemain à Mante. Et avant son partement, envoya plusieurs capitaines qu'il avoit avec lui, quérir toutes les gens de guerre qui estoient soubs leurs charges, pour venir après lui audit pays de Normendie ou aultre part (2). » Il rendit à Mantes une ordonnance touchant les offices et leur possession, afin que chacun en jouit paisiblement. Il voulait devenir populaire, ce qu'il ne fut jamais. Il quitta Mantes pour aller à Vernon, où il resta aussi quelques jours.

Louis XI, on le sait, dans son aversion pour une noblesse qui portait ombrage à son autorité, affecta toute sa vie un grand amour pour la bourgeoisie. Ce penchant se manifesta dans l'histoire de Mantes, par un piquant contraste avec les époques passées. Cette ville, dont Meulan partageait depuis quelque temps la fortune, eut comme elle et peut-être par elle, des relations avec un homme qui n'avait pas la moindre prétention à une parenté royale : c'était Olivier Le Dain, le barbier, le compère du roi, et l'ami et l'égal de Tristan. Il y avait loin du barbier anobli, aux princes et princesses de la maison d'Evreux !

En 1474, Olivier Le Dain eut le gouvernement de Meulan ou plutôt la capitainerie, et dès lors il afficha la prétention de jouir

_____

(1) *Chronique scandaleuse.*
(2) *Chr. Scandaleuse.*

des privilèges des comtes, dont il prit même le titre (1). Quant à la possession de Mantes, Louis XI le gratifia seulement, en 1477, des 300 livres que rapportait annuellement la prévôté (2). Ce don invraisemblable, est cependant authentique. Nous avons trouvé dans un *Cueilleret* de la ville, l'ordonnancement du compte suivant, à l'année 1482 : « Pour despence de Louis Vion (3), lieut. de Meulant d'Olivier Le Dain, qui est venu pour avoir de l'argent de la pvosté... xviij s. »· Nous ne pensons pas qu'Olivier Le Dain ait eu d'autres droits à Mantes que ce fermage.

§ 158. **La Confrérie de St.-Sébastien érigée.** — L'an 1479, le 21 du mois de mars, messire Mille d'Illiers, évêque de Chartres, étant à Mante et y conférant les ordres, faisant sa visite, haute et puissante dame, Isabeau Aroulais (4), épouse de haut et puissant seigneur, M° Jacques de Luxembourg, seigneur de Richebourg (5), arriva en cette ville, pour faire savoir la grande dévotion que son époux et elle avaient toujours eue au glorieux saint Sébastien et aux trois corps des saints Marcoul, Domard et Cariulphe dont les reliques reposent en l'église Notre-Dame de Mante. Et que certaine confrérie étant fondée par de dévotes personnes, manants et habitants de la ville de Mante, et que par eux dès longtemps a été fait célébrer une messe basse tous les mardis en ladite église, en l'honneur de saint Sébastien ; laquelle confrérie, ledit sieur époux et elle, désiraient augmenter, et que ladite messe fut dorénavant célébrée à *note* (6), en l'honneur de saint Sébastien et des trois confesseurs et de M. saint Antoine. A quoi ledit évêque obtempérant, remontra aux prévôt et frères de ladite confrérie, la grande dévotion dudit seigneur de Luxembourg et de la dame son épouse, à ladite confrérie, ordonna qu'à l'avenir la messe se célé-

---

(1) E. Réaux, p. 352. M. H. Martin l'appelle le comte de Meulan.

(2) A. Cassan, d'après un manuscrit concernant le Vexin et appartenant à M. de Rosanbo.

(3) Les Vion d'Hérouval appartiennent à une ancienne famille distinguée de Meulan.

(4) De Roulois. CHR. Isabeau de Robais (Roubaix), morte le 17 août 1486.

(5) Canton de Houdan.

(6) En musique.

brerait à note et qu'il y aurait quatre prêtres et quatre enfants de chœur assistans, et auraient lesdits prêtres chacun quatre deniers, et les enfants de chœur deux deniers parisis. Et serait sonnée ladite messe, *trois muses*, à chacune muse dix coups de cloche bien à loisir. Et après le troisième coup, sonnerait ladite cloche, dix coups seuls. Et ce fait serait la messe célébrée à note. Et ledit sieur évêque y donna quarante jours de pardon. Messire Jean (1) Pellerin, lors maire prévôt de Mante, Michel Cointrel lieutenant-général, François Robert prévôt de ladite confrérie et plusieurs frères à ce présents.

§ 159. **Réédification du Cimetière.** — L'église St.-Jacques du cimetière, qui avait été démolie par les guerres, fut réédifiée depuis le mois de février 1486, jusqu'au mois de juin 1488. Maître Jacques Duval prêtre, Colin Robert et Jean Regnault étant prévôts [de la confrérie] des Trépassés, fondée en ladite église. Lesquels donnèrent pour la rétablir, onze vingt douze livres (232) quatre sols parisis. De laquelle somme lesdits prévôts, aux dépens de la confrérie, payèrent la somme de 116 l. 2 s. parisis, et le maître administrateur autant. En ladite église, se célébrait chaque jour de lundi, sept messes, dont la première était haute, à diacre et sous-diacre, et avant, procession autour du cimetière, à soleil levant, avec la croix et la bannière. Et les autres six messes étaient basses. Il n'avait demeuré pour lors en ce lieu saint, qu'une croix que l'on adore les jours des Rameaux, en laquelle se lit :

CATA CROIX HAT FATA POUR RICHARD DU TEMPLE (2), BOURGEOIS DA MANTA, HA POUR LOYSA SA FEMME. HA CY GISSENT. PRIA POUR AUS.

A peine restaurée, l'église du cimetière allait être exposée à de nouveaux désastres, comme on le verra. Dans un petit registre de la confrérie des Trépassés (3), nous avons trouvé le

(1) Jacques, CHEV.
(2) Rapprocher encore ce nom de Du Temple, de ce que nous avons dit page 257.
(3) A la mairie.

compte suivant : « Payé, par Colin Robert, le mémoire q. messire Guy Fouquet maistre de S. Lâdre a fait faire à Paris une table en boys (un tableau peint sur bois) qui a esté mise sur le maist. autel de l'égle. du cimetie., en laquelle table est en paincture la *Remembrance du Jugement*. Et a cousté la somme de X l. VI s. p. » Il est fâcheux que le nom du peintre ne nous ait pas été conservé.

§ 160. **Le village de Buchelay séparé de Rosny.** — L'an 1487, le village de Buchelay fut séparé de la paroisse de Rosny, par la permission du sieur curé dudit Rosny, qui y doit mettre un vicaire.

Une sentence de 1455 avait adjugé au maire de Mantes la justice de Buchelay, que lui disputait la dame de Rosny. C'était une vieille querelle soulevée dès le XIII° siècle, et dont on trouve des traces dans les *Olim*.

§ 161. **Les Chaises des Cordeliers faites.** — En l'année 1487, les *Chaises* ou *Formes* des Cordeliers furent faites.

§ 162. **La tour de Notre-Dame du côté du Fort bâtie** (1). — La tour de Notre-Dame, vers le Fort, fut commencée à bâtir en l'an 1492 (CHR.) et était lors prévôt de la Châsse, François Robert, auquel fut donné, par les maires et échevins, la conduite dudit édifice. Et pour la grande vigilance et soins qu'il y apportait, il fut continué prévôt jusqu'à l'année..... En laquelle année il décéda et fut en son lieu et place, étant prévôt de la Châsse, pour avoir l'œil à la perfection dudit bâtiment, Quentin Petit, qui continua ladite charge jusqu'en l'année 1508, que ladite tour fut entièrement achevée. De sorte que par cela, il se voit que ladite tour fut 21 ans entiers à bâtir (2) et fut faite aux dépens de la fabrique.

Chrestien prouve que cette reconstruction de la tour du Nord se fit aux dépens de la ville et surtout avec les offrandes de la

(1) Ce § est le 129° dans Aubé et a la date de 1409. Nous préférons la rédaction de Chrestien.
(2) D'après Aubé, et seize ans suivant Chrestien.

Châsse. Il fait remarquer aussi, chose assez rare pour son temps, que la nouvelle tour était bien plus massive que l'ancienne.

Edifiée dans un mauvais style, cette construction lourde pesa comme une masse sur l'angle de l'édifice ; et comme c'était surtout par les fondations qu'elle avait glissé, le mouvement dans cette partie ne s'arrêta pas ; de plus, les matériaux étaient assez mal choisis. Vers 1840, il y avait nécessité de la refaire une troisième fois. En 1850, la tour fut dérasée (1) et elle devait être remontée avec les mêmes pierres, après une reprise en sous-œuvre, lorsque M. A. Durand, qui dirigeait les travaux, présenta un projet nouveau, dans lequel il restituait la tour et la galerie dans leur état primitif. Ce plan fut adopté. C'est ainsi que nous avons la belle façade actuelle de Notre-Dame.

Cette ancienne tour était d'un mauvais goût étonnant, pour une ville qui avait fait faire le portail du midi, et était sur le point d'édifier la Fontaine et la Porte des Comptes. Les ornements, dont il reste de nombreux fragments, sont traités d'une façon presque barbare.

Dans un bandeau faisant face à la place, on voyait trois écussons : l'un, des armes de Mantes ; celui du milieu, avec un soleil assez semblable à celui de l'ordre du Saint-Esprit ; et le troisième qui est : de ..... à trois croissants de ..... au chef fuselé ou losangé de ..... Au sommet se trouvait un lion, tenant sous sa griffe un autre écusson : de ... à trois feuilles (?) de ... chargé en chef d'une quintefeuille de... Ces fragments sont dans la grande galerie de l'église.

§ 163. De la Fontaine du Marché. — Le 26 octobre 1500, fut commencée une ceinture de pierre, pour faire la fontaine du Marché-au-Hareng.

Nous donnerons, au paragraphe 170, une description de cette fontaine intéressante, construite seulement en 1521.

§ 164. Fabrication du derrière de l'autel des Cordeliers. — L'an 1500, le contre-retable du grand autel des Cordeliers fut fait aux dépens des Cordeliers, par le frère

---

(1) C'est alors que M. A. Durand exécuta le magnifique dessin que nous avons fait graver. On y voit la tour abattue au niveau de la plate-forme.

François Hérisson qui était gardien (1), dont le corps y est devant l'image Notre-Dame de Pitié, sous les galeries du cloître dudit couvent, qu'il a même fait faire avec plusieurs autres images, lesquelles se voient au couvent desdits Cordeliers.

§ 165. **Peste à Mante**. — L'an 1501, il y eut une grande peste à Mante. *L'on fit une ceinture de cire* autour de la ville, autour de laquelle on fit une procession générale. Et furent mis bateaux aux *muettes* pour passer.

§ 166. **Séparation des Tailles de Mante et de Mante-la-Ville**. — La séparation des tailles de Mante et Mante-la-Ville, qui n'était qu'une même, à la prière et requête des habitants dudit Mante-la-Ville, fut faite. Et fut fait un rôle à part, en l'année 1502. Ce qui fut accordé par les maire et échevins de la ville, à condition toutefois que quand il plairait au roi lever de francs-archers ou hommes d'armes, qu'ils en paieraient leur part et portion à l'ordinaire, qui était de neuf, deux.

Louis XI avait supprimé les francs-archers en 1479, et remplacé leurs services par des taxes en argent. On voit que c'est bien ainsi que les choses se pratiquaient encore en 1502.

§ 167. **Réformation des Cordeliers à Mante.** — L'an 1508, le cardinal Georges d'Amboise, archevêque de Rouen, ôta les grandes possessions aux Cordeliers du couvent de Mante et les réforma. Le révérend père Jean Fabry, fut gardien après la réforme. Il gît au chœur de l'église, au côté droit, après avoir tenu deux chapitres provinciaux audit Mante. Voyez son épitaphe :

> Frère Jean Fabry cy repose
> En qui jadis fut tant enclose
> Bonne vie et religion,
> Qu'après la réformation

(1) Supérieur du couvent.

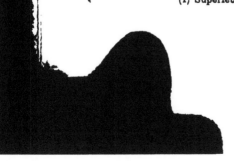

Premier gouverna ce couvent,
Deux chapitres y tint vivant.
L'un l'an 1522
Puis 1542.
Dont prions tous qu'a ce bon père
Dieu doint repos doux et prospère.

[Le cardinal d'Amboise, archevêque de Rouen, tira sur tous les couvents de la province, plus de 50,000 écus qu'il mit à son profit et fit bâtir le château de Gaillon. Il ôta les grandes possessions aux Cordeliers de Mante et les réforma. Il employa à cette réforme et à celle des communautés de la province, depuis 1500 jusqu'à 1515(1). Toutefois sa réformation fut désapprouvée et désavouée à Rome. La réforme de Mante se fit en 1508]. Chev.

Jean d'Auton, dans ses *Chroniques* (2), a consacré trois chapitres à la réforme des religieux, dirigée par le cardinal d'Amboise, alors légat *a latere*. Elle eut lieu en 1502. Les Jacobins résistèrent à main armée et furent chassés de Paris pour quelque temps.

Les Cordeliers de Paris devaient être remis dans la bonne voie, par le fameux prédicateur Olivier Maillard et cinquante autres frères. Les évêques d'Autun et de Castellamare, porteurs des ordres du légat et du roi, arrivèrent à leur couvent et trouvèrent les frères, à genou devant le Saint-Sacrement, et chantant à tue-tête, des hymnes et des psaumes ; la scène dura quatre heures. Lassés, les évêques retournèrent près du légat, qui les renvoya escortés du prévôt de Paris et de cent archers. Les Cordeliers voulaient continuer leurs chants, mais enfin il fallut écouter et se plier bon gré mal gré, aux prescriptions du légat. Olivier Maillard ne put cependant s'installer dans le couvent.

Quant aux insinuations de Chévremont, nous répondrons que le château de Gaillon commencé en 1501 était achevé en 1509, à la veille de la mort de Georges d'Amboise.

§ 168. **Etablissement de la procession du St-Sacrement.** — L'on ne peut remarquer en quelle année l'on commença à introduire la procession qui se fait en ladite

---

(1) Le cardinal d'Amboise mourut le 25 mai 1510.
(2) Publiées par M. Paul Lacroix ; v. T. II p. 82 et suiv.

ville de Mante par chacun an, le jour du Saint-Sacrement et des octaves ; à laquelle sont tous les corps de métiers, qui font faire chacun une torche de cire jaune grosse, et tant que deux hommes peuvent porter ; qui sont enjolivées de jardins autour, où sont représentées plusieurs pièces d'ouvrages concernant lesdits métiers. Lesquels torches se portent devant le Saint-Sacrement, devant lequel marchent les sergents à verge de ladite ville, et derrière, les sergents à masse. Après eux marchent les maire et échevins, suivis de messieurs du Présidial (1), parce qu'en cette journée, il leur appartient de marcher en cet ordre, attendu que de leur part, ils ne prient que qui bon leur semble des principaux officiers de la ville, pour porter le dais, ce qui s'est pratiqué dès il y a fort longtemps. Et il se voit qu'en l'année 1511, trois chanoines de l'église Notre-Dame furent députés du corps de leur communauté, pour aller par devers les maire et échevins, et leur faire entendre que le dais que l'on avait coutume de porter à la procession du Saint-Sacrement était vieux et ne pouvait plus servir. Et comme il fallait en faire faire un neuf, qu'il leur plût élargir quelque somme des deniers de ladite ville ou du moins la moitié, pour en faire un neuf. Ce qui leur fut accordé et pour ce, donnèrent la somme de 15 liv. et fut fait le dais rouge *où sont les armes de la ville*.

Nous renvoyons, sur ce sujet, au paragraphe 143.

§ 169. **La grosse Cloche de Notre-Dame refondue.** — La plus grosse des deux cloches étant dans la tour Notre-Dame du côté du fort, a été refondue en 1513, ainsi qu'il se voit par l'écriture qui est autour d'icelle, dont la teneur suit : L'AN [1513 JE FUS FAITE ET REFONDUE AUX DÉPENS DE LA VILLE DE MANTE, Mᵉ JEAN COINTREL, LICENCIÉ ÈS-LOIX ÉTANT POUR LORS MAIRE PRÉVOST, QUI DE JEAN M'A BAILLÉ LE NOM.

(1) Le présidial ne fut établi à Mantes qu'en 1552.

§ 170. **Donation d'une vître aux Célestins et le bassin de la Fontaine fait.** — En l'année 1515, la vître de l'église des Célestins où est dépeint le martyre de sainte Christine, fut donnée par les maire et échevins ; [elle coûta 60 l.] CHR.

Et en 1526, le bassin de la Fontaine du Marché au Hareng a été fait en l'état où il est à présent.

La ville restait dans de bons temps avec le couvent des Célestins qui était devenu une maison très importante. Pendant l'occupation anglaise, elle s'était trouvée dans la nécessité de supprimer une rente annuelle de 86 l. iij s ; elle leur devait sept années. En 1448, après un accord, elle paya une fois pour toutes 390 liv. t. « deubz par feu prince de t. noble mémoire, mons. le régent de France, duc de Bedfort (1). »

Le projet de construire une fontaine devant l'Hôtel-de-Ville, se manifeste, dans les archives de Mantes, dès les premières années du XVIe siècle. Les échevins se préoccupèrent d'abord de régulariser l'arrivée des eaux, qui de temps immémorial ont toujours été prises dans la côte de Saint-Sauveur et de Limay. Le temps et les révolutions avaient détruit les conduites qu'il fallait rétabir ; le 6 mai 1516, on avait demandé aux gens du roi si l'on pouvait faire passer les tuyaux par dessous les ponts, sans porter préjuíice au roi. Le 15 juillet suivant, la permission était donnée par les trésoriers de France. Le 7 mars 1519 (1520) le maire, Denis Grimont, passait avec Trouillot, fontainier à Rouen, un marché pour l'établissement de la plomberie, moyennant 400 livres (2). Le samedi 2 novembre 1521, les travaux étaient sans doute terminés et on lui payait une somme de 300 l. (3).

On a cru que ce Trouillot, fontainier, était l'architecte de la fontaine de Mantes. Ce n'est pas notre opinion et nous en avons donné ailleurs la preuve. C'est qu'en effet, deux mois après lui avoir adjugé les travaux de plomberie, le maire de Mantes, passait un marché spécial pour la maçonnerie, ce qui prouve que les deux entreprises étaient distinctes. « Et outre ce, est le marché faict avecques les massons pour faire ladicte

---

(1) Archives. 1 pièce papier : « Considérée le temps de la guerre qui a esté fort et vigeureux en ces marches. »
(2) Collection Levrier. T. XVI.
(3) *Invent. de 1543.*

fontaine, du huitiesme may mil cinq cens vingt, par devant Jehan Allain tabellion (1). » Nous ne savons rien de plus, quant à présent, sur la fontaine. Nous avons essayé d'établir (2) qu'elle était l'œuvre de Nicolas Delabrosse, un maître des œuvres qui orna plus tard le chœur de Saint-Maclou et qui construisit la Porte des Comptes, près de l'église Notre-Dame. Nous n'avons pu cependant fournir une preuve irrécusable de cette allégation. Nous avons, en vain, cherché dans les études des notaires de Mantes, les actes provenant du tabellion Jean Allain. Il n'y existe pas une seule minute de cette époque.

La fontaine de Mantes, construite vers 1521, est une des plus belles œuvres de la Renaissance. On avait d'abord supposé qu'elle était l'œuvre d'artistes de Gaillon ou même d'artistes italiens. Ces opinions ne sont plus acceptables. Le château de Gaillon construit de 1501 à 1510, a pu inspirer l'artiste qui a conçu la fontaine, mais ce qui est incontestable, c'est que c'est une œuvre municipale, payée par la ville, conçue et sculptée sur les plans et les dessins d'un maître des œuvres de la ville.

Voici la description de ce monument, telle que nous l'avons déjà donnée dans notre *Notice*.

De la fontaine primitive, il ne reste que le pilier et les deux vasques circulaires ; le bassin a disparu et a été remplacé, d'abord par un autre en 1689, qui était orné de mascarons, et à une époque plus récente, par un autre encore, sans aucune espèce de caractère et qui déshonore ce monument.

Le pilier principal supportant la grande vasque, est octogone. Sa partie inférieure, ou piédouche, porte sur quatre des faces, des dauphins terminés en feuilles, formant consoles, d'environ 30 à 35 centimètres de hauteur. Ces dauphins, à l'exception d'un seul assez fruste, sont aujourd'hui détruits. Nous remarquons que le niveau de l'eau, dans ce bassin inférieur, a été considérablement relevé, lorsque par suite de la restauration de 1689, on changea le bassin qui devait être très bas, en une cuve profonde, semblabe à celle qui existe encore actuellement.

Sur les huit faces du pilier, sont sculptées en très bas relief, mais avec un art infini, de charmantes arabesques, prenant

(1) *Inv. de 1543.*
(2) *Notice sur la Fontaine de Mantes.*

toutes naissance dans des vases de formes variées ; elles sont
ainsi distribuées en allant de gauche à droite :

Au nord :   1re face, 3 épis avec feuilles.
            2e   »   dauphins et feuilles.
A l'ouest : 1re face, feuilles, corbeille terminale avec des fruits et
                  un oiseau.
            2e   »   feuilles, trophée ; pique surmontée d'un cas-
                  que, avec une hache d'arme et une flèche
                  en sautoir.
Au sud :   1re face, feuilles, dauphins et fleurs.
            2e   »   chimères et épis.
A l'est :   1re face, feuilles et dauphins.
            2e   »   feuilles et corbeille surmontée d'un pélican.

La partie supérieure du pilier présente un chapiteau octogone,
décoré de feuilles d'acanthe très fines et très méplates, avec un
tailloir octogone peu saillant, composé de pirouettes et d'une
petite doucine aujourd'hui très effacée.

Sur ce pilier est posée la première vasque, de deux mètres
de diamètre, décorée dans tout le développement de sa partie
moyenne, de mascarons, de rinceaux et d'armoiries.

Sur les faces principales, sont quatre gros mascarons très
frustes, mais laissant encore voir quatre figures d'hommes, qui
versaient l'eau de cette vasque dans le bassin. Entre ces figures,
sont les armes de Mantes, qui sont : parti d'azur et d'or ; sur
l'azur, une demi-fleur de lis d'or, et sur l'or, au chêne arraché
de sinople à trois glands d'or. Ces écussons sont supportés par
de charmantes petites figures de sirènes aux longs cheveux et
dont les corps se terminant en feuillages, vont se relier à droite
et à gauche, à des rinceaux délicats sortant d'un vase. Tout cet
ensemble forme avec les mascarons et les armoiries, une frise
des plus gracieuses. Au-dessous de cette frise, un profil composé
de doucines et de scoties, présente une suite d'ornements de
feuilles, d'entrelacs et de rais de cœur, dont les types principaux
se retrouvent à Gaillon.

Malheureusement, la cymaise qui couronnait le bord supérieur de cette grande vasque ronde a disparu. Elle a été lourde-
ment remplacée et défigurée par une seconde assise en pierre,
espèce de hausse retenue en place par du ciment et une ceinture
de fer du plus déplorable effet.

La seconde vasque, ronde également, est conçue et exécutée
dans un sentiment du goût le plus pur ; son galbe est des plus

gracieux. Elle est très bien conservée, quoiqu'elle ait été déplacée lors d'une restauration maladroite, à la suite de laquelle elle n'a pas même été reposée exactement dans l'axe de la première cuvette.

Au-dessous du bord supérieur est une gorge ornée de canaux. La partie saillante est couverte d'une frise de fines arabesques, où l'on retrouve encore, comme disposition décorative, les armes de Mantes alternant avec des coquilles et placées entre les gueules ouvertes de dauphins feuillus.

Nous devons noter que ces armoiries ne sont plus aussi fidèles que celles de la grande vasque. L'écu est découpé à l'italienne, la demi-fleur de lis et la branche de chêne sont alternativement transposées, et la branche de chêne porte trois glands terminaux et une cupule, avec une seule feuille ornementale.

La frise est coupée par quatre têtes d'où jaillissaient les eaux dans la grande vasque. Dans ces quatre têtes atténuées en feuilles finement découpées, nous reconnaissons des chiens et ce détail mérite peut-être une petite parenthèse.

On sait que chaque ville affiliée à la corporation de l'arquebuse, avait souvent un animal pour signe et devise : Meaux, les chats ; Etampes, les écrevises ; Limay près de nous, les loups ; Mantes avait les chiens. Aussi Henri IV, après la bataille d'Ivry, répondit-il aux bourgeois de Mantes qui lui apportaient à Rosny, les clefs de la ville : « Messieurs, je n'étais pas inquiet de « vous ; *bons chiens* reviennent toujours à leur maître. » Des jetons de Mantes de 1576, 1579 et 1585, portent un chien couché, avec cette devise : *Fidelis comes.*

Le caractère dominant de la petite vasque, dont nous ne pouvons donner qu'une idée imparfaite, c'est l'élégance de la silhouette, le goût et la finesse de l'ornementation et une supériorité d'outil au-dessus de tout éloge (1).

Entre la grande et la petite vasque et supportant celle-ci, un pilastre ou balustre très gracieux rappelle encore par son galbe accentué, par ses moulures très profondément creusées, les motifs de Gaillon. De petites figures de femmes ailées, au-dessus, des figures d'oiseaux et au-dessus encore de petits dauphins,

_____

(1) « S'il n'y a pas d'illusion de notre part, à la partie supérieure principalement, elle est prêt d'atteindre à l'extrême limite de la perfection. » **Léon** Palustre : *La Renaissance en France.* 6e Liv.

décorent et accusent les angles et forment des sortes de petites consoles de l'exécution la plus fine (1).

A la partie inférieure de ce balustre, sur les faces principales et entre les quatre petites figures de femmes ailées, se trouve gravée en quelque sorte, la date de cette fontaine : quatre salamandres en très bas relief, surmontées d'une couronne royale ouverte, indiquent le règne de François Ier.

Tout ce petit édifice se termine par un champignon d'où sortaient les différents *Jeux d'eau* qu'on y a tour à tour adaptés. On peut voir à sa base, les traces de trous qu'on y a percés, pour obtenir des effets appropriés au goût des différents fontainiers chargés des modifications de l'appareil hydraulique.

A cette partie primitive et toute de pierre, nous pourrions ajouter un détail que nous fournit un jeton de 1689. On voit au-dessus du champignon, une petite figure d'enfant nu, en plomb sans doute, supportant une gerbe horizontale de tuyaux figurant des branches de lis largement écartées et laissant tomber l'eau en minces jets dans le bassin inférieur. Un autre jet, partant d'une main de l'enfant, nous paraît une disposition moins naturaliste que celle du célèbre *Mannekenpis* de Bruxelles, et moins gracieuse aussi que celle du *Gansmœnnchen* de Nuremberg. Cet appareil a disparu depuis de longues années.

M. E. Saintier, architecte, a fait exprès pour la *Chronique*, un dessin très exact de la Fontaine de Mantes où il a mis tout son talent. Réduit par l'héliogravure, ce dessin permet de voir toute l'ornementation délicate et savante de ce très précieux monument. Nous en remercions sincèrement notre ami, M. E. Saintier.

§ 171. **Gelée à la Saint-Jean.** — En l'année 1523, les blés gelèrent la veille de Saint-Martin d'hiver, et ensuite il fit une si grande sécheresse qu'ils ne purent lever. Et la veille de la Saint-Jean, fut vu gelée et glace.

§ 172. **La Cloche de l'obiit de Notre-Dame refondue.** — La plus petite des deux cloches qui sonnent dans la tour de Notre-Dame du côté du Fort, a été faite en 1525, ainsi qu'il

---

(1) Dans les déplacements dont cette fontaine a été l'objet, le balustre a perdu une partie de sa hauteur primitive.

se voit par l'écriture étant autour d'icelle, dont la teneur suit, laquelle est surnommée l'*Obiit :* L'AN 1525, FUS FAITE ET REFONDUE AUX DÉPENS DE LA VILLE DE MANTE ; Mᵉ JEAN LEFEBVRE, LICENTIÉ ES-LOIX ÉTANT POUR LORS MAIRE PRE-VOST, QUI DE MARIE M'AURAIT DONNÉ LE NOM.

§ 173. **Débordements d'Eaux.** — En l'année 1525, la rivière de Seine déborda tellement qu'elle ne s'est jamais vue pareille. C'était au mois de février, *et si Jupiter n'eût dominé Saturne,* au rapport des astronomes, la plus grande partie du monde eut été noyée. Ce qui était surprenant, c'est que ces débordements vinrent sans pluie. Et en 1538, la glace prit à la rivière de Seine et après le dégel, il y eut un si grand débordement d'eau que l'on puisa facilement l'eau avec la main de dessus le pont de Mante.

A l'époque où nous sommes parvenus, l'intérêt historique disparait pour un temps ; tout se résume en faits purement locaux. En 1522, François 1ᵉʳ avait résolu d'ériger la mairie en office à vie, mais il dut retirer cette ordonnance, car elle ne reçut point d'exécution (1).

En 1534, le maire fit faire par Guion Carnier, menuisier, un banc et table en forme de *Contouer,* pour poser les reliques de Saint-Marcoul, avec ornements à *l'entique,* le tout en noyer et en chêne (2).

En 1536, la ville mit en adjudication un ouvrage important : ce fut la *Porte des Comptes* près de l'église ; Nicolas Delabrosse, maître des œuvres, en fut adjudicataire. Aujourd'hui, ce n'est plus qu'une ruine, mais on devine encore sous la pierre rongée, un dessin pur et correct, et une ornementation très digne de la Renaissance et peut-être aussi du maître des œuvres qui dessina la Fontaine de 1521. Elle fut adjugée le 25 janvier, moyennant la somme de 200 l. parisis. Voici les termes essentiels de cette adjudication :

« Aujord'huy, en présence des dessuds, a esté marchandé et par eulx baillé à faire.... à Nicolas Delabrosse, Mᵉ Juré sur le faict de masonnerie du Bailliage de Mante, pour le roy notre

___

1) Denis Grimont en obtient l'abolition, en 1526, moyennant finance.
(2) *Registre de 1534.*

EDG. SAINTIER. ARCH. DEL. DEL.

PORTE DES COMPTES
Construite par Nicolas Delabrosse en 1556

sire, à faire le portail de la descente de auprès l'esglise N.-Dame
de Mante, qui est entre l'esglise et l'*escolle*, autrement appellé
la *Chambre des Comptes*...... et en icelle faire de bonne pierre
de Vernon (!!) ce qui ensuit :.... de faire le portail de neuf à dix
pieds de large ou environ, sur la haulteur de dix pieds, et faire
la muraille et parpain de l'espesseur de dix à onze poulces,
avec la saillye des pilliers garnis d'ambasse, chapitaulx et cor-
nisses, *telles comme le pourtraict par luy baillé le monstre*
et comme il appartient.... Item : De faire bien et deuement de
ladite pierre de taille de Vernon, au-dessus de la seconde corniche (l'entablement) *ung tabernacle* (1), où il y aura une
Nostre-Dame, laquelle se monstrera à deux costés, ... laquelle sera de hauteur de troys pieds ou environs..... Et
pourra le tout monter à la haulteur de vingt quatre ou vingt
cinq pieds ou environs.... Ce fait, moyennant la somme de deux
cens livres parisis, etc. (2). »

Le 27 mai suivant, la Porte des Comptes était sans doute terminé, car dans une délibération de ce jour, on alloue 22 l. 10 s.
à Nicolas Delabrosse, « pour la perte qu'il a eue au travail du
portail. »

M. E. Saintier a bien voulu encore, faire pour la *Chronique
de Mantes*, un dessin qui est une restitution de la Porte des
Comptes dans son état primitif. Nous avons tenu à donner la
preuve du talent et du goût pur et délicat de Nicolas Delabrosse, de cet architecte mantais qui pourrait bien être l'auteur de la Fontaine de 1521.

Un peu avant la construction de la Fontaine, François 1er avait
emprunté 300 l. à Mantes en sa qualité de ville privilégiée.
Voici la lettre par laquelle, il contracte cet emprunt un peu
forcé :

« Chers et bien amez, Dès l'année derrenière, Nous ordon-
» nasmes faire prandre de vre et aucunes autres villes de nre
» Royaume ayans deniers communs, aydes et octroys de nous,
» certaines sommes de deniers pour convertir et employer à la
» fortiffication et Réparacion des places et frontières de notre
» Royaume, affin de les mectre en bonne seureté et deffense,

(1) Cet édicule a disparu, mais on le voit dans la gravure que Millin a donnée
de l'ég'ise Notre-Dame.

(2) Chrestien dit 1,500 l. ; c'est peut-être, en effet, la valeur en monnaie de
compte.

» Pour obvyer aux entreprinses et Invasions que se pourroient
» efforcer faire nos ennemys sur icelles. Et pource que lesdits
» deniers que feismes Recouvrer desd. villes lad. année derrn.
» ne sont à beaucoup près souffisans pour fournir aux grans
» fraiz qu'il a convenu et convient faire pour lesd. fortificacions
» et Réparacions, Il nous est besoing pour les faire continuer,
» prandre et Recouvrer encores desd. villes, aucunes sommes
» en ceste présente année. A ceste cause, nous avons ordonné
» faire prandre par forme d'octroy, pour ceste foiz seullem,
» desd. deniers, aydes et octroys de vred. ville, jusques à la
» somme de trois cens livres tournois. Pour laquelle Recouvrer,
» nous avons donné charge au Receveur-Général de noz finan-
» ces maistre Jehan Ruzé (1), envoyer devers vous et decerner
» executoire au premier huissier de nre grant conseil, pour
» vous y contraindre en cas de Reffuz, ainsi que pourrez veoir
» par icelle. Si vous mandons très expressément que vous aiez
» à faire bailler et delivrer A icelluy Receveur-gnal, ou à son
» clerc et commis, lad. somme, sans y faire difficulté. Et en
» rapportant la vidimmus dud. exécutoire avecques ces pré-
» sentes, la quittance dud. Recev. gnal, lad. somme sera allouée
» ès comptes de vostre Receveur sans dificulté. Donné à Am-
» boyse le xviij^{me} jour de Avril, l'an mil cinq cens dix huit,
» Signé, Françoys. Et plus bas : Deneufville. »

Bien que cela ne soit pas explicitement exprimé, il semble que
ces 300 l. durent être prises sur la ferme de la prévôté qui était,
on s'en souvient, de pareille somme,

L'entrée solennelle à Mantes, d'Eléonore d'Autriche, seconde
femme de François 1er, est un évènement que nous ne saurions
passer sous silence. Elle a déjà été décrite par le menu (2) ;
il suffit d'en rappeler la principale mise en scène, pour montrer
le faste que déployait dans l'occasion, l'ancienne municipalité.

L'arrivée de la reine avait été annoncée un mois d'avance,
et le maire et les pairs eurent tout le temps de se préparer et
de faire faire à la ville, une toilette complète.

Le lundi premier jour de mars 1535 (1536), tout le Conseil
était réuni de grand matin, dans les salles de l'Hôtel-de-Ville
de Mantes. Monseigneur le Maire, entouré de ses pairs et éche-

---

(1) Un Martin Ruzé, seigneur de Beaulieu, fut plus tard secrétaire de
Henri IV.

(2) *Une entrée royale à Mantes*, par E. Grave.

vins, était prêt de bonne heure à recevoir sa souveraine. Tous avaient revêtu, pour la circonstance, un costume pittoresque et neuf, payé d'ailleurs des deniers de la ville.

A neuf heures, on vint dire au maire Mᵉ Marin Grimont, que la reine était en chemin pour venir de Beynes(1) à Mantes. Aussitôt toute la Compagnie, agitée d'une émotion plus facile à comprendre qu'à décrire, se mit en marche pour aller à sa rencontre. En tête et en bon ordre étaient d'abord cinquante ou soixante compagnons de Saint-Léger, avec deux enseignes de leur confrérie et précédés par quatre tambours et fifres. Ils allaient fièrement, portant piques et hacquebuttes (arquebuses) « et autres bâtons de guerre ». Ils étaient vêtus aux couleurs de la ville : bleu et rouge, qui étaient alors celles du champ des armoiries de Mantes.

Après eux allaient « bien honnêtement », tous les sergents à verge de la Mairie. Leur costume consistait en saies noires à manches mi-parties bleu et rouge. Ils tenaient en main l'insigne de leur charge : un bâton de « Forche », pour contenir la foule.

A leur suite venaient à cheval, les deux sergents massiers de la ville, vêtus de soie noire, avec manches de satin aux couleurs de Mantes. Ils portaient gravement sur l'épaule, chacun une masse d'argent.

Puis enfin les autorités. C'était d'abord le Maire ; son costume était resplendissant. Il avait une robe de satin mi-partie, c'est-à-dire une moitié bleue et l'autre rouge. Immédiatement après, venaient les quatre échevins désignés pour porter le dais au-dessus de la tête de la reine à son entrée en ville. Eux n'avaient que des robes de taffetas de soie, toujours mi-parties. Les autres échevins qui suivaient, ainsi que le greffier et le receveur de la ville, avaient des robes de camelot noir à manches de satin, une bleue et une rouge. Tous ces grands dignitaires de la ville étaient montés sur des chevaux, caparaçonnés de housses de soie noire.

Le cortége se terminait par un grand nombre de notables : gens de pratique, gens de métiers, également à cheval, et chacun « honnêtement vêtu selon son état. »

(1) Près de Maule.

Dans cette belle ordonnance, ils allaient au-devant de la reine
Eléonore. Ils marchèrent ainsi jusqu'au pont de la Mare. Là,
tout le monde mit pied à terre et attendit.

La reine arriva en litière, par une route passant au-
dessus « des Mauduictz. » Monseigneur le Maire l'ayant saluée
dans sa litière et lui ayant souhaité la bienvenue, chacun
remonta à cheval, le cortège reprit son ordre et se mit en marche sans s'arrêter jusqu'à la porte aux Saints, « près du cimetière. »

Là se trouvaient « pour lui faire la révérence, » le clergé de
la ville en surplis, avec la croix : c'était dom Benoît, accompagné des frères mineurs de l'ordre de Saint-François-lès-Mantes,
puis maitre Thomas Barassin, doyen de l'église Notre-Dame,
qui présenta la croix à baiser à la Reine. Il y avait en
plus tous les officiers du roi et une foule de citoyens de la ville,
attendant en curieux le cortége officiel.

Les quatre échevins s'avancèrent avec leur dais jaune, blanc
et noir (1), le placèrent au-dessus de la litière, et, les présenta-
tions faites, l'assistance commença à défiler tout le long de la
rue Porte-aux-Saints, de la Grande-Rue (la rue Thiers), et tourna
bientôt pour se rendre au Château que devait habiter la Reine
pendant son séjour à Mantes.

La Reine sur son passage à travers les rues, put contempler
les tapisseries étalées sur les murs comme au jour de la Fête-
Dieu, pendant que les pieds de ses chevaux foulaient la *parge*
(sparge, pavée) dont le pavé était jonché.

Au loin de tous côtés, les cloches de Notre-Dame, de Saint-
Maclou, de Saint-Georges, de Saint-Pierre et des Couvents,
lançaient dans l'air les notes claires de leurs joyeux carillons.
Tout prêt, sur la côte Sainte-Bonaventure, l'artillerie de la
ville tonnait et faisait grand bruit, sous le commandement de
Jehan Lemoyne, canonnier aux gages du roi, « à grande joie
de tout le peuple. »

Le lendemain, à trois heures de l'après-midi, le Maire, accompagné de ses pairs et échevins, tous revêtus de leurs beaux habits de la veille, se rendirent au Château, où ils furent introduits en présence de la Reine. Maître Marin Grimont, se souve-
nant qu'il était licencié ès-lois, débita sa petite harangue obli-
gatoire, et présenta à Eléonore une coupe d'argent doré payée

_____

(1) Couleurs de la maison d'Autriche.

par la ville. Le Maire offrit dix « pousons » de vin du cru de Nantes ; nous estimons qu'il avait dû au moins les laisser à la porte. Le tout d'ailleurs, fut reçu « très-humainement » par la Reine, qui remercia chacun très-gracieusement.

La fête était finie ; il ne restait plus qu'à payer les frais. Le compte entier se liquida par la somme assez ronde pour l'époque, de 597 livres, 11 sous, 2 deniers.

Quelques jours après, les fourriers du Roi vinrent encore réclamer 6 écus d'or, disant que c'était un droit qui leur était dû à chaque entrée du Roi et de la Reine dans toutes les villes du royaume.

L'année 1536, comme les précédentes, comme celles qui suivirent, fut marquée entre toutes par cette implacable rivalité de Charles-Quint et de François Ier. Celui-ci, revendiquant plus que jamais ce duché de Milan qui coûta tant de sang et d'or à la France, avait envahi le Piémont. Charles-Quint entra en Provence, et malgré ses bravades, vit périr son armée presque tout entière. Pris au dépourvu, François Ier avait réuni une armée à la hâte. Il avait fait dévaster toutes les villes et bourgs de la Provence, incapables de résister. Les paysans, soulevés en masse et acharnés contre l'ennemi qui était la cause de la destruction de leurs foyers, avaient, par leurs attaques héroïques et meurtrières, arrêté et décimé l'armée de l'Empereur, fatiguée déjà par une marche à travers un pays sans ressources. Le roi de France, entouré de ses gens d'armes et de ses Suisses, n'avait eu qu'à se montrer pour achever la défaite de son ennemi et le forcer à une honteuse retraite. Une autre armée impériale était entrée en France par la Lorraine et la Champagne. Rencontrant une faible résistance, les comtes de Nassau et de Reux étaient arrivés en Picardie, et assiégeaient Péronne. Cette ville soutint, pendant tout le mois d'août, un siége glorieux auquel ne contribuèrent pas peu les bourgeois et jusqu'aux femmes de la ville, qui d'ailleurs ne fut pas prise.

La capitale tremblait, et toutes les villes fortifiées reçurent l'ordre de se mettre en état de défense. Mantes fut du nombre de celles-ci. Les premières délibérations des échevins sont du 5 août. On y remarque l'activité habituelle de gens qui savent qu'une grande responsabilité pèse sur eux.

Le maire, le même Me Marin Grimont qui figurait à l'entrée d'Eléonore d'Autriche, ordonna avec l'assentiment de ses échevins, que les murs, tours, pont-levis et fossés de la ville, se-

raient visités par des commissaires nommés à cet effet et choisis parmi les élus de Mantes. Ils avaient mission et pouvoir
de faire les réparations et la mise en état qu'ils jugeraient nécessaires à la défense et sûreté de la ville.

Nommés par groupe de trois, ces commissaires se partagèrent la ville en quatre quartiers, « pour y prendre garde chacun en son quartier et chacun jour pour faire besogner l'un
après l'autre, chacun ceulx de son quartier. »

Les clefs des portes furent remises le même jour entre les
mains de différents échevins. Il y avait une réserve de poudre
dans la porte de Rosny, car il est dit que « la clef de la chambre
aux poudres » demeurera déposée à l'Hôtel-de-Ville.

Tous les habitants de la ville, de quelque état et condition
qu'ils fussent, avaient ordre de se munir, sous huit jours, de
bâtons de guerre, tels que arquebuses, haquebutes, piques, hallebardes, javelines et autres engins de guerre, pour leur défense et celle de la ville. Le lendemain, 6 août, en effet, les
bourgeois étaient convoqués de bonne heure à l'Hôtel-de-ville,
en la salle des conclaves ; une sorte d'appel dût être fait, car
la liste des gens présents se trouve sur le registre.

François I⁰ʳ envoya de l'argent et des ordres pour la fortification des places. Il avait écrit à Mantes dès le 15 juillet, la lettre que nous transcrivons ici :

« De par le Roy. Chers et bien amez, Saichant le grant bruit
» de guerre qui peult courir partout notre Royaume et desirans
» le repos et tranquilité de corps et d'esperit de tous noz bons
» et loyaulx subjets, nous vous avons bien voulu advertir du bon
» grant ordre et permission que nous avons donné en toutes les
» frontières, entrées et passages de notre Royaume, qui est telle
» que quelques grans préparatifs que ayent peu dresser nos
» ennemys pour l'exécution de leurs malices et dannez entre-
» prinses, il n'en peuvent raporter que honte, vitupère (1) et dom-
» mage. Ce néanmoins, nous, en faisant office de bon prince et
» pasteur, ne nous contentons seullement d'avoir pourvu les
» dites limites et frontières de notre Royaume. Mais, désirans
» cordiallement que le dedans soit préservé de toute moleste et
» oppression, et que nosdits bons et loyaulx subjets puissent en
» vraye sureté et repos vivre et negocier entre eulx en leurs
» vacances et mesnages, aussy bien en temps de guerre que de

_____

(1) Blâme, du latin *Vituperium*.

» paix. nous voulons et vous prions très expressemt que vous re-
» gardiez aux fossés, murs, portaulx, boulevers et aultres fortifi-
» cations de notre bonne ville de Mantes, les reduisans par vos
» dilligences. soing et labeur en tel estat que vous ne puissiez
» craindre les vacabons, pillars, volleurs, ni quelconques aultres
» manières de gens qui pourroient vous faire force ou invasion
» d'hostilité ; vous pourvoyant quant et quant, de bastons, *har-*
» *noys* et toutes armes qui peuvent servir à la déffense de ladite
» ville. Et ce, par la gracieuse remontrance, cotisation et or-
» donnance que vous en saurez bien faire, tant en général que
» particulier, partout et ainsy que besoing sera selon la fiance
» que nous avons de vos obéissances et bonnes volontés. Donné
» à Lyon le xv° jour de juillet mil VC XXXVI. Signé Françoys
» et au desoubz : Bayart.

» A nos chers et bien aimez les mannans et habitans de no-
» tre ville de Mantes (1). »

C'est au cours de tous ces événements que François I⁰ʳ
« manda se retirer vers lui, messire Jean de Créquy, seigneur
de Canaples, comte de Mante et Meulan (2). » Ses ordres étaient
donc en bonne voie d'exécution. Mais du reste, toutes ces précautions devaient être sans objet : les généraux de Charles-Quint
avaient été forcés de lever le siège de Péronne dans les premiers jour de septembre. Paris et l'Ile-de-France n'ayant plus
rien à redouter, ralentirent leur activité militaire. Mantes
après quelques délibérations touchant les fortifications et l'armement, rentra dans le calme et reprit sa vie ordinaire (3).

Nous avions eu l'intention de placer dans cette cinquième
partie un résumé de l'administration municipale à laquelle
François I⁰ʳ va porter atteinte, et que son fils Henri II va modi-
fier si profondément, en réduisant à quatre le nombre des échevins. Mais l'importance des privilèges de Mantes ressort si
clairement de tout ce qu'on a lu jusqu'ici, qu'il est à peine besoin d'insister sur ce point. Les faits parlent plus haut que tous
les commentaires.

(1) *Registre de 1536.*
(2) *Mém.* de Guillaume du Bellay. Coll. Michaud. Jean de Créquy-Canaples
commandait à Hesdin en 1537. Il rendit la ville aux Impériaux.
(3) V. *La ville de Mantes en état de défense,* par E. Grave, et les registres
de l'Hôtel-de-Ville.

Le Maire est tout. Un cas un peu important se présente-t-il ? Les notables sont assemblés à bref délai (1) ; défaut est donné contre les absents, et la délibération qui intervient, devient une loi locale à laquelle chacun doit se soumettre, sous peine d'amende, de prison ou de perte de ses droits de *communier*.

On le croirait à peine ! l'autorité du roi elle-même, n'est pas à l'abri d'un certain contrôle ! Elle n'est écoutée qu'autant que rien ne vient à l'encontre des vieilles franchises dont jouissait une ville quand, comme Mantes, elle était murée.

Sous la réserve des droits du roi, la commune avait la haute main partout : droits sur la rivière (2) ; droits sur les métiers ; droits sur les offices de la ville, *clerc d'eau*, sergents, maitres du pont, mesureurs, etc. Ses droits étaient encore presque absolus sur les marchés, sur la police municipale, sur les mesures sanitaires, sur l'Hôpital, le cimetière, l'Hôtel-Dieu et leurs confréries et sur les églises de la ville (3). Elle avait encore une omnipotence presque complète, sur les fortifications comme sur la garde de la ville, ainsi qu'on l'a vu, notamment en l'année 1536.

Tout cela allait prendre fin ; non pas que l'importance de la ville diminuât, mais bien plutôt par suite de mesures générales prises par la royauté, qui devenait de plus en plus absolue. Mantes, comme toutes les villes de communes, voyait porter atteinte aux immunités municipales. Amiens avait eu le mode d'élection du maire et des échevins changé en 1521. François I**, le 7 mai 1522, voulut ériger en office à vie (4) la charge de maire de Mantes. Mais sur les instances des Mantais, il dut y renoncer.

Le marquis Jean de Créquy, sire de Canaples, n'était pas étranger aux décisions prises contre les franchises de Mantes. Il avait eu l'usufruit du comté de Mantes et Meulan dès 1526 (5).

(1) Dans une élection d'échevins, de 1523, le procès-verbal constate la présence de *deux cents communiers et plus*.

(2) De 1534 à 1536, toutes les corporations firent réviser leurs *Ordonnances* par le corps de l'Hôtel-de-Ville. La collection est volumineuse et interessante. Elle se trouve dans les *Registres de délibérations*.

(3) Le 19 juillet 1537, en nommant à l'Hôtel-de-Ville le chapelain de la Châsse, la délibération constate que les *Reliques, calices et ornements* appartiennent à la ville. Le chapelain donnait 200 livres pour caution de leur conservation. *Registre de 1537*.

(4) *Inventaire de 1543*.

(5) Il était de plus gentilhomme de la chambre du roi, capitaine des cent gentilshommes du roi et gouverneur de Mantes.

En 1534, le 11 octobre, il obtint des lettres datées d'Amboise, pour faire changer l'antique mode d'élection de la municipalité. Le jour de l'élection, dit le roi, les échevins désigneront six personnes notables de la ville, « idoynes et capables ». Leurs noms seront mis sur des billets et jetés ensemble dans un chapeau. Le billet tiré par un enfant indiquera le nouveau maire. Quant aux échevins, les six notables devaient inscrire chacun trois noms sur trois billets, et ces billets être jetés par trois dans six chapeaux. Un enfant devait tirer un billet de chaque chapeau, et les six noms extraits désignaient ainsi les six échevins élus pour deux ans. C'était un renouvellement partiel.

La résistance dura un an d'abord. Le 10 septembre 1535, appelés à se prononcer définitivement, les échevins sentaient leur courage faiblir. Maître Alain Servant était d'avis d'épuiser tous les moyens de juridiction. Il fut presque seul de son avis. Le 26 octobre suivant, le comte de Canaples envoie son lieutenant au château de Mantes, assisté du bailli, pour requérir le conseil de ville de nommer le maire, dans la forme indiquée par les lettres d'Amboise. Le conseil proteste contre la présence du lieutenant et du bailli, exige leur sortie du conclave, et satisfait de cet acte d'autorité, procède enfin à l'élection du maire.

Non content d'avoir porté une atteinte si profonde aux vieux privilèges de Mantes, le comte de Canaples réussit encore, en 1541, à enlever la Prévôté au maire. Il lui fallut pour cela rembourser à la ville une somme de 2400 l. payée au roi depuis peu, en vaisselle d'argent, peut-être à l'occasion de son mariage avec Éléonore d'Autriche; puis encore décharger la ville des 300 l. qu'elle payait au roi, pour la ferme, depuis l'époque de saint Louis. Un officier de plus, un prévôt fut créé, et le maire prit dès lors le titre nouveau de *maire, policien, gouverneur* de Mantes. On imagine bien que cela ne s'accomplit pas sans résistance. Aussi, à partir de cette époque jusqu'à la Révolution, la ville fut à peu près constamment en procès, contre les Aides et les Trésoriers de France, ou devant le Parlement, pour défendre les privilèges qu'on lui enlevait. En 1551, lorsque Henri II réduisit le corps de ville à un maire et quatre échevins renouvelables chaque année, la municipalité réussit à retarder l'homologation de ces lettres au Parlement, jusqu'au 21 mars 1571 (1). Mais la vieille tradition était rompue, toutes

(1) A. Moutié.

les immunités et franchises communales allaient disparaître une à une, jusqu'à ce que la Révolution passant son niveau de fer sur cette vieille société, vint enlever d'un coup tous les privilèges particuliers, pour rendre à tous des droits égaux.

Nous n'ajouterons plus qu'un mot :

Les plus grands avocats étaient chargés de soutenir les intérêts de Mantes devant le Parlement. L'éminent jurisconsulte Antoine Loisel touchait xv liv. tournois de gages par an, pour remplir cet office. Versoris qui plaida contre Arnaud, dans le procès des Jésuites, était aussi avocat de Mantes. Une note destinée à un échevin envoyé à Paris, porte ce titre : « P. les aff. il fault demander l'advis à monsieur de Versoris », et à la suite sont tous les points sur lesquels l'envoyé devait attirer l'attention du célèbre avocat. On voit dans une autre note que les deux avocats furent même chargés de conférer ensemble sur les affaires pendantes de la ville, et de fournir une consultation (1).

(1) Archives, liasse 17, année 1574.

SIXIÈME PARTIE

DERNIERS VALOIS, LA LIGUE ET HENRI IV

La mort de François Ier, arrivée le 31 mars 1547, marqua à Mantes, par un important procès. La reine douairière de France, Eléonore d'Autriche avait été pourvue de la ville de Mantes dans son douaire, comme autrefois Marie de Brabant, comme devait l'être un peu plus tard Catherine de Médicis (1). Toujours est-il qu'empiétant sur d'antiques prérogatives, elle nomma un des archers de sa garde, Roland Gosselin ou Rouland Gausselin, à l'office de Maître des ponts (2). Lorsqu'il se présenta devant le bailli pour être institué dans son office, il y trouva une opposition de la part du maire et des échevins ; sa nomination était contestée. L'affaire portée aux requêtes de l'Hôtel du roi, força les opposants, pour faire valoir leurs droits, à fournir un intéressant compulsoire dans lequel, relevant dans leurs archives tous les titres à l'appui de leur dire, ils remontent jusqu'au temps de saint Louis. Ils prouvent que Marie de Brabant, Charles de Navarre et tous ceux qui, à diverses époques avaient aussi essayé de nommer à cet important office, consentirent devant une tradition si solidement établie, à abandonner leurs prétentions et à laisser ce privilège aux maires et échevins. Dans ce précieux inventaire de pièces, nous avons relevé les noms de quelques Maîtres du Pont : Jehan Cointerel (1361), Thibault Duporche (1455), Geoffroy Hayet (1460), Jehan Hayet

---

(1) V. le procès-verbal de la *Coutume de Mante*, où on lui donne le titre de comtesse de Mante et Meulan. Eléonore mourut en 1558.

(2) Dans une des pièces de ce procès, le nom de Mantes est écrit avec un *s* par un huissier de Paris.

(1470), Jehan Hayet (1480), Jehan Hayet, fils du précédent ; un autre Jehan Hayet était encore pourvu de cet office en 1522. Du reste, cette famille des Hayet occupa cette charge presque jusqu'à l'extinction des Maîtres du pont de Mantes (1).

§ 174. **Mort d'un prince à Mante**. — Le 21 octobre 1549, Louis duc d'Orléans, second fils du roi Henri II, mourut à Mante.

Audit an, l'on commença à vendre la chaire à la livre.

Henri II et Catherine de Médicis avaient eu déjà François, né en 1543, Elisabeth, née le 2 avril 1545, Claude, le 12 novembre 1547. Leur quatrième enfant fut Louis, né le 3 février 1549 « à Saint-Germain-en-Laye, entre trois et quatre heures. Ses « parrains, le roi de Portugal et le duc de Ferrare ; sa marraine, « la reine douairière d'Ecosse. » Louis d'Orléans mourut au château de Mantes, le 25 octobre 1550 (2).

§ 175. **Le Présidial établi à Mante**. — L'an 1552, Henri IIe, roi de France étant à Châlons, de son autorité royale, transporta en la ville de Mante, le présidial qu'il avait nouvellement érigé en la ville de Montfort-l'Amaury, faute par ceux de Montfort, d'avoir financé aux coffres du roi et présenté gens capables.

Le présidial n'exista pas longtemps à Montfort, car l'*Edit des Présidiaux* est du mois de janvier 1552. Créés dans le double but de décharger les Parlements des petites affaires et de rendre la justice plus uniforme, les Présidiaux fournirent aussi l'occasion de vendre de nombreuses charges de justice. Ils étaient composés d'un lieutenant civil, d'un lieutenant criminel et de sept juges ou *présidiaux*. Ils jugeaient sans appel, jusqu'à 250 livres, ou 10 livres de rente. Leurs jugements étaient encore sans appel, pour les causes criminelles ordinaires. Un peu plus tard, l'ordonnance de Moulins, réunit les juges des Présidiaux, à ceux des bailliages et sénéchaussées.

Louis XIV, par ses diverses ordonnances sur les offices de judicature, jeta un grand discrédit sur l'autorité de cette ju-

(1) Les maîtres du Pont portaient l'épée dans les cérémonies publiques.
(2) Lestoile dit Nantes ; c'est une erreur.

ridiction. Louis XVI la lui rendit en partie, en précisant ses attributions.

§ 176. **La coutume reformée.** — Au mois d'octobre 1556, les coutumes de Mante et Meulan furent réformées.

Quelque temps avant sa mort, Louis XII avait ordonné aux légistes de ses parlements, de rédiger par écrit, les nombreuses coutumes locales. Le premier coutumier général n'avait paru que sous le règne de son successeur, en 1517.

Henri II, par son ordonnance du 19 août 1556, désigna des commissaires pour rédiger les coutumes de Mantes et Meulan, d'Etampes, de Montfort, etc. Ces commissaires enjoignirent aux baillis et à leurs lieutenants de réunir à Mantes tous les intéressés, afin de procéder, après enquête, à une rédaction officielle. Le préambule du procès verbal est ainsi conçu : Nous Christofle de Thou, président, Barthélemy Faye et Jacques Viole, Conseillers du roy, en sa cour de Parlement, sommes arrivez en la ville de Mante pour procéder à la rédaction des Coutumes du Bailliage dudit Mante et Meulant et anciens ressorts et enclaves d'iceluy Bailliage, suivant les lettres patentes dudit seigneur à nous adressées. » Jean Fizeau de Mantes leur fut adjoint.

La première séance se tint au Château, le 20 septembre. On présenta aux commissaires « un livre de papier relié en peau rouge, écrit à la main, » du temps de Louis XII. Le lendemain 21, la séance eut lieu à l'Auditoire. Là furent entendus les gens des trois états. Le clergé fut appelé le premier. Jean Larcher, Jean Leturc, Guy de Chévremont, Simon Lenfant et Marin Garnier étaient ses principaux représentants. Jacques Spifame, évêque de Nevers (1) et doyen de Gassicourt, avait comme procureur Damien Bouchard. Eléonore d'Autriche, « royne douairière de France, comtesse dudit Mante et Meulant » est nommée la première dans le corps de la noblesse : François de Lucques était alors capitaine de Mantes. Puis vint le Tiers-Etat, c'est à-dire toute la bourgeoisie du bailliage.

M. Réaux dit que la rédaction et le titre de cette coutume furent une rude épreuve pour l'orgueil de Meulan et ce doit être vrai.

La rédaction en fut terminée le 19 octobre 1556. Voici la liste des lieux régis par cette *Coutume* (2) :

(1) Il se fit protestant et fut décapité à Genève. V. *Bossuet, doyen de Gassicourt*, par M. A. Benoit.
(2) On y trouve certains droits anciens qui n'étaient connus qu'à Mantes.

Aubergenville.
Aufreville.
Annels (?).
Apremont (1).
Arnouville.
Avernes.
Barre (La) (2).
Bazemont.
Barguion (Le).
Bauzelle (La).
Beaurepaire (3).
Bellaine.
Besquemont (4).
Bivette.
Blaru.
Bois-Robert.
Boissy.
Boissy-Mauvoisin.
Boinville.
Boinvilliers.
Bonnières.
Bouteauville.
Boisemont (5).
Bouvilliers.
Breuil (Le).
Breuil (6).
Buchelay.
Bueil.
Chauffour.
Chenay.
Chenay-Archer.
Civry.
Condécourt.
Conservin.
Comtesse.
Coulons.
Courgent.
Croix-le-Roi (La).
Dammartin.
Dannels.
Doinguille.
Evesquemont.
Elmay.
Epône.
Falaise (La).
Favrieux.
Ferrières.
Flacourt.
Flins.
Fluis.
Folainville.
Follainville.

Fontenay-Mauvoisin.
Fontenay-S.-Père.
Forêt de Civry (La).
Forêt de Riverie (La).
Fort de Meulan (Le).
Fréminville.
Fréneinville.
Fréneuse.
Gadancourt.
Gany.
Gaillon.
Gaillonnet.
Gandecourt.
Gassicourt.
Guerville.
Garjenville.
Goussainville.
Guytrencourt.
Haye (La) fief.
Hardricourt.
Havancourt.
Hanneucourt.
Hommoye (L').
Horseaulx (7).
Huenville fief.
Hurtelou.
Jambville.
Jeufosse.
Jouy-Mauvoisin.
Issou.
Jumeauville.
Juziers.
Lainville.
Laugonesse.
Lignières.
Limay.
Le fief à l'orme.
Lommoye.
Lognes.
Longnesse.
Lomnoye.
Mairie fief.
Malmaison (La).
Meauvoisin.
Maladrerie (La).
Mante.
Magnanville.
Mante-la-Ville.
Massis fief.
Mauganeuville.
Ménerville.
Méricourt.

Ménucourt.
Mesnil-Aubourg.
Mesnil-Regnard.
Mersant.
Mézières.
Mezy.
Meulan.
Montalet-le-Bois.
Mureaux (Les).
Neauphle-le-Chât.
Nézel.
Orvilliers.
Oinville.
Perdreauville.
Pinserels.
Porcheville.
Port de Villiers.
Puiseaux fief.
Querville.
Quitrancourt.
Rosay (Le bas).
Rosay (Le haut).
Rosny.
Rolleboise.
Rueil.
Sailly.
Saint-Côme.
Saint-Corentin.
Saint-Denis fief.
Segueval (8).
Senneville.
Séraincourt.
Séraincourt-Rueil.
Serraincourt.
Soindres.
Somville.
Suindres.
Théméricourt,
Tertre-S.-Denis.
Tessancourt.
Vaulx.
Ver.
Verneuil.
Vigny.
Villette.
Villeneuve La).
Villeneuve (La).
Villeneuve (La) (9).
Yssou.
Zynauville (10).
Goussonville.

(1) H. de Perdreauville. (2) Les Barres, h. de Hardricourt. (3) H. de Soindres. (4) Evêquemont. (5) Bazemont. (6) Brueil. (7) F. de Tessancourt. (8) C. de Guerville. (9) Villeneuve-sur et sous-Mézières et Villeneuve-en-Chevrie, (10) Binanville. On voit que tous les noms de lieux ont été très mal imprimés dans la liste de la *Coutume*.

§ 177. Le Comté de Mante donné à la Reine-Mère. —

Le deux juillet 1559, mourut Henri second, roi de France, d'un coup de lance qu'il avait reçu du comte de Montgommery. Après la mort du roi, le comté de Mante et Meulan fut donné à la Reine-Mère, par usufruit seulement.

On verra plus loin que Hercule son fils, plus connu sous le nom de François d'Alençon, fut pourvu du titre et des prérogatives de ce comté.

Après la mort de François de Guise, la *Paix d'Amboise* avait été signée et publiée sous forme d'édit (19 mars 1563). Catholiques et protestants s'étaient refusés à l'observer. L'autorité de Catherine de Médicis avait été compromise et, pour frapper un grand coup, elle avait fait assiéger le Hâvre occupé par les Anglais. Contre toute attente, la ville se rendit au bout de quelques jours. Sur les conseils du chancelier de l'Hospital, la Reine-Mère et son fils s'arrêtèrent à Rouen, et dans un lit de justice tenu le 17 août, Charles IX âgé de quatorze ans et deux mois fut déclaré majeur. Dans le petit discours qu'on lui fit réciter, il rappela l'édit de paix, dit qu'il ne voulait pas qu'on y contrevint, sous peine d'être châtié comme rebelle. Puis il présenta un autre édit confirmant celui d'Amboise. Cela ne faisait pas l'affaire du Parlement de Paris. Il refusa de publier l'édit de Rouen et comme Charles IX était allé de Rouen à Mantes, avec sa mère et son conseil, le Parlement députa vers lui pour lui faire soumettre ses observations. « En ce moys icy (septembre) l'ordonnance faite à Rouen, fust envoiée par la Majesté du Roy à la court du Parlement de Paris, par le sieur de Lanssac, chevalier de son ordre et conseiller en son conseil privé, avec lettres par lesquelles leur estoit mandé icelles faire publier; résolurent faire sur ce aucunes remonstrances audit seigneur; et pour cet effect députèrent et vindrent devers lui en sa ville de Mantes, Messire Christofle de Thou (1), chevalier, premier président, M^{res} Nicole Prévost, président aux Enquestes et Guillaume Viole, conseiller de ladicte court (2). » Ils firent une longue remontrance au roi qui les écouta bénignement et leur répondit non moins longuement, qu'il s'était déclaré majeur quand il l'avait cru utile à ses intérêts ; qu'il entendait que ses

(1) Père de l'historien.
(2) *Mém. de Condé.* Collect. Michaud.

sujets vécussent en bonne intelligence ; que du reste il n'avait nullement l'intention de permettre la libre pratique de la religion nouvelle ; et enfin, somma les députés d'enregistrer ses lettres.

Ce fut à la suite de cette scène que Charles IX se rendit à Meulan, où en eut lieu une autre, lugubre et quelque peu théâtrale : toute la famille de Guise, en grand deuil, venant se jeter aux pieds du roi et lui demandant vengeance du meurtre du grand duc de Guise. M. Réaux l'a merveilleusement racontée dans son *Histoire de Meulan.*

Mantes échappa à peu près à l'action de la Réforme, mais Limay eut un temple, établi rue du Prêche vers 1560 (1). Une tradition, dont les preuves sont mal établies, mais accueillie par MM. Cassan, Moutiers et Réaux, veut que Calvin lui-même soit venu catéchiser la rive droite de la Seine. M. Réaux dit que le célèbre réformateur, réfugié chez le seigneur d'Hazeville, avait fait des prosélytes dans toute la contrée. Ce serait même à Enfer, près Wy-Joli-Village, qu'il aurait composé son livre de l'*Institution Chrétienne.* Le très long article consacré par Bayle à Calvin ne renferme rien de semblable ; l'*Institution Chrétienne* fut publiée pour la première fois à Bâle, en 1536 (2). Les périgrinations que lui imposèrent les persécutions auxquelles il eut à échapper, ne semblent pas l'avoir jamais amené aux environs de Mantes. Les notes biographiques de Bayle, toutes empruntées à Théodore de Bèze, laissent planer quelque doute sur la véracité de ce séjour de Calvin dans notre contrée (3). Dans tous les cas, il n'a pu y habiter qu'avant 1535, et on comprend difficilement que le prêche de Limay n'ait été établi que vingt-cinq ans après ses prédications.

Quoi qu'il en soit, Mantes resta très fermement attachée à la religion catholique et ne joua, sous ce rapport, aucun rôle actif dans les sanglants événements qui marquèrent d'une empreinte si sombre, les règnes de Charles IX et de Henri III. En 1568 même, pendant que les protestants levaient encore une fois les

(1) « Le prêche de Limay fut établi, où il se trouva une trentaine de familles infestées d'hérésie. » CHR.

(2) Moreri dit que ce fut à Claiz (Charente), chez le chanoine Louis du Tillet, qu'il composa la plus grande partie de ce livre célèbre et qu'il l'acheva à Bâle.

(3) « Effacez, dit Bayle, du catalogue de ces voiages tous ceux dont Théodore de Bèze ne parle point. »

armes contre Catherine de Médicis et les princes Lorrains;
pendant qu'ils bloquaient Paris, se battaient à Saint-Denis et
menaçaient Chartres, Charles IX faisait de Mantes un centre
d'approvisionnement considérable pour ses armées. Il comptait
sur la fidélité des habitants pour assurer à ses soldats, et peut-
être aux habitants de Paris, des vivres que les protestants pouvaient empêcher d'arriver. Le maire de Mantes fut chargé
d'acheter d'énormes quantités de blé et de les faire transformer
en farines (1). Elles devinrent inutiles, et Henri, duc d'Anjou,
permit un peu plus tard, par la lettre suivante, de les faire vendre au compte du roi.

« Messieurs, Estienne Pigis, greffier et députté de vre ville,
» m'a fait entendre que vous avez encores quelque petit nom-
» bre de farines du reste de celles que vous aurions esté ordon-
» nées de fournir pour la munition du camp et armée du roy,
» monseigneur et frère, lesquelles se commenceraient à gaster
» et dépérir, et touttefois que vous ne voullez entreprendre de
» les vendre, n'y en faire aultre chose, jusques à ce que vous
» aiez, par votre députté, entendu sur ce, les voulloir et inten-
» tion du roy, mondit seigneur et frère, et le mien. A ceste
» cause, vous ne ferez aucune difficulté de vendre le reste des
» farynes à ceulx qui en vouldront achepter, et dont vous tien-
» drez le compte, à la charge d'en fournir d'aultres sy le ser-
» vice du roy le requiert cy après. Priant Dieu, Messrs, qu'il
» vous ait en sa saincte garde. Escript à Paris le xiiie jour de
» may 1568. Henry. »

Quelques années après, vers la fin de 1573. Mantes, à
cause de ses marchés importants, fut soumise à une lourde contribution. La ville devait fournir de pain les gardes Suisses
cantonnés aux environs de Saint-Germain. Elle chercha à s'en
faire décharger par la supplique suivante, adressée au duc
d'Alençon :

« A Monseigneur le Duc,

» Monseigneur,
» Les maire, eschevins, manans et habitans de vre. ville de
» Mante, vous remonstrent humblem. que vre. ville est scituée
» en pays de vignoble et consiste leur entier revenu à la re-

(1) Archives de la mairie.

» cueille des vins qui en peuvent proceder, estans contraincts
» pour leur vivre ervandiquer bleds et grains des provinces
» circonvoisines et principallemt. du *Vulxin* et lesquels touttes-
» fois ils recouvrent à difficulté et hault pris, n'ayans autres
» terres labourables q. celles qui sont sur la Rivière de Seine,
» lesquelles ne sont d'aucun rapport, *à cause des Inondations*
» *qui adviennent par chacun an.* Ce qu'ilz ont remonstré au
» Sr. de Monteaux, commissaire ordonné pour la conduite et
» entretenement des Suisses estans en la suicte par la garde de
» Sa Majesté. Nonobstant, il n'a délaissé à les charger (les ha-
» bitants) de la fourniture de deux mil quatre cens pains, *par*
» *chacun jour*, du poix de quatorze onces, revenant à douze
» cuit et rassis, rendu au villaige de Fourqueux (1), suivant la-
» quelle ordonnance, ilz en ont fourny quelque nombre selon le
» peu de grains qui leur a esté possible recouvrer. Et leur est
» impossible pouvoir contribuer lad. fourniture por la pénurie
» et disette de bled, en laquelle ilz sont et le peu de moyen
» qu'ilz ont, n'ayant un seul denier contant en leur Hostel de
» Ville et les habitans fort pauvres et attenuez por n'avoir si
» peu que riens recueilly en leurs vignes et vendanges derniè-
» res. **Ce considéré**, Monseigneur, il vous plaise faire
» descharger entièrement de lad. fourniture de pain, comme leur
» estant chose impossible ; sinon et si la necessité des vivres por
» l'entretenem. desdits Suisses ne le pouroit permetre, il vous
» plaise leur faire délivrer lettres patentes en forme de com-
« mission autentique por lever les grains et bleds nécessaires
» pour la fourniture dud. pain, sur tous les habitans de l'Elec-
» tion. Et que a ceste fin leur soit par lesd. lettres, permis faire
» faire tel département et cotte selon qu'il appartiendra pour
» lad. fourniture sur tous les habitans de l'Election dud. Mante.
» Et que les cottes susd. seront contraintz à fournir lesd. bleds
» par toutes voyes de justice et comme por vos propres deniers
» et affaires, nonobstant oppositions ou appellations quelz
» conques. La congnoissance desquelles seront reservez au Roy
» et à son privé conseil, interdisant à tous juges, *mesme aux*
» *courtz de parlem. et des généraulx*, la congnoissance desd.
» appellations et oppositions. A la charge que le denier qui re-
» viendra dud. pain, tous frais desduictz, leur sera baillé et
» délivré à chascun selon la quantité de bled qu'il aura fourny,

(1) A 3 kilomètres de Saint-Germain.

» ou que lesd. habitans de lad. Election fournissent eux mesmes
» le pain aud. Suisses. Et prieront, lesd. suppliants perpetuel-
» lem. Dieu por vostre prospérité et santé. »

§ 178. **Invention des Chapeaux**. — En l'année 1569,
l'invention des chapeaux fut introduite à Mante et l'on y
quitta les *torques* et bonnets que l'on portait sur la tête. —

On croirait, d'après cette rédaction, que les chapeaux furent
inventés à Mantes. Cela veut dire seulement qu'on quitta les
bonnets, les *torques* et les chaperons de drap, pour prendre les
chapeaux de feutre et de *bièvre*, qui étaient en usage à Paris,
depuis le temps de Louis XI. Nous y suivons la mode d'un peu
moins loin maintenant (1). Mais, nous avons à raconter des événements plus intéressants.

Le triste Charles IX s'en allait en langueur. Son frère Henri
d'Anjou était roi de Pologne et le dernier fils de Catherine de
Médicis, François d'Alençon, poussé par ses favoris et quelques
courtisans, caressait secrètement la possibilité de mettre la
couronne sur sa tête, à la mort de Charles IX. Il en résulta une
sorte de conspiration dont les meneurs les plus connus furent
La Mole et Coconas ; ils payèrent de leur tête, ce qui n'était pas
un haut prix, le crime d'avoir fait peur à la reine Catherine (2).

La cour était alors à Saint-Germain. Le roi de Navarre, le
futur Henri IV, le duc de Montmorency, La Noue, le duc de
Bouillon étaient du complot. L'affaire devait se nouer à Mantes ; elle manqua par la précipitation de l'un des chefs. Voici du
reste sur ce sujet, une relation peu connue, qui se trouve dans
la *Vie de Duplessis-Mornay* (3) ; elle contient d'intéressants détails sur le plan de la conspiration et sur l'état des esprits à
Mantes, pendant les troubles religieux de cette époque.

« Conviennent donc les associés de prendre les armes le
10 mars 1574 ; et de fait, en ce temps, plusieurs places furent
surprinses, tant par ceux de la religion que par les partisans
du duc (d'Alençon). M. du Plessis (Mornay) estoit à Saint-Germain-en-Laye, pour exhorter messieurs de Thoré (4) et de

(1) Henri Martin. T. VI. p. 508.
(2) Boniface de La Mole et Coconas furent exécutés sur la place de Grève,
à Paris, le 30 avril 1574. Hardouin de Péréfixe y ajoute Tourtray.
(3) V. aussi : *Mémoires de Bouillon*, collect. Michaud, p. 16.
(4) Guillaume de Montmorency.

Turenne, qu'il ne fallait plus tarder, mais exécuter promptement les intelligences qu'ils avoient.... Cependant qu'ils en délibèrent et donnent jour à M. du Plessis, voici arriver à M. d'Alençon, de la part de M. Chaumont, seigneur de Guitry, un capitaine avec une lettre qui portait que cette mesme nuit qui estoit le 20 février, il avoit donné rendez-vous à trois cents gentilshommes et quelque infanterie dans la plaine d'Espernon. ..... La cause de cette précipitation de M. de Guitry estoit particulière. Il avoit entendu qu'un prévost avoit charge de le prendre, dont il avoit donné le signal de prendre les armes à M. de la Noue... En cette perplexité, on résout que le lendemain M. d'Alençon, le roi de Navarre, le prince de Condé, avec messieurs de Thoré, de Turenne et autres, sous ombre d'aller à la chasse, le cor au col, monteroient sur leurs meilleurs chevaux, et iroient droit à Mante ; que là ils seroient reçus par M. de Buhi (Pierre de Mornay), frère de M. du Plessis, qui y estoit en garnison avec la compagnie de M. le maréchal de Montmorency, duquel il portait la cornette. » Après une délibération assez longue, on décida « qu'il valoit mieux que messieurs de Buhi et du Plessis se saisissent de Mantes, que M. de Guitry y entrast avec ses forces pour les assister ; cela fait, que M. d'Alençon accourroit aussitôt avec les siens. Ce conseil vint de M. de La Mole, qui pouvoit lors beaucoup auprès de mondit seigneur. M. du Plessis entendant cette résolution, remonstre que ce commandement ruineroit son frère ; la prise de Mantes, *ville fort peuplée et du tout ennemie* (c'est-à-dire catholique) (1) par ce moyen, seroit incertaine et dangereuse, au lieu que la présence du duc la rendroit très-aisée (2). Comme il vit qu'il ne gagnoit rien, il monte à cheval, et en trois heures arrive à Buhi (3) leur maison paternelle. Là il déclare à son frère ce dessein ; et bien qu'il eust tous les sujets du monde de refuser cette commission, néanmoins il le persuada d'aller au même instant à Mantes, et d'occuper, avec ses amis, la porte de Beausse (porte aux Saints ou Chartraine) ; que luy avec quelques autres, à la mesme heure, se rendroit maistre de celle du Pont. Mais M. de Guitry, qui devoit arriver à la pointe du jour, ne vint qu'à huit heures, et sans infanterie, parce qu'il avoit

(1) On a vu qu'il n'y avait de prêche qu'à Limay.
(2) Le duc d'Alençon étant comte de Mantes.
(3) Près Magny-en-Vexin.

plu toute la nuit. Il trouva toutes fois la porte et le pont, comme on avoit convenu; mais n'ayant que quarante-cinq chevaux il se retira. La cause pour laquelle si peu de gens le suivirent, fut que quand cette noblesse fut arrivée au rendez-vous, voyant que M. d'Alençon ne venoit point, la plupart ne voulurent passer plus avant.

« En ce fait parut l'habileté de M. de Buhi (1), qui joua si bien son rôle, qu'il reçut lettres de gratification du roy et de la reine, pour avoir, par une si grande résolution, conservé la ville : car voyant que l'affaire n'alloit pas bien, il poursuivit M. de Guitry comme pour le choquer. Cependant, connoissant que la chose se seauroit incontinent, il assembla la Maison-de-Ville, sous ombre d'aviser à rendre compte au roy de ce fait, et, comme allant trouver Sa Majesté, sort de la ville. M. du Plessis, ayant aussi retiré les siens de la tour du Pont, vint à Chantilly, où trouvant son frère, il fut d'avis qu'ils se retirassent à Sédan. »

On sait la suite : la cour affolée, quitta précipitamment Saint-Germain et vint se réfugier au faubourg Saint-Honoré, chez monsieur de Retz (Albert de Gondy), puis à Vincennes (2). La Mole et le piémontais Coconas furent décapités et quoique peu recommandables, acquirent ainsi l'honneur de figurer dans nos romans de cape et d'épée (3).

On retrouve dans un cahier des archives de la mairie toute une série de pièces sur cette affaire : ce sont des délibérations de l'Hôtel-de-Ville et des lettres de Charles IX, adressées du faubourg Saint-Honoré, aux maire et échevins. Nous allons reproduire les plus intéressantes.

A cette époque, la garnison de Mantes était renforcée, et les soldats de la compagnie du maréchal de Montmorency (4), de garde à la porte du pont, avaient maraudé à Limay. Les habitants se plaignirent, et le maire, pour leur donner satisfaction, avait cité le lieutenant du roi, Denis Des Fossez, à la maison de ville. Il rappela aux officiers et soldats, les édits de pacification

(1) Il n'était encore que *Guidon*. V. liasse 17.

(2) *Mémoires de Bouillon*. Les Tuileries s'appelaient aussi le Faubourg-St-Honoré.

(3) « Les maréchaux de Montmorency et de Cossé en furent retenus prisonniers au bois de Vincennes, et La Mole et le comte de Coconas en pâtirent de leur vie. » *Mémoires de Marguerite de Valois*.

(4) François, fils aîné du Connétable.

et les nombreuses lettres écrites dans ce sens, de la part du roi. Ces lettres se rapportent toutes à la conspiration de La Mole et de Coconas; elles indiquent bien dans quel état de trouble se trouvaient la France et en particulier les environs de Mantes, mais ne disent pas un mot des véritables instigateurs.

Dans la première lettre citée, le roi rappelle que *certains gens d'armes* ont voulu surprendre la ville, que le courage des habitants avait pourvu à la sureté et que les agresseurs avaient été contraints d'abandonner leur entreprise. En même temps, il les remercie et les assure de son contentement.

« De par le Roy,

» Chers et bien amez, Nous avons entendu, tant par vre. let-
» tre que par ce que nous ont dit de vre. part les députtez de
» nre. ville de Mante, la surprinse q. ont voulu faire de lad.
» ville, aucunes gentz d'armes dont plusieurs d'icelles estoient
» jà entrez dans icelle, et comme par vre. vertu et des autres
» habitans, vous avez si bien et diligemment pourvu à la seu-
» reté de lad. ville, qu'ilz ont esté contrainctz se retirer et de
» laisser leur entreprinse, dont nous vous avons bien voulu
» assurer avoir grand contentement, tant por la conservation
» de lad. ville par le moyen de vre. bon debvoir que pour l'as-
» seurance et tesmoignage que nous avons de vre. bonne fidé-
» lité et loyaulté envers nous. En laquelle nous asseurant
» que vous persisterez, nous vous exhortons à diligemment
» et soigneusement garder lad. ville, affin qu'il n'y puisse ad-
» venir aucun inconvenient. Et ce pendant nous adviserons à
» ce qui sera nécessaire por la conservation d'icelle en nre.
» obéissance et de vous lever la garnison s'il en est besoing.
» Donné ès faulx bourgs St.-Honoré, le dernier jour de febvrier
» 1574. Signé, Charles, et audessoubs : Chantereau. »

Le même jour, autre lettre plus explicite :

« De par le Roy,

» Chers et bien amez, Nous avons eu advis q. les faulx
» bruitz semez par aucun mal affectionnez au Repos publicq et
» qui ne demandent que a veoir recomancer les troubles affin
» qu'ilz ayent pendant iceulx plus de moyens de mal faire,
» piller et oprimer le peuple comme ils faisoient l'an passé, ont

» esté cause que noz subjects de la *nouvelle opinion* sont en-
» trés en si très grande défiance que la plus part d'eulx sont
» délibérez de s'élever, estimant que lesdits faulx rapports, à
» quoy nous n'aurions jamais pensé, feussent véritables. Et ont
» lesdits de la nouvelle opinion, sur ces ocasions, délibéré, à ce
» que nous aurions aussi entendu, essayé de surprendre aucu-
» nes de nosdites villes, pour s'en saisir s'ilz peuvent (1), dont
» nous avons advisé vous advertir incontinant, affin que, come
» nous vous avons cy-devant mandé, vous ayez a prendre garde
» a la seureté de vre. ville et pont de Mante, faisant faire si
» bonne garde que s'il y avoit entreprinse sur lad. ville et pont,
» vous en puissiez empescher l'exécution. Mais nous, de preuve
» que vous vous comportiez de façon qu'establissant bien la
» seureté d'icelle ville et pont de Mante et y faisiez faire la
» garde por quelque temps et jusques à ce que nous voyons
» que ce sera de tous ses bruictz, tous nos subjects y puissent
» vivre en paix et que lesd. de la nouvelle opinion puissent
» cognoistre come nostre droite et sincère intention est de con-
» server tous nos subjectz de l'une et l'autre religion en seu-
» reté et repos soubz nre. obéissance ; et aussi affin que notre
» droicte et sincère intention soit entièrement suyvie, nous
» avons comandé au Sr conte de Cadené qui comande à la com-
» pagnie d'homme d'armes de noz ordon. de nre. très cher et
» très amé beau frère le duc de Montmorency, de pourvoir à
» la seureté de nred. ville et pont de Mante ; ensemble de celle
» de Meulant où nous espérons qui (qu'il) se rendra incontinant.
» Ce pendant, vous ne faudrez de vous comporter ainsi qu'il en
» est cy-dessus deliberé. Donné au Faubourg St.-Honoré, le
» dernier jor de febvrier, l'an mil vc lxxiiij. Signé, Charles. Et
» au dessoubz : Pinart. »

Faisant droit aux ordres du roi, les officiers de la ville et du
Château prirent, le deuxième jour de mars, diverses résolutions
que nous transcrivons : « Suyvant comandemant du roy, etc.,
déffenses sont faites à toutes personnes de piller, sacager, mal
faire, ne mesdire l'une à l'autre, *sur peyne de la hart.*

(1) « Six livres unze sol tourn. por despence de bouche faicte en la maison
dud. Troge par plusieurs maçons, le premier dimenche de caresme dernier
qui auroient besongner por lad. ville à bouscher et clorre les portes des Cordeliers et Chantaloue, ainsy qu'il auroit esté par nous à eulx commandé, par
la surprinse qui pensa estre faicte de cested. ville par les ennemys. » *Archives,* liasse 17.

« Pareilles déffenses sont faictes à tous soldats et habitans de
lad. ville, de laisser et abandonner leur corps de garde assis au
dedans des portes et portaulx d'icelle ville. De ne porter leurs
armes en autre lieu, durant qu'ilz seront en garde et sans
l'abandonner; et ce, sous peine de punition corporelle. Sur laquelle peyne leur est enjoinct obéyr à leur cappitaine; et
ausdits cappitaines deffenses leur sont faictes d'entreprendre
ou faire quelque chose en la garde, sans comandement ou ad-
vertissemt. Ausquels est enjoinct de contenir leurs soldats dedans les ville et corps de garde, sans que lesdits soldats et
autres habitans n'estant en garde, sortent en armes et acom-
paignez. Avec deffenses de prendre, *ne s'en faire donner* par
les passans et traversans lesd. portes, aucune chose, n'y aller
aux maisons et jardins por y copper arbres n'y prendre aucune
chose. » Ces dispositions furent publiées à son de trompe, par
le greffier de l'Hôtel-de-Ville (1).

Le fort de Meulan était alors en assez mauvais état. Il était
à redouter qu'il ne tombât facilement entre les mains des troupes protestantes. Charles IX écrivit encore (7 mars) au maire,
de lever les deniers nécessaires à la réparation de cette vieille
forteresse si éprouvée. « Voullant que les deniers qui seront
» nécessaires pour cest effect, vous les preniez de vos deniers
» comuns; et se il n'y en aura à suffire ou point du tout, vous
» ayez a les cueillir et lever sur vous. Et se pour cest estat
» vous avez besoing de nos lettres patentes, nous les vous en-
» verrons. Mais nous voullons que vous ne laissiez ce pendant,
» en vertu de ces présentes, de faire lad. levée et besongner
» incontinent. Etc. (2). »

La garnison, sous la direction habilement intéressée de
Buhy, avait vraiment rempli son devoir. Il résulte d'une autre lettre, du 2 mars, qu'elle avait fait quelques prisonniers des
hommes de M. de Guitry : « Mais qu'il ne leur soit fait, dit le
» roi, aucun tort ni déplaisir. Nous dépêchons ce porteur de-
» vers le Sr. vicomte de Cadenet, qui vous fera entendre notre
» intention. » Le 7, il ordonnait, par la lettre suivante, de les
faire venir à Paris, avec les interrogatoires qui avaient été
faits à Mantes :

---

(1) *Lettres de l'Hostel-de-Ville de Mantes pour la guerre. 1574.*
(2) *Ibid.*

« Chers et bien amez, Nous voulons et vous mandons que
» faciez délivrer ès mains et en la charge de celluy que le
» Sr de Fossez vous dira, les deux personnes qui furent prin-
» ses derrenierement que ceulx de la nouvelle opinion voulu-
» rent surprendre Mante. Et par mesme moyen, délivrer aussi
» les interogatoires et informations faictes sur ceste ocasion.
» Et retenez seullement ceste présente por vre. descharge.
» Donné au faubourg St.-Honoré-lès-Paris, le vij* jour de mars
» vc lxxiiij. Signé, Charles, et au dessoubz, Pinart. »

Les secrétaires de Charles IX ne chômèrent pas de besogne,
car ce même jours 7 mars, il leur faisait encore expédier une
autre lettre, pour enjoindre à la ville de protéger, en vertu des
édits de pacification, quelques seigneurs protestants des environs de Mantes, qui promettaient de lui être fidèles serviteurs.
C'étaient les seigneurs de Bantelu, de Laporte, de Vanden-
court (1), de Villers, de Dampoix (Jean de Dampon seigneur
d'Ws?) et de Fontaines. « Vous ayez, dit la lettre, à les maintenir et conserver en toute seureté et repos, autant q. à vous appartiendra de ce faire, ne souffrir qu'il leur soit faict aucun
destourbier, moleste, trouble, tort ne injure, et d'autans que
nous réputons por perturbateurs du repos publicq et rebelle,
ceulx qui s'efforceront les travailler ou offenser. » C'étaient
probablement les seigneurs qui n'avaient pas voulu suivre
Guitry en l'absence du duc d'Alençon.

François d'Alençon lui-même, reniant sa complicité, eut l'air
de vouloir exciter le zèle de la garnison. Il écrivit au vicomte
de Cadenet :

« Monsieur le vicomte, Vous verrez par les lettres que le
« roy, mon seigneur et frère, vous escript, comme il vous per-
» mect suyvant la requeste que luy avez aujourd'huy faicte de
» vous venir faire guérir à Paris. Mais je vous prie, avant que
» partir de Mante et Meullant, advertir le Sr des Fossez qu'il
« preigne garde à la seureté desd. Villes et y faire comme il a
» accoustumé. Priant Dieu, monsieur le vicomte, vous avoir en
» sa sainte et digne garde. Escript au boys de Vincenne le qua-
» torzième de mars 1574. Au dessoubz, Vre. bon ami,
» François. »

(1) Peut-être faudrait-il lire Gadancourt.

La dernière pièce concernait le sieur des Fossez, auquel le vicomte de Cadenet, malade et voulant aller à Paris se faire soigner, avait demandé à remettre la garde de la ville. En même temps Charles IX autorisait le maire et les échevins à faire une levée de deniers, pour employer aux réparations de la ville, pour lesquelles ils avaient fourni un état estimatif.

Nous ferons remarquer que toutes ces lettres de Charles IX, sur la conspiration de la Mole, sont inédites. Elles fournissent de nouveaux détails pour cet épisode historique qui faillit rendre la liberté à Henri de Navarre, et qui échoua par la pusillanimité de François d'Alençon et aussi par le peu d'habileté des principaux meneurs.

Un homme dont le nom est célèbre dans l'histoire du XVIᵉ siècle, se trouva mêlé d'une façon tragique aux événements que nous venons de raconter : c'était Gabriel de Lorge, comte de Montgommery, le meurtrier involontaire de Henri II. S'étant retiré en Angleterre à la suite de cet accident, il s'y était fait protestant. Il rentra en France à la faveur des troubles religieux et y prit une part très active. Il se lia plus tard avec les partisans catholiques du duc d'Alençon et repassa en Angleterre pour y trouver des secours et des partisans. Il débarqua alors à Jersey et se jeta dans la Normandie où il soutint quelque temps la lutte contre les troupes royales. Battu par le sieur de Matignon, d'abord à Saint-Lô puis à Domfront, il se rendit enfin le 26 mai 1574, quatre jours avant la mort de Charles IX, qui avait recommandé d'en faire bonne justice.

Avant d'être transféré à Paris, où il devait mourir d'une mort ignominieuse, malgré la parole de son vainqueur, le comte de Montgommery et son escorte s'arrêtèrent à Mantes. Les officiers et les soldats commirent des dégâts dont la ville eut à souffrir, et c'est ainsi que nous avons connaissance de ce fait. Voici ce que nous relevons sur une pièce des archives (1) :

« Les parties (le mémoire) cejourd'huy présentées par escript par led. Sr. de Flicourt (René Lefebvre, procureur du roi) eschevin, contenant les fraiz et despence de voiage par luy faiet en la ville de Paris par ordonnance de nous, avec messrs. les bailly et lieuten. particulier, aussi eschevin, et y auroient ensemble sejourné depuis le mardi quinze jusques au dimenche vingtiesme jour de juing dernier passé. Lequel voiage auroit

(1) V. liasse 17.

esté par nous ordonné aux dessusd. pour aller pardevant la
Royne-Régente et conseil privé, pour remontrer les excès
faictz par les trouppes conduisant le comte de Montgommery.
Et aussi pour respondre aux plainctes que les Srs. de Vasse et
de St.-Leger, conducteurs dud. Montgommery, vouloient faire
contre les habitans de ladicte ville, lesd. fraiz montans à la
somme de quarante livres, dix-sept sols, six deniers tournois. »

Cette liasse 17 est une des plus intéressantes que nous ayons
dépouillées. Toutes ces notes dans leur sèche concision apprennent beaucoup de choses peu connues. C'est ainsi que nous
voyons que la reine Catherine avait imposé la ville d'une somme
de douze cents livres ; qu'elle obligea, à la suite de la conspiration et du mouvement qui s'était produit aux environs de
Mantes, de s'assurer du serment de fidélité de toute la noblesse,
et de faire armer tous les habitants. Ce sont là des miettes de
l'histoire, que nous ramassons avec soin à défaut de morceaux
plus solides.

§ 179. **Le Tabellionage de Mante est royal**. — Le tabellionage royal de Mante appartenait à François de France
duc d'Anjou et d'Alençon, comte de Mante et Meulan (1) et
frère du roi. Le procureur duquel le vendit 4000 l. à Simon
Lebert, le 19 août 1578 ; le prince ratifia la vente le 10
mai 1579 et le roi Henri trois, par ses lettres patentes données à Paris, le 27 mai 1579.

En 1578, le chandelier de cuivre à sept branches, qui est
devant le maître-autel de Notre-Dame, a été donné par les
maire et échevins, le 18 mai, et a coûté à faire 280 l. CHEV.

François d'Alençon, on l'a vu, avait la ville de Mantes dans
son apanage. Par les lettres du 9 février 1569, Charles IX lui
avait donné les duchés d'Alençon et de Château-Thierry, avec
Châtillon-sur-Marne, Epernay, le comté de Perche, Gisors,
Mantes, Meulan et Vernon. En 1576, il avait pris le titre de duc
d'Anjou qu'avait eu son frère, Henri III. Incapable et ambitieux,
flatté par les familiers de cette cour odieuse des Valois, chef
sans consistance de tous les partis qui intriguaient dans ce mi-

(1) On a vu que Catherine de Médicis avait l'usufruit du comté de Mantes
et Meulan. Il y avait eu une transaction entre elle et son fils et elle lui avait
abandonné le comté.

lieu divisé par tant d'intérêts et de passions infâmes, il pouvait être redoutable à son frère et à la reine Catherine. Il était presque prisonnier depuis l'affaire de La Mole et Coconas, et cherchait le moyen d'échapper à ses gardiens.

Appelé par les Etats-Généraux dans les Pays-Bas que Philippe II torturait depuis si longtemps, le duc d'Anjou s'enfuit enfin du Louvre le 14 février 1578, et se retira à Angers où il organisa une petite armée huguenote, pour aller au secours de la Flandre. Henri III, sur la plainte du roi d'Espagne, essaya d'empêcher le départ de cette armée. Il fit vers le mois de juin un voyage en Normandie et mit, au retour, des garnisons à lui dans les villes de son frère, notamment à Gisors, Vernon, Mantes, Meulan, etc.

Le duc d'Anjou parvint cependant à passer en Flandre ; mais n'y pouvant rien faire, il revint en France en 1579. Il était à Mantes en 1581. Catherine de Médicis l'y vint visiter au mois de juin ; elle était accompagnée du maréchal de Matignon (1) qui venait de le desservir dans une intrigue, auprès de Henri III. Il le reçut assez mal (Lestoile). Il quitta ensuite Mantes, au mois de juillet, pour aller à Château-Thierry. Au mois d'août, aidé d'un corps de troupes de cinq mille hommes, il délogea le prince de Parme qui assiégeait Cambrai, et entra en triomphe dans la ville (2).

Vers le commencement d'octobre 1581, Antoine de Portugal, prieur de Crato, passa d'Angleterre en France, et se rendit de Rouen à Mantes. Anne de Joyeuse vint le complimenter de la part du roi et l'accompagna à Paris (3). Il était fils naturel de l'infant don Louis, et se fit proclamer roi de Portugal en 1580. Vaincu par le terrible duc d'Albe, il quitta son pays et finit ses jours à Paris en 1595.

§ 180. **Annexe d'une Chanoinie de Notre-Dame, à la Cure de Sainte-Croix**. — L'an 1581, le 26 août, fut présenté requête par les maire et échevins de la ville à Mᵐᵉ Nicolas de Thou, évêque de Chartres, pour unir une des prébendes de l'église à la cure de Sainte-Croix, suivant le

---

(1) Jacques de Matignon, dont il vient d'être parlé, fait maréchal de France en 1577.

(2) Il mourut le 10 juin 1584.

(3) De Thou. T. VIII. p. 494.

vouloir et consentement de Mʳ, frère du roi, comte de Mante
et Meulan (François d'Alençon), collateur desdites prébendes. Ce qui fut fait après l'information, par l'official de
l'évêque, le 2 octobre audit an, à la charge que la cure et
prébende venant vacantes, il y sera pourvu alternativement,
par le frère du roi et le doyen de ladite église. Le premier
curé fut Mᵉ Jean Deschamps, lequel fut mené à Evreux pour
être official et chanoine, par Mᵉ Jacques David sieur du
Perron, lors évêque dudit Evreux et cardinal. Il résigna
ladite cure et prébende à Mᵉ Simon Faroul, qui la résigna
après sa mort à Mᵉ Robert Guériteau, qui en prit possession.
Mais le doyen du chapitre y présenta Maximilien Larmier,
qui emporta ledit bénéfice par arrêt du Grand Conseil. Et
pour quelques mécontentements qu'il reçut du doyen et
chanoines de l'église, il résigna la cure et prébende à
Mᵉ Charles Purget.

Il y a encore ici des erreurs de date ou de détails. Jacques
Davy Du Perron, évêque d'Evreux puis archevêque de Sens, ne
fut fait cardinal qu'en 1604. Il ne fut évêque d'Evreux qu'après
1590. Il y a donc confusion sur la présentation du curé de
Sainte-Croix au célèbre controversiste. Peut-être faut-il comprendre que Jean Deschamps quitta plus tard sa cure de Mantes pour aller à Evreux avec l'évêque nommé par Henri IV.

La cure de Sainte-Croix existait depuis longtemps sous un autre nom, et l'on ne fit en 1581 que d'y adjoindre une prébende
de chanoine. De temps immémorial, dit Chrestien, auquel nous
empruntons tout ce qui suit, Sainte-Croix était une chapelle,
avec chapelain aux gages des comtes de Mantes. Ce chapelain
officiait au Château, dans une chapelle Saint-Nicolas ou Saint-
Lubin. Les officiers du Château et tous les privilégiés de la
ville relevaient de Sainte-Croix. Le curé de Saint-Maclou,
doyen de Notre-Dame, n'avait plus comme paroissiens que le
menu peuple de la ville. Enfin pour comble de confusion, les
deux paroisses étaient nominatives et n'avaient pas de territoires distincts. De là des conflits toujours renaissants, entre le
doyen et le curé de Sainte-Croix.

Quand, plus tard, les officiers du roi augmentèrent en nombre, ils demandèrent à transporter leur cure de la chapelle du
Rosaire, au premier pilier à gauche, à l'entrée du chœur. Ils

s'établirent dans la nef avec des bancs et *cabinets* d'où ils entendaient l'office.

On tenait, dit encore Chrestien, à honneur d'être de Sainte-Croix. Les enfants allaient assister le chapelain et conservaient le droit d'être de cette paroisse. Les jeunes clercs tonsurés étaient de Sainte-Croix. Des jeunes gens allaient à Chartres, se faire tonsurer, et quoique se mariant, restaient paroissiens de cette paroisse. On comprend combien Saint-Maclou en était amoindri. Après un premier différend entre les deux curés, on convint que les tonsurés mariés, seraient de Sainte-Croix ; mais que ceux qui se remarieraient (bigames) reviendraient à Saint-Maclou..... à moins qu'ils ne fussent officiers privilégiés. Tout cela se termina par la séparation des deux paroisses.

§ 181. **Les Orgues de Notre-Dame et de Saint-Maclou faites.** — L'an 1583, les orgues de Notre-Dame de Mante furent commencées et environ la Pentecôte 1588, elles furent achevées, par un nommé Nicolas Barbier, natif de Laon en Laonnois et coutèrent 2000 l. Celles de S. Maclou furent parachevées à la Nativité de Notre-Dame, et avaient été commencées à Paques.

En 1583, les maîtres pêcheurs de Mantes, obtinrent l enregistrement au Parlement de lettres obtenues en 1484, de Charles VIII, par lesquelles étaient confirmés leurs anciens privilèges. Réunis en corporation à part, les pêcheurs avaient certains droits de justice, appelés *de l'Hôtel-du-Métier* (1) ou de la *Pierre à Poisson*. Ils nommaient un maître pêcheur, qui prêtait serment à l'Hôtel-de-Ville et avait droit de hanse sur tous les compagnons pêcheurs. Ce Maître pouvait frapper les contraventions au métier, de 12 s. d'amende au profit de la communauté. Leur conseil à gage, se nommait le *Bailli des Pêcheurs ;* il assistait le Maître en ses plaids de l'Hôtel-du-Métier. Les appels étaient portés devant le maire. Le perdant, le Maître ou l'appelant, payait 20 s. à l'Hôtel-de-Ville. Les pêcheurs de Mantes avaient le droit de pêcher dans la Seine, depuis la *Fosse de l'Ornaye,* au-dessous des Andelys, « jusqu'aux Blancs-Murs le la Chaussée de la Chalevaune (2), » et depuis la ruelle de

---

(1) La rue du Métier tire son nom de là.

(2) N'est-ce pas encore un souvenir de Gaubert et du siège de Château-Gaillard ?

Montalet qui est à une lieue au-dessus de Mantes, jusqu'à l'endroit du *Fossé Goiard*, à une lieue au-dessous. Nul n'y pouvait pêcher qu'eux, si ce n'est du mardi au mercredi. Les contrevenants voyaient leur poisson saisi et donné à la ville. Quant aux bateaux et engins, ils étaient pris et brûlés : « Et ardoir et faire ardoir lesdits engins, filets, harnois et bateaux desdits pêcheurs non hancés faisant le contraire ce que dessus est dit, et les clous et ferremens desdits batteaux, donnés par lesdits supplians à la Maladrerie de S. Ladre dudit Mante (1). »

§ 182. **Procession des Habitants de Pontoise à Mante pour la Peste**. — L'an 1583, les habitants de Pontoise vinrent à Mante en procession étant en habits blancs, hommes et femmes. Ils étaient en grand nombre et furent très bien reçus. Ils avaient en leurs mains une croix au pied de laquelle il y avait un petit chandelier avec un cierge. Monsieur de la Saussaye, grand vicaire de Pontoise, porta le Saint-Sacrement, depuis Pontoise jusqu'à Mante, ayant les pieds nus (2).

§ 183. **Procession des Habitants de Mante à Houdan, pour la Peste**. — L'an 1583, le sept° octobre, les habitants de Mante, par dévotion, et afin d'apaiser l'ire de Dieu, qui affligeait son peuple de la peste, allèrent en procession à Houdan, revêtus d'habits blancs, et à icelle procession, fut porté le S. Sacrement par M° Antoine de Gamache, doyen de l'église Notre-Dame, sous un dais porté par les magistrats. A côté, il y avait chandelles ardentes et bien quinze cent torches qui accompagnaient icelles, avec les arbalêtriers, tenant chacun une torche ardente, où étaient attachées les armes du nom de Jésus. Et au rapport que firent ceux de la ville de Houdan, il y avait bien *dix-sept mille* personnes, tant hommes que femmes et petits-enfants ; d'autant que les personnes des villages par où la procession passait, la joignaient. Au retour de la procession, on passa

---

(1) Lettres de Charles VIII, d'après Chrestien.
(2) V. aussi *La Ligue à Pontoise*, un intéressant et beau volume de M. H. Le Charpentier.

par dedans le grand cimetière de Mante, où étaient pour lors les pestiférés, pour passer par la porte aux Saints, qui depuis longtemps n'avait ouvert, à cause de la contagion qui était au marché au Pain. Et on voyait dans ladite rue, l'herbe de plus de quatre doigts de hauteur. Et au même mois, les habitants de Mante furent en procession en la ville de Meulan en habits blancs, et à Vétheuil (1).

En 1586, la peste fut si grande à Mante et partout le royaume que l'on fut contraint de mettre des personnes dans chaque quartier, pour empêcher les malades de sortir.

Ce fut en cette année que l'on commença de faire payer pour lever une tombe.

§ 184. **D'une Procession du S. Sacrement.** — Le jour du Saint Sacrement de la même année 1586 (ou 1588), il fut fait une procession célèbre. Les confrères des *cinq plaies* représentèrent les trois vertus, la Foi, l'Espérance et la Charité, les douze apôtres, la Véronique, le sacrifice d'Abraham. Les apôtres accompagnaient notre Seigneur qui portait sur ses épaules une croix, et Simon le Cyrénéen lui aidait à la porter, et plusieurs juifs représentés qui le tourmentaient avec des rouleaux de parchemins pleins de coton, de quoi ils frappaient celui qui portait la croix, de telle sorte qu'il en mourut bientôt après.

Nous ne pouvons faire l'histoire de la Ligue et des divisions sanglantes qu'elle engendra, non seulement à Paris, mais dans toute la France. C'est une époque qu'on voudrait effacer de nos annales nationales. Nous nous en tiendrons strictement, au milieu de tous ces événements, à ce qui concerne Mantes.

Réné de Villequier (2), l'un des infâmes mignons de Henri III, fut alors gouverneur de l'Ile-de-France ; à ce titre, il écrivit aux échevins de Mantes la lettre suivante, qui ne manque pas d'intérêt :

« Messrs. Il n'y a guères, q. j'avais baillé à mossr de St.-Mars (3) une commission pour commander en vre. ville et

(1) V. *Œconomies royales de Sully*, p. 57. Collect. Michaud.
(2) Baron de Clairvaux.
(3) Peut-être le commandant de Meulan, en 1589. V. Sully.

l'avois adverty de prendre garde à la conservaon d'icelle. Ce que je vous prie de faire et que ce soit de façon qu'il n'en puisse advenir faute ou préjudice du service du Roy et de vre. conservaon. Quant à ce que m'escripvez de l'enseigne du Sr de Grillon (1), qui faict battre le tambour près de vous je suys bien aise que ne l'ayez voulu souffrir, come n'ayant mon attache et mandemant. Mais daultant que je seay que la creue qu'il faict, est por le service de sa Mté. qui méritte accéleraon. je suys d'advis que vous lui laissiez faire la creue (2), soit dans vre. ville ou ès environs, A la charge de vivre et faire vivre ses soldats suyvans les ordonnan. Royaulx, et de facon qu'il n'en vienne aucune plaincte. Vous m'advertirez de tout ce qui se passera importans au service de sad. Mté. et aurez le soin de vre. conservaon affin que jaye tant plus de moyen de tenir la main q. vous n'ayez des garnisons. Priant Dieu vous avoir Messieurs, en sa garde. A Paris le xxviij* mars 1585 (3).

Vostre bon amy

VILLEQUIER. »

François d'O (4), gendre de Villequier, lui succéda dans son gouvernement, en 1588 ; il ne valait guère mieux. Il fut privé de cette charge pendant les années terribles qui suivirent les Etats de Blois ; il n'en reprit possession qu'en 1594, par la faveur de Henri IV, auquel il se rallia un des premiers.

Aussitôt après la *Journée des Barricades* (mai 1588), qui fut la première victoire des Guise sur Henri III, celui-ci s'était enfui à Chartres. Il en partit au bout de quelques jours, alla à Rouen et vint ensuite à Mantes le 1er juin.

§ 185. **Le Roi vient à Mante** (5). — Incontinent après les Barricades de Paris, le roi Henri trois s'était retiré en la ville de Chartres, où après avoir séjourné quelques jours, il

(1) Louis de Berton de Balbes de Crillon, le « brave Crillon ». 1541 + 1615.
(2) Embauchage de soldats.
(3) Collection A. Durand.
(4) Seigneur de Fresne et de Maillebois. Il mourut insolvable en octobre 1594, après avoir scandalisé la cour et Paris par son luxe et ses débauches. Sa femme, Charlotte-Catherine de Villequier, épousa Jacques d'Aumont, prévôt de Paris.
(5) Ce paragraphe est avant le 169e dans Aubé.

vint à Mante à l'intention d'y faire long séjour. Et pour cet effet, il fit construire de nouvelles fortifications hors de la ville. Mais sur ces entrefaites, l'émotion populaire étant un peu apaisée et les Etats convoqués à Blois, le roi y alla en personne pour en faire l'ouverture ; son dessein fut changé et les fortifications délaissées.

Un peu rassuré par son éloignement de Paris, dont l'émeute lui avait causé une peur affreuse, Henri III s'assura la possession de Mantes, pendant que la Sainte-Union s'emparait de Meulan. D'O qui l'avait suivi, fit alors construire par son ordre, quelques-uns des éperons ou boulevards dont nous avons parlé et qui existent encore. Il fut aussi nommé gouverneur de la ville, mais les malheurs du temps ne le laissèrent pas long-temps dans cette place.

Henri III resta à Mantes jusqu'à la fin de juillet. Le comte de Soisson, Charles de Bourbon, frère du prince de Condé (1), l'y vint trouver le 21, et Catherine de Médicis le 23. Elle voulait le persuader de rentrer à Paris et de se réconcilier avec le parti des Guise, mais il refusa net. « Dont elle revint à Paris, mal contente, le 27 du présent mois de juillet (2). » Henri III retourna ensuite à Chartres où le duc de Guise alla le visiter, sans plus de succès que Catherine. Il ne devait plus rentrer à Paris.

Il se rendit bientôt après à Blois, où devaient se tenir à la fin de cette année 1588, les Etats-Généraux les plus célèbres. Deux princes Lorrains, les deux Guise qui l'avaient le plus offensé, allaient y être assassinés par ses ordres. L'histoire de Mantes n'a rien à voir dans cette sanglante tragédie et nous ne pouvons que nommer les députés de l'Election de Mantes et Meulan qui siégèrent à côté de Montaigne, de Lachapelle-Marteau et autres. Mᵉ Jean Hamot, curé de Saint-Nicolas de Meulan représentait le clergé ; Salomon de Béthune, sieur et baron de Rosny, frère de Sully, la noblesse. Le Tiers-Etat avait élu Mᵉ Antoine Bonnincau, lieutenant de l'Election et habitant de Mantes, Jean Leau, receveur de Verneuil et Guy Le Comte eschevin.

Aux Etats tenus également à Blois en 1576, l'Election avait été représentée par Mᵉ Antoine de Gamache, doyen de Notre-Dame de Mantes, pour le clergé ; le seigneur de Liancourt pour

(1) Henri, deuxième prince de Condé.
(2) V. Lestoile et aussi Sully, Villeroy.

la noblesse ; et Jean Fizeau, légiste de Mantes, Jean Vion d'Hérouval de Meulan et Eustache Pigis de Mantes pour le Tiers-Etat. Du reste, ces députés ne prirent pas une part brillante aux débats de ces assemblées.

« Le 16 juillet 1589, fut faite assemblée de la ville, pour savoir si on laisserait entrer madame d'Angoulême (1), qui priait qu'on la reçut avec son train pour quatre jours seulement, pour se faire habiller de deuil, à cause de la mort de la Reine-Mère en la ville de Blois. Ce qui lui fut accordé. » CHEV. Catherine de Médicis était morte le 5 janvier précédent, et la duchesse d'Angoulême avait mis peu d'empressement à prendre le deuil.

Le couteau de Jacques Clément avait donné la couronne au roi de Navarre : Henri III était mort à Saint-Cloud, en vue de Paris, le 2 août 1589. Malgré son adresse et son courage, Henri IV mit cinq ou six ans à faire la conquête de sa couronne. Pendant cinq ans environ, Mantes fut comme la capitale de ce royaume si violemment contesté. Sully, parlant du roi, dit quelque part : « Il s'en retourna à Mantes qui était lors son Paris. » Il faudrait donc presque un livre à part, pour écrire l'histoire de Mante à cette époque. C'est là que se traitent toutes les grandes affaires de Henri IV : ses relations si délicates avec les protestants qu'il est obligé d'abandonner ; sa conversion, pure affaire de patriotisme ; ses démêlés avec le Saint-Siège ; sans compter la résistance journalière, aux attaques de Mayenne, les intrigues des Ligueurs ses ennemis, et des catholiques *les Politiques* ses alliés, tout se discute et se décide à Mantes, sauf la justice, car le Parlement Royal était à Tours.

Ne pouvant continuer le siège de Paris avec le peu de troupes qui lui restèrent fidèles, Henri IV décampa le 8 août, emportant le corps de son pauvre prédécesseur. Il passa à Poissy et de là à Meulan dont il s'assura la possession. Un trait négligé par les historiens de Meulan, c'est qu'il y laissa un architecte pour en réparer les murailles : « Avant de partir de Poissi le roy mit ordre à Meulan, y laissant M. de Bellengreville avec son régiment, et ordre de le fortifier, luy baillant Du Cerceau pour ingénieur, qui estoit meilleur architecte pour la paix et pour les maisons, que pour la guerre et les places (2). » Ce détail, avec

(1) Diane, fille légitimée de Henri II, veuve d'Horace Farnèse, puis de François de Montmorency. Elle fut d'abord duchesse de Chatellerault, puis duchesse d'Angoulême, en 1582.

(2) *Mém. du duc d'Angoulême.* Collect. Michaud.

l'appréciation piquante du duc d'Angoulême, n'est pas moins curieux pour la biographie d'Androuet Du Cerceau, l'artiste habile auquel on doit l'hôtel Carnavalet, le Pont-Neuf, et une partie du Louvre, que pour l'histoire de Meulan.

De Meulan, Henri IV passa sur la rive droite de la Seine, alla à Compiègne où il laissa le corps de Henri III, et s'en fut à Rouen, pensant y attirer le duc de Mayenne. Le chef de la Ligue le suivit en effet et s'arrêta à Gournay. Il était sans doute passé à Mantes quelques jours avant, car il écrivit de son camp aux échevins de Mantes un billet que justifia la suite des événements (1) :

« Messieurs. Encore que ieusse bien desirer avoir à ce siège
» icy les pionniers auxquels vre ellection avoit esté cotysée, si
» est-ce que voyant l'inconvenient de les conduire seuremt Icy
» et qu'auiourd'huy nous savons l'effect qui se peut esperer pr
» ce siège et que a temps ilz ny peuvent arriver. Je vous en
» descharge pour ceste fois seullement, ne vous en mettre en
» peyne davantage. Et continuez moy vre bonne volonté, je
» serai tousiours infiniment ayse de vous pouvoir soulager et
» vous donner tout le contentement q. desirez. Au camp devant
» Gournay, le vj sepbre 1589.

» Vre. bien affectionné amy,

» Charles de LORRAINE. »

A la fin de septembre, Henri IV un instant bloqué à Arques et à Dieppe, battit le duc de Mayenne et le força quelques jours après à une honteuse retraite. Ce succès fut immense pour le Béarnais que Mayenne s'était vanté de ramener prisonnier à la Bastille. Dès lors, l'Union fut tiraillée en tout sens; les villes rendues défiantes sur l'issue de la lutte, se tinrent sur une prudente réserve, et Mantes qui paraît avoir été menée d'abord par de fougueux Ligueurs, commença à réfléchir. Meulan étant au roi, Mayenne jeta ses vues sur sa rivale et commença par en faire dégager les abords en les détruisant.

§ 186. **Ruine du cimetière; l'Eglise St-Pierre et la Chapelle St-Jacques des faubourgs démolies.** — L'an

(2) Collect. A. Durand.

FONTAINE DE MANTES
(1520)

Reliog et Imp Lemercier &C.ᵉ Paris.

1589, le comte de Brissac (1) étant à Mante sur la fin de septembre, fit miner et démolir les charniers du grand cimetière, qui fut une très grande perte. Mante se pouvait vanter d'avoir le plus beau cimetière de la France (2). Il se voyait dessous les charniers, de beaux tableaux, tant en plate-peinture, qu'images taillées en bosse. Les lignées de ceux qui avaient anciennement fait bâtir lesdits charniers, y étaient naïvement représentées. En continuant après, ledit Brissac fit mettre le feu à l'Eglise Saint-Pierre (3), qui était la plus ancienne de Mante, et la fit entièrement ruiner et démolir, avec une autre petite chapelle dédiée à l'honneur de St-Jacques. Laquelle était proche la porte appelée *Chante à l'Oye*, où les confrères de la confrérie de Saint-Jacques (4) s'assemblaient chaque dimanche et faisaient célébrer la messe, et s'y faisait l'eau bénite et le pain bénit. Les images et cloches desdites deux églises, furent mises en l'église du prieuré de la Madeleine.

Cela fut fait par la crainte que l'on avait d'un siège de la part de Henri de Bourbon, qui battait la France à la pointe de l'épée, ce qui causa une grande guerre civile. Et était chef de la Ligue, monsieur le duc du Maine (5). Et était Henri de France devant Pontoise, qu'il venait assiéger et Brissac craignait qu'il ne vint poser le siège devant Mante. Il fut fulminé une *quérémonie* envoyée du Saint-Père, contre ceux qui seraient adhérants au parti du roi de France. Il fut fait bonne garde le long de l'année. Les habitants de la ville voyant le roi qui souvent passait par les petits chemins, furent assez hardis et téméraires de laisser aller quelques coups de couleuvrines dans le gros où le roi était.

En ce temps là il y avait de grandes particularités entre les gens de Mante, les uns se voulaient ranger sous l'obéis-

---

(1) Il était gouverneur de Paris, en 1594, et rendit la ville à Henri IV.

(2) V. Palma Cayet, *Chronol. novenaire.*

(3) Dans le procès-verbal de la rédaction de la *Coutume de Mantes*, cette paroisse est appelée *Saint-Père*. Ce n'était pas la plus vieille église de Mantes.

(4) « Ceux qui avaient été à S. Jacques de Compostelle en Galice, *autre dévotion qui avait été autrefois tant à la mode.* » Chr. Cette chapelle est peu connue.

(5) Charles de Lorraine, duc de Mayenne ou du Maine.

sance du roi, d'autres n'y voulaient point entendre, cela leur
étant défendu par les prédicateurs en pleine chaire. Néanmoins les habitants se liguèrent sur la fin de l'année en telle
manière, qu'ils avaient entrepris de mettre la ville sous
l'obéissance du roi (1). Comme de fait, pour exécuter leur
dessein, ils se servirent d'une femme nommée Thomase Ca-
née (2), laquelle porta des lettres dans sa bouche à un homme
envoyé de la part de M° Max⁰ⁿ de Béthune, seigneur de
Rosny (3) qui tenait le parti du roi, et les lui donnait, tantôt
aux faubourgs de la ville, où au village de Buchelay. Ainsi
le seigneur de Rosny savait tout ce qui se passait en la ville
et le faisait savoir au roi ; ce qui dura jusqu'à la fin de février
1590, que les factieux enclouèrent la porte de Rosny, mettant des clous dans la serrure et avaient délibéré de se saisir de la porte aux Saints, en faisant mettre et apposer une
barricade en la maison d'un nommé Claude Louytre, qui
était au droit de la rue appelée aux Pellerins, afin de se
rendre maîtres de la porte et faire entrer le roi dans la ville.
Et étaient bien les royalistes dans la ville, au nombre de deux
cents.

§ 186. **Bataille d'Ivry.** — Comme lesdits habitants voulaient exécuter leur dessein, le roi gagna la bataille d'Ivry,
donnée le 14 mars (1590).

On l'a vu, depuis longtemps l'armée de la Mayenne évoluait
autour de Mantes. M. d'Aumale (4) était venu pour sonder les
esprits; Mayenne y était en personne le 10 mars, tandis que son
armée se dirigeait sur Dreux où l'on pensait trouver Henri IV (5),

(1) On voit que la majorité était *Politique*.
(2) Les Cauée appartenaient à une famille de maçons bien posée autrefois
à Mantes.
(3) Maximilien de Béthune, baron de Rosny, né en 1559. Il fut fait marquis
de Rosny, puis duc de Sully en 1604. Nous l'appellerons Sully, pour plus de
simplicité.
(4) Charles de Lorraine, condamné à mort en 1597. Il ne voulut jamais se
soumettre à Henri IV et mourut à Bruxelles en 1631.
(5) V. Sully. Le 11, Henri IV écrivit à Sully : « Je viens d'avoir advis que
l'armée des ennemys a passé la rivière à Mante, ils ne faudront pas de vous
attaquer ; je scais bien que votre place (Pacy) n'est pas en état de résister,
si n'y aves fort travaillé. » *Lettres missives de Henri IV*. Documents inédits.

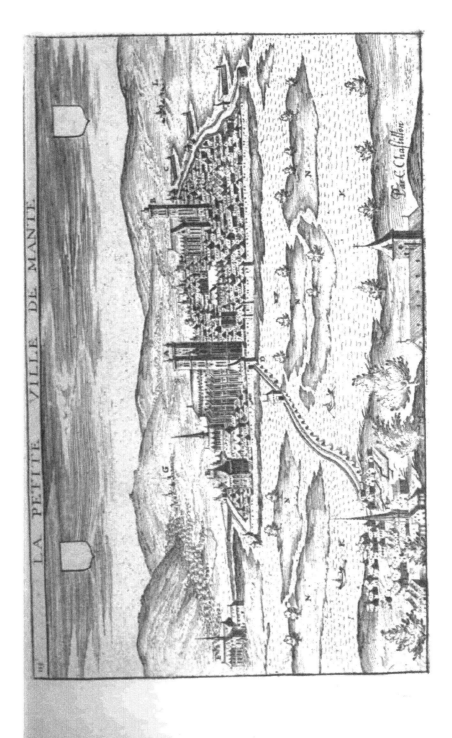

LA PETITE VILLE DE MANTE.

alors occupé à en faire le siége. On sait le reste : Henri IV reculant de Dreux jusqu'à Ivry, gagna sur Mayenne cette bataille célèbre où l'armée de la Ligue fut complètement culbutée.

§ 187. Les troupes du duc du Maine poursuivies avec lui jusqu'à Mante.

— Dès le même jour de la bataille, les gens de guerre de M. le duc du Maine arrivèrent les uns malades et les autres blessés et *charpentés*, le roi les battant et poursuivant jusqu'à Rosny. Et furent les gens de guerre hors la ville, jusque sur les onze heures à minuit qu'ils entrèrent par la porte aux Saints, et passèrent au travers de la ville, les avenues des rues étant bouchées. Il y eut beaucoup de leur dépouille et butin qui demeura à la ville, ce qui causa une bonne fortune à certains habitants. Et environ sur les deux heures de la même nuit, monsieur le duc du Maine passa par la porte de Rosny, lequel dit ces paroles : « Messieurs de Mante, nous avons eu bien de la perte, mais ce qui nous reconforte, c'est que le Béarnais est mort (1). » Ainsi pour lors appelait-on le roi, à cause de son pays de Béarn. Nos habitants ouvrirent les portes à ce duc qui ne fit que passer par cette ville sans y faire aucun séjour.

La déroute d'Ivry avait été complète. Une partie des troupes de la Ligue se sauva vers Chartres, tandis que l'autre, dans laquelle était Mayenne lui-même, prit la route de Mantes, poursuivie vigoureusement par l'armée de Henri IV : « Je ne les ay » point abandonnez, qu'ils n'ayent esté près de Mante », écrivait-il du camp de Rosny, le soir même de la bataille. François d'Orléans, comte de Saint-Paul, dans une lettre sur le même sujet, dit aussi : «Nous poursuivismes la victoire, jusqu'à Mante, » à huit lieues du champ de bataille (2) ».

Pendant le jour, les habitants de la ville avaient refusé le passage aux troupes de Mayenne, mais dès que la nuit fut venue, deux bourgeois de Mantes ouvrirent les portes et firent défiler

---

(1) « Toutes fois qu'il y avoit eu quelque déroute des siens, mais petite au regard du grand nombre de morts des costé des hérétiques. » *Chron. novenaire*, de Palma Cayet.

(2) Poirson, *Histoire de Henri IV.*

les fuyards. L'un d'eux, nommé Darticle, fut pendu. Mayenne
était entré avec les autres : « Le courrier, dit encore Henri IV,
» rapporte que le duc de Mayenne s'est saulvé dedans Mante. »
Mais il en partit le lendemain, parce qu'il ne s'y ne trouvait
plus en sûreté et gagna d'abord Pontoise, puis Saint-Denis (1).
Mantes, en effet, n'avait pas alors de garnison et ne dépendait,
comme un grand nombre de villes, que d'elle-même. La conduite des troupes ligueuses ne lui inspirait aucune confiance.
Du reste l'armée royale était campée à Rosny, et ses éclaireurs
rôdèrent toute la nuit autour des murs.

Henri IV coucha ce soir là à Rosny, ainsi qu'il résulte de sa
propre correspondance et des Œconomies de Sully. Le maréchal d'Aumont y arriva à dix heures et dîna avec lui. Quelques mémoires prétendent, au contraire, qu'il alla à La Roche-
Guyon. Le château était alors habité par une jeune veuve,
dont la beauté excitait les désirs du passionné béarnais (2). Quoi
qu'il en soit, madame de Guercheville fut, à son grand honneur, une des rares femmes qui lui résistèrent.

Antoinette de Pons, femme de Henri de Silly, comte de
La Roche-Guyon, était veuve depuis 1586. Henri IV avait conçu
pour elle une si violente passion qu'il voulait l'épouser. On connaît la belle réponse de la comtesse à toutes les avances du
roi : elle était de trop bonne maison pour être sa maîtresse, et
pas assez pour être sa femme. Elle épousa plus tard, Charles du
Plessis seigneur de Liancourt, mais ne voulut jamais porter ce
nom de Liancourt dont s'était paré quelque temps Gabrielle
d'Estrée. Le roi la fit marquise de Guercheville, et lors de son
mariage avec Marie de Médicis, elle fut la première dame d'honneur de la reine.

§ 188. — **Sommation aux habitants de se rendre au
Roi.** — Et le lendemain jeudi, quinzième jour dudit mois, le
roi envoya le maréchal d'Aumont (3) sommer les habitants
de lui remettre la ville entre les mains. Et en venant, quel-

(1) V. une note de M. de Roissy, Chrestien, de Thou T. XI, et la *Ligue à
Pontoise.* Dans ce dernier ouvrage, M. H. Le Charpentier a fait reproduire une
ancienne carte, où l'on voit la route suivie par Mayenne après la défaite
d'Ivry.

(2) V. *Observations sur les amours du grand Alcandre.*

(3) Jean d'Aumont. Palma Cayet dit le vidame de Chartres et le sieur de
Villeneuve.

ques vignerons le voyant armé, avec l'écharpe blanche, coururent donner l'alarme à Mante. Les habitants coururent
en foule à la porte avec toutes sortes d'armes. Ledit duc
voyant un grand tumulte au dedans, prend sujet de sonder
leurs volontés. Il pousse son cheval jusqu'à la barrière et
crie qu'il vient de par le roi pour savoir leur intention ; qu'il
a les bras ouverts pour recevoir ceux qui favoriseront la
justice de sa cause, et le bâton levé pour punir ceux qui lui
seront rebelles. Environ deux cents des principaux habitants s'étant rapprochés, il leur remontre la justice des armes
de Sa Majesté, les exhorte à renoncer à toutes ligues étrangères ; que la religion ne doit point leur servir d'excuse,
témoins les cardinaux, archevêques, évêques et prélats qui
célèbrent tous les jours la messe avec liberté à l'armée ;
qu'ils disent leur résolution, afin d'être rapportée au roi.
Et fut par iceux habitants fait réponse qu'on y aviserait. Ce
que ledit sieur Maréchal rapporta au roi qui était à Rosny

§ 189. **Emeute par la ville, faite par les Ligueurs.** —
Le lendemain se fit une émeute de ceux qui tenaient le parti
de la Ligue, croyant que les royalistes eussent fait pacte au
roi. Et le duc de Mayenne ou du Maine en ayant été averti,
au lieu de s'assurer de la ville, ayant avec lui beaucoup de
gens de guerre, se retire par la porte du pont, à la sourdine,
laissant les gens de guerre (de la garnison ?) en très mauvais
état. Les habitants qui avaient été pour lui, criaient par les
rues : *Qui vive !* Un nommé Marais étant au *Grand marché*,
disant : *Vive le Roi !* il fut aussitôt tué par Quentin Bullot,
lequel après le coup se retira à Pontoise qui tenait pour la
Ligue.

Tout ceci est tiré de la *Chronologie Novenaire*, de Palma
Cayet.

§ 190. **Assemblée pour délibérer si l'on rendrait la
ville au roi.** — Le dimanche 18 dudit mois de mars, fut fait
assemblée de tous les habitants de Mante, *en la grande
église*, pour délibérer de rendre la ville au roi. Où y il eut de

grandes contestations d'autant que ceux qui secrètement durant ces troubles avaient été du parti du roi, voulaient absolument la rendre ; et ceux qui avait tenu le parti du duc du Maine n'y voulaient aucunement entendre, craignant que la ville étant au roi, on ne les fît mourir, n'espérant de lui aucune miséricorde. De fait, il y en eut quelques-uns qui aimèrent mieux se retirer de la ville, que de consentir la réduction à l'obéissance du roi. Et se retirèrent pour la sureté de leurs personnes, en la ville de Pontoise qui tenait pour la Ligue.

§ 191. **Les habitants de Mante excités par leur curé à se rendre au roi Henri quatre.** — Messire Jean Deschamps, curé (de Sainte-Croix) et chanoine de Notre-Dame, exhorta et invita si fort le peuple de se rendre au roi, leur remontrant la bonté et la miséricorde de laquelle il était rempli, que tous unanimement consentirent la réduction de la ville, ce qui fut exécuté le lendemain. Un nommé Rolland de Chévremont fut aussi tué par Nicolas Lire. Dans ce temps il ne faisait pas bon se trouver par les rues : *Homo, Homini lupus erat* (1).

§ 192. **La ville rendue au roi.** — Le 19 dudit mois, les magistrats de la ville portèrent et présentèrent les clefs d'icelle, au roi qui y entra ledit jour. En laquelle il trouva monsieur de Saint-Martin, gouverneur, qu'il déposséda, et mit en sa place M⁰ Maximilien de Béthune, seigneur de Rosny (2), et sa Majesté y séjourna pour rafraîchir son armée, l'espace de quinze jours. Laquelle armée était aux environs et ne fut fait aucun dommage, ni oppression. Et ainsi la ville de Mante vint en la puissance du roi, sans perte d'hommes, et l'ayant, il empêcha que l'on ne mena des vivres à Paris qu'il tenait assiégé.

(1) L'homme était un loup pour l'homme.
(2) C'était Salomon de Rosny, frère de Maximilien, comme on le verra plus loin.

D'après Palma Cayet, Lepelletier de Château-Poissy fut envoyé à Rosny et traita avec le roi, pour la reddition de Mantes. Ce serait alors que Henri IV aurait dit aux envoyés : « Messieurs de Mantes, je n'avais aucune inquiétude de vous : *bons chiens* reviennent toujours à leur maître. » Le même jour, Henri IV entrait à Mantes et s'y délassait de ses fatigues en y attendant joyeusement la fin du mauvais temps.

Lestoile raconte qu'un de ses passe-temps fut le jeu de paume. « Fit partie, dit-il, contre des boulangers qui lui gaingnèrent son argent, et ne lui vouloient donner sa revenche, pour ce qu'ils disoient qu'ils avoient joué à couppecul en trois parties. Dont le Roy, pour avoir sa raison d'eux et se donner carrière, fist le lendemain crier le petit pain d'un carolus à deux liards. De quoi messieurs les boulangers bien empeschés, vinrent supplier Sa Majesté d'avoir pitié d'eux et prendre sa revenche telle qu'il lui plairoit, *mes que ce ne fust point sur leur pain* (1). »

Henri IV resta en effet quinze jours à Mantes. Ses amis lui reprochèrent cette inaction à laquelle on a donné plusieurs motifs bons et mauvais. La Ligue en profita pour se remettre de l'échec d'Ivry, se préparer à la résistance en fortifiant Paris, qui, sans ce repos, eut pu être enlevé par surprise et les horreurs du siège évitées (2).

L'inaction toutefois ne fut pas complète. Outre que dans l'intervalle il s'assura la possession de Vernon, on voit par sa correspondance qu'il eut soin de mettre ses amis et ses alliés au courant de toutes ses affaires. On y trouve datées de Mantes, des lettres adressées à la ville de Bordeaux, au prince de Dannemarck, au prince de Wurtemberg, aux cantons suisses, à Jean Mocenigo, ambassadeur de Venise, qui avait reconnu le premier son titre de roi de France, au Parlement de Caen, etc.

Pendant ce temps, l'armée était cantonnée sous les murs de Mantes et M. Cassan a cité une lettre du vieux maréchal de Biron datée *du camp de Mante, le 24 mars 1590*, qui ne manque pas d'intérêt.

« Je suis après pour gangner deux mois pour m'aller reposer et je croy que le meilleur seroit pour toujours et aller prier Dieu, puisqu'il m'a fait cette grâce d'avoir vescu si longues années avec grande réputation dedans et dehors le royaume, et même en cette dernière bataille dont le Roy se loüe infiniment

(1) Cette anecdote est racontée ailleurs un peu différemment.
(2) Palma Cayet. Le 18 mars cependant Henri IV était au camp de Vernon.

de moy et a grand contentement de mon fils. Je suis esté en six batailles, j'ay eu six arquebusades, j'ay vendu sans les boys six mil livres de rente et servy six roys. Il est temps de me retirer. » Le maréchal de Biron malheureusement, n'a pas toujours eu les les mêmes sentiments élevés, notamment au siège de Rouen.

C'est vers cette époque aussi qu'il faut placer l'entrevue qui eut lieu entre Nicolas de Neufville de Villeroy, qui voulait la paix, et Du Plessis Mornay. On en était alors bien loin.

Le gouvernement de Mantes fut donné à Salomon de Béthune, baron de Rosny, frère de Sully, qui le garda jusqu'à sa mort, arrivée en 1597. Sully l'avait demandé, mais Henri IV le lui avait refusé pour ne pas indisposer les catholiques. Pierre de de Mornay, sieur de Buhy, que nous avons vu figurer en 1574, fut chargé des fortifications, et fit construire le ravelin de Buhy, dont il a été parlé.

Sully, dans ses *Œconomies*, a tracé un tableau émouvant au point de vue littéraire, de ce qui se passa entre Henri IV et lui, après la victoire d'Ivry. Rédigé cinquante ans après l'événement, on se demande s'il n'a pas été un peu arrangé et embelli pour satisfaire la vanité énorme du vieux ministre. Sully était parti de Pacy, pour aller rejoindre le roi et avait été blessé à Ivry. Reconduit à Pacy, par eau, on le rapportait sur un brancard à Rosny par la côte de Beuron, lorsqu'il rencontra le roi qui avait fait collation au château et chassait sur les terres de son ami. La mise en scène est superbe.

En avant, un page portant la cuirasse de Sully et la cornette blanche de Mayenne ; un autre portant des armes brisées ; son écuyer, blessé et enveloppé de bandelettes ; Moreines, son valet de chambre, avec sa casaque orange et d'autres armes brisées. Au milieu, Sully, grièvement blessé, couvert d'un simple *linceul*, mais tout autour de lui, sur son brancard, les *quatre* casaques de ses prisonniers, en velour noir, parsemées de croix de Lorraine brodées en argent. Par dessus, les quatre casques, avec leurs panaches blancs et noirs « tous brisez et despenaillez de coups » ; sur le côté, les épées et pistolets ; puis montés sur des bidets, *trois* prisonniers formaient une escorte triomphale. Derrière venaient les domestiques, la cornette de Sully, la compagnie des gens d'armes et deux compagnies d'arquebusiers à cheval, tous plus ou moins blessés (1).

(1) Cette partie des *Œconomies* a été vivement critiquée. V. la fin du second volume de la Collect. Michaud.

« Le roy et tous ceux qui estoient avec luy, dit naïvement
Sully, voyans cette espèce d'ovation, *trouvoient cela bien disposé encore qu'il eut esté fait par hasard.* » Henri IV ne put
s'empêcher d'en plaisanter Maignan l'écuyer et l'auteur du cortège. « Mon amy, dit-il ensuite à Sully, je suis très ayse de vous
« voir avec un meilleur visage que je ne m'attendais pas, et
« auray encore une plus grande joye si vous m'assurez que vous
« ne courrez point fortune de la vie, ny de demeurer estropié,
« d'autant que le bruit couroit que vous aviez eu deux chevaux
« tués entre les jambes, esté porté par terre, saboulé et petillé
« aux pieds des chevaux de plusieurs escadrons et matrassé et
« charpenté de tant de coups, que ce seroit une grande mer-
« veille si vous en échappiez, ou pour le moins ne demeuriez
« mutilé de quelque membre. » Auxquelles aimables paroles
vous réspondistes ainsi, car nous estions approchez tout contre
le Roy tout exprès pour entendre vos discours (Hum ! messieurs
les sécrétaires, il y a 48 ans !) : « Sire votre Majesté m'apporte
« autant de consolation qu'elle m'honore excessivement, de
« tesmoigner un si grand soin de moy : aussi n'ai-je point de
« paroles proportionnées à mes ressentimens, ny condignes
« aux louanges que méritent vos vertus. » Et alors il énumère
la part qu'il a prise à la bataille, comment il a fait *trois* prisonniers « dont en voilà *deux* au cul de mon brancard, qui payeront les chirurgiens et mes chevaux tuez » ; comment il a pris
la cornette de Mayenne (1), et qu'il espère être bientôt guéri de
ses blessures, afin de pouvoir aller en attraper autant au service
du roi. Henri IV lui répondit alors assez longuement, ne taris-
sant pas sur son éloge et quand tout est dit il ajoute, en gas-
connade : « Et craignant que le trop grand parler préjudiciast
« à vos playes, je m'en retourne à Mante ; et partant, adieu
« mon amy, portez vous bien, et vous assurez que vous avez un
« bon maistre (2). »

Pendant que la guerre civile faisait rage, que devenaient les
pauvres habitants des villages ouverts ? Exposés à tous les
maux, à toutes les vexations de ces armées de partisans mal
disciplinées, les malheureux n'osaient même plus cultiver leurs
terres ; les villes ne pouvaient plus s'approvisionner et les deux

(1) D'Andelot lui avait disputé la prise de cette cornette. On a dit aussi que
les trophées et enseignes qui furent pris à Ivry, furent déposés en l'église
de Mantes. V. A. Cassan.

(2) *Œconomies royales*, chap. XXX.

23

partis sentirent qu'il fallait mettre un frein à cette cause de
famine. « Je fus à Mantes pour cela, dit Nicolas de Neufville
dans ses *Mémoires*, où je trouvai M. le maréchal de Biron et
ledit sieur Du Plessis, mais non le vicomte de Turenne, car il
estoit parti.... Nous fismes un règlement pour *la liberté et
seureté du labourage*, qui fut depuis approuvé et publié de part
et d'autre ; mais nous ne peusmes convenir dudit commerce
général, pour les difficultés que l'on me fit. » Nicolas de Neufville de Villeroy, père de d'Alincourt gouverneur de Pontoise,
était du parti de Mayenne, mais plutôt neutre ; il était animé des
meilleures intentions.

Henri IV, après avoir inutilement passé l'été de 1590 devant
Paris, revint à Mantes dans les premiers jours d'octobre, d'où il
écrivit aux consuls de Montpellier et d'Uzès, puis il alla passer
quelque temps à Magny et à Gisors où ses troupes étaient
réunies (1).

§ 193. **Fontaines du marché au Pain et de Notre-Dame
faites, et Charniers autour du Cimetière faits.** — Monsieur d'O, par le commandement du roi, fit faire la fontaine
de *Marché au Pain* et celle de devant Notre-Dame, en l'année 1590 (2). Et le peuple de Mantes de ses libéralités, fit
faire des charniers autour du cimetière, en ladite année. Ce
qui le rendit le plus beau cimetière de la France.

§ 194. **L'église du Cimetière et autres églises démolies ; S.-Maclou réédifié et la ville fortifiée.** — L'an
1591, après Pâques, fut démoli l'église du Grand
Cimetière et l'église de la Maladrerie Saint - Lazare
laquelle était joignant, par le commandement du roi. Et
disait-on qu'il voulait faire abattre et ruiner le couvent des
Cordeliers de cette ville (3); mais il changea d'opinion, comme
étant beaucoup préjudiciable. Les vitres de l'église du cimetière furent mises et apposées dans la nef de l'église Saint-

(1) *Lettres missives.*
(2) Aubé dit 1550, mais c'est une erreur ; les charniers étaient peut-être de
1550 ; ils furent détruits en 1589.
(3) On verra § 197, que c'était sans doute à cause des intelligences que les
cordeliers entretenaient avec d'Alincourt, le gouverneur ligueur de Pontoise.

Maclou, avec quatre milliers et demi de tuiles qui furent adjugées à Nicolas Petit, marguillier de Saint-Maclou, pour la réfection d'icelle église. Il lui fut aussi adjugé quelques chevrons qu'il n'eut point, attendu que toute la charpenterie fut employée à faire des barrières aux portes de la ville. Et en même temps, par le commandement du roi, les éperons que M. d'O avait fait construire au dehors et qui n'étaient revêtus que de gazon, furent revêtus de pierre provenant des démolitions, tant de l'église du Grand Cimetière et faubourgs (1), qui furent démolis et ruinés. Le roi croyait que M' le duc du Maine mettrait le siége devant Mantes. Et à cette démolition, quelques habitants souffrirent grande perte, à cause qu'il y en eut peu qui furent remboursés de leurs héritages et maisons, qu'ils avaient aux faubourgs. L'armée était aux environs de la ville.

Les craintes de Henri IV et de ses officiers étaient légitimes. Mantes était devenue une petite capitale et parmi les nombreux partisans du Béarnais qui formaient sa cour, il en était quelques-uns dont l'attachement était peu sincère. Le Cardinal de Bourbon (2), neveu du vieux Charles de Bourbon dont la Ligue avait voulu faire un Charles X, était de ceux-là. Les évêques royalistes étaient assemblés à Mantes pour délibérer sur la conduite à tenir à l'égard de la cour de Rome, dont le légat à Paris, était loin de leur être favorable. Le cardinal de Bourbon fit de l'opposition, afin de retarder des décisions trop conciliantes. On l'a même soupçonné d'avoir alors appelé Mayenne occupé à Pontoise, ville toute dévouée à la Ligue. Une nuit, en effet, le chef de l'Union vint avec un gros de gens pour tenter l'escalade. Les échelles étaient déjà levées, quand Buhy, lieutenant de François d'O ou de Salomon de Rosny, accourut et fit manquer la tentative (3).

Sully était alors à Mantes (août 1591) chez son frère. Il avait été attaqué sur le chemin de Thoiry au mois d'avril, en venant

(1) Les maisons des faubourgs. Les éperons de François d'O sont, sans doute, celui des Martrais, appartenant aux sœurs de Saint-André, et celui de la rue Dammartin, enclavé dans diverses propriétés.

(2) Charles de Bourbon, frère du prince Henri de Condé, connu d'abord sous le nom de cardinal de Vendôme.

(3) V. De Thou, T. XI, Lestoile et Sully.

à Mantes, chercher une compagnie pour la mener à Chartres que
le roi assiégeait. Une balle lui avait coupé la lèvre et était entrée
dans le cou. Il n'était pas encore guéri quand Mayenne fit sa
tentative sur Mantes, et ses rédacteurs des *Œconomies* lui
font ramentevoir que « vous fustes sur les remparts avec vostre teste encore bandée, et leur fistes tirer quelques mousqueta-
des et coups de pièces. »

Voici, d'autre part, comment cette embuscade est racontée
dans les *Mémoires de Cheverny* : « En ce même temps, M. de
Mayenne ayant vu venir le Roi vers Noyon, et le voyant assez
diverti et empêché d'assiéger ladite ville, fit une secrète entreprise sur celle de Mante où nous étions tous, les officiers du
Conseil et grands de la Cour, desquels ils espéraient tirer de
grosses rançons et butins faisant cette prise ; pour parvenir à
laquelle, M. d'Alincourt, gouverneur de Pontoise, avait ménagé
quelques intelligences dedans. Mais M. de Rosny (Salomon) qui
en était gouverneur pour le roi, les sut si à propos découvrir et
nous en donner avis au Conseil du Roi, que ladite entreprise ne
fit d'autre effet que de nous obliger à nous rendre plus soigneux
de notre sureté ; et ainsi ledit sieur du Maine manqua là(1). »

Mayenne, voyant l'affaire manquée, s'en alla attaquer, sans
plus de succès, un régiment suisse cantonné vers Houdan.
L'assemblée des prélats se retira en même temps à Chartres
qui était à Henri IV depuis le mois d'avril (2).

Pour occuper sa convalescence et se venger des embuches
de Mayenne, Sully voulut tendre un piège à d'Alincourt. Six
soldats de Mantes feignirent de déserter, s'en allèrent à Pontoise, se mirent dans les bonnes grâces de d'Alincourt qui commandait la ville, et le décidèrent à tenter un coup de main contre Mantes. Le gouverneur de Pontoise envoya de son côté quatre espions à Mantes, que Sully connaissait sans qu'ils s'en dou-
tassent, et par lesquels il connut tous les ligueurs de la ville.
L'attaque était décidée, Sully avait peu à peu et secrètement
renforcé la garnison ; le duc de Mayenne devait venir encore
une fois diriger l'escalade, lorsque Henri IV arrivant inopiné-
ment, fit manquer l'affaire. Mayenne prévenu à mi-chemin,
tourna bride et ne risqua plus rien contre Mantes (3).

(1) D'après *La Ligue à Pontoise*, de M. H. Le Charpentier.
(2) De Thou.
(3) V. Sully. M. Moutié a raconté tout au long cet épisode.

On peut encore ajouter ici l'aventure racontée par Sully, à propos d'un bateau de vivres. Paris était sensé bloqué et Henri IV avait défendu d'y rien conduire ; mais les bateliers passaient quand même, il suffisait d'y mettre le prix. Un jour on l'avertit qu'un bateau chargé de poisson de mer, valant environ 5000 écus avait pu monter jusqu'à Paris. Le prix devait être rapporté par un sieur de Fourges qui avait des passeports de tous les gouverneurs, même de Salomon de Rosny, et retournait à Rouen dans un petit bateau. Sully fait surveiller la Seine, et au bout de six jours, le bateau était saisi vers Meulan. Il monte alors à cheval, va au devant du bateau, le rencontre, monte dedans et le fait ramener à Mantes. Le bateau ne contenait que deux ballots, dans lesquels on ne trouva que de la soie et des fils d'or et d'argent. Sully désappointé demande au sieur de Fourges où sont les 5000 écus. Celui-ci répond qu'il n'a rien reçu que les deux ballots et des lettres de change. Sully se met en colère, et tout en marchant, il voit sortir des chausses de de Fourges un certain nombre d'écus d'or. Le malheureux gentilhomme confus veut s'arrêter, mais Sully lui dit : « Allons, allons, M. de Fourges, car je vois bien qu'il y a » plus de plaisir et de profit à vous faire promener qu'à vous » faire asseoir. » De Fourges fut fouillé, on trouva sur lui 7000 écus d'or, que Sully s'appropria bel et bien (1).

Notre *Chronique* nous a fait devancer l'ordre des faits. Avant de faire manquer l'embuscade de Sully, Henri IV n'était pas demeuré inactif. Il était partout à la fois ; après avoir quitté Chartres pour Château-Thierry, Compiègne, La Fère, Villepreux, etc., il était à Mantes le 1er juin. Le 2, jour de la Pentecôte, ses partisans catholiques profitèrent de la fête pour la célébrer et tenir un conseil de l'ordre de Saint-Esprit. « Le lendemain, dit Palma Cayet, le Roy alla à Mante, où les chevaliers du Saint-Esprit y firent la solennité de cest ordre dans l'église Nostre-Dame, le jour de la Pentecouste, là où assistèrent messieurs de Nevers (2), de Luxembourg (3) et La Guiche (4) et autres chevaliers dudit ordre. »

(1) Sully, *Œconomies royales*, chap. XXXII.
(2) Louis de Gonzague, prince de Mantoue et duc de Nevers.
(3) Peut-être François de Luxembourg, duc de Piney.
(4) Philibert de la Guiche, seigneur de Chaumont.

De Mantes, Henri IV envoya le duc de Nevers en Champagne et partit lui-même pour Louviers le 6 juin (1). Le 24 il était à Gisors ; il revint parce que sa tante, madame de Bourbon (2) abbesse de Soisson, ayant été inquiétée par les Ligueurs, était venue se réfugier à Mantes auprès de son neveu.

En même temps, Renaud de Beaune, le cardinal de Bourbon et d'autres évêques revinrent de Tours et s'installèrent à Mantes pour y former le Conseil du roi. Ce Conseil arriva en même temps que madame de Bourbon, dit Palma Cayet, et « ceste arrivée se passa en toutes les honnestes réceptions que l'on peut imaginer entre si proches parents. »

De Mantes, Henri IV écrivit à Crillon une lettre véritablement historique, autrement touchante que la fameuse lettre arrangée écrite après Arques et que tout le monde connaît. La voici :

« Brave Grillon, Vous scavés comme estant roy de Navarre je
« vous aimois, et faisois cas de vous. Depuis que je suis roy de
» France, je n'en fais pas moins, et vous honore autant que
» gentilhomme de mon royaulme ; ce que je vous prie de croire
» et en faire estat, et qu'il ne se présentera jamais occasion où
» je vous le puisse tesmoigner, que vous ne m'y trouviés très
» disposé. Je suis bien marry de ce que vostre santé ne vous
» permet pas d'estre près de moy, pour le besoing que j'ay de
» tels gens que vous. Lorsqu'elle vous le permettra, vous me
» ferés un singulier plaisir de me venir trouver. Je ne vous di-
» ray poinct que vous serés le très bien venu, je m'asseure que
» vous n'en doubtés nullement. Sur ce, Dieu vous ayt, brave
« Grillon, en sa sainte et digne garde. A Mante, ce xxxix°
» juin. Henry (3). »

Le roi resta à Mantes jusque vers le 17 juillet et s'y occupa des affaires les plus importantes.

§ 195. **Le Roi séjourne à Mante**. — Au commencement de juillet 1591, le roi étant à Mante, fit son édit contenant rétablissement des édits de pacification faits par Henri trois, sur les troubles du royaume. Et fit aussi une déclaration de

(1) Sully.
(2) « N'estoit que je désire veoir mon cousin le cardinal de Bourbon, lequel doit estre demain (28 juin) à Mante, où je vais aussy pour adviser avec luy et ceulx de mon conseil, sur le général de mes affaires. » *Lettres missives.*
(3) *Lettres missives.*

sa volonté qui avait toujours été de maintenir l'église catholique, apostolique et romaine en ce royaume, ensemble les droits et anciennes libertés de l'église gallicane (1).

Marcellino Landriano, légat de Grégoire XIV, venait d'être envoyé en France. Henri IV à peine arrivé à Mantes, délibéra avec son conseil sur la conduite à tenir avec ce nouveau prélat qui ne lui était pas plus favorable que les autres envoyés du Saint-Siège. Le 4 juillet, il publia ses lettres patentes dans lesquelles il proteste contre les bulles monitoriales du pape, et promet de maintenir le libre exercice de la religion catholique. Il y annonce en outre son désir de se faire instruire et de tenir la promesse qu'il avait faite de se convertir. Mais il y traite sévèrement les agissements du légat : « Nous avons résolu de remettre tout ce fait à la justice ordinaire, pour y procéder selon les loix et coutumes du royaume ; la garde et la conservation desquelles appartenant naturellement à nos cours de Parlement, nous leur en avons délaissé et remis toute la jurisdiction et cognoissance (2). » Le Parlement de Tours, en effet, condamna les bulles monitoriales à être lacérées et brûlées, et décréta prise de corps contre Landriano (3).

Une lettre à M. de Souvré, donne la mesure de son style, et aussi de ses intentions à cette époque :

« La Gode m'amye, Despuis cinq ou six jours que je suis icy,
» *je n'ay esté sans peine*. J'espère avoir parachevé dans trois
» ou quatre jours, et puis aussy tost partir pour m'en aller en
» mon armée, où je ne seray guères que vous n'oyez parler de
» moy et que je ne tourmente fort mes ennemis. On m'a dit que
» vous ne m'aimés point, et le Sr d'Emery, présent porteur, m'a
» confirmé cela. S'il est ainsi, je vous désavoue, et la première
» fois que je vous verray, je vous couperay la gorge. A Dieu,
» la Gode m'amye. De Mantes ce viij° juillet (1591). Henry (4). »

Henri IV resta à Mantes jusque vers le 17 juillet, car le 18 il écrivait de Thoiry à M. de Rosny, *à Mantes*, pour lui dire de

(1) V. Lestoile et Palma Cayet.
(2) *Lettres missives*. V. les Lettres au Parlement de Caen, écrites de Mantes.
(3) V. aussi Lestoile.
(4) *Lettres missives*.

ne pas quitter sa ville, où il espère être de retour « demain de bonne heure. »

Voici quelques anecdotes qui peuvent se rapporter aux nombreux séjours de Henri IV à Mantes :

« Ayant besoin d'argent et ayant appris qu'un tanneur de Meulan en avait, il envoya lui en emprunter, pour payer son armée. La femme, qui devança son mari, vint trouver le roi qui monta avec elle dans une des tours (du Château), d'où elle lui montra son homme qui arrivait avec son âne, lequel portait quarante mille francs. *De là sont venus MM. de Lesville, qui ont été annoblis.* »

« Un bourgeois de Mantes avoit une jolie femme et en étoit très jaloux. Henri 4 s'amusoit à lui causer de l'inquiétude. Un soir, entre autre, on avoit fait un trou au volet de la boutique par lequel on passa le bout d'une seringue pleine de sang, que l'on déchargea sur lui en même tems que l'on tira un coup de pistolet. L'homme se voyant inondé de sang se crut mort et appela sa femme. Le roi en rit beaucoup avec ses courtisans et toute la ville aussi (1). »

§ 196. **Le Châtelet de Paris transféré à Mante. Procession générale où le roi assiste.** — L'an 1592, le 22 avril, le roi manda son armée qui était en garnison aux villes de Mante, Meulan et Poissy pour aller à Fontaine-de-Bourg (2). Et en ce même temps, le roi transporta la justice du Châtelet de Paris à Mante, laquelle y fut jusqu'à ce que Saint-Denis fut réduit à son obéissance. Quelque temps après, le roi étant à Mante (3), manda Mᵉ Antoine de Gamache, prêtre doyen de l'église Notre-Dame, auquel il commanda faire une procession générale et que tous ecclésiastiques, tant prêtres séculiers que réguliers, eussent à s'y trouver, et que l'on fît prière pour le roi ; ce qui fut fait. Les religieux Célestins-lès-

(1) Anciennes notes de M. de Roissy.

(2) Le 26 avril, Henri IV écrivit de Fontaine-le-Bourg, entre Rouen et Neufchâtel, à Du Plessis-Mornay, qui était alors à Mantes occupé à négocier la paix avec Villeroy. « Toutesfois, quelques jours après, le sieur Du Plessis, frère dudit Buhy, estant venu au camp de Mante, manda le sieur de Fleury, mon beau-frère, pour essayer de faire la paix. » *Mémoires de Villeroy* et *Lettres missives de Henri IV.*

(3) Le conseil du roi était tantôt à Chartres, tantôt à Mantes. Le cardinal de Bourbon le présidait (Palma Cayet).

Mante y furent mandés, mais ils s'en excusèrent envers sa Majesté, lui remontrant qu'ils ne sortaient pas, mais qu'en leur maison ils feraient procession et prieraient Dieu pour la conservation de Sa Majesté.

Les religieux de l'abbaye (prieuré) de Gassicourt et les Cordeliers y assistaient revêtus d'aubes et de chapes. Le roi était à une fenêtre de la maison de Château-Poissy (1) et madame Gabrielle à une autre, lesquels regardaient passer la procession, le roi ayant la tête nue, bien qu'il ne fut pas encore catholique.

Lestoile rapporte avec raison cette procession aux Rogations de 1593. « Ce jour arriva de Mantes à Paris, le fils de M. Masurier, conseiller à la Cour, qui asseura que le Roy estoit catholique et qu'il avoit assisté à la procession : ce qui était faux. »

Non, ce n'était point faux, car tous les fougueux prédicateurs de la Ligue montèrent en chaire à cette nouvelle, et fulminèrent encore une fois contre le Béarnais. « Méchant qu'il est, dit « Aubry, curé de Saint-André-des-Arts, je sais qu'il chantait » des psaumes pendant qu'elle passait (la procession). On vous » dit qu'il sera catholique, et qu'il ira à la messe : Eh ! mes » amis, les chiens y vont bien, etc. » Lestoile.

Cette procession et l'attitude qu'avait tenue Henri IV pendant qu'elle défilait, furent rappelées par l'archevêque de Bourges à la conférence de Suresne (2).

§ 197. **Entreprise par quelques Habitants de la ville; leur punition.** — Sur la fin du mois de juillet de ladite année, il se fit une entreprise par quelques habitants de Mante, lesquels avaient envie de mettre la ville en la possession de monsieur d'Alincourt (3) qui était gouverneur de Pontoise, lequel fut trois jours dans le couvent des Cordeliers, pour savoir ce qui se passait dans la ville, *au déceu* (insu) des habitants. Et pour cet effet, ces bourgeois avaient

---

(1) C'est la maison qui fait l'angle de la rue Thiers et de la rue Royale.

(2) Palma Cayet.

(3) Charles de Neufville de Villeroy, marquis d'Alincourt. Sa conduite à Pontoise a été brillamment racontée par notre ami, M. H. Le Charpentier. V. *La Ligue à Pontoise.*

fait faire des pinces et coins de fer pour lever les pierres
par où ils devaient entrer en la ville. Ce qui fut découvert
dans l'instant. Mais les divisions ou factions qui étaient entre
les habitants, furent cause de grands malheurs. L'entreprise
donc étant découverte on se saisit des factieux et on les mit
prisonniers. A l'interrogatoire desquels furent mis et arrêtés
et faits prisonniers : Ruélant dit Granville et Simon Blondeau
dit Lepetit, lesquels récusèrent les juges de Mante et furent
menés à Chartres où ils eurent la question ordinaire, et,
l'ayant supportée avec courage, ils furent purgés de ce dont
ils étaient accusés innocemment. Guyon Fournier, dit La
Magdelaine et Guyon Loiseau, la reçurent à Mante et l'endu-
rèrent très constamment.

Furent aussi arrêtés prisonniers : messire Guillaume
Poitou, Hiérosme Toupé, prestres, Thomas Perners, apothicaire, Richard Demante, sergent, Nicolas Besnard, vigne-
ron, Nicolas Pigis, garde des sceaux des contrats et obligations (1) de Mante, Michel Darticle, tonnelier, Jacques
Coquet, patissier, Jacques Arnoud de Flexevalle, boulanger,
et plusieurs autres. Lemasson et Lavigne avec d'autres, ne
furent ni accusés, ni arrêtés à cause de leurs années. En ce
temps les vengeances s'exerçaient cruellement. Il y avait
bien *deux cents ligueurs*, suivant les dépositions d'un
nommé Pigis, maître de la maison où pend pour enseigne le
Petit Dieu, audit Mante, accusés d'avoir vendu la ville. La
vérité fut connue par ledit Pigis, lequel fut condamné par
M. le Prévôt Rapin d'être pendu et étranglé en l'Etape de
Mante, avec Lemasson, la surveille de la Saint-Barthélemy ; ce
qui fut exécuté, car ledit Pigis étant à l'échelle, déchargeant
sa conscience, dit à haute voix qu'il mourait innocent et que
tous les accusés par lui, étaient aussi innocents ; que ce qu'il
avait dit était par la persuasion des principaux de la ville et
du Lieutenant-Général, lequel l'avait prié de ce faire, lui
promettant la vie. On ne lui en laissa pas dire davantage. Il
survint une émeute pensant le faire sauver, mais il était
déjà mort. Lemasson se pensa sauver, mais aussitôt il fut

(1) Sorte de droit d'enregistrement.

repris et étranglé. Le 28 dudit mois, qui était le vendredi, fut aussi exécuté un nommé Lavigne, maître de la *Truie qui file* (1), et Nicolas Drouet, taillandier. Lequel Drouet mourut innocent, ce qui fut bientôt après reconnu, d'autant que les fers, pinces et coins qui avaient été trouvés pour rompre les pierres des murs de la ville, que l'on lui imputait avoir faits, l'avaient été par un taillandier de Pontoise lequel marquait ainsi que ledit Drouet, et qui après la guerre finie, le dit et déclara à plusieurs personnes, leur faisant connaître l'innocence dudit Drouet. Après l'exécution de celui-ci, sa tête fut mise sur la porte aux Saints et y fut assez longtemps sans changer de couleur. Son corps fut inhumé au cimetière de l'Hôtel-Dieu, où fut vu longtemps son bras élevé au travers de la terre, en haut, comme criant vengeance. M. d'O parla à M. d'Alincourt, entre Mante et Meulan où ils parlementèrent ensemble, pour savoir s'il y avait tant d'habitants coupables de la vendition de la ville, à quoi ledit sieur d'Alincourt fit réponse que si on laissait faire le Lieutenant-Général, il ferait bien mourir la moitié des habitants, que ce n'était que vengeance qu'il exerçait, à quoi il fallait donner ordre. Le Lieutenant-Général s'appelait Viel (2) et fut surnommé Hérode, à cause de sa cruauté.

C'est certainement la tentative de surprise que nous avons racontée plus haut. Seulement on voit ici quelles en furent les suites pour quelques habitants.

Les renseignements que contient ce paragraphe, sur les formes expéditives des sentences criminelles, n'en sont pas moins intéressants.

§ 198. La Reine, veuve de Henri 3ᵉ, demande au Roi justice de la mort de son mari.

—L'an 1593 (3), Louise de Vaudemont, femme de Henri trois, roi de France, arriva à Mante pour se jeter aux pieds du roi Henri quatre, qui lui donna

(1) Cette hôtellerie devait se trouver vers la rue bourgeoise. On a vu qu'il existait une tour de la *Truie qui file*; l'une donna son nom à l'autre.

(2) Il était écuyer et seigneur de Maimbourdet.

(3) L'Estoile met cet audience au 9 janvier 1594. Henri IV, en effet, ne vint pas à Mantes en février 1593.

audience dans la grande église Notre-Dame, là où elle sup-
plia Sa Majesté de faire justice des assassinateurs du roi son
seigneur et mari, et rendre à son corps une sépulture royale,
suivant la coutume des rois de France. Monsieur le Procureur Général de la Guesle fit alors une belle remontrance
sur les choses qui s'étaient passées, touchant l'assassinat du
feu roi. Il fut répondu et promis par le roi que la justice en
serait faite, mais que pour les cérémonies des obsèques
qu'elle désirait, il n'y avait moyen d'y entendre pour l'heure,
et qu'elles seraient remises à une autre fois, à un temps plus
commode. Durant son séjour à Mante, entendant chanter le
psaume *Exaudiat,* que le feu roi faisait souvent chanter
après la messe, elle s'évanouit, et on la tenait pour morte.
Le roi même vint à son secours avec les princes et seigneurs
qui lui aidèrent à se remettre (1).

M. Berger Xivrey, relativement à cette audience, a publié à
l'année 1594, une lettre datée de 1593, dans laquelle Henri IV
écrit : « Je suis venu faire un tour jusques en ceste ville, tant
» pour recevoir la requeste que la royne veufve du feu Roy,
» qui m'estoit venu attendre, me voulloit faire, pour la recher-
» che et punition de l'assassinat commis en la personne dudict
» seigneur, etc. » L'audience fut très solennelle. Deux trônes
furent préparés dans l'église Notre-Dame. La reine Louise entra
précédée des suisses de sa garde et de ses gentilshommes. Elle
était en grand deuil ; la queue de sa robe était portée par la
duchesse de Rohan et sa fille ; quarante dames suivaient, donnant la main à autant de gentilshommes de Henri III. Elle se
jeta aux pieds de Henri IV qui la releva et la fit asseoir entre
lui et sa sœur. M. Buisson, procureur général exposa sa
requête, et le procureur du roi La Guesle, lui répondit (2).

Le discours de ce dernier fut imprimé en 1605, sous le titre
de : « *Remonstrance faite en la Grande Église de Mante, en
Février 1593, sur la justice demandée au Roy par la Royne
Loyse douairière de France, de l'assassinat du feu Roy* (3). »

---

(1) Copié presque mot à mot dans la *Chronologie septenaire*, de Palma
Cayet. Col. Michaud, p. 143.
(2) V. une note des *Lettres missives de Henri IV*. T. IV.
(3) Trois remonstrances, etc., Paris, Pierre L'Huilier. MDCVIII.

C'est un long discours dans le goût du temps, où il est très peu question de la reine Louise, mais beaucoup de l'antiquité. On y trouve pourtant des exemples de style que nous n'oserions plus imiter : « C'est avec une nouvelle sorte d'éloquence, dit l'orateur (p. 7), qu'elle s'est adressée à V. M. avec yeux esplorez, aureilles sourdes à la consolation et silence morne, enfant naturel de la tristesse... Ce sexe *infirme* vous a présenté ses pleurs et fait offre de ses sanglots, son imbécillité (1) a [imploré vostre puissance, etc. »

La reine Louise avait présenté sa première requête à Henri IV à Etampes, en 1589. Elle ne put du reste jamais obtenir aucune satisfaction, ni du roi, ni des papes auxquels elle s'adressa pour venger le meurtre de son mari.

C'est à Mantes, pendant les années 1593 et 1594, que se passèrent les événements les plus décisifs pour le Béarnais, entre lesquels il faut compter sa conversion. Un autre fait, moins grave, mais aussi important pour le *Vert Galant* qui conquétait ses villes et ses maîtresses avec la même désinvolture, c'est que ce fut à Mantes qu'il entendit parler pour la première fois, d'une femme qui faillit être reine de France.

Dans cette petite cour composée de toute la jeunesse brillamment corrompue qui avait connu le laisser-aller ou plutôt les mœurs licencieuses de l'entourage de Catherine de Médicis et de Marguerite de Valois, on parlait un soir de l'année 1590, du mérite particulier des dames qui s'y étaient réfugiées. Chacun vantait sa maîtresse, et l'on devine facilement que dans cette conversation, on appelait un chat, un chat. Henri IV, naturellement, faisait l'éloge des charmes de Marie de Beauvilliers, la belle abbesse de Montmartre qui lui avait fait prendre en patience les longueurs du second siège de Paris, et qu'il avait emmenée un peu partout. Roger de Bellegarde, Grand Ecuyer de France, autrefois favori de Henri III, comme François d'O, lui dit alors assez sottement, qu'il changerait d'avis s'il connaissait mademoiselle d'Estrée ! La discussion s'anime, Bellegarde s'enferre de plus en plus, et fait un portrait si flatté de la belle que le Béarnais s'enflamme et demande à la voir.

Gabrielle d'Estrée, la BELLE GABRIELLE, était fille d'Antoine d'Estrée, vicomte de Soissons et de Bercy, marquis de Cœuvres,

(1) D'*Imbecillitas*, faiblesse.

chevalier des ordres du roi et gouverneur de la Fère, et de Françoise Babou de la Bourdaisière. Elle était née en 1575 (1), et quant à sa beauté, Voltaire n'a fait que résumer le jugement des contemporains, quand il a dit :

> La main de la nature
> De ses aimables dons, la combla sans mesure.

Elle n'était pas alors à Mantes et Henri ne satisfit pas sur-le-champ sa curiosité ; ses affaires l'en empêchèrent. Mais à quelque temps de là, étant de retour à Mantes, Bellegarde lui demanda un congé *pour aller à Cœuvres*. Le roi le lui accorda, à condition d'être de la partie. Bellegarde fit la grimace et céda. Le voyage fut même renouvelé... sans Bellegarde, auquel bientôt l'ordre fut donné de ne plus s'occuper de mademoiselle d'Estrée. On peut conjecturer de la correspondance de Henri IV, que sa première entrevue avec Gabrielle eut lieu au mois de novembre 1590.

Les événements ne laissaient pas au roi tout le temps dont il aurait voulu disposer en faveur de sa nouvelle maîtresse, et la chanson disait vrai :

> Charmante Gabrielle,
> Je vous fais mes adieux ;
> La gloire qui m'appelle
> M'éloigne de vos yeux.

Il n'y avait qu'un moyen d'éviter des escapades dangereuses d'amoureux trop aventureux. Henri fit venir Gabrielle à Mantes et pour l'obliger à y demeurer, il appela son père dans son Conseil. Puis enfin, comme le bonhomme regimbait un peu, il maria, pour la forme, sa maîtresse à un assez laid et sot personnage, Nicolas d'Amerval, seigneur de Liancourt : il en fit un mari nu-propriétaire. Plus tard, à la naissance de César de Vendôme, il la fit marquise de Monceaux, et enfin duchesse de Beaufort.

Nous n'avons à nous occuper ni de ses amours avec le duc de Bellegarde qu'elle aimait réellement, ni avec Henri de Longueville, ni même de la répugnance qu'elle témoigna d'abord pour le roi. Son séjour à Mantes nous intéresse seul, à cause de la tradition très populaire et très vivace qui en est restée dans la

(1) Bouillet la fait naître en 1565.

ville. En 1591, Gabrielle était au siège de Chartres, en amateur! Elle revint à Mantes chaque fois que Henri IV y séjourna. Pendant la fameuse procession dont il a été parlé, elle était à une fenêtre de l'Hôtel de Château-Poissy, la seule place convenable d'où on put bien la voir défiler. Les relations du roi avec le propriétaire, expliquent très bien, ou qu'elle y ait logé, ou qu'elle y soit souvent venue en visite.

Trois lettres de Henri IV, intéressantes pour l'histoire de Mantes, témoignent de la façon joyeuse dont le roi savait prendre les choses, et de quelles singulières attributions pouvait être investi un gouverneur de la ville. Elles se rapportent aussi à sa belle maîtresse :

« A monsʳ de Rosny,

» Rosny, Toutes les nouvelles que j'ay de Mante sont que vous
« estes harassé et amaigry, à force de travailler. Si vous avés
» envie de vous rafraischir et rengraisser, je suis d'advis que
» vous vous en veniés icy, ce pendant que vostre frère sera par
» delà, qui vous dira des nouvelles de nostre siège. De devant
» Chartres, ce xvᵉ février.

» Henry. »

On menait, comme on voit, joyeuse vie au siège « de devant Chartres » en 1591.

Vers le 15 août de la même année, il confiait ses messages amoureux à son gouverneur :

« A monsʳ de Rosny, gouverneur de ma ville de Mante.

» J'ay dit à ce porteur le tout que nous pourrons fournir
» d'hommes. Si l'occasion de la bataille se présente, je n'ou-
» blieray à vous advertir. J'escris à ma maîtresse ; faites m'en
» tenir la response et l'assurés tousjours de ma résolution à
» l'adorer. Bonsoir.

» Henry. »

Et le même jour il écrivait encore à Salomon de Rosny :

« Je n'oublieray point à vous advertir s'il faut venir à la ba-
» taille. J'escris à ma chère maîtresse ; portés luy mes let-

» tres. Je me porte très bien, Dieu mercy. Il fait trop chaud
» pour faire plus longue lettre. Bonjour.

» Henry. »

On peut consulter sur le séjour de Gabrielle d'Estrée à
Mantes, les *Anecdotes des Reines de France* (1), les *Amours
de Henry IV*, Sully, et surtout les *Amours du Grand Alcandre* (2). Dans ce dernier ouvrage de la princesse de Conty,
Gabrielle d'Estrée s'appelle *Crisante*, Henri, *Alcandre,* et
Bellegarde, *Florian*. La ville de Mantes y est indiquée sous le
nom de Larisse.

Après avoir passé toute l'année 1592 à batailler de toute part,
mais surtout aux environs de Rouen, Henri IV revint à Mantes,
dans les premiers jours de janvier 1593. Il en partit bientôt, y
laissant encore une fois Gabrielle, à laquelle il écrivait le 9 février : « Mandés-moy comme l'on vous aura recueilly à Mante. »
Il fit alors un long voyage en Berry et en Tourraine, et le
15 avril 1593, il lui écrivait de nouveau : « Je monte à cheval pour
» aller coucher à Meulan. Je ne sçay encores si j'iray à Mante
» bien que la voisine (la fièvre) soit partie. Demain je vous en
» manderay la certitude. » Et le lendemain, de Meulan : « Je
» m'en vas disner à Mante et reviendray coucher icy, puis
» demain j'y iray du tout. »

Le 19, il lui écrit encore de Mantes, que madame de Guise et
sa fille viennent d'arriver pour saluer sa sœur, Catherine de
Bourbon. Elles désiraient fort la voir, pour juger de sa beauté.
Aussi le galant roi, n'y va pas par quatre chemins : « Dormés
» bien, lui dit-il, mes belles amours, afin d'estre grasse et
» fresche à vostre arrivée. »

L'Hôtel de Château-Poissy, dont il vient d'être question, bâti
à la fin du XVIᵉ siècle, était une très belle maison appartenant à
Le Pelletier, seigneur de Château-Poissy, près Soindres. C'était
un financier qui rendit de grands services à Henri IV et de plus,
l'ami d'Omer Talon, qui demeura aussi à Mantes (3) à cette époque tourmentée. Dès 1581, nous le trouvons mêlé aux affaires
publiques : il avança alors 40000 livres au duc d'Alençon, sur

(1) De *Dreux du Radier*.
(2) V. aussi le texte des *Archives curieuses* de Cimber et Danjou, T. XIV,
où tous les noms des personnages sont dépouillés du voile de l'anonyme.
(3) D'après une intéressante note communiquée par M. A. Benoit.

diverses dettes arriérées. L'affaire fut négociée par Maximilien de Rosny (1). On a vu qu'il s'entremit après Ivry, pour la reddition de la ville. Son hôtel fut en partie supprimé en 1760, par le passage de la rue Royale ; ce fut une perte au point de vue de l'architecture privée du xvi* siècle.

Sully dit que les habitants de Mantes prêtèrent encore de l'argent à Henri IV, pour l'aider à faire le siège de Dreux, au commencement de 1593. Il est probable que Le Pelletier fournit encore une grande partie de cet argent. Dans tous les cas, voici la lettre que Henri IV adressa à ce sujet au gouverneur de la ville :

« Monsieur de Rosny (2), L'envye que nous avons de faire
» venir nos gens de guerre avec quelque ordre durant le siége
» de Dreux (pour) éviter aux plainctes de ceulx du plat pays,
» pour les pilleries et larcins que commette lesd gens de guerre
» a faulte de paiemt, nous avons adviser de prier les habitans
» de noz villes plus prochaines dud Dreux de nous secourir de
» quelque somme de deniers par forme d'emprunct pour em-
» ploier au paiemt desdictz gens de guerre. Vous envoyant à
» ceste fin noz lres patentes en forme de commission et pouvoir
» pour requérir de nre part noz habitans de nre ville de Mante
» en laquelle vous comandez de nous secourir promptemt de la
» somme de deux mil escus, ce que nous nous promectons
» desds habitans moyennant vre dilligence de laquelle nous
» sommes tres asseurez, pour la fidelité et affection que portez
» au bien de nre service. Mais il est nécessaire que lad somme
» soyt près de nous dans quatre jours au plus tart, à quoy nous
» asseurons que vous tiendrez la main autant soigneusement
» que le pouvons desirer. Nous ferons fin en priant Dieu, mon-
» sieur de Rosny qu'il vous ayt en sa garde. Mante le dix** jour
» de juing 1593.

                                        Henry (3). »

Cette lettre intéressante doit être inédite. Nous ne l'avons pas trouvée dans le recueil de M. Berger de Xivrey.

Catherine, *Madame*, sœur de Henri IV, arriva à Mantes le 7 mai, « où elle présida au conseil et fit prescher publiquement

(1) V. *Œconomies* de Sully.
(2) Salomon, alors gouverneur.
(3) Registre de 1593. Les lettres patentes conformes, suivent cette lettre.

dans ladite ville (1). » Son frère n'était pas encore catholique, mais il y songeait déjà et en attendant, les ministres protestants le voyant hésiter, le relançaient afin de raviver sa
ferveur. Le 9 mai, il assistait au prêche du ministre Gabriel
d'Amours, « qui le menaça fort du jugement de Dieu, parla à lui
sur ce subject d'une grande véhémence et hardiesse : si, que
messieurs le cardinal de Bourbon et d'O, l'un après l'autre
estans venus trouver le roy, le prièrent d'en faire justice et de
ne le pas endurer. Mais Sa Majesté, baissant la tête sans leur
répondre autre chose, leur dit à tous deux, et à l'un comme à
l'autre : « Que voulez-vous ? Il m'a dit mes vérités. » Lestoile.

A la fin de mai, les ministres revinrent à la charge. Henri les
rassura et leur dit que quand même il dût se convertir, ils
n'avaient rien à craindre pour la liberté de leur conscience.
« J'entre dans la maison non pour y demeurer, mais pour la
» nettoyer; je ne vous ferai point pire traitement que j'ai tous-
» jours fait jusques à aujourd'hui. Priés Dieu pour moi, et je
» vous aimerai. » Lestoile.

L'idée de l'abjuration faisait des progrès. Les évêques et docteurs des deux partis s'étaient réunis définitivement, le 5 mai,
à Suresne. Les députés qui devaient representer le roi furent
nommés à Mantes par le Conseil. C'étaient surtout Renaud de
Beaune, archevêque de Bourges, Chavigny, Bellièvre, Schombert, etc. ; ils soutinrent tout le poids de la discussion. Les
Espagnols qui voulaient l'exclusion du Béarnais du royaume,
étaient opposés ; ils sentaient que le moment de la conciliation
approchait. Il n'y avait qu'un moyen d'en finir; Henri IV était
las de lutter et voulut le tenter. D'ailleurs Gabrielle qui pensait
à se faire épouser, plaidait vivement « pour la messe. »

Le 18 mai, il écrivit de Mantes à divers prélats et docteurs de
Paris pour les informer de son intention de se faire instruire,
afin d'arriver, par sa conversion, à apaiser les troubles dont
souffrait la France. Quelques-uns des plus célèbres prédicateurs
de la Ligue, que le spectacle des passions de Paris écœurait, se
décidèrent à répondre à son appel. René Benoist (2), curé de
Saint-Eustache, Chavignac, curé de Saint-Sulpice, Morenne,
curé de Saint-Méry, vinrent auprès de lui à Mantes ou à Saint-
Denis. Ils contribuèrent plus tard à le faire entrer dans Paris.

(1) Lestoile.
(2) Le roi lui écrivit de Mantes le 9 juin, pour le prier de le venir trouver.
V. De Thou, et les *Lettres missives.*

Il voulait faire à Mantes, une assemblée de tous les principaux du royaume, même de ses adversaires de Suresne, pour
arriver à la paix de l'Etat : « S'ils refusent, ajoutait-il, que tous
les maux de la France retombent sur eux. » Puis les catholiques
alors réunis à Mantes, signèrent une sorte de *modus vivendi*,
acceptable même pour les protestants, qui le harcelaient en ce
moment. Cette déclaration fut portée aux États de la Ligue
réunis à Paris : l'abjuration était décidée.

Henri IV alla publiquement au prêche, pour la dernière fois,
à Mantes, le dimanche 18 juillet. Ce fut le ministre la Faye qui
prêcha (Lestoile), mais en pure perte. Le 22, il quittait Mantes
pour aller à Saint-Denis, conférer une dernière fois avec les
prélats : « Je commence ce matin à parler aux évesques. » Le
25, il assistait à la messe. Deux jours avant, le lendemain même
de son départ, il avait écrit à la marquise de Monceaux : « Ce
» sera dimanche que je fairay le sault périlleux. A l'heure que
» je vous escris, j'ay cent importuns sur les espaules, qui me
» fairont haïr St.-Denis comme vous faictes Mante. »

Voici la lettre que Henri IV fit adresser aux gens de Mantes.
Elle diffère un peu de la circulaire envoyée à d'autres villes, et
mérite à ce titre d'être publiée.

« Du jeudy xxixe jour de juillet 1593. A esté envoyé à nous,
» maire et eschevins, certaines lettres du Roy, nre sire, des-
» quelles la teneur ensuit :
» Nos amez et feaux, Suyvant la promesse que feismes
» à notre advénement en ceste couronne, par la mort du
» feu Roy nre très honoré seigneur et frère dernier décedé,
» que Dieu absolve, et la convocation par nous faictes des
» prélatz de nre royaume, pour entendre à nre instruction,
» par nous tant désirée et tant de fois interrompue par les arti-
» fices de noz ennemis ; enfin nous avons Dieu mercy, conféré
» avec lesdits prélatz et docteurs assemblez en ceste ville pour
» cest effect, des points sur lesquels nous désirions estre
» esclaircis. Et après la grâce qu'il a plu à Dieu nous faire par
» l'inspiration de son Saint-Esprit que nous avons recherchée
» par tous nos vœux et de tout nre cœur pour nre salut, et
» satisfaict par les preuves que iceulx prélats et docteurs nous
» ont rendues par les esprits des apostres, des Sts pères et
» docteurs receus en l'esglise. Recongnoissans lesglise catho-

» lique, apostolique et Romaine estre la vraye esglise de Dieu,
» plaine de vérité laquelle ne peult errer, Nous l'avons embras-
» sée et nous sommes résolus d'y vivre et mourir, et pour
» donner commencement à ce bon œuvre et faire congnoistre
» que nos intentions n'ont eu jamais autre but que d'estre ins-
» truict sans aulcune opiniastreté et *d'estre esclairci de la*
» *vérité de la vraye Religion pour la suivre, nous avons esté*
» *cejourd'hui à la messe* (1) et joinct et uny nos prières avec
» ladite esglise, après les sérémonies nécessaires et accous-
» tumées en telles choses, Résolus d'y continuer le reste des
» jours qu'il plaira à Dieu nous donner en ce monde. Dont nous
» vous avons bien voullu advertir pour vous resjouyre d'une si
» agréable nouvelle, et confondre par nos actions, les bruictz
» que nos ennemis ont faict courir jusque à ceste heure, que la
» promesse que nous en avions cy devant faicte estoit seulle-
» ment pour abuser nos bons subjectz et les entretenir d'une
» vaine espérance, sans aulcune vollonté de la mettre à exécu-
» cion. Vous priant d'en faire rendre grâce à Dieu, etc. Escript
» à St.-Denis le dimenche xxv⁰ juillet 1593. Signé. Henry. Et
» plus bas : Ruzé (2). »

Henri ne revint à Mantes qu'au mois d'octobre. Vers le même
temps, madame de Balagny (3) y était venue secrètement le
trouver et lui avait offert la suzeraineté du Cambresis, si l'on
voulait faire son mari maréchal et prince de Cambrai. Elle
obtint seulement une trève provisoire pour Balagny (4).

A la fin de l'année, les députés des églises protestantes vinrent à Mantes, sommer pour ainsi dire Henri IV, de tenir les
promesses qu'il leur avait faites quelques mois avant de protéger et de secourir leurs églises. Il prononça alors devant
eux, une harangue rapportée par Lestoile et dans laquelle il
affirme que son affection pour eux n'a pas changé et qu'il veut
pourvoir à la misère des plus nécessiteuses de leurs églises. Il
leur demanda ensuite de vivre en paix et union avec leurs

(1) Souligné sur le registre de 1593.

(2) *Registre de 1593.* C'est la lettre circulaire publiée dans les *Lettres
missives* avec quelques variantes.

(3) Rénée de Clermont d'Amboise, première femme de Jean de Montluc,
seigneur de Balagny. Celui-ci était le bâtard de Jean de Montluc, évêque de
Valence ; il mourut en 1608.

(4) M. H. Martin dit au mois de novembre.

adversaires. Les principaux catholiques présents étaient : le prince de Conti, d'O, Schombert, Bellièvre, tandis que parmi les protestants on comptait les illustrations du parti : le duc de Rohan, le vidame de Chartres (1), Du Plessis-Mornay, Rosny, etc. C'est à la suite de cette entrevue et de l'examen des cahiers des ministres, qu'eut lieu la *Dispute de Mantes*, conférence célèbre entre le ministre Rotan et l'évêque Du Perron (2), qui fut cardinal. Elle eut lieu, selon Lestoile, le 7 décembre, au logis du gouverneur Salomon de Rosny (3). Le second jour, Rotan se retira et fut remplacé par le ministre Bérault (4), qui soutint la discussion pendant quelques jours, sans rien changer aux convictions des disputeurs. Les ministres revinrent encore à Mantes, en février 1594, mais cette fois Henri IV se moqua d'eux. Lestoile.

Du reste, au mois de décembre 1593, le roi (5) voyant que ni les trèves conclues, ni ses loyales dispositions à l'égard des catholiques, ne produisaient aucun effet ; que chacun de ses ennemis travestissait ses actions et ses pensées au gré de ses passions, se résolut à faire une déclaration publique. Il assembla à Mantes ses meilleurs conseillers pour en arrêter les termes. Il ne voulait plus accorder aucune prolongation de trève aux Ligueurs. Expédiée de Mantes le 27 décembre, cette déclaration eut pour résultat de lui rallier quelques catholiques. Quelques seigneurs ligueurs se rapprochèrent de lui, et Meaux rentra son obéissance (6).

Mais en même temps qu'il tentait tous les moyens pour arriver à la pacification de l'Etat, il n'oubliait pas ceux que pouvaient lui procurer ses armes, et il rassemblait autour de lui le plus d'hommes possible, afin de vaincre par la force, les résistances qui avaient intérêt à ne pas céder à la raison.

(1) M. de la Fin, fils de Jean de la Fin, seigneur de Beauvoir-la-Nocle.

(2) Jacques Davi du Perron, alors évêque d'Evreux, était fils d'un médecin protestant.

(3) V. aussi Palma Cayet.

(4) Michel Bérault était pasteur et professeur à Montauban. Après la conférence de Mantes, il écrivit contre le cardinal Du Perron un traité ayant pour titre : *Brève et claire défense de la vocation des ministres de l'Evangile.*

(5) Il revenait de Boulogne et de Calais, où il avait compté voir Elisabeth d'Angleterre.

(6) *Mémoires* de Cheverny, p. 529.

Voici deux lettres écrites de Vernon, qui le prouvent. Elles sont inédites :

« Chers et biens amez. Aiant de pnt près nre personne ung
» bon nombre de gens de guerre lesquels, pour nous opposer
» aux pernicieux desseings de nos ennemis qui journellement
» troublent nre royaulme, sommes contrainctz faire passer par
» nre ville de Mante et ès environ. Et d'autant que iceux, par
» faulte de commoditez et vivres, ilz se pouroient desbender
» par le pays, qui seroit à la foulle et oppression de nre pauvre
» peuple. Pour à quoy obvier, vous mandons et exprès enjoi-
» gnons que incontinant la pnte receue, vous fassiez convertir
» en la plus grande dilligence que faire ce pourra, la quantité
» de dix mil pains de munition, du poix et qualité accoustumés,
» qui est de douze onces froit et rassis, et icelluy faire mettre
» entre les mains de Guillaume Saulgis, garde-général des
» vivres de nos armées, par sa quittance, à la charge de vous
» pourveoir de remplacement comme il vous a esté cy-devant
» faict, et ce, des bleds qui seront par cest effect levés sur vre
» eslection ou autres lieux. Et à ce ne faicte faulte, sur tant que
» craingniez nous désobéir. Donné à Vernon-sur-Seyne, le sei-
» zième jour de décembre mvc quatre vingtz treize.

« Henry
« Ruzé » (1).

La seconde traite du même objet, mais entre dans de plus grands détails des affaires politiques :

« Chers et bien amez. Nous avons premièrement accordé et
» depuis prolongé la trefve pour avoir tant plus de moyen de
» parvenir à une bonne paix, de laquelle nous esperions une
» favorable issue, si les pernitieuses. prattiques des antiens
» ennemis de cet estat n'eussent traversé un si bon œuvre,
» comme nous sommes bien advertiz qu'ilz y font tous leurs
» efforts, ayant faict de grandes levées de gens de guerre tant
» en Italie, Espagne, qu'aux Pays-Bas, qu'ilz font advancer en
» dilligence pour venir continuer leurs damnables et pernitieux
» desseings, à la ruine de nre Roy^{me} et de tous noz bons sub-

---

(1) Collection A. Durand. Henri IV resta à Vernon du 8 au 20 décembre et vint ensuite à Mantes où il était le 22.

» jectz. A quoy nous avons bien intention de pourveoir et don-
» ner si bon ordre que leurs entreprises tourneront à leur honte
» et confusion. Et d'autant que pour préparer nos forces, il est
» besoing sur toutes choses de songer à ce qui est de la fourni-
» ture des vivres, sans lesquels une armée ne peult subsister,
» et ne pouvant avoir le charroy ny les muletz qui ont accous-
» tumé de nous servir à cela si promptement qu'il seroit bien
» nécessaire, Nous avons pensé qu'il falloit nous ayder des
» moyens de nos bons et fidèlles subjectz de quelques unes de
» noz villes qui ne seroyent refuzans de ce faire, attendu l'im-
» portance du faict qui regarde le bien publicq et leur propre
» conservation. Joinct que cest chose qui ne leur apportera que
» fort peu d'incommodité est por ce que nous prenons cette
» asseurance de vous, veu l'affection que vous avez tesmoigner
» par le passé. A cette cause, nous vous mandons, commandons
» et très expressément enjoignons, que vous ayez à trouver
» deux charrettes attelées chacune de quatre bons chevaulx,
» avec leurs harnois et bordages garnies de deux bonnes tonnes
» à mettre du pain, bien huissées et ferrées, et estans si bien
» équippées qu'il n'y manque auculne chose, faire l'advance de
» ce qui sera nécessaire por la nourriture desd. chevaulx et
» chartiers por trois mois seullement. Lesquelz expirez, nous
» entendons vous renvoyer le tout avec les expéditions qui vous
» seront nécessaires por asseoir sur tous les habitans de vre
» ville, les sommes à quoy reviendront les despences qu'il fau-
» dra faire, tant pour l'achapt desd. charettes, harnois et tonnes,
» que por ce que la dilligence est requise sur touttes choses à
» l'exécuon de ce que dessus, vous n'y perdrez une seulle heure
» de temps et ferez en sorte que ce que nous vous comandons,
» soit rendu dans le xxviij° jour du present mois, à Mante, où
» nous donnerons ordre que les commissaires généraulx des
» vivres de nos armées les recevront. Sy n'y faictes faulte sur
« tant qu'aymez le bien de nre service. Car tel est nre plaisir.
« Donné à Vernon le xix° jor de décembre 1593.

« Henry. »

Et au-dessous : « Ruzé (1) ».

(1) Coll. A. Durand.

§ 199. **La Citadelle bâtie.** — Dans ce même temps, messire Maximilien de Béthune seigneur de Rosny et gouverneur de Mante, donna avis au roi de faire bâtir une citadelle à Mante à la porte de Rosny. Et fut fait venir un ingénieur pour donner avis pour la faire. Il fut abattu beaucoup de maisons au dedans et au dehors de la ville, pour faire des éperons ou retranchements pour fortifier icelle porte. Quelques-uns furent remboursés de leurs maisons, d'autres souffrirent perte.

C'est toujours la même erreur. La citadelle de la porte de Rosny fut peut-être bâtie sous la direction de Maximilien de Béthune, autrement dit Sully, mais il ne faut pas oublier que son frère Salomon resta gouverneur de Mantes jusqu'à sa mort.

Quant au fortin qui fut bâti en avant de la porte de Rosny, nous en avons déjà parlé.

§ 200. **Le Roi vient à Mante.** — Lan 1594 (1), le roi Henri IV se fit sacrer à Chartres et en revenant passa par Mante, où il tint le premier chapitre de l'ordre du Saint-Esprit et fit chevaliers Renault de Beaune, archevêque de Bourges et le maréchal de Biron.

Cette dernière partie est une erreur qui a été répétée partout. M. Cassan et M. Moutié l'ont reproduite après le père Anselme, et Expilli, mais il est facile de prouver, que Sainte-Foix, dans son *Histoire de l'ordre du Saint-Esprit* (2), a eu raison de placer la promotion de Renaud de Beaune et de Biron qui fut depuis maréchal de France, et ensuite décapité à la Bastille, non à Mantes ni à l'année 1594, mais à Darnétal près de Rouen, le 1er janvier 1592.

Biron en effet, était alors à Rouen avec Henri IV et son père le maréchal de Biron qui dirigeait le siège. Commencé dès le mois de novembre, ce siège était poussé très activement, et vers le 1er janvier 1592, le moment était trop critique pour que les deux Biron pussent venir à Mantes, l'un pour présider un con-

(1) Aubé et les autres ms. disent 1604. Le sacre eut lieu le 27 février 1594 ; Henri IV était parti de Mantes vers le 17.
(2) T. II, p. 3 ; voyez aussi Lestoile.

seil de l'ordre, l'autre pour être fait chevalier du Saint-Esprit. Enfin, la position des principaux corps d'attaque à Sainte-Catherine, justifie parfaitement le choix de l'église de Darnétal, pour cette cérémonie.

La partie brillante de l'histoire de notre ville est terminée. Henri IV entra à Paris le 22 mars 1594, et la garnison de Mantes lui fit cortège dans ce jour de triomphe, où tout se passa avec tant de calme, que suivant Sully, l'armée qui accompagnait le roi, se conduisit « comme elle aurait fait dans les rues de Mantes ».

Henri IV, reconnaissant des services que la ville lui avait rendus, écrivit le soir même de son entrée, comme aux bonnes villes de son royaume, une longue lettre, aux maire et échevins. Il leur raconte les événements du jour, sa réception, la mort de deux ou trois insensés, le départ des Espagnols, etc. Du reste voici cette lettre, copiée sur le *Registre* de 1594. Elle contient encore quelques variantes, et diffère de celle publiée par M. Berger de Xivrey, dans les *Lettres missives de Henri IV* :

« Chers et bien aymez. La bonté divine ayant pitié de tant de
» misères et calamitez souffertes par les habitans de ceste ville
» capitalle de nre roiaulme depuis tous ces troubles, a permis
» q. nous en soyons cejourd'huy rendu le Mᵉ par ung si signallé
» service q. nous y a faict nre cousin le maréchal de Brissac,
» sans effusion de sang, ny dommages d'un des habitans, que
» de deux ou trois, qui pensant forcer les gens de guerre que y
» avyons faict entrer, et changer le cœur et l'affection du pau-
» vre peuple qui desjà accouroit au devans de nous les bras
» estenduz et les portes ouvertes avec une exclamation infinye
» de vive le Roy, se sont misérablement faict tuer. Les estran-
» gers nous ont requis, en laissant leurs armes, de leur per-
» mectre de se retirer ; ce que nous leur avons accordé et doib-
» vent partir dès aujourd'huy. La Bastille tient encore, mais
» il n'y a que la garnison ordinaire et l'artillerie ne les muni-
» tions de l'Arsenac ny sont point, qui nous en faict espérer
» une fin dans peu de jours. Nous vous avons bien voullu don-
» ner advis de ceste bonne nouvelle, afin qu'attendant que nous
» vous advertissions des particullaritez, vous en rendiez grâce
» et louanges à Dieu, par processions génerralles et feux de
» joye, selon que l'importance du faict et la conséquence le

» requiert. Et ne vous en diray pas davantaige que pour prier
» Dieu vous avoir, chers et bien aymez en sainte et digne
» garde. Escript de Paris ce xxij° mars 1594. Signé, Henry » (1)

§ 201. **Le marché au blé transféré.** — Le 19 novembre 1596, le marché au blé qui était au-devant de Notre-
Dame, fut transféré devant Saint-Georges où il est à présent.

§ 202. **L'église Saint-Pierre des faubourgs rebâtie.** —
L'an 1596, au mois de novembre, fut commencée à rebâtir
l'église Saint-Pierre des faubourgs de Mante, qui avait été
démolie et ruinée l'an 1589, par le commandement du comte
de Brissac qui y fit mettre le feu. Elle fut bénite par M° Antoine de Gamache, prêtre doyen de l'église Notre-Dame dudit
Mante, prieur de Saint-Julien et de la Maladrerie de Comtesse
près Meulan, suivant la commission émanée de monseigneur
l'évêque de Chartres, à lui adressée pour cet effet, et célébra le premier la sainte messe.

§ 203. **Le Légat du Pape arrive à Mante.** — L'an 1596,
au mois de décembre Mre Alexandre de Médicis, cardinal
de Florence, envoyé par Sa Sainteté, pour pacifier les troubles du royaume et procurer la paix entre le roi de France
et le roi d'Espagne, arriva par eau à Mante. Messieurs du
chapitre de Notre-Dame furent au-devant de lui avec la
croix et revêtus de chapes, au bout de la montée du cloître,
où ils le reçurent bénignement et le conduisirent en ladite
église chantant : *Ecce sacerdos magnus ;* où étant arrivé, il
donna le sacrement de confirmation. Et après avoir resté
quelques jours à Mante, il s'en alla à Rouen, trouver le roi.
Lequel cardinal, en l'an 1605, fut élu pape et ne le fut que
27 jours (2).

En ladite année, au mois d'août, la ville de Mante fut
grandement affligée de la peste.

(1) Elle est contresignée Ruzé et non Pottier.
(2) V. De Thou qui fait l'éloge du Légat : il resta deux ans en France.

§ 204. **Le grand conseil se tient à Mante.** — La même année, au mois d'août, le Grand Conseil tenait son siége à Mante et fut condamné un gentilhomme à avoir la tête tranchée, pour les vols et viols par lui faits durant les troubles, ce qui fut exécuté environ la mi-septembre. Le maitre des hautes-œuvres de Mante mourut peu de temps après cette exécution, de la peur qu'il avait d'y manquer. Il donna un tel coup, que s'il y avait eu dix têtes l'une sur l'autre, il les eut tranchées toutes.

Il faudrait reporter ce § avant l'entrée de Henri IV à Paris. A moins cependant que ce conseil n'ait été tenu à Mantes, au retour de Henri IV, qui était allé à Rouen, à cause de l'épidémie dont il vient d'être parlé et qui régnait à Paris.

§ 205. **Le Pont démoli et Gelée.** — Au mois de janvier 1598, l'on commença à démolir le pont, depuis l'ile de Limay jusqu'à la chaussée et fut fait un pont de bois, qui depuis a été démoli et fait en pierre. Audit an, le 19 avril, les vignes et les arbres fruitiers gelèrent et il y eut très peu de vin et de cidre.

La partie intermédiaire, qui se trouvait sur le trou Fayole, avait été achevée en 1533. Il y eut procès avec les gens du roi, parce que la ville ne voulait pas payer seule les frais de réparation du pont. (Archives de Mantes.)

§ 206. **Publication de la Paix générale.** — Le 19 juin, audit an, la paix générale, entre les rois de France, d'Espagne, et tous les princes et potentats, fut publiée à Mante, sur les neuf heures du matin. A la publication de laquelle, Nicolas Viel, lieutenant-général civil et criminel au bailliage et siège présidial dudit Mantes, M⁾ Eustache Apoil, maire policien, et les échevins y assistèrent. Après, fut faite procession générale ; on fit des feux de joie ; on n'entendait par toute la ville que tambours et trompettes, les cloches carillonnèrent toute la journée et l'on n'entendait que joie et allégresse.

Les préliminaires de la *Paix de Vervins*, furent signés le 28 février 1598, et le traité définitif, le 2 mai suivant.

§ 207. **Fondation à Notre-Dame.** — Le 18 novembre 1598, haut et puissant seigneur Mᵉ Philippe de Béthune, chevalier, seigneur et baron de Rosny et de la Villeneuve-en-Chevrie, gentilhomme ordinaire en la chambre du roi, capitaine de cinquante hommes d'armes et *bailli de Mante et Meulan* (1), pour le remède de l'âme de haut et puissant seigneur Mᵉ Salomon de Béthune, chevalier, baron dudit Rosny, conseiller du roi en ses conseils et Lieutenant pour Sa Majesté au gouvernement de Mantes, inhumé dans le chœur de l'église Notre-Dame dudit Mantes, au côté droit du grand autel, dans un coffre ou cercueil de plomb, lequel décéda le vendredi 19 septembre 1597, à Bauvais, au retour du siège d'Amiens, a fondé en ladite église, deux *obiits* solennels, à pareil jour que celui de son décès, dans le chœur de ladite église, avec vigile la veille, et oraisons accoutumées. Sera mis sur l'autel du chœur, huit cierges et quatre autres sur le cercueil dudit seigneur ; sur deux desquels seront peintes ses armes en fer blanc ; et sera sonné les deux grosses cloches. Et a donné au chapitre, pour ladite fondation, 54 l. de rente non rachetable, et aux enfants de chœur 20 l. de rente pour aider à leur entretient, à la charge de chanter (par lesdits enfants de chœurs, par chacun an et à perpétuité à l'autel de la châsse derrière le grand autel, lequel ledit seigneur a fait accomoder et augmenter en menuiserie) une messe par chacun vendredi de l'année ; et en la fin, les oraisons et suffrages accoutumés, sur la sépulture dudit sieur gouverneur. Et encore une messe aux quatre fêtes solennelles, et le premier mois, une messe haute audit autel. Ce fut fait et passé, devant Thibault, tabellion à Mante, le 18 novembre 1598.

(1) Il a signé en cette qualité sur les registres de l'Hôtel-de-Ville. V. année 1598. On a de lui : *Le conseiller d'Etat ou Recueil des plus générales considérations servant au maniement des affaires*. Paris, Richer 1633, in-4°. En 1594, Henri IV avait nommé lieutenant, pour Mantes, Meulan et Pontoise, Nicolas Legendre sieur de Villeroy. Registre de 1594.

Nous n'avons pas retrouvé cet acte. Philippe de Béthune était le plus jeune frère de Sully. Il était sans doute catholique à cette époque, sans quoi on ne comprendrait pas cette fondation. Plus tard il fut envoyé à Rome en 1605, auprès de Paul V (1). Son frère Salomon, cadet de Maximilien, fut blessé à Amiens et mourut à 36 ans, le jour même où cette ville capitula. Sa femme se fit feuillantine.

Henri IV écrivit d'Amiens à Sully, pour lui apprendre la mort de son frère, et lui offrir le gouvernement de Mantes : « Cette « lettre donc est pour vous dire que sur la mort de votre second « frère (qui je ne doute point que vous n'ayez sceue par une « autre voye), plusieurs me sont venus demander le gouverne- « ment de Mante, et votre jeune frère (Philippe) plus instam- « ment que nul des autres ; mais à tous j'ay répondu que vous « m'en aviez desjà escrit et ne pouvois, me servant si utilement « que vous faisiez, le donner à un autre, vous le désirant. « Advisez donc à leur respondre de mesme, afin que nous ne « soyons trouvez en diversité de paroles, car je vous veux gra- « tifier en tout ce que je pourray. Adieu mon amy. » (2) Les gouvernements de Mantes et Jargeau rapportaient 12,000 livres à Sully (3).

§ 208. **Peste à Mante.** — En l'année 1601, la peste fut à Mante. L'on mit autour de la ville une *ceinture de cire*, et l'on fit une procession générale. Les vignes gelèrent.

§ 209. **Les Ordres sacrés tenus à Mante.** — L'an 1603, M⁰ Hiérosme Hannequin (4), évêque de Soissons, fit les saints ordres le 15 mars, en l'église Notre-Dame de Mante, par la supplication que lui en firent Messieurs du chapitre de Chartres, le siège étant vacant, par la mort de M⁰ Nicolas de Thou, évêque de Chartres.

---

(1) V. *Œconomies*. Chévremont dit qu'il obtint à Rome des indulgences pour ceux qui visiteraient N.-D. les jours de l'Assomption et de Toussaint.

(2) *Œconomies*. T. I. p. 254.

(3) *Ibid*. T. II, p. 91.

(4) Ou Hennequin. Il était de la famille des Hennequin, surnommée la *Grand Maignée* ou la *Race ingrate*.

Le maire et les échevins, sur la prière de messieurs les chanoines, écrivirent au mois d'avril 1593, à l'évêque de Chartres pour le prier de déléguer quelqu'un, afin d'administrer les ordres aux clercs de l'archidiaconné. Ils n'avaient pas été donnés depuis dix-sept ou dix-huit ans pour « les misères de ce temps, et le danger des chemins (1). »

§ 210. **Grands vents.** — Au mois d'avril dudit an, lendemain de Pâques, il s'éleva un vent si impétueux, que les arbres étaient arrachés par les champs ; les tuiles volaient en l'air, de telle façon que l'on n'osait pas marcher par les rues.

§ 211. **Le roi arrive à Mante, va à Rosny où il pense périr par les ravines.** — Le samedi seizième d'août, audit an, Henri IV roi de Navarre, arriva à Mante accompagné de la reine, princesses et seigneurs de la cour. Et le dimanche dix-sept, il partit pour Rosny. Auquel jour, environ sur les cinq à six heures du soir, il tonna si fort qu'il tomba de la pluie et de la grêle en abondance, chassée par des vents impétueux, ce qui causa en même temps de grandes ravines qui pensèrent bouleverser le château de Rosny. Le souper qui était apprêté pour le roi et la reine, fut emporté par les eaux, de dedans les offices du château. Ce que voyant le roi, *il sortit et se sauva*. Un des habitants de Rosny prit la reine sur ses épaules et la passa à travers les eaux pour la sauver. On croyait que le village dut périr. Il y eut une grande perte de bêtes à laine, vaches et autres animaux. Il fut trouvé une femme à Jouy, que les eaux de la ravine entrainaient. Les vignes furent toute gâtées, la fange étant presque au-dessus des échalas et dans certaines pièces, il n'y avait non plus d'apparence de vignes que s'il n'y en avait jamais eu. On peut dire que de mémoire d'homme, il n'était tombé tant d'eau et de grêle. Le lendemain, le roi monta à cheval accompagné de Monsieur de Rosny, pour voir d'où provenait tant d'eau. Le roi *croyait que l'on eut laissé aller quelques*

(1) Registre de 1593.

étangs pour le noyer, ne croyant pas que tant d'eaux fussent tombées du ciel. Ce qu'ayant reconnu, il fut bien étonné (1).

Sully, chargé de l'administration des finances du royaume, s'opposa d'abord à toutes les créations industrielles de Henri IV, mais à la fin il se laissa gagner à ses innovations. A ce voyage de 1603, Olivier de Serre avait accompagné le roi, pour présider lui-même aux plantations de mûriers blancs et indiquer les soins qu'il était nécessaire de leur donner. Chrestien dit que les habitants de Mantes reçurent des instructions imprimées, pour l'élevage des vers à soie, et que dans beaucoup de maisons, on se mit à cultiver ces insectes précieux. Enfin Sully fit couvrir tout son domaine domaine de Rosny de mûriers blancs.

§ 212. **Manufacture de soie établie à Mante.** — Cette arrivée du roi et de la reine, princes et seigneurs, était pour mettre au château de Mante, d'excellents ouvriers que Sa Majesté avait fait venir exprès en France, avec grande quantité de vers à soie, moulins et autres instruments servant à la manufacture des draps de soie. On planta quantité de mûriers blancs et noirs en ce bailliage, par ordonnance de Sa Majesté, pour avoir des feuilles pour la nourriture des vers à soie. Et fut donné des livres à plusieurs pour apprendre la manière de cultiver ces plantes. Ainsi fut par Sa Majesté, la manufacture des crêpes fins de Boulogne, tant crêpes, que lits et draps de soie, qui ne se faisaient qu'en Italie, établie dans le château de Mante, en l'année 1604, au printemps (2). Plusieurs de la ville nourrissaient en leurs maisons lesdits vers à soie, lesquels profitaient assez bien. Il se tirait de la soie aussi belle et fine qu'il se peut voir, tant blanche que jaune. Les moulins et autres instruments servant à ladite manufacture, furent mis dans le Château.

§ 213. **L'Eglise du Cimetière bâtie comme elle est à présent.** — L'an 1605, au mois de mars, Eustache Pichon et

(1) V. Lestoile qui raconte le fait avec moins de détails, ainsi que Sully.

(2) Cette phrase est copiée dans la Chronologie septenaire, mais d'une façon fautive. Il faute lire : Des crespes fins de Bologne, tant crespés que lis (lisses).

Nicolas Bedêches étant prévôts de la Charité de la confrérie de Saint-Jacques du Cimetière de Mante, firent aux dépens de la confrérie et aumônes des gens de bien, réédifier l'église dudit cimetière qui avait été abattue et ruinée pendant les troubles, et obtinrent commission de Chartres pour la rebénir. Ce qui fut fait par Mre Antoine de Gamache, doyen de l'église Notre-Dame. Lequel après la cérémonie faite, y célébra la sainte messe, l'autel n'étant couvert que d'un seul appenti. Et dès lors les chapelains commencèrent à y célébrer le service divin qui se faisait pendant la ruine de l'église, à l'Hôtel-Dieu. L'église demeura sans être couverte jusqu'à l'année 1608, que Jean Ravault et Charles Collichon, pour lors prévôts, firent faire la charpente et couvrir aux dépens de la Confrérie et prirent des tombes dans le cimetière pour faire paver l'église (1). En 1613, Mre Eustache Camus, bourgeois de Mante, fit faire à ses dépens, une chapelle dans l'église, en l'honneur de saint Eustache, qui est du côté de l'hôpital, avec la vitre qui est à côté. Et audit an, Jean Roblastre, bourgeois de Mante, fit faire une autre chapelle de l'autre côté, en l'honneur de saint Jean. Lesquelles deux chapelles font la séparation de la nef et du chœur. Il donna aussi une belle vitre qui fut apposée en ladite chapelle. En la même année, les aides du pont de Mante, donnèrent le crucifix et les images de la Vierge (2) et de saint Jean, qui sont aux côtés de la clôture du chœur qui fut faite aux dépens de l'église.

Nicolas Rouailles et Christophe Chambord étant marguilliers, le grand portail (porche) du cimetière fut fait et couvert en 1629, aux dépens de la maison de ville et de l'église. Les autres vitres furent données par des particuliers, savoir: Mre Marin Lebert, contrôleur du grenier à Mante, en donna deux; Marguerite Deslandres, veuve Nicolas Viel, Lieutenant-Général de Mante, et Jacques Mignon, marchand, en

_____

(1) Elles y sont encore, mais malheureusement très effacées. Quelques-unes sont fort belles; toutes sont intéressantes pour l'histoire des familles de Mantes. Il serait à désirer que l'administration les fit relever avec soin.

(2) Il y a dans la chapelle une vierge en pierre d'un assez bon style; c'est sans doute celle-là.

donnèrent chacun une. Le lambris fut parfait, en 1622, aux dépens des aumônes. Arnoul Lhuissier maître de l'*Ecu*, Thomas Hollard et Noel Mottet étant prévôts de la Confrérie, firent faire les cloches et le tout fut parfait en 1623, au mois de février.

§ 214. La Croix du Marché au Pain plantée. — L'an 1606, le 16 août, la croix de pierre qui était entre les deux portes de Rosny, fut, par le commandement de M. le duc de Sully et de l'avis de M. de Gamache, ôtée et placée au milieu de la rue appelée Marché au Pain, parce que le sieur de Rosny de Sully disait qu'elle nuisait à la ville.

La délibération est du 17 juillet ; le maire et le doyen la firent placer et non le duc de Sully.

§ 215. Grand Hiver. — Audit an 1606, tout les mois de novembre et décembre furent si beaux et si chauds, que les arbres étaient verts et en pleines fleurs, et même il se vit des pommes aux arbres, grosses comme des prunes. On voyait les champs à demi-fleuris, comme au printemps. Mais la veille de Saint-Thomas (21 décembre), l'hiver prit si rigoureusement, que la gelée dura jusqu'après la conversion de saint Paul (25 janvier) 1607. Il neigea le lendemain des Innocents (28 décembre), deux jours et deux nuits sans cesser, de telle façon que la neige était de plus de trois pieds de hauteur. La glace resta cinq semaines à la rivière et plusieurs personnes moururent de froid.

§ 216. Prix des Arbalêtriers. — Le prix général a été tiré à Mante et le jeu ouvert le deux août 1607, par M. de Montgros (1), lieutenant pour le roi et pour M. de Rosny, au gouvernement de Mante. Le prix était de six vingts écus.

§ 217. Différend entre les Chanoines et les Vicaires. — L'an 1607, fut rendu un arrêt au Parlement, le 10 avril.

(1) Une petite île de l'Ile-aux-Dames s'appelait : *Ile de Montgros.*

25

entre les chanoines et les vicaires de Notre-Dame, par lequel
il fut dit que tout le revenu du chapitre serait distribué,
savoir : Les deux tiers aux chanoines et l'autre aux vicaires.
Et qu'aux baux et adjudications dudit revenu, deux des
vicaires seraient appelés pour y assister ; et qu'à l'égard des
biens appelés de la communauté, ils seront distribués également *aux présents seulement* et en la manière accoutumée.
Les rentes appelées le *Petit compte* et autres choses dont
les vicaires ont accoutumé de jouir particulièrement, leur
demeureront sans qu'ils soient tenus de payer autres charges que celles qu'ils ont accoutumé. Ce qui se fait encore
aujourd'hui.

Les chanoines titulaires ne résidaient pas toujours à Mantes.
Les charges du service retombaient sur les vicaires qui y habitaient constamment: de là de nombreuses contestations entre
les chanoines et les vicaires.

§ 218 **Blanchisserie établie à Mante.** — Le 7 avril 1608,
il arriva à Mante par ordre du roi, trente ménages de Flamands avec beaucoup d'ouvriers, pour faire des toiles. Les
entrepreneurs étaient Lambert et Irol (Kolt, Prolt ou Trod).
Le roi leur donna cinquante mille écus et l'exemption des
tailles pour dix ans. Ils firent bâtir dans les prés de l'Hôtel-
Dieu, une fort belle maison pour savonner et blanchir leurs
toiles et près la porte des Cordeliers une brasserie. Ils faisaient grande nourriture de vaches, pour avoir du lait à
blanchir leurs toiles. Ils avaient bien tous les ans de louage
de prés et maisons, pour treize cents écus, y compris les
gages qu'ils donnaient à des filles qui savonnaient lesdites
toiles.

§ 219. **Le Roi et la Reine à Mante**. — Au mois de
mars 1609, le roi arriva à Mante avec la reine et toute la
cour, pour voir les Flamands qu'il y avait fait venir l'année
précédente. Il fut en leurs boutiques pour les voir travailler
et se transporta même aux prés de l'Hôtel-Dieu, pour voir la
blanchisserie qu'ils avaient fait bâtir. Il prit grand plaisir à

les voir jeter de l'eau avec leurs écopes sur leurs toiles, et lui-même en voulut jeter. Il lui fut fait présent, par les entrepreneurs, d'un *doublier*, lequel contenait quatre lais de largeur et quarante aunes de longueur, dans le fond duquel se voyait Sa Majesté représentée au naïf, ensemble celle *(sic)* de la reine, avec les armes de France et de Navarre et celles de Florence, avec plusieurs navires bien faites. Le roi fit donner aux compagnons de chacune boutique, dix écus pour leur vin, et le lendemain il retourna à Paris.

Cette fabrique n'existe plus, parce qu'elle ne fut point soutenue, non plus qu'une faïencerie qui s'était aussi établie au village de Limay (1), laquelle j'ai vue encore dans mon jeune âge. [CHR.]

Le même jour, le roi revenant avec la reine voir la blanchisserie, se promenant ensemble dans le jardin du Château, tenant la reine par la main, il lui dit en ces termes : « Madame, cette ville a été autrefois mon Paris, ce château » mon Louvre, et ce jardin mes Tuileries, où je pris de fort » bonnes résolutions. » L'on croit qu'il entendit parler de la résolution de se faire instruire en la religion catholique et d'aller à la messe, parce que ce fut à Mante où cela fut résolu.

Sur les établissements industriels de Mantes, on ne connaît guère d'autres détails que ceux de cette *Chronique*. Barthélemy Laffemas, dans ses divers écrits (2) a parlé d'une manière générale du commerce et de l'industrie sous Henri IV. Sully, à part ses plantations de mûriers, n'en a point dit davantage. Il était du reste opposé à l'industrie de luxe.

Nous y ajouterons ce petit complément. « La mort de Henri IV porta naturellement le coup le plus sensible à l'entreprise (de tapisseries) de Comans et de la Planche, comme d'ailleurs à la plupart des grands établissements fondés sous les auspices du roi. « Il en a cousté, dit un écrivain contempo- » rain, de grands deniers à Sa Majesté, perte et ruyne de ses » subjets, tesmoins les tapisseries de Bruxelles à Saint-Marcel,

(1) Il en reste la rue de la Faïencerie.
(2) Publiés dans les *Archives curieuses*. M. Poirson ne dit rien non plus.

» les toiles façon de Hollande à Mantes, les draps de soye et
» or de Milan au Parc-Royal, dont aujourd'huy il né paroit
» marque ne vestige (1). »

§ 220. **Clôture du Clos des Arquebusiers.** — Le 28 septembre 1609, les fondements de la clôture du clos des arquebusiers furent faits. Et fut la première pierre posée par
M⁰ Louis Laurent, élu en l'Election, roi de la compagnie, en
présence de Maître Charles Collichon et Jean Lemoine,
entrepreneurs de ladite clôture qui est de neuf pieds de
haut.

Ce clos comprenait tout l'espace entre le quai et la rue de la
Pêcherie, jusqu'à la rue de la Gabelle. C'était Sully qui avait
donné le terrain à la compagnie de l'Arquebuse. François Iᵉʳ
avait supprimé ces compagnies en 1515; Henri II les avait rétablies. Il y en avait deux à Mantes : une sous le nom de Jésus,
l'autre sous celui de Sainte-Barbe. Elles furent plus tard réunies
en une seule qui occupa l'*Arquebuse* jusqu'à la Révolution. La
mairie de Mantes possédait deux de leurs registres; il n'en reste
plus qu'un. L'autre ayant été prêté, a été brûlé avec le Palais
de Justice, en 1871.

§ 221. — **Mort de Henri 4.** — L'an 1610, le 14 mai, sur
les dix ou onze heures du soir, arriva un courrier de Paris,
lequel donna avis que le roi avait été frappé de plusieurs
coups de couteau par le nommé Ravaillac, et que l'on eut à
faire bonne garde en la ville, pour le service de Sa Majesté,
ce qui fut exécuté dès l'heure. Le lendemain fut fait par
Mᵣˢ de Notre-Dame, une procession générale pour la santé
du roi (2). Et environ sur les dix heures du matin du même
jour, on reçut une nouvelle certaine de la mort du roi, ce
qui causa bien de la douleur au peuple de Mante. Au même
jour, sur les quatre heures du soir, on reçut nouvelle en
ladite ville, que le dauphin Louis, 13ᵉ de ce nom, avait été

(1) Eugène Muntz, *La tapisserie*, p. 258.
(2) On sait que Henri IV, ne mourut pas sous le coup. Frappé rue de la
Ferronnerie, il n'expira qu'au Louvre. C'est ce qui explique la procession
faite pour la santé du malheureux roi.

reçu et proclamé roi par le Parlement et la reine sa mère, régente du royaume pendant le bas âge de son fils.

Les circonstances de la mort de Henri IV, appartiennent à l'histoire générale. Avec la vie du chef de la branche des Bourbons, finit la faveur de celui qui fut son ami tout dévoué et mérita le titre de grand ministre. Sully avait un caractère trop intègre, son administration avait été trop régulière, pour qu'il put espérer se maintenir dans le poste élevé où ses qualités particulières, son honnêteté et ses talents, autant que l'amitié de Henri IV, l'avaient appelé. Sa disgrâce suivit de près la mort du maître qu'il avait tant aimé, auquel il avait voué une sorte de culte et qu'il regretta tout le reste de sa vie. Marie de Médicis le pria d'une certaine façon, de résigner la plupart de ses charges, parmi lesquelles il garda cependant entre autres, le gouvernement de Mantes, qui demeura comme héréditaire dans sa famille.

Retiré à Villebon, à Sully ou à Rosny, cet homme illustre qui fut presque mantais, composa dans sa retraite, outre ses *Œconomies* que nous avons citées, une pièce de vers, par laquelle on ne saurait mieux terminer l'histoire de Mantes à l'époque de Henri IV. On comprend en la lisant, l'homme qui laissa son château de Rosny inachevé en signe de deuil, et qui porta toute sa vie à son cou, l'image de celui qui le prit comme page et fit de lui son compagnon, son confident et son ministre tout puissant. Sully y a peint dans un style d'une véritable grandeur, la douleur profonde de l'ami et du serviteur, les âpres regrets du ministre, les sombres craintes d'un citoyen dévoué à sa patrie (1).

L'Adieu de monseigneur le duc de Sully à la Cour.

Adieu maisons, chasteaux, armes, canons du Roy;
Adieu conseils, trésors, déposez à ma foy ;
Adieu munitions ; adieu grands équipages ;
Adieu tant de rachapts ; adieu tant de mesnages ;
Adieu faveurs, grandeurs ; adieu le temps qui court ;
Adieu les amitiez et les amis de Court ;

(1) V. *Œconomies* de Sully. T. II. p. 404. Collect. Michaud. Nous donnons les parties principales de cette pièce de vers.

Adieu contentions des refus nécessaires ;
Adieu haine et envie ; adieu soucy d'affaires.
Permettez que chez moy en toute liberté,
Je regrette mon Roy, non assez regretté.
Adieu soing de l'Estat, amour de ma patrie,
Laissez-moi en repos finir aux champs ma vie.
Surtout adieu mon maistre, ô mon bon maistre, adieu.
Non pour moy, mais les miens, souvenez-vous du lieu
Qu'autresfois j'ai tenu près du Roy vostre père :
Faites-vous raconter quelque jour la misère
Et la nécessité dont mon soin le tira ;
Je ne veux pour témoins, si la France empira
Pendant mon maniement, que la seule créance
De ceux qui m'ont ravy estats et récompense.
. . . .
Au contraire on verra ceux qu'il aymait le plus,
Mesprisez, rejettez, et de tous droits exclus ;
Car les puissants du temps sont de telle nature,
Que nul n'aura en Cour s'il n'est leur créature,
S'il n'a hay le Roy, s'il ne dessert l'Estat,
Honneur, faveur, grandeur, bien, charge ny estat ;
Et ce grand nom sacré de Roy, tant vénérable,
Ne sera dans leurs cœurs qu'une ombre et qu'une fable,
Dont ils se serviront seulement pour couvrir
Tous les mots qu'ils feront à la France souffrir.
. . . .
Pour moy, ayant esté serviteur d'un grand Roy,
Conservé en tous lieux mon honneur et ma foy,
Couru tous les périls d'un si grand chef de guerre,
Et servi de conseil au prince de la terre,
Le plus judicieux, duquel seul la vertu
A sauvé par son bras de palme revestu,
La France et les François ; maintenant je n'aspire
Qu'à le glorifier, voir florir son empire,
Voir establir mon prince en son authorité
Imiter sa vertu et sa félicité,
Suivre ses bons conseils, son ordre, sa police,
Et sans hayne et faveur, rendre à chacun justice ;
Suppliant ce grand Dieu qu'encor un jour le Roy,
La France ny l'Estat n'ayent besoin de moy.

SEPTIÈME PARTIE

DE LOUIS XIII A LA RÉGENCE

Ce que nous avons à faire connaître dans cette septième partie, se résumera en général, dans des renseignements de chronique locale, qui nous forceront, comme nous l'avons déjà dit, à copier presque textuellement nos différents manuscrits. Nous n'avons plus à enregistrer que des éphémérides. C'est à peine si de temps en temps, nous trouverons quelques faits importants, comme l'histoire des reliques de saint Marcoul, l'Assemblée du clergé, de 1611, ou les troubles orageux de la seconde Fronde, qui puissent nous fournir l'occasion de nous livrer à quelques recherches un peu sérieuses.

Nous avouons même, que dans la multitude de petits faits enregistrés si complaisamment par Aubé, Chévremont et Chrestien, nous avons été forcé de faire parfois un choix, et d'élaguer certaines relations par trop dépourvues d'intérêt. Nous n'avons pas multiplié ces retranchements, mais nous n'avons pas hésité cependant à les faire, chaque fois qu'un paragraphe ne se rapportait qu'à un événement où l'histoire locale n'avait plus rien à conserver.

D'autres fois encore, nous avons écourté un peu la rédaction trop prolixe de nos devanciers. Ce qui pouvait avoir un certain charme de vieillerie, lorsque nous avions à raconter quelque fait appartenant aux temps anciens, le perd ce nous semble dès qu'on approche de l'époque moderne. D'ailleurs, ce qui était tolérable dans nos premiers paragraphes, dont le principal mérite ou défaut était d'être très courts, ne se pourrait facilement supporter lorsqu'il s'agit du récit trop minutieux d'une

visite épiscopale, d'une cérémonie de confirmation, d'une
entrée de gouverneur. Nous devions ces explications, surtout à
ceux de nos lecteurs qui, comme nous, posséderaient quelque
copie du manuscrit d'Aubé ou de ses continuateurs. S'ils obser-
vent dans notre livre quelques lacunes, ils comprendront que,
judicieuses ou non, elles ont été voulues.

Malgré ce choix que nous nous imposons dans les faits qui
nous restent à raconter, on en trouvera encore un grand
nombre dont l'intérêt n'est peut-être pas très grand. Écrivant
une histoire locale, nous avons pensé qu'il fallait faire connaître
aussi le plus possible des habitudes anciennes, et en même
temps, rappeler les noms des vieilles familles qui ont été le plus
mêlées aux affaires de notre ville.

Après ces petites précautions oratoires indispensables, il ne
nous reste plus qu'à continuer. Voici comment fut inauguré, à
Mantes, le règne de Louis XIII.

§ 222. Le Serment de Fidélité au Roi, prêté ès-mains de M. de Sully.

— Le 18 du même mois (mai 1610), fut
faite assemblée en l'Auditoire Royal de Mante, tant de messieurs du clergé, de la justice, officiers d'icelle, maire,
échevins, marchands, bourgeois et habitants, pour faire
et jurer le serment de fidélité au roi Louis 13°. Ce qui fut fait
avec un bel ordre, et fut faite une belle harangue sur ce
sujet, par Mᵉ Jehan Le Couturier, avocat du roi au bailliage
et siège présidial de Mante. De là, on se transporta en
l'église Notre-Dame, où fut chanté le *Te Deum*, avec les
prières ordinaires pour le roi. L'acte de serment de fidélité fut mis ès-mains de M. le duc Sully, marquis de Rosny,
pour être présenté à Sa Majesté. Il se passa alors quelques
mécontentements; d'autant que Mᵐᵉ Antoine Bonnineau,
Lieutenant-Général de Mante, fit prendre les bancs du côté
senestre aux ecclésiastiques et ceux du côté droit aux
conseillers; desquels s'élevant de sa chaire de judicature,
il prit le serment de fidélité avant les ecclésiastiques, ce
qui leur donna un si grand mécontentement, que sans la
peur d'être soupçonnés d'infidélité et de rebellion, ils
fussent sortis de ladite assemblée sans prêter de serment,
voyant le mépris que l'on faisait d'eux.

§ 223. **Prix général d'Arquebusiers**. — L'an 1612, plusieurs compagnies d'Arquebusiers des villes de France se rendirent à Mante, pour le prix général, dans l'île Champion, et furent dressées deux buttes de terre, distantes l'une de l'autre de 115 pas. Cette même année, les habitants de Meulan firent une compagnie qui fut associée au prix de Mante : elle obtint un arrêt du Conseil pour tirer le prix général, portant défense aux autres villes d'en tirer cette même année. L'arrêt est du 9 mai 1612.

[Le marquis de Rosny, Philippe de Béthune, *tira le premier coup du roi*. Le prix était de 5000 livres.] CHR.

Les compagnons de l'Arquebuse avaient pour uniforme un habit gris de fer clair, avec parements, revers et collet jaune et blanc. La veste ou gilet ainsi que la culotte, étaient de drap jaune ; les boutons de métal blanc.

Les arquebusiers se réunissaient tous les dimanches, dans l'*Arquebuse,* sur le quai. Ils tiraient leur prix annuel le lundi de la Pentecôte. Celui qui était *roi* quatre fois de suite, devenait *empereur* et portait une ceinture blanche. Nous avons déjà dit que le signe de ralliement des arquebusiers mantais était les *chiens*, d'où les *Chiens de Mantes* (1).

A ce dicton spécial aux arquebusiers de Mantes, on en peut ajouter un autre qui tire sans doute son origine du commerce particulier fait avec la basse Seine et la mer. On disait aussi autrefois : *Les Poissonniers de Mantes* (2).

§ 224. **Le Tonnerre tombe dans Saint-Maclou**. — Le jeudi 17 août, audit an, sur les huit heures du soir, il y eut un furieux éclat de tonnerre, qui en tombant démembra et rompit un arc-boutant et pilier au haut de la tour de Saint-Maclou, vers l'église Saint-Georges, et de là au Beffroi de la tour, où il rompit la charpenterie et descendit le long d'une corde des cloches, où il tua un jeune garçon serrurier, Antoine Trudet. De là, il sortit par la galerie de ladite église, vers le Grand-Marché, où il rompit beaucoup de tuiles.

(1) V. Cassan. p. 185.
(2) V. Leber, T. VIII p. 246.

Le mardi 16 octobre, les cloches de Saint-Maclou furent fondues en l'église Saint-Georges.

Le 28 janvier 1613, il s'éleva des vents si impétueux que presque toutes les vitres de Notre-Dame furent brisées et entre autres, une vitre de la chapelle Saint-Laurent fut ruinée et emportée. Il y eut perte de six cents livres aux dites vitres.

§ 225. Ouverture des Châsses des SS. Marcoul, Domard et Cariulphe.

§ 225. **Ouverture des Châsses des SS. Marcoul, Domard et Cariulphe.** — Le mercredi 29 mai 1613, le révérendissime père en Dieu Mre Philippe Hurault (1) évêque de Chartres, visita l'église Notre-Dame de Mante, assisté du Révérend père Leonard d'Etampes de Valençay, abbé de Bourgueil. Et fut supplié par les doyen, chanoines et chapitre, de faire ouverture des châsses des SS. Marcoul, Domard et Cariulphe, qui n'avaient été visitées depuis l'an 1451. Ce qu'il fit en la présence dudit sieur de Valençay, de Mre Jean Girardot, chanoine et archidiacre de Dreux, son grand-vicaire, de discrète personnes, Jacques de Havard, chanoine et sous-chantre de Chartres, d'Augustin Dupuis, chanoine de Chartres, de Claude Lebel, théologal et pénitencier dudit sieur évêque, de religieuse personne, frère Ensel, docteur en théologie, prieur de Royaumont, de Me Hubert des Barres, doyen de Mante, de Guy Chambord, Jean Fleurette, Robert Lhuissier, Michel Leduc et autres chanoines et vicaires de ladite eglise; de nobles hommes, Jean Lecouturier, Conseiller du roi, Lieutenant-Général au balliage et siège présidial de Mante, Antoine Bonnineau, peu auparavant Lieutenant-Général au même siège, Simon Hamelin, Conseiller, Fiacre Lecouturier, Pierre de Lavoissière, avocat et procureur du roi, Mre Jean Barquillet, maire de la ville et élu en l'élection de Mante, noble homme, Simon Letellier, médecin ordinaire du roi, Me Nicolas Viel, avocat, Antoine Rasdy, marchand, Guillaume Daret, procureur, tous éche-

(1) Fils de Philippe Huraut, comte de Cheverny, chancelier de France. Il avait été baron d'Uriel et succéda à Nicolas de Thou dans l'évêché de Chartres.

vins de la ville; M° Jacques Faroul, Robert Apoil, Sébastien Marque, prévots de la Châsse de l'église; de M¹° Eustache Apoil, président en l'Election de Mante, Laurent Martin, avocat au Parlement et promoteur dudit sieur évêque, et plusieurs notables bourgeois et habitants de la ville. On vit et regarda ce qu'il y avait dans lesdites châsses, *d'autant que quelques personnes croyaient qu'il n'y eut rien dedans*. Il fut trouvé dans icelles, de petites boites en bois, en façon de layettes (tiroirs), où étaient encloses les lettres mises par M¹° Pierre Bêchebien, évêque de Chartres, en l'année 1451, le 19 décembre; lesquelles faisaient mention des reliques de saint Cariulqhe et saint Domard, et dans la Châsse couverte d'argent, y fut trouvé une lettre qui rendait témoignage des reliques et du chef de saint Marcoul, lesquelles lettres sont scellées de cire rouge, en laquelle est burinée l'image de la Vierge attachée sur lacs d'un ruban de soie verte. Ledit évêque déploya les linceuls dans lesquels les saintes reliques étaient enveloppées, et fut trouvé le chef et les ossements de saint Cariulphe, et dans l'autre châsse, le chef et ossements de saint Domard, lesquels furent vus d'un chacun. Et ce qui est à remarquer, que de ces saints ossements il s'exhala une odeur si suave et si odoriférante, que tout le monde en fut embaumé. Ledit sieur évêque toucha le chef de saint Marcoul et les ossements au travers du linceul, mais ne les voulut point faire voir, disant qu'il fallait mieux croire que voir. Lequel chef est enseveli dans un sac de toile blanche à part, et quant aux reliques de saint Domard et saint Cariulphe, elles furent changées de linceuls, bien qu'il n'en fut pas besoin, étant aussi blancs que si on les venait de mettre, et furent remises dans leurs châsses, avec lettres testimoniales de l'évêque. Le même jour l'évêque ordonna qu'à l'avenir, ceux de la paroisse Saint-Maclou fêteraient l'Invention de Saint-Marcoul et cesseraient toute œuvre servile.

On se rappelle qu'en 1451, il avait été impossible de reconnaître chacune des deux châsses. L'évêque de Chartres avait mélangé les ossements et en avait ensuite fait deux parts.

Philippe Hurault ne put donc montrer, d'une façon certaine, les reliques particulières de saint Domard et de saint Cariulphe.

§ 226. **Maladie, le Pont refait, le Coche établi.** — Au mois d'août 1613, il y eut une grande mortalité, causée par une maladie inconnue aux médecins. Ceux qui en étaient atteints, ne duraient que quatre ou cinq jours.

Dans ce même temps le pont de Mante qui était en bois depuis le bord de l'île jusqu'à la chaussée de Limay, fut refait en pierre.

Le 19 mai 1613, le coche de Mante à Paris, fut établi chez le nommé Robert Lhuistre, hôtelier de *l'Agnus Dei* (1).

Le jour de Saint-Luc de la même année, les Châsses furent mises derrière le chœur. Auparavant elles étaient dans la salle du *revestier* (2) du chapitre.

Le vieux pont de Limay, tel qu'il existe encore aujourd'hui, est un des plus anciens de France, par quelques-unes de ses parties. Les piles, jusqu'à une certaine hauteur, sont de construction ancienne et appartiennent certainement au moins au XIIe siècle. Le tablier et les cintres qui ont dû être souvent détruits, en totalité ou en partie pour des nécessités de défenses militaires, ont été refaits à par une seule arche, au commencement du XVIIe siècle, ainsi que le prouve un examen même superficiel de ces vieux restes.

Ce pont dont il a été souvent parlé, notamment § 1 et 42, n'est qu'une fraction du pont primitif qui reliait les deux rives de la Seine l'une à l'autre. Il avait autrefois, de la porte aux Images à la chaussée de Limay, trente trois arches suivant les uns et trente sept suivant les autres. En raison des iles sur lesquelles reposaient ses piles intermédiaires, il était divisé en trois parties : l'une, le pont de Mantes, allant jusqu'à la porte de l'île Champion avait onze arches ; la seconde au milieu, appelée pont Fayole au XVIIIe siècle, avait onze arches encore, comme la dernière partie ou vieux pont de Limay actuel. Aujourd'hui le vieux pont de Limay n'a plus que dix arches apparentes en aval ; mais en amont, on en voit deux autres prises

(1) Place de l'Etape.
(2) La sacristie.

dans la chaussée vers l'île de Limay, et une vers Limay, sur laquelle pose la vieille maison qui en commande l'entrée. En aval, on a détruit les arches en partie, et formé une culée de maçonnerie, faite indubitablement avec les matériaux des anciens cintres.

Lorsque les eaux sont basses, le radier de la plupart des arches est à sec et l'on peut alors étudier de très près la vieille construction des piles. Malgré des remaniements considérables et de nombreuses restaurations partielles, on voit facilement alors une différence notable, entre la base et la partie supérieure. L'appareil ancien est relativement petit et régulier ; les assises ont environ vingt-deux à vingt-cinq centimètres de hauteur et tous les parements portent ces signes ou ces lettres qu'on appelle des *marques de tâcherons*. Elles sont très variées et indiquent d'une façon indiscutable une époque antérieure au XIII° siècle. En effet, l'appareil ancien de l'église Notre-Dame ne porte aucune de ces marques, bien que, suivant l'opinion que nous avons avancée dans le chapitre que nous lui avons consacré, le commencement de ce monument appartienne au XII° siècle.

Du reste, le plan de ce pont est parfaitement en rapport avec ceux de la même époque qui subsistent encore en France. Les arches sont relativement étroites, plus larges cependant vers le milieu de la rivière que près des rives. Les piles sont munies d'avant-becs assez aigus, en aval comme en amont. Ceux d'aval cependant sont tronqués par une section d'environ cinquante centimètres. C'est à peu près le plan du pont de Cahors, avec lequel ce pont devait avoir la plus grande similitude. La chaussée est étroite et il est impossible aujourd'hui, de savoir si les avant-becs formaient refuges pour les piétons et si les parapets étaient crénelés, deux dispositions très usitées dans les ponts contemporains de celui de Mantes.

La forme ancienne des arches étroites, gênante pour la navigation, avait l'avantage très grand de permettre de construire ces arches les unes après les autres, et d'une façon tout à fait indépendante ; ce qui ne peut se faire avec les arches modernes de grande ouverture. La résistance de chaque pile se trouvait ainsi suffisante pour contrebalancer la poussée de chaque cintre, et ce système permettait en outre d'appliquer des ressources restreintes à l'édification d'un pont même considérable. De plus, en cas d'attaque, à une époque où le droit du plus fort primait souvent la raison et la justice, si les châtelets, portes ou tours qui défendaient ces ponts n'étaient pas en état d'opposer une défense suffisante, on pouvait détruire seulement une ou plusieurs arches, sans nuire notablement à la solidité de celles que l'on voulait conserver.

Tel était justement le cas de notre vieux pont. Avant ou pendant la Ligue, toutes les arches à l'exception d'une seule furent démolies, et les piles sont restées assez solides pour supporter de nouveaux cintres et résister jusqu'à nos jours. L'arche qui a été respectée nous montre la disposition exacte de la construction primitive. L'arc est une ogive évasée et extradossée. Il est formé de claveaux égaux de quarante à cinquante centimètres de hauteur et n'ayant pas plus de quinze à dix-huit centimètres d'épaisseur, dans leur partie moyenne. Cette arche appartient incontestablement au pont primitif et l'état de délabrement dans lequel elle se trouve, le prouve tout autant que son mode d'appareillage.

Cette arche en ogive fournit une autre indication dont on ne se doute guère lorsqu'on passe simplement sur la chaussée. Elle était beaucoup plus inclinée sur la droite, en allant à Mantes, que la direction qui a été donnée au pont, lors de la réfection de 1613. On voit en effet, en aval, au-dessus du cintre, une corniche en encorbellement, qui surplombe d'au moins cinquante centimètres dans le bout vers Mantes ; cette disposition architectonique supporte le parapet et a permis de changer la direction primitive, qui était plus inclinée vers l'Ouest.

On sait peut de choses sur la reconstruction du pont en 1613. Il est probable qu'elle eut lieu par l'influence de Sully. Celui-ci dès 1606, avait fait allouer 15000 livres aux trésoriers généraux de Rouen, pour les réparations des ponts de Mantes et de Saint-Cloud.

Des anciennes défenses du pont, il ne reste plus rien. Il y avait, comme on l'a vu une porte ou donjon sur le milieu, à l'endroit à peu près où sont construites les maisons du *Trou Fayoles*, et sous lesquelles on trouverait sans doute encore les fondations. Un chemin partant du pont, conduisait par une chaussée, dans l'île Champion qui porte actuellement le nom d'*Ile-aux-Dames*. Cette porte s'écroula en grande partie dans le courant du XVIIᵉ siècle ainsi que le raconte notre *Chronique*.

L'entrée, au bout de la chaussée de Limay, était aussi défendue par un ouvrage assez considérable, qui a également

disparu. On verra, à l'année 1652, que les troupes des princes
se trouvèrent arrêtées au bout du pont par une *barrière* qu'elles
n'auraient pu franchir sans la connivence du gouverneur qui
était de leur parti.

Enfin, au bout du pont de Mantes, se trouvait un pont-levis
qu'il fallait franchir avant d'entrer sous la porte aux Images,
qui donnait accès dans la ville.

La partie du pont, vers Mantes a été démolie lors de la construction de Perronet, en 1765. La partie intermédiaire, le
pont Fayole le fut à peu près en 1845 ; il fallut employer la
mine pour le faire sauter, et il en coûta la vie à deux bourgeois
de Mantes.

Le vieux pont de Limay a perdu son aspect pittoresque d'autrefois. De nombreux moulins et plusieurs pêcheries occupaient
un certain nombre d'arches et si ces constructions gênaient la
circulation du pont et l'écoulement des eaux de la rivière, elles
lui donnaient une animation qu'il a depuis longtemps perdue.
Le dernier de ces moulins, contemporain de la reconstruction
de 1613, a disparu seulement en 1871. Il était depuis longues
années abandonné, et n'étant plus entretenu, il a fini par
s'écrouler.

Quand à la vieille maison qui est à l'entrée, à cheval sur une
arche, et qui appartient, par une fiction administrative à la
commune de Mantes, il suffit de l'examiner pour voir que les
matériaux dont elle est faite appartiennent à l'ancien pont.

Ce sont de vieilles pierres bien appareillées, et dont les parements comme la base des piles du pont, portent les marques
des tacherons du XII° siècle.

Le vieux pont de Limay n'intéresse plus que les archéologues
et les cultivateurs qui vont travailler dans l'île de Limay; il est
dans un état de délabrement extrême. Il est probable qu'il résis-
tera encore longtemps aux efforts du temps, mais les hommes
auront beaucoup fait pour sa destruction. On n'y fait plus aucun
travail d'entretien; l'administration des ponts-et-chaussées lui a
enlevé une partie de ses parapets pour en faire des bornes ; ses
avant-becs se démolissent peu à peu ; le vieux dallage du radier
se desagrège de plus en plus ; ses cintres se fendent dans le
sens de la longueur ; l'eau de la chaussée filtre à travers, et
cependant il reste fièrement debout. A défaut d'intérêt public,
il excite encore la curiosité et fournit de temps en temps, un
sujet d'étude pour quelque paysage. Nous souhaitons qu'il résiste

encore longtemps pour attester par sa présence, l'ancienneté et l'importance de la ville à laquelle il donnait accès.

A la Toussaint 1613, Sully porta le dernier coup aux prérogatives municipales. Il nomma de son autorité privée deux échevins en remplacement de ceux dont le mandat était expiré : il désigna Eustache Lemaire, avocat et Jean Grimont, procureur. « De laquelle élection les habitants murmurèrent, disant que telle élection ne se devait faire par le gouverneur, mais par les habitants de la ville (1). »

De ce fait, l'élection des magistrats de la ville fut enlevée aux bourgeois, jusqu'à la création de notre droit public nouveau. Voici dès lors, comment on procéda : quelques jours avant la Toussaint le maire et les échevins s'assemblaient. Le maire désignait deux personnes aptes à lui succéder, c'est-à-dire de bonne vie, nées à Mantes et ayant passé par l'échevinat ; les quatre échevins en désignaient deux autres. Le maire indiquait ensuite quatre personnes, et les échevins, quatre autres, pour prendre parmi elles, les deux échevins dont les fonctions prenaient fin. On portait le procès-verbal de cette délibération au gouverneur qui choisissait, dans les deux listes, le maire et les deux échevins. Le maire, cependant, pouvait demander à rester en charge deux années, sur la prière unanime des quatre échevins (2). A partir du xviii° siècle, la charge de maire fut un office perpétuel.

Mais on ne se résignait pas facilement aux actes d'autorité de Sully. A la Toussaint de 1614, le gouverneur de Mantes avait encore nommé maire M° Eustache Apoil, président de l'Election de Mantes et Meulan : « En laquelle élection les *laboureurs* s'opposant, furent trouver à Paris M' le marquis de Rosny, gouverneur de Mantes qui l'avait nommé, lui remontrant que mal à propos l'élection dudit Apoil avait été faite pour être maire de ladite ville, attendu *qu'il était partisan des Aydes* et plaidant par devant lui, n'auraient (les laboureurs) aucun soulagement ; mais plutôt de l'incommodité. Joint même que la ville avait des privilèges pour le mercredi lequel (le marché) était *franc* et qu'iceluy étant maire, pourrait supprimer lesdits privilèges. Ledit s' marquis de Rosny leur promit que ledit Apoil les rendrait contents et qu'il ferait ce qu'il pourrait pour les conserver en

(1) Chr.
(2) *Ibid.*

leurs privilèges et franchises. Ce qu'il fit peu de temps
après (1). »

§ 227. **L'Office chanté suivant le Bréviaire romain**.
— L'an 1614, sur la requête présentée à Monseigneur l'évêque de Chartres, par messieurs du chapitre de Notre-Dame,
tendant à ce que faute par lui de leur avoir fourni des livres
selon le bréviaire dudit évêque, il leur fut permis d'en acheter selon le bréviaire romain (2). Ladite requête fut enté-
rinée, à la charge de fêter les fêtes locales dudit évêché. Les
doyen et chanoines firent ôter un pupitre de chaque côté et
firent descendre l'entrée des chaises du chœur. Sur quoi,
Mᵉ Robert Lhuissier, chanoine et official de Pincerais, s'opposa le 21 janvier. A quoi furent interpellés Mʳˢ Etienne
Loison, Marin Enguerrand, Denis Rouvel, Jean Meusnier,
Gille Dantan, Hector Bordereau, Pierre Poullet et Jean de
Chévremont, vicaires perpétuels. Lesquels déclarèrent
qu'ils ne voulaient point plaider et remontrèrent qu'ils ne
pouvaient chanter, n'y ayant qu'un lutrin de chaque côté. Sur
quoi Mᵉ Jean Lecouturier, Lieutenant-Général, s'étant
transporté au chœur de l'église avec son greffier, ordonna
que ce que Mᵉ Hubert des Barres, doyen et les chanoines
avaient ordonné serait exécuté. Et le premier février, à
vêpres, l'office du *Saint Concile de Trente,* fut ouvert par
Mᵉ Robert Lhuissier, chanoine. Il fut acheté par le chapitre,
pour cent cinquante écus de livres. On cessa les belles cérémonies qui se faisaient, lors du bréviaire de Chartres. Car
à toutes les fêtes de neuf leçons, à vêpres et à matines, les
versets se chantaient par deux chanoines et deux vicaires
alternativement, revêtus de chapes; ils commençaient
ensemble l'hymne et le premier psaume. A la procession qui
se faisait avant la grand'messe, les deux chanoine et vicaire
chapés, chantaient ensemble un répons devant le crucifix,
puis commençaient l'*Introït*. [Maintenant ce bel ordre a été
perverti par l'ambition et gloire des chanoines, se réputant

(1) CHEV.
(2) « *D'acheter les livres du Concile de Trente,* » dit Chevremont.

26

offenser Dieu de se promener dans le chœur et chanter avec
les vicaires, croyant et estimant que cela ravalait leur
dignité. Car de dire que ce fut le Saint Concile qui leur
recommandât de quitter ces bonnes et anciennes cérémonies, il n'en est rien, d'autant qu'il admet les cérémonies des
lieux et évêchés, ne voulant ni n'entendant qu'on y déroge
en façon quelconque. Chev.]

La même année, le banc des maire et échevins fut fait aux
dépens de la ville et placé dans Notre-Dame.

§ 228. **L'on fait garde à Mante**. — Le 26 février 1614,
on fit garde à Mante, par le commandement du roi, parce
que Messieurs les princes s'étaient retirés de la cour et
avaient pris même quelques mécontents (avec eux) sous
couleur du bien public et de l'état. Durant tous ces différends, la garde se faisait exactement, redoutant quelque
surprise de la citadelle d'icelle ville, qui était une assez bonne
place et importante, à cause de la Seine. Ce qui donna occasion de soupçon aux habitants, le 6 mars, sur les six heures
du soir, voyant les *Taupinambourgs* (1) accompagnés d'environ soixante personnes passer dans un bateau, sous le
pont d'icelle ville, on crut que c'étaient quelques gens de
guerre arrivés pour prendre la citadelle. Cela donna
l'alarme aux habitants qui se rendirent tous en un instant,
aux portes et investirent les murailles de la ville. Le 15 mars,
on reçut lettre de Sa Majesté, par laquelle le roi recomman-
dait encore de faire bonne et sûre garde, tant le jour que
la nuit, et surtout qu'on se gardât de surprise. Aussitôt
l'assemblée fut faite des habitants, où fut ordonné que chacun se rendrait avec son capitaine, devant le parvis de
Notre-Dame et que le mot serait donné aux capitaines et
montre faite des soldats. Le lendemain, pour exécuter ce
qui avait été ordonné en la maison de ville, chacun se rendit
sur la place du Parvis en assez bon nombre et ordre. Un des

(1) Les *Topinambos* ou *Topinambous*, dont il est ici question, étaient six
sauvages ramenés de l'île de Maragnan, par le P. capucin Claude d'Abbeville.
Ils débarquèrent au Havre le 16 mars 1613 et non 1614, et ne passèrent à
Mantes que quelques jours après. Le P. Claude d'Abbeville les conduisait à
Paris pour les faire baptiser en grande cérémonie. V. *Dict. crit.* de Jal.

mousquetaires ignorant la charge de son mousquet, tirant à terre, frappa vers les reins un nommé François Guitel, tonnelier, qui mourut deux heures après (1).

Le 28 avril 1614, fut célébré sur les sept à huit heures, en l'église Notre-Dame, un salut pour la santé du roi. On avait sonné la veille à son de trompe que chacun eût à s'y trouver, pour assister dans l'église, à une procession générale et ensuite à la messe; avec défense d'ouvrir les boutiques, sinon après le service divin, sur peine de 60 sols d'amende Ce que les habitants exécutèrent. Et le 9 juin, le roi envoya faire commandement de cesser la garde, ce qu'ils firent.

La minorité de Louis XIII, jusqu'à l'arrivée de Richelieu aux affaires, fut très troublée. Les grands seigneurs, ayant à leur tête le prince de Condé, Henri de Bourbon, deuxième du nom, firent tous leurs efforts pour ressaisir la direction du gouvernement qui était aux mains de la régente et de son favori, Concini, marquis d'Ancre, que toute la cour détestait.

Quelques villes s'étaient même, en cette année 1614, soustraites à l'autorité de Marie de Médicis, entre autres Château-Thierry. La cour effrayée, prit alors quelques précautions pour se maintenir en sûreté à Paris. « L'exemple de Château-Thierry faisant peur pour les villes de la rivière de Seine, M. de Fossés fust envoyé avec cinquante mestres de la compagnie de la Reine et le régiment de Navarre, pour garder Corbeil, Melun, Montereau et Nogent, et se jeter où il en seroit besoin (2). » Telle est sans doute la cause des précautions qui furent prises alors à Mantes.

§ 229. **Assemblée pour les États.** — Le 16 juillet 1614, après midi, on fit convocation et assemblée générale en l'Auditoire de tous les ecclésiastiques, nobles et tiers-états du bailliage de Mante, pour élire un de chacun état, pour porter les cahiers aux Etats qui se devaient tenir en la ville de Sens. Les ecclésiastiques élurent Mre Philippe Hurault évê-

(1) Le lendemain le maire fit défendre de charger les mousquets à balle et de tirer dans les rues.
(2) V. *Mémoires de Fontenay-Mareuil.* Coll. Michaud.

que de Chartres ; la noblesse élut le sieur de Blaru, et le tiers-état nomma Jean Lecouturier, Lieutenant-Général audit Mante.

Les Etats s'ouvrirent à Paris et non à Sens, le 14 octobre 1614, au couvent des Augustins, et se prolongèrent jusqu'à la fin de mars 1615. C'est au cours des délibérations de ces Etats que se manifesta pour la première fois le génie de Richelieu, qui n'était encore qu'évêque de Luçon.

Pendant tout le temps de l'assemblée, on fit une procession générale à Mantes, avec des prières pour la conservation du roi. On y portait les châsses ; les prêtres y assistaient en chapes et les habitants avaient chacun un cierge à la main. On jeûnait le mercredi, le vendredi et le samedi. Les prières publiques que l'on fait actuellement ne sont pas même une innovation.

§ 230. **Assemblée pour recevoir les Capucins**. — Le 28 décembre 1614, M⁰ Eustache Apoil, président en l'élection de Mante et maire policien, Eustache Lemaire, Jean Giroux, Charles Pigis et Robert Louytre, échevins, firent faire assemblée générale en la maison de ville. En laquelle messieurs du clergé, de la justice, manants et habitants, assistèrent. Les habitants de Limay y furent mandés pour prendre voix délibérative, de recevoir ou refuser les pères Capucins qui demandaient à être reçus en la ville ou faubourgs d'icelle, pour faire bâtir un monastère pour y faire leur demeure. Ce qui fut désiré d'un chacun, pour le fruit que fit le père Léon (sic) capucin, qui avait prêché l'Avent et le Carême précédents. Il fut ordonné que l'on leur donnerait une place au village de Limay, pour y faire édifier leur couvent (1).

Le 26 avril 1615, la petite croix des Capucins qu'ils portent en procession, fut bénite à Notre-Dame, par M⁰ Hubert des Barres, doyen. Messieurs du chapitre allèrent en pro-

(1) On voit que ce ne fut qu'après une sorte d'enquête de *commodo* et *incommodo*.

cession au village de Limay. Les frères de la Charité érigée en l'église Saint-Maclou, y assistèrent et portèrent la grande croix des pères capucins, jusqu'au lieu où elle est présente‑ ment plantée. Le curé de Limay, accompagné de ses pa‑ roissiens, reçut la procession à la porte du pont et voulut marcher avec son étole, derrière le doyen. *Il fut repoussé aussi par messieurs du chapitre qui lui arrachèrent son étole*, le faisant marcher devant les chapelains. La grande croix fut bénite sur le lieu par le R. P. Carter Finen (Finet?) provincial de l'ordre, natif du village d'Arnouville près Mante, pour ôter tout murmure qui aurait pu arriver entre lesdits sieurs du chapitre et le curé de Limay. Après la béné‑ diction, la croix fut plantée par les pères capucins qui étaient au nombre de douze. Ceux de la *Religion prétendue réformée,* firent en sorte d'empêcher que les capucins n'habitassent au lieu qui leur était donné, remontrant à Sa Majesté, que cela apporterait de la confusion et du scan‑ dale, parce que ce lieu était trop proche de *la prêche,* mais ils ne furent pas écoutés.

Le dimanche 4 octobre, la première pierre de l'église fut posée par le fils de monsieur le baron de Contenance, sei‑ gneur de Lainville, pour l'absence de monsieur son père qui était alors à l'armée du roi. La seconde le fut par M⁰ Jean Lecouturier, Lieutenant-Général, assisté de M⁰ Eustache Apoil, maire de Mante. Après la bénédiction faite par M⁰ Hubert des Barres, fut posée cette pierre sur laquelle sont les armes de la ville et ces mots : *Sous le règne de Louis 13 en 1615, cette pierre a été posée par les habi‑ tants de Mante.* Le lendemain les maçons travaillèrent audit bâtiment.

§ 231. **Démolition de la Citadelle** (1). — Le jeudi 29 avril 1615, monsieur le marquis de Rosny, duc de Sully, arriva à Mante, chargé de commission pour faire raser et démolir la citadelle. Il fit signifier le lendemain à monsieur des Barres, lieutenant pour le roi en ladite citadelle, d'en

(1) De la porte de Rosny.

sortir et mit en son lieu et place, monsieur de Milliaubourg, accompagné de douze habitants pour la garder jusqu'à ce qu'elle fut démolie. Ce qui fut fait le lendemain, au contentement des habitants, qui la démolirent par bandes alternativement. Les démolitions furent adjugées à messieurs de la ville. Le *boulevers* et éperon de dedans la ville étant ruinés et le fossé rempli, les habitants croyaient démolir les autres boulevers et éperons de dehors, mais le sieur de Rosny ne le voulut pas. Ce qui donna quelque soupçon aux habitants.

Au commencement du mois de mai M. de Bérauville, Grand Prévôt de l'Hôtel, arriva à Mante ayant commission de Sa Majesté de démanteler et ruiner lesdits boulevers qui restaient à la citadelle, et de faire conduire les armes, canons, poudres et autres munitions de guerre qui pouvaient y être, à l'Arsenal de Paris. Ce qui fut exécuté; la porte qui était dedans fut rendue libre après avoir été close vingt-cinq ans.

Les démolitions furent données aux capucins pour bâtir leur église et maison. En quoi on remarqua que la citadelle avait été bâtie des démolitions de l'église et charniers du cimetière et des maisons des faubourgs (§ 185), que ces démolitions servirent à faire reclore le cimetière de petites murailles et à bâtir l'église des capucins. Les tuiles de la citadelle se voient encore aujourd'hui aux capucins et couvrent leur cloître.

Le magasin qui était dans la citadelle était aussi beau qu'il se pouvait non seulement pour défendre la place, mais encore pour mettre quantité d'hommes aux champs, monsieur le Grand Maître de l'Artillerie (1) n'y ayant rien omis. Il y avait seize pièces de gros canons et deux petites, le tout de fonte, monté sur roues et affût; deux pièces de fer et plusieurs balles de fonte, cinq ou six mille livres de poudre à canon, quantité de mèches et balles de plomb pour armer quinze cents hommes de cheval et six mille hommes

(1) Sully.

de pied, avec quantité de grenades et autres artifices tant
pour défendre que pour attaquer

En 1616, les orgues de Notre-Dame ont été faites et ne
1651, elles ont été remaniées et peinturées et le bois fait de
neuf.

Installés à Mantes avant la construction de leur couvent de
Limay, les Capucins poursuivirent activement la démolition de
la citadelle de la porte de Rosny, dont les matériaux leur avaient
été promis et qu'ils eurent en effet. « Ils élurent pour leur père
temporel, maître Simon Letellier, docteur en médecine, médecin
du roi, bourgeois de Mantes ; et le père Constance, natif de
Paris homme très docte, pieux et dévot, *grand architecte*,
économe, fut élu gardien. Il le fut jusqu'à ce que le bâtiment
fut parachevé, puis fut ensuite gardien de Poissy, pour faire
bâtir en ladite ville, un monastère. Et mourut comme ce couvent était déjà bien avancé, le 20 février 1623, d'une fièvre
chaude, et gît en l'abbaye de Poissy (1). »

En l'année 1615, les chanoines de Notre-Dame, contestèrent
au corps de Ville, son droit antique de nommer les marguilliers. Il y eut procès comme d'habitude.

§ 232. Chapitre provincial des Cordeliers à Mante.
— Le mardi 14 juin 1616, le chapitre des pères Cordeliers a
été tenu et assemblé en leur couvent de Mante. Le jeudi 16,
ils vinrent en procession de leur couvent en l'église Saint-
Maclou, où un Cordelier prêcha. Le 17, on fit une autre procession de leur couvent aux Célestins. Le samedi fut occupé
à faire le Provincial, et le dimanche 19, ils vinrent encore
en procession à Notre-Dame, portant le Saint-Sacrement
sous un dais porté par quatre habitants de Mante, les rues
tendues avec les reposoirs ordinaires. Les religieux chantèrent la messe du Saint-Esprit et sur les cinq heures, ils
allèrent au cimetière. Le chapitre dura jusqu'au 22 du même
mois et fut élu Provincial, le P. Antoine Roussel, qui était
gardien du couvent de Mante, au lieu et place du P. Pierre
Bellot.

(1) CHEV.

Le samedi 3 septembre 1616, les maire et échevins reçurent commandement du roi, de faire bonne garde en la ville, craignant quelque remuement. L'ordre fut transmis aux capitaines.

Ces dernières mesures de précaution avaient pour cause l'arrestation du prince de Condé, à laquelle Marie de Médicis venait de se décider. Le caractère remuant de M. le Prince l'inquiétait depuis longtemps. Il était l'auteur, sinon le pivot de toutes les agitations qui troublaient le royaume depuis la mort de Henri IV. Les projets qu'on lui prêtait, les plaisanteries de ses amis criant partout : *Barre à bas*, par allusion à la barre de ses armoiries qu'il fallait enlever, l'intérêt de Concini, tout cela avait fini par lasser la patience des partisans de la Régente. Le prince de Condé fut arrêté au commencement de septembre, gardé au Louvre, puis transféré à la Bastille. Il y eut un peu d'émotion dans Paris, mais cela ne gagna pas la province (1).

Mais Marie de Médicis n'était pas tranquille sur l'issue de ce coup hardi. A tout hasard elle avait pris ses précautions, et en cas d'échec elle avait assemblé des troupes pour se mettre en sûreté à Mantes, ainsi que le raconte Bassompierre. « Je trouvai, dit-il, la Reine en jupe entre messieurs Mangot et Barbin (2), M. de Fossés un peu reculé. Elle me dit en arrivant :

« Vous ne savez pas pourquoi je vous ai envoyé quérir si » matin ? — Madame, ce lui dis-je je sais bien pourquoi ce n'est » pas. — Je vous le dirai tantôt, ce me dit-elle » ; puis continua de se promener près de demi-heure. Je m'approchay de Fossés, bien étonné de le voir là depuis que la Reine le chassa pour avoir accompagné le commandeur de Sillery (3) en sa disgrâce. Au bout de quelque temps elle entra en son cabinet avec ces susdits et me dit : « Je veux prendre prisonniers M. le Prince, » messieurs de Vendôme (4), du Maine (5) et de Bouillon. Je

(1) V. *Mém. de Richelieu*. Coll. Michaud.

(2) Claude Mangot, seigneur de Villarceaux, secrétaire d'Etat et garde de sceaux, Barbin, contrôleur des finances et secrétaire d'Etat.

(3) Probablement Pierre Brulard de Sillery, fils de Nicolas ; il fut disgracié en 1616 parce qu'il portait ombrage au marquis d'Ancre.

(4) César de Vendôme, fils légitimé de Henri IV et de Gabrielle.

(5) Henri de Lorraine, fils du duc de Mayenne.

» désire que les Suisses soient près d'ici à onze heures du
» matin, comme j'irai vers les Tuileries, pour, si je suis forcée
» par le peuple de quitter Paris, me retirer avec eux à Mantes.
» J'ai mes pierreries dans un paquet et quarante mille écus en
» or que voilà, et emmenerai mes enfans avec moi, si, ce que
» Dieu ne veuille et que je ne pense pas, j'y suis forcée, étant
» toute résolue de me soumettre plutôt à quelque péril et
» inconvénient que ce soit, que de perdre mon autorité et de
« laisser périr celle du Roi (1). »

Le prince de Condé ne fit aucune résistance et Marie de
Médicis ne fut pas obligée de demander protection au Château
et aux remparts de Mantes.

L'hôtel du maréchal d'Ancre fut pillé et saccagé de fond en
comble par le peuple. Puis quand il n'y eut plus rien à piller ni
à briser, Paris rentra dans l'ordre. Le favori, cette année là,
en devait être quitte pour la destruction de ses meubles et de
sa maison. Le moment approchait où son cadavre, enlevé de
Saint-Germain-l'Auxerrois, allait être traîné par les rues de
Paris.

Concini et sa femme avaient accumulé sur leurs têtes toute
la haine aveugle que le peuple voue quelquefois à ceux qu'il
soupçonne être les auteurs de ses maux. Le maréchal d'Ancre
sentait l'orage s'amonceler autour de lui, mais son orgueil ne
pouvait se contenir : il humiliait toute la cour de l'éclat de sa
faveur et de sa jactance hautaine. Certain cependant de l'ini-
mitié du jeune roi, averti du complot qui se tramait contre lui,
il s'éloigna de la cour et gagna son gouvernement de Normandie. « Tant que l'hiver dura, le mareschal d'Ancre fist
divers voyages en Normandie, où il avoit enfin eu le château de
Caen, comme on luy avoit promis en donnant la citadelle
d'Amiens ; et il faisoit fortifier Quillebœuf. De sorte qu'il ne
fust point à Paris despuis que M. de Vitry fust en quartier,
jusques au vingt troisiesme d'avril, qu'il y arriva (2). » Richelieu dit également dans ses *Mémoires :* « Il ne faisoit qu'aller
et venir de lieu à autre, était toujours en voyage de Caen à
Paris et de Paris à Caen, ce qui avança sa mort, comme nous le
verrons bientôt (3). »

(1) Collect. Michaud, p. 117.
(2) *Mém. de Fontenay-Mareuil.*
(3) Collect. Michaud, p. 152.

De Paris à Caen, Mantes se trouvait sur son passage, et il dût s'y arrêter dans ses différents voyages. Concini y séjourna quelques jours avant de recevoir de Vitry le coup de pistolet qui devait mettre le favori du roi à la place du favori de la reine.

« L'an 1617, le 20 avril, passa par Mantes, accompagné d'un grand nombre de noblesse, le marquis d'Ancre, lequel dit aux habitants de Mante qui faisaient assez bonne garde à cause des troubles qui étaient en France, entre le roy et les princes, qu'il alloit à Paris pour faire la paix. Il ne croyait pas prophétiser, lorsqu'il dit de telles parolles, car il ne fut pas sitôt arrivé à Paris, qu'allant au Louvre, il fut tué d'un coup de pistolet, sur le Pont du Louvre, par monsieur de Vitry, capitaine des gardes du corps de Sa Majesté, le 24 dudit mois (1). »

Chévremont raconte longuement le meurtre du maréchal d'Ancre ; mais ce récit n'appartient pas à l'histoire de Mantes. Nous ne pouvions cependant passer sous silence le mot fatidique prononcé par Concini devant les habitants de la ville. Il allait faire la paix en effet, car lui mort, Luynes se mit à sa place. Bientôt après, Richelieu allait prendre dans sa main de fer les rênes du gouvernement et faire taire par l'autorité de son génie, et au besoin par la force et par la hache, tous ceux qui voudraient résister à son énergique volonté. La France fut alors vraiment unifiée et grande.

En 1617 eut lieu un procès entre les chanoines et les vicaires de Notre-Dame. L'un d'eux avait résigné son vicariat à un autre prêtre sans le consentement des chanoines. Ceux-ci prétendirent que les vicaires étaient à leur nomination et présentation, tandis que les vicaires ne voulaient relever que du roi, comme les chanoines. Un arrêt du Grand Conseil de 1618, condamna les chanoines, qui ne purent montrer aucun titre à l'appui de leurs prétentions. Il résulta de cet arrêt que les vicaires étaient de fondation royale, comme les chanoines, et qu'au roi seul appartenait le droit de nomination.

§ 233. **Entrée du roi Louis 13ᵉ à Mante**. — Le mardi 14 novembre 1617, sur les deux heures après midi, Louis treizième, roi de France et de Navarre, arriva pour la pre-

(1) CHRV.

mière fois à Mante, avec toute sa cour. Il fut très honorablement reçu par les ecclésiastiques, juges, maire, échevins et habitants de la ville. Ceux-ci furent au devant du roi jusqu'à la pointe de Courjon (Courgent?), tous en armes, marchant *sous le drapeau de la ville*; et étaient cinq cent cinquante hommes en bon ordre, conduits par M. de Mallebranche, capitaine de la Bourgeoisie. Les magistrats furent devant le grand cimetière, avec le maire et les échevins, lui présenter les clefs de la ville. Mⁿᵉ Jean Lecouturier fit une belle harangue, offrant les cœurs, la vie et les biens des habitants au roi, qui promit qu'il leur serait bon roi. Ce fait, il entra en ville. Messieurs du clergé, en corps, revêtus de surplis et de chapes, le doyen tenant une croix d'argent, attendaient à la porte de l'église pour recevoir Sa Majesté. Mais elle fut droit au Château, où les maire et échevins, accompagnés de leurs massiers, lui firent quelques présents. Sur l'eau, on avait fait dresser dans un bateau des feux d'artifices, pour donner du plaisir au roi. On tira plusieurs boîtes, fusées et pétards après que le roi eut soupé. Il était à une fenêtre de la grande salle du Château, et M. de Luynes à une autre, avec plusieurs autres seigneurs de la cour, qui regardaient jouer le feu d'artifice, qui dura bien une bonne heure et demie (1). Le lendemain de grand matin, le roi fut à la messe à Notre-Dame, où il fut reçu par messieurs du chapitre. Mⁿᵉ Simon Faroul, doyen, lui fit une harangue. Après la messe le roi partit pour Rouen. L'évêque de Soissons, qui était autrefois grand vicaire de Pontoise, a prêté le serment de fidélité au roi, le jour de son arrivée à Mante.

Louis XIII se rendait à Rouen pour y faire l'ouverture d'une assemblée considérable de *Notables*, destinée dans la pensée de Luynes, à continuer les Etats de 1615 brusquement interrompus par les troubles et dont les cahiers n'avaient pas reçu de réponse. Voici comment le médecin de Louis XIII, Jean Héroard, rend compte dans son *Journal*, du passage du jeune roi, à Mantes : « Le mardi 14 novembre 1617, il part de Saint-Germain ; à l'entrée du bourg, M. d'Epernon revenant de Guise

(1) Suit une longue description des pièces d'artifices.

lui fait la révérence. Il soupe à Mante pour la première fois. Il joue à la paume ; il dîne à Fresne. »

De Mantes, le roi s'en alla à Vernon.

Au retour de l'Assemblée de Rouen, Louis XIII repassa par le chemin qu'il avait déjà suivi. « Le 30, samedi (décembre 1617.) — En chassant, dit encore Héroard, il arriva à Mante. » Il venait de Gaillon et de Vernon. « Le 31, dimanche. — Il va à la messe à Notre-Dame et à sept heures entre en carosse et part de Mante. Va à Fresne où il arrive à neuf heures et où il a dîné. »

Louis XIII revint à Mantes en 1619, ainsi que le dit Héroard. « Le 7 octobre, lundi, à Mante. — Il mangea une petite grappe de *raisins de Corinthe,* de ceux qui viennent de lui être présentés par l'un de ses médecins, qui était M. Le Tilien (1) demeurant à Mante. Il part de Mante, arrive à Marcine, maison de M. le Chancelier Brulard, sieur de Sillery, où il a déjeûné et couché. »

Nous voulons bien croire que le médecin Letellier présenta à Louis XIII des raisins de Corinthe, mais on trouve dans un compte de 1619, que la ville offrit à la sœur du roi, simplement *des raisins de Follainville.* Le compte est à la date du 5 octobre. On avait aussi fait dorer quatre clefs pour en présenter, deux au roi et deux à la reine Anne. Quand la réception fut terminée, on paya 32 livres à l'exempt de la reine et 43 livres 15 sous à l'exempt du roi, pour rentrer en possession de ces clefs. Louis XIII logea au Château et la ville dépensa XVI sous pour faire nettoyer les appartements.

Louis XIII venait de voir Marie de Médicis, en Tourraine, et avait été déconseillé de rentrer à Paris, à cause d'une épidémie qui y régnait. Il alla ensuite à Compiègne et à Chantilly (2).

§ 234. **Conversion du marquis de Rosny.** — Le 28 septembre 1619, monsieur le marquis de Rosny, gouverneur de Mante, fut à la messe en l'église Notre-Dame, où fut chanté le *Te Deum* en musique. Sa conversion apporta une grande joie aux habitants de la ville (3).

---

(1) C'est Letellier qu'il faut lire, celui-là même qui dirigeait les capucins de Limay, et dont il est parlé ci-dessus.

(2) V. *Mém. de Pontchartrain* et de *Bassompierre.*

(3) Ajouté dans la ms. Marion.

Pendant que Sully se décidait à rentrer dans le giron de l'église, une conférence publique avait lieu à Mantes entre le ministre de Limay et le père François Véron de la compagnie de Jésus. La discussion qui eut un certain éclat eut lieu chez le Lieutenant-Général Le Couturier. Le ministre Isaac Chorin et non Chauvin, comme l'appelle Chévremont, argumenta pendant deux jours sur l'éternelle question de la Cène et sur les textes favorables aux opinions si divergentes des protestants eux-mêmes. Le père Véron, dit Chévremont, le convainquit « de n'avoir aucun texte en forme expresse dans la Bible pour la Cène, ni même aucun dont on put tirer aucune conséquence favorable pour leur profession de foi. et pour donner assurance de la vérité de leur réformation, de la part de Dieu et non des hommes qui sont fautifs. Chorin prit la fuite et laissa la victoire au père Véron (1). » On trouvera toute cette longue discussion dans le manuscrit de Chévremont.

Isaac Chorin était depuis longtemps ministre à Limay, où du reste il ne paraît pas avoir vécu en paix avec les prêtres catholiques. Il existe à la mairie une longue et curieuse information en sa faveur et dirigée contre le Frère Pierre Lalenne, qui pendant une prédication de l'année 1605, lui avait adressé en pleine chaire, à lui et à sa femme, les outrages les plus sanglants. Il l'avait traité de moine apostat et de paillard; quant à sa femme, c'était également une paillarde et pis encore. On trouve dans l'information l'analyse de plusieurs sermons de Frère Lalenne; la violence de quelques-unes de ses expressions prouve que c'était un digne émule des prédicateurs de la Ligue; aucun mot grossier ne le gênait. Nous ne connaissons pas le jugement qui s'ensuivit, mais il ne doit pas lui avoir été favorable.

Une autre conférence remarquable avait encore été ouverte à Limay, au mois de juillet 1610. Les deux adversaires en présence étaient François de Harlay de Campvalon, abbé de Saint-Victor et depuis archevêque de Rouen, et Beaulieu, ministre au Plessis-Marly, et père du célèbre Louis Le Blanc de Beaulieu. Le sujet de la conférence fut encore l'établissement du sacrement d'Eucharistie. Beaulieu arriva à Limay le 8 juillet et disputa deux jours après avec l'abbé de Saint-Victor.

(1) Le P. Véron était curé de Charenton et s'était acquis une sorte de réputation par ses controverses avec les protestants. Il avait l'habitude d'assister au prêche pour mieux combattre les ministres. Il a publié cette dispute.

414 CHRONIQUE DE MANTES [1621]

Voici maintenant une discussion d'une autre nature entre le curé de Sainte-Croix et les chanoines de Notre-Dame ; elle indique la position singulière que faisait au clergé de Mantes, l'absence de séparation des deux paroisses de la ville. Elle est longue, mais elle renferme plus d'un détail intéressant sur d'anciens usages.

§ 235. **Différend entre le curé de Sainte-Croix et le Chapitre**. — Le 11 mars 1621, M⁰ Charles Purget, curé de Sainte-Croix et chanoine de Notre-Dame, obtint un arrêt du Grand Conseil, à son profit, contre le doyen et les chanoines, pour la désunion de la prébende annexée à la cure par Monsieur frère du roi (Gaston d'Orléans) et sur plusieurs autres chefs concernant les fonctions curiales. Le curé, par ledit arrêt, fut maintenu en ses fonctions ; défense aux doyen et chanoines de l'empêcher ; l'annexe de la prébende déclarée être duement faite ; et qu'à l'avenir ledit Purget ferait l'eau bénite et la messe paroissiale basse, entre huit et neuf heures ; que ledit Purget, comme curé, donnerait la bénédiction aux prédicateurs, le doyen étant absent. Sur ce que les doyen, chanoines et vicaires voulaient empêcher de prendre les vicaires de l'église aux convois, et de mettre des bancs dans la nef, *pour seoir lesdits vicaires*, il fut dit, par le même arrêt, que les bancs seraient apposés dans la nef, au-dessous de la chaire, que les vicaires pourront aller à tous convois où le curé les mandera, s'ils sont de ce requis par les parents des défunts, même tous autres prêtres mandés par ledit curé ; que les doyen, chanoines et chapitre ne pourront exercer aucune juridiction sur ledit Purget, en ce qui concerne les questions curiales ; demeurant au surplus, au chapitre, autorité et supériorité en ladite église Notre-Dame de Mante.

Le 1ᵉʳ novembre 1619, les chanoines et vicaires commencèrent à porter journellement leurs manteaux longs, qu'ils ne portaient que les dimanches et fêtes. Les jours ordinaires, ils portaient un petit chaperon sur leurs épaules. En 1617, Michel Douillet, vicaire non ordonné, avait élevé la prétention d'ajouter *un lacet de soie violet* à sa chape noire. Il y eut procès (1). Les chanoines portaient l'aumusse grise et avaient des parements à leurs chapes, les vicaires n'en avaient pas.

En 1621, le blé fut cher et le commerce anéanti ; à la foire de Toussaint, on fit défense à toute personne d'enlever du vin du marché, parce que l'on craignait que l'on en enlevât pour munir les villes rebelles (2). Ceux de la religion n'en pouvaient acheter plus d'un muid, ce qui coupa pied au commerce (3).

Maître Charles Purget, dont il est ici question, bachelier en droit-canon, était d'abord prieur de Saint-Julien-lès-Mantes, et chapelain de la Madeleine-lès-Comtesse-lès-Meulan. Nommé en 1617, curé de Sainte-Croix et chanoine de Notre-Dame, en vertu des lettres du roi et de la collation de l'évêque de Chartres, il se vit disputer ces deux titres par la municipalité, excitée par le chapitre. Il s'était aliéné l'esprit des chanoines, en prenant fait et cause à son arrivée, pour le vicaire Cardin Leroux, dans le procès dont il est parlé à l'année 1617. Ce différend se dénoua, comme on voit, par l'arrêt prononcé en 1621 (4).

§ 236. **Entrée de l'Evêque de Chartres.** — Le jeudi 18 juin 1621, Léonard d'Etampes (5), évêque de Chartres, fit son entrée à Mante. Il descendit de carosse devant l'église du Cimetière, y entra et fit sa prière, entouré de Mre Grenel, archidiacre de Chartres et d'un grand nombre de curés de l'archidiaconné, revêtus de surplis et de chapes. Etant sur le pas de la grande porte, prêt à sortir du Cimetière, Maître Nicolas Le Masson, avocat, maire de la ville, suivi des autres officiers, se présenta devant l'évêque et lui fit une ha-

(1) V. *Archives de N.-D.* Liasse 1.

(2) L'année 1621 fut signalée par la révolte des villes protestantes. Le duc de Rohan était le chef des réformés et plusieurs villes, comme La Rochelle, Montauban, Clérac, furent assiégees.

(3) « Le 28 août, par assemblée générale, il fut permis aux RR. PP. Capucins de prendre un filet d'eau de la Fontaine. » CHR. C'est le filet d'eau qu'on voit encore couler sur le chemin qui conduit aux Moussets.

(4) V. CHEV.

(5) Léonor d'Etampes et de Valencay, d'abord abbé de Bourgueil, de l'ordre de Saint-Benoit et de Saint-Martin de Pontoise, mort archevêque de Reims en 1651. Il en sera longuement parlé un peu plus loin.

rangue. Et après qu'il y eut été répondu par ledit sieur évêque, celui-ci s'achemina en ladite ville, où il entra par la porte aux Saints. Mre Jean Le Couturier, Lieutenant-Général, assisté de tous les officiers du Présidial, lui fit aussi une harangue et après réponse faite sont venus à Notre-Dame. Les rues étaient, depuis la porte aux Saints, jusqu'à Notre-Dame, tendues en blanc. Messieurs du Chapitre assistés de tout le clergé, vinrent au-devant de mondit seigneur évêque jusque proche l'Hôtel-Dieu, *entre les deux lions,* où étant, maître Simon Faroul, doyen, présenta l'eau bénite et fit une harangue en latin. Laquelle étant finie, ils s'en allèrent en l'église, où fut chanté le *Te Deum* en musique, les cloches sonnantes. Le jeudi 25, jour du Saint-Sacrement, ledit seigneur de Chartres fit l'office.

La place de l'Etape était alors coupée parallèlement à la façade de l'église, par une sorte de terrasse, correspondant peut-être à quelque mur de l'ancienne enceinte de Notre-Dame. On descendait de cette terrasse sur la place par un escalier de quelques marches, de chaque côté duquel se trouvaient deux lions de pierre. Cet escalier était en effet assez près de la porte de l'Hôtel-Dieu, comme l'indique cette relation de l'entrée de Léonor d'Etampes.

§ 237. Chapelle du Nom de Jésus et de Sainte-Barbe.

— Les cinquante arquebusiers-arbalêtriers ont fondé une chapelle en l'église Notre-Dame, sous le titre du saint Nom de Jésus et de Sainte-Barbe, en 1622.

Les orgues des Cordeliers furent faites en 1624.

En l'année 1626, les quatre grosses cloches qui sont dans la tour de Notre-Dame du côté de l'Hôtel-Dieu, ont été faites et nommées, savoir : Une Marie, une autre Anne, une autre Rénée, et l'autre Agnès.

La grande rose de la façade de Notre-Dame était en mauvais état, et il devint en 1625, tout-à-fait urgent de la réparer. Il fut ordonné d'y pourvoir le 8 juillet. La première pierre de la reconstruction, fut posée par le Lieutenant-Général Le Couturier, le 6 août. On y replaça les vieux vitraux du XIIIe siècle, dont les vingt-quatre panneaux, représentent autant de scènes de l'Apocalypse.

Le 6 juillet de la même année, le maire de Mantes fit publier un arrêt du Parlement, qui lui attribuait la police de la ville, tant au civil qu'au criminel, que lui disputait le Prévôt.

Enfin, le 20, le marché franc du mercredi fut rétabli, mais nous ne savons pas à quelle occasion, ni quand il avait été suspendu (1).

La Poste de Mantes fut aussi rétablie au mois d'avril 1624, après avoir été supprimée pendant *plus de cent ans*. Le maître de poste fut reçu par devant le maire et les échevins (2).

§ 238. **Miracle de St.-Marcoul.** — Le 22 janvier 1626, la nuit du vingt-un au vingt-deux janvier, quantité de voleurs étant furtivement entrés dans l'église Notre-Dame, à dessein de piller et voler tout ce qu'ils trouveraient de riche, ils se transportèrent à la porte du *revétier* (3) où ils brisèrent et rompirent quatre fortes serrures, et ayant fait ouverture d'icelle, et encore crocheté deux autres grosses et puissantes serrures du coffre où était l'argenterie de l'église, et des armoires où étaient les calices d'argent qui servent tous les jours aux messes ordinaires, ils se mirent en effet à enlever tout. Mais étant survenu une lumière extraordinaire, ainsi que quelques-uns de ces voleurs ont confessé entre les mains de la justice, ils furent si fort épouvantés, qu'ils abandonnèrent la place et s'enfuirent, n'ayant oser toucher à cette argenterie.

Le 3 février suivant on nomma sur la demande des chanoines, un gardien pour coucher dans l'église et veiller sur les richesses qu'elle renfermait (4).

Peu de temps après cet événement merveilleux, l'évêque de Chartres fit une nouvelle visite des châsses. Nous en prendrons occasion pour remplir la promesse tant de fois faite, de résumer à l'époque où nous sommes parvenus, l'histoire des célèbres

(1) CHEV.
(2) *Ibid.*
(3) La sacristie.
(4) V. Archives de la Mairie.

27

reliques dont il a été si souvent question et qui jouent un rôle si considérable dans les anciennes cérémonies religieuses de l'église Notre-Dame. Nous nous servirons, comme nous l'avons dit, pour nous aider dans ces recherches et élucider cette question délicate, de la brochure si intéressante de M. A. Benoit, *Saint-Marcoul abbé de Nanteuil-en-Colentin; Recherches sur le culte de ses reliques à Mantes* (1), et d'une autre de M. Ed. de Barthélemy: *Notice historique sur le prieuré de Saint-Marcoul de Corbeny* (2). Notre *Chronique* elle-même nous fournira quelques éléments de discussion.

Marcou, Marcoul ou Marculphe, naquit à Bayeux vers la fin du v⁰ siècle, d'une famille riche et considérable. Animé d'une grande piété, lorsqu'il fut libre de disposer de ses biens, il les distribua aux pauvres et se retira à Coutances auprès de l'évêque qui était alors saint Possesseur. Comme il avait une grande instruction et qu'il était doué d'une éloquence persuasive, il se fit prêtre à trente ans et se voua à l'évangélisation des populations payennes qui l'entouraient. Il obtint du roi Childebert, le don d'un lieu nommé Nanteuil et y établit une abbaye qui fut bientôt peuplée de nombreux religieux, parmi lesquels les plus connus sont saint Domard et saint Cariulphe ou Charioul. Après avoir fondé encore plusieurs monastères sur le modèle de celui de Nanteuil, il fit un voyage à Compiègne auprès de Childebert et mourut au retour, le 1ᵉʳ mai 558, entre les bras de saint Lô, évêque de Coutances, à Nanteuil où il fut enterré. Quant à ses compagnons, Domard et Cariulphe, sur lesquels on sait peu de chose, leur plus grande gloire fut d'avoir toujours leurs noms associés à celui de leur abbé.

Le corps de saint Marcoul, à Nanteuil même, était déjà en grande vénération. Sa sainteté était attestée au vii⁰ siècle par Hernuin, abbé et successeur de Marcoul et par saint Ouen, archevêque de Rouen. Bientôt les Normands parurent dans le Cotentin et lorsque les religieux furent témoins de leurs dévastations, de leurs rapines et de leurs sacrilèges, ils n'eurent plus qu'une préoccupation : sauver les restes de leur fondateur pour les soustraire aux outrages des hordes barbares qui remplissaient d'effroi la France entière.

(1) Br. in-8⁰ de 25 p. Chartres 1874.
(2) Br. gr. in-8⁰ de 206 p. Paris 1876.

C'est alors qu'ils abandonnèrent Nanteuil, en emportant avec eux les corps vénérés de Marcoul et de ses deux compagnons, Domard et Cariulphe. Leur intention était de venir se réfugier derrière les remparts de Paris, qui étaient seuls en état de résister aux attaques des Normands.

C'est ici que les légendaires ne sont plus d'accord. Les uns veulent que les corps des saints Domard et Cariulphe aient été laissés à Mantes et que celui de saint Marcoul ait été porté jusqu'à Corbeny-en-Laonnois (Aisne), entre Laon et Reims, où se trouvait alors le roi Charles le Simple. Suivant la tradition recueillie à Mantes, au contraire, les trois corps avaient été cachés au x° siècle dans la campagne de Rosny, où ils restèrent ignorés pendant trois cents ans. On ne voit pas bien, à la vérité, ce qui put empêcher les religieux de Nanteuil de venir jusqu'à Mantes, et de remettre leur dépôt aux mains du clergé de la ville. La contrée étant boisée, ils pouvaient très bien se cacher et attendre un moment favorable pour entrer dans la ville, plutôt que de confier leurs reliques à la terre. Mais enfin puisque telle est la légende, voyons comment elle se concilie avec celle de Corbeny qui semble avoir pour elle toutes les preuves historiques.

Les prêtres de Mantes soutenaient la légitimité de la possession du vrai corps de saint Marcoul. Les bénédictins de Corbeny n'étaient pas moins affirmatifs. La divergence des deux traditions donna lieu à une vive polémique entre Simon Faroul, doyen de Mantes et dom Oudard Bourgeois, prieur de Saint-Marcoul de Corbeny.

Les deux adversaires également animés l'un contre l'autre, écrivirent chacun un livre en faveur de leurs thèses : Simon Faroul cita 33 miracles opérés par les mérites du saint à Mantes ; dom Bourgeois en opposa d'autres ; mais ce qui était plus décisif, au point de vue de la vérité historique, il cita des documents bien antérieurs à ceux que pouvait fournir Simon Faroul. On est forcé, après examen, de reconnaître que les religieux de Corbeny semblent être plus dans le vrai que le doyen de Notre-Dame.

L'intercession de saint Marcoul avait, dit-on, le pouvoir de guérir des écrouelles tous les malades qui le priaient, et encore mieux ceux qui pouvaient toucher ses reliques. Ce serait de ces dernières que les rois de France auraient reçu le don de guérir, après leur sacre, les scrofuleux qu'ils touchaient. Le roi

Robert, suivant quelques historiens, avait le premier touché
les malades, et Guibert de Nogent, à propos de Louis le Gros,
en parle comme d'un usage déjà ancien (1). Quant à l'origine de
ce pouvoir, on la faisait dériver, soit de l'onction du sacre, soit
de l'intercession de saint Marcoul: « Et, en effet, ce n'est
qu'après s'être rendus dans le monastère (de Corbeny) et avoir
adressé des prières au saint, que les rois touchaient les malades (2). »

Tandis que suivant la tradition de Mantes, les religieux de
Nanteuil quittaient seulement leur abbaye en 915, en emportant
leurs précieuses reliques, Corbeny était déjà en possession des
siennes depuis plus de dix ans. Cela est prouvé d'une façon
authentique. Un diplôme de Charles le Simple de 905, raconte
justement les adversités des religieux de Nanteuil, la cause de
leur exil, leur arrivée à Corbeny et le don très important que
leur fit le roi, de terres suffisantes pour y vivre et y élever un
monastère.

Ainsi, lorsqu'à Mantes on fit l'invention des reliques, en
1215, 1250 ou 1343, il y avait longtemps que le corps de saint
Marcoul était en vénération à Corbeny et que les rois de France
y faisaient une visite traditionnelle le lendemain de leur sacre,
à la suite de laquelle ils touchaient les malades.

Tout ceci se trouve confirmé encore par d'autres actes indiscutables. Hugues Capet approuva les dons de ses prédécesseurs
et les augmenta. Saint Louis offrit au prieuré une châsse précieuse et institua une confrérie dont il voulut être le premier
confrère. Tous les rois, dans la suite, accordèrent quelque
faveur à Saint-Marcoul de Corbeny.

Tandis que le prieuré du Laonnais recevait les reliques du
saint d'une façon toute naturelle, Mantes, au contraire, n'entrait en possession des siennes que par une intervention mira-
culeuse. Des bergers, on se le rappelle, virent un jour dans un
champ au val de Rosny, une verdure extraordinaire dont leurs
moutons s'efforçaient en vain d'approcher. Emerveillés et surpris, ils vinrent à Mantes prévenir le clergé et les officiers de
la ville. On fouilla l'endroit, et on y trouva un grand étui de
bois *en forme de trois chapiteaux*, où étaient enfermées trois
châsses portant les noms des saints de Nanteuil.

(1) V. la notice de M. de Barthélemy.
(2) *Ibid.*

Tous les manuscrits de Mantes diffèrent sur la date de cette invention et rien n'annonce dans les documents irrécusables, que le culte des trois saints y fut en faveur avant le commencement du XIVᵉ siècle ; dans l'*Inventaire de 1543*, on n'en trouve aucune mention avant 1303. Chévremont la place plus tard encore, en 1353, mais il doit se tromper.

On remarque de plus, que dans la procession de 1283 (§ 61), il n'est nullement question qu'on ait sorti les châsses, comme cela se pratiquait dans les occasions solennelles, et notamment en 1448, à l'arrivée du chancelier d'Angleterre (§ 149). M. Benoît cite l'article premier de l'inventaire de Jean Philon (1), dressé en 1383, où on lisait cette mention très peu précise : « Premièrement, un grand repositoire de fust en manière de châsse, auquel sont les ossements des trois corps saints *que l'on dit pièça* avoir esté treuvez au chemin de Rouen et apportez en ceste église Nostre-Dame. »

En 1451, une châsse neuve couverte en argent *(Argento circumdata)* par un orfèvre de Rouen, étant arrivée à Mantes, le clergé profita de la visite de l'évêque de Chartres, Pierre Beschebien, pour faire procéder à la translation qui eut lieu le 19 décembre. « Cette grande et solennelle cérémonie eut pour témoins : Jean, abbé d'Ivry, au diocèse d'Evreux ; Jean, abbé de Notre-Dame de Coulombs ; Robert, abbé de Neaufle-le-Vieil, ordre de Saint-Benoît ; Guillaume, abbé de Granchamp, ordre de Prémontré ; Regnaud, prieur de Saint-Honoré de Blois, official de l'évêque ; le maire et les échevins de Mantes et un très grand nombre de bourgeois et d'habitants des deux sexes (2). »

Les châsses furent ouvertes une seconde fois, le 7 juin 1613, par Philippe Hurault de Cheverny, évêque de Chartres. Enfin une troisième fois non citée par les manuscrits de Mantes, le 15 mai 1636, par Léonor d'Etampes de Valençay, abbé de Bourgueil, et successeur de Philippe Hurault, à l'évêché de Chartres, en 1621.

M. A. Benoît a publié les deux premiers actes de visitation. L'acte de 1636 dont nous avons retrouvé une copie à la mairie, est presque littéralement semblable aux précédents procès-verbaux, sauf les noms des personnes ; il est donc inutile de le publier en entier. Cependant, dans les documents cités par

(1) Aubé le nomme Bullon. V. § 73.
(2) V. A. Benoît. *Loc. cit.*

M. Benoît, nous remarquons comme dom Oudard Bourgeois l'avait fait dans ceux cités par Simon Faroul, qu'il n'est nullement question de saint Marcoul, mais seulement des reliques de ses deux disciples. Le prieur de Corbeny en conclut que Mantes n'a jamais possédé que les reliques des saints Domard et Cariulphe.

Y a-t-il eu en 1451 et en 1613, *un acte séparé* pour la visitation de la châsse de Saint-Marcoul et un autre pour les châsses de ses campagnons, comme paraît le penser M. Benoît ? Nous l'ignorons, et les titres de Corbeny nous empêchent de nous prononcer. Comment se fait-il aussi que Simon Faroul, qui pouvait le connaître, n'ait pas cité celui qui concernait saint Marcoul pour l'opposer à son adversaire ? Car, si cet acte a été détruit à la Révolution, il devait exister à l'époque du décanat de Simon Faroul, et il lui était important d'en publier une copie.

Ce qui est constant, c'est que dans le procès-verbal de 1636, le notaire Jacques Mullot nomme seulement le chef de saint Marcoul et d'autres fragments de reliques, sans rien dire des deux autres saints. Voici le passage le plus important : « *Has venerandas gloriosi et sancti Marculphi et præsertim illius capitis seu cranii separatim in linteis décentè reposili reliquias, cum mullis particulis et frustis Reliquiarum sancti Stephani, sanguinis Joannis Baptistæ, Vestimenti Beatæ Mariæ Virginis, Scti Petri Apostoli, sti Joannis evangelistæ, Stæ Crucis, sudarii et sepulchri Domini, sti Leodegarii et sti Calixti papæ visitavit* (1). »

Les témoins les plus importants de cet acte étaient Jean Edeline, archidiacre de Poissy, licencié en droit; Oudard Gervais, chanoine de Chartres, Simon Faroul, doyen de Notre-Dame, Guy Chambort, Jean Coquereau, Jean Fleurette, Robert Guériteau et Arnoul Lhuissier, chanoines de Mantes ; Charles Barquillet, seigneur du Breuil, maire de la ville ; Jean Barbereau, docteur en médecine, Noel Besançon, procureur, Jean du Tot, avocat, et Antoine Bequet, échevins de la ville ; Nicolas Coulon, prévôt royal ; et Barthélemy Rével et Louis Santerre marguilliers.

_____

(1) « Il visita ces vénérées reliques du glorieux saint Marcoul et spécialement sa tête ou son crâne, placée décemment à part dans ses enveloppes, avec beaucoup de particules et fragments de reliques de s. Etienne, du sang de s. Jean-Baptiste, de la robe de la vierge Marie, de s. Pierre, apôtre, de s. Jean l'évangéliste, de la sª Croix, du Suaire, du Sépulcre, de s. Léger et de s. Calixte, pape. »

On peut comparer la rédaction de ces actes à celle de notre *Chronique* où la présence des reliques de l'abbé de Nanteuil paraît tout-à-fait affirmative. En 1451, Pierre Beschebien retire les restes de saint Marcoul de leur vieille châsse, pour les mettre dans celle couverte d'argent, tandis qu'il mélange les ossements de Domard et Cariulphe et en fait deux parts qu'il place dans deux châsses neuves en bois. En 1613, la *Chronique* semble préoccupée de répondre à de discrètes critiques ou même à des doutes :

« On vit et regarda ce qu'il y avait dans lesdites châsses *d'autant que quelques personnes croyaient qu'il n'y eut rien dedans.* » On trouva dans chaque châsse des procès-verbaux différents relatifs à chacune des reliques ; Philippe Hurault montra à l'assemblée celles de saint Domard et de saint Cariulphe, mais quant à celles de saint Marcoul, il ne les fit point voir « disant qu'il fallait mieux croire que voir ; » ce qui pouvait cependant être aussi judicieux pour toutes.

La rédaction des § 18 et 50 semble aussi impliquer que les trois corps étaient entiers, tandis que le procès-verbal de 1451 prouve au contraire, qu'il n'y avait que des fragments d'os avec les têtes. Cela indiquerait au moins un petit arrangement postérieur, dans la rédaction de la tradition primitive. De plus, pendant qu'à Mantes, suivant Simon Faroul, les évêques de Chartres montraient au peuple, ou touchaient « le chef et les reliques de saint Marcoul » (§ 225), les évêques de Laon à Corbeny, faisaient aussi l'ouverture de l'autre châsse et montraient également les précieux restes. En 1229, *le corps fut trouvé entier*, par l'évêque Anselme de Mauni, lors de la translation dans la châsse donnée par saint Louis. La tête fut alors détachée pour la mettre dans une châsse particulière. Le 1er octobre 1295, nouvelle translation *du corps* dans une châsse plus riche encore, donnée par Philippe le Bel. En 1471, le corps était encore complet.

Le chef de Saint-Marcoul, fut dérobé cependant une première fois, puis retrouvé. Mais en 1637, il fut pris de nouveau e depuis jamais on n'en retrouva la trace. Enfin le 16 avril 1649, la châsse fut encore ouverte pour en retirer une vertèbre demandée par le roi.

De ce long exposé, il résulte pour nous, comme pour M. E. de Barthélemy et dom Oudard Bourgeois, que les titres de Corbeny à la possession du corps de saint Marcoul, étaient beaucoup plus anciens et plus authentiques que ceux de Mantes. Aussi ne pouvons nous mieux terminer cette partie de l'histoire de notre ville, qu'en citant les conclusions du prieur de Corbeny, qui ne niait point les trente-trois miracles énumérés par Simon Faroul : « Et ainsi sur cette raison, j'accorde à messieurs de « Mantes qu'ils possèdent dans la châsse quelques petites reli- « ques de saint Marcoul, si toutefois ils n'ayment mieux attribuer « toutes ces merveilles aux corps de ses glorieux compa- « gnons. »

Des châsses et des reliques de saint Marcoul et de ses deux campagnons, la Révolution n'a rien respecté, que les deux pro- cès-verbaux si intéressants publiés intégralement par M. A. Benoît et qui font partie, croyons-nous, de sa précieuse collec- tion de documents de toutes sortes.

Nous renvoyons à sa brochure pour le texte complet de ces deux chartes, mais nous donnons ici le sceau de l'évêque Pierre Beschebien qui est appendu à celle de 1451 (1). Il est ovale, en cire rouge, haut de 7 centimètres sur 4 1/2, et est attaché par

(1) Cette gravure nous a été communiquée sur la recommandation de M. A. Benoît, par M. Ed. Garnier, imprimeur à Chartres.

deux lacs de soie verte. Il représente la Vierge assise sous un riche dais gothique, et allaitant l'enfant Jésus. Au-dessous, l'évêque est à genoux tenant sa crosse entre les mains. A droite et à gauche sont deux écus à ses armes qui sont de... à deux croissants figurés adossés de... Il porte en bordure la légende suivante :

Sigillu : Petri : Dei
Gra : epi : carnoten :

Les ossements vénérés par la population Mantaise pendant plusieurs siècles, furent dispersés sans avoir laissé de traces. Quant aux châsses qui étaient couvertes d'argent, elles allèrent, pour obéir aux décrets de la Convention, se fondre dans les creusets de la Monnaie, et servir à payer les soldats qui défendaient avec tant de gloire et de constance, le sol de la France envahi par l'Europe entière.

A toute cette discussion, ajoutons encore quelques détails qui compléteront ce qu'on vient de lire. Les célèbres châsses étaient conservées anciennement dans le *revétier* ou chambre du chapitre, qui se trouve au-dessus de la sacristie. On ne les exposait qu'à certains jours. En 1613, elles furent placées définitivement sur un reposoir en bois, dans le chœur, derrière le maître-autel.

En plus des trois châsses des trois saints de Nanteuil, il y en avait une autre, plus belle encore, contenant des reliques de sainte Agathe. Elle était couverte d'argent, et d'après un naïf dessin que nous en avons vu, elle était en forme d'édicule ou de chapelle, avec une flèche sur le milieu. Ce devrait être une de ces belles œuvres d'orfèvrerie, comme il y en avait tant dans les trésors des églises, et que la Révolution a fondues sans pitié (1).

Les quatre châsses de Notre-Dame sortaient tous les ans le premier mai et dans les temps de calamités publiques. Du 1er au 8 mai, elles restaient exposées en dehors de la grille du chœur sur de hauts tréteaux recouverts de draperies blanches. Les fidèles passaient trois fois sous les châsses et embrassaient ensuite le médaillon de verre sous lequel se trouvaient les reliques.

(1) Celle-ci fut faite par un nommé Pinard de Limay, et coûta 2.000 livres. (Note de M. Guérin père).

L'honneur de porter les châsses était un privilèges des *officiers* ou aides du pont. Après eux, l'honneur revenait aux habitants de Gassicourt, parce qu'elles avaient été trouvées sur leur territoire.

L'argent des châsses de Mantes, en 1792, fut estimé par M. Delaval, orfèvre, le père de celui de qui M. A. Benoît a reçu les deux procès-verbaux qu'elles contenaient (1).

§ 239. **Etablissement des Ursulines**. — Les Ursulines ont été établies à Mante, le 27 octobre 1629, par Monsieur Guériteau, curé de Sainte-Croix et chanoine de Notre-Dame. Et pour ce il fit venir quatre religieuses de Pontoise, d'un couvent de Sainte-Ursule qui y est établi. Il fonda la messe conventuelle.

En 1635, le jour de la Trinité, pendant la *Donnée* du pain, une muraille de l'île Champion s'écroula et tua plusieurs personnes (2). C'était sans doute quelque pan de mur du petit chatelet ou porte qui se trouvait sur le milieu du pont et qui n'était plus entretenu depuis quelque temps.

§ 240. **La Confrérie de Sainte-Julienne**. — Le jeudi 7 mai 1637, la confrérie de Sainte-Julienne a été établie en la paroisse Saint-Pierre des faubourgs de Mante, au grand autel, au retour de la procession faite par le sieur curé de cette paroisse et les habitants de Mante, en l'église Saint-Germain-au-Val, près de Dourdan, à quatorze lieues de Mante, pour la contagion qui avait été pendant douze ans à Mante. [Les membres de la confrérie] firent apposer un tableau sur le grand autel de Saint-Pierre, représentant le martyre de sainte Julienne, et percer deux vîtres aux deux côtés. Ils firent aussi faire la grande colonne, l'entablement, le tabernacle et le marchepied de l'autel, qui revinrent à six cents livres. Il fut dit qu'ils auraient un bureau proche la porte pour faire la recette et un coffre pour serrer les ornements de la confrérie. Et qu'au cas où on les voudrait

(1) Notes de M. Guérin père.
(2) Chrv.

chasser de l'église, ils emporteraient leurs tableau, entable-
blement, banc, coffre et bureau.

§ 241. **De la chapelle de Saint-Julien.** — En l'année
1644, la chapelle de Saint-Julien a été, par autorité de justice,
transférée de l'endroit où est à présent la croix dite de Saint-
Julien, où elle est présentement, à cause qu'elle était souvent inondée des grosses eaux.

Cette chapelle à totalement disparu ; on la voit cependant sur
le vieux plan que nous avons fait graver pour notre *Chronique*.

La croix a été enlevée à l'époque de la Révolution. Elle était
dans le premier pré, près le pont Bouffard. On trouva la base
en 1839, quand ce pré fut mis en labour (1).

La *Chronique* si exacte à noter toutes les affaires religieuses
en général, contient cependant une lacune. Elle ne parle point
de cette *Assemblée de 1641*, si orageuse et si dramatique. Est-ce
un oubli ou une omission justifiée par la violation de tous les
privilèges du clergé ? Nous ne savons.

Le cardinal de Richelieu, maître absolu du pouvoir, avait tout
fait plier sous une volonté aussi intelligente qu'elle était parfois
tyrannique et cruelle. Après avoir attaqué les protestants dans
toutes leurs villes et soumis à la loi commune Montauban et la
Rochelle, il s'était tourné vers la maison d'Autriche dont l'ambition sans borne portait toujours ombrage au prestige et à la
tranquillité de la France. Il lui avait déclaré la guerre et pour la
soutenir avec éclat, il avait fallu faire de grands efforts et
dépenser beaucoup d'argent.

Pour combler les vides des caisses des trésoriers, on avait
augmenté les impôts, et, par des créations fiscales de toute
nature, on était arrivé à leur faire rendre des sommes inconnues jusqu'alors. A la mort de Henri IV, le budget annuel était
de 31 millions ; vers 1625 il était de 36 à 40 millions ; en 1639 de
80 ; et enfin pour l'année 1641, le cardinal en demandait 118.

Tous les moyens avaient été employés par Richelieu, et il
faut lui rendre cette justice que, pour obtenir de la France
assez d'argent pour payer son indépendance, il n'épargna presque personne et ne s'arrêta devant aucun privilège. Il suspen-
dit toutes les exemptions de tailles et rétablit la fameuse *pan-*

(1) Note de M. Guérin père.

carte ou impôt du vingtième sur toutes les marchandises vendues.

Tout cela, on le conçoit, ne se fit pas sans rencontrer de vives résistances. Les plus sérieuses et les plus difficiles à vaincre cependant, vinrent du clergé et de la cour de Rome. Celle-ci, de son côté, pour avoir de l'argent, avait augmenté ses exigences sur les annates et l'expédition des bulles, au point que Richelieu menaça un moment de s'en passer. Il laissa même publier par Pierre Dupuy (1), un livre qui souleva bien des colères : *Les Preuves de l'Eglise Gallicane*, attaquaient surtout les immunités ecclésiastiques en matière d'impôt et de juridiction.

Les évêques se réunirent et se concertèrent; mais le cardinal n'en tint aucun compte. Un édit de 1639 somma tous bénéficiers, communautés et gens de main-morte de payer au roi, l'amortissement de tous les biens acquis depuis l'an 1520 (2). Les agents du fisc assuraient que cette mesure rapporterait au moins 80 millions.

Tous les membres du haut clergé qui n'étaient pas les amis ou les créatures du cardinal se déchaînèrent contre lui et rien ne donne mieux la mesure de leur irritation que les *Mémoires* (3) de M. de Montchal, archevêque de Toulouse, auxquels nous empruntons une partie de ce récit. M. de Montchal énumère d'une part, les droits du clergé et les services qu'il a toujours rendus à l'Etat. De l'autre, il traite plus que sévèrement le cardinal, le « tyran et l'apostat » et quelques-uns de ses protégés. L'un des plus maltraités est justement Léonor d'Etampes, évêque de Chartres.

Le clergé ne refusait pas de payer. Ce qu'il déniait au roi, c'était le droit de prélever sur ses biens un impôt quelconque. « Il entendait ne rien payer que par son libre octroi et par exception, en sauvant ainsi le principe de sa franchise (4). » Cependant l'opposition fut si vive de la part du clergé et de la cour de Rome, que Richelieu recula. Au lieu de 80 millions, il se contenta de demander 6,600,000 francs, y compris les frais de

(1) Conseiller du roi et garde de sa bibliothèque; homme d'une immense érudition.

(2) Ces acquisitions étaient bien grevées de droits considérables, mais le clergé parvenait toujours à se faire dispenser de les payer, ou n'en payait qu'une faible partie.

(3) « Ces *Mémoires*, quoique dictés par le plus violent esprit de parti, sont d'une grande importance. » H. Martin.

(4) H. Martin.

levée, et convoqua une Assemblée générale à Mantes, pour le 25 février 1641.

Ni M. de Montchal, ni le contrat passé par devant Mes Noel et Robert Besançon, notaires à Mantes, ne disent où eut lieu la réunion.

Il est probable cependant, par certains détails des *Mémoires*, qu'elle se tint dans les salles de l'Auditoire. A l'ouverture de l'Assemblée se présentèrent avec des pouvoirs réguliers :

Mre Octave de Bellegarde, archevêque de Sens ;

Me Bonaventure le Rousseau de Bazoche, aumônier de Monsieur, frère du roi, pour la province de Sens ;

Mre Charles de Montchal, archevêque de Toulouse ;

Me Jean de Bertrand de Caminades, abbé de Belleperche, pour la province de Toulouse ;

Mre Toussaint de Glandèves, évêque de Sistéron ;

Frère Jean de Géronce (1), grand prieur de l'abbaye de Saint-Victor de Marseilles, pour la province d'Aix.

Mre François Péricard, évêque d'Evreux ;

Me André Merlet Dujardin, docteur en Sorbonne, abbé de Saint-Lô, pour la province de Rouen.

Mre François de la Vallette Cornusson, évêque de Vabres ;

Me Antoine de Fradet de Saint-Août, trésorier de la Sainte-Chapelle de Bourges, pour la province de Bourges.

Mre Nicolas Denez, évêque d'Orléans ;

Me Michel Tubeuf, prieur de Dammartin, pour la province de Paris.

Mre Pierre Scaron, évêque de Grenoble ;

Me François Barthélemy de Beauregard, conseiller au Parlement de Toulouse et prieur de Notre-Dame de Roquefort, pour la province de Vienne en Dauphiné.

Mre Claude de la Madeleine de Bagny, évêque d'Autun ;

Me Gratien Bernard, évêque de Mâcon, pour la province de Lyon.

Mre Louis Duchesne, évêque de Senez ;

Mr Henri Robert, sacristain de Digne, pour la province d'Embrun.

Mre Henri de Bethune, évêque de Maillezais ;

Me Henri de Darche, doyen de Bordeaux, pour la province de Bordeaux.

(1) Jean de Gérente, d'après le *Contrat.*

Mᵣᵉ Louis Dole (1), évêque de Boulogne ;

Mᵉ Clément Boucher, abbé de Tenailles, pour la province de Reims.

Mᵣᵉ Henri Litelphimaroni, évêque de Bazas ;

Mᵉ Charles Vic, abbé de Jaramon, pour la province d'Auch.

Mᵣᵉ Antoine Cochon (2), évêque de Nîmes, pour la province de Narbonne.

Mᵣᵉ Gabriel de Beauvau, évêque de Nantes ;

Mᵉ Jean Hayet, abbé d'Aiguevive grand archidiacre de Tours, de la province de Tours.

Mᵣᵉ Jacques Danez, évêque de Toulon ;

Mᵉ Gaspard de Varadier, archidiacre d'Arles, pour la province d'Arles.

Enfin, Léonor d'Etampes, évêque de Chartres, Pierre de Broc, évêque d'Auxerre, Mᵉ Bertier, abbé de Saint-Vincent, Mᵉ Denis de la Barde, se présentaient sans procuration. Mᵉ Loup d'Hugues, chantre de l'église d'Embrun, et Mᵉ Jacques Adeymar de Monteil de Grignan, seigneur de Peyrolles, se présentaient comme nouveaux agents du clergé en matières fiscales (3).

On commença dès la première séance préliminaire, dit M. de Montchal, « de reconnaître les intérêts de ceux qui se faisoient plus de fête. » L'évêque de Sisteron et Léonor d'Etampes étaient du parti du cardinal. L'évêque de Grenoble intriguait pour être aumônier du Dauphin. L'évêque d'Auxerre était dans la confidence des volontés du Cardinal. L'évêque de Nîmes était brouillé avec le premier ministre, mais il avait promis à MM. d'Auxerre et de Chartres de faire tout ce qu'on voudrait. L'évêque d'Autun, flatté par le roi et le cardinal « se portoit avec chaleur à servir toutes leurs volontés. » Etc., etc.

Un des premiers actes de l'assemblée, fut de discuter si l'on recevrait l'évêque de Chartres qui n'avait aucun pouvoir, mais était l'évêque diocésain de Mantes. C'était le prélat contre lequel les évêques de l'opposition montraient le plus d'animation. M. de Montchal lui reproche malignement d'avoir assisté à un ballet et à une comédie, au Palais-Cardinal. « L'évêque de

(1) Jean Dolce, d'après le *Contrat* cité plus haut.

(2) Anthime Denis Cohon, *Ibid.*

(3) V. *Mémoires de Montchal* et *Contract faict et passé entre le roy et le clergé de France le 14ᵉ jour d'Aoust 1641.* Paris, Ant. Vitray. MDCXLII. Br. de 32 p.

Chartres y avoit paru rangeant les sièges, donnant les places aux dames, et enfin s'étoit présenté sur le théâtre à la tête de vingt-quatre pages qui portoient la collation, lui étant vêtu de velours en habit court, disant à ses amis qui trouvoient à redire à cette action qu'il faisoit toutes sortes de métiers pour vivre. Il prit aussi le soin de disposer les plats du festin de madame la duchesse d'Anguien (1). »

Les pouvoirs à peu près reconnus, les archevêques de Sens et de Toulouse furent élus présidents (2). Une commission fut chargée d'examiner les réclamations ; « d'autant que l'évêque d'Auxerre ne cessoit de requérir que l'évêque (de Chartres) comme prélat du diocèse fut invité d'entrer. » A la fin on lui permit de se présenter à titre gracieux. La discussion de certaines contestations se prolongea jusqu'au 25 février, et tous les députés prêtèrent alors le serment suivant :

« Tous les Prélats et députez du premier et du second ordre ayant la main sur la poitrine, dirent :

« Nous promettons et jurons de n'opiner ni donner avis qui » ne soit selon nos consciences à l'honneur de Dieu et autorité, » bien et conservation de son église, *sans nous laisser aller à* » *la faveur, importunité ni autres passions humaines*, que » nous ne révélerons ni directement ni indirectement pour » quelque cause ou considération que ce soit, les opinions par- » ticulières, délibérations et résolutions prises en la Compa- » gnie, sinon autant qu'il sera permis par icelle. »

Le cardinal députa à l'assemblée Charles Brulard, seigneur de Léon, et Michel Particelle, seigneur d'Emery, tous deux conseillers du roi et ce dernier Intendant-Général des Finances. « La compagnie fut surprise de voir le mépris avec lequel on traitoit le clergé, depuis que le cardinal avoit la conduite des affaires ». En effet, c'était toujours, ou le Chancelier, ou le Garde des Sceaux qui venaient autrefois représenter le roi dans les assemblées ecclésiastiques.

Enfin, faisant contre fortune bon cœur, les deux commissaires furent introduits chacun par un prélat « qui suivant la coutume marchoit devant. » On les fit asseoir dans « deux chaises à bras » au milieu de la salle, puis le sieur Brulard prit la parole

(1) Il fait son éloge un peu plus loin, sous certaines réserves.
(2) Le cardinal fut nommé premier président, par simple flatterie.

et exposa les vues du roi, et conclut, comme on l'a vu, par une demande de 6,600,000 francs.

Après des tiraillements et des intrigues dont la trame est intéressante à suivre, ce fut seulement le 12 mars qu'on mit en délibération si on accorderait au roi, une somme certaine, ou le tiers des bénéfices ecclésiastiques. Les voix par provinces se partagèrent, six contre sept et l'Assemblée devint des plus tumultueuses lorsqu'il fallut signer la délibération qui devait être mal accueillie du cardinal.

Le jour suivant l'archevêque de Sens alla voir le cardinal, pour lui rendre compte des décisions de l'Assemblée de Mantes et connaître ses dispositions. Pendant son absence, les prélats s'occupèrent de diverses questions secondaires, car l'intérêt n'était pas là. Le 19 mars, l'archevêque de Sens étant revenu, fit entendre aux prélats qu'il fallait en finir, et que les commissaires du roi menaçaient de faire saisir les biens du clergé. On lut une lettre du cardinal qui les engageait à satisfaire le roi et à lui accorder les deux millions par an pendant trois ans.

L'assemblée se décida enfin à offrir quatre millions, et envoya une autre commission auprès du cardinal, composée de l'archevêque de Toulouse, des évêques de Chartres et d'Auxerre, et des sieurs de Saint-Août, Beauregard et de Bazoche et de l'abbé de Grignan. Les réunions furent ensuite ajournées après Pâques. Nous passons toutes les petites manœuvres qui furent mises en jeu, pour flatter ou indisposer Richelieu.

Le 2 avril, l'évêque d'Autun stupéfia l'assemblée, par une déclaration exorbitante : « Il y en avoit, dit-il, qui faisoient bien « les délicats à accorder tout ce que le roi demandoit ; et s'ils « doutoient que tous les biens de l'église ne fussent à lui, et que « laissant aux écclésiastiques de quoi pourvoir à leur nourri- « ture et entretennement modéré, Sa majesté ne peut prendre « tout le surplus. Qu'il n'y avoit aucun bon français, qui ne « fut de ce sentiment (1). » M. H. Martin cite aussi ce passage, et ajoute : « Qu'on substitue l'Etat au roi, et pour les hommes « du dix-septième siècle ces deux mots sont synonymes, on se « croira non point en 1641, mais en 1789 ! »

L'assemblée au milieu de ces discussions violentes prolongea longtemps ses délibérations. Bien des démarches avaient été tentées auprès du cardinal, et on démêle dans les *Mémoires* de

(1) Montchal.

Montchal, de nombreuses et basses intrigues. Le 3 juin eut lieu une séance plus violente encore. D'Emery était revenu à Mantes, envoyé par le Chancelier qui voulait en finir. Il demanda à être entendu.

Il fut introduit dans l'assemblée et prononça un discours très ferme et très énergique, et dit alors aux prélats opposants : « Sa Majesté , m'a commandé de dire de sa part à vous, « Messieurs les archevêques de Sens et de Toulouse et à vous « Messieurs les évêques d'Evreux, de Maillezais, de Bazas et de « Toulon, de sortir dès ce jour même de cette ville, et de vous « retirer chacun en vos diocèses, sans passer par Paris, pour y « faire aussi bien votre charge particulière, que vous avez mál « fait votre devoir en cette Assemblée. »

« Le bruit de ces choses, dit ensuite M. de Montchal, s'étant répandu dans la ville, le peuple disoit qu'on avoit chassé tous ceux qui disoient la messe tous les jours ; qu'il n'y auroit plus de messe. »

Le 14 août, comme nous l'avons dit, l'Assemblée termina ses travaux, en faisant dresser le contrat dont il a été parlé ; il fut passé chez MM. Besançon. Le cardinal s'était adouci et avait accepté seulement 5,500,000 livres. « Et pour faire paroistre l'inclination qu'ils ont (les prélats) au service de sadite Majesté, luy ont accordé la somme de cinq millions cinq cents mille livres (1) ».

Tel fut le résultat le plus important de cette Assemblée de 1641. Richelieu avait dompté les protestants ; il avait terrifié la noblesse ; il venait de soumettre à sa volonté, l'ordre le plus haut placé dans l'ancien Etat. Rien ne devait lui résister. Il ne devait être bientôt vaincu que par la mort !

Après avoir rendu compte du principal objet de l'Assemblée de Mantes, il est à peine nécessaire d'ajouter que les prélats y examinèrent quelques livres des deux jésuites Banni et Cellot et les censurèrent comme ils le furent à Rome et en Sorbonne. La lutte entre Richelieu et les prélats opposants, à la tête desquels il faut mettre l'archevêque de Toulouse, est autrement intéressante que la critique des livres sur la hiérarchie et les cas de conscience.

« Ces débats, dit M. H. Martin, dans un autre temps, eussent

_____

(1) V. le *Contract*, etc., p. 11. Naturellement les prélats expulsés de Mantes ne l'ont pas signé.

fortement remué l'opinion publique ; mais la grandeur des événements politiques et militaires était telle qu'il restait à peine
quelque attention au peuple pour les mouvements du clergé. »
C'est l'intérêt de ces débats qui nous a engagés à nous étendre
si longuement sur ce sujet.

§ 242. **Mort de Mʳ Guériteau.** — Le 16 mai 1644, mourut à Mante, Mʳᵉ Robert Guériteau, prêtre, curé de Sainte-
Croix, en l'église Notre-Dame de Mante, chanoine en ladite
église, fondateur et directeur des Ursulines et de la Congrégation de cette ville ; il est tenu pour saint. Même après
sa mort, il a fait plusieurs miracles. Son corps est enterré à
Notre-Dame, vis-à-vis la chapelle de la cure, sous une tombe
plate où il est représenté en habit de prêtre, et son cœur au
couvent des Ursulines. Il était de Pontoise.

La vie de Robert Guériteau a été écrite par Simon Faroul et
par Philippe Lecouturier. Sa biographie n'est qu'un long récit
de bonnes œuvres, et bien que le docteur de Sorbonne eut un
savoir solide et étendu, on voit que la piété, la bonté et la douceur étaient le fonds de son caractère, et formaient la meilleure
part de son mérite.

Il était l'ami de son compatriote André Duval, docteur de
Sorbonne, professeur de théologie, directeur général des car-
mélites, traducteur de la *Vie des Saints* du P. Ribade-
neira, etc.

Robert Guériteau fonda le couvent des Ursulines de Mantes.
Il aida les religieuses de sa bourse dans les premiers temps de
leur établissement et leur prêta même sa propre maison, en
attendant que la leur fut bâtie, sur l'emplacement de la gendarmerie et de la prison actuelles.

Il fonda aussi la Congrégation, association religieuse destinée
surtout à instruire les jeunes filles pauvres, comme les Ursulines instruisaient les riches.

Enterré devant l'autel de Sainte-Croix, sa réputation de sainteté mit sa tombe en grande vénération et son nom *(Guérit tôt)*,
par une fantaisie populaire assez commune, n'y contribua pas
peu. Nous avons retrouvé cette tombe il y a déjà quelques
années, dans les dallages de Notre-Dame, et après en avoir
restitué l'inscription presque effacée, elle a été replacée dans

l'église. Elle est dans le déambulatoire, près de la porte de la sacristie.

L'inscription qu'on y lit, rappelle tous les principaux titres de Robert Guériteau, dont le nom commence à être un peu oublié à Mantes. La voici :

CY GIST Mre ROBERT GVERITEAV PRE^tre DOCTEUR DE SORBONNE CVRÉ ET CHANOINE DE MANTE FONDATEVR ET DIRECTEVR DV COVVENT DES VRSVLINES DE CESTE VILLE AV MONASTERE DESQVELLES SON COEVRREPOSE.FONDATEUR AUSSY ET DIRECTEVR DES DAMES DE LA CONGRÉGATION. QVI DÉCÉDA LE XVI° DE MAY 1644 AGÉ DE 63 ANS. REQVIESCAT IN PACE + *P. G. A. V.*

Lors de son inhumation, il y eut de vives contestations dans la ville. Les chanoines voulaient déposer son corps dans le chœur ; les habitants le voulaient dans la nef, et les Ursulines demandaient qu'il reposât chez elles. Les magistrats intervinrent : le corps fut placé devant l'autel de la cure, tandis que son cœur enfermé dans une boîte d'argent, fut remis aux Ursulines, qui le gardèrent jusqu'à la Révolution.

« Au moment de la Révolution, on a trouvé le cœur du vénérable pasteur, enveloppé de soie verte et renfermé dans une boîte d'argent en forme de cœur avec ces mots : *Robertus Guérileau.* Il y avait 146 ans qu'il était dans cette boîte. On en fit l'ouverture ; il sentait extrêmement mauvais et cependant il saignait encore. La boîte fut portée au district de Mantes ; l'ouvrier en reçut 10 francs de récompense.

« Nous voyons encore aujourd'hui (1830) des mères amener leurs petits enfants sur la place où fut inhumé le vénérable pasteur (1). »

M. Auguste-François Guérin, possède un portrait de Robert Guériteau, qui provient du couvent des Ursulines. Il semble que ce soit l'original d'une gravure de Moncornet, qui est assez rare. Seulement le graveur a gravé droit et sa gravure est à l'envers par rapport au tableau.

§ 243. **L'Hôtel-de-Ville bâti.** — Du règne du roi Louis

(1) Note de M. Guérin père.

quatorze, roi de France, en 1645, l'Hôtel-de-Ville de Mante, a été achevé de bâtir (1).

L'ancien Hôtel-de-Ville est représenté dans une gravure de Millin, où se trouvent surtout la fontaine et le tribunal (2). Il n'était pas plus monumental que la mairie actuelle, qui date de 1845.

Louis XIV, encore enfant, vint à Mantes avec toute la cour, en 1645 ou 46. Voici comment Chrestien rend compte de cet événement : « Anne d'Autriche reine-régente, voulant faire faire le tour de la France au roi Louis XIV son fils, âgé de 7 ou 8 ans, amena Sa Majesté, et Monsieur, duc d'Orléans, en cette ville de Mante, suivi des Princes et principaux seigneurs de la cour et du cardinal de Mazarin, où la cour séjourna plusieurs jours.

« On donna notre Château pour logement au Cardinal de Mazarin, *afin de le tenir plus en sureté contre ses malveillants.* Le roi, avec Monsieur, logea à la rue aux Pois, dans trois maisons qui appartiennent au sieur de Vendôme, receveur des Tailles (3), à la veuve Lenoir, et à Mr de Boismon, lesquelles on perça pour les faire communiquer les unes avec les autres. La reine régente logea au bas de cette rue aux Pois, dans la maison où demeure présentement le Sr Gouel, lieutenant de robe courte et de la Prévôté, dont il exerce la charge de Prévôt pour la vacance. »

Ce séjour de Louis XIV à Mantes correspond à un voyage que fit Anne d'Autriche avec la cour, en 1646. Elle mena son fils à Amiens, à Abbeville et de là à Dieppe. « Comme les affaires n'estoient pas grandes en Normandie, de Dieppe la cour vint à Paris pour y attendre la prise de Courtray (4). » Il est probable que la cour s'arrêta quelques jours à Mantes en passant.

Les quatre maisons que Chrestien désigne seulement par les noms de leurs propriétaires, étaient bien certainement les anciens et beaux hôtels qui existent encore aux n°s 6, 8 et 10. Louis XIV logea plus particulièrement dans la maison qui porte le n° 6, rue aux Pois.

(1) Chrestien dit 1655.
(2) *Antiq. Nat.* T. III.
(3) Il n'avait rien de commun, bien entendu, avec le fils naturel de Henri IV.
(4) *Mémoires de Mademoiselle de Montpensier,* coll. Michaud, p. 31.

Quant à la maison où nous pensons que logea Anne d'Autriche, connue à Mantes sous le nom d'Hôtel de Mornay, et dans laquelle fut longtemps le couvent des Bénédictines, elle conserve encore une partie de son ancienne splendeur. Rebâtie en 1710, c'était le siège du bailliage de Mantes et Meulan. Le fronton du corps principal, renferme un grand bas-relief de la *Justice* tenant dans ses mains des balances et un glaive en bronze. Les linteaux des fenêtres sont ornés de beaux mascarons, et les appuis sont soutenus par des consoles d'un beau style. La porte est une très belle œuvre de menuiserie, très digne de la maison à laquelle elle sert d'entrée.

Nous ferons remarquer en passant que le couvent des Bénédictines de la rue aux Pois, n'est pas le même que celui qui existait à Mantes avant la Révolution. Ces dames venaient de Villarceau ou de Bray, et ne s'établirent à Mantes qu'en 1814.

L'ancien couvent des Bénédictines au contraire, se trouvait rue de la Madeleine. Elles étaient là depuis l'an 1650, et il leur fallut la permission du maire et des officiers de la ville, pour traiter avec le prieur de la Madeleine, dans l'enclos duquel elles se fixèrent (1).

§ 244. **La Chapelle de Saint-Roch bâtie.** — Audit an 1645, la chapelle de Saint-Roch, du *Lieu de Santé,* a été bâtie comme elle est de présent ; et était auparavant dans le jardin où est le puits. La confrérie de Saint-Roch est très ancienne et il y a plus de quatre cents ans qu'elle est établie à Mante, à cause de la peste.

Le lieu s'appelait la *Santé* et la *Grenouille*. Il y avait un cimetière dans l'enclos. L'établissement était spécialement affecté au traitement des maladies contagieuses. Il fut fort utilisé surtout pendant les grandes guerres du règne de Louis XIV. Il semble qu'on y envoya des soldats ou des prisonniers, malades du typhus. Un médecin ou chirurgien nommé Willis, fut longtemps seul chargé de ce service. La maison avait aussi son prêtre particulier.

La chapelle bâtie en 1645, ne fut cependant bénite qu'en 1656, par Louis Baral, vicaire de Notre-Dame et official de Pince-

(1) Archives de la Mairie.

rais, dûment autorisé de M⁣ʳᵉ Jacques Lescot, évêque de Chartres. Cela donna lieu à une vive protestation de la part de
Nicolas Pinard, curé de Saint-Pierre, sur le territoire duquel
se trouvait Saint-Roch (1).

Le récit qu'on va lire d'un très important épisode de la seconde *Fronde*, est un des mieux rédigés et des plus intéressants de nos anciens manuscrits. Le fait principal est à la vérité
sommairement indiqué dans tous les mémoires du temps ; mais
développé d'une façon assez sobre et raconté par un témoin
oculaire, il est d'une précision qu'aucune recherche en dehors,
ne saurait lui donner.

On sent en le lisant, que le rédacteur a vu les choses dont il
parle, senti l'émotion populaire qu'il dépeint, pris part aux
délibérations qu'il analyse, connu toutes les passions des divers acteurs qu'il met en scène. C'est un tableau ressemblant
de ce qui se passait alors en province. Il montre les résistances
que les Frondeurs rencontraient parfois dans ces escarmou-
ches, qu'on a si bien appelés : LA GUERRE DES PRINCES. Guerre
peu sanglante, qui n'importait qu'à eux seuls et à leurs petites
et basses ambitions, mais qui répandait partout un malaise
général dont le peuple n'avait nul besoin.

Avant de reproduire ce long récit, nous devons en quelques
lignes, en faire connaître l'origine et présenter à nos lecteurs,
les principaux personnages.

Louis XIII, étant mort le 14 mai 1643, Anne d'Autriche avait
été déclarée Régente toute puissante du royaume. Son fils,
Louis XIV, avait cinq ans et pour gouverner pendant cette minorité, le cardinal de Richelieu avant sa mort, lui avait légué
ou au moins indiqué un autre cardinal, qui fut son ami aussi
intime que lui-même avait été son ennemi détesté : c'était Jules
Mazarin.

Le nouveau ministre favori fut bientôt entouré d'ennemis ;
les jalousies qui s'étaient produites pendant la minorité du
père se manifestèrent pendant celle du fils. Les personnages
avaient changé ; les noms étaient presque les mêmes. Obéir à
une Régente espagnole et à un premier ministre italien, était
au-dessus de ce qu'on devait demander à tous ces princes du
sang, ambitieux et intrigants, se croyant tous plus dignes les

(1) Archives de la Mairie.

uns que les autres, de gouverner l'Etat et de profiter des bénéfices d'une telle position. C'était encore plus qu'on ne pouvait
demander, à un Parlement trop longtemps maté par Richelieu,
et qui aspirait à devenir le premier corps du gouvernement et
à contrôler tous les actes du souverain.

Dans ces conditions, la régence ne pouvait se flatter d'être
longtemps paisible. Les princes et le Parlement de Paris, firent
bientôt de l'opposition, sinon à la Reine-Régente, au moins bien
ouvertement à son premier ministre.

L'éclat eut lieu en 1648. Il vint à la suite d'édits de finances
que le Parlement fut forcé d'enregistrer malgré lui, et surtout
sur la menace de retenir les *gages* des officiers de justice,
c'est-à-dire le revenu fixe de leurs charges qui était le moindre
de leurs profits. « C'était une grande maladresse, dit M. Bazin,
que de blesser dans leur intérêt et dans leur orgueil, des compagnies dont on avait besoin (1). » Les gens du Grand Conseil,
ceux des Comptes et ceux des Aides se concertèrent avec le
Parlement; celui-ci, toutes chambres réunies, rendit un arrêt
connu sous le nom d'*Arrêt d'Union*, pour résister aux exigences fiscales du roi, c'est-à-dire d'Anne d'Autriche et de Mazarin.

L'arrêt d'union fut autorisé par la Régente, parce que tout
d'abord les intéressés en dissimulèrent le véritable but. A la
cour, on pensait que les quatre corps se réunissaient pour traiter de matières de gouvernement et on ne s'en souciait guère.
Mais quand on vit les députés des compagnies, lors de l'installation de l'Union, manifester leurs tendances et demander la
révocation des intendants de justice de province, la résiliation
des traités avec les financiers et l'établissement d'une chambre
de justice pour juger les malversations, la cour ouvrit les yeux
et résista. Cependant par condescendance, elle consentit à l'éloignement du surintendant d'Emery et à quelques autres mesures
conciliantes.

La Régente fit présenter au Parlement, par Gaston d'Orléans,
oncle du roi, des lettres patentes établissant une chambre de
justice pour la recherche des malversations, et un édit déclarant que les impôts, à l'avenir, ne pourraient être levés qu'en
vertu de déclarations dûment vérifiées.

C'est alors que le Parlement se montra ouvertement opposé
à l'enregistrement de ces lettres. A la tête des plus hostiles

(1) *Hist. de France, sous le ministère de Mazarin.*

était le conseiller Broussel. Le Parlement fit des remontrances que la Régente ne voulut pas écouter, et le 26 août 1648, avait lieu la célèbre arrestation de Pierre Broussel et de Réné Potier de Blancménil, président aux Enquêtes. La *Fronde* commençait et le peuple de Paris se reprenait à faire des barricades.

D'autres conseillers, moins compromis, furent exilés en divers lieux : Lesné fut envoyé à Compiègne, Benoist à Senlis, Antoine Loysel (1) à Mantes et Charny à Pontoise (2).

La cour se retira à Saint-Germain et ordonna au Parlement d'aller siéger à Montargis ; mais celui-ci fit la sourde oreille. « Le grand conseil qui avait résolu d'obéir aux ordres du roy et de se retirer à Mantes, voyant les autres compagnies en si bonne humeur et si beau train, changea de dessein (3). »

Nous ne pouvons suivre les évènements des années 1649 à 1652. Disons seulement que les principaux meneurs étaient le coadjuteur de l'archevêque de Paris, Jean François Paul de Gondi, qui fut cardinal de Retz et François de Vendôme, duc de Beaufort, le *Roi des Halles*, et la duchesse de Longueville, sœur de Condé. Louis de Bourbon, le *grand Condé* et Gaston d'Orléans ne s'étaient pas encore nettement prononcés contre la politique d'Anne d'Autriche ; ils la soutenaient même en ce moment, mais ce ne devait pas être pour longtemps.

Réconciliée en apparence en 1650, avec les Frondeurs, la reine avait fait arrêter le prince de Condé, le prince de Conti et le duc de Longueville, les deux frères et leur beau-frère. Le duc d'Orléans s'était brouillé avec le cardinal, et un nouveau parti s'était formé : le parti des Princes. La Régente et Mazarin allaient avoir à lutter contre lui.

Les trois princes transférés au Hâvre, avaient cependant été remis en liberté, mais n'avaient point pardonné pour cela. Le prince de Condé désormais chef des mécontents, s'était retiré à Bordeaux dans son gouvernement de Guyenne, et y tenait tête à l'armée royale que la cour traînait avec elle. Les intrigues dont elle était entourée, avaient forcé Anne d'Autriche à se séparer de Mazarin ; il était même sorti de France. Bientôt cependant, il y rentra à la tête d'une petite armée, à la fin de

(1) C'était le petit-fils du célèbre Antoine Loysel.
(2) V. *Mém. de Brienne.* Coll. Michaud, p. 100.
(3) *Mémoires de Nicolas Goulas*, par Ch. Constant. T. III, page 15 ; et aussi le cardinal de Retz.

l'année 1651, et le 30 janvier 1652, il rejoignait la reine à Poitiers.

Turenne était venu se mettre au service du roi, et Condé poursuivi dans son propre gouvernement, avait demandé des troupes aux Espagnols. A cet effet, il avait envoyé le duc de Nemours, Charles Amédée de Savoie, auprès de l'archiduc Léopold Guillaume, fils de Ferdinand II. Nemours avant de partir, était venu se concerter à Paris avec le duc d'Orléans. « Il l'avait quitté avec la certitude que l'oncle du roi joindrait ses forces à celles qu'il allait chercher sur le territoire espagnol (1). »

« Le 15 de fébvrier, le parlement et la ville (de Paris) receurent deux lettres de cachet par lesquelles le roi leur donnoit part, et de la rebellion de M. de Rohan (2) et de la marche des troupes d'Espagne que M. de Nemours amenoit, et leur en faisoit voir les inconvénients, en les exhortant à l'obéissance. Monsieur (Gaston d'Orléans) prit la parole ensuite. Il représenta que M. de Rohan ne s'estoit rendu maistre de la ville et du chasteau d'Angers que pour exéquter les arrêts de la compagnie, qui ordonnoient à touts les gouverneurs de places de s'opposer aux entreprises du cardinal (3). »

« M. Talon, advocat général, dit le cardinal de Retz, conclut à ce qu'il fust fait défense aux maires et échevins des villes, aussi bien qu'aux gouverneurs de places, de livrer passage aux troupes espagnoles conduites par M. de Nemours. Ce fut en cest endroit où monsieur exéquta ce que je vous ai dit ci-devant qu'il avoit résolut et mesme il y renchérit. Il soubstint que ces troupes n'estoient point espagnoles ; qu'il les avoit prises à sa solde (4). »

Pendant qu'on discutait dans le Parlement, pour savoir si les troupes de Nemours étaient allemandes ou espagnoles, ces troupes entraient réellement en France, arrivaient à Mantes et opéraient leur jonction au-delà de la Seine avec celles du duc de Beaufort.

« M. de Nemours entra en ce temps-là, sans aucune résistance

(1) Bazin, *loco cit.*
(2) Henri de Chabot, duc de Rohan, gouverneur d'Anjou. Il venait de s'enfermer dans Angers, qu'il défendit trois semaines contre le maréchal d'Hocquincourt.
(3) *Mémoires du cardinal de Retz.* Coll. Michaud, p. 228.
(4) *Mém. du cardinal de Retz*, p. 228.

dans le royaume, toutes les troupes du roi étant divisées ; et quoique M. d'Elbœuf et messieurs d'Aumont, Digbi et de Vaubécourt (1) en eussent à droite et à gauche il pénétra jusqu'à Mantes, et il y passa la Seine sur le pont qui lui fut livré par M. le duc de Sully, gouverneur de la ville, et mescontent de la cour parce que l'on avait osté les sceaux à M. le chancelier son beau-père (2). Il campa à Houdan et il vint à Paris avec M. de Tavanne, qui commandait ce qu'il avait conservé de troupes de M. le prince, et Clinchamp, qui estoit officier général dans les estrangers (3). »

Le maréchal de Turenne dit à peu près la même chose que le cardinal de Retz et y ajoute d'autres détails : « La cour s'en alla de là à Tours et ensuite à Blois. Dans le temps même, M. de Nemours emmena six mille hommes de Flandre, composés des troupes de M. le Prince et de régimens allemans que les Espagnols lui avoient donnés. Ils ne trouvèrent aucune difficulté à traverser la France, n'y ayant point de troupes à leur opposer, et vinrent joindre les troupes de Gaston près d'Orléans, laquelle ville par l'arrivée de *Mademoiselle* (de Montpensier, fille de Gaston), demeura dans le parti des princes (4). »

Maintenant nous pouvons aborder le récit de ce qui se passa à Mantes, au commencement de cette année 1652. Mais avant d'y procéder disons encore un mot du principal acteur intéressé.

Le gouverneur de Mantes, était alors Maximilien François de Béthune, duc de Sully, fils de Maximilien de Béthune, marquis de Rosny, et petit-fils de Sully. Il avait épousé Charlotte Séguier, fille de Pierre Séguier, chancelier de France, auquel les sceaux avaient été retirés en 1650. A la suite de cette disgrâce, Séguier était venu à Rosny auprès de son gendre qui avait partagé son ressentiment contre Mazarin.

Fouquet dans son procès, reprocha vertement la trahison de 1652, commise par le chancelier Séguier. Il avoua qu'il avait

(1) Nicolas de Nettancourt, comte de Vaubecourt, mort lieutenant général en 1678.
(2) « Et qui aurait pu, s'il eût voulu, leur refuser le passage et retarder beaucoup leur jonction avec l'armée des princes, assemblée aux environs de Montargis. » *Mémoires* du duc d'Yorck, coll. Michaud, p. 536.
(3) V. Le cardinal de Retz.
(4) *Mémoires de Turenne*, coll. Michaud, p. 434. Mademoiselle de Montpensier dit que le passage eut lieu à Meulan, mais elle se trompe.

peut-être eu une mauvaise pensée, mais qu'il n'avait pas desservi l'Etat. « Mais de se trouver à la tête des ennemis du roi, *et de faire délivrer des passages par son gendre*, et ouvrir des portes à une armée étrangère, pour la faire passer au milieu du royaume, c'était cela qui était desservir l'Etat et le troubler. M. le chancelier se sentit bien de ce reproche, mais il ne répliqua rien (1) ».

Nous connaissons suffisamment M. de Nemours ; il était accompagné dans son passage à Mantes, par Jacques de Saulx comte de Tavannes, grand bailli de Dijon et premier gentilhomme du prince de Condé. C'était le petit-fils du maréchal de Tavannes.

Quant aux autres personnages nous les ferons connaître dans le cours du récit.

§ 245. **Ce qui s'est passé à Mante dans la Guerre des Princes.** — L'an 1652, le 21 du mois de février, monsieur de Sully, gouverneur de la ville et du château de Mante, arriva à Rosny.

Le lendemain 22 du même mois, messieurs les maire et échevins lui furent rendre visite en son château de Rosny, auxquels il témoigna qu'il avait une lettre de cachet du roi, signée de Guénegaux (2), dont il leur fit lecture et par laquelle Sa Majesté lui donnait ordre de se rendre en la ville de Mante, pour s'opposer au passage de l'armée conduite par monsieur de Nemours, et de toute autre troupe qui se présenterait sans ordre exprès du roi, signé de Sa Majesté et de messieurs les secrétaires d'Etat ; cette lettre lui donnait pouvoir de faire rompre le pont de la ville, en cas de nécessité. La confiance qu'on avait en la fidélité du maire faisait espérer qu'il exécuterait le contenu de la lettre ; déclarant monsieur de Sully, hautement et par serment, auxdits maire et échevins, qu'il était venu pour mourir avec eux et défendre au péril de sa vie, le passage de toutes les troupes et que pour ce sujet, il y appellerait quantité de noblesse de ses amis.

L'ordre qu'il avait reçu du roi, présentait au maire comme

(1) *Mémoires de Coligny-Saligny*, note. Ed. de M. de Monmerqué.
(2) Henri de Guénégaud, seigneur du Plessis, secrétaire d'Etat.

aux habitants, une occasion de se signaler. Le maire et les échevins l'assurèrent que tous les habitants le seconderaient avec affection, étant tous portés pour le service de Sa Majesté.

Le même jour, monsieur Apoil, lieutenant-général, fut à Rosny pour voir monsieur de Sully qui lui donna à lire la même lettre, lui donnant les mêmes assurances de s'opposer au passage des ennemis du roi. Il pria monsieur de Sully de venir faire sa demeure à Mante, afin de mettre la ville en état de se défendre ; lequel lui répondit qu'aussitôt qu'il aurait avis de l'entrée des ennemis en France (1), lui et ses amis se rendraient à Mante.

Le 27 dudit mois de février (2), un gentilhomme nommé Goulard (3) vint à Mante, appela les échevins et leur dit qu'il était bon serviteur du roi et qu'il était content de savoir qu'ils avaient une même intention. Les échevins lui en témoignèrent une grande joie. Ce sieur Goulard les assura de sa bonne volonté. Par le maréchal de l'Hospital (4) il demanda, peu de temps après, aux maire et échevins, si les habitants de Mante avaient le même dessein, s'ils avaient des forces et s'ils avaient de la confiance au sieur de Cargrez et que si venant avec un ordre exprès de Sa Majesté, pour la défense de la ville, ils la défendraient. Les maire et échevins lui répondirent que tous les habitants étaient bien intentionnés pour le service du roi, que M. de Sully était sur les lieux qui leur avait témoigné pareille affection ; qu'il y avait en la ville de Mante, cinq à six cents hommes portant les armes, qu'ils connaissaient avoir confiance particulière au roi, comme aussi au sieur de Cargrez, leur voisin ; que quand il viendrait avec des troupes et un ordre de Sa Majesté, ils le recevraient.

(1) Il devait en avoir l'avis depuis le 15 ou le 16 février.

(2) Chrestien dit le 24.

(3) C'était peut-être ou Léonard Goulas, secrétaire des commandements de Gaston d'Orléans, ou Nicolas Goulas, gentilhomme de sa chambre, dont nous avons cité les *Mémoires*.

(4) François de l'Hospital, seigneur du Hallier, maréchal de France.

Le même jour, le sieur Hachette (1), trésorier de France, vint à Mante, croyant y trouver le régiment de la Tourequolore (2) en garnison, pour s'opposer au passage, avec une ordonnance de messieurs de l'Hospital et d'Aligre (3), maréchaux de France, pour prendre l'argent des receveurs des Tailles, afin de faire subsister ledit régiment. Mais ce régiment n'y était pas. Les maire et échevins ayant vu l'ordre du sieur Hachette, lui dirent qu'il fallait que M. le maréchal d'Aumont (4) eut eu besoin de monde. Le sieur Hachette dit alors qu'il allait envoyer à Beauvais, pour savoir où était ce régiment et qu'en attendant, il resterait à Mante.

Le 28, M. de Sully arriva à Mante avec grande suite, tant de ses gens que de la noblesse. Il logea dans la maison du beau-frère de M. le maire de la ville. Il fut visité par les officiers, maire, échevins et principaux habitants de la ville, en l'assemblée desquels il renouvela toutes les assurances qu'il avait déjà données, de défendre le passage. Il ordonna qu'on fit les réparations de toutes les portes et des murs de la ville, fit redoubler les gardes et s'informa s'il y avait des vivres et munitions de guerre.

Le lendemain 29ᵉ février, on apporta à M. de Sully, trois lettres : l'une de M. le maréchal d'Aumont, l'autre de M. d'Elbœuf (5) et la troisième de M. d'Orgeval, intendant ; desquelles lettres il fit la lecture au sieur Lieutenant-Général, aux officiers, maire et échevins, et par lesquelles il était exhorté de s'opposer au passage des ennemis. A ces lettres, il fit réponse qu'il s'acquitterait à cette belle action, de son devoir, attendu qu'il en avait un ordre exprès du roi et qu'il témoignerait comme ses aïeux, qu'il était fidèle serviteur de Sa Majesté et que s'ils défaisaient la moitié de l'armée ennemie, il leur promettait de défaire l'autre au passage avec les habitants.

(1) François Hachette, conseiller du roi, trésorier général de France et grand-voyer de la généralité de Paris, en 1663.
(2) Ou Turquerolle ou Tour Rodoré.
(3) Peut-être Louis, marquis d'Aligre, seulement lieutenant-général.
(4) Antoine d'Aumont, duc, pair et maréchal de France, mort en 1669.
(5) Charles de Lorraine, 2ᵉ du nom, mort en 1657.

Le même jour le sieur Hachette apporta aux maire et échevins, une lettre du sieur Digby, qui contenait des offres de fidélité de sa personne et de ses forces, pour s'opposer au passage de l'armée ennemie. Cette lettre fut portée à l'instant à M. de Sully, lequel, après l'avoir lue, dit que l'ordre du roi portait de ne recevoir aucune troupe sans une lettre signée d'un de messieurs les secrétaires d'Etat, et qu'il n'y avait pas lieu, sur cette lettre, de recevoir les troupes du sieur Digby qui était un étranger. Le sieur Hachette se retirant, fut supplié par un des échevins, au nom de tous les habitants, d'envoyer en diligence en la ville de Paris, pour avoir des ordres de messieurs les maréchaux de l'Hospital et d'Aligre, afin de faire entrer le sieur Digby et ses troupes à Mante. A quoi il promit d'y travailler de tout son possible et incessamment. Ce que ledit sieur Hachette n'aurait pas exécuté.

Le même jour 29 février, à dix heures du soir, monsieur de Sully fit assembler au Château le sieur lieutenant-général, les conseillers du présidial, le maire et les échevins, les capitaines et officiers des compagnies. Il demanda leur avis sur la rupture du pont de Mante. Il commença le premier à opiner, disant qu'il était d'avis de la rupture du pont, quoique cependant, par l'ordre qu'il avait du roi, cela dépendait de lui ; mais il était bien aise d'avoir leur consentement et leurs résolutions. Le sieur lieutenant-général dit que c'était une loi écrite ; que la volonté du roi était entre les mains de Monsieur le Gouverneur ; qu'il n'y avait pas lieu de délibérer sur cet ordre et qu'il fallait rompre le pont le plus promptement que faire se pourrait. Son avis fut suivi par le procureur du roi au bailliage et siège présidial, qui demanda pour le roi, la rupture du pont. Les officiers du présidial, les quatre échevins de la ville, les capitaines et officiers des compagnies, chacun en particulier et tous d'une commune voix, confirmèrent qu'il fallait rompre le pont. Il n'y eut que Mᵉ Nicolas Fournier, Lieutenant particulier, maire de la ville, qui fut d'avis que l'on pouvait défendre le passage sans rompre le pont, parce que le commerce en cesserait.

Sur quoi il fut arrêté que le lendemain premier jour de mars 1652, le pont serait rompu et que les habitants seraient avertis de se tenir prêts à se rendre au Château, avec des pics, houes, pinces de fer et marteaux.

Ledit jour premier mars, les habitants ayant été avertis, se présentèrent devant le Château, avec tous leurs outils, pour exécuter cette ordonnance. Il fut dit par monsieur de Sully, qu'il fallait visiter le pont pour reconnaitre quelles arches il était nécessaire d'abattre, de celles qui étaient les plus faciles à rétablir. Pour cet effet, il députa des officiers qui lui ayant rapporté quelles arches on devait démolir, il déclara, que comme il avait pris avis des principaux officiers et habitants de la ville, pour la rupture du pont qui était de grande conséquence, il désirait faire encore une assemblée générale de tous les habitants pour avoir leur consentement, comme y ayant intérêt. Le même jour à deux heures après-midi, le sieur Lieutenant-Général, officiers et principaux habitants s'étant assemblés à l'Hôtel-de-Ville, deux échevins furent députés pour avertir Mʳ de Sully de venir prendre sa place en l'assemblée. Il fit réponse qu'il était incommodé d'une colique, qu'il priait toute l'assemblée de l'excuser, et que, au surplus, la rupture du pont ne pressait pas, parce qu'il avait eu nouvelle de la marche de l'armée des ennemis, laquelle ne serait à Chaumont que le dimanche suivant ; de sorte que si elle venait vers Mante, ce ne pourrait être que deux jours après. Cela rapporté à l'assemblée le maire et les échevins le furent voir et le prier de vouloir bien ordonner la rupture du pont. Mʳ de Sully les pria derechef, de remettre l'assemblée et envoya le lieutenant du roi, qui était de sa suite, donner ordre pour la garde. Celui-ci ne voulut pas que les capitaines *tirassent au billet, à l'ordinaire*, mais voulut que l'un des capitaines qui était bailli de Rosny, allât à la porte aux Saints.

Cependant Mʳ de Sully, depuis son arrivée, avait fait entrer dans la ville, grand nombre de gentilshommes de ses amis et la même nuit du premier au deuxᵉ mars, environ sur les trois heures du matin, il fit introduire dans la ville, par

Nicolas Fournier, maire, qui porta les clefs de la porte aux Saints, avec le lieutenant du roi, le sieur de Saint-Quentin, lieutenant des gardes de Son Altesse Royale (1), avec trois cents cavaliers, tant des gardes de Son Altesse que autres, sous prétexte de gens de guerre qui venaient au sieur de Sully pour s'opposer au passage, et aussi qu'ils lui apportaient un paquet du roi. Cela fut fait par un ordre secret donné au sieur Fournier, qui se leva exprès pour aller faire ouvrir ladite porte. Et le sieur de Saint-Quentin ayant demandé à parler au sieur Fournier maire de la ville, celui-ci sortit hors la porte pour lui parler et eurent une longue conversation ensemble.

Le deuxième jour de mars, au matin, le maire et les échevins furent trouver Mr de Sully et lui dirent qu'il était nécessaire de rompre le pont, attendu qu'ils avaient eu avis que les ennemis avaient logé aux environs de Magny. Il leur répondit que c'était son affaire, que l'ordre du roi était pour lui et non pour eux ; qu'il savait le temps d'exécuter ce qui avait été résolu.

Le même jour, sur les deux heures après-midi, parurent sur les côtes des Célestins, neuf escadrons de cavalerie en bataille, dont le maire et les échevins eurent avis par les habitants qui étaient en garde, le guet qui était sur la tour (de Notre-Dame) *n'ayant sonné, à cause de la défense absolue qui lui en avait été faite par Mr de Sully et le maire.* Ils furent trouver à l'instant ledit sieur Sully, lui firent voir les escadrons et demandèrent qu'il fut procédé à la rupture du pont, qu'il n'y avait plus de temps à perdre. Mr de Sully se voyant ainsi pressé, fut lui-même à la porte du pont, assisté d'un grand nombre de noblesse et gens de sa suite et s'étant saisi du corps de garde, il fit entrer par cette porte du pont, deux à trois cents cavaliers et quantité d'officiers, desquels il retint une partie dans la ville et fit passer le reste pour loger aux faubourgs laissant environ six cents cavaliers logés à Limay pour garder l'avenue du pont.

(1) Gaston, duc d'Orléans, oncle de Louis XIV. On voit que Monsieur joignit réellement ses troupes à celles amenées par le duc de Nemours.

Le Lieutenant-Général, le procureur du roi, le maire et les échevins étant avertis de ce passage, se plaignirent à lui de ce procédé, disant qu'il était contre l'ordre du roi, qu'ils s'en plaindraient à Sa Majesté. Ils protestèrent de n'être aucunement responsables de cette action à laquelle ils ne consentaient. A quoi il leur fit réponse, qu'il n'était pas obligé de leur rendre compte de ses actions, qu'il était leur gouverneur, qu'il les ferait bien obéir et qu'il répondrait au roi de son procédé. Qu'il n'y avait aucune apparence de s'opposer au passage, attendu que Monsieur de Beaufort, avec trois ou quatre mille hommes de guerre, n'était qu'à trois journées de la ville, du côté de Chartres (1), et que si l'on faisait résistance, il les y viendrait forcer.

Le dimanche 3ᵉ jour de mars, Mʳ de Sully ayant rempli les corps de garde des cavaliers qu'il avait fait entrer et en ayant placé à toutes les avenues de la ville, il fut à la porte du pont où était M. de Nemours, que le capitaine de la garde avait arrêté à la barrière et lui tenait l'éponton (2) à l'estomac.

Et aussitôt [Mʳ de Sully] le fit entrer dans la ville, avec grand nombre d'officiers de l'armée, qui furent tous au Château où ils tinrent conseil. Et sur le midi, ils retournèrent tous à la porte du pont, où étant, ils firent entrer huit régiments de cavalerie, tant français qu'étrangers, et trois régiments d'infanterie, avec grand nombre de chevaux, chariots et mulets de bagages, messieurs de Nemours et Tavannes marchant à la tête, avec tymbales, trompettes, tambours battants et enseignes déployées ; les officiers ayant l'épée nue et les cavaliers le pistolet à la main (3). Cela fait, lesdits sieurs de Nemours et Tavannes furent traités par monsieur de Sully au Château.

Le lendemain 4ᵉ du même mois, le sieur de Sully étant encore saisi des corps de garde du pont et des carrefours,

(1) On a vu que la jonction eut lieu vers Houdan.

(2) L'Esponton était une espèce de demi-pique, à l'usage seulement des officiers subalternes de l'infanterie.

(3) Ceci prouve que la ville était surprise et que le gouverneur craignait un mouvement populaire.

par les forces qu'il avait, fit, accompagné des sieurs de Nemours et de Tavannes, passer le surplus de l'armée qui était d'environ trois mille hommes d'infanterie, de quatre pièces de canon, l'attirail et quantité de bagages, avec un gros de cavalerie d'arrière-garde, qu'il retint dans la ville jusqu'à son départ.

Le même jour, fut apporté par le sieur de La Nô, aide-decamp du sieur Digby, deux lettres de cachet du roi ; l'une adressée au sieur de Sully et l'autre aux maire et échevins de la ville et aux habitants. Ayant été conduit au Château il présenta la lettre à M' de Sully, lequel ayant su qu'il y en avait une pour les échevins et les habitants, dit qu'il la voulait voir et obligea le sieur de La Nô de la lui mettre entre les mains. Il retint cette lettre par devers lui, sans jamais la vouloir rendre ni communiquer aux échevins et habitants : ce dont le sieur de La Nô leur ayant donné avis, il en demanda acte par devant notaire, ce qui lui fut octroyé, comme aux dits maire et échevins ce réquérant, à la réserve du Lieutenant-Général, du procureur du roi, des officiers et habitants. Le sieur de La Nô étant retourné pour la seconde fois au Château, il fut arrêté par les sieurs de Nemours et de Sully.

Ceux-ci avant leur départ délibérèrent de laisser 500 hommes en garnison à Mantes. Ayant mandé le Lieutenant-Général, le procureur du roi, le maire et les échevins, pour souffrir cette garnison, ils la refusèrent absolument, déclarant que cette garnison ne demeurerait pas longtemps. Après ce refus, les sieurs de Sully, de Nemours et de Tavannes, Coligny (1) et Clinchamps (2) et autres officiers de l'armée, montèrent à cheval, partirent avec la noblesse, le gros de la cavalerie et l'arrière-garde qu'ils avaient retenue dans la ville.

_____

(1) Jean de Saligny, dit le comte de Coligny, partisan de Condé, dont nous citerons les *Mémoires*.

(2) « M. de Nemours, après avoir passé la rivière, vint ici voir Monsieur et amena avec lui M. le baron de Clinchamp, qui commandait toutes troupes que le roi d'Espagne avait données à M. le prince, et quantité de ses officiers qui étaient étrangers et qui voulaient voir Paris. » *Mémoires de Montpensier*. Coll. Michaud, p. 88.

Comme ils sortaient de la porte aux Saints, ledit M° Nicolas Fournier, maire, les ayant suivis jusqu'à la porte aux
Saints, s'écria : « M' de Sully, vous me laissez ! Souvenez-
» vous de votre parole ! » Ce qu'entendant le sieur de Sully, il
s'arrêta avec toutes les troupes et ledit Fournier s'étant mis
entre les sieurs de Sully et de Nemours, sortit de la porte de
la ville, à laquelle les habitants qui étaient de garde le voulant arrêter, en furent empêchés par ledit sieur de Sully et
par M° François Gouel, beau-frère de Fournier (1) qui se jeta
dans l'escadron en voyant qu'on voulait aussi l'arrêter. Le
sieur Gouel sortit ainsi avec son beau-frère, à la faveur de la
troupe et l'un et l'autre s'évadèrent ainsi de la ville (2). Ce
qui causa dans l'instant, grand tumulte et émotion populaire
parmi les habitants. Elle fut arrêtée par une assemblée tenue
à l'instant, dans laquelle on convint qu'il serait informé de
l'évasion du sieur Fournier, de ses pratiques et complices, et
en serait donné promptement avis au roi, pendant que le
plus ancien échevin remplirait la charge de maire. Pour empêcher le peuple qui était assemblé, de piller et brûler la
maison de Fournier, le sieur Lieutenant-Général fut prié de
s'y transporter ; ce qu'il fit. [Ce que dessus sera vérifié par
actes d'assemblée, procès-verbaux et informations encom-
mencés, si besoin est.] M.

Outre les mémoires que nous avons cités, il a été imprimé sur
cette affaire, une petite brochure de huit pages que M. A. Benoît à publiée dans le *Journal de Mantes* (3). Elle a pour titre :
*Relation véritable contenant ce qui s'est fait et passé à Mantes
à l'arrivée des troupes conduites par Monsieur le duc de Nemours avec la marche de ladite armée. Paris 1652.*
Voici quelques détails particuliers, que nous y relevons. « Monsieur d'Aumont, cotoyant la rivière de Seine, fit détacher de ses
troupes, huit cents chevaux qui étaient commandés par M. Digby,
à cette fin d'empêcher que la France ne reçut ce salutaire

(1) « Où avait logé M. de Sully, » ajoute le ms. M.
(2) « Ainsi M. de Sully, gouverneur, Nicolas Fournier, maire, et François
Gouel, beau-frère dudit Fournier, vendirent la ville et la livrèrent. » M.
(3) N° du 11 septembre 1872.

remède de la main du Tout-Puissant et s'ensevelit dedans ses ruines... Ces huit cents chevaux parurent dans la plaine, samedi
deux de ce mois, sur les deux heures après-midi. Mais comme
ils surent que M. de Coligny conduisant six cents chevaux alle-
mands s'était emparé de la hauteur du dessus des Célestins, ils
n'osèrent aller recevoir la peine de leur témérité.

« Le lendemain dimanche, sur les onze heures du matin, le
gros de l'armée commença à défiler et à s'approcher de Mantes.
Monsieur de Sully vint au-devant de monsieur de Nemours et
quoique *la ville était sur le point de branler*, elle en fut dis-
traite, par le bon génie de la France.

« Monsieur de Nemours, enflammé du désir de renverser le
tyran (Mazarin), ne voulut pas arrêter à Mantes, et conduisit
l'armée jusqu'à Dammartin, accompagné de Sully. »

Pour ne rien omettre de tout ce qui concerne cet intéressant
événement, voici encore un passage des *Mémoires* d'un des
principaux acteurs, le comte de Coligny-Saligny. On y voit la
parfaite complicité du duc de Sully, et la ruse de guerre qui fut
employée pour faire croire aux habitants de Mantes que toute
l'armée de Nemours était aux Célestins, quand ce n'était qu'une
avant-garde.

« Au commencement de mars 1652, M. le duc de Nemours
étant venu à Bruxelles, en repartit avec une armée, composée
de sept ou huit mille hommes, tant de nos troupes que de celles
que les espagnols nous avoient données, sous le commandement
du baron de Clinchamps. Nous entrasmes par Fonsomme, mar-
chasmes vers Beauvais, en tirant du costé de Mantes, dont le
duc de Sully estoit le gouverneur, *et nous avoit offert le passage sur le pont*. Estant arrivés à deux journées de Mantes, *un
escuyer dudit duc vint en diligence trouver M. de Nemours*,
pour lui demander du secours, parce que les habitants de Mantes
se soulevoient et ne vouloient point livrer le passage ; je fus
commandé avec huit cents chevaux et fit tant de diligence que
j'arrivay justement dans le temps que les habitants commençoient
à rompre le pont. Je me mis en bataille sur les hauteurs, faisant
paroistre de loin beaucoup plus de gens que je n'en avois, ne
faisant que deux rangs de mes escadrons, à qui de plus je fis occuper un grand terrain sur une seule ligne ; cela épouvanta les
habitants et les réduisit à obéir entièrement au duc de Sully.

« Dès le mesme jour je fis passer cinq cents chevaux au milieu de la ville, et me logeay au faubourg (Limay) du costé du pont, dont je me rendis maistre. Le mesme jour que j'arrivay d'un costé, le comte de Broglie arriva de l'autre, avec mille chevaux, pour donner secours à la ville et s'en rendre maistre pour le roi, comme les habitants avoient désiré ; mais estant arrivé trop tard, et la place nous étant demeurée, il fut contraint de s'en retourner, et passa et repassa dans le quartier des cents chevaux sans s'apercevoir qu'ils y fussent (1). »

Enfin nous ne saurions omettre la relation insérée par Jean Loret dans sa *Muze historique* (2). Son récit n'a pas seulement une saveur toute particulière, il montre que la marche de Nemours était connue par avance, puisque dès le 25 février, Loret savait à Paris, que l'armée de secours devait passer à Beauvais et à Mantes. Le duc de Sully avait donc bien été envoyé pour défendre le passage, et sa défection n'en était que plus répréhensible.

> « Ces cinq ou six mille étrangers
> Qui viennent secourir Angers
> Ont, de la Belgique contrée,
> Dans la France fait leur entrée,
> Dont certes les pauvres Picards
> Sont tous tristes et tous hagards.
> Ils ont, dit-on, par la Tiérache
> Commencé leur funeste marche,
> Et, malgré les chemins mauvais,
> Ils doivent passer par Beauvais,
> De là, par la ville de Mante,
> Qui n'est plus à prézent charmante
> Comme elle étoit par le passé,
> Ains (mais) froide comme un trépassé,
> D'autant que tous les beaux vizages,
> De crainte de leur pucelages
> Et de tout plein d'autre mal-heurs
> Ont cherché des gîtes ailleurs.
> J'ay toutefois entendu dire
> Que, par ordre de notre Sire,
> Sully, brave et puissant seigneur
> Qui dudit Mante est gouverneur,
> Est à ce torrent et ravage

(1) *Mémoires du comte de Coligny-Saligny.* Ed. Monmerqué.
(2) Publiée par Jannet et Daffis, 4 v. in-8°.

Allé disputer le passage
Et s'enfermer dans la cité
Pour y servir Sa Majesté ;
Du païs aussi la noblesse
Veut, dit-on, montrer sa prouesse
Par un généreux armement,
Et les païzans mesmement,
Pour réprimer les insolences
Les dézordres et violences
De ces Espagnols et Flamands,
Que l'on estime un peu gourmands. »

Le 3 mars, Loret n'avait pas de nouvelles certaines de l'armée de Nemours, aussi se tient-il sur une prudente réserve :

« Du camp étranger qui s'avance
Pour venir au cœur de la France,
D'Angers et du duc de Beaufort,
Par tout Paris on parle fort,
Mais d'une façon si diverse,
Et souvent mesme si perverse
Que j'ay résolu sur ce point
De n'en parler aujourd'hui point,
Mais peut-être l'autre semaine,
S'il en vient nouvelle certaine. »

Il en parla bien la semaine suivante, mais si peu que nous ne rapporterons point ce qu'il en dit.

Les troupes espagnoles et allemandes conduites par le duc de Nemours étaient, on l'a vu, au nombre de six à sept mille hommes. Elles ne firent pour ainsi dire que traverser Mantes. Après avoir opéré sa jonction avec le duc de Beaufort, Nemours s'en alla à Paris pour se concerter avec les chefs du parti, le duc d'Orléans et le Parlement. Car celui-ci, malgré sa rebellion contre le roi, n'agissait qu'avec lenteur, gardant en tout, un peu de ces formes solennelles et régulières habituelles aux corps judiciaires.

La cour montra une extrême irritation de la trahison du duc de Sully, ainsi que l'indique la lettre suivante, envoyée à la ville. Le gouvernement de Mantes lui fut ôté, mais ce ne fut que pour un temps.

§ 246. **Lettre du roi, envoyée aux maire, échevins et habitants de Mante.** — « Chers et bien amez. Nous

» avons apris avec un extrême déplaisir, le passage de nos
» Ennemis, avec leur arrivée sur le pont et dans notre ville
» de Mante, pour venir au-deça de la rivière de Seine ; que
» le duc de Sully se serait servi de l'autorité que sa charge
» lui donnait en cette ville et des pratiques qu'il avait dedans
» avec le maire et ses adhérans, pour trahir la fidélité
» des habitans et pour les surprendre ; que son infidélité ait
» prévenu l'ordre que nous avons donné pour vous prévenir
» en cette occasion, et qu'il ait rompu le dessin que vous
» aviez de vous opposer fortement à ce passage. Le récit et
» les actes que vous avez envoyez au sieur Duplessis, secret-
» taire de nos commandements, de tout ce qui s'est passé en
» cette ville, sur cette conjecture, et les avis que nous avons
» reçus d'ailleurs, nous assurent du devoir que vous y avez
» rendu ; que vous avez fait en cela tout ce qui deppendait
» de vous. Mais pour empescher que le dit duc ne mette
» encore une fois cette ville de Mante à la discrétion de nos
» ennemis et qu'il n'abuse plus du gouvernement qu'il en avoit,
» Nous vous deffendons de le reconnoistre pour gouverneur
» de ladite ville et d'avoir désormais aucun commerce avec luy.
» A cette occasion et pour vous témoigner que nous sommes
» touchez du déplaisir que vous avez de ce qui est arrivé en
» vostre ville sur ce passage, et que nous trouvons bon que
» ceux qui l'on favorisé contre vostre intention, portent la peine
» que l'on doit à leur perfidie, Nous voulons que le nommé
» Nicolas Fournier, maire, demeure interdit de cette charge
» et qu'il soit procédé à l'élection d'un autre maire pour le
» temps qui reste à exercer, qu'il soit informé contre luy et
» contre tous ceux qui ont favorisé les ennemis, et que leur
» procès leur soit fait et parfait, selon les ordonnances.
» Comme nous voulons prendre un soing particulier de vos-
» tre conservation et empescher que nostre ville de Mante
» ne tombe par une autre fois dans le malheur dont elle té-
» moigne estre affligée, Nous avons cru que pour la ga-
» rantir, Nous n'en pouvions mettre et commettre le soin
» à une personne qui pust s'en acquitter plus dignement
» que le sieur Digbi, notre Lieutenant-Général en nos

» armées. Nous l'avons choisy pour commander dans
» nostre ville de Mante, pendant ces mouvements. Nous
» avons aussy commis le sieur La Nô, pour servir en
» qualité de notre lieutenant sous son autorité, dans la
» confiance que nous avons en l'expérience et la fidélité
» de l'un et de l'autre. Nous désirons que vous ayez à les
» reconnoistre et leur obéir, en tout ce qu'ils vous ordonne-
» ront pour vostre sureté et pour nostre service, conformé-
» ment aux pouvoirs que nous leur en avons fait expédier.
» Et pour ne rien obmettre à tout ce qui peut servir à vostre
» seureté, Nous ordonnons à nostre oncle le duc d'Elbeuf et à
» nostre cousin le maréchal d'Aumont s'avancer avec une
» partie des troupes de nos armées, pour vous assister selon
» le besoin que vous en avez. Et nous entendons que vous
» ayez recours à eux pour cet effet et lorsque ledit sieur Digby
» et vous, le jugerez à propos. Et nous assurons que vostre
» bonne conduite répondra toujours à la bonne opinion que
» nous en avons, Nous vous promettons aussy que vous
» recevrez de nous, toute la protection que vous devez atten-
» dre. Donné à Tours, le 12e mars 1652. Signé, Louis et plus
» bas : Guénégaut. Et sur la subscription est escrit : A nos
» chers et bien aimez, les maire et échevins et habitants de
» nostre ville de Mante ».

Cette lettre fut reçue à Mantes le 22 mars, le jour même de
l'arrivée de lord Digby, qui en présenta une autre, dont voici la
teneur :

§ 247. **Copie de la lettre de Sa Majesté à monsieur
Digby**. — « Monsieur Digby, Après la faute qu'a commise
» le Duc de Sully, gouverneur de ma ville de Mante, d'abu-
» ser de l'autorité que cette charge luy donnoit pour faire
» servir cette ville au passage de mes ennemys, J'ay cru
» que pour la garantie d'une telle surprise et pour entrete-
» nir les officiers et les habitans dans les bonnes intentions
» qu'ils ont témoignées en ce rencontre et en tous autres
» pour mon service, Je n'en pouvois commettre le soin à
» une personne qui pust s'en acquitter plus dignement que

» vous. Je vous envoye la commission que je vous ay fait
» expédier pour cet effet, et en même temps j'ordonne à
» ceux de cette ville qu'ils ayent à vous reconnoistre
» et vous obéir en tout ce que vous leur ordonnerez
» pour mon service et pour leur conservation. Comme
» j'ay cru aussy que vous auriez besoin de quelqu'un pour
» vostre soulagement et pour servir dans cette ville en vos-
» tre absence, j'ay trouvé bon que le sieur de La Nô y exer-
» ceast la charge de mon lieutenant sous vostre autorité. Je
» say la confiance que vous avez à sa fidélité et en son ex-
» périence et je me suis promis qu'il s'acquitteroit soigneu-
» sement de cet employ. Et parce qu'il est nécessaire que
» vous soyez particulièrement informé de tout ce que j'ay
» résolu pour la satisfaction des officiers et habitans de ma
» ville de Mante, je vous diray que je leur déffens de recon-
» noistre le duc de Sully, leur gouverneur et d'avoir aucun
» commerce avec luy. A cette occasion, je leur ordonne
» d'interdire le nommé Fournier de la charge de maire,
» d'informer contre lui et contre ses adhérans, de leur faire
» leurs procès suivant les ordonnances du royaume, de pro-
» cedder à l'élection d'un autre maire, pour le temps qui
» restoit à Fournier. Et qu'en cas que la nécessité le re-
» quiert, ils considèrent avec vous s'ils auront besoin de
» secours. J'ordonne à notre oncle le duc d'Elbeuf et à no-
» tre cousin le maréchal d'Aumont, de leur en donner; je
» les fais avancer avec les troupes qu'ils ont tirez de mes
» armées, pour servir à leur besoin. Dans cette conjoncture
» et pour empescher mes ennemis de repasser la Seine, je
» remets à votre prudence d'en user comme vous le jugerez
» pour le mieux. Et sur tout, je vous recommande de vivre
» en bonne intelligence avec les officiers et habitans de ma
» ville de Mante ; le déplaisir qu'ils ont eu d'avoir été des-
» ceus par leur gouverneur et leur maire, et la fidélité qu'ils
» m'ont toujours temoignée, m'oblige de prendre un soin
» particulier de leur soulagement. Je vous assure que le
» contentement que vous leur donnerez, augmentera celuy
» de vostre conduite et de vos services ; c'est ce que je me

» promets de la considération que vous avez pour les choses
» que j'affectionne. Cependant je prie Dieu qu'il **vous ayde**
» et qu'il vous ait en sa sainte garde. Ecrit à Tours le 12ᵉ
» mars 1652. Signé, Louis. Et plus bas, DE GUÉNÉGAUT. Et
» sur la subscription est escrit: A Mʳ Digby. »

Nous n'avons trouvé aucun renseignement sur ce Digby,
nommé commandant de la ville et du Château de Mantes pendant la disgrâce du duc de Sully. Nous avons cité un passage
des *Mémoires* du cardinal de Retz où figure son nom; les éditeurs ne l'ont fait suivre d'aucune note.

Il est probable que cet officier d'origine écossaise, « étranger »
comme il le dit dans sa harangue, vint en France à la suite de
la reine Henriette-Marie, veuve de Charles Stuart, roi d'Angleterre. Le duc d'Yorck son fils, ne le nomme pas dans ses mémoires.

Il appartenait sans aucun doute encore, à cette famille des
Digby, dont le plus fameux est celui qui prit part à la *Conspiration des Poudres*, sous Jacques Iᵉʳ. Kenelme Digby, le chevalier Digby, dont parle longuement Morery, était plutôt un
philosophe qu'un militaire. Il avait un fils qui embrassa la
carrière des armes et qui pourrait être celui de Mantes.

§ 248. **Harangue de milord Digby, Lieutenant-Général des armées du roi, faite à l'Assemblée générale de
la Ville de Mante, sur la lecture de la précédente Lettre, pour établir ledit Sʳ Digby dans le commandement
dudit lieu, à la place de Mʳ de Sully, le 23ᵉ mars 1652.**

« Messieurs,

» C'est une grâce tout à fait extraordinaire que Sa Ma-
» jesté fait à un malheureux étranger comme moi, que de
» lui confier une ville au milieu de son royaume, de la consé-
» quence de celle-ci, dans les conjonctures présentes. Je
» n'aurai jamais assez de sang ni de vie, pour lui en faire
» comme je dois, les très humbles reconnaissances. Cepen-
» dant je vous assure, Messieurs, que la grâce m'est rendue
» plus chère par la croyance que j'ai que l'affection que
» vous avez témoignée pour moi, a eu sa part à me la pro-

» curer, et que vos inclinations propres ayant devancé et
» secondé, à cette heure, l'autorité du roi, me donnent une
» juridiction toute particulière sur vous. Je vous promets
» bien, Messieurs, que je n'abuserai ni de l'une ni de l'au-
» tre, mais que je les exercerai toutes deux, Dieu aidant,
» avec douceur, modération et désintéressement. Je vous
» dis : modération en tout, à la réserve des choses qui re-
» gardent avec importance le service du roi. En cela, je
» vous prédis que vous me trouverez violent. Mais je me
» promets bien aussi qu'en cette matière, vous me dispu-
» terez, à l'envi, l'ardeur de la violence. Certainement,
» Messieurs, si après les lettres du roi, que vous venez d'en-
» tendre, vous y pouviez manquer, vous seriez les plus
» ingrats et les plus inexcusables de tous les hommes. Car
» je défie toute l'histoire, de fournir un exemple pareil à la
» bonté du roi, envers une ville tombée si récemment dans
» une disgrâce si funeste à la réputation de sa fidélité. En
» quels termes plus obligeants ni plus tendres, pouvait-il
» écrire aux plus chers de ses sujets et aux plus impecca-
» bles ? De sorte, Messieurs, que ce malheur d'avoir donné
» passage à l'armée des ennemis, qui sous un roi d'une clé-
» mence moins admirable, et sous un ministre moins
» doux (1), vous aurait pu imprimer un tache permanente,
» n'a autre effet, sur votre innocence, que celui d'un petit
» brouillard qui donne sur un cristal bien poli, qui le ternit
» quelque peu en passant, mais dans un moment, ne lui
» rend pas seulement son lustre, mais semble l'avoir aug-
» menté. Il est certain que les rois ont un caractère céleste,
» mais dans ce rencontre il semble que notre bon roi ait eu
» des lumières tout à fait divines, par lesquelles, Messieurs,
» il a pénétré jusque dans le fond de vos cœurs. Il ne vous
» parle point selon l'extérieur et le visible de vos actions,
» mais il est allé prendre dans l'intérieur de vos âmes, les
» assurances de votre fidélité, pour vous en laisser ensuite,
» par ses lettres, un témoignage illustre à la postérité. Cela

(1) Il s'agit du cardinal Mazarin.

» étant, je ne doute nullement que vous n'employiez doré-
» navant tous vos soins et tous vos efforts, pour rendre
» toutes vos actions à l'avenir, conformes à une approba-
» tion si indulgente de vos intentions passées, et que vous
» ferez voir à tout le monde, que vous n'estimez ni vos
» biens, ni votre vie pour le service de votre roi. Et pour la
» part que j'y dois avoir parmi vous, soit dans l'exécution,
» soit dans la conduite, je ne vous demande que la confiance
» et l'amitié que vous ne pouvez refuser sans injustice, à
» une personne qui a une telle passion pour vos intérêts,
» qu'il doit passer parmi vous pour confrère adoptif de cette
» ville. »

« Les sages précautions que prit le roi pour la conservation
de la ville ne furent pas inutiles. L'armée des princes avait
passé sans faire grand dommage, mais ses chefs virent quelle
faute ils avaient faite de n'y pas laisser une bonne garnison. Ils
voulurent réparer cette faute et firent retourner un corps
de troupes. Comme elles n'avaient pas de canon, elles furent
reçues par les habitants qui étaient sur leur garde, à bons coups
de mousquets (1). »

Ces troupes durent renoncer à leur entreprise et quelque
temps après elles se trouvaient réunies à Etampes.

§ 249. Copie de la Lettre du Roi, envoyée aux maire, échevins et habitants de Mante, pour empêcher le retour de Mᵉ Nicolas Fournier.

« De par le Roy,

» Chers et bien amez, Nous avons remarqué pendant no-
» tre séjour en cette ville, que la perfidie qu'a commise
» Nicolas Fournier, en favorisant le passage des ennemis
» de cet Etat, l'a rendu si odieux parmy ses concitoyens,
» que le regret qu'ils ont d'avoir vu leur fidélité trahie par
» celui qui, en qualité de maire devoit conserver l'ancienne
» pureté, ne leur permet pas d'entendre parler de luy sans
» horreur et moins encore de le souffrir dans leur Ville. Que

(1) Chrestien.

» comme leur aversion n'est pas moins grande que sa
» faute, on doit craindre que son retour n'y excite quelque
» trouble et n'y soit préjudiciable autant que ses artifices.
» Dans le désir que nous avons de prévenir ces inconvé-
» niens et de témoigner aux habitans que nous avons égard
» aux justes ressentimens que leur zelle leur donne, nous
» avons résolu d'exclure ledit Fournier de sa demeure ordi-
» naire en notre ville de Mante. C'est pourquoy nous vou-
» lon₃ et vous mandons que conformément à notre inten-
» tion, vous ayez à luy en empescher l'entrée et tenir la
» main que désormais il n'y fasse aucune habitation. Donné
» à Tours (1) le 14 octobre 1652. Signé, LOUIS. Et plus bas,
» DE GUÉNÉGAUD. Et sur la suscription : A nos chers et bien
» amez officiers, maire, échevins et habitans de notre ville
» de Mante. »

Le 15 juillet 1653, le sieur de La Pierre, exempt des gardes de Sa Majesté et commandant dans le Château de
Mante, déclara à Messieurs du Présidial qu'il avait une lettre de cachet à eux adressante de la part du roi. Messieurs
du Présidial qui étaient assemblés à la chambre du conseil,
lui dirent qu'il eut à leur donner cette lettre, qui portait et
commandait à Messieurs du Présidial, qu'ils eussent à rétablir le sieur Fournier en la charge de Lieutenant particulier,
ce qui fut fait. Mais M⁽ˢ⁾ les maire, échevins et habitants qui
étaient dans l'auditoire assemblés, firent remontrance à
Messieurs du Présidial, que par lettre de Sa Majesté ci-devant écrite, il leur était défendu l'entrée dudit Fournier et
son habitation dans la ville de Mante ; qu'ils allaient députer
de leur part, pour envoyer au roi. Messieurs du Présidial
ordonnèrent qu'ils feraient telles remontrances au roi qu'ils
jugeraient à propos et que ledit sieur Fournier s'absenterait
de la ville, dans laquelle il était entré ledit jour à quatre

(1) Cette erreur est reproduite par tous les manuscrits. Le 14 octobre
Louis XIV était à Mantes. Le commencement de la lettre le prouve. « Nous
avons remarqué pendant notre séjour en cette ville. » Elle doit être datée
de Mantes.

heures du matin. [Il en sortit en effet et n'y remit le pied de sa vie.] CHR.

Le trente dudit mois, sur les cinq heures après midi, fut conclu par une assemblée des habitants, que le nom du sieur Fournier *serait effacé de la planche de marbre qui est sur la porte de l'Hôtel-de-Ville* (1); ce qui fut exécuté par les maçons et charpentiers à l'heure même.

Sur une petite feuille volante attachée au manuscrit d'Aubé, on trouve la liste suivante, à la suite du long récit qu'on vient de lire:

Noms des maire et eschevins:

M**ᵣ Nicolas Fournier,** lieutenant particulier, maire, traitre.

M**ᵉ Estiene Bouret,** eschevin, depuis maire de ville, bon serviteur du roi (2).

M**ᵉ Jacque Faroul,** sieur de Dampont, président au grenier à sel.

Maximilien Faroul et **Denis Lenoir,** eschevins, royallistes.

Noms de ceux qui ont été exilez:

M**ᵣ Gouël,** lieutenant assesseur criminel, par maxime (?)

M**ᵣ Gouël,** avocat, par maxime.

M**ᵣ Barquillet,** éleu, beau-frère du Sᵣ Fournier.

Jean Daniel et toute sa famille, qui était concierge du Château de Mante.

Jacques Lhuistre, chirurgien de la maison de Sully.

Voici ce que raconte Chrestien des suites de cette trahison du maire de Mantes:

« Nos habitants étaient si outrés d'avoir été trahis dans ce passage de l'armée ennemie, que ne pouvant pas s'en prendre à M. le duc de Sully qui en était le principal auteur, ils poursui-

_____

(1) C'est la seule mention que nous connaissions de cette plaque de marbre. Contenait-elle les noms des maires de Mantes? nous l'ignorons.

(2) Il obtint des lettres de noblesse de Louis XIV, à cause de sa fidélité. CHR.

virent le s^r Fournier jusque dans sa postérité ; car son fils
s'étant fait pourvoir de la charge de lieutenant particulier
de ce bailliage sur la démission de son père, et s'étant établi en
cette ville, plus de trente ans après cet évènement, il y fut
regardé avec tant d'indignation et de si mauvais œil, que nos
habitants ne pouvant oublier cette faute du père, *ils le chargè-
rent de trois cents livres de tailles*, à quoi ils l'imposèrent,
au lieu de cinq sols que payaient ordinairement les officiers du
présidial ».

Pendant que les Espagnols du duc de Nemours passaient à
Mantes, la cour ne pouvant ou ne voulant rentrer dans Paris
qui criait par dessus tout : Pas de Mazarin ! se transportait sur
tous les points ou le parti des princes était le plus à craindre.
C'est ainsi qu'elle avait été dans le Poitou, dans la Touraine, à
Angers, etc. Au mois de juillet elle vint à Pontoise, où s'installa
le Parlement royaliste, destiné à contrebalancer l'action de
celui de Paris et à lui opposer arrêt contre arrêt.

« La cour ne fut pas plustôt arrivée à Pontoise, qu'on publia
qu'elle en devoit partir le lendemain, pour aller à Mantes (1) dont
le gouverneur avoit ouvert les portes aux Espagnols et leur
avoit facilité le passage de la Seine sur le pont de cette ville.
On accusa même le chancelier (Séguier) d'y avoir contribué,
tant parce qu'il était beau-père du gouverneur que par la crainte
qu'il avoit de voir sa maison brûlée. Il s'était trouvé aux conseils qu'on avoit tenu au Luxembourg (chez Gaston d'Orléans,
avec M. de Nemours). La demeure de Pontoise ayant été jugée
meilleure que celle de Mantes, la cour y resta et n'en partit que
pour aller à Compiègne où le cardinal de Retz se rendit (2) ».

La visite du coadjuteur à Compiègne avait deux buts. Le premier et le plus sérieux pour lui, était de se faire remettre par
le roi, le bonnet cardinalice ; ce qui eût lieu le 12 septembre.
L'autre, était de discuter avec la reine, les conditions de la
rentrée du roi à Paris, et du pardon plus ou moins avantageux,
de tous les Frondeurs.

Sûre maintenant qu'on désirait ardemment son retour à

(1)   La cour aucunement errante,
        S'achemine, dit-on, vers Mante ;
        Mais j'ay sceu d'un sonneur de cor
        Qu'à Pontoise elle était encor. *Muze historique.*

(2) *Mémoires de Brienne,* p. 144.

Paris, Anne d'Autriche s'en rapprocha peu à peu. Elle quitta Compiègne, le 23 septembre, visita à petites journées Creil, Marines, Mantes (1) et Meulan, et rentra à Pontoise le 28. C'était là qu'un agent secret des meneurs royalistes et des Frondeurs lassés, le Père Berthod, devait traiter les conditions définitives d'accommodement, pour la rentrée du roi dans sa capitale.

Ces conditions étant presque arrêtées, la cour se remit en marche et revint à Mantes le 14 octobre. Elle y séjourna cinq jours. Voici un passage des *Mémoires* de Turenne relatifs aux derniers pourparlers et aux décisions prises à Mantes dans le conseil du roi :

« M. de Turenne ayant sçu l'état des choses, fit agréer à M. le maréchal de La Ferté (2) de demeurer à l'armée, et il s'en alla à la cour, où la reine lui ayant demandé à son arrivée son sentiment, si le roi devoit aller à Paris, n'y ayant qu'elle et le roi présens, il lui conseilla de n'en point perdre le temps ; et comme il avoit la connaissance de l'état de l'armée et du peu de moyens qu'il avoit d'avoir de l'argent pour la remettre sans être à Paris, il pressa fort cette raison qu'il joignit à beaucoup d'autres, qui étoient que l'autorité du roi étoit si diminuée que l'on ne vouloit plus le recevoir en aucune grande ville ; que si l'hiver se passoit sans aller à Paris, toute la France se souleveroit ; que le roi n'ayant plus d'armée ni d'argent, ni de quartiers pour en remettre une sur pied, ce qu'il avoit ensemble se réduiroit peu à peu à rien, les officiers quittant tous les jours faute de subsistance. Ces raisons persuadèrent la reine, de sorte que la cour quitta Mantes et s'en alla coucher à Saint-Germain (3) ».

« Pourvu qu'un commun bruit ne mante
Le Roy de prézent est à Mante,
Mais n'y sera, dit-on, qu'un jour
Et l'on croit que toute la Cour,
S'en vient, plus tranquille et plus gaye
Loger à Saint-Germain-en-Laye (4). »

(1) Pendant son séjour, Louis XIV signa la *Déclaration du Roi* contenant la levée des modifications portées par l'arrêt de vérification de l'amnistie accordée par sa Majesté. Cette pièce, datée de Mantes, 26 septembre 1652, fut imprimée à Paris, la même année. V. A. Benoit, *Journal de Mantes* du 9 octobre 1872.

(2) Jacques d'Etampes, seigneur de la Ferté-Imbault. Il tenait tête à l'armée de Condé, au-dessus de Paris, vers Villeneuve-Saint-Georges.

(3) *Mémoires de Brienne*, p. 449.

(4) *Muse historique.*

Le 21 octobre, le roi Louis XIV rentrait à Paris, et la Fronde était pour ainsi dire terminée. Il ne resta guère que le grand Condé pour continuer la lutte à la tête d'une armée étrangère.

§ 250. **Débordements d'Eaux.** — Le premier mars 1656, la rivière était enflée *six pieds par dessus le pont.* La plus grande partie des parapets emportée, de même qu'un moulin et des maisons qui étaient dessus. Les bateaux étaient dans la ville, depuis la porte de Chante-à-Loye jusqu'aux Cordeliers. Il y avait un grand bateau dans lequel on allait se promener dans la ville, qui était attaché aussi haut qu'un deuxième étage de maison.

§ 251. **Accord fait entre le curé de Saint-Maclou et les chapelains de ladite église.** — Appert, M° Michel Aupers, prêtre, doyen de Notre-Dame et curé de Saint-Maclou d'une part, M°° Yard et Christophe Faroul, chapelains dudit Saint-Maclou d'autre part : Lesquels, pour éviter toutes les contestations qui pourraient survenir entre eux, sont convenus de ce qui suit, savoir : que ledit sieur curé aura toutes les fonctions curiales, l'administration des sacrements, que le sieur vicaire fera en l'absence du curé. Qu'il dira ou fera dire les matines, grandes messes et vêpres, les dimanches, fêtes et veilles d'icelles, si mieux n'aiment les chapelains l'en acquitter et faire chacun leur semaine, comme ils ont ci-devant fait. Auquel cas, celui qui sera en semaine, fera l'office. Les chapelains auront une clef du tabernacle, pour donner la communion dans l'église seulement, porteront l'étole aux processions et aux enterrements pendant leur semaine. Le vicaire *semainiant* comme eux en l'absence du curé, fera quand bon lui semblera lesdites fonctions. Ne pourront s'attribuer plus grands droits que de coutume, ceux du sieur curé réservés en tout et partout. Et au cas qu'il n'y aille qu'un prêtre-clerc, le vicaire ira à l'exclusion des chapelains, qui ne pourront prendre autre qualité que celle de chapelain. Les chapelains porteront chape et en auront les droits, à l'exclusion des vicaires ; diront les messes des confréries et obiits en l'absence du

30

curé et en recevront, lorsqu'ils les diront, la rétribution. Lesquels chapelains jouiront avec ledit sieur doyen, par quart, des rentes et legs faits ou à faire à la cure de Saint-Maclou ; ils auront le même droit et séance qu'ils ont accoutumé ; seront tous les papiers de l'église mis dans un coffre dont ils auront chacun une clef. Et ne sera fait aucun rachat de rente ou remplacement que du consentement desdits chapelains. Ladite transaction passée devant les notaires de Mante, le 26 août 1663.

§ 252. **Le Pont Boufard tombé**. — L'an 1673, le 13 juin, sur les huit heures du soir, le pont Boufard tomba par l'impétuosité des ravines. Il passait par dessous, des meubles, bestiaux et autres choses comme arbres et des maisons, qu'elles avaient entrainées par où elles avaient passé. Il y eût 39 personnes de noyées qui étaient sur ledit pont. Ces ravines étaient venues sans pluies. Le pont n'a été refait qu'en 1707.

M. A Benoit a publié dans le *Journal de Mantes* (1) les noms des victimes de cette catastrophe épouvantable.

Une des suites de la révocation de l'Edit de Nantes, un des actes les plus impolitiques de tout le règne de Louis XIV, fut la démolition des temples protestants. Celui de Limay subit le sort commun, le jeudi 25 octobre 1685. « M. Bouret (de Beuron), président en l'élection de Mante et subdélégué de M. de Ménars, Intendant de la Généralité de Paris, reçut la déclaration du roi, portant révocation de l'Edit de Nantes de l'an 1598, et celui de Nîmes de 1629, en conséquence de laquelle, le prêche de Limay, pour les Calvinistes qui y étoient établis depuis ces édits, fut démoli entièrement le même jour. Et le samedi en suivant ledit s^r subdélégué se transporta avec maçons et charpentiers de cette ville et accompagné des huissiers de l'Election et d'archers de la maréchaussée, pour faire démolir celui d'Avernes (2) ».

Il existe à la mairie, une curieuse lettre d'un maire de Mantes, concernant une protestante de Baulieu, hameau de la commune

(1) Numéro du 11 juin 1873. M. Benoît dit seulement 27 victimes.
(2) 2e CHEV.

de Neauphlette. Elle montre à quelle surveillance étaient soumis les religionnaires qui avaient été forcés d'abjurer à la suite de la révocation de 1685. Leurs actions et leurs pensées étaient épiées et quand on avait la preuve de leur retour au protestantisme, les agents du fisc le signalaient avec empressement et s'emparaient de leurs biens. Voici cette lettre qui doit avoir été adressée à l'Intendant de la généralité de Paris, et qui signale justement un oubli des dispositions fiscales des ordonnances :

« Monseigneur,

« Je me suis informé avec beaucoup d'exactitude du contenu
» de la lettre que vous m'avez fait l'honneur de m'escrire en datte
» du 25 du courant, et pour en rendre conte à vostre Gran-
» deur, je prendrai la liberté de luy dire qu'il est vray, que
» damoiselle Anne de Renault de Beaulieu, qui estoit originai-
» rement de la religion prétendue réformée, dont elle avoit fait
» cy-devant abjuration, estant morte dans sa maison de Beaulieu,
» paroisse de Neauflete, au mois d'aoust de l'année dernière
» 1714, relapse, sans avoir receu pendant sa maladie ny voulu
» recevoir aucun des sacrements de l'église et est enterrée dans
» son jardin et non en terre sainte, le curet ayant fait refus de
» la recevoir au nombre des fidelles ; il n'y a eu après son
» déceds aucune plainte n'y information, au sujet de la religion
» de cette demoiselle, soit à la requeste du procureur du Roy
» du Baillage de Dreux, dans le ressort duquel la maison de
» Beaulieu est située ;

» Cette demoiselle a laissé douze à treize héritiers du second
» au troisième degré qui sont :

» Le sr Robert de Hallot (1) escuyer, sr de la Chartres.
» Le sr Charles de Hallot, escuyer, sr de la Mairie.
» Le sr Robert du Buc-Richard, seigneur de Lommoye, etc.

» Voilà ce que j'ay pu aprendre de plus positif. Je voudrois
» bien, monseigneur, qu'il se présentast une plus favorable
» occasion de pouvoir vous signaler toute l'ardeur de mon zèle
» et combien je suis pénétré de l'honneur que vous me faites
» de vous adresser à moy en cette occasion. Elle m'est toute
» glorieuse, puisqu'elle me procure celle de vous renouveler

(1) Hallot, hameau de Villiers-en-Désœuvre.

» les assurances de ma soumission et le respect très profond
» avec lequel je suis,
    » Votre très humble et très obéissant serviteur,

        » LENOIR, procureur du roi au présidial de Mantes. »

Guillaume Lenoir, seigneur d'Hargeville, était maire de Mantes
depuis 1692. Il fit son entrée dans la ville de Mantes pour la
première fois, cette année là en qualité de *maire perpétuel.*
La bourgeoisie lui fit une entrée « fort honorable. » On sonna les
cloches, on tira des coups de fusils et on se réjouit pendant toute
la nuit (1). En 1708, il avait le titre de maire alternatif.

Il n'y avait peut-être pas de quoi se réjouir. Louis XIV était
engagé dans ses grandes guerres avec la Hollande et l'Empire.
Pour subvenir aux dépenses de toute nature que nécessitait son
ambition, il avait créé une foule de charges publiques qui em-
plissaient à peine les caisses de l'Etat, et foulaient le menu peuple. Les offices municipaux furent achetés avec avidité par la
bourgeoisie, parce qu'ils exemptaient des impositions régulières
et de nombreuses vexations fiscales. Chrestien fait un tableau
très noir de la situation à cette époque. Il estime que les offices
de Mantes rapportaient plus de 150,000 livres.

Ce fut d'ailleurs une honteuse duperie, car ces offices, malgré
les promesses faites à leur création, furent frappés successive-
ment de lourdes taxes, puis enfin supprimés sous Louis XV,
pendant la Régence. Les titulaires en furent bien remboursés,
mais ce fut en papier de la banque de Law, c'est-à-dire quelque
chose comme les assignats de la Révolution. En 1699, d'ailleurs,
pour avoir encore de l'argent, Louis XIV inventa le maire alternatif, le lieutenant de maire, les échevins en titres, etc., etc.

§ 253. **La croix de Notre-Dame plantée.** — L'an 1685,
la croix qui était autrefois à côté du pavé vers l'endroit ou
l'on fait ordinairement le feu, la veille de l'Assomption, le
soir après matines, fut mise dessus la fontaine comme elle
se voit à présent.

§ 254. **Les fontaines rétablies ; les arbres des Cordeliers plantés.** — L'an 1689, M⁣ʳᵉ Eustache Lemaire de Fli-

(1) 2ᵉ CHEV.

court, avocat du roi au Parlement et pour lors maire de la ville de Mante, fit rétablir les trois fontaines qui sont dans cette ville : une devant Notre-Dame, l'autre dans le marché devant l'Hôtel-de-Ville et l'autre dans le marché au Pain (1). Il y avait plus de trente ans qu'elles ne venaient pas. Cela se fit aux dépens des habitants.

En la même année ledit sieur Lemaire fit faire les allées des Cordeliers et planter 258 pieds d'arbres qui y sont encore, sur 975 pas de long. Pour cet effet il fit abattre par les habitants qui y allaient à la corvée, une grosse butte qui était au milieu et si haute qu'on ne pouvait pas voir Limay.

§ 255. **Le chœur de l'église St-Maclou tombé.** — L'an 1692, le jeudi 18 décembre (ou octobre, CHR.), entre les quatre et cinq heures du soir, le chœur et le bas-côté de l'église Saint-Maclou tombèrent ; la cause de cela est que cette église a toujours été mal entretenue. L'on sortait de la prière et heureusement il n'y eut personne de blessé. Les grosses pierres de tailles roulèrent jusqu'au-dessous de la Boucherie.

[Ce chœur de Saint-Maclou était un bel ouvrage tout en pierres de taille de S. Leu. A la voûte et aux bas-côtés étaient des culs-de-lampe fort proprement sculptés d'où on pouvait juger que cet ouvrage était du règne de Louis le Gros (!), après que notre ville avait été entièrement saccagée par le roi Guillaume d'Angleterre. On regardait dans le chœur de cette église, comme un morceau d'ouvrage excellent, un petit clocher en forme de lanterne ronde qui était placé au bout d'en haut de ce clocher, et un escalier en limaçon formé dans un pilier, pour monter à cette lanterne, qui avait servi d'échauguette, pour découvrir les dehors de la ville, dans les cas de guerre et autres occasions de pareille nature et extraordinaire] Chr.

Il est inutile de relever cette grosse erreur de Chrestien. Le chœur de Saint-Maclou, n'était pas plus du règne de Louis le Gros que la tour actuelle. Cette voûte en pendentifs ou culs-de-

(1) Rue Porte-aux-Saints.

lampes, indique simplement une construction du XVI° siècle ou tout au plus de la fin extrême du XV°. D'ailleurs Nicolas Delabrosse avait travaillé à orner ce chœur, vers 1535 (1).

Saint-Maclou était sans doute très mal construit, car de temps en temps il en tombait quelque partie. M. A. Moutié a dit que cette église avait été détruite par le vandalisme révolutionnaire en 1792. Il n'en est rien. A cette époque l'église tombait en ruine, et ce fut pour éviter les dangers d'une chute imminente, que la municipalité se décida à la faire démolir. Mais alors, il y avait nombre d'années qu'elle ne servait plus au culte.

La tour, du même coup, avait été condamnée. Elle fut sauvée par le conventionnel Paulin Crassou, législateur et poète, qui en avait déjà aperçu le mérite architectural. Il fit à cette occasion, remarquer qu'on devait respecter les œuvres d'art que le passé nous avait léguées. Ces vues intelligentes malheureusement, n'ont pas toujours été celles de ses amis politiques.

§ 256. Le chœur de Saint-Maclou rétabli. — L'an 1693,

le 15 mars, l'on commença le rétablissement du chœur de l'église Saint-Maclou. Ce fut M. Lenoir, maire de la ville, qui en fit l'adjudication. M⁰ René Barquillet, seigneur de Heuqueville, conseiller au présidial de Mante, donna pour le rétablissement, la somme de mille livres, et tous les habitants donnèrent à leur volonté. Pendant ce rétablissement, l'office se fit en l'église du prieuré de Saint-Georges.

§ 257. Famine ; grosses eaux. — L'an 1694, il y eut une

grande cherté de blé ; l'on voyait le monde dans les prés et dans les îles, manger l'herbe comme des bêtes. Ce qui causa quantité de maladies de pourpre (2). Il mourait tous les jours six à sept personnes (3).

L'an 1697, au mois de juillet, la Seine déborda de quatre pieds, ce qui causa la perte de beaucoup de grain.

Le manuscrit Marion consacre un long paragraphe à la paix de Ryswich signée le 30 octobre 1697 ; elle donna lieu à Mantes à de grandes réjouissances. Nous supprimons de la décision de

---

(1) V. l'adjudication de ces travaux, dans les registres de la mairie.
(2) Hémorragie qui se manifeste en taches rouges sous la peau.
(3) Ms. Marion.

l'Hôtel-de-Ville, les longues considérations sur la paix et les éloges trop pompeux décernés à Louis XIV, pour ne garder que la description d'un feu d'artifice très curieux.

§ 258. **Paix générale.** — La paix générale fut conclue par le roi de France et de Navarre, Louis le Grand et les autres potentats, en 1697. Il a été fait de grandes réjouissances par tout le royaume et particulièrement dans la ville de Mante, où il a été tiré un feu d'artifice dressé devant l'Hôtel-de-Ville, par les ordres de M⁼ˢ les maire et échevins, dont la description suit : (1)

Le théâtre sera de seize pieds en carré ; le piédestal sera de douze, sur dix pieds de hauteur. Sur ce piedestal sera représentée la Paix, comme le motif principal de cette fête, tenant en main un rameau d'olivier. Elle sera posée sur une boule accompagnée de trophées d'où tombera une espèce de banderole où ces mots seront écrits :

> Ne soupirez plus désormais,
> Je viens à vous et suis la paix.

Aux quatre coins seront représentées quatre figures. Sur la face qui regarde l'Hôtel-de-Ville doivent être les figures de Mercure et de l'Espérance, parce que le premier est le messager ordinaire de toutes les nouvelles, bonnes ou mauvaises, et que les dieux de l'antiquité l'ont toujours destiné à cet emploi ; et la seconde, parce que dans le cours des maux dont la guerre a coutume d'être accompagnée, rien ne les adoucit davantage que l'espérance de la paix. Ils font ensemble un dialogue :

MERCURE

> J'annonce la Paix à la France,
> Quel autre messager fut jamais plus heureux ?

L'ESPÉRANCE

> Plus je savais partout Louis victorieux,
> Plus j'en avais conçu l'espérance.

(1) Elle a déjà été publiée intégralement par M. A. Benoît, dans le *Journal de Mantes*, du 12 mars 1873. M. Benoît assure que ce feu d'artifice fut imaginé par Charles Santerre, docteur en médecine de Mantes.

A la face opposée, on verra la figure d'Hercule, à droite, comme un héros célèbre par ses longs et pénibles travaux, se reposant sur la massue avec laquelle il a vaincu tant de monstres. On lui fait dire ces paroles :

> Quand on a comme moi souffert de longs travaux,
> Que le repos est agréable !

A gauche sera représentée Minerve, que les poètes font sous ce nom, aussi bien déesse de la science et de la médecine, que déesse de la guerre sous celui de Pallas, et qui connaît ainsi les désordres aussi cruels pour le peuple que le sont les plus cruelles maladies. Elle fait cette réponse :

> MINERVE
>
> Autant qu'aux langoureux fatigués de leurs maux
> La santé fut toujours aimable.

Chacune des faces du théâtre sera formée d'un emblême : le premier, ayant pour titre le *Branle de la Paix*, représentera une danse composée des divers peuples qui sont entrés dans le traité, chacun dans l'habillement de sa nation, se tenant tous par la main et dansant au son d'un instrument de musique que la déesse de la Concorde tient à la main. On lui fait dire :

> LE BRANLE DE LA PAIX
>
> Est-il branle plus beau que celui de la Paix ?
> Est-il une plus noble danse ?
> Surtout quand la Concorde en marque la cadence
> Et qu'on ne s'interrompt jamais.

Le second emblême aura pour titre les *Effets de la Paix* et représentera un port de mer sur lequel on verra un marchand Français avec plusieurs tonneaux de vin, et un marchand Hollandais avec une pile de fromages de Hollande. Les paroles suivantes y seront écrites :

> LES EFFETS DE LA PAIX
>
> Si nous sommes bien sages
> Vivons en bons voisins
> Mangez de nos fromages
> Nous boirons de vos vins.

Le troisième emblême sera intitulé les *Douceurs de la Paix* et représentera trois ou quatre bons paysans, le bonnet sur l'oreille, la trogne enluminée et le verre à la main ; ils sont à table et boivent ensemble à côté d'un ratelier où sont suspendus comme au croc, épées, hallebardes, mousquets et autres fortes armes. Autour sont ces paroles en leur patois :

LES DOUCEURS DE LA PAIX

Par la morgué ! compère Blaise !
Que j'allons tretous être heureux !
Ces guebles de soudards, je n'érons pus peur d'eux
Et je boirons tout à notre aise !

Le titre du quatrième emblême est la *Sûreté pendant la Paix*, et représente une vaste campagne où se voient plusieurs voyageurs à pied et à cheval. Ce qui suit y est écrit :

LA SURETÉ PENDANT LA PAIX

Sans craindre ses coureurs, ni trouver d'ennemis,
Nous parcourrons toute la terre.
Nous irons en Hollande et même en Angleterre,
Sûrs d'y rencontrer des amis.

Ce spectacle doit être exposé aux yeux du public durant deux jours entiers. La bourgeoisie se doit disposer à exécuter les ordres de M. Lenoir, maire de la ville, qui a ordonné qu'il y eût des illuminations dans toutes les maisons, et des feux de joie dans toutes les rues, une heure auparavant, pour servir de prélude au feu d'artifice. La compagnie des chevaliers de l'Arquebuse y sera sous les armes et toute la mousqueterie des habitants doit être commandée à cet effet. Avant le feu d'artifice, M. Lenoir criera trois fois : Vive le roi ! La dernière servira de signal au feu d'artifice. Le tout a été exécuté comme il est ci-dessus dit.

Où sont les échevins qui ont imaginé une machine si ingénieuse et si compliquée ? Où sont les artistes qui l'ont exécutée ?

§ 259. **Grêle.** — Le vendredi, 18 juillet 1698, entre cinq et six heures du soir, il tomba à Mante et aux environs, une grosse ondée de grêle. Elle était comme des œufs de pigeon et si violente qu'elle perdit tous les blés et toutes les vignes, de sorte que l'août et vendanges furent faits en trois quarts d'heure. L'on était si épouvanté que l'on croyait que c'était la fin du monde.

§ 260. **La Chapelle de Saint-Bonaventure bâtie.** — En l'année 1699, la chapelle de Saint-Bonaventure, sur la côte, a été bâtie. L'on y voit, au côté gauche en entrant, dans la muraille où est la grille de fer, la pierre sur laquelle saint Bonaventure se mettait à genoux, dans le temps qu'il était au couvent des Cordeliers de Mante.

§ 261. **Friponnerie des Juges de Mante.** — L'an 1699, le 14 mars, a été rendu arrêt aux Requêtes de l'Hôtel, en faveur de demoiselle Catherine de Goubert de Ferrières, qui voulut réhabiliter la mémoire de défunt Mre Charles de Goubert de Ferrières (1), seigneur de Saint-Chéron, la Villeneuve-en-Chevrie, sœur de Claude de Goubert : Contre Pierre Manoury, lieutenant-criminel de robe courte en la maréchaussée de Mante, Daret, greffier, Jean Bouret, procureur du roi, François Letourneur, assesseur, Petit, conseiller, Lemaire, président, Mottet, conseiller au siège présidial, Chambellan et Gilles, avocats gradués, tous lesquels, les uns ont été décrétés de prise de corps, et les autres condamnés comme il se verra ci-après.

Le sieur Charles de Goubert de Ferrières, gentilhomme de noble extraction, cornette en 1636, capitaine de cavalerie et garde de la manche du roi (2), avait trois enfants : Claude de Goubert, qu'on appelait de Saint-Chéron, Géneviève et

(1) Les Ferrières, hameau de la Villeneuve-en-Chevrie.
(2) Le *garde de la manche* était chargé de la garde d'un jeune prince et devait le suivre d'assez près, pour qu'au moindre danger, il pût le retenir comme par la manche.

Catherine de Ferrières. Charles de Goubert avait grand discernement et un jugement profond. Quand il existait quelque différend entre gentilshommes, on s'en rapportait à son jugement. On lui reprochait cependant d'avoir des vices honteux et d'être très débauché. Il paraît que les juges de Mante convoitaient depuis longtemps ses terres qui se trouvaient à leur bienséance. Et comme le sieur de Ferrières ne se comporta pas avec eux de manière à leur faire espérer un échange de ses propriétés, ces magistrats peu intègres (1) résolurent, à quelque prix que ce fut, de s'en rendre propriétaires malgré lui, et sans bourse délier. Voilà comment ils s'y prirent.

Le sieur de Ferrières vivait dans une grande familiarité avec le sieur Feret, vicaire de la Villeneuve-en-Chevrie; ils mangeaient souvent ensemble. Le vicaire alla un matin du carnaval de 1692, chez M. de Ferrières, entra dans sa cuisine et n'y trouva qu'une vieille servante qui filait, tournant le dos au feu; elle lui apprit que son maître était allé à la chasse. Il aperçut une petite marmite où l'on avait mis un bouilli; il la prit, la mit sous sa soutane et l'emporta sans rien dire et sans que la vieille se doutât de son larcin.

M. de Ferrières arriva une heure après, environ sur le midi. La vieille qui ne s'était encore aperçue de rien, fut bien surprise quand elle vit que sa marmite était absente, et s'écria, comme madame Pernelle dans Tartuffe (2) :

Je suis tout ébaubie et je tombe des nues.

Elle dit à son maître qu'elle avait mis le pot-au-feu et qu'il fallait que le diable fut venu par la cheminée et eût emporté la marmite par le même chemin. M. de Ferrière alla droit au but et demanda si le vicaire n'était pas venu et ayant appris que celui-ci l'avait demandé : « Ne cherchons plus, dit-il, un autre voleur; il me le paiera. » Il était d'autant plus piqué,

(1) La relation que nous copions dans le ms. Marion, ne dit pas lesquels des magistrats étaient intéressés à avoir les biens du seigneur de Ferrières; on va voir que c'était Bouret.

(2) Acte V, scène v.

qu'ayant gagné une faim dévorante à la chasse, son estomac était de moitié dans son ressentiment.

On a cru que pour user de représailles, il avait avec son fils, engagé Marie Menu, nouvellement mariée à Adrien Aumont, à voler au vicaire sa provision de salé, de sel et de beurre, un dimanche de carnaval, pendant le service qu'il faisait à l'église. Marie Menu a dit qu'elle était entrée par une fenêtre de la maison, mais on a prétendu qu'elle avait rompu le mur. Le vicaire porta plainte devant M. Lebœuf, lieutenant-criminel de Mante. Marie Menu effrayée, fit porter 25 livres par sa tante et l'affaire fut assoupie.

Le sieur Bouret, procureur du roi, pensant que cette affaire pouvait aider sa cupidité dans la convoitise qu'il avait des biens de M. de Ferrières, accusa son fils, le sieur de Saint-Chéron, d'avoir enlevé sa cousine germaine, d'avoir abusé de sa sœur, et de plusieurs vols commis dans le voisinage, particulièrement de celui commis chez le vicaire. Il communiqua l'affaire à la maréchaussée, à cause du vol avec effraction. Claude de Saint-Chéron fut arrêté, ainsi que sa sœur, Géneviève de Ferrières. La compétence fut jugée le 27 juin, et le même jour, à cause de la déposition de Marie Menu, M. de Ferrières père fut aussi arrêté. Toute la famille se trouva emprisonnée, à l'exception de Catherine de Ferrières, sur le compte de laquelle il ne fut trouvé rien à reprendre, tant elle était *le modèle de son sexe*.

Quelque envie que les juges de Mante eussent de faire mourir les accusés, ils n'osèrent pousser la barbarie plus loin qu'un bannissement perpétuel, à l'égard de Saint-Chéron et de sa sœur. Quant au sieur de Ferrières père, on conclut à un plus ample informé remis à trois mois. Le procureur du roi avait demandé le bannissement ; il fut élargi.

Claude de Saint-Chéron qui était au service du roi, vint voir son père à l'occasion de la paix (1). Les juges de Mante l'ayant su saisirent l'occasion. Le château du sieur de Ferrières fut entouré d'archers, le sieur de Saint-Chéron fut

(1) La paix de Ryswick.

arrêté pour avoir rompu son ban, les juges le condamnèrent à mort et il fut pendu le 10 septembre 1698. On attacha son corps devant le château de son père, par le col et le milieu du corps, avec des chaînes de fer et de gros clous rivés. Voilà le raffinement de barbarie dont les juges de Mante usèrent en mettant sous les yeux de M. de Ferrières le corps de son fils.

On avait fait saisir récemment la terre de Saint-Chéron, appartenant à M. de Ferrières père, à cause d'une amende de 1000 livres à laquelle ledit de Saint-Chéron était condamné. Les juges ont affermé cette terre 130 livres, quand elle l'était avant plus de 1000 ; le procureur du roi se porta caution du fermier.

Comme cette terre était dès lors à la discrétion des officiers de la maréchaussée et qu'ils comptaient s'en rendre adjudicataires sans bourse délier, les juges entrèrent dans une épouvantable fureur, quand ils virent l'opposition que M. de Ferrières père, fit à la saisie de sa terre de Saint-Chéron ; il n'était pas, en effet, tenu de payer les dettes contractées par son fils. Les juges ayant juré sa perte, le firent appréhender au corps ; une troupe d'archers l'arrêta dans son château ; ses meubles et ses papiers furent mis au pillage par Roblâtre exempt et Boutillier archer. On le traîna dans la boue, on le maltraita. Ce vieillard âgé de 82 ans, fut attaché à la queue d'un cheval, parce qu'il ne marchait pas assez vite. On publiait à haute voix qu'il aurait le même sort que son fils.

Comme la saisie de la terre de Saint-Chéron et l'opposition à cette saisie, faite le 13 septembre, étaient pendantes au Parlement, cette cour suprême rendit un arrêt le 26 novembre, par lequel le procureur du roi et le greffier étaient cités à comparoir devant elle avec M. le Procureur Général. Deux jours après, un autre arrêt ordonnait qu'on apportât au greffe de la Cour, les charges et informations. Cet arrêt fut signifié au prévôt, au greffier et au procureur du roi qui n'obéirent point.

Au contraire, sur une simple requête, ils obtinrent un

arrêt au Grand Conseil, le 16 janvier 1699, ordonnant que le jugement de compétence serait exécuté sans avoir égard aux arrêts du Parlement, sauf à l'accusé de se pourvoir par les voies de droit. C'était, à la réserve de l'exception faite en faveur de l'accusé, tout ce que ces magistrats éhontés désiraient. La procédure fut continuée, mais le sieur de Ferrières refusa de répondre, à cause des arrêts obtenus par lui au Parlement. Le prévôt déclara qu'on lui ferait son procès comme à un muet.

Le procureur du roi acharné à sa perte et pensant toujours s'emparer de ses biens, disait dans toutes les occasions qui se présentaient : « Il faut qu'il nous reconnaisse » pour juges ; qu'il se désiste de ses poursuites et de l'appel » de la saisie-arrêt sur sa terre et on le laissera sortir, » sinon la pelote grossira et on le pendra comme son fils, » après lui avoir fait son procès comme à un muet volon- » taire. » Le sieur Petit, homme d'un esprit extrêmement lourd, parut pourtant extrêmement vif. Vingt-quatre heures après en avoir été chargé, le rapport se trouva prêt. Le 20 janvier, il s'était rendu *dans un cabaret de Limay,* avec le prévôt, l'assesseur et le greffier qui l'instruisirent à ce sujet. La passion donne de l'esprit aux plus pesants. Le sieur Mottet, l'un des juges, était à peine au-dessus d'un imbécile ; depuis quinze ans on ne comptait plus sa voix. Tels étaient les magistrats intègres qui devaient décider de la vie d'un homme. Ils s'étaient bien gardés d'appeler M. le Lieutenant-Général dont on redoutait les lumières, la probité, l'équité et la très grande droiture.

La perte de M. de Ferrières étant résolue, les juges sortirent de leurs maisons avec un jugement tout dressé : *Corromptum vel iniquum, judicium de domo fuerat allatum* (1).

Le 21, de grand matin, on alla éveiller M. Vathonne, conseiller qui n'a pas voulu être juge. On appella M⁰ Chambellan (2) et M⁰ Gilles de Champagne (3), avocats, pour faire le

(1) « Corrompu ou inique, le jugement avait été apporté de leur maison. » Tite-Live.

(2) Il avait été accusé de prévarication à Rouen. (Note ancienne.)

(3) Il était dépendant du seigneur à qui la confiscation devait appartenir · *(Ibid.)* Il était maire de Mantes en 1692.

nombre nécessaire de sept juges (1). Le tribunal était ainsi composé de façon à ce qu'un gentilhomme innocent ne pût, malgré la justice de sa cause, prouver son innocence.

Les Cours supérieures avaient prononcé. M. le Lieutenant-Général Hennequin avait écrit au procureur du roi de suspendre cette procédure qu'on exerçait trop cruellement, sur un gentilhomme aussi âgé. Le procureur fit réponse que l'accusé était sur la sellette et qu'il donnerait bientôt quittance des misères de la vie. Ces indignes magistrats n'écoutant que leur passion, interrogèrent l'accusé sur la sellette (2). Celui-ci réitéra ses protestations et demanda un délai de trois jours pour faire signifier l'arrêt qu'il avait obtenu. On ne l'écouta point et on le jugea.

Il fut atteint et convaincu de vol avec effraction, pour réparation de quoi et d'autres cas mentionnés au procès, il fut condamné à être pendu en la place du Marché, à Mante, ses bien acquis et confisqués à qui il appartiendra, à la réserve de cinq cents livres d'amende envers le roi. Marie Menu fut condamnée au fouet, et attendu sa grossesse, fut dit qu'il serait sursis à son égard à l'exécution du jugement.

Après ce jugement prononcé, de peur que l'autorité supérieure n'en empêchât l'exécution, les juges eux-mêmes en surveillèrent les apprêts. Le prévôt alla quérir le bourreau, l'assesseur, pour hâter le supplice, fit faire la potence dans sa cour et fournit le bois. Le charpentier lui paraissant trop lent, il quitta sa robe et prit la scie pour l'aider. Il dit alors à une personne qui plaignait l'accusé : « S'il ne se trouve » pas bien condamné, qu'il en appelle aux apôtres. Je le » ferai bien danser dans deux heures. » Quand on conduisit M. de Ferrières au supplice, l'air d'innocence répandu sur la physionomie de ce vieillard saisissait tout le monde et on était convaincu de son innocence. Les juges le suivirent dans la foule et semblaient ses véritables bourreaux; ils excitèrent l'indignation publique. Le bourreau lui-même était attendri. Un marchand de Mante, nommé Boudet, fut

(1) Voir § 175. p. 320.
(2) Petit banc de bois sur lequel l'accusé s'asseyait pendant l'interrogatoire.

si frappé de voir le patient accompagné d'un confesseur et du bourreau tenant le bout de la funeste cravate, qu'il en mourut quatre heures après. Le patient, à l'échafaud, recevait les consolations d'un capucin ; les juges s'impatientèrent et l'un d'eux dit au religieux : « Mon père, dépêchez-» vous, il est assez préparé. » Ainsi périt à Mantes, l'innocent condamné par l'iniquité.

Catherine de Ferrières, sa fille, se pourvut au Conseil d'Etat. Le roi frappé de son placet, ordonna à M. le Chancelier de faire examiner l'affaire. Ce qui fut fait par MM. Constant, de Ribierre, Fourcy et de Harlay, conseillers d'Etat et sur leur rapport, M. le Chancelier envoya à Mante un huissier de la chaine qui se transporta au greffe, mit le scellé partout, en chassa le greffier et ferma la porte. Il fut ensuite chez MM. Lemaire de Dénemont, Manoury, prévôt, Letourneur, assesseur, Petit et Mottet, conseillers, Bouret, procureur du roi, et leur ordonna *d'aller dans un cabaret de Limay*, pour y recevoir les ordres du roi. Y étant, il les fit partir dans deux carrosses pour Versailles.

M. le Chancelier Boucherat (1) les fit appeler et dit à M. Lemaire de Dénemont : « Comment avez-vous osé con-» damner au dernier supplice, un gentilhomme innocent, » vous qui avez la réputation d'être intègre ? » Le président se voulant justifier, il lui imposa silence et lui dit : « Reti-» rez-vous, on vous rendra justice. » Le prévôt parut, il lui reprocha son ignorance et son injustice criante. Il accabla l'assesseur de reproches.

Le procureur du roi qui vit à ce début qu'il n'y avait rien de bon pour eux, et craignant que le greffier ne les vendit, il lui donna un rouleau de louis et lui conseilla de s'évader ; il y réussit. M. le Chancelier demanda au sieur Petit, rapporteur, par quel prodige il était parvenu, en si peu de temps, à instruire un procès chargé de tant de procédure. Il dit au sieur Mottet, que la nature qui lui avait refusé le sens commun, lui avait défendu d'être juge. Enfin vint le

(1) Louis Boucherat, comte de Compans, mort au mois de septembre 1699, à 83 ans.

tour du procureur. Alors M. le Chancelier, enflammé de colère, ne ménagea plus ses termes. Il le traita de fripon, de prévaricateur ; qu'il était d'autant plus coupable qu'il était homme d'esprit : « Vous avez, dit-il, assassiné un gen-
» tilhomme, par un esprit d'horrible vengeance et de cupi-
» dité. » Il ordonna qu'il fut conduit à Paris, dans un cachot de la Conciergerie.

Le roi les renvoya à MM. des Requêtes de l'Hôtel afin qu'ils donnassent leur avis sur le rapport de M. Maboul l'un d'eux. Ce qui se fit le 7 mars, et le 14, le roi ordonna la révision du procès, et qu'il serait informé contre les auteurs de ce jugement.

Dans les moyens de Mlle de Ferrières, celle-ci a reproché aux juges d'avoir fait entendre au procès de son père des témoins à charge, pris parmi ses ennemis déclarés, ou parmi des personnes peu honorables qui n'auraient jamais dû être appelées en justice pour y déposer contre un particulier. Voici les noms et les reproches faits aux témoins :

Dumas, curé de la Villeneuve, avait un procès au Parlement avec M. de Ferrières.

Douvet et sa femme, en instance à la Capitainerie de Saint-Germain, pour du bois volé par eux à M. de Ferrières.

Loiseau, archer de la maréchaussée, espion du prévôt, et décrété à Rouen, pour crime.

Marie Huré, femme et fille de voleurs ; avait déposé suivant l'intention des juges, pour sauver son père et son mari ; elle réussit moyennant 400 livres payées aux juges.

Boursier, notaire ; accusé d'avoir signé un faux acte de mariage, avait prouvé son innocence en faisant briller comme témoin, aux yeux des juges de la maréchaussée, quinze louis d'or, qu'ils s'étaient partagés suivant les lois de la justice distributive qui s'observe entre voleurs.

Jean Jouhanne, décrété de prise de corps.

Catherine la Bequette, femme de mauvaise vie.

Tous les témoins de Saint-Chéron, avaient été pris parmi les plus mauvais sujets qui avaient des procès avec M. de Ferrières. Le jugement était fondé sur les dépositions de tous ces braves gens.

Dans leurs moyens particuliers, aux Requêtes de l'Hôtel, les juges de Mante se sont réciproquement accusés pour faire valoir leur innocence particulière. Le président de Dénemont dit que le jugement précipité rendu contre M. de Ferrières l'avait été sans son aveu ; qu'il avait été d'avis de donner un délai à l'accusé ; qu'il n'avait eu aucune connaissance des arrêts allégués par la victime, que les autres juges disaient ne pas exister ; qu'il avait même opiné pour la *question* afin d'avoir la conscience nette en cas que M. de Ferrières avouât les crimes. Les autres juges se sont refusés à tout. Après les moyens respectifs des parties, intervint un arrêt à la cour des Requêtes de l'Hôtel dont la teneur suit :

Ouï le rapport du sieur Maboul, conseiller de Sa Majesté en ses conseils, maître des Requêtes ordinaires en son Hôtel, commissaire à ce député, après que Manoury, Bouret, Letourneur, Lemaire, Petit, Mottet, Gilles de Champagne, Chambellan et Marie Menu ont été ouïs et interrogés en la chambre sur les cas à chacun d'eux imposés et faits résultant du procès ; Sçavoir, lesdits Manoury et Bouret *sur la sellette* et les autres derrière le barreau ; tout considéré : Les maîtres ordinaires de l'Hôtel, juges souverains en cette partie, ont déclaré et déclarent lesdits Pierre Manoury, François Letourneur et Jean Bouret, dûment atteints et convaincus de prévarications par eux commises dans l'instruction du procès de feu Charles de Goubert de Ferrières. Pour réparation de quoi, ont banni et bannissent lesdits Manoury, Letourneur et Bouret pour cinq ans de la ville, bailliage et siège présidial de Mante, leur enjoignant de garder leur ban, sur les peines portées par l'ordonnance. Les condamnent à chacun cinq livres d'amende envers le roi.

Et pour faits résultant du procès : Ordonnent que lesdits Lemaire, Petit et Mottet seront mandés à la Chambre et admonestés. Les condamnent chacun en quatre livres d'amende, applicables au pain des prisonniers du fort l'Evesque.

Ont confirmé les défauts et contumaces bien et dûment obtenus à l'encontre de Daret, greffier, Roblâtre, exempt

et Boutillier, archer de la maréchaussée. Ce faisant, les ont
déclarés dûment atteints et convaincus, savoir : ledit Daret
d'avoir participé auxdites prévarications avec lesdits Manoury, Letourneur et Bouret et d'avoir par lesdits Roblâtre
et Boutillier, sans autorité de justice, brisé les portes de la
maison seigneuriale de Saint-Chéron, pris et emporté les
meubles dudit de Goubert de Ferrières, étant dans ladite
maison. Pour réparation de quoi et des autres cas mentionnés au procès : à l'égard dudit Daret, l'ont banni et le bannissent à perpétuité hors du royaume, ses biens acquis et
sur iceux préalablement pris la somme de cent livres
d'amende envers le roi, en cas que la confiscation n'ait pas
lieu envers sa Majesté. Et quant auxdits Roblâtre et Boutillier, les bannissent pour cinq ans du bailliage de Mante et
les ont condamnés chacun en dix livres d'amende envers sa
Majesté.

Ordonnent que le présent arrêt, à l'égard dudit Daret
sera transcrit dans un tableau qui sera attaché par l'exécuteur de la haute-justice, à un poteau qui sera planté dans la
place publique de Mante, où ledit de Goubert de Ferrières a
été exécuté.

Condamnent en outre lesdits Roblâtre et Boutillier, solidairement et par corps, à rétablir dans la maison seigneuriale de Saint-Chéron, les meubles par eux enlevés, et à
remettre les portes de ladite maison en l'état où elles
étaient; sinon à payer à la succession de M. de Ferrières,
la somme de deux cents livres, pour la valeur desdits meubles et portes.

Comme aussi, condamnent solidairement lesdits Manoury,
Letourneur, Bouret, Lemaire, Petit, Daret et Mottet, en
vingt mille livres de réparations civiles et en tous les dépens
du procès, envers Catherine de Goubert.

Les condamnent en outre, aussi solidairement, à fonder
en l'intention et pour le repos de l'âme dudit de Goubert de
Ferrières, dans l'église Notre-Dame de Mante, un service
solennel, avec une messe haute à diacre et sous-diacre, qui
sera dit et célébré à perpétuité tous les ans à pareil jour que

ledit sieur de Ferrières a été exécuté à mort, auquel service assisteront *les prêtres du Grand et du Petit-Collège* de ladite église. Pour l'exécution de laquelle fondation ils seront tenus d'un fonds suffisant dont ils demeureront garants solidairement et d'en passer contrat avec le chapitre, le curé, l'œuvre et la fabrique de ladite église ; laquelle fondation s'exécutera pour la première fois le lendemain de la passation du contrat d'icelle, et dans la suite annuellement, ainsi qu'il est ci-dessus ordonné.

Et sera gravé, sur un marbre blanc, en forme d'épitaphe, et attaché à un des piliers les plus apparents de ladite église, mention faite de la cause d'icelle, du contrat qui en aura été passé, et du présent arrêt, ensemble de celui du 27 mars dernier.

Ordonnant que sur les réparations civiles adjugées à la demoiselle de Ferrières, de celles à laquelle seront réglés la fondation, frais d'épitaphe et du procès, lesdits Manoury, Letourneur et Bouret en seront tenus chacun d'un quart, Daret d'un huitième, et Lemaire, Petit et Mottet, d'un autre huitième.

Et sur les accusations intentées contre Gilles de Champagne, Chambellan, gradués et Marie Menu, lesdits Maîtres des Requêtes ont mis et mettent les parties hors de cause et procès sans dommages et intérêts ni dépens. Ordonnent que ladite Menu sera renvoyée dans les prisons de Mante.

Donné à Paris, auxdites Requêtes de l'Hôtel du Roi, le premier septembre 1699.

Voilà, ce que la justice de ce monde a fait pour ces juges prévaricateurs, mais la justice divine a aussi agi plus fortement : Le procureur du roi et l'assesseur sont morts d'une douleur enragée, le prévôt se fit soldat aux gardes et mourut dans la misère ; le greffier eut le même sort.

Ce procès des de Goubert de Ferrières, fait partie des anciennes causes célèbres. Il aurait pu trouver place dans les *Curiosités des Anciennes Justices* de M. Desmazes. Ce qui fait l'intérêt de cette cause, ce n'est pas seulement cette application futile de la peine de mort, c'est surtout ce tableau haut en couleur, de mœurs judiciaires heureusement disparues. Ces juges recevant de l'argent, s'adjugeant les biens de leurs justiciables, pressant une exécution et y concourant même dans une certaine mesure, sans laisser à l'accusé le temps d'appeler de leur sentence ; jusqu'à ces réunions dans un cabaret, pour y dresser un rapport ou y recevoir les ordres d'un huissier de la chaîne ; tout cela est fait pour piquer la curiosité, mais non pour être regretté.

§ 262. **Le Roi d'Angleterre vient à Mante.** — Le dimanche neuf décembre 1703, sur les 10 heures du matin, le prince de Galles, roi d'Angleterre, que l'on appelle à présent monsieur le chevalier de Saint-Georges, vint à Mante pour y passer en revue un régiment d'infanterie anglais qui allait en Espagne, dont ledit roi d'Angleterre faisait présent au roi d'Espagne, Philippe cinq. Son carrosse s'arrêta dans la Fort, devant l'*Hôtellerie du Lion*, où Mʳ Lenoir, maire de ville, fit une harangue, après laquelle le roi fut au *Cheval Blanc* où il resta une demi-heure, puis il sortit et fut dans l'île Champion passer son régiment en revue. Il était accompagné de M. le duc de Warwich. Les soldats firent l'exercice en leur présence. Après quoi le roi s'en retourna au *Cheval Blanc*. Mais tandis qu'ils étaient sur le pont, les soldats jetèrent leurs chapeaux en l'air, en criant : Vive le roi ! Celui-ci ordonna qu'il serait donné cinquante louis d'or au régiment. Lorsque le roi eut dîné, il s'en retourna à Saint-Germain-en Laye.

Ce roi d'Angleterre n'a jamais régné. C'était le *Prétendant*, Jacques François Edouard, fils de Jacques II, le second fils de Charles Iᵉʳ ; celui-ci, après avoir porté le titre de duc d'York, avait succédé à son frère, Charles II, en 1685. Mais ayant voulu faire profession de la religion catholique, il fut chassé d'Angleterre et vint se réfugier à Saint-Germain, où il mourut en 1701. Jacques, son fils, *le Prétendant*, avait pris aussi le titre de *Chevalier de Saint-Georges*, pendant la campagne de 1709.

Quant au duc de Warwick, qui l'avait accompagné à Mantes, c'était probablement, Jacques Fitz-James, duc de Berwick, fils naturel de Jacques II et qui fut maréchal de France.

§ 263. La Chapelle de la Charité rétablie. — L'an 1706, le mercredi 25 mars, a été célébrée la première messe dans la chapelle de la Charité en l'église Saint-Maclou. Ce fut M' Croze, chapelain, qui dit cette première messe, après le rétablissement la chapelle.

La même année, la nuit du jeudi au vendredi, 29 mai, les vignes gelèrent sans réserve. Le beffroi de la tour Saint-Maclou fut rétabli.

Le beffroi actuel de la tour du midi, de Notre-Dame, fut refait en 1709. Chrestien et Santerre de Tiverval étaient marguilliers. Il coûta 15 ou 1600 livres. L'ancien était à deux étages ; celui-ci ne fut refait qu'à un seul étage, sur les conseils du chanoine Farcy. Il y fit mettre les quatre cloches sur le même plan, de façon à ne causer aucun ébranlement à la construction. La tour du nord ne contenait que les deux plus grosses cloches.

Il y a actuellement trois cloches sur ce beffroi de 1709. Il a suffi en 1875, lorsqu'on y monta les deux cloches nouvelles, de serrer les boulons et d'y ajouter quelques moises pour le mettre en état de supporter ce surcroit de charge.

§ 264. Procession générale pour un vol fait à l'église Saint-Pierre des Faubourgs. — Le dimanche 29 août 1706, fut fait une procession générale à laquelle les paroisses circonvoisines assistèrent, par ordre de l'évêque. Cette procession se fit pour réparation de l'injure faite à Dieu, du saint Ciboire de la paroisse Saint-Pierre des faubourgs, qui fut pris nuitamment, par un malheureux inconnu qui laissa les hosties sur l'autel. La procession commença à une heure après midi, et sortit de l'église Notre-Dame pour aller à Saint-Pierre, en chantant les psaumes de la pénitence ; quand on fut à Saint-Pierre on chanta l'invitatoire (1) du *Venite* du jour du Saint-Sacrement. On retourna à Notre-Dame, où l'on chanta les vêpres. Le sermon fut fait par M. Babois. Après le sermon l'on revint à Saint-Pierre, où eut lieu le salut. Enfin la procession rentra à Notre-Dame. Les rues de Mantes étaient tendues comme à la Fête-Dieu.

---

(1) Antienne qui se chante à Matines et qui change suivant les fêtes.

§ 265. **La Croix de dessus le pont placée.** — L'an 1708, le dimanche 15 avril, les prêtres de Saint-Maclou firent une procession sur le pont de la ville et bénirent la croix nouvellement posée sur la maîtresse arche. Un capucin, fit à cette occasion, un sermon dans l'île Champion.

§ 266. **Gelée**. — L'an 1709, la nuit de la veille au jour des Rois, l'hiver prit si fort que tous les blés, seigles, vignes et arbres furent gelés. Le blé valut à Mante jusqu'à 80 livres le septier. La cherté dura vingt mois et pendant quatre années il a toujours valu 30 à 40 livres. La rivière était prise partout. Le vin valait 200 livres le muids. Il y eut heureusement beaucoup d'orge, et elle valut jusqu'à 40 livres le septier.

L'hiver de 1709 et la famine qui s'en suivit, sont des plus terribles qui aient jamais accablé la France. La guerre désastreuse que soutenait alors Louis XIV pour la succession d'Espagne, ajoutait encore ses horreurs à toutes les misères qui frappaient notre malheureux pays. Le pain manqua aux plus riches, et on leva malgré cela une *taxe des pauvres*, pour venir en aide aux plus misérables.

Les remarques sur l'hiver de 1709 ont dû être nombreuses. Le *Journal de Mantes* (1) a publié une note d'un registre de la commune de Villers-en-Arthies (canton de Magny), à peu près identique à celle de nos manuscrits :

« Cette présente année mil sept cent neuf, l'hiver a commencé le six de janvier et a duré trois mois. Le froid a été si grand que tous les bleds ont été gelés, et qu'il a fallu semer de l'orge laquelle a valu jusqu'à soixante et douze livres le septier. Cependant il en est venu une si grande abondance que les bonnes terres en ont rapporté jusqu'à seize et dix-sept septiers l'arpent. Néanmoins elle s'est toujours vendue dix écus et vingt cinq livres le septier.

« Cette année a été bien fâcheuse, tant pour le pain que pour le vin. Toutes les vignes et tous les arbres ont été gelés ; ce qui a fait la cherté si grande que le bled se vendait toute l'année vingt écus le septier ; le vin vieil cinquante écus le muid ; le nouveau cent dix livres.

(1) N° du 22 juillet 1874.

« Tout cela a duré jusqu'à cejourd'hui ; et je ne sais pas quand cela finira, avec une guerre cruelle qui dure depuis vingt-deux ans. On peut dire que la France n'a jamais été si affligée. »

Tout n'était pas rose non plus *dans le bon vieux temps*.

Au mois de mai de l'an 1710 ou 1711, la tour de Ganne du Château s'écroula. Elle se fendit depuis le haut jusqu'à la base, et écrasa dans sa chute, la maison du nommé Maximilien Cathelin, ainsi que les tanneries et maisons voisines « lesquelles furent *accravantées* par les ruines. » CHR.

Voici la lettre qu'écrivit le maire de Mantes à M. Bignon (1), pour lui rendre compte de la chute de cette vieille tour :

« Monseigneur,

» J'eus l'honneur de vous informer avant hyer de lestat périlleux ou se trouvoit la tour de Ganne du chasteau de cette ville, je prends la liberté de vous dire aujourd'huy quelle na pas esté si loin que je le croyais et qu'hyer sur les neuf heures du soir, elle tomba par motié en ruine ayant écrasé la maison du sr Catelin échevin, Lequel très hureusement avoit pris la précaution d'en sortir et que lautre motié restée qui menace encore davantage une ruine prochaine, fait craindre aux voisins une mesme perte. Nous allons Mr le lieutenant et moy, nous y transporter dans l'instant et dresser procès-verbal de l'estat des lieux pour l'envoyer à vostre grandeur incessament, afin qu'elle soit instruite au plustost des circontances de ce désordres qui fait un tort très considérable à la ville et aux habitants, par le soulagement quon en tiroit dans le passage des milices et autres occasions pareilles. Le principal est que personne ne s'est point trouvé envelopé sous ces ruines et qu'il ny a eu que quelques testes qui sont légèrement blessées. »

« Cette tour qui était carrée, à quatre ou cinq étages, dit Chrestien, était le plus ancien monument dont nous ayons connaissance dans cette ville de Mante. Elle avait servi depuis plusieurs siècles, d'arsenal et de magasin pour notre château ;

---

(1) Jérôme Bignon III, intendant de la généralité, ou peut-être son frère Armand-Roland Bignon, intendant des finances. Cette lettre est un brouillon, ni daté, ni signé.

mais il n'en resta rien après cette chute, que le pan de muraille du côté de la cour, avec une partie des pans des deux côtés, ce qui faisait peur à voir, par le risque qu'il y avait à en approcher. Cependant il se trouva des ouvriers assez hardis, pour tenter de réduire ce grand pan afin d'empêcher le péril. A force de tranchées et de poudre à canon et d'autres matières combustibles, ils en firent sauter environ la moitié, et le surplus de ce grand pan et ce qui restait des deux côtés existe encore aujourd'hui de la hauteur de trente pieds, parce que les marteaux ne purent mordre sur ces restes, par la dureté de la matière dont ces murs avaient été faits. »

On voit encore, dans la terrasse qui domine la rue des Tanneries, les arrachements de ces murs qu'on est parvenu a détruire. C'est tout ce qu'il reste de cette tour de Ganne qu'on croit avoir été bâtie par Gauthier le Blanc, comte du Vexin. Après avoir dominé le cours de la Seine pendant six siècles, c'est à peine si on peut aujourd'hui en retrouver la place exacte.

En 1710, suivant le manuscrit de Marion, on a refait les six piliers du chœur (?). Quels sont ces piliers ? Ceux du chœur de Notre-Dame paraissent appartenir à la construction primitive, et il est peu probable qu'il s'agisse ici de l'église Saint-Maclou. Il est fâcheux que ce renseignement soit si laconique. Il eut été intéressant de savoir comment ces piliers ont été changés et pour quelle cause. S'il y avait eu de l'écrasement dans le chœur de Notre-Dame, on en verrait des traces dans la construction ; elle est au contraire très solide et très intacte dans toute cette partie. Aubé en a dit un mot aussi, à propos de réparations à Saint-Maclou, ce qui n'apporte aucun éclaircissement à la chose.

§ 267. **Débordements d'Eaux**. — L'an 1711, au mois de février, la rivière devint si grosse qu'elle était dessus le pont de Mante, depuis la rue de Guerne jusqu'au Fort et dans la Tannerie.

§ 268. **Entrée de Mr de Chartres à Mante.** — La même année 1711, le 22 avril, Mgr. Charles François de Mérinville évêque de Chartres, fit sa première entrée à Mante comme évêque. Son carrosse s'arrêta sous la porte aux Saints, et il y reçut le compliment de M. Lenoir, maire de la ville. Il alla loger chez M. Lemaire de Dénemont, premier-président. Il y fut visité par le clergé et tous les officiers de la ville.

Moustier de Mérinville, évêque de Chartres, se distingua au commencement du XVIII° siècle, dans les discussions auxquelles donna lieu la fameuse bulle *Unigenitus*. Quesnel, l'oratorien, avait publié, vers 1670, ses *Pensées chrétiennes*, et l'évêque de Limoges, l'évêque de Châlons, Bossuet lui-même, les avaient approuvées. Mais comme l'auteur était Janséniste, les Jésuites les dénoncèrent à Rome et firent condamner par Clément XI, un certain nombre d'opinions qui ont gardé dans l'histoire des controverses religieuses, le nom de *Propositions du père Quesnel*. La bulle *Unigenitus* renfermait cette condamnation.

Les évêques ayant été convoqués pour procéder à l'acceptation de la Bulle, l'archevêque de Paris, de Noailles, protesta avec un certain nombre de membres de l'épiscopat. L'évêque de Chartres se mit à la tête des adhérents qui se trouvèrent en majorité.

« Tout finit par des chansons dit M. A. Benoît (1), sauf pour l'illustre abbaye de Port-Royal, close et même démolie par ordre du Roi. »

Parmi les pièces satiriques publiées contre *la Bulle*, se trouve le *Mandement de monseigneur l'évêque de Chartres, pour la mission de Mantes*, dont le commencement nous intéresse :

> « Charles François de Mérinville,
> Aux fidèles de notre ville,
> A tous ceux de notre terrain
> Au clergé du pays chartrain,
> Nommément à celui de Mantes
> Je souhaite par ces présentes
> A tous sans nulle exception
> Salut et bénédiction.
>
> Voulant réparer le scandale
> Que la Janséniste cabale
> Fait dans les lieux de mon ressort,
> Je veux faire un dernier effort

(1) *Journal de Mantes*, août 1872.

Pour détruire cette hérésie
C'est pour cela que je vous prie
Fidèles du *pays Mantois*,
De recevoir, d'un air courtois,
Les prêcheurs que je vous envoie (1). »

§ 269. **Chapitre provincial des Cordeliers.** — En la même année, le chapitre des révérendissimes pères cordeliers, se tint en leur couvent de Mante. Il commença le dimanche 21 juin, par un sermon fait en l'église Notre-Dame, par le père Poisson cordelier. Le saint Sacrement fut exposé pendant huit jours aux Cordeliers. Il y fut soutenu sept thèses. La première fut dédiée à monseigneur l'évêque de Chartres, la seconde à messieurs du chapitre de Notre-Dame, la troisième au Présidial, la quatrième à la ville, la cinquième à l'Election, la sixième aux Célestins et la dernière à monsieur de Lamoignon, président à mortier, qui leur avait donné 600 livres. Le samedi on célébra une messe du Saint-Esprit aux Cordeliers, après laquelle on tint chapitre pour élire le provincial. Ce fut le révérend père Terrier qui fut élu. Le lendemain 28 juin, les pères Cordeliers partirent du couvent avec le Saint-Sacrement, firent la procession par la ville, où il y avait des reposoirs ; les rues étaient tendues. Ils allèrent dire une messe à Notre-Dame, où il y eut sermon par le père Poisson. Les cordeliers étrangers couchaient chez les bourgeois et allaient manger au couvent.

§ 270. **Le retour du Chœur de Saint-Maclou achevé ; les Cordeliers rétablis.** — En l'année 1713, le retour du chœur de Saint-Maclou fut achevé. Le bois et les sculptures qui sont autour du sanctuaire furent faits, ainsi que le tableau qui est dans la rose, en haut.

En la même année, les orgues des Cordeliers, qui étaient à côté de la chaire, furent mises au-dessus de la porte. En 1716, l'église (des Cordeliers) a été pavée en carreau, et le chœur boisé. Et en 1719, la nef a été boisée.

(1) A. Benoit, *loc. cit.*

§ 271. **Différend entre le Doyen et les Marguilliers de Notre-Dame.** — En ladite année 1713, il arriva un différend à Notre-Dame, entre M. le doyen d'une part, M. le curé chanoine de la châsse, et les marguilliers de Notre-Dame, sur ce que le sieur doyen prétendait avoir la première place dans le banc des marguilliers, préférablement au curé de Notre-Dame, chapelain de la châsse (1), pendant le sermon ; les marguilliers lui refusaient cette place. Il fut ordonné, par arrêt du Grand Conseil, que le sieur doyen aurait la première place dans ce banc, pendant le sermon, préférablement à tout autre.

§ 272. **Paix publiée.** — Le 4 juin 1713, la paix de Hollande fut publiée. Il y eut *Te Deum* à Notre-Dame. Le premier mai 1714, elle fut publiée entre la France et l'Empire, et le 3 décembre, elle fut publiée générale.

Le traité d'Utrecht fut en effet signé en plusieurs fois avec les différentes puissances intéressées : le 11 avril 1713, entre la France, l'Angleterre, la Hollande, la Prusse, le Portugal et la Savoie; le 7 mars 1714, entre la France et l'Autriche, et le traité définitif le 7 septembre, à Baden, en Argovie (2). L'Europe retrouvait enfin un peu de calme après tant d'années de troubles et de misères.

§ 273. **Les Merciers et les Drapiers réunis.** — En la même année 1713, les merciers et drapiers qui étaient de différents corps de métiers, furent, par arrêt du Parlement, réunis en un seul corps.

§ 274. **Entrée de M. de Sully à Mante.** — La même année, le mardi 26 décembre, monsieur le duc de Sully fit son entrée à Mante comme gouverneur. A son arrivée, il monta à l'Hôtel-de-Ville où il lui fut fait une belle harangue par Mᵉ Jean-Baptiste Servant, avocat. Ensuite il fut à l'église Notre-Dame, entendre le *Te Deum*. Mᵉ Charles Martineau

(1) C'est le curé de Sainte-Croix.
(2) Henri Martin. T. XIV.

doyen, fut le recevoir à la porte de l'église et lui fit un petit discours. Après le *Te Deum*, M. de Sully retourna à l'Hôtel-de-Ville où il collationna. Les habitants étaient sous les armes et le même jour, il s'en retourna à son château de Rosny. Et le vendredi en suivant, il revint à Mante, monta à l'Audience pour se faire reconnaître Grand-Bailli de Mante et Meulan. Ensuite il alla diner chez M⁰ Eustache Bouret, Lieutenant-Général, et s'en retourna à Paris.

Le nouveau gouverneur de Mante était Maximilien Henri de Béthune; ce fut le dernier du nom de Sully. Il succédait à Maximilien Pierre François Nicolas de Béthune, duc de Sully, mort le 24 décembre 1712. Celui-ci avait laissé tomber ce grand nom de Sully, si l'on en croit Spanheim : « Lieutenant-général du Vexin-François, gouverneur de Mante, à qui l'on ne fit point d'attention (1). »

§ 275. **La Saint-Félix commencée à fêter aux Capucins.** — Le 18 mai 1713, l'on a commencé à fêter dans l'église des Capucins de Limay, la fête de Saint-Félix de Cantalice (2), capucin mort à Rome le 18 mai 1587, qui a été canonisé par le pape Clément XI, en 1713. Cette fête dura neuf jours, avec exposition du Saint-Sacrement et plusieurs sermons. Les Capucins partirent de leur couvent en procession et vinrent à Notre-Dame y prendre les processions de la ville qui y étaient. On retourna aux Capucins où l'on chanta une messe de Saint-Esprit qui fut dite par le doyen de Notre-Dame. Les capucins firent encore plusieurs autres processions en différentes églises.

§ 276. **La fontaine du Marché au Pain faite**. — L'an 1715, au mois de mai, la fontaine du marché au Pain fut faite ; on démolit l'ancienne sur laquelle avait poussé un gros lilas.

§ 277. **Séparation des Paroisses de la ville.** — Le 31

(1) *Relation de la cour de France*. Ed. de la Société de l'Hist. de France.
(2) Capucin né à Cantalicio en Ombrie, en 1513.

mai 1715, il y eut un arrêt rendu au Grand Conseil, ordonnant que les deux paroisses de Sainte-Croix et de Saint-Maclou seraient séparées par quartiers de la ville et non comme elles étaient auparavant, qui était que tous les juges et officiers de la ville étaient de Sainte-Croix et tout le reste des habitants qui n'avaient point de provisions du roi, étaient de Saint-Maclou. Par cet arrêt, monseigneur l'évêque de Chartres fut nommé pour procéder à cet effet. C'est pourquoi il arriva à Mantes le mercredi 24 juillet, et le lendemain se promena par la ville pour examiner les rues les plus peuplées. Le samedi il fit la séparation ainsi qu'il suit : que tous les habitants qui sont du côté de Notre-Dame, à commencer *au ruisseau de la Porte-aux-Saints*, et en descendant la rue du Marché au Pain, la Grande Rue, la rue de la Mercerie. le marché au Hareng, la rue de la Boucherie (1), la rue de la Gabelle (2), jusqu'à l'eau, seront de la paroisse de Sainte-Croix, et tout l'autre côté dudit ruisseau, en descendant par les mêmes rues, seront de la paroisse de Saint-Maclou, sans aucun privilège. Les principaux officiers de la ville se sont opposés à ce partage, prétendant continuer à jouir de leurs privilèges.

On appela ces opposants, *les Incorrigibles de Saint-Maclou*. Ainsi disparut, cette cause perpétuelle de dissensions et de procès entre les curés de Sainte-Croix et de Saint-Maclou. Querelles d'autant plus vives et regrettables que les deux prêtres avaient chacun dans la ville, une importance considérable ; l'un jouissant de prérogatives supérieures, au point de vue temporel, comme curé des officiers municipaux ; l'autre étant le chef spirituel de tous les prêtres de Notre-Dame, comme doyen. Enfin les conflits étaient d'autant plus fréquents, que tous deux exerçaient leurs fonctions dans la même église.

§ 278 Différend entre les Chanoines et Vicaires (3). —
En l'année 1716, il survint un différend entre les chanoines

---

(1) Commencement de la rue de la Gabelle.

(2) Ou rue Marchande.

(3) Nous dépassons un peu le règne de Louis XIV, pour terminer la septième partie avec le manuscrit d'Aubé.

et vicaires, sur ce que M. Etienne Duclos vicaire perpétuel,
avait fait mettre du velours à sa chape, comme les chanoines. Les autres vicaires étant intervenus contre les chanoines, il survint un arrêt contradictoire au Grand Conseil, au
mois de juin de cette année 1716, faisant défense aux vicaires de porter et mettre à leurs chapes ou manteaux, calle-
mandes (1), velours, bords et galons, et leur ordonnant de se
restreindre à leurs manteaux unis qu'ils portent dans l'hiver, tandis que les chanoines y mettent du velours (2).

En l'année 1725, il s'est fait beaucoup de vers satiriques
contre plusieurs personnes des principaux de la ville, ce qui
a causé un très gros procès ; et ceux qui ont été les moins
blessés dans ces vers ont soutenu le procès contre plusieurs (3).

Aubé a terminé son manuscrit au xvii° siècle, par une copie
des titres des *Privilèges concédés par les rois de France aux
habitants de Mantes*. Comme il en a été déjà longuement question dans le cours de cette *Chronique*, il suffira, pour ne rien
omettre, de les énumérer et d'en donner une analyse succincte.

Le premier titre est la confirmation de la charte de commune
de Louis le Gros, donnée par Louis le Jeune en 1150.

Le second est une charte de Louis le Jeune de l'an 1163, con-
cédant aux habitants le droit d'acquérir et de jouir en paix des
biens qu'ils ont régulièrement acquis ; il accorde en outre aux
Mantais qui ont quitté la ville pendant quelques années, le droit
de reprendre leurs biens au retour, et de jouir des privilèges
des communiers.

Le troisième est une charte de confirmation générale, du mois
de janvier 1567. Charles IX y énumère tous les titres qui lui ont
été présentés par les habitants : la charte de 1150 ; celle de
1163 ; une de Philippe-Auguste de 1201, accordant droit de *Hanse ;*
celle de 1204, confirmant l'accord de la ville avec Guy de Mauvoisin, pour les droits d'acquit et de coutume par terre et par
eau, à Mantes et à Rosny ; les lettres de 1211, ordonnant « que
nulle personne ne pourroit vendre vin en ladite ville qu'il ne

(1) Ou calmande, espèce de satin de laine très épais.
(2) V. encore § 235.
(3) Ajouté dans le ms. d'Aubé, par une main étrangère.

fut de la communauté d'icelle, ou noble, prêtre ou d'église, ayant maison sienne en ladite ville » ; les lettres de Saint-Louis, de 1266 et de Philippe III de 1281, consentant le délaissement à la ville, du droit de chasse entre Mantes et Rosny, lequel droit appartenait au seigneur de Mauvoisin, avec la basse-justice et la justice ; celles de Charles V de 1376 permettant aux maire et échevins de pourvoir aux offices de la ville ; celles de Charles VIII de 1496, établissant le marché franc du mercredi ; et d'autres confirmations, notamment celles de Charles VI, de 1381 (1) et de Henri II, dont on ne dit pas la date. Charles IX termine en confirmant, ratifiant et approuvant, tous les privilèges, franchises, libertés, droits, concessions et autres, pour en jouir paisiblement, ce qui ne fut pas et ne pouvait être.

Le quatrième est une répétition des précédents. Il est du mois de janvier 1595, et Henri IV ne fait que reprendre le texte de 1567, et viser en plus la confirmation de son prédécesseur médiat.

Le cinquième est de l'an 1615, et de même teneur ; Louis XIII répète ce qu'a dit Henri IV.

Enfin, Louis XIV confirma toutes ces confirmations en 1665 ; ce qui ne l'empêcha pas de confisquer tous ces droits et privilèges confirmés. Le grand roi avait décidé ne plus souffrir de villes fortifiées autour de Paris ; il en avait vu les inconvénients pendant les troubles de sa minorité. Mantes était de celles dont les murailles étaient inutiles et comme ses privilèges financiers ne lui avaient été accordés qu'à la condition d'entretenir son enceinte, Louis XIV, par un arrêt de sa *Chambre de réforme des abus financiers*, se saisit des revenus de l'Hôtel-de-Ville, qui montaient à la somme de 14,000 livres. On ne lui en laissa guère que la moitié. La ville entama un long procès (1661).

Enfin, on trouve à la fin, comme dernière mention : « Les privilèges cy-dessus ont été confirmez par le roy Louis 14, par ses lettres données à Saint-Germain-en-Laye, au mois d'aoust 1665, dont la teneur suit. » Mais Aubé ne les a pas copiées.

Tous ces titres se terminent par un arrêt en faveur des habitants de Limay, que nous allons transcrire. Il montre la dépendance très grande où se trouvait l'ancien bourg par rapport à Mantes, et qui ne s'exerçait pas toujours suivant les lois d'une équité bien rigoureuse.

(1) Elle est à la mairie.

« Charles, par la grâce de Dieu roi de France, A notre huissier ou sergent sur ce requis, salut. Sur la requeste présentée à notre Conseil de la part de nos pauvres sujets, les manans et habitans de Limay, village séparé hors le pont, de notre ville de Mante, affin, attendu les arrêts cy attachez sous notre contre-scel, donnés à leur profit, en notre Grand Conseil, notre plaisir soit les descharger des garnisons qui sont de présent audit village, Lesquelles les maire et échevins de ladite ville de Mante où nous les avions données dès le 22ᵉ février dernier, au lieu de les recevoir, en ont envoyé audit Limay qu'ils appellent faubourg de ladite ville ; combien que par lesdits arrêts apparoisse du contraire et qu'il soit paroisse et village séparé. *En haye* de quoi lesdits supliants *sont ordinairement molestez par lesdits habitants de Mante*, qui renvoyent et se déschargent sur ledit village de toutes les garnisons qu'ils deussent recevoir, les surchargeans de tous les fays de ladite ville et villages voisins. Pour cet effet, leur ordonne récompence tant sur ladite ville que villages circonvoisins, eu égard qu'ils ont satisfait aux autres charges et contributions auxquels ils ont esté cotizez, tant pour les munitions de nos camps et armées, que fortifications de ladide ville de Mante. Et pour l'avenir, fait déffences ausdits habitans de Mante, de se descharger sur lesdits supliants, ne pouvoir mettre garnisons comme cy-devant ils ont fait. De l'avis de notre Conseil, mandons et ordonnons faire commandement de par nous, ausdits habitans de Mante, d'obéyr ausdits arrêts. Donnez entre eux et les supliants, en notre dit Grand Conseil, leur faisant par toy, inhibitions et déffences de cy après cotizer et imposer lesdits habitans de Limay, pour quelque occasion que ce soit, à peine de tous déppens, dommages et intérest ; de ce faire, sans demander assistance t'avons donné plein pouvoir et mandement spécial. Car tel est notre plaisir. Donné à Paris, le cinqᵉ jour de mars, l'an de grâce 1568 et de notre règne le 8ᵉ. Signé, de par le roy en son Conseil : *Camus*, et scellé d'un grand sceau de cire jaune. »

Un tel arrêt explique les antipathies qui existaient sous l'ancien régime, entre beaucoup de localités voisines. La plus forte, la plus privilégiée, en opprimant la plus faible, s'attirait sa haine et créait des inimitiés entre les habitants. Elles ont heureusement disparu depuis longtemps, sous l'empire de mœurs nouvelles plus équitables.

Nous avons terminé avec le manuscrit d'Aubé. Pour payer à ce vieux Mantais, notre tribut de reconnaissance, nous inscrivons ici son acte de décès. Puisqu'il a contribué pour une bonne part à cette histoire de Mantes, il est bien juste qu'elle contienne sur lui ce renseignement ultime :

« Le vingt-cinq° jour de février mil sept cent vingt-cinq a esté inhumé dans le cimetière de cette paroisse (1), le sieur Jean Loüis Aubé huissier et greffier de la maréchaussée de Mante après la réception des sacrements. En présence de ses parens et amis qui ont avec nous signez le présent. Gouel, Brochard, Servant, Daret, Guy de la Buhoterie, De Bon Ribaut, Aubé. »

Enfin, six semaines après la mort de son mari, sa femme faisait une déclaration à la mairie, pour quitter la ville. « Damoiselle Marie Françoise Dumuret, veuve de maistre Jean Louis Aubé, greffier de la maréchaussée de Mante, fait scavoir aux sieurs maire et échevins et habitans de Mante qu'attendu le décéds arrivé à mdt. Aubé son mari, le vingt-cinq fébvrier dernier, elle n'entend plus continuer sa demeure en cette ville de Mante. » Elle s'en alla à Saint-Germain-en-Laye.

(1) Registre de Saint-Maclou.

HUITIÈME ET DERNIÈRE PARTIE

LES PETITS ÉVÉNEMENTS DU XVIIIᵉ SIÈCLE

§ 279. **Retable de la Chapelle Saint-Roch.** — L'an 1719, le samedi 8 avril, le retable de la Chapelle Saint-Roch a été fait des aumônes de la confrérie et des habitants de la ville. Il a été fait par Mᵉ Claude Chambord, menuisier à Mantes (1), comme il est marqué au derrière de la traverse du bois.

§ 280. **Eaux basses.** — L'an 1719, au mois de septembre, la rivière de Seine devint si basse qu'il y avait un endroit rocheux au-dessous du pont du côté de l'île Champion, où il n'y avait point d'eau. Plusieurs particuliers y sont allés, y ont bu, mangé et joué au petit palet, ce qu'on n'avait jamais vu. La sécheresse fut très grande pendant toute l'année ; il ne tomba point de pluie pendant l'été.

§ 281. **Cloche refondue.** — Le jeudi 28 septembre 1719, l'une des deux grosses cloches qui sont dans la tour, du côté du Fort, a été refaite et refondue. Cette cloche avant d'être cassée, sonnait pendant les messes et vigiles des obits, et quoiqu'on l'appelât souvent *Denise*, elle se nommait simplement *Marie*, ainsi qu'on le voyait écrit dans l'inscription.

---

(1) Nous reprenons maintenant l'orthographe moderne de Mantes, avec un *S*.

§ 282. **Bâtiment de la congrégation**. — Le samedi
2 mars 1720, la première pierre du nouveau bâtiment de la
Congrégation ou Union Chrétienne, a été posée par Mᵉ Char-
les Martineau, doyen de Notre-Dame et curé de Saint-
Maclou, assisté de Mᵉ Sébastien Feugère, curé de Notre-
Dame.

Les Filles de la Congrégation suivaient la règle de Saint-
Augustin, et reconnaissaient pour instituteur le P. Pierre Four-
rier, curé de Mattaincourt (Vosges), dont il existe un portrait
ancien dans l'église de Houdan. Leur maison se trouvait dans la
rue Maurepas.

§ 283. **Cloche Baptisée**. — L'an 1720, M. de Sully, gouverneur de Mantes, et Madame de la Rochefoucauld furent
priés d'assister à la bénédiction de la cloche de Notre-Dame;
ce qu'ils ont accepté. Mais ne pouvant venir à Mantes, ils ont
commis à leur place, pour M. de Sully, M. Bouret, Lieutenant-Général au Bailliage et siège présidial de Mantes, et
pour Madame de Larochefoucauld, Madame de Flicourt,
épouse de M. Lemaire de Flicourt, bailli de la Roche-Guyon.
La bénédiction se fit le lundi 13 mars 1720, par Mᵉ Charles Martineau doyen, assisté de tout le clergé de Mantes.
Voici ce qu'on lit sur la cloche :

L'AN 1720, J'AI ÉTÉ NOMMÉE HENRIETTE-CHARLOTTE, PAR
TRÈS HAUT ET TRÈS PUISSANT SEIGNEUR Mʳᵉ MAXIMILIEN
HENRI DE BÉTHUNE DUC DE SULLY, PAIR DE FRANCE, SEI-
GNEUR SOUVERAIN PRINCE D'HENRICHEMONT, GOUVERNEUR DES
VILLES ET CHATEAUX DE MANTES ET MEULAN. ET PAR TRÈS
HAUTE ET TRÈS ILLUSTRE DAME MADAME MADELEINE CHAR-
LOTTE LETELLIER, DUCHESSE DE LAROCHEFOUCAULD. Mᵉ EUS-
TACHE LEMAIRE CONSEILLER DU ROI ET SON AVOCAT, MAIRE DE
LADITE VILLE DE MANTES, M. SALOMON FAROUL PROCUREUR
AU BAILLIAGE, JEAN LECOMTE, EUSTACHE CHARLES BONNEN-
FANT ET HILAIRE GOSSELIN ÉCHEVINS DE LADITE VILLE. Mᵉ
PIERRE LHUISSIER CONSEILLER DU ROI, GRENETIER AU GRE-
NIER A SEL DE MANTES, M. LAURENT CATHELIN CONSEILLER

DU ROY ET ÉCHEVIN PERPÉTUEL, MARGUILLIER EN CHARGE, M. PIERRE DEBRACQ CONSEILLER DU ROI, ÉCHEVIN ALTERNATIF ET AUSSI MARGUILLIER EN CHARGE.

On voit aussi sur cette cloche, une *Assomption dc la Sainte-Vierge* et les armes de la ville en trois endroits. Elle a été sonnée pour la première fois, le 18 mai 1720, veille de la Pentecôte.

§ 284. **Casernes.** — En 1720, on a commencé à travailler aux *Casernes* où 80 hommes des habitants de la ville de Mantes ont été commandés chaque jour à la corvée, et ensuite les habitants des paroisses de l'élection, chacune à son tour (1). On a démoli pour cela le château de Mantes qui était alors en très mauvais état, et les matériaux ont servi à bâtir des écuries pour mettre les chevaux des Gardes du Corps qui venaient en quartier d'hiver à Mantes. Au lieu des casernes, on construisit seulement des écuries. Pendant l'août et les vendanges on abandonna les travaux qui ne furent pas repris.

Voici ce que dit Chrestien à propos des Casernes et des démolitions du Château. « Ce fut en 1719 que se fit cette démolition de notre ancien Château, lequel s'était conservé logeable jusqu'à nos jours. Il avait encore été habité, il n'y avait pas 30 ans. lorsqu'on en destina les écuries que le roi Henri IV avait fait bâtir de neuf, pour y mettre les chevaux des Gardes du Roi, de quartier en cette ville. »

De ces démolitions on devait construire des casernes pour y loger les soldats cantonnés à Mantes, logés chez les habitants *et nourris à leurs frais*, ce qui était une lourde charge et une cause de vexations continuelles. Cependant ce projet de casernes ne fut point exécuté, ce qui mécontenta fort les habitants de Mantes. Chrestien a dressé un long mémoire sur ce sujet. Il voulait cette construction et pour faire face aux dépenses qu'elle devait occasionner, il proposa la création d'un impôt sur

---

(1) Le roi ordonna à cette époque de faire le dénombrement des chevaux et voitures de l'Election, pour le service des casernes et l'Ordinaire des guerres. L'état pour 93 paroisses existe aux archives de la mairie, liasse 13.

la vente des vins et des eaux-de-vie, pour remplacer la taille, toujours répartie d'une façon arbitraire et supportée seulement par les petits marchands et le menu peuple, qui n'avaient pas le moyen d'acheter des charges privilégiées. Au point de vue économique, aussi bien que sous le rapport des mœurs et des habitudes sociales, toute cette dissertation des *Mémoires* de Chrestien est extrément intéressante à étudier.

Dans cette partie de son volumineux travail, l'ancien échevin de Mantes parle beaucoup de la diminution de la population, sans qu'il dise une seule fois, quel pouvait être le nombre de la population ancienne. Tout ce qu'il rapporte, c'est qu'en 1730, lors de la réorganisation de la garde bourgeoise, à la suite d'une dispute et pour la réception du prince de Tingry, on ne trouva que 195 hommes en état de porter les armes ; tandis qu'en 1692, dit-il, il y en avait 5 à 600. Cette question de la population ancienne des villes, est partout très mal connue. Il faut supposer qu'en 1730, on ne trouva seulement que 195 hommes pour la garde bourgeoise, parce qu'un grand nombre d'autres surent invoquer des causes de dispenses. La ville n'avait certainement par perdu alors les deux tiers de ses habitants.

§ 285. **Régiment du Roi à Mantes.** — Le mardi 14 septembre 1720, un bataillon du Régiment du roi est arrivé à Mantes, pour y rester en garnison. On a logé les soldats dans toutes les maisons vacantes ; pour cet effet les bourgeois ont fourni les lits. Il devait y en avoir deux compagnies à Limay. Il devait y en avoir aussi deux à Meulan, mais comme elles sont venues à Limay, les habitants de Meulan, les ont tournies de lits comme ceux de Mantes.

§ 286. **Abondance de vin.** — L'an 1720, il y eut une grande abondance de vin. Il était vert parce que l'on avait fait les vendanges trop tôt. Les vignerons firent enfoncer leurs cuves, ne pouvant trouver assez de futailles.

§ 287. **Agiot.** — Un nommé Nicolas Lasse (1) inventa en 1720, un nouveau commerce qui se nommait l'*Agiot*. Ce com-

(1) « Il s'appelait Law ; mais quand il fut plus connu, on s'accoutuma si bien à l'appeler l'*As* que le nom lui en resta. » *Mémoire* de Saint-Simon.

merce se tenait à Paris dans la rue Quincampoix (1). Beaucoup de personnes de Mantes y ont fait leur fortune et beaucoup s'y sont ruinées. Dans ce temps, l'argent augmentait et diminuait fort souvent et il a changé trois fois de valeur en quinze jours, ce qui faisait que tout était fort cher. Au mois de mars, les écus de 6 livres en valaient 20. Au mois d'août, les louis d'or de 30 livres montèrent à 92. On ne connaissait presque pas l'argent et l'or tant il y en avait de sortes de façons. Le blé, le vin, la viande, les étoffes, la chandelle et toutes les autres marchandises étaient d'un prix exorbitant. Dans ce temps, on ne voulait point d'argent et même monsieur le duc d'Orléans qui était Régent, permit par une ordonnance du roi, de racheter les rentes rachetables et non rachetables et *d'en faire le remboursement autrement qu'en billets de banque,* qui pour lors étaient en vogue dans le commerce. Les marchands aimaient mieux ces billets que de l'argent parce que ces billets ne diminuaient pas, tandis que la valeur de l'argent n'était pas stable. Tout le monde courait en foule porter son argent à la banque pour avoir des billets, au grand malheur de la France. Avec ces billets, plusieurs ont été remboursés de rentes qu'on leur devait, de sorte qu'il ne leur est plus demeuré que du papier entre les mains. Ils ne savaient comment s'en défaire, d'autant qu'au premier novembre, ces billets n'avaient plus cours dans le commerce. Les rentes foncières remboursées avec ces billets ont été presque perdues. Il fut permis aux rentiers, par arrêt, de porter leurs billets à Paris, à l'Hôtel-de-Ville, où le roi en fit la rente au denier quarante. Quant à ceux qui avaient des billets provenant de vente de marchandises ou de paiements qui leurs avaient été faits, ils leur sont restés sans espérance d'en avoir jamais un liard.

§ 288. **Te Deum.** — Au mois d'août 1721, Louis XV, roi de France, alors âgé de onze ans, a été très malade. On a cru même qu'il n'en reviendrait pas (2). Cette maladie cau-

(1) Puis dans la place Vendôme, à partir du 1er juin 1720.
(2) L'indisposition de Louis XV de dura que quelques jours. Il fut soigné par Helvétius, le fils.

sait de grandes inquiétudes parce que si le roi fut mort,
Philippe V roi d'Espagne, petit-fils de Louis XIV (1), aurait
prétendu à la couronne, ainsi que le régent Philippe d'Orléans. Mais le roi s'étant mieux porté, tout le monde s'est
réjoui et l'on a chanté le *Te Deum* par toutes les villes de
France. Cette cérémonie eut lieu à Mantes, le dimanche
17 août.

La garnison assista au *Te Deum*, avec les officiers de l'Hôtel-
de-Ville. On fit un banquet le soir, et on alluma un feu de joie
sur la place du Marché-aux-Femmes.

Quelques jours avant les officiers du régiment du roi, avaient
fait, à la même occasion, un grand banquet dans l'île Champion
où ils avaient convié les bourgeois et surtout les bourgeoises
de la ville. La table et les arbres de l'île étaient couverts de
lampions.

§ 289. **Bénédiction des Drapeaux**. — Le dimanche
23 août 1722, après vêpres, M° Martineau doyen, fit la bénédiction des trois drapeaux du Régiment du Roi, qui était
encore en garnison à Mantes. La cérémonie commença par
le *Veni Creator*, puis on chanta un motet en musique, et la
benédiction eut lieu. Le doyen fit ensuite un discours aux
officiers, et s'étant assis dans un fauteuil au pied de l'autel,
les drapeaux lui furent apportés par un maître de cérémonie;
les officiers s'avancèrent, se mirent à genoux, reçurent leurs
drapeaux et embrassèrent le doyen en se relevant. On
chanta encore quelques psaumes en musique, puis les officiers allèrent déposer leurs drapeaux chez leur commandant.
Il faut remarquer que les officiers et soldats entrèrent dans
l'église, jusqu'au sanctuaire, tambours battant et en jouant
du hautbois. Ils gardèrent leurs chapeaux sur leurs têtes
pendant toute la cérémonie.

Au mois de septembre, une partie du bataillon s'en alla à Versailles et l'autre partit au mois de novembre pour Cambrai.

(1) C'était le duc d'Anjou.

En 1722, les vendanges furent médiocres et il y eut très peu de vin.

§ 290. **Croix de Notre-Dame-de-la-Désirée.** — Le 26 mars, Vendredi-Saint de l'année 1723, la croix de bois que l'on voit à Notre-Dame-de-la-Désirée, près de Saint-Martin-la-Garenne, a été portée par les frères de la Charité de Mantes.

§ 291. **Procession.** — Le dimanche de la Trinité de l'année 1723, il a été fait une procession générale avec les châsses, pour obtenir de la pluie. La sécheresse était très grande et il ne tomba pas de pluie pendant longtemps.

Les vendanges commencèrent le cinq septembre, mais il y eut très peu de vin, justement à cause de la sécheresse.

Au mois d'août de la même année, il y avait eu une grande tempête qui avait détruit tous les fruits des arbres.

§ 292. **M. Roblâtre, maire.** — Le lundi 28 mars 1724, M. Pierre Roblâtre s'est transporté à Saint-Maclou pour se faire reconnaître maire de Mantes.

§ 293. **La Croix de dessus le pont.** — Le 24 mai 1724, M. Charles Martineau a bénit la croix de la maîtresse arche du pont de Mantes. Cette croix avait été donnée par M. Licéron, officier du roi, et la bénédiction s'en fit pendant la procession des Rogations, en allant à Limay.

§ 294. **Régiment de Quercy.** — L'an 1724, le 18 octobre, le régiment de Quercy-Infanterie, est arrivé à Mantes. Les soldats étaient logés chez les habitants, faute de casernes.

Il est parti de Mantes, le 5 juillet 1725, pour aller à Rouen où il y avait une espèce de révolte causée par la grande cherté du pain.

§ 295. **Abondance de vin.** — L'an 1724, il y eut une grande abondance. Les futailles manquèrent ; on fut obligé d'enfoncer les cuves. Le vin était très bon.

§ 296. **Très grande cherté**. — En 1725, il y avait apparence d'abondance de tous biens, tant blé et vin que de toute sorte de grains ; mais la persistance des pluies, qui ont commencé à tomber à la Saint-Marc et qui ont continué tous les jours jusqu'aux vendanges, a fait couler les vignes. Le septier de blé vieux a valu quatre-vingts livres, le nouveau étant sur la javelle. Le blé a germé parce qu'on ne pouvait le rentrer à cause de la pluie. Les pauvres gens ont été obligés de le faire sécher dans les fours pour avoir du pain, ne pouvant avoir du blé vieux à cause de la cherté.

On voit que l'année 1882, n'a pas été la première des années pluvieuses et désastreuses pour les cultivateurs.

§ 297. **Le prince de Tingry**. — Le 15 octobre 1730, à deux heures après-midi, monseigneur le prince de Tingry fit son entrée à Mantes, en qualité de gouverneur. Il monta à l'Hôtel-de-Ville, accompagné des échevins. M. de Moriencourt, maire de la ville, était mort quelques jours avant. En sortant de l'Hôtel-de-ville, il alla à Notre-Dame où il fut reçu par le clergé et harangué par le doyen M. Martineau ; on chanta le *Te Deum*. Le lendemain il monta au siége présidial, en qualité de Grand-Bailli de Mantes.

Ce nouveau gouverneur était Christian Louis de Montmorency-Luxembourg, prince de Tingry et marquis de Bréval. C'était le quatrième fils du comte de Bouteville, plus connu sous le nom de maréchal de Luxembourg. C'est celui enfin à qui Chrestien a dédié ses *Mémoires Historiques*. Depuis l'année 1597, le gouvernement de Mantes, avait toujours appartenu à un duc de Sully, si ce n'est après la défection du gouverneur de 1652. Le prince de Tingry avait épousé mademoiselle de Chevreuse, petite-fille par sa mère du grand Colbert. Son fils, le comte de Luce, marquis de Bréval, épousa la fille de M. de Sénozan, propriétaire du marquisat de Rosny.

§ 298. **Pont de bois.** — On a fait un pont de bois en 1730, au-dessus de celui de pierre, du côté de Limay.

En 1731, l'on a fait à neuf, le bout du pont de pierre qui est entre celui de Mantes et celui de Limay.

C'est le pont Fayolle ou Fayol, détruit vers 1845.

§ 299. **Corvée.** — En 1738, on faisait aller les bourgeois de à Mantes et des villages circonvoisins à la corvée, pour faire les chemins entre Meulan et Jusiers, et vers Rolleboise, pour la route de Vernon à Bonnières.

§ 300. **Grosses eaux.** — L'an 1739, le jour de Noël, l'eau est venue si grosse, qu'elle était par-dessus le pont de Mantes. On s'y lavait les mains et l'on allait en bateau depuis la rue de Guerne *jusqu'au Gros-Poisson* (1).

L'inondation de cette année fit tomber la chambre du clos des Arquebusiers.

En 1745 on fit la clôture de l'Arquebuse, et on construisit le bâtiment en retraite qui existe encore (2).

§ 301. **Les portes de la Ville abattues.** — L'an 1739 ou environ, on a abattu par ordre du roi, les portes de Rosny, de Chante-à-l'Oie et des Cordeliers. Cette dernière l'a été tout entière et à la place on a bâti deux piliers qui font une espèce de porte. A côté, M. de Sénozan, seigneur de Rosny, a fait faire une belle maison et y a mis un moulin qui était autrefois au-dessus (au dehors ?) de la porte. Ce moulin et cette maison furent vendus à M. Jacques Lecoq, meunier, moyennant une certaine somme et cinq cents livres de rente rachetable, et qui fut rachetée depuis.

Le moulin dont il est ici question est celui des Cordeliers, qui se trouve au-dessous du grand boulevard des Martrais. On voit aussi que la porte des Cordeliers, devait avancer un peu sur la petite place qui borne la promenade actuelle.

§ 302. **Ornements de Notre-Dame ; Lampe de Saint-**

(1) Auberge située derrière l'Arquebuse.
(2) Note de M. Guérin, père.

Maclou. — M° Pierre Loguet (I), doyen de l'église royale et collégiale de Mantes, a acheté un ornement magnifique pour le grand autel de Notre-Dame, en fleurs d'or. C'est celui que l'on met aux grandes fêtes.

Il acheta aussi en 1741, une belle lampe d'argent pour le chœur de Saint-Maclou. Elle fut faite par un orfèvre de Mantes qui s'appelait Charles Eustache Bonnenfant, fils d'Eustache, aussi orfèvre à Mantes.

Cette famille d'orfèvres. qui fournit une longue liste de maîtres, était chargée à peu près exclusivement de l'exécution de toutes les pièces d'argenterie achetées dans la ville. En 1704, la veuve d'Eustache Bonnenfant, la mère de Charles Eustache, avait fourni deux salières et un gobelet aux chevaliers de l'Arquebuse, pour un prix tiré à l'occasion de la naissance du duc de Bretagne.

Nous connaissons encore une œuvre plus considérable, une sorte de *chef-d'œuvre*, d'un de ces orfèvres-artistes. C'est une grande Vierge en argent, d'environ trente centimètres de hauteur, socle compris, due à un ANTHOINE BONENFANT. Elle appartient à M. A. Benoît, conseiller à la Cour d'Appel de Paris, en retraite.

Sans être un chef-d'œuvre au sens artistique du mot, c'est au moins une œuvre intéressante et personnelle. La Vierge a une certaine lourdeur ; les mains sont grosses et maladroites, mais l'ensemble se tient bien. La couronne est posée sur un voile qui laisse voir le cou et ses attaches solides. Le sceptre, terminé par une fleur de lis, est délicatement orné. Il y a dans les draperies une certaine grâce naturelle qui n'est d'aucune école et qui appartient bien à l'artiste. Elles sont décorées au burin de fleurs et de feuilles imitant l'étoffe, d'un très bon travail. Quant au petit Enfant, il est charmant et bien proportionné. La tête est souriante et le mouvement des jambes bien compris.

Plusieurs orfèvres de cette famille ont porté ce prénom d'Antoine et il est difficile de dire aujourd'hui, auquel il faut attribuer cette statuette. Certains caractères de style nous font penser que l'auteur a dû l'exécuter dans la première moitié du XVII°

(1` Ou Logué, et non Logné, comme nous l'avons écrit § 89. M. Cassan l'appelle Longuet. Il avait succédé à M° Charles Martineau, en 1734.

siècle. M. A. Pingot en a fait pour M. A. Benoît, une excellente lithographie.

§ 303. **Mortalité de Bestiaux**. — En 1741, il y eut une grande mortalité de bestiaux à Mantes et aux environs. Plus de six cents vaches sont mortes dans l'Election.

§ 304. **Cloche de Saint-Maclou**. — La cloche Sainte-Barbe à Saint-Maclou a été cassée *en sonnant pour un très fort orage.*

§ 305. **Hopital Général**. — En 1742, on a commencé à bâtir un beau bâtiment pour servir d'hopital général. Il fut fait par un nommé Varin, maître maçon et entrepreneur de Paris. On a fait une belle cérémonie le jour de la pose de la première pierre, sur laquelle on a gravé le jour et l'année, ainsi que les noms de ceux qui l'ont posée, et des officiers supérieurs de la ville.

§ 306. **Sorciers brûlés à Mantes**. — En 1742, on a brûlé à Mantes, en la place de Rosny, le jour de la Madeleine, les nommés Dupuis et Hordières, bergers et sorciers, accusés d'être empoisonneurs de bestiaux. Ils ont fait amende honorable, pieds nus et torche ardente au poing, devant la principale porte de l'église Notre-Dame. De là, ils furent conduits dans la place de Rosny, où ils furent pendus et jetés au feu. *Il y avait un monde considérable à cause du beau temps et de la foire.*

On ne nous accusera pas d'avoir prodigué les sorties philosophiques contre les erreurs des époques que nous avons étudiées ; mais véritablement, nous sommes pris de pitié rétrospective pour ces pauvres gens pendus et brûlés comme sorciers, à cause d'une de ces épizooties, si fréquentes encore aujourd'hui. Heureusement on ne pend plus les sorciers, peut-être parce qu'il n'y en a plus. Il ne manque pas de gens cependant qui s'en donnent les allures, et ce qui est pis, il ne manque pas de gens qui les croient et qui les craignent encore.

§ 307. **Boucheries de Mantes**. — En 1742, le Parlement rendit un arrêt au profit de Guillaume Bouret, juge de police et Lieutenant-Général, contre les maîtres bouchers de la ville. Ceux-ci furent condamnés à apporter chaque jour de la semaine, leurs viandes sur les étaux de la place de la Boucherie, où ils ne voulaient point aller.

Le quartier de la Boucherie entourait Saint-Maclou. La rue de la *Massacre* où l'on abattait les animaux a changé son nom en celui de rue des *Arigots*, qui ne dit pas grand'chose pour l'histoire topique de Mantes. L'arigot en effet, était un petit flageolet, à quatre trous devant et deux derrière, qui fait penser à la flûte d'un sou de la foire.

§ 308. **Grand Chemin**. — On a commencé en 1744, un chemin neuf bien ferré en cailloux, depuis la chapelle d'Issou jusqu'à Limay, et depuis Mantes jusqu'à Rosny. Il a été achevé en 1753. Monsieur Varin, de Paris, en était l'entrepreneur.

§ 309. **Porte du Pont abattue**. — En 1745, par ordre de M. le Contrôleur Général et de M. de Saint-André, sous-inspecteur, on a procédé à la démolition de la porte du Pont de Mantes. Les frères Leguay, maçons à Mantes, en ont eu l'adjudication moyennant sept cents livres. La démolition a été terminée au mois d'octobre.

La porte aux Images qui avait été bâtie vers 1365, avait existé à peu près 380 ans.

§ 310. **Grandes réjouissances.** — Il y eut de grandes réjouissances à Mantes, en 1745, à l'occasion de la convalescence du roi, qui avait été malade à Metz. Les habitants étaient sous les armes, on défonça deux muids de vin devant l'Hôtel-de-Ville et on alluma le soir des feux de joie aux portes de la ville.

La fameuse maladie de Louis XV, à Metz, est du mois d'août

1744. Elle dura dans sa période aigüe du 7 au 16. Ce qui en résulta de plus clair, ce fut le renvoi de madame de Châteauroux, la troisième demoiselle de Nesle, que le roi avait alors pour maîtresse en titre, comme il avait eu ses autres sœurs. Mais le diable n'y perdit rien, et la conversion ne fut pas de longue durée.

§ 311. **L'Oie de Saint-Maclou.** — En 1747, par les soins de M. Loguet, doyen, l'*Oie-Aigle* de cuivre doré à été achetée pour servir de lutrin dans l'église Saint-Maclou. L'argent avait été donné par le sieur Simon Cannée, dont le fils, Joseph Cannée était mort à Crémone, où il servait au Régiment du Roi. M. Pierre Loguet avait fait venir son extrait mortuaire.

§ 312. **La Croix Blanche.** — La Croix blanche du chemin de Rosny, a été bénite en 1747, en allant aux Rogations à Gassicourt, par M. Cottin, ancien chanoine de l'église Notre-Dame.

Cette croix était plantée à l'endroit où, suivant la tradition, on avait trouvé les reliques de Saint Marcoul et de ses compagnons. L'endroit s'appelle encòre *la Croix Blanche*.

§ 313. **Le roi Louis XV passe à Mantes.** — Le 22 septembre 1749, Louis XV, surnommé le Bien-Aimé, passa à Mantes, accompagné de Madame de Pompadour et de plusieurs seigneurs de la cour. Il goûta dans le Val de Rosny où deux vignerons de Mantes lui présentèrent quelques grappes de raisin sur deux feuilles de chou. Il les prit et leur fit donner un louis d'or. On lui présenta aussi de la part de Madame Lefèvre(1), un poisson vivant long de cinq pieds. Le roi ne l'ayant pas reçu, elle l'offrit à Madame de Pompadour, qui l'accepta et le fit envoyer à Versailles. Les principaux de la ville avaient fait faire des tentes sur le chemin de Rosny et s'y divertissaient en criant : Vive le roi ! Les habi-

(1) Maîtresse pêcheuse, à laquelle appartenait la principale arche du pont.

tants étaient sous les armes. Les magistrats et autres officiers étaient à la porte de Rosny où le maire, M. Roblâtre,
devait présenter les clefs de la ville et faire un compliment
au roi; mais il passa si vite qu'il fut impossible de lui parler. Il venait du Hâvre et de Rouen. *En descendant l'Etape
il examina beaucoup Notre-Dame.*

Cette dernière remarque est bien curieuse pour une époque
où le *rococo* avait mis le style gothique en un grand mépris, ou
au moins en une profonde indifférence.

Louis XV venait du Hâvre, où il avait conduit Madame de Pompadour qui n'avait jamais vu la mer. Il était parti le 10 septembre, pour aller à Crécy-Couvé, à trois lieues de Dreux, prendre
la marquise. « C'est un voyage de treize à quatorze jours, qui
est une complaisance du roi pour madame la marquise, qui n'a
jamais vu la mer. *Cela est très naturel et ne peut être critiqué
que par des gens de mauvaise humeur* (1). »

§ 314. **Le cimetière de Saint-Pierre.** — En 1750, le cimetière de Saint-Pierre a été coupé pour faire le grand chemin de Rosny en ligne droite. On a ramassé les corps et
ossements que l'on a mis dans un autre endroit à côté de l'é-
glise.

La route de Rosny au lieu de s'en aller directement comme
aujourd'hui, inclinait vers le nord, dans l'axe de la rue de Gassicourt. Dans le même temps, un financier artiste, Savalette de
Magnanville, faisait percer et planter d'une avenue d'arbres, la
route de Magnanville actuelle.

Maître des requêtes et garde du trésor royal, Savalette de
Magnanville, faisait exécuter en ce moment aussi, par l'architecte Franque, le magnifique château qui passa plus tard dans
les mains de M. de Beullogne, puis dans celles de M.
Morel de Vindé. Celui-ci, par une bizarrerie inexplicable,
le vendit en 1803, avec la condition expresse qu'il serait rasé.
On en retrouve actuellement des fragments nombreux dans les
anciens fossés ; ils font vivement regretter cet acte de vandalisme.

(1) *Journal de Barbier.* T. III.

§ 315. **Les trois croix de Saint-Sauveur.** — Les frères de Saint-Sauveur (de Limay ?) firent mettre les trois croix qui sont dans le chemin, en 1750.

La même année on a démoli le pont de bois qui était au-dessous (1) de celui de pierre, du côté de Limay.

§ 316. **L'évêque de Chartres à Mantes.** — Monseigneur Fleury, évêque de Chartres, fit son entrée à Mantes en 1750. Tous les curés des alentours sont venus le saluer. Il a fait donner à l'église Notre-Dame, un peu du bois de la vraie croix de Notre-Seigneur qu'il a fait enchâsser. On dit une messe tous les premiers vendredis de chaque mois où l'on fait baiser ladite relique à tout venant.

Ce nouvel évêque de Chartres était Pierre-Augustin Bernardin de Rosset de Rocozel, second fils de Jean Hercule, duc de Fleury, et petit-neveu du cardinal Fleury (2). On a vu plus haut, que l'église de Mantes possédait déjà un fragment de la vraie croix.

§ 317. **Réparations de l'église Saint-Maclou.** — L'an 1751, on a fait une adjudication au rabais de la reconstruction et réparation de l'église Saint-Maclou, *qui était en très mauvais état, l'eau y tombant de toute part*. On a fait une petite chapelle où se mettaient les enfants du Collège de M. Jérosme, maître de pension, et une seconde sacristie avec un mur en dedans du chœur. Cela fut adjugé au sieur Jean Vavasseur, maçon, pour la somme de 1,400 livres.

On a réparé aussi, dans la même année, des chambres et les écuries du Château. L'adjudication en fut donnée aux nommés Louis Giroux et Jean Leguay, maçons, pour la somme de 2,600 livres.

En 1751, la rivière de Seine déborda trois fois. Elle a été si grosse qu'elle a perdu tous les blés et grains qui étaient semés dans les terres riveraines.

(1) § 298, on a dit *au-dessus*, ce qui est peu rationnel.
(2) V. *Journal de Barbier.* T. IV, p. 60.

L'été fut très pluvieux et l'on fit les vendanges en même temps que la moisson, car il y avait encore des grains dehors au premier octobre.

Le 10 octobre, on a chanté un *Te Deum*, en action de grâce de la délivrance de madame la Dauphine, qui était accouchée d'un duc de Bourgogne, le 13 septembre (1).

Le 25 octobre 1751, on commença le *Jubilé* de l'année sainte 1750.

Le 25 janvier 1752, on couronna quatre rosières que l'on maria le même jour, en réjouissance du retour de madame la Dauphine en parfaite santé.

Dans ce mois et le suivant, il arriva à Mantes onze cents muids de blé et seigle que l'on mit dans les greniers des bourgeois de la ville, à cause de la cherté. Il n'y avait point eu de récolte, et *le blé de bateau* valut de 28 à 30 livres le septier.

§ 318. **Présidial.** — En 1752, le Présidial a été réuni au Bailliage, pour éviter de grands frais aux parties. M. Pierre Eustache Placide Bouret de Beuron, était pour lors lieutenant de police.

Cette même année, les juges de Mantes ont commencé à tenir audience pour juger consulairement *comme à Chartres et à Paris.*

On sait que les Juges-Consuls ont été remplacés par les tribunaux de commerce.

§ 319. **Recommandation.** — En 1752, on a enterré pour la première fois, sans être recommandé la nuit, suivant la pieuse coutume de Mantes, la femme d'un nommé Berthaud, tailleur d'habits.

Cet usage de la recommandation doit être aussi ancien que l'existence des confréries de charité. Voici en quoi il consistait : Le *Cliqueteur* de la confrérie, lorsqu'il y avait un mort dans la paroisse, sortait de chez lui à minuit, ou à une ou deux heures

(1) Il mourut le 22 mars 1761, ayant été malade toute sa vie.

du matin, en sonnant ou *cliquelant* avec ses deux sonnettes. Il
faisait le tour de la ville ou du bourg, en s'arrêtant dans tous
les carrefours et criait ces mots : « Réveillez-vous, gens qui
« dormez ! Dites un *paler* et un *ave*, pour un tel qui est tré-
« passé ! » Si cet usage n'existe plus, notamment à Vétheuil
(canton de Magny), il y a bien peu de temps qu'il est aboli.

La cessation de la recommandation, à Mantes, vint à la suite
d'une querelle des bourgeois avec le curé de Sainte-Croix ; querelle
très intéressante pour l'histoire des revenus des fabriques. Elle
emprunte aux circonstances présentes comme un regain d'ac-
tualité, et montre que les revenus des pompes funèbres n'ont
pas toujours appartenu aux églises.

§ 320. **Dispute des marchands drapiers et de M. le
curé de Notre-Dame.** — En 1752, a été conduit (au cimetière ?) par deux huissiers qui étaient les sieurs Dufour et
Badouet, le corps de M. Hubert, marchand drapier à Mantes, à cause des discussions que les marchands ont eues avec
M. le curé de Notre-Dame. Elles eurent lieu au mois d'août,
entre les marchands drapiers et merciers, M. Feugère et M.
Roblâtre, maire de la ville. Les marchands *avaient toujours
eu* les tentures des gros cortèges et autres. Le sieur curé
voulut leur enlever ce privilège, parce qu'il avait fait faire à
ses dépens d'autres tentures dont il voulait tirer profit, au
détriment des drapiers et merciers. Ceux-ci ne le voulurent
pas souffrir, *ayant acheté cette charge, permission de faire
les tentures, et autres petites charges appartenant à l'Hôtel-de-Ville, et pour ce, ont pris à rente le capital de
3,000 livre de la veuve Nicolas Lhuytre, notaire. Il y avait
encore le droit de tambour* (1). Les drapiers et merciers ont,
à l'enterrement de M. Christophe Desmé, conseiller, secrétaire du roi, fait tendre, tant à l'église Notre-Dame qu'à la
maison dudit sieur Desmé. Pour la première fois, ils avaient
fait faire des chaises de deuil, pour servir aux enterrements ;
« auparavant icelles n'étaient que des bancs. » Ils ont eu
aussi le *recommandage* que l'on fait la nuit, suivant la loua-
ble coutume de la ville ; mais comme ils ont taxé ce droit à

(1) Droit de faire les annonces à cri public.

25 sous par personne et qu'avant on prenait moins, ils ont été cause que plusieurs personnes sont enterrées sans être recommandées. Les autres *petites charges* dépendant de la ville étaient adjugées pour trois ans, le jour de l'Ascension ; les marchands en étaient en jouissance. Le juré en charge, qui était M. Gauthier l'un des marchands, a été avec un huissier, faire faire la fosse de M. Desmé, le 26 du mois d'août. Cela était dans leur adjudication.

Le manuscrit ne dit rien de la solution que reçut cette dispute. Il est probable que les marchands furent dépouillés de leurs prérogatives au profit du curé de Notre-Dame. Ce qui importe le plus, c'est de voir combien, dans les affaires de l'église, l'administration des choses temporelles resta longtemps à Mantes, entre les mains des bourgeois.

§ 321. **Arrêt sur le droit de tambour et d'annonce.** — Le 30 août 1752, on a publié *au son de la clochette*, aux carrefours de la ville, que défenses étaient faites à toutes personnes, de faire battre le tambour, sonner trompes, trompettes et cornets, que pour faits de police ou d'affaires du roi, et que ce droit de cri public était adjugé aux marchands Drapiers-Merciers, qui prirent M. Aubé l'un d'eux pour leur receveur. Il fut déclaré, que dorénavant on prendrait 15 sous *pour crier le vin*, et 10 sous pour redemander les objets perdus.

Le lendemain 1er septembre, on sonna pour la première fois une petite clochette aux carrefours, pour redemander un cachet d'or. Cette clochette remplaçait le tambour.

Cette petite mention qui n'a l'air de rien est pourtant fort intéressante au point de vue des mœurs commerciales. Elle montre que le *criage du vin* s'était perpétué à Mantes jusqu'au milieu du XVIIIe siècle, tandis qu'à Paris, il semble avoir disparu beaucoup plus tôt.

Le commerce ancien, qui n'avait pas comme aujourd'hui la ressource des annonces et des affiches, n'avait rien trouvé de mieux que le *Criage*. A Paris, la *marchandise de l'eau* était en possession de ce criage ; à Mantes, au contraire, on voit que c'étaient les Drapiers-Merciers.

C'étaient surtout les taverniers qui faisaient crier leurs vins par les rues. Et dans ce temps où tout était privilège, le roi se réservait, après les vendanges, le droit de faire crier le sien à l'exclusion de tous les taverniers qui fermaient boutique. On criait alors le *vin du roi*.

A chaque taverne était attaché un crieur-juré, qui criait toute la journée moyennant un certain droit, le vin de la taverne. Les éditions des anciennes ordonnances de Paris, de 1500 à 1529, portent en tête, une vignette sur bois où l'on voit le crieur devant sa taverne, un broc d'une main et de l'autre offrant un hanap ou une écuelle de vin à un bourgeois qui passe.

« Les crieurs faisaient donc les affaires des taverniers, même malgré ceux-ci qui souvent se seroient bien passés du ministère de ces employés forcés. Ils alloient criant le vin toute la matinée, et la veille des grandes fête, ils crioient jusqu'au soir, les vins composés, tels que clairet ou vin épicé et miellé, vins de sauge, vins de romarin et autres, dont les Parisiens se régalaient alors (1). »

On voit qu'à Mantes on pratiquait les mêmes usages qu'à Paris et qu'on les abandonna fort tard.

§ 322. **Réjouissances.** — Le 1er octobre 1752, on a fait de grandes réjouissances à Mantes, à cause de la guérison de monseigneur le Dauphin (1), fils du roi Louis XV le Bien-Aimé. La cérémonie commença la veille par un carillon à Notre-Dame. Le lendemain il y avait sous les armes, une compagnie de bourgeois, *une compagnie de cadets de la ville* et les arquebusiers. Le corps de ville et le Présidial assistaient à cette cérémonie. On a chanté dans le chœur de Notre-Dame, un *Te Deum* en musique, composé par M. Harasse, habitué. Il y avait beaucoup de violons et de basses et de bons musiciens. Chaque compagnie avait trois violons et deux tambours. Les messieurs de la ville avaient deux trompettes. On alluma un feu de joie, dans la journée, devant l'Hôtel-de-Ville, et le soir on tira dans la place, un soleil d'artifice et plus de cinquante boites.

(1) Depping. *Le Livre des Métiers*, p. Lxij.

(2) Père de Louis XVI. Il avait été atteint de la petite-vérole, le 1er août.

§ 323. **Mort d'un chanoine.** — Au commencement de janvier 1753, M. Ribault, chanoine de Notre-Dame étant décédé, sa chanoinie a été donnée à M. Muidebled, vicaire, au contentement et désir de toute la ville.

Il devint doyen, en 1754, comme on va voir.

§ 324. **Grande route de Houdan.** — Au commencement de cette année 1753, on a fait le chemin de Mantes à Houdan, en cailloutage. Il se fit à la corvée pour les chevaux et voitures, mais les terrassiers étaient payés. Ce chemin fut entrepris par M. Varin, qui eut la partie allant depuis l'Hopital jusqu'à la côte de Courgent.

Le même entrepreneur, commença au mois d'avril, la grande route de Caen qui va de Bonnières à Pacy-sur-Eure, en passant par La Villeneuve-en-Chevrie. Dans la côte qu'on fut obligé de percer, on trouva « une veine » de mine d'or.

La mine d'or, c'était de la pyrite de fer, minéral d'aspect éclatant et très commun dans les collines crayeuses des bords de la Seine.

§ 325. **Parlement exilé.** — Le 9 mai 1753, M. l'abbé Chauvelin, conseiller au Parlement de Paris, passa à Mantes bien escorté, déclaré prisonnier d'Etat par une lettre de cachet du roi. Il allait faire sa prison au Mont-Saint-Michel, mais le roi permit qu'il restât à Caen parce qu'il était malade. Tout cela, à cause du dissentiment qui existait entre le roi et le Parlement. Pendant que M. l'abbé Chauvelin passait dans la ville, trois autres conseillers connus à Mantes étaient envoyés dans d'autres villes. M. de Sénozan, seigneur de Rosny, y fut exilé parce qu'il était gendre du Chancelier. M. Brochant(1), seigneur de Villiers près Mantes-la-Ville et M. Dabos d'Arnouville, seigneur d'Arnouville et de Binanville, tous deux conseillers, furent exilés à Angoulême. M. Degars de Fréminville, seigneur de Fréminville, fut exilé à Poitiers.

(1) André Brochant du Breuil, propriétaire du fief de Villiers dit Flacourt, à cause de Louise-Françoise-Éléonore Grenard, sa femme.

Ils n'eurent que 24 heures pour se retirer dans les villes qui leur étaient assignées. Le même jour, le roi en avait bien exilé trente-trois qui ne trouvent pas place ici. Les plaideurs avaient bon temps, car il n'y avait plus de juges au Palais. Et le onze du même mois, le roi exila à Pontoise, la Grande-Chambre, qui était bien composée de soixante conseillers. M. le président de Thou fut de ceux-là.

L'affaire du Parlement, dont il s'agit ici, était la conséquence de la lutte qu'il soutenait depuis longtemps contre la cour. C'étaient toujours les jansénistes contre les molinistes, toujours l'histoire de la bulle *Unigenitus*. La cause surtout, la moins avouable, c'était de la part du clergé, la crainte de voir toucher à ses immunités que menaçaient le Parlement et le contrôleur-général, M. de Machault.

L'archevêque de Paris, Christophe de Beaumont, voulant faire accepter quand même la fameuse bulle, avait enjoint à ses curés de refuser les sacrements à quiconque ne présenterait pas un billet de confession et un acte d'adhésion à la bulle. Le Parlement commença d'informer en 1750 ; les curés continuant, le Parlement en décréta un de prise de corps, en 1752.

Après une lutte où le Parlement déploya beaucoup d'énergie, celui-ci rédigea des remontrances au roi, qui touchaient non-seulement au refus des sacrements, mais aux lettres de cachet et aux abus du pouvoir (mai 1753).

Le 4 mai, M. de Meaupou, premier-président, MM. Molé et Le Peletier de Rosanbô, présidents à Mortier, étaient allés à Versailles, où le roi avait refusé de recevoir leurs remontrances et leur avait ordonné de continuer à rendre la justice. Le 7, le Parlement déclarait qu'il « ne pourroit *obtempérer* sans manquer à son devoir et trahir ses serments. » Le 9, dans la nuit, des lettres de cachet envoyaient la plus grande partie des parlementaires en exil.

L'abbé Chauvelin, l'un deux, était des plus sévèrement traités, avec Frémont du Mazy, Gauthier de Bésigny et de Bèze de Lys. « Apparemment que ces messieurs dont on n'avoit cependant pas trop entendu parler dans le cours de toutes les assemblées du Parlement, ont été plus ardents pour des dénonciations, soit pour des démarches particulières (1). »

(1) *Journal historique* de Barbier.

« L'abbé Chauvelin est très petit de taille, très délicat et de beaucoup d'esprit.... M. Chauvelin, son frère, intendant des finances, a obtenu, à cause de la faiblesse de sa santé, le changement d'exil dans la ville de Caen. Il a envoyé l'ordre par un courrier, qui l'aura rejoint dans le chemin. Il est au lait pour toute nourriture et seroit crevé au Mont-Saint-Michel (1). »

L'envoyé rejoignit sans doute l'escorte de l'abbé Chauvelin à Mantes, et c'est ainsi qu'on y fut si bien informé de toutes les particularités qui le concernaient. Quant aux conseillers qui sont ici nommés, Barbier ne donne de renseignements que sur M. de Sénozan.

Olivier de Sénozan, seigneur de Rosny, était fils d'un receveur général du clergé, qui avait été marchand de dentelles à Lyon. Comme il était fort riche, son fils avait épousé la fille de Lamoignon de Blancmesnil, d'abord président à mortier puis Chancelier de France, en 1753. C'était par la protection de son beau-père que M. de Sénozan avait obtenu d'avoir sa terre de Rosny pour lieu d'exil. Barbier ne dit rien de Brochant de Villiers, de Dabos d'Arnouville, ni de Degars de Fréminville.

Le trouble était du reste dans tous les Parlements de France, pour la même cause. Tous les parlementaires étaient, en général, les ennemis des jésuites et opposés aux abus d'autorité des évêques. Le Parlement de Rouen, par suite du refus de sacrements fait par un curé de Verneuil (Eure), avait décrété ce curé et l'évêque d'Evreux. Le roi s'était fait instruire de l'affaire ; le Parlement avait envoyé des remontrances, et le roi, pour toute réponse l'avait mandé à Versailles (2).

§ 326. **Parlement de Rouen**. — L'an 1753, au mois d'août, le roi Louis XV a mandé le Parlement de Rouen à Versailles pour recevoir ses ordres. Il a passé par Mantes bien accompagné et a couché à l'Hôtel du Cheval-Blanc. Le lendemain, il est parti pour Versailles et y étant, les conseillers ont eu une audience de sept minutes avec le roi, qui leur a donné un paquet cacheté et les a renvoyés à Rouen. Ils ont repassé à Mantes le soir de l'assemblée de Saint-Fiacre à Porcheville. Ils avaient été mandés pour affaires du temps.

(1) *Journal* de Barbier.
(2) *Ibid.*

A part les dates, cela est absolument conforme au *Journal* de Barbier. Mais celui-ci fait arriver le Parlement à Versailles, le samedi 1ᵉʳ septembre, et l'en fait repartir le 4. Il avait eu défense de passer par Pontoise, pour l'empêcher sans doute de se concerter avec le Parlement de Paris, qui y siégeait alors.

§ 327. **Réjouissances**. — Le 15 octobre 1753, on a chanté un *Te Deum* en actions de grâces, pour l'heureux accouchement de madame la Dauphine, d'un second fils nommé monseigneur le duc d'Acquitaine. L'on a fait un feu de réjouissance et le soir il y eut illumination par toute la ville.

Le duc d'Aquitaine, né le 8 septembre 1753, mourut le 22 février 1754.

§ 328. **Marguilliers**. — Au mois de décembre 1753, il y eut un différend dans la ville, pour la nomination des marguilliers. MM. Caillou de Courmont, Saint-Jean, hôtelier, Haranger, chapelier, furent élus pour Notre-Dame, et Pichon officier, Gérôme, maître de pension et Lecomte, épicier, pour Saint-Maclou. Les sieurs de Courmont et Pichon se croyant exempts de cette charge, se refusèrent à signer l'acte de leur nomination, *faite à la tablette*, par le maire, les échevins et les anciens marguilliers. Il leur fut donné assignation par-devant monsieur le Lieutenant-Général le jour même qui était jour de fête, attendu qu'ils devaient entrer en charge le 1ᵉʳ janvier 1754. La sentence fut prononcée le jour même et ordonna l'option aux sieurs de Courmont et Pichon, entre la charge de marguillier et cent francs d'amende. Ils se déterminèrent pour l'entrée en charge.

§ 329. **M. de Bouillon, gouverneur**. — Le 28 janvier 1754, le maire et les échevins de la ville allèrent au château de Montalet-sur-Seine, pour complimenter monseigneur le duc de Bouillon, gouverneur et Grand-Bailli de Mantes, M. le prince de Tingry lui ayant cédé le gouvernement. M. Roblâtre, alors maire, n'y fut point parce qu'il était malade. Il remit une lettre aux échevins que ceux-ci présentèrent à

M. le Gouverneur. Ces échevins étaient : MM. Eustache Hyacinthe Delaunay, apothicaire, Jacques Maheu, épicier. Nicolas Hua, dit Motet, tailleur et Louis Lecomte jeune, épicier. M. Joseph Delagrave, notaire, procureur-syndic de la ville, y fut aussi. Ils étaient accompagnés des massiers et sergents et de quatre tambours.

Le 29, les arquebusiers y allèrent en habits d'ordonnance.

Le 30, les chanoines y députèrent MM. Mariauchaux et Muidebled.

Le 31, MM. Desmé, receveur des Tailles, Pittot, subdélégué et Noireterre, lieutenant-criminel de la Maréchaussée, y furent à leur tour.

Le nouveau gouverneur était Charles Godefroy prince de Bouillon, dont la femme était une petite-fille de Jean Sobieski, roi de Pologne. Il était grand-chambellan de Louis XV. Envoyé à Dunkerque en 1745, avec le duc de Richelieu, pour faire une tentative en faveur du *Prétendant*, on dit alors qu'il fallait que l'Angleterre fut bien malade, puisqu'on lui envoyait *le dernier bouillon* (1).

Le château de Montalet (commune d'Issou), habité par le duc de Bouillon, qui possédait aussi le magnifique château de Navarre, près Evreux, fut habité plus tard par M. de Miroménil, garde des Sceaux, sous Louis XVI. Il est aujourd'hui détruit.

§ 330. **Cloche**. — Le 12 janvier 1754, la cloche de Sainte-Barbe, qui était partie le 14 septembre 1752 pour être refondue, revint de Rouen sur un bateau. Elle devait revenir au mois de novembre 1752, mais son retour fut retardé par les incommodités du temps et parce que le fondeur la manqua. La maladie de M. Jacques Martin, doyen, a empêché aussi qu'elle fut baptisée avant le 1er mars 1754. Elle fut bénite par son parrain, le doyen, et tenue par demoiselle Dorothée Desmé, sa marraine, qui donna six aunes de beau damas blanc pour servir de chemise. Le fondeur s'arrangea avec le prévôt de la Charité, et laissa ce damas

(1) *Journal de Barbier*. T. II.

qui devait lui appartenir ; il servit à faire des ornements à la chapelle de la Charité. Cette cloche porte l'inscription suivante :

L'AN 1753, AU MOIS DE JUIN, DU RÈGNE DE LOUIS 15, DU GOUVERNEMEMT DE FRANÇOIS CHRISTIAN DE MONTMORENCY, GOUVERNEUR ET GRAND-BAILLY DE MANTES ET DE LA MAIRIE DE M. PIERRE ROBLATRE, ÉCUYER, GENTILHOMME SERVANT FEUE MADAME LA DAUPHINE, J'AI ÉTÉ REFONDUE POUR LA QUA-TRIÈME FOIS, PAR LES SOINS DES FRÈRES DE LA CHARITÉ A QUI J'APPARTIENS ET NOMMÉE BARBE DE MON ANCIEN NOM ; M. JAC-QUES MARTIN, LICENCIÉ EN DROIT CIVIL ET CANON, PRÊTRE, DOYEN DE L'ÉGLISE ROYALE ET COLLÉGIALE DE NOTRE-DAME DE MANTES, PARRAIN AVEC DEMOISELLE DOROTHÉE DESMÉ, FILLE DE M. PIERRE CHRISTOPHE DESMÉ, ÉCUYER SEIGNEUR DE HALO, ET DE DAME DOROTHÉE DESBOIS, MA MARRAINE ; ET AI REÇU LA BÉNÉDICTION DE MON PARRAIN. DE LA ROYAUTÉ DU SIEUR LOUIS-SÉRAPHIN-ETIENNE DELORME, JACQUES LE-PIED, NICOLAS ALEXANDRE, SÉBASTIEN MUIDEBLED, JACQUES LAURENT, ÉCHEVINS ; DENIS BARON, PRÉVÔT, JEAN MICHEL DE SAINT-JEAN, NICOLAS DELAHAYE, CLAUDE DAUBANTON, DANIEL DENIS MUIDEBLED, JEAN FRANÇOIS AUBÉ, JACQUES MASSIEU, NICOLAS HUA, FRANÇOIS LECOMTE ET PIERRE DELAVIGNE, FRÈRES. ET PLUS BAS EST ÉCRIT : A ST OUEN, PAR POISSON.

§ 331. **Battue.** — Au mois de février 1754, le mercredi des Cendres, les habitants de Limay, Porcheville, Guittran-court et Fontenay-Saint-Père, au nombre d'environ *douze cents*, allèrent avec des bâtons dans la plaine de Porcheville, faire une battue du gibier qui dévastait ce territoire. Il fut bien tué dans cette battue, 4 à 500 lièvres, à coups de pier-res et de bâtons. Ce gibier appartenait à monseigneur le duc de Bouillon, seigneur d'Issou et de Montalet-sur-Seine. Il avait eu des révérends Pères Célestins, la permission de mettre des gardes et des poteaux, et il avait laissé multiplier le gibier de telle sorte qu'on en voyait courir deux à trois cents pièces par bande. Ce seigneur ayant été informé de cette battue, a fait mettre plusieurs habitants en prison ; les autres se sont sauvés.

§ 332. Cherté. — Aux mois de février, mars, avril et mai 1754, les vivres furent si chers qu'à peine ceux qui travaillaient bien pouvaient-ils avoir leur nécessaire. Les fourrages étaient hors de prix. On vendait une petite botte de mauvais foin qui ne pesait que 12 livres tout au plus, 10 sols. La sécheresse avait été très grande et il avait été plus de trois mois sans tomber d'eau. Le septier de blé valait 25 livres, la livre de beurre 20 sous, et tous les vivres à proportion. Il n'y avait que le vin qui fut à bon marché, car on en avait une pinte pour quatre et cinq sous. Il était si fort et si brûlant qu'il a causé plusieurs maladies.

§ 333. Chasse. — Dans le courant du mois de mars 1754, monsieur le procureur du roi de la Capitainerie de Saint-Germain-en-Laye, vint à Mantes avec d'autres officiers accompagnés de leurs gardes. Ils visitèrent la plaine de Limay et de Porcheville, pour se rendre compte du gibier qu'il pouvait y avoir. Ils en trouvèrent une telle quantité que le 8 avril, le sieur procureur du roi, se transporta de Mantes avec ses gardes et beaucoup de messieurs de la ville, dans la plaine pour *tuer par ordre du roi*, tout le gibier qu'ils pourraient. Ils firent sonner la cloche et assembler les villages de Limay et de Porcheville ; ils sommèrent les syndics (1) de réunir tous les habitants, hommes, femmes et enfants et de les armer de bâtons pour rabattre le gibier. Il fut tué, depuis onze heures du matin, jusqu'à quatre heures de l'après-midi, 900 lièvres. Il y avait vingt tireurs qui tuèrent cette quantité en si peu de temps, non compris 300 blessés qui allèrent mourir de côtés et d'autres. Cela fit bien au territoire, car dans les 900 lièvres, il y avait bien 600 hases prêtes à faire des petits. Si l'on n'eut pas fait cette chasse, le territoire était perdu. Il y eut un garde de Saint-Germain qui tua 128 lièvres pour sa part, en cinq heures.

(1) Syndics des paroisses, magistrats remplaçant les maires actuels.

Voilà une histoire qui fera peut-être rêver les chasseurs, mais qui devait désespérer les pauvres vassaux du duc de Bouillon.

§ 334. **Maladies**. — Les habitants de la ville firent, au mois de mai 1754, une neuvaine à la chapelle Saint-Roch, à cause des maladies qui régnaient partout. Ces maladies prenaient par le transport et en quatre ou cinq jours on mourait. Il en est mort beaucoup d'une maladie qu'on appelle *le coup de sang*. A Paris, en cinq mois, il est mort cinquante mille personnes, mais presque point de femmes.

Barbier ne dit rien de cette épidémie dans son *Journal*, et ce doit être une erreur, au moins à cette date.

§ 335. **Discussion**. — En 1754, il y eut discussion 'entre le maire et les échevins, parce que le maire prétendait avoir seul le droit de faire et signer les billets de logement des soldats. Les échevins prétendaient que le premier échevin pouvait aussi les signer en l'absence du maire, ce qui paraissait assez juste. Mais il y avait de la mauvaise humeur des deux côtés.

§. 336. **M. Muidebled, doyen.** — Le 3 juillet 1754, à trois heures après midi, M. André Muidebled, chanoine, a pris possession du doyenné de Notre-Dame et de la cure de Saint-Maclou, annexe du doyenné. Ce fut par la démission de M. Jacques Martin, qui était incommodé au point de ne pouvoir s'acquitter de ses fonction.

§ 337. **Récolte**. — L'année 1754 a été sèche, la récolte a été bonne tant en grain qu'en vin. Celui-ci a été très bon et à bas prix, car la pinte, qui valait en septembre 7 et 8 sous, est venue après vendanges, à 4 et 5 sols. Il n'y a pas eu beaucoup de foin et de fourrage à cause de la sécheresse.

§ 338. **Rentrée du Parlement.** — Le roi fit publier au mois

de septembre, un édit qui ordonnait à MM. du Parlement de
rentrer à Paris et de reprendre leurs fonctions. Il avaient
été exilés pendant dix-huit mois. M. de Meaupou était alors
Premier-Président; il a bien rempli les devoirs de sa charge
pendant tous ces orages. MM. les ecclésiastiques étaient en
grande discussion avec le Parlement, pour le refus des
sacrements et les billets de confession. Tout le peuple a été
dans l'allégresse quand il a su la rentrée, attendu que les
affaires ne finissaient point. Il n'y avait plus de juges au
Palais.

Tout cela est conforme à ce que raconte Barbier. La rentrée si fit le mercredi 4 septembre, aux cris de : Vive le roi !
Vive le Parlement ! Le Parlement cependant ne se soumit pas
complètement.

§ [339. **Te Deum**. — Le 29 septembre 1754, on a chanté
dans l'église Notre-Dame, un *Te Deum* pour l'heureuse délivrance de M° la Dauphine qui accoucha d'un fils nommé
Louis Auguste, duc de Berry.

Louis Auguste, duc de Berry, est né le 23 août 1754. Il devint
Dauphin en 1765, et succéda à Louis XV sous le nom de
Louis XVI, en 1774.

§ 340. **Prix des Arquebusiers gagnés à Châlons**. — Le
jeudi 5 septembre 1754, douze de messieurs des Arquebu-
busiers partirent de Mantes pour aller à Châlons-en-Cham-
pagne, tirer au prix-général. Ils revinrent le 21 du mois et
gagnèrent six timbales, deux gobelets, une tabatière et
deux belles écharpes. Ils furent très bien reçus par toutes
les compagnies des villes où ils ont passé.

§ 341. **Mort de Madame de Belle-Isle**. — Le jeudi 6
mars 1755, arrivèrent à Mantes, deux carrosses de deuil,
dans l'un desquels était la dépouille de madame la Maréchale de Belle-Isle, duchesse de Gisors. Elle n'avait que 46
ans et n'avait été que onze jours malade. Elle est morte de

la rougeole. A l'arrivée de son convoi, on a sonné les cloches aux deux paroisses. M. Feugère, curé de Notre-Dame,
MM. les vicaires et les enfants de chœur avec la croix et la
bannière, se sont transportés au bas de l'Etape, où ils ont
attendu le convoi. De là, le convoi s'est rendu après les
prières accoutumées, dans la place du Marché (1) où l'attendait M. Muidebled, doyen de Notre-Dame et curé de l'église
Saint-Maclou, accompagné de son clergé et de la confrérie
de la Charité. Les frères de la Charité ont transporté le cercueil dans le chœur de l'église Saint-Maclou où il a passé la
nuit, gardé par plusieurs personnes. Le lendemain à 7 heures du matin, les frères ont remis le cercueil dans l'un des
carrosses de deuil, et il est parti pour Vernon où le corps
devait être enterré. Madame de Belle-Isle a été très regret-
tée des habitants de Vernon, à cause de sa bonté.

La maréchale de Belle-Isle qui venait de mourir, était Marie
Casimir Geneviève de Béthune, seconde femme de Louis-Char-
les-Auguste Fouquet, petit-fils du grand Fouquet, connu sous
le nom de maréchal de Belle-Isle, qui l'avait épousée en 1729.
Le maréchal de Belle-Isle mourut lui-même en 1761. Il était
propriétaire entre autres biens, du château de Bisy, près Vernon, où il avait dépensé des sommes considérables. Son fils, le
comte de Gisors étant mort avant lui, il ne laissa pas de postérité.

§ 342. **Gardes du Corps.** — La brigade des Gardes du
Corps du Roi, arriva à Mantes le 23 avril 1755, pour y tenir
garnison. Le 30 du même mois, les cinq autres brigades qui
font avec celle de Mantes, la compagnie de M. de Noailles (2), se réunirent à Mantes : l'une était en garnison à Verneuil, au Perche, l'autre à Evreux, la 3ᵐᵉ à Vernon, la 4ᵐᵉ
aux Andelys et la 5ᵐᵉ à Brélence (?) en Picardie. Ils attendaient à Mantes la revue du roi. Ils étaient logés chez les
bourgeois. Ils faisaient l'exercice, un jour à pied, un jour à
cheval. M. Depenchal commandait la brigade de Vernon,

(1) Limite de la seconde paroisse.
(2) Philippe de Noailles, duc d'Ayen, fils du maréchal de Noailles.

M. le marquis de Lastic, celle d'Evreux. Celui-ci était logé chez M. Desmé, receveur des Tailles où six trompettes et un détachement venaient tous les deux jours, l'épée à la main, prendre les cymbales et les étendards. Les principaux officiers furent fêtés par M. de Savalette, dans son château de Magnanville, où il vint tout exprès. Le pont (1) qui était en très mauvais état fut réparé en plusieurs endroits les plus nécessaires, attendu qu'il y avait une brigade logée à Limay qui le traversait à cheval tous les jours.

§ 343. **Gelée.** — Le commencement du printemps de l'année 1755 a été aussi beau que le mois d'août. La chaleur était égale dans certains jours, à celle de l'été. Ce qui avait poussé tout à un tel point que l'on était prêt à ébourgeonner les vignes ; les arbres fruitiers étaient aussi très avancés. Mais le 20 avril, le froid prit comme en hiver ; la plupart des vignes du territoire et même de l'Election gelèrent, ce qui causa une grande perte aux pauvres vignerons. La nuit du 4 au 5 mai, il gela comme on n'avait jamais vu. Le vin a beaucoup augmenté ; mais le blé qui était à bonne composition, ne valait, le plus beau, que 15 à 16 livres le septier. La viande était très chère, et valut, depuis Pâques jusqu'à la Saint-Jean, 7 sous la livre.

§ 344. **Mort de M. Martin.** — M. Jacques Martin, licencié en droit, ancien doyen de Notre-Dame, mourut à Mantes le 15 mai 1755; il avait 52 ans. Le lendemain 16, il y eût difficulté à son inhumation, entre les chanoines et les vicaires, pour laisser entrer le corps dans le chœur. Les chanoines voulaient avoir la cire du convoi (les cierges) qui appartenait aux vicaires. Ceux-ci l'abandonnèrent à la condition qu'on laisserait entrer le corps dans le chœur, pour l'amitié et la reconnaissance qu'ils avaient à l'ancien doyen. Cet abandon se fit pour cette fois seulement, et sans déroger à l'avenir à leurs droits. Le corps fut porté après l'office, à Saint-Jacques de l'Hopital, où il fut enterré.

(1) Du côté de Mantes.

§ 345. **M. le duc d'Ayen**. — Monseigneur le duc d'Ayen, fils de M. le duc de Noailles, premier capitaine des quatre compagnies des Gardes du Corps, vint à Mantes et le mardi 20 mai, il alla en carrosse dans l'île Champion, voir faire l'exercice aux troupes ; il alla coucher à Magnanville. La compagnie cantonnée à Mantes partit le 29 mai. Avant son départ, un *Garde de la Manche* (1), reçut un coup de pied de cheval dans le bas-ventre et en mourut.

§ 346. **Visite de l'évêque de Chartres**. — Le mercredi 4 juin 1755, M. de Fleury, évêque de Chartres vint à Mantes. Il faisait sa tournée pour la confirmation, mais ne confirma pas à Mantes. Il assista à la procession de la Fête-Dieu. Il coucha à Magnanville. Il alla confirmer à Dammartin, et de là à Septeuil *où il tint le Synode*.

§ 347. **Mort de M. de Beuron**. — M. Guillaume Bouret, écuyer, seigneur de Beuron et de Malassis, premier président au Bailliage et siège Présidial de Mantes, mourut le 29 juin. Il fut enterré le lendemain, dans la nef de l'église Notre-Dame. Il était âgé de 83 ans. Il fut regretté de toute la ville. Il était bon magistrat et intègre dans ses mœurs. Si tous les juges lui eussent ressemblés, la ville de Mantes n'aurait pas eu de juges prévaricateurs.

§ 348. **Criminel rompu**. — Le 18 juillet 1755, le nommé Nicolas Q... dit l'*Avocat*, natif de L... fut rompu dans la place de Rosny, pour avoir assassiné à coups de bâton, le nommé .... marchand de vaches demeurant à Cravent. Il a avoué et déclaré qu'il n'avait point de complice. Quoiqu'il eut été condamné à être rompu vif, M. d'Armencourt, lieutenant de maréchaussée, ordonna qu'il fut étranglé avant de le rompre ; ce qui fut exécuté. Le corps resta exposé jusqu'au lendemain samedi à quatre heures après midi ; le bour-

_____

(1) Charge de cour dont la fonction consistait à suivre les enfants du roi de si près, qu'au moindre danger l'officier pût saisir l'enfant comme par la manche. C'était souvent une charge honorifique.

reau le prit alors et le porta entre la V... et L... dans le lieu
où le crime avait été commis. Il resta là exposé au gibet,
jusqu'à ce que le corps tomba en pourriture. Ses parents
qui étaient de .... n'osèrent l'enlever pour le faire enterrer,
par crainte du lieutenant de gendarmerie. Il n'y avait pas
assez de juges à Mantes pour prononcer le jugement, et il
n'avait pas été *fait de justice* depuis 1742.

L'exécuteur des hautes-œuvres du bailliage de Mantes et
Meulan, en 1769, s'appelait Michel Durand. Nous n'en aurions
rien dit sans un procès intenté par lui à l'Hopital qui lui avait
enlevé un singulier droit, perçu à Mantes comme dans beaucoup d'autres villes, appelé *droit de Havage* (1) et qu'il préle-
vait dans les marchés de Mantes et de Meulan les jours d'exécution. Nous ne pouvons mieux faire, pour en donner une idée,
que de transcrire une partie de la longue sentence d'appel, rendue par le Parlement, le 26 avril 1769 et qui a été imprimée :

« Entre Michel Durand, Exécuteur des Sentences Criminelles
du Baillage de Mantes, appelant de l'ordonnance rendue par le
Lieutenant-Général du Baillage de Mantes le 24 mai 1765, en ce
que par icelle il lui a été fait défenses de percevoir les jours
d'exécution, le droit de Havage simple dans le Marché de Meulan, et le droit de Havage double dans le Marché de Mantes......;
émendant, il fut maintenu et gardé dans le droit de percevoir,
les jours d'exécution seulement, les droits de Havage simple
et double, conformément aux Arrêts du Conseil, Lettres-Patentes et Arrêts d'enregistrement du 24 mars 1743, en conséquence
défenses fussent faites aux ci-après nommés et à leurs commis
ou préposés, de le troubler dans la perception desdits droits
simple et double, les jours d'exécution, et pour eux l'avoir fait,
ils fussent condamnés en trois mille livres de dommages et
intérêts.......

« Et les Directeurs et Administrateurs de l'Hopital des Pauvres valides de la Ville de Mantes Intimés, demandeurs en
Requête du 14 Juillet 1766, à ce que le ci-dessus nommé fut
déclaré purement et simplement non-recevable dans son
appel.... En conséquence, ils fussent maintenus et gardés dans le
droit et possession de percevoir *sur tous les grains et denrées*

(1) Littré écrit *Avage;* ce mot n'est pas dans Du Cange. On dit aussi
droit du Bourreau.

du marché de la ville de Mantes, aux trois jours ordinaires, le *Havage en argent* tel que l'*Exécuteur le percevoit avant les-dites Lettres-Patentes*, tel qu'ils l'ont toujours perçu depuis, aux offres par eux ci-devant faites en cause principale et qu'ils réitèrent, de payer et continuer à l'avenir, au ci-devant nommé, et de quartier en quartier, la somme de six cens livres, par chacun an..... et sauf au-ci-dessus nommé à continuer de percevoir comme il a toujours fait jusqu'à présent, un double droit de Havage, les jours de Marché où il y aura exécution seulement.... Et pour, par le ci-dessus nommé, les avoir troublés dans la perception dudit droit de Havage, et même perçu ledit droit à leur préjudice, le mercredi 22 mai 1765, le ci-dessus nommé fut condamné, même par corps, à leur rendre et restituer la somme de trente-neuf livres quatorze sols six deniers, provenus de ladite perception, avec les intérêts (1). »

Le 26 avril 1769, comme nous l'avons dit, Michel Durand vit la sentence du Bailliage confirmée. L'Hopital continua à percevoir le droit de Havage dans les marchés de Mantes « *tous les jours de Marchés*, même les jours où il y auroit exécution. » Michel Durand eut seulement la faculté de percevoir un second droit simple, par doublement du premier, avec défense de percevoir aucun droit double.

§ 349. **Prix des Arquebusiers**. — Le dimanche 27 juillet 1755, MM. de l'Arquebuse ont tiré *leur oiseau*. Ils le tiraient ordinairement le premier dimanche de juin, mais pour la facilité de plusieurs chevaliers, le prix fut remis au 27 juillet. Il fut tiré dans leur clos, à leur butte, où il fut élevé comme il l'est ordinairement sur le pont. Il plût du matin au soir et ils tirèrent toute la journée sans pouvoir abattre l'oiseau. Le lendemain, comme il restait un bout de l'aile gauche et un bout du cœur, ils continuèrent. Le reste fut abattu par M. Hubert, marchand, qui fut roi. Il gagna aussi *le prix du roi* (2). Il fit recevoir ce jour là, son fils chevalier.

§ 350. **Mort de M. Muidebled, doyen**. — Le 26 juillet

---

(1) On voit que c'était une assez jolie somme, pour un seul jour, même en diminuant les intérêts.

(2) Prix offert sur l'heure, par le *roi* de l'arquebuse.

1755, jour de Sainte-Anne, M. André Muidebled, doyen de Notre-Dame, est mort à trois heures du matin. Il est enterré dans l'église Notre-Dame, au milieu, *au bas des deux marches*. Il a été regretté de tout le public. Il faisait beaucoup de bien, avait beaucoup d'esprit, une belle prestance et était bon prédicateur. Il a fait reblanchir Saint-Maclou, ôter la grille de bois qui était autour du chœur dans l'espérance d'en mettre une en fer ; raccommoder plusieurs tableaux de l'église, percer le dessus de la chapelle Saint-Nicolas, percer des fenêtres et mettre des vitraux et fait beaucoup d'autres réparations.

§ 351. **Pont neuf, le plus beau de son temps**. — Le pont de Mantes fut commencé en 1758 (1). Le plan comprenait trois arches, larges chacune de plus de 100 pieds, à construire à 50 toises au-dessous du vieux pont, vis-à-vis l'Etape.

Le 4 avril, les charpentiers ont commencé à travailler à la charpente du pont, en préparant les pieux et les planches, pour le batardeau attenant à l'île Champion. Ils ont posé deux grandes roues, l'une placée dans l'eau courante, pour faire tourner l'autre (2) qui était dans le batardeau, afin d'en retirer toute l'eau qui était dedans.

Le 8 juillet, on a commencé à battre les pilotis de la pile du côté de l'île Champion. On y travaillait nuit et jour. A la suite on posa un beau griage de pièces de bois entrelacées sur les pieux, avec plate-forme en planches de l'épaisseur de 4 à 5 pouces.

Le 29 septembre, on a commencé à battre les pieux du pilotis de la culée de l'île Champion. On y a posé un griage semblable à celui de la pile.

Le mardi 3 octobre, entre 4 et 5 heures du soir, on a posé la première pierre sur la pile et sur la culée. On posa ensuite

(1) En 1757, suivant Perronet.
(2) C'était une roue à godets faisant l'épuisement, et mise en mouvement par une grande roue à palettes placée dans le courant du fleuve. L'axe qui les reliait était en bois et avait plus de trente mètres.

huit assises de pierres de chacune un pied de hauteur environ.

La campagne se termina le 10 décembre, à cause des grosses eaux. On y avait travaillé jour et nuit, fêtes et dimanches, à l'exception des jours de Pentecôte, Vierge d'Août et Toussaint.

En 1759, la reprise des travaux a commencé le 5 mai, par la construction d'un nouveau batardeau, la rivière étant trop haute pour se servir de l'ancien. Le 24 juillet, à 5 heures du matin, on a commencé à battre les pieux du pilotis, du côté de la ville.

Le 9 août, on a posé la première pierre sur le griage de la pile, du côté de la ville, de la même manière et sans plus de façon que pour celle du côté de l'île Champion.

Le 17 août, on a commencé à battre les pieux du pilotis de la culée attenant à la ville et ensuite on a posé les griages.

Le lundi 3 septembre, on a posé la première pierre sur la culée, du côté de la ville, puis la campagne finit au mois de décembre. On croyait la reprendre au mois de mars 1760, mais les guerres que la France eut à soutenir contre la Prusse et l'Angleterre, ont attiré l'attention du gouvernement de ce côté. L'argent ne servait qu'à la guerre, on ne suivait pas d'autres affaires.

. Au commencement du mois de mars 1763, on a repris la construction abandonnée au mois de décembre 1759. On a préparé le bois pour cintrer les arches. Avant que de poser les cintres, on s'est dévotement préparé. Il fut dit une messe du Saint-Esprit à Notre-Dame, le 4 juin. Elle a commencé à 4 heures 1[2 du matin et à 5 heures tous les ouvriers qui y avaient assisté ont commencé à poser les cintres (1), ce qui a duré neuf jours (2) pour l'arche du côté de l'île Champion ; le même cintre à servi à l'arche du côté de la ville. Quant au

(1) Perronet qui reprenait les travaux, employa alors les cintres retroussés inventés par un ingénieur mantais, Robert Pitrou. Nous en parlerons à la fin de notre *Chronique*.

(2) Ou peut-être 7, puisqu'on dit plus bas que l'ouvrage fut terminé le 11 juin.

cintre de l'arche du milieu, il est resté en place jusqu'au parachèvement des arches. Le 11 juin, les charpentiers achevèrent de les poser ; ils ont placé un bouquet sur le milieu. A huit heures du soir, on a tiré plusieurs coups de boîtes en signe de réjouissance.

Le 27 septembre, sur les 4 à 5 heures du soir, la grande arche du pont a été fermée en pierre. A cette occasion, il y a eu un *Te Deum* chanté dans l'église Notre-Dame, à six heures ; il fut précédé de la sonnerie de toutes les cloches. Pendant le *Te Deum*, on n'a cessé de tirer des boîtes. Le lendemain, à 5 heures du matin, on a dit une messe du Saint-Esprit, et le soir on tira un feu d'artifice. Le 25 octobre, on a commencé à démolir le vieux pont (1). Les travaux furent arrêtés le 7 novembre.

En 1765, dans les premiers jours d'avril, on a commencé à reprendre les travaux. On a posé les cordons, fait les parapets et le pavage. On procéda alors aux terrassements pour élever les chaussées, l'une conduisant à la ville, et l'autre allant rejoindre le vieux pont de Limay qui communique au chemin de Paris.

En continuant leurs travaux, les directeurs des ouvrages du pont ont fait percer la route vis-à-vis le pont, jusqu'au *Cheval Blanc*. Il y eut 72 maisons atteintes, non compris celles qui ont été démolies en entier. Parvenus à la place du marché au Hareng, dans les terrassements qu'ils ont faits, les ouvriers ont trouvé quantité d'ossements humains ; le cimetière était anciennement en cet endroit, comme on l'a vu page 86. On a porté tous ces ossements dans un tombereau au cimetière actuel. Pour cette cérémonie, on a fait assembler les frères de la Charité, avec plusieurs prêtres de la ville, pour y assister. Les travaux du percement de la rue Royale, ont fini le 14 janvier 1766.

Le 9 mai 1766, les travaux de la démolition du vieux pont ont été repris. Ils ont été terminés le 22 septembre 1766.

Pendant les années 1767 et 1768, la route ou rue Royale a

(1) Les matériaux du vieux pont furent employés dans les parties accessoires du nouveau.

été parachevée. Chaque particulier a fait rebâtir sa maison comme il l'a voulu. Le remboursement s'est fait en proportion des dommages causés. Le tout fut fini en octobre 1768.

DE TRUDAINE, ministre d'Etat.

HUPEAU, inspecteur général et premier ingénieur.

SIMON, ingénieur.

VIGNON, entrepreneur.

Le pont de Mantes, généralement appelé *pont de Perronet,* a été commencé en effet, par Hupeau, Premier Ingénieur des Ponts et Chaussées de France, qui achevait alors de construire le pont d'Orléans, dont la grande largeur faisait craindre pour la solidité. Madame de Pompadour y passa en 1760, non pas la première, mais la seconde, ce qui donna lieu à cette sanglante épigramme :

Censeurs, Hupeau est bien vengé !
Reconnaissez votre ignorance ;
Son pont hardi a supporté
Le plus lourd fardeau de la France (1) !

Le pont de Mantes fut adjugé le 3 août 1756, à Michel Vignon, pour la somme de 612,000 livres. Hupeau en fit commencer les fondations en 1757. Mais cet ingénieur étant mort dans l'intervalle de 1759 à 1763, ce fut alors Jean Rodolphe Perronet, Architecte et Premier Ingénieur du roi, qui fut chargé de continuer l'œuvre de son devancier. Il fit changer cependant, la courbe des arches qui devait être une demi-ellipse. Il y substitua une courbe tracée par onze centres, qu'il employa aussi dans les arches du pont de Neuilly.

La description des travaux du pont de Mantes se trouve dans le grand ouvrage de Perronet, imprimé en 1782, à l'imprimerie royale (2). Celle qu'on vient de lire est très exacte et suffisante, au moins au point de vue de l'exécution matérielle du pont. On trouvera la partie technique, analysée dans l'ouvrage sus-indiqué. Il contient, en outre, de nombreuses planches montrant les diverses phases des travaux, et des plans du matériel spécial imaginé par le célèbre architecte.

(1) *Journal* de Barbier, T. IV.
(2) 2 volumes grand in-f°.

§ 352. **Fontaine ; Garnison ; Jubilé.**— En 1755, les trois fontaines de la ville furent rétablies par les soins de M. Desmé, qui procura de l'eau à beaucoup de bourgeois, moyennant 10 livres de rente, par chaque ligne.

Au mois de mai 1756, deux bataillons du régiment de Normandie qui étaient auparavant à Meulan et à Pontoise, vinrent à Mantes et y restèrent environ 15 jours. Pendant leur séjour, on fit à Notre-Dame la bénédiction de huit drapeaux neufs, et les vieux furent suspendus dans l'église, aux galeries du cul-de-lampe (l'abside).

Au mois de septembre, le régiment de Foix vint tenir garnison à Mantes et y resta jusqu'au premier lundi de carême de 1757.

Le 15 mai 1759, on a commencé le jubilé universel. Ce jubilé a été donné par notre Saint-Père le Pape (1). Il a duré quinze jours pour les personnes résidentes et six mois pour les voyageurs.

§ 353. **Mort de Madame de Beuron.** — Le 4 septembre 1760, madame de Beuron, veuve de M. Bouret de Beuron, est morte dans sa terre de Malassis, où elle était restée paralysée depuis quelque temps. Elle fut rapportée à Mantes et enterrée dans la grande nef de Notre-Dame, à côté de son mari.

§ 354. **Mort de M. le Maréchal de Belle-Isle.** — Le 28 janvier 1761, M. le Maréchal de Belle-Isle est mort à Paris. Il a été transporté à sa terre de Vernon et a passé à Mantes avec toute sa suite, dans un carrosse de deuil à six chevaux. Le corps fut déposé dans l'église Saint-Maclou, où il passa la nuit, gardé par deux hommes. Le lendemain, il partit accompagné d'un prêtre de Paris et de trois personnes en deuil. Il fut transporté à Vernon, où par son testament, il avait voulu être enterré.

Le maréchal de Belle-Isle mourut à Versailles et non à Paris.

(1) Clément XIII, élu au mois de juillet 1758.

Il fut déposé dans l'église collégiale de Vernon, à côté de sa seconde femme et de son fils. Il y avait un tombeau dont Millin a donné le dessin dans ses *Antiquités Nationales*.

§ 355. Mort de M. Feugère, curé de Notre-Dame. — M. Sébastien Feugère, curé de la paroisse Sainte-Croix et chanoine de Notre-Dame, est mort à Mantes le 16 février 1761, âgé de 79 ans. Il fut curé de cette paroisse pendant 43 ans. Il est enterré dans l'église, à la même place que M. Guériteau, devant la chapelle de la cure. Il était né à Bonnières (1).

§ 356. M. Harasse, curé. — M. Harasse, qui était auparavant vicaire perpétuel de Notre-Dame, fut reçu curé de Sainte-Croix, le mercredi 11 mars 1761. Il fut nommé par M. Mariauchaux, doyen, après de grandes contestations avec tout le clergé. A la cérémonie d'installation, il fut accompagné par M. Cottin, ancien chanoine, *qui le conduisit aux autels du chœur, à sa stalle de chanoine, à l'autel de la cure, au banc des marguilliers, et de là aux fonts baptismaux.* A la suite, il monta en chaire et fit un très beau sermon.

Voici de curieux renseignements, sur l'état religieux de Limay, soixante-quinze ans après la révocation de l'Edit de Nantes.

§ 357. Mission de Limay. — Les Pères de la Mission étant venus à Limay, en 1761, comme c'est leur coutume, en faisant leur ronde *afin de convertir les habitants,* ils y restèrent environ six semaines *sans pouvoir rien gagner sur eux.* Ils ont commencé les prières le 30 novembre, qui était le premier dimanche de l'Avent. On faisait la prière matin et soir et le sermon deux fois le jour. Ils confessaient aussi ceux qui voulaient, mais les Pères n'ont pas été importunés; les habitants n'ont pas l'usage de fréquenter les sacre-

(1) C'est à la famille de ce curé de Sainte-Croix, qu'appartient M. Léon Feugère, auquel on doit, entre autres ouvrages, des études sur le XVIe siècle.

ments. Tout ce qu'ils ont pu faire de mieux, c'est la première
communion aux enfants, le jour de la seconde fête de Noël.
On a donné la bénédiction du Saint-Sacrement les dimanches
et fêtes. On a posé le grand crucifix qui est sous le portail
de l'église, dans la semaine de Noël. Leur mission finie, les
Pères allèrent à Issou.

§ 358. **L'Evêque de Chartres à Mantes.** — Monseigneur Fleury arriva à Mantes le mercredi premier septembre 1762 et y resta douze ou quatorze jours. Il alla loger
chez M. Cannée, curé de Saint-Pierre, qui demeurait rue
Vieille-Prison. Le chapitre, avec la croix et la bannière, alla
le saluer sur les onze heures du matin. Le jeudi il confirma à l'Hôtel-Dieu, le vendredi, à Saint-Corentin, le samedi,
aux Ursulines et aux Bénédictines de Mantes. Il fit une tournée aux environs et revint le 8 septembre, à Mantes. Le 12,
qui était un dimanche, il assista à la messe de paroisse de
Saint-Maclou, et le lendemain, confirma toutes les personnes de la ville, dans l'église Notre-Dame, à six heures du
matin.

§ 359. **Mort de M. Chopied.** — Le 17 avril 1763, M. Chopied,
chanoine de Notre-Dame, est mort à l'âge de 57 ans. C'était
un homme de mérite et très savant. Il est enterré
dans le chœur de Notre-Dame, au bas des marches du sanctuaire, du côté de la porte du chœur qui va à la sacristie, au
bout de la basse stalle.

§ 360. **Reliques des Jésuites de Rouen.** — Le lundi
2 mai 1763, il arriva par un bateau venant de Rouen, deux
reliques envoyées au curé de Limay, par les Jésuites qui
avaient prêché la mission de 1761. Elles furent déposées
dans la maison d'un nommé Ledans, menuisier, à l'entrée
de Limay. On croit que ce sont des reliques d'un des compagnons de saint Denis, saint Rustique ou saint Eleuthère,
martyrisés à la butte Montmartre. Le dimanche suivant,
elles furent exposées sur un reposoir, et le curé vint les

prendre en procession, avec une escorte de soldats précédés de deux tambours. A la suite de la cérémonie, on fit une
neuvaine aux reliques.

§ 361. **Réception d'un chanoine**. — Le mercredi
29 juin 1763, le sieur Muidebled, vicaire de la paroisse
Saint-Maclou, a été reçu chanoine de Notre-Dame, après le
décès de M. Chopied. Il a dû sa nomination à madame Savalette de Magnanville, qui lui avait promis la première place
vacante, en reconnaissance de son oncle qui avait été
doyen.

§ 362. **Publication de la paix**. — Le lundi 1er août 1763,
on a publié à Mantes, la paix conclue entre la France, la
Prusse et l'Angleterre. La France était très mécontente de
l'arrangement que le roi Louis XV avait conclu; malgré
cela, *il fallut faire contre fortune bon cœur.* On a fait à
Mantes de grandes réjouissances, par ordre de Mgr. le duc
de Bouillon. On a formé quatre compagnies bourgeoises,
avec tambours, violons et fifres; la compagnie de MM. les
Arquebusiers et le corps de ville marchaient à leur rang par
toute la ville, pour publier la paix. Il y eut quelques personnes qui criaient : Vive le roi ! *mais très peu.* A trois heures,
on alluma un feu devant l'Hôtel-de-Ville; on mit deux demi-
muids de vin à la disposition du menu peuple, puis chaque
compagnie reconduisit son capitaine chez lui.

Les préliminaires de la paix avaient été signés avec l'ambassadeur anglais, à Fontainebleau, au mois de novembre 1762.
Ils ne furent ratifiés par les deux puissances, qu'au mois de
janvier suivant, et ne le furent que plus tard encore par toutes
les puissances intéressées. La paix ne fut définitivement publiée qu'au mois de juin et les fêtes eurent lieu à Paris le 21, en
même temps que l'inauguration de la statue du roi, sur la
place Louis XV ou de la Concorde (1).

§ 363. **Grosses Eaux**. — Vers la fin de janvier et le com-

(1) *Journal* de Barbier.

mencement de février 1764, la Seine est devenue grosse ;
elle resta plus de quinze jours débordée, et il ne s'en est
fallu que de deux pouces et demi 'qu'elle ne soit venue
comme en décembre 1739 et janvier 1740.

§ 364. **Grilles et portes du Chœur de Saint-Maclou.** —
Le mercredi 24 juillet, on a posé à Saint-Maclou, deux grilles et deux portes à l'entrée du chœur. Elles avaient été
données par M. Desbois, ancien receveur des Tailles (1).
Dans le même temps, le sieur Rainville, marguillier, fit
faire et poser la grille de fer qui est autour des fonts baptismaux, avec l'argent du même M. Desbois.

§ 365. **Abolition de la Vierge**. — Le 14 août, veille de
l'Assomption, on avait pour coutume, *depuis 1198*, de descendre une Vierge de carton, pour la fête du lendemain, et
de la faire remonter en signe de l'Assomption. C'était la fête
patronale à Mantes ; tous les habitants des villages environ-
nants y venaient ce jour là en dévotion : on n'en pourrait
dire le nombre. Les habitants prenaient leurs précautions,
et s'approvisionnaient de pain, la veille. Souvent les boulan-
geries étaient épuisées. C'était une très belle cérémonie. La
Vierge s'élevait dans son Assomption, à côté et vis-à-vis la
porte du chœur. Elle faisait en passant une révérence devant
le crucifix qui était au-dessus de cette porte. MM. du chapitre, le 14 août 1767, n'ont pas voulu consentir à cette
cérémonie et le lendemain *tout le monde était indigné* de
voir qu'il eut aboli un si bel usage, sans en donner un motif
raisonnable.

La statue qui servait à cette singulière cérémonie, était en
carton, peinte et dorée. Elle fut refaite une fois au moins, au
mois de juillet 1514, par un mantais, Pierre Julien, sonneur.
Pour récompense on lui donna *la sonnerie* de l'église Notre-
Dame (2).

(1) C'est, sans aucun doute, le collaborateur de Chrestien.
(2) CHR.

En 1768, les frères de la Confrérie et *Charité* de Sainte-Barbe, donnèrent une croix à la paroisse de Saint-Martin-la Garenne, qui fut plantée solennellement sur le grand chemin, au lieu dit les *Hauts-Genêts*. On a déjà vu d'autres donations de ce genre, et il existe encore dans le cimetière de Saint-Martin, la colonne d'une croix du xIV° siècle, sur laquelle se trouve un fragment d'inscription en lettres onciales indiquant qu'elle fut donnée par un membre d'une famille de Mantes.

Cette colonne est maintenant brisée ; les morceaux mesurent 4 mètres 40 centimètres de hauteur, sur 18 centimètres de diamètre. Sur une partie du fut, en saillie, on lit ce qui suit, en trois lignes :

IHOANES.DOUBLET
LAIGNE.SAVNIER.DOVNA
CESTE.CROIS.LAN.M.CCCXLIII (1)

Sur le haut de ce fut est un petit chapiteau très orné, de 25 centimètres de hauteur. Enfin, dans ce chapiteau est scellée dans un bloc de plomb, une croix en fer très simple, sur le petit bras de laquelle on aperçoit encore une inscription fruste. Elle porte un petit Christ en plomb, qui ne paraît pas être de la même époque que la colonne. ¡Nous ne savons à quoi rattacher ces dons de croix à la paroisse de Saint-Martin.

§ 366. **Emeute pour le Pain**. — Les mercredi et vendredi 6 et 8 avril 1768, il y eut une grande révolte à Mantes. Le blé avait manqué sur la halle. Il avait été mauvais et perdu par la gelée et les inondations ; le septier valut jusqu'à 46 livres, et le pain 4 sous et demi. Six brigades de maréchaussées sont venues pour empêcher la révolte. Ce même jour, passa le régiment Général-Dragon, qui allait à Rouen pour le même sujet. Ils emmenèrent plusieurs hommes et femmes de Saint-Martin, Follainville, Mousseaux et d'autres endroits. Un homme fut traîné en prison par les pieds ; la ville était dans la consternation. Il en était de même, à Vernon, à Rouen, à la Roche-Guyon. Le nommé Gervais, de Limay, fut tué au café de M. Bresson (de la Comédie), par un

(1) L'A et l'N de Jhoanes, sont liés.

dragon. Il (?) a été jeté par-dessus le pont sur une échelle et ne fut repêché que le 4 juillet.

§ 367. **Grêle**. — Le 5 août 1768, il est survenu un orage qui a perdu la plus grande partie de la récolte. La grêle était grosse comme des œufs de pigeon. Le menu peuple attribua ce fléau à la Sainte-Vierge qui l'envoyait parce qu'on avait aboli, l'année précédente, les cérémonies des 14 et 15 août, ce qui ajouta à l'indignation qu'il avait contre le chapitre. La récolte a été faite en huit jours ; un arpent de vigne n'a pas rapporté un quart de vin.

§ 368. **Famine et forte gelée.** — Au mois de janvier 1769, le pain était si cher que tout le monde était obligé de manger du riz, encore était-on fort heureux d'en avoir. On fit une visite dans tous les moulins de la vallée de Mantes-la-Ville, où on ne trouva que 7 à 8 milliers de farine. On mangea du pain dont les chiens n'auraient pas voulu, et cela, parce que les moulins étaient gelés. On força les meuniers à livrer ce qu'ils avaient ; l'un d'eux s'y étant refusé, la maréchaussée s'empara de ses farines et l'amena lui-même, attaché à sa voiture, dans la cour du Lieutenant-Général. La gelée dura quinze jours, pendant lesquels Mantes a beaucoup souffert.

§ 369. **Grêle**. — Au mois d'août 1769, tout fut perdu par la grêle. On fit peu de récolte, tant en blé qu'en vin.

§ 370. **Révolte**. — Au mois d'octobre 1769, il y eut une révolte à cause de la cherté du blé. Il y avait cinq brigades de maréchaussée et une compagnie d'infanterie, à demeure à Mantes. Il y avait des magasins de blé dans le marché ; on força ceux à qui ils appartenaient de les ouvrir, sous peine de prison. C'était du blé de bateau que l'on a fait vendre à 24 livres le septier. On vida trois greniers. La place était si remplie de monde que l'on s'étouffait l'un l'autre.

§ 371. **Mort de M. Mariauchaux, doyen**. — Le 10 jan-

vier 1770, mourut M. Mariauchaux, doyen de Notre-
Dame et curé de Saint-Maclou. Il décéda à Paris, où il
était allé se faire opérer de la pierre, dont il était atteint.

§ 372. **Cherté**. — Au mois de mars 1770, le pain valait 4
sous la livre, et le vin 12 sous la pinte.

§ 373. **Moulin à Vent**. — L'an 1770, au mois d'août, on a
commencé à construire un moulin à vent sur la côte de Guitrancourt, en face de la grande route. Il a commencé à tourner le 3 novembre. Il appartenait à M. Dupuis.

§ 374. **Chaussée du Pont éboulée**. — Le 1er septembre 1770, la chaussée du pont s'est éboulée, à 9 heures du
soir, après que le courrier de la malle a été passé. Il y eut
beaucoup d'arbres détruits; les tuyaux des fontaines ont été
brisés, et les fontaines furent encore une fois privées d'eau
pour longtemps

§ 375. **Grosses Eaux**. — La Seine a débordé trois fois en
l'année 1771, depuis le mois de janvier jusqu'au mois de mai.
Elle a perdu tous les grains qui se trouvaient sur ses bords.
Elle monta presque aussi haut qu'en 1764.

§ 376. **Achat de deux Pompes à Incendie**. — Le 9 janvier 1772, le maire et les échevins firent l'achat de deux
pompes à incendie, munies de cent paniers ou seaux d'osier,
ainsi que de tous les accessoires nécessaires au service de
ces pompes : chariots, échelles, crochets, tuyaux, etc.

§ 377. **Pavage**. — Au mois d'avril 1772, les rues de la
Sangle, de la Tannerie et des Ursulines furent pavées.

§ 378. **M. Blin d'Aubervilliers, maire**. — L'an 1772, le
31 mai, en vertu des ordres du roi du mois de novembre
1771, on procéda à l'installation de M. Blin d'Aubervilliers,
maire perpétuel de la ville de Mantes, qui aux termes de

l'Edit du Roi et de la provision par lui obtenue le 13 mai, avait prêté serment au Bailliage et Siège Présidial de Mantes. Cette installation fut faite par les échevins, pour qu'il jouisse des droits, honneurs, *gages* (1) et privilèges des maires. Dans l'église de Saint-Maclou où le corps de ville s'est transporté précédé du *Clerc d'Eau* et des Sergents à masse et à verge et des tambours de l'Hôtel-de-Ville, sur les degrés de la principale porte, lecture fut faite par le secrétaire-greffier, des provisions et de l'acte du serment. Il a alors été proclamé maire par le syndic, à l'effet d'être reconnu par le public, afin qu'on lui obéisse en tout ce qu'il commandera pour le service du roi, le bien et avantage de la communauté. Le vicaire en étole, a fait baiser les reliques de Saint-Maclou et le cortège remonta à l'Hôtel-de-Ville.

C'est la première relation que nous rencontrons, des cérémonies de l'installation d'un maire. On voit quelle en était la solennité, et il y a tout lieu de croire que si le mode d'élection était changé depuis longtemps, le mode de proclamation du premier officier municipal avait dù rester toujours le même.

§ 379. **Chemin de Mézières.** — La route de Mézières dite *de quarante sous*, qui va de Mantes à Saint-Germain-en-Laye, a été faite en 1772, par corvées. Les habitants de l'Election furent tenus d'y venir avec leurs chevaux et leurs voitures.

§ 380. **Cloche.** — Le 4 novembre 1772, on a baptisé à Saint-Maclou, la cloche nommée Julie : elle pesait 900 livres. Le parrain était M. de Boullogne, seigneur de Magnanville (2), la marraine était sa sœur. C'est M. Hua, doyen de Notre-Dame qui en fit la cérémonie. La chemise était d'une toile

(1) Sous Louis XVI, le maire et les échevins, touchaient plus de 30,000 livres par an.

(2) M. de Boullogne ou de Boullongne posséda Magnanville, après M. de Savalette.

très fine, moitié or et moitié argent, que le fondeur a revendue à la fabrique, pour faire des ornements.

§ 381. **Les Tours Saint-Roch et Saint-Nicolas**. — La porte qui est dans la tour Saint-Roch, dont le pied touche dans la Seine, a été percée en 1772. Et la même année, la tour dite de Saint-Nicolas (1), située au bout de la promenade des Cordeliers, qui était de même forme que la tour Saint-Roch et dont le pied était également dans la Seine, fut abattue. Ces tours avaient été construites pour clore la ville et fermer le passage de la Seine, de sorte que les bateaux qui arrivaient étaient obligés de rester à l'extérieur, jusqu'à ce que les chevaux eussent fait le tour, soit par la porte Chante-à-l'Oie, pour venir par la porte à Baudet, reprendre leur bateau qu'ils laissaient au pied de la tour Saint-Nicolas, d'où ils reprenaient la porte aux Prêtres pour regagner la porte des Cordeliers, à l'extérieur de la muraille ; soit en faisant le trajet inverse pour les bateaux qui descendaient la rivière. La tour Saint-Roch fut conservée pour mettre le port de Mantes et les bateaux, à l'abri des gros vents. Les batelets se mettent à l'abri au-dessus de cette tour.

La tour Saint-Roch a été entièrement détruite en 1845. Elle fut achetée 8000 francs par l'administration des Ponts-et-Chaussées, qui fit alors construire tout le quai de la rive gauche. On la voit encore figurer dans une vue de Mantes de la *Normandie*, de Jules Janin.

§ 382. **Cloche Sainte-Barbe**. — Le 29 septembre 1773, on baptisa à Saint-Maclou, la cloche nommée Barbe : elle appartenait à la Confrérie de la Charité.

§ 383. **Mort de M. de la Buhoterie, ancien maire**. — M. de la Buhoterie, conseiller au Bailliage et Siège Présidial de Mantes, ex-lieutenant en la Prévôté et Election et

(1) Ou Château-Fétu.

35

ancien maire, décéda à Mantes le 14 juin 1774. Le maire et les échevins, avec les principaux officiers de la ville, portèrent douze torches de cire à l'inhumation, qui se fit à Saint-Maclou. Les torches furent données aux Confréries.

§ 384. **Te Deum pour le Sacre de Louis XVI**. — Le dimanche d'après le 6 juillet 1775, en vertu de la lettre de Sa Majesté en date du 12 juin, on chanta en l'église Notre-Dame, à l'issue des vêpres, un *Te Deum* d'actions de grâces, à l'occasion du sacre du bon roi Louis XVI, sacré et couronné à Reims, le 11 juin. Le maire et les échevins, les officiers du présidial, de l'Election et autres magistrats judiciaires, les gentilhommes, officiers militaires, officiers du roi, officiers de l'Arquebuse, de la *Reine-Dragon*, en garnison à Mantes, les officiers de *Chartres-Infanterie*, M. le comte de Flammarins, commandant ces troupes, ont assisté à ce *Te Deum*, escortés des chevaliers de l'Arquebuse et des soldats de la garnison. Après la cérémonie, il y eut un feu de joie devant l'Hôtel-de-Ville, allumé par M. de Flammarins, le maire et les autres officiers. Il y eut le soir, illumination générale dans toute la ville, pour prouver à Sa Majesté, l'attachement sincère *des chiens fidèles du grand Henri*.

§ 385. **Cherté du Pain**. — En 1775, il y eut une révolte à Mantes, causée par l'excessive cherté du pain (1).

§ 386. **Maison de l'Ile**. — Le 5 janvier 1776, la maison de l'Ile Champion, ou atelier qui avait été construit pour faire une resserre d'outils, lors de la construction du pont, a été donnée par la ville, en bail emphytéotique de 99 ans, à M. Véron, chef de la manufacture (?) de Mantes, moyennant 300 livres de rente et pension ; et à la condition que le preneur supporterait toutes les charges et paierait tous les frais occasionnés par le bail ; qu'il entretiendrait les bâti-

(1) C'était l'époque de la *Guerre des Farines;* les meneurs exploitaient les bords de la Seine, pour affamer Paris.

ments en bon état et qu'à l'expiration du bail, la maison
serait rendue à la ville dans l'état où elle se trouverait, sans
pouvoir rien prétendre pour raison des augmentations qui
pourraient y avoir été faites. En cas que le gouvernement
ait besoin de tout ou partie des bâtiments, pour la construction du pont de Limay vis-à-vis celui de Mantes (1), le preneur sera tenu de les céder en tout ou partie, sauf à l'indem-
niser de la non-jouissance.

La propriété de ces ateliers avait été cédée à la ville par
un arrêt du Conseil du Roi, du 25 juin, à la condition que
dans le cas où les dits bâtiments seraient utiles pour la construction de l'autre partie du pont du côté de Limay, la ville
cèderait la jouissance desdits bâtiments, tant que durerait
le construction, mais sans prétendre à aucune indemnité.

La maison de l'Ile, comme on l'appelle encore, est aujour-
d'hui une propriété particulière. Elle a appartenu à M. Framboisier de Beaunay, directeur général du Mont-de-Piété de
Paris, à la création de cet établissement. Framboisier de Beaunay fut maire de Mantes et y mourut. Il avait adopté les prin-
cipes de la Révolution, et c'est à cela qu'il dut de ne pas être
inquiété pendant tout le temps de la tourmente.

§ 387. **Défense de danser dans l'Ile.** — Depuis quelque
temps les habitants de Mantes allaient danser dans l'Ile
Champion. Le maire fit défense, le 15 juillet 1776, au sieur
Guénin, maître de danse, de continuer d'y faire danser,
parce que l'affluence des curieux foulait l'herbe et détruisait
les osiers.

Le 3 août, M. l'Intendant-Général publia une ordonnance
par laquelle il fit défense à tous maîtres de danse et autres,
de tenir des assemblées dans l'Ile Champion, à peine de 20
livres d'amende. Malgré cette ordonnance et au mépris des
défenses qu'elle contenait, le sieur Guénin a tenu assemblée
dans l'Ile, depuis 4 jusqu'à 8 heures du soir et y a attiré une
populace nombreuse. Il a même affecté de rentrer dans la

(1) Il faisait partie de l'ensemble du projet de Perronet, mais il ne fut
construit qu'en 1845, environ.

ville en jouant du violon et accompagné d'une partie de cette populace. Le maire a dressé procès-verbal contre lui et l'a envoyé à M. l'Intendant, pour par lui être ordonné ce qu'il appartiendra : en ce que ces assemblées *sont expressément défendues les fêtes et dimanches par ses ordonnances* (1), notamment par l'arrêt de règlement du 3 septembre 1667 et par deux sentences de police, du 11 mars 1727 et du 10 janvier 1744.

§ 388. **M. Narcisse Hua, curé de Saint-Pierre**. — M. Narcisse Onézime Hua, natif de Mantes, frère de M. Hua, doyen, fut nommé curé de la paroisse de Saint-Pierre du faubourg de Mantes.

Ce fut le dernier curé de cette vieille paroisse qui disparut à la Révolution.

§ 389. **Supplique à Monsieur le prince de Conti**. — Le 5 août 1778, M. le maire alla trouver M. le prince de Conti (2), prince du sang, seigneur de la ville de Mantes, et lui exposa qu'il était de toute justice que le terrain par lui vendu au sieur Prévost, aubergiste, contenant quatre perches et demie et qui faisait partie de la place de Rosny, appartenait à la ville, puisque c'était un don fait par S. M. de qui cette place était la propriété, comme ayant servi de défense à la ville, pour la citadelle bâtie en 1589, lors des guerres de la Ligue et détruite en 1615 ; que depuis cette époque, cette place a été appliquée à l'usage de la ville, par l'établissement d'un marché aux bestiaux. Le maire était chargé de faire de très humbles et très respectueuses remontrances à Mgr le prince de Conti, sur les droits que pouvait avoir la ville sur cette place, en vertu de la permission de Sa Majesté, rapportée dans une transaction faite avec le prieur de Saint-Georges de Mantes, en 1740 ; de le supplier d'entrer dans les vues qu'à eues sa Majesté, en donnant

(1) Cela fait penser au pamphlet de P. L. Courier.
(2) Louis François Joseph de Bourbon, prince de Conti, né en 1734.

cette permission, de ne concéder aucune partie de cette place à aucun particulier pour constructions de maisons, comme étant d'une trop grande utilité pour la ville. Le maire avait pouvoir encore de reconnaître au besoin, si Mgr le prince de Conti l'exigeait, qu'il était propriétaire du fonds comme seigneur et *comte de Mantes*, et de passer et signer tous actes dans ce sens. Sur lesdites suppliques et remontrances, Mgr le prince de Conti a soutenu être propriétaire du terrain de la place, comme faisant partie de l'ancienne citadelle de Mantes ; que la vente par lui faite au sieur Prévost était valable ; qu'il prenait fait et cause pour lui contre la ville, dans le procès interjeté en appel par ledit Prévost, dans la sentence des Requêtes du Conseil, du 8 février 1778.

Ce n'est que quelque temps après que l'on obtint de Mgr le prince de Conti, de ne plus faire d'autres concessions que celle du sieur Prévost, à la condition que la ville reconnaîtrait la validité de la vente qui lui avait été faite, et qu'elle paierait tous les frais occasionnés par le procès qui lui avait été intenté.

§ 390. **Echevins**. — En vertu des ordres du roi, du 5 août 1778, MM. Bonnenfant, orfèvre et Gillet, procureur, furent nommés échevins en remplacement de MM. Debraques et Guérin. Les sergents à masse et à verge se sont transportés chez eux, pour les prier de se rendre à l'Hôtel-de-Ville, où étant arrivés et placés au bureau, M. le maire fit donner par le greffier, lecture de l'édit du roi et les a installés en la place d'échevins, pour jouir des honneurs, rangs, droits et autres prérogatives attachés à cette charge, après le serment qu'ils ont préalablement prêté entre les mains du maire.

§ 391. **Poste aux Lettres**. — Le 21 juillet 1779, eut lieu la réception de M. Lancret, directeur de la poste aux lettres.

Ce nouveau maître de poste n'est pas le premier venu et ce nom qui rappelle celui d'un grand artiste, ne peut passer sans que

nous lui consacrions au moins un mot. Robert Nicolas Lancret
avait épousé, le 23 février 1767, Thérèse Ismérie Famin, fille de
Claude François Famin, directeur de la poste aux lettres de Mantes. Lancret succédait donc à son beau-père.

Or, dans son acte de mariage nous relevons ceci : « Robert
Nicolas Lancret, bourgeois de Paris, fils majeur de feu François Joseph Lancret Mᵉ Graveur, et de Dˡˡᵉ Geneviève Plante-
rose, ses père et mère de la paroisse de Saint-Germain le Vieux
de Paris. » Un des témoins du marié était « François Nicolas
Lancret, frère de l'époux. »

Notre Lancret était donc tout simplement le fils du frère.
c'est-à-dire le neveu de Nicolas Lancret, le peintre célèbre, l'é-
lève et presque l'égal de Watteau, l'émule de Pater. M. Jal, que
nous avons si souvent cité, a retrouvé tous les actes de mariages et de naissances de ces Lancret. Le père de Robert Nicolas
Lancret, était maître graveur à Paris, et demeurait rue de la
Calande : il fut le premier maître de Nicolas Lancret qui débuta
dans la carrière artistique par la gravure sur cuivre. François
Nicolas Lancret, le frère de notre maître de Poste, était architecte et Robert Nicolas Lancret lui-même, lors de son mariage,
était un simple marchand mercier de Mantes.

Si ce nom de Lancret nous rappelle celui du grand peintre
des galanteries et des élégances du XVIIIᵉ siècle, celui de sa
femme se trouve mêlé à une cause célèbre mantaise que nous
voulons encore raconter. Thérèse Ismérie Famin fut victime
d'une erreur judiciaire et faillit payer de sa vie, une accusation
d'accouchement clandestin et de suppression d'enfant.

Thérèse Famin s'était mariée étant atteinte d'une infirmité
assez fréquente même chez les jeunes filles ; elle avait un kyste
de l'utérus, ce qu'on appelait autrefois une hydropisie de matrice.
Cette affection désagréable autant que dangereuse, se manifeste
par un développement du ventre qui donne toutes les apparen-
ces extérieures de la grossesse. Les méchantes langues de la
ville avaient bien clabaudé tout bas et tout haut sur son compte,
mais sa conduite était si notoirement régulière, les chirurgiens
avaient si nettement déclaré qu'elle n'était pas enceinte, qu'elles
avaient été forcées de se taire.

Malgré cette infirmité, Thérèse Famin trouva à se marier, et
sa famille pensant que peut-être le mariage aurait pour elle
d'heureuses suites, elle épousa comme on l'a vu, Robert Nicolas

Lancret, le 23 février 1767. La jeune fille avait à peine vingt ans et l'époux bien près de quarante.

Le mariage était célébré depuis plus d'un mois, quand un jour, sans aucun secours chirurgical, la tumeur qui s'était formée lentement dans l'abdomen, se fit jour naturellement ; le ventre au bout de quelques heures revenait à son aspect normal. Toute la famille était dans la joie, mais les bonnes commères se reprirent à jaser et on parla tout bas d'accouchement.

Pour comble de malheur, le hasard voulut que dans le même temps, deux enfants furent exposés à la porte d'un habitant de Gassicourt, par une nuit de mars : le matin on les trouvait morts de froid. Alors on accusa ouvertement la femme Lancret, d'accouchement clandestin et d'exposition d'enfant. Elle fut mise en prison et on lui fit son procès. Les chirurgiens de Mantes, qui avaient bien cru à une hydropisie, ne pouvant consentir à une guérison naturelle et sans le secours de leur art, hésitèrent : ils crurent à la possibilité d'un accouchement. Bref, le crime d'exposition ne put être prouvé ; celui de suppression de part fut retenu, et la malheureuse femme fut condamnée à mort par une sentence du Présidial du 6 juin 1767.

Heureusement pour elle, les juges de Mantes allèrent un peu moins vite que dans l'affaire de de Goubert de Ferrières : l'accusée en appela au Parlement. Valentin, maître en chirurgie fut chargé du rapport, et le fit approuver par les membres de l'Académie de chirurgie. Après avoir soumis la femme Lancret à un examen minutieux, il déclara qu'il ne pouvait plus dire si elle était réellement accouchée. Mais s'étant enquis des faits qui avaient précédé l'accusation, il exposa si clairement les caractères respectifs de la grossesse et de l'hydropisie de matrice, que le Parlement, convaincu de l'innocence de la femme Lancret, la déclara, par un arrêt du 30 juillet 1767, déchargée « de l'accusation contre elle intentée, » et lui permit de faire imprimer et afficher cet arrêt, où bon lui semblerait, à ses frais (1).

Ajoutons, comme moralité, que Thérèse Famin accoucha d'une fille, le 4 août 1768, et que son cas n'est pas très rare.

§ 392. M. Gervaise, subdélégué adjoint. — Le 17 mars 1780, M. Gervaise fut reçu en la place de Subdélégué, ad-

_____

(1) *Question chirurgico-légale* relative à l'affaire de demoiselle *Famin, femme du sieur Lancret,* etc., par Valentin, maître en chirurgie. Paris, MDCCLXVIII.

joint à M. Bouret. Et en 1781, M. Bouret étant décédé, M. Gervaise le remplaça comme Subdélégué.

Le Subdélégué était le représentant de l'Intendant de la Généralité de Paris. Il y en avait un dans chacune des principales villes de la province.

§ 393. **Rue.** — Le 22 avril 1781, M^r le prince de Conti fut supplié de retirer l'ordre donné par lui à la veuve Garreau de déboucher la rue... (1) communiquant le long des écuries du Château.

§ 394. **Titres de l'Ile Champion.** — Le 27 avril 1781, le greffier de la ville alla à Saint-Germain-en-Laye, à l'effet d'y porter les titres de la ville concernant l'île Champion et toutes les îles et ilots qui lui appartiennent. Ces titres consistent en : 1° l'extrait du capitulaire de l'abbaye de Notre-Dame de Coulombs, pour le prieuré de la Magdeleine de Mantes ; 2° l'acte de 1162, par lequel les religieux de Coulombs ont cédé l'île Champion à la communauté de la ville de Mantes.

§ 395. **Te Deum pour la naissance d'un Dauphin.** — Le dimanche 11 novembre 1781, le corps de la ville, accompagné des sergents à masse et à verge, s'est rendu à l'église Notre-Dame, à l'issue des vêpres, pour assister au *Te Deum* chanté en action de grâce de la naissance d'un dauphin (2) qui mit le comble aux vœux de la nation.

§ 396. **Réunion de la Subdélégation de Meulan à celle de Mantes.** — Le 31 décembre 1781, par ordonnance de M. Louis Bénigne Berthier, chevalier, Conseiller du Roi en ses Conseils, Maître des finances, Domaines et Affaires de la Maison de la Reine, et Intendant de Police, Justice et Finances de la généralité de Paris (3), pour la plus prompte

---

(1) Le nom est en blanc dans tous les manuscrits. Il y avait par là une rue *Pute Musse*.

(2) C'est le premier fils de Louis XVI. Il mourut quelques années après.

(3) Louis Bénigne François Berthier, était intendant-adjoint de la généralité, dont son frère, Bertier de Sauvigny, était intendant.

expédition des affaires, vu la mort de M. Levrier, subdélégué de Meulan, réunit le département de Meulan à celui de Mantes, pour ne former à l'avenir qu'une seule et même subdélégation, et nomma M. Gervaise pour subdélégué.

C'était le dernier fleuron enlevé à la couronne de Meulan. Par une ironie du sort qui ne fut peut-être pas étrangère à l'animosité du président Levrier contre Mantes, cet évènement arriva justement à la mort de son père. Les anciennes villes fortes subissaient peu à peu le sort commun, et le prestige de Meulan disparut de bien peu avant celui de Mantes.

§ 397. **Maisons numérotées.** — En conformité de l'ordonnance du 1" mars 1768, et des ordres de M. l'Intendant de la généralité de Paris, l'adjudication du numérotage des maisons de Mantes fut faite le 28 mai 1782. *Il y avait 713 numéros* qui coûtèrent 2 sous 6 deniers chacun.

§ 398. **Offre de 30,000 livres au Roi.** — Le 16 juin 1782, en présence de M. le Lieutenant-Général de la Généralité, logé à Mantes chez M. Gervaise, subdélégué, il a été arrêté qu'il serait fait offre à Sa Majesté, de la somme de 30,000 livres, payables en trois paiements de 10,000 livres, dans les mois de juillet 1782 et janvier 1783, à l'effet de réparer les pertes des vaisseaux essuyées aux Antilles. Le clergé protesta contre ledit don, pour le cas où il serait obligé de coopérer de son côté à en faire un, avec tout le clergé de France. Les officiers civils, maires et échevins, les officiers de judicature, les gentilshommes, les officiers militaires, les officiers commensaux (1) et les corps de marchands, protestèrent contre la protestation du clergé. Toutefois, les marchands drapiers protestèrent contre tous les dons.

Il s'agit ici d'un des plus importants épisodes de la guerre de l'indépendance américaine, où notre intervention pesa d'un si

---

(1) Officiers ayant charge à la cour et qui y étaient nourris pendant le temps de leur service.

grand poids dans les destinées des nouveaux Etats-Unis. Le 12 avril 1782, l'amiral comte de Grasse, commandant notre flotte des Antilles, par une imprudence dont les contemporains l'ont vivement blâmé, se laissa attaquer par l'amiral anglais Rodney. « L'intérêt capital des Français était d'éviter la bataille, comme l'intérêt des Anglais était de la livrer (1). » Le comte de Grasse n'avait que vingt-huit vaisseaux, tandis que Rodney en commandait trente-huit. Après un combat de onze heures, où il avait fait preuve d'un courage très grand, mais où son habileté avait été mise en défaut par les manœuvres de l'amiral Anglais, le comte de Grasse fut obligé de se rendre avec son vaisseau la *Ville-de-Paris*. Il avait perdu dans cette journée qui profita peu aux Anglais, sept ou huit vaisseaux, que la France, comme on voit, s'offrit spontanément à remplacer.

François Joseph Paul de Grasse de Bar, comte et prince d'Antibes, marquis de Tilly, n'est pas tout à fait un étranger pour l'arrondissement de Mantes. Il devint propriétaire du château et du marquisat de Tilly, canton de Houdan, qu'il garda jusqu'à sa mort, arrivée en 1788. Il a laissé en manuscrits, de nombreuses études sur la marine sous Louis XVI, sur les constructions navales, sur la colonisation et aussi un mémoire justificatif de sa conduite aux Antilles, en 1782. Tous ces manuscrits ont dû être composés dans sa retraite à Tilly. Nous espérons pouvoir en publier une analyse dans un temps très prochain.

§ 399. **Paix avec l'Angleterre**. — Le 19 novembre 1783, on se soumit aux ordres du roi, en date du 1er, portant que la paix étant conclue entre la France et la Grande-Bretagne (2), il sera chanté à cette occasion, un *Te Deum* dans toutes les églises du royaume. Ces ordres avaient été transmis à la ville de Mantes par M. le duc de Gesvre, avec injonction de faire des réjouissances dignes de cette circonstance. En conséquence on avait procédé par la ville au choix d'une milice bourgeoise (3), pour assister le corps de ville tant lors de la cérémonie de la publication de la paix, que pour le *Te*

---

(1) H. Martin, T. XVI.

(2) Le traité définitif fut signé le 3 septembre. Il consacrait l'indépendance de l'Amérique.

(3) D'un caractère tout temporaire. V. d'ailleurs § 361.

Deum. On avait formé quatre compagnies commandées par M. Dubec ; les fusiliers avaient été pris parmi les meilleurs marchands et ouvriers de la ville. L'uniforme était un habit noir, la veste blanche, la culotte noire, les bas blancs, cocarde blanche au chapeau, fusil et épée.

Le 19 novembre, donc, à huit heures et demie du matin, les quatre compagnies s'assemblèrent à la porte de leurs capitaines respectifs et se rendirent à l'Hôtel-de-Ville, où elles se mirent sous le commandement de M. Dubec. MM. les maire et échevins, MM. les officiers du Bailliage et Siège Présidial, les officiers militaires, les gentilshommes, les officiers commensaux, les officiers de l'Election et du Grenier à sel, M. le subdélégué et le receveur des Tailles faisaient partie du cortège.

La première publication se fit dans l'Hôtel-de-Ville et la seconde au bas des dégrés. Puis la milice bourgeoise défila, la compagnie colonelle en tête, précédée des tambours ; les autres venaient ensuite, ayant derrière elles les chevaliers de l'Arquebuse, défilant par quatre de front.

Sur la gauche étaient les sergents à verge, à cheval l'un à côté de l'autre ; sur la droite étaient l'huissier de police et l'huissier audiencier, à cheval. Les huissiers à masse marchaient sur la ligne gauche, à cheval, l'un derrière l'autre.

Ensuite marchait la *symphonie ;* au centre le greffier de la ville, à cheval, ayant à côté de lui le greffier du Bailliage sur la droite, et l'aumônier de la ville, à gauche, et tous deux à cheval.

Sur la droite venaient enfin les officiers du Bailliage et du Présidial et autres officiers, ainsi que l'appariteur de police, tous à cheval. Dans cet ordre, on alla jusqu'au coin de la rue de la Mercerie, à côté de la Grande-Rue, où se fit la troisième publication ;

La 4ᵉ, se fit devant le grand portail de Notre-Dame ;

La 5ᵉ, dans le Fort ;

La 6ᵉ, au bout de la rue, vis-à-vis la porte aux Prêtres ;

La 7ᵉ, à la porte des Cordeliers, en passant par la rue des Tanneries ;

La 8ᵉ, *au coin du Cigne*, en montant la rue de la Sangle ;

La 9ᵉ, à la porte aux Saints, en passant par le marché au Pain ;

La 10ᵉ, au vieux marché aux Porcs, en passant par la rue des Pélerins ;

La 11ᵉ, à la place de Rosny, en passant par la rue de la Magdeleine ;

La 12ᵉ, au marché à Blé, en passant par la rue Bourgeoise ;

La 13ᵉ, au bas de la rue aux Pois ;

La 14ᵉ, au bas du marché au Hareng, en montant la rue Pierre à Poisson (1) ;

La 15ᵉ et dernière, en montant le marché près de la Fontaine. On rentra à l'Hôtel-de-Ville où le drapeau et les autorités ont été escortés.

A deux heures et demie, on se réunit de la même manière que le matin, pour se rendre à Notre-Dame où l'on devait chanter le *Te Deum*. La compagnie colonelle, le drapeau et tous les officiers de la milice bourgeoise ont pris la droite du chœur ; les officiers et chevaliers de l'Arquebuse ont pris la gauche ; les trois autres compagnies se sont rangées en haies des deux côtés de la nef.

En sortant de l'église on s'est rendu devant l'Hôtel-de-Ville, où l'on alluma un feu de joie. Les compagnies et toutes les autorités ont défilé, violons et tambours en tête, et se sont rangées en cercle autour de la place. Pendant la durée du feu, on a fait trois décharges de mousqueterie, après quoi on a crié : Vive le roi ! vive monseigneur le Dauphin ! Vive Monsieur ! Vers la fin, on défila sur quatre de front en allant du côté de l'Hôtel-de-Ville ; en passant, chaque soldat fit une décharge de son mousquet. Les officiers de la ville rentrèrent escortés par les Arquebusiers et chaque compagnie reconduisit son capitaine. Les officiers firent ensemble un très beau repas. Le soir il y eut illumination générale, et des feux de joie devant toutes les maisons.

(1) Rue disparue, qui passait derrière le chevet de Saint-Maclou.

Nous avons voulu publier ce paragraphe *in extenso*, pour montrer la mise en scène déployée autrefois par la ville, dans les solennités publiques. Le tableau ne manque pas d'intérêt et le coup d'œil devait être pittoresque.

§ 400. **Hiver très rude.** — L'an 1782 (?) l'hiver fut très froid et très rigoureux. On fit par la ville, de très grandes distributions de pain pour le soulagement des malheureux.

§ 401. **Le roi Louis XVI à Mantes.** — Le 29 juin 1786, Sa Majesté Louis XVI passa à Mantes ; il venait de Cherbourg où il était allé visiter le port (1). On lui éleva à la porte de Rosny; un arc de triomphe en feuillage, au fronton duquel on lisait ces mots :

Mantes fut par Henri
Nommé son chien fidèle,
Mante a pour vous, Louis,
Même amour, même zèle.

Le maire, les échevins, les officiers et les compagnies de milice bourgeoise, allèrent complimenter le roi et lui exprimèrent leur bonheur de le posséder dans leurs murs. M. Blins d'Aubervilliers, maire, lui présenta les clefs de la ville sur un plateau d'argent. S. M. accueillit le corps de ville avec la bonté qui caractérise les Bourbons, et descendit la route au petit pas, les principaux de la ville étant aux portières de sa voiture. Le reste du jour se passa en divertissements.

§ 402. **Vente des arbres des Cordeliers.** — Le 8 janvier 1789, les arbres des Cordeliers furent vendus à un nommé Louis Richoux, pour la somme de 5,300 livres.

Il y avait cent ans qu'ils étaient plantés. Ils furent remplacés la même année par une plantation d'ormes qui coûta 1795 livres. Ces ormes subsistèrent jusque vers 1863.

(1) C'était une conséquence de la paix de 1783. L'Angleterre avait été forcée de laisser construire et fortifier le port.

§ 403. **Nomination des Députés aux Etats-Généraux.**
— Le 25 février 1789, en exécution de l'édit du roi du 25
janvier, et des réglements et ordonnances de M. le Bailli
de Mantes, du 13 février, dont lecture fut faite aux prônes
des paroisses de la ville, il fut, par les sergents à masse et
à verge, publié et annoncé à son de tambour, que l'assemblée générale de la ville aurait lieu le jeudi 5 mars, à 9 heures du matin en l'Hôtel-de-Ville. Tous les habitants âgés de
25 ans et compris dans les rôles d'imposition, étaient tenus
d'y assister pour concourir *à dresser le cahier* et procéder à
la nomination des députés chargés de le porter à l'assemblée
du Bailliage, conformément aux dispositions de l'article 27
du réglement.

L'assemblée du Bailliage (1) nomma pour députés ou représentants, MM. Meunier du Breuil, Lieutenant-Général du Bailliage, et l'abbé Chopied, curé de Flins (mars 1789).

Le 27 avril, les Etats du royaume qui se composaient de
la noblesse, du clergé et du tiers-état, furent convoqués
pour que la nation entière et tous les ordres, par leurs représentants puissent faire des lois stables pour parvenir à
la liquidation des dettes de l'Etat et à la tranquillité publique.

Le 4 mai, il y eut à Versailles, en l'église Notre-Dame, une
messe du Saint-Esprit, pour l'ouverture des Etats-Généraux,
à laquelle assistèrent le roi, la reine, les princes du sang,
les ministres et tous les grands de l'Etat, et les députés de
tous les ordres. Le 5 se fit l'ouverture des Etats.

Nous avons atteint l'époque extrême que nous nous étions
assignée comme limite et nous nous arrêtons. L'histoire de
Mantes pendant la Révolution, n'offre plus le même intérêt et
l'obligation où l'on serait de mettre en scène des personnages
dont les familles existent encore, ne serait pas une des moindres difficultés qu'on éprouverait à raconter les événements qui
se sont produits pendant ces années de luttes, grandioses à nos
frontières, et souvent mesquines et funèbres à l'intérieur. Non
pas que le sang ait coulé dans nos rues, ni qu'il s'y soit accom-

(1) Le président Levrier, en était secrétaire.

pli aucun drame dont les acteurs aient à rougir. Mantes, comme beaucoup d'autres villes n'a pas connu pour son compte, les sanglantes exécutions de la Terreur. Comme partout, la lutte des partis y a été vive et les petites ambitions de la politique s'y sont montrées sous un vilain jour. Comme partout on y a exécuté les décrets de la Convention ; on y a dressé les listes des émigrés, créé des sociétés populaires, brulé des confessionnaux, des tapisseries, des sculptures armoriées, des titres de noblesse, fait des perquisitions, monté la garde, chanté des hymnes à la déesse Raison, envoyé au district de Versailles, le bronze qui pouvait servir à faire des canons et l'argenterie qui pouvait payer nos soldats. D'un autre côté, on s'y est beaucoup enrôlé pour aller défendre la patrie et on y a supporté sans avoir recours à la violence, la misère profonde qui venait ajouter ses horreurs aux discordes civiles.

Tout cela, à la rigueur, pourrait être raconté ; mais nous craindrions de blesser quelques susceptibilités, en nommant ceux qui ont joué alors, un rôle un peu actif dans l'administration de la ville, et qui ont assumé sur eux la responsabilité de certains actes, dont l'agitation publique et l'ardeur des passions politiques de cette époque, faisaient souvent une nécessité.

Cependant, avant de terminer ce livre, nous avons un chapitre à y ajouter. Pour respecter l'ordre que nous nous étions imposé, nous n'avons rien dit de quelques hommes qui ont illustré notre ville, soit parce qu'ils y sont nés, soit parce qu'ils y ont demeuré, soit enfin parce qu'ils y ont eu des alliances. C'est par là que nous fermerons notre Chronique.

Mantes, nous en convenons, n'est pas très riche en illustrations, et il faut dire que les noms dont elle pourrait se glorifier, y sont absolument ignorés. Nous avons cité jusqu'ici tous ceux qui, appartenant à l'histoire, se sont trouvés mêlés aux événements qu'on vient de lire : Guillaume le Breton qui y fut élevé, Philippe-Auguste, Marie de Brabant qui y passa ses derniers jours ; les princes d'Evreux dont c'était la demeure habituelle, etc. Dans des temps plus rapprochés, nous avons longuement parlé de Henri IV et de Sully.

A ces noms illustres, nous pourrions ajouter celui de Jean de Rotrou, le grand poète tragique avant le plus grand de tous, Corneille. Rotrou qui est né à Dreux, se maria à Mantes, le 9 juillet 1640, avec Marguerite Le Camus, ou plutôt Camus, fille

d'un bourgeois de Mantes (1). Nous n'avons pu retrouver cet acte de mariage, soit dans les études des notaires de Mantes, soit dans les registres de l'état-civil.

A vrai dire, tous ceux que nous venons de nommer ne sont pas de Mantes. Il en est quelques autres, dont nous devrions nous enorgueillir et qui sont pourtant absolument inconnus parmi nous. Tels sont, le peintre-graveur Pierre Brébiette ; le musicien Nicolas Bernier ; l'ingénieur Robert Pitrou ; tous les trois sont nés à Mantes. Nous pouvons encore y ajouter le médecin philosophe et économiste François Quesnay, qui y exerça la chirurgie pendant près de vingt ans.

Enfin on peut y joindre encore, Réné Boudier, Jean-Baptiste Carsilier, d'une famille originaire de Mantes, l'architecte Patte. Palissot, madame Campan, etc., qui tous y ont longtemps demeuré.

Pierre BRÉBIETTE

PEINTRE-GRAVEUR

Voici un nom sur lequel il reste plus d'une recherche à faire. C'est celui d'un artiste qui fut *peintre du roi* et dont on ne connaît que des gravures et des eaux-fortes estimées des amateurs.

D'après Mariette et Félibien, Pierre Brebiette naquit à Mantes en 1598. Les registres de Saint-Maclou de cette époque, n'existent plus. Quant à ceux de la paroisse Sainte-Croix, on les possède encore, mais il ne s'y trouve aucun acte ni avant, ni après 1598, ayant trait à la naissance de cet artiste. Bien plus, parmi les nombreux actes de ce temps, soit des paroisses de Mantes, soit de celle de Mantes-la-ville, on ne rencontre pas une seule fois, même parmi les témoins, ce nom de Brébiette. Ce nom y est cependant connu : c'est celui d'un champtier de la commune de Mantes-la-Ville.

Nous conservons donc Pierre Brebiette à la ville de Mantes, mais nous pensons que c'est peut-être bien une erreur biographique, comme on en rencontre assez souvent dans les diction-

---

(1) Fille de Jehan Camus, conseiller du roy et eslu en l'élection de Mantes, et de Françoise Apoil, et née en 1615. V. Registres, acte n° 344.

naires. Le regrétté Jal, dans son *Dictionnaire Critique* qui contient des trésors de patience et de découvertes, a réuni de nombreux documents sur son mariage, sur ses enfants, ses demeures successives à Paris, mais il n'a pu dire ni le lieu certain de sa naissance, ni même l'époque de sa mort. Pour nous, ce n'est qu'un Mantais intérimaire.

Pierre Brébiette a laissé un recueil de très bonnes gravures : « *Opera ab eo inventa, tab. œn. delineata, Paristis, Quesnel*, 1638, in-8° obl. » En tête, l'artiste s'est représenté triste et regrettant la mort de sa femme, Louise de Neufgermain, fille d'un poète ridicule et extravagant. On lit au bas de cette gravure : *Fidelissimæ conjugis Ludovicæ de Neufgermain posteritatis memoria consolatur* (1). »

Un autre graveur, Pierre Daret, dont parle Jal, pourrait bien être de Mantes, mais nous n'avons pas trouvé non plus son acte de naissance. Cependant son nom est bien mantais.

Nicolas BERNIER

MUSICIEN

Nicolas Bernier est né à Mantes, le 6 juin 1665 (2). Son acte de naissance se trouve dans les registres de l'église Saint-Maclou ; il est ainsi conçu :

« Le 6 juin 1665 a esté baptisé Nicolas, fils de Remy Bernier, officier de l'église St-Maclou, et de Margueritte Baullery (3) sa femme, Son Parain, M. Nicolas Grenard, Cons" du Roy et son procureur en l'Eslection de Mante ; sa maraine, Elisabeth le faroul, femme de noble h° M° Eustache Cannée, cons" du Roy et Esleu en son Eslection de Mante.

GRENARD, ELIZABETH FAROUL, ROZAY. »

La vie de Nicolas Bernier ressemble, à part la renommée, par

---

(1) Sur Pierre Brébiette, v. *Biographie* de Michaud, Jal, *Les merveilles de la gravure,* etc.

(2) Fétis le fait naître le 28 juin 1664.

(3) Ce nom se trouve écrit : Bolery, Boulery ou Baurely.

plus d'un point à celle de Boïeldieu. Fils d'un « officier » de l'église Saint-Maclou, c'est-à-dire d'un bedeau ou d'un sacristain, il fut dans sa jeunesse, enfant de chœur de l'église et attaché à la maîtrise qui existait dans une des deux églises, et dont les maîtres recevaient de la mairie une certaine somme chaque année. C'est là, dans ce milieu où les *maîtres des enfants de chœur* apprenaient à leurs élèves à chanter d'une façon convenable, qu'il prit le goût de la musique.

De ses premières années nous ne savons rien, mais ses biographes racontent qu'étant allé en Italie, pour s'y perfectionner dans son art et étudier avec plus de fruit qu'avec les maîtres français, il désira se lier avec Caldara, qui était alors le grand maître de musique. On dit, mais c'est une légende commune à plusieurs artistes, que ne trouvant pas de meilleur moyen d'approcher de Caldara et de profiter de ses leçons, il se présenta à lui comme domestique et fut admis dans sa maison en cette qualité. Un jour, nous copions Fétis (1), ayant trouvé sur le bureau de son maître, un morceau que ce compositeur n'avait point terminé, Bernier prit la plume et l'acheva. Cette aventure, dit-on, les lia de l'amitié la plus intime.

Fétis ne dit point à quelle époque eut lieu le séjour de Nicolas Bernier en Italie. Cependant il fut maître de musique de Saint-Germain-l'Auxerrois, et en 1704, il l'était de la Sainte-Chapelle. C'est alors qu'il épousa la fille d'un autre musicien nommé Marais. Mais la règle de la Sainte-Chapelle ne permettait pas que cette place fut occupée autrement que par un célibataire portant l'habit religieux ; aussi l'aurait-il perdue, sans la protection du duc d'Orléans qui obtint du chapitre son maintien, à la condition toutefois que sa femme n'habiterait pas la maison destinée au maître de musique. Plus tard, il devint maître de la chapelle du roi.

Nicolas Bernier avait reconnu la supériorité des maîtres italiens et il avait l'habitude de dire à tous les jeunes compositeurs : « Allez en Italie, ce n'est que là que vous pourrez apprendre votre métier. »

En effet, entre la musique des vieux maîtres français, dont toute la science consistait en froides combinaisons de fugues et de contrepoint, et la manière déjà si variée et si large de Stradella ou de Durante, il y avait un abîme. Si le musicien mantais

(1) *Biographie des musiciens.*

n'a pu le franchir, ce n'est pas une mince gloire pour lui, de l'avoir aperçu et d'avoir essayé de rompre avec les redites sans caractère des musiciens français du XVIIᵉ siècle.

« Bernier, dit encore Fétis, passait pour le plus habile compositeur de son temps. Cependant son style est froid et lourd et sa manière est incorrecte comme celle de tous les musiciens français de cette époque. »

Nicolas Bernier a laissé un certain nombre d'œuvres gravées qui forment trois volumes : 1° *Mottets à une, deux et trois voix, avec symphonie, au nombre de vingt-six ; 1ᵉ œuvre gravée par M. H. de Daussen ;* Paris, chez l'auteur, grand in-fᵒ. 2° *Mottets, 2ᵉ œuvre,* Paris, chez l'auteur, 1713, in-fᵒ, 1ᵉ et 2ᵉ livres. 3ᵉ *Mottets, livre posthume, mis au jour par Lacroix,* Paris 1736. A la suite : *Cantates Française, livres 1 à 7.* Enfin, on a de Bernier, en manuscrit, deux mottets et un *Salve Regina* (1).

M. A. Benoit, dans l'article qu'il a consacré à Nicolas Bernier, le fait mourir le 8 juillet 1734 ; Fétis, au contraire, le 5 septembre. Nous pensons que cette date doit être vraie, quant a l'année, puisqu'une œuvre posthume de notre musicien, fut publiée en 1736.

Il existe un portrait gravé de Nicolas Bernier ; il fait partie de la collection d'Odieuvre. Le musicien est à mi-corps dans un ovale, drapé dans un manteau. La figure est belle et représente un homme de 40 à 50 ans. On lit dans le cartouche :

NICOLAS BERNIER

Mᵉ de musique ci-devant de la Ste-Chapelle de Paris, ensuite a la Chapelle du Roi, né à Mante, le 28 juin 1664. Mort à Paris le 8 juillet 1734.

Sur le socle à gauche : *L. N. Pinx.*, et à droite : *Ficquet sc.* Enfin entre le socle et le cadre, se trouve pris un rouleau de musique à moitié déployé.

---

(1) « On a de lui quelques divertissements et cinq livres de cantates, dont les paroles sont en grande partie de Rousseau (Jean-Baptiste) et de Fuzelier. » *Nouvelles Recherches sur la France.*

Robert PITROU

INGÉNIEUR ET ARCHITECTE

S'il est un nom bien mantais, c'est celui des Pitrou qui comptent encore aujourd'hui des représentants dans la ville ; c'est celui d'une famille de maîtres maçons-jurés, de vrais bourgeois de Mantes. Robert Pitrou est né en 1684, ainsi que le constate son acte de naissance :

« Le vingt neufviesme de may 1684, a été baptisé par moy Honoré Vathonne prètre curé de la paroisse de Ste-Croix (1) dans l'églisse royale et Collégialle de Notre dame de Mante et chanoine en ladite eglise, Robert pitrou fils de Robert pitrou, maître masson Juré pour le Roy en la ville de Mante et de catherine Masson ses père et mère. ledit enfant né le vingt septième de ce mois de légitime mariage. Son parain a été guillaume bailler mᵉ masson à Mante et sa maraine Jeanne Chretien, fille de feu Robert Chretien, vivant marchant demeurant en cette ville : fait comme dessus, le père présent.

JEANNE CHRESTIEN, GUILLAUME BAILLER,
PITROU VATHONNE. »

M. A. Benoit a déjà publié sur Robert Pitrou, une bonne notice que nous n'avons qu'à reproduire (2). Comme on l'a vu par son acte de naissance, son père était un maître maçon de Mantes et il suivit la carrière paternelle en s'élevant cependant beaucoup au-dessus d'elle. Doué d'aptitudes particulières, il étudia très jeune les mathématiques et les sciences qui en dépendent : il acquit sans maître, des connaissances très étendues en géométrie, en mécanique et se livra spécialement à l'étude de l'architecture.

Robert Pitrou dût quitter Mantes de bonne heure pour aller exercer ses talents à Paris. En 1716, en effet, il fut chargé par le célèbre Gabriel, premier architecte du roi, de diriger les travaux du pont de Blois. C'est pendant l'exécution de cet important ouvrage, qu'il imagina, pour établir les arches de ce pont, les *cintres retroussés* dont les ingénieurs se sont toujours

(1) L'acte est inscrit sur le registre de Saint-Maclou.
(2) V. *Journal de Mantes*, du 8 janvier 1873.

servis depuis, dans le cintrage des arches de grande ouverture.

Le *cintre retroussé* de Robert Pitrou n'a pas d'entrait, ou a
son entrait surélevé au-dessus de la naissance de l'arc. La poussée vient s'exercer sur son pied, sur la base de la construction,
sur la culée ou sur les pieds-droits de la voûte à construire. Son
avantage, outre qu'il n'exige que l'emploi de bois de petites
dimensions, est de laisser l'espace libre au-dessous de lui ; et
pour les travaux en rivière, il demande moins de pilotis, et
n'apporte aucune entrave à la navigation.

Le cintre retroussé imaginé par Robert Pitrou, a reçu de la
part de Perronet, une application devenue classique, dans le
cintrage des ponts de Mantes et de Neuilly. Perronet avait
complétement supprimé les entraits et ses cintres étaient de
véritables arches de charpente. Ceux-là sont des chefs-
d'œuvre.

Dans la construction des piles de ponts, l'ingénieur mantais
introduisit encore une grande amélioration, en supprimant les
crèches. La crèche des ponts anciens était une espèce de mur
bâti entre deux files de paleplanches et entourant la base de la
pile pour la préserver de l'effet des infiltrations. Ces crèches
débordant au-dessus du fond de la rivière, avaient l'inconvénient pendant les basses eaux, de rétrécir considérablement
la partie navigable. De plus, les pilotis qui les maintenaient,
finissaient par se dénuder sous l'action du courant et ris-
quaient de déchirer au passage, le fond des bateaux.

En 1721, Robert Pitrou fut nommé ingénieur de la Généralité
de Bourges. Dix ans après, il était Inspecteur Général des Ponts-
et-Chaussées. Sa réputation avait grandi avec le temps, et en
1736, l'ambassadeur anglais à Paris, lui proposa d'aller à Londres, construire un pont sur la Tamise. Ses nombreuses occupations l'empêchèrent d'accepter.

Pitrou n'était pas seulement un grand ingénieur, c'était
encore un très remarquable architecte. Après la signature de la
paix de 1748, la ville de Paris pour flatter le roi, mit au concours un projet de monument à élever *à la gloire* de Louis XV.
Notre Mantais se mit avec ardeur au travail. Il avait proposé
l'île du Palais pour emplacement ; la statue de Louis XV qui
était la partie principale, se trouvait ainsi sur une place dont il
avait tracé le plan, entourée de Notre-Dame, du Palais de Justice et de l'Hôtel-de-Ville. On sait que le projet de Gabriel fut

adopté par la ville, et la place Louis XV ou de la Concorde, choisie.

Le travail excessif auquel il se livra pour terminer son projet dans les délais fixés, fut cause de sa mort. Il succomba le 10 janvier 1750, laissant cinq garçons et cinq filles. Ses œuvres ont été recucillies, mises en ordre et publiées par Tardif, son gendre. Son projet de monument pour Louis XV, a été publié par Patte, dans un recueil spécial (1). Robert Pitrou avait tracé aussi tout le projet du pont d'Orléans, construit plus tard par par Hupeau (2).

Réné BOUDIER de la JOUSSELINIÈRE

Réné Boudier, sieur de la Jousselinière (3) est né à Alençon, où il fut baptisé le 19 février 1634. Il était fils de Réné Boudier et d'Antoinette Biouneau. Sa mère était de Mantes, et M. A. Benoît pense que la famille de son père en était aussi, parce que les registres de Sainte-Croix et de Sainte-Maclou, contiennent en effet plusieurs actes où se trouve ce nom de Boudier.

Son mari étant mort en 1642 au siège d'Arras, Antoinette Biouneau revint à Mantes avec son fils, qui avait alors huit ans (4) ; Réné Boudier devait y passer toute sa vie. Le 4 septembre 1663, il épousait dans la paroisse Sainte-Croix de l'église Notre-Dame, Marie Leber, fille de Salomon Leber, conseiller et élu de l'Election, et d'une famille mantaise considérable. Dans l'acte de mariage, on donne à Réné Boudier, les titres d'écuyer et d'avocat au Parlement. De ce mariage naquirent quatre enfants : deux garçons et deux filles dont une seule lui survécut. Sa femme elle-même, était morte en 1717.

Réné Boudier mourut le 16 novembre 1723, âgé de près de 90 ans. Il fut enterré dans l'église de Mantes « par le grand col-

---

(1) V. *Biographie* de Michaud.
(2) V. page 535.
(3) Nous empruntons cette biographie à l'intéressante brochure de M. A. Benoît : *Notices sur Boudier de la Jousselinière et Boudier de Villemert,* Chartres, MDCCCLXXV.
(4) Moreri dit qu'il vint chez sa grand'mère à l'âge de trois ans.

lège des chanoines. » Sa vie entière fut consacrée à l'étude des
lettres et des beaux-arts. Dès l'âge de quinze ans, il savait le
grec, le latin, l'italien et l'espagnol ; il s'exerçait déjà dans la
poésie. Il dessinait, jouait du luth et peignait passablement,
ainsi que le prouve un triolet dont il accompagna l'envoi d'un
crucifix « peint par l'auteur », à une dame pieuse :

> Si Le Sueur, Le Brun ou Mignard,
> Avoient peint le Christ au Calvaire,
> Ils l'auroient fait avec plus d'art
> Et mieux que je n'ai pu le faire.
> Mignard et Le Sueur et Le Brun
> Font des choses hors du commun,
> Où je n'espère pas atteindre ;
> Mais Le Brun, Mignard et Le Sueur
> N'auroient pas su si bien le peindre
> Qu'il est gravé dans votre cœur.

Un mois après sa mort, de la Roque, le directeur du *Mercure
de France*, lui consacrait un article élogieux : « J'ai admiré,
dit-il, pendant plusieurs années, les talents heureux et le mérite
singulier de M. Boudier, gentilhomme de Mantes ; et nous
avons été liés ensemble d'une étroite amitié. J'ai eu en mon
particulier, quantité de lettres de ce savant homme, lesquelles
étant jointes à celles qu'il a écrites à d'autres personnes, sur
divers points d'érudition, pourroient faire plaisir au public.
Je puis assurer que le recueil en serait curieux ; car M. Boudier étoit consulté de tous côtés, surtout pour ce qui regarde
l'intelligence des médailles et des autres monuments antiques. »

Titon du Tillet a admis Réné Boudier dans son *Parnasse
Français* (ed. de 1732). L'article qu'il lui a consacré, lui fut envoyé par Guillaume Bouret de Beuron, dont nous avons déjà
parlé dans le cours de la *Chronique*. « Personne, disait-il, n'a
si savamment écrit sur les médailles ou les monnoies romaines.
Il a même écrit sur les monnoies de France... Il étoit vraiment
philosophe de cœur et d'esprit ; et il a plusieurs fois refusé des
places aussi honorables qu'utiles. Mᵣ le duc d'Orléans, régent
du royaume, ayant entendu parler d'un homme aussi rare, voulut le connaître. En effet, il vint de Mante, par ordre du prince,
qui fut charmé de sa conversation et de quelques-unes de ses
poésies qu'il lui récita. »

Admis dans le *Parnasse Français*, Boudier, par ses poésies légères, fut connu de Voltaire et cité par lui parmi les écrivains du siècle de Louis XIV : « Boudier (Réné) de la Jousselinière, auteur de quelques vers naturels. Il fit, en mourant, à quatre-vingt-dix ans, son épitaphe. » La voici d'ailleurs d'après Moréri :

> J'étais gentilhomme normand
> D'une antique et pauvre noblesse
> Vivant de peu, tranquillement
> Dans une honorable paresse.
> Sans cesse le livre à la main,
> J'étais plus sérieux que triste,
> Moins françois que grec ou romain,
> Antiquaire, archi-médailliste :
> J'étais poète, historien...
> Et maintenant je ne suis rien.

Cette idée doucement mélancolique du néant de l'homme, se retrouve encore dans une autre pièce : « *Quatrain sur ma vieillesse,* » en même temps que les prédilections de l'érudit :

> D'un tombeau ruiné, d'un cirque ancien de Rome,
> Nos yeux avec respect contemplent les débris ;
> L'âge d'une médaille en rehausse le prix ;
> On fait cas d'un vieux buste..., on méprise un vieil homme.

A part quelques pièces de poésies fugitives publiées dans *l'Almanach littéraire*, en 1788 et 89, Réné Boudier n'a pas laissé d'œuvre imprimée. En 1714, dans un voyage qu'il fit à Paris, il remit ses différents manuscrits chez le libraire Simart, qui s'était chargé de leur impression et n'en fit rien. En 1729, six ans après sa mort, son *Histoire de la République romaine* fut approuvée par un censeur royal, mais elle ne fut pas imprimée davantage.

Les manuscrits de ses ouvrages connus se composaient de :

Abrégé de l'Histoire de France, jusqu'en 1647 ;

Histoire de la République Romaine, depuis la fondation de Rome jusqu'à César-Auguste ;

Traité sur les médailles grecques et romaines, avec un grand nombre de médailles gravées ;

Traduction en vers de plusieurs pièces d'Horace, de Juvénal et de Buchanan ;

Paraphrase en vers françois de l'Ecclésiaste de Salomon ;

Grammaire latine ;

Traité de la géographie ancienne pour l'intelligence de l'Histoire ;

Dictionnaire Géographique ;

Remarques sur les difficultés de la langue françoise ;

Traduction en prose françoise de la vie de Jésus-Christ, composée au vi° siècle, par la célèbre Proba Falconia, en centons tirés de Virgile, et imprimée à Venise en 1472. Ce fut un de ses derniers ouvrages.

Réné Boudier a aussi traduit quelques parties d'Ovide, en vers burlesques. Voltaire en a cité deux dans le *Dictionnaire Philosophique.*

Les manuscrits de Boudier, pour la plupart, étaient revenus à Mantes. Il y en avait quatre ou cinq volumes chez M. Léon Pascal-Gerville. Ils ont été vendus par inadvertance, aux vieux papiers. Il n'en reste plus qu'un ; c'est son *Abregé de l'histoire de France.* Il est à la bibliothèque de Mantes, où il est inscrit sous le n° 373. C'est un in-4° cartonné en parchemin, de 975 pages. Il est divisé en deux parties : la première finissant à la page 868, se termine ainsi : *Fin de ce qui est pris de l'abrégé chronologique de Mezeray.* La page suivante commence par ces mots : *Sommaire de l'inventaire de Serres pour la suite de l'histoire de France, jusqu'au commencement du règne de Louis XIV.* Ce volume n'est certes pas le plus précieux des ouvrages de Boudier.

Travailleur aussi infatigable que fécond, Réné Boudier se levait tous les jours à quatre heures, se mettait à l'étude et y restait jusqu'à midi. Souvent même il reprenait son travail dans l'après-dîner. Son activité a cependant été dépassée encore par sa modestie, qui était sans bornes, et dont il a laissé un reflet dans le sonnet suivant, par lequel nous terminerons cet article biographique.

> Le désir insensé d'éterniser son nom
> Tourmente horriblement les esprits qu'il enivre.
> L'un consacre sa vie à pâlir sur un livre ;
> L'autre se donne en proie au boulet d'un canon.
>
> Tels jadis fut Homère et tel Agamemnon ;
> Et mille autres depuis, qui les ont voulu suivre.

Moi, bien éloigné d'eux, je ne songe qu'à vivre,
Sans cure qu'après moi l'on me connoisse ou non.

Travailler nuit et jour parce qu'on se propose
Qu'on dira dans mille ans : *Un tel fit telle chose*,
N'est-ce pas se ronger de soucis superflus ?

Le bruit tant recherché que fait la renommée,
Pendant que nous vivons, n'est qu'un peu de fumée ;
Et c'est encore moins, quand nous ne vivons plus.

Pierre Joseph Boudier de Villemert, avocat au Parlement, était dit-on, le neveu de René Boudier. Cependant, si celui-ci était fils unique, il ne pouvait être que son cousin. Son ouvrage le plus connu, celui qui est toujours lié à son nom, est *L'Ami des femmes*, aujourd'hui bien oublié.   .

François QUESNAY

MÉDECIN, CHIRURGIEN ET ÉCONOMISTE

François Quesnay naquit le 4 juin 1694, à Mérei près Montfort-l'Amaury. Son père ancien avocat, s'y était retiré pour s'y livrer tout entier à ses goûts pour l'agriculture. Cet avocat philosophe voulant faire de ses enfants de vrais cultivateurs, les laissait presque sans instruction première. A douze ans seulement, le jeune François apprit avec l'aide d'un jardinier, à lire dans un volume de la *Maison Rustique*. Dès lors, il lut ou dévora tous les livres qui lui tombèrent entre les mains, et il apprit presque sans maître, le grec et le latin. Parvenu à l'âge adulte et forcé de se choisir un état, il vint à Paris et y étudia la médecine et la chirurgie.

Déployant un grand zèle dans sa nouvelle position, admis à titre d'élève à fréquenter les salles de l'Hôtel-Dieu, Quesnay trouva encore le temps d'étudier les mathématiques, la philosophie et la métaphysique dans les ouvrages de Malebranche. Le hasard de ses relations l'ayant conduit chez le célèbre graveur C. N. Cochin, il apprit de lui, les éléments du dessin et de la gravure, qu'il put perfectionner encore quand plus tard, il fut devenu le médecin et l'ami de madame de Pompadour, qui avait on le sait, un joli talent de graveur. Il existe, parait-il, quelques livres du XVIIIᵉ siècle, dont de petites vignettes ont été gravées par F. Quesnay.

Après avoir terminé ses cours, Quesnay se fit recevoir maître en chirurgie et vint s'établir à Mantes. Il devait avoir alors vingt-deux ans à peine, car le 18 novembre 1717, il lui naissait un fils de son mariage avec Jeanne Dauphin :

« L'an mil sept cent dix-sept, le mardy vingt deux novembre, après midy, a été batisé par nous maximilien Hua ptre et vicaire de Saint-Maclou de Mante soussigné, un fils né vendredi dernier à une heure après midy du légitime mariage de françois Quesnet chirurgien et de jeanne Catherine Dauphin sa femme de cette paroisse et a été nommé blaise Guillaume, par Mᵉ Guillaume Dauphin son oncle maternel, etc. »

Quesnay a signé cet acte, d'une écriture ferme sans paraphe ; l'F de François est liée avec le Q. Au mot « Quesnet » on a ajouté un renvoi : « Quesnay est le nom de cette famille. Muidebled, vicaire. »

En 1723, il lui naissait une fille et il n'eut, croyons-nous, que ces deux seuls enfants :

« Le quatorzᵉ octobre mil sept cent vingt trois, a esté par nous vicaire soussigné, Baptisé Marie Jeanne Nicole Quesnay, née d'hyer Du Légitime mariage De Mᵉ françois quesnay Mʳᵉ chyrurgien en cette ville et de Damᵉˡˡᵉ Jeanne Dauphin. Le parein Messire pierre Brunet prestre vicaire perpétuel De L'église Collégiale et royalle de Nostre Dame De Mante, La mareine Damᵉˡˡᵉ Marie Nicolle Brault, Epouse Du sʳ Philippe Le Goust huissier en cette ville et Marguillier De cette Eglise qui ont avec nous signez Le présent.

BRUNET, MARIE NICOLE BRAULT,
DEBOR. »

Quesnay n'a pas signé cet acte.

A Mantes, le savoir et le talent de Quesnay lui suscitèrent, suivant l'usage, la jalousie et la malveillance de ses confrères. Mais les succès éclatants qu'il obtint dans le traitement de ses malades, lui valurent la place de premier chirurgien de l'Hôtel-Dieu. Bientôt sa réputation s'étendant, il fut le chirurgien de tous les grands seigneurs des environs de Mantes. Ce fut même grâce à la faveur du duc de Villeroy, seigneur de Magny, qu'il dut de quitter Mantes et de se produire à Versailles.

Dans une note des *Mémoires de Madame du Hausset*, femme de chambre de la marquise de Pompadour, M. Craufurd raconte un trait qui fut un peu la cause de sa fortune. « La comtesse d'Estrades, alors favorite de madame de Pompadour, et amie du comte d'Argenson, s'étant trouvée un jour subitement incommodée et dans un état alarmant, le duc de Villeroi, qui était avec elle, offrit le secours de son chirurgien, qu'il avait laissé dans sa voiture. Quesnay reconnut promptement que la comtesse était sujette à l'épilepsie et qu'elle en éprouvait en ce moment une attaque : il sentit en même temps l'importance de cacher une maladie aussi effrayante : et, rassurant le duc de Villeroi, il ordonna quelques calmants, en disant que c'était une attaque de nerfs. Il insista sur la nécessité du repos, fit sortir tout le monde, et resta seul avec la malade, pour soustraire à la vue des assistants les symptômes de l'épilepsie. Ayant repris connaissance, elle jugea par la conduite de Quesnay, de son savoir et de sa discrétion. Elle y fut sensible, et parla de son habileté à madame de Pompadour. »

Quesnay était encore à Mantes, quand il publia un de ses ouvrages de chirurgie : *Observations sur la saignée* (Paris 1730) qui est une réfutation remarquable du traité de Silva. Il y a tout lieu de croire qu'il quitta Mantes vers 1734, car dans une de ses conversations racontées par madame du Hausset, il fixe presque cette époque. C'est madame de Pompadour qui parle : « Le roi lui parlant un jour chez moi, et le docteur (Quesnay) ayant l'air tout troublé, après que le roi fut sorti je lui dis : « Vous avez l'air embarrassé devant le roi, et cependant il est » si bon ! — Madame, m'a-il répondu, *je suis sorti à quarante » ans de mon village*, et j'ai bien peu d'expérience du monde, » auquel je m'habitue difficilement. Lorsque je suis dans une » chambre avec le roi, je me dis : Voilà un homme qui peut » me faire couper la tête ; et cette idée me trouble. »

Mis en relation avec La Peyronie qui fondait alors l'Académie de Chirurgie, au moment même où les médecins et les chirurgiens encore séparés et toujours ennemis se déclaraient une guerre acharnée, Quesnay accepta le poste de secrétaire de cette Académie. Il prit une part très active à la guerre de plume que se faisaient les deux professions. Quand il se fut fait recevoir docteur en médecine de l'université de Pont-à-Mousson, en 1744, il conserva malgré cela, une prédilection marquée pour les chirurgiens, et partant, une pointe d'animosité contre ses anciens adversaires. Il devint médecin ordinaire de Louis XV ; il fut le médecin de madame de Pompadour qu'il soigna dans ses derniers instants. Elle lui légua dans son testament, une somme de 4000 livres. Il habitait au palais de Versailles, une petite chambre voisine de l'appartement de la favorite (1).

Quesnay était un homme excellent. Doué d'un sens droit et d'un esprit exact, il était bon, franc, loyal et obligeant. Sa conversation avait une tournure particulière, et il aimait à parler par apologue. Son rêve sur la poudre de *prelinpinpin*, est une des plus amusantes histoires racontées par madame du Hausset. Il causait avec cette dame du pouvoir de l'argent qu'il appelait la magique poudre de *Prelinpinpin*, lorsqu'un chevalier des ordres du roi passa sous les fenêtres revêtu de son cordon bleu : « Ce seigneur, dit madame du Hausset, est bien plus con- » tent de son cordon, que de mille et mille de vos pièces. — » Quand je demande au roi une pension, reprit Quesnay, c'est » comme si je lui disais : Donnez-moi un moyen d'avoir un » meilleur dîné, d'avoir un habit bien chaud, une voiture pour » me garantir de la pluie et me transporter sans fatigue. Mais » celui qui lui demande ce beau ruban, s'il osait dire ce qu'il » pense, dirait : J'ai de la vanité, et je voudrais bien, quand je » passe, voir le peuple me regarder d'un œil bêtement admira- » teur, se ranger devant moi ; je voudrais bien, quand j'entre » dans une chambre, produire un effet, et fixer l'attention des » gens qui se moqueront peut-être de moi à mon départ ; je » voudrais être appelé *monseigneur* par la multitude. Tout » cela n'est-il pas du vent ? Ce ruban ne lui servira de rien dans » presque tous les pays ; il ne lui donne aucune puissance : » mais mes pièces me donnent partout les moyens de secourir » les malheureux. Vive la toute-puissante poudre de *Prelin-* » *pinpin*. »

« A ces mots, on entendit rire aux éclats dans la pièce d'à côté, qui n'était séparée que par une portière. La porte étant ouverte, le roi entra, avec madame et M. de Gontaut. Il dit : « Vive la poudre de *Prelinpinpin* ! Docteur, pourriez-vous m'en » procurer ? »

De cette boutade, il ne faut pas conclure que Quesnay fut avare ; bien au contraire. L'ancien chirurgien de Mantes était un philanthrope. Elevé en paysan, le goût de la campagne lui

(1) V. Madame du Hausset

resta toute sa vie et dans la haute position où l'avaient élevé
son savoir et son talent, il chercha constamment la solution
des problèmes qui pouvaient améliorer la condition des agricul-
teurs.

Lié avec les philosophes du XVIIIe siècle, il fut l'ami de Tur-
got, du marquis de Mirabeau et des encyclopédistes. Il fut presque sans le savoir, le chef des *Economistes*. « On me dit depuis
que M. Quesnay était fort instruit de certaines choses qui ont
rapport aux finances, et qu'il était un grand *économiste ;* mais
je ne sais pas trop ce que c'est (1). »

Quesnay mourut en 1774. Il a laissé d'assez nombreux écrits,
soit de chirurgie et de médecine, soit de philosophie et d'éco-
mie politique. Nous ne pouvons en donner la liste qui n'aurait
aucun intérêt pour la plupart de nos lecteurs. Il a donné quelques articles pour l'Encyclopédie de Diderot, et de nombreux
mémoires dans les journaux d'agriculture et les *Ephémérides
du citoyen* (2).

François Quesnay fut anobli par Louis XV; c'était le seul philosophe qu'il put souffrir. Il l'appelait en plaisantant *son pen-
seur* et dans ses lettres de noblesse, il lui donna pour
blason, trois pensées avec la devise : *Propter cogitationem
mentis.*

Il ne nous reste plus qu'à dire un mot sur plusieurs personnages distingués, qui appartiennent à Mantes, par quelques
côtés.

En première ligne, nous mettons JEAN-BAPTISTE CARSILLIER.
Quelques biographes le font naître à Mantes, mais il était parisien ; seulement il était issu d'une famille mantaise qui avait
fourni des maîtres de pont, à la ville ainsi qu'à Paris (3).

J.-B. Carsillier (1705-1760), avocat au Parlement, était un
poète de mérite dont les vers faciles et élégants durent avoir
en leur temps, un grand succès. Ils sont cependant peu connus.
M. A. Benoît a publié (4) de lui, une amusante facétie: « *Requête*

(1) Madame du Hausset.
(2) V. Sur Quesnay, Henri Martin, T. XVI, *Biogr. de Michaud,* et surtout
mad. du Hausset.
(3) V. *Dictionnaire* de Jal.
(4) *Journal de Mantes* du 1er septembre 1871.

au Roy pour le curé d'Antouin, contre le curé de Fontenoy.»
Un autre avocat, Marchand, avait écrit une « *Requête du curé
de Fontenoy,* » dans laquelle ce curé réclamait plaisemment
ses honoraires pour les huit mille enterrements qu'il avait faits
après la bataille. Mais, répondait son voisin le curé d'Antouin,
il n'a pas enterré tout le monde, il n'est pas mort de soldats que
sur la paroisse de Fontenoy :

> C'est même sur mon territoire
> Que se déclara la victoire.

Le curé d'Antouin prétendait avoir dit autant de *Requiem*
que son confrère :

> Le vieux curé de Fontenoy
> En a-t-il donc fait plus que moi ?
> Il faut que chacun ait son compte.
> Comment se peut-il qu'au décompte
> Qu'il donne à Votre Majesté,
> Il place tout dans son domaine,
> Sans mettre rien de mon côté ?

La plaisanterie est bien menée ; c'est un plaidoyer d'avocat
spirituel, et qui a tout l'air d'une improvisation.

J.-B. Carsilier a laissé beaucoup d'autres poésies, entre
autres une églogue en vers latins, écrite à propos d'une inscription latine qui se trouvait à l'entrée du jardin de la Perle, à
Mantes.

PIERRE PATTE, un homme remarquable dans plus d'un genre,
a longtemps habité Mantes. Architecte de mérite, Patte a construit entre autres monuments, le château de Jaresbourg pour le
prince de Deux-Ponts, et l'église de Bolbec. Le château de
Jaresbourg est une imitation du Grand-Trianon.

Patte est surtout connu pour ses ouvrages de critiques. Son
mémoire contre la coupole du Panthéon, écrit quelque temps
avant la mort de Soufflot, a fait dire que celui-ci était mort *d'un
coup de patte.* Enfin, il a publié un grand recueil d'architecture :
Les Monuments érigés à la gloire de Louis XV (1765), dont
nous avons parlé à propos de Robert Pitrou.

Architecte et littérateur, Patte possédait encore un certain talent de graveur. On a de lui quelques estampes d'architecture et de perspective, d'après Piranesi et Claude Gelée (1).

Pierre Patte mourut à Mantes en 1814 :

« Du 9 août 1814, heure de midi, acte de décès de Pierre Patte, ancien architecte et littérateur, décédé aujourd'hui à 4 heures du matin, en son domicile ; établi en cette ville rue Tellerie, natif de Paris, âgé de 91 ans sept mois, veuf de dame Françoise Catherine Priva, décédée à Mantes âgée de 80 ans le 17 mars 1799, fils de défunt Pierre Patte, officier de la maison du roi et d'Elisabeth Hubert. »

La maison de Pierre Patte fut habitée ensuite par la célèbre madame Campan, qui est aussi morte à Mantes (2).

Puisque nous parlons d'architecte, disons que Jean-Jacques Huvé, naquit à Boinvilliers, canton de Mantes, en 1742. Il fut grand prix d'architecture de l'Académie. Son fils, Jean-Jacques-Marie Huvé, devint architecte de la Madeleine, après la mort de Vignon. Il était né à Versailles, en 1783.

Charles Palissot de Montenoy, est venu se refugier à Mantes, pendant la Révolution. L'auteur de la *Dunciade*, l'ami de Fréron, fut à Mantes, président de l'administration municipale du canton. Il mourut à Paris, où il était retourné en 1798.

Palissot était le beau-frère d'un autre littérateur, Poinsinet de Sivry dont un descendant fut notaire et juge de paix à Mantes. Celui-ci possédait un beau portrait de Palissot, qui doit être encore dans la famille.

(1) A. Benoit, *Journal de Mantes* du 18 juin 1873.
(2) V. la notice placée en tête des *Mémoires* de Madame Campan.

Notre tâche est remplie et nous avons terminé la *Chronique de Mantes.* Nous avons recueilli de toutes parts, ce que nous connaissions d'utile à la petite histoire d'une petite ville en essayant, autant qu'il était en nous, d'y répandre un peu d'intérêt. L'histoire, la grande, a été interrogée et nous lui avons demandé ce qui, dans les convulsions et les transformations de la patrie française, pouvait éclairer le passé du petit coin de terre qui entoure notre clocher. Les monuments, les places, les rues, les familles, nous ont fourni l'un après l'autre quelques souvenirs à conserver. Parmi les personnages de mérite, nous en avons trouvé quelques-uns dont l'illustration était justement proportionnée aux évènements racontés, et qui suffisent à la gloire de Mantes. Nous sommes donc, pensons-nous, restés constamment fidèles, à l'épigraphe que nous avons choisie : Recueillir de petites choses afin qu'elles ne périssent.

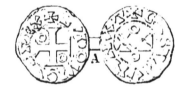

ADDITIONS ET CORRECTIONS

Nous avons dit, pages 23 et 24, que le chemin ancien de Beauvais à Mantes, disparaissait aux environs d'Arthies. Nous devons ajouter ici quelques renseignements nouveaux, qui confirment l'opinion que nous avons soutenue.

Cette voie, s'appelle à Auneuil, *la voie Bruneau*. Elle fut coupée, vers 1872, par le passage du chemin de fer de Paris à Dieppe. On y a trouvé beaucoup d'objets d'une grande antiquité.

Elle ne se perd pas du tout à Arthies. Elle se continue au contraire vers Mantes, et traverse presque en ligne droite, les communes d'Arthies, de Drocourt et de Saint-Cyr. Elle passe sur les limites des communes de Follainville et de Fontenay et vient aboutir à Limay, à une vieille rue qui porte depuis un temps très reculé, le nom de *Rue Chaussée-de-Beauvais*.

Depuis Arthies jusqu'à Mantes, cette voie a gardé le nom de *Vieux chemin de Beauvais*. Nous ne soutenons pas encore que ce soit une voie romaine au sens archéologique du mot ; les recherches qu'il convient de faire pour cela, n'ont pas encore été exécutées. Il n'y a pas à douter cependant, que cette voie n'ait servi aux romains du IV° ou du V° siècle. Voici sur quoi nous basons cette affirmation.

Cette voie, transformée aujourd'hui, par endroits, en un chemin de culture de quatre mètres de large grossièrement empierré, traverse sur la commune d'Arthies, le champtier du Bois-Pernet ou plus communément : *le Champtier*. Là, dans un emplacement contigu au chemin, presque à la surface du sol, on rencontre un béton solide, composé de pierres, de tuiles pilées et de chaux, formant une épaisseur d'environ trente centimètres. On y a encore découvert, des monnaies, des fers de lances et différents objets (1).

En avançant vers Mantes, on voit au hameau des Ravenelles, commune de Saint-Cyr, une vieille grange dans les matériaux de laquelle se trouvent de nombreux débris de ciment, de tuiles romaines entières, de couvre-joints et de grandes briques carrées.

Dans Saint-Cyr même, nous avons recueilli, à cinquante mètres du chemin, des débris de tuiles très nombreux. On a tiré d'un vieux puits, abandonné depuis des siècles, des fragments de poteries noires vernissées et ornées à la pointe, et de forme très élégante. L'endroit porte le nom particulier des *Fourneaux*.

M. Arthus, de Saint-Cyr, auquel nous devons beaucoup de bons renseignements sur les antiquités de cette contrée qu'il connaît bien, possède un certain nombre de monnaies romaines, toutes trouvées à Saint-Cyr ; les plus récentes sont de Constantin-le-Grand.

Nous n'avons pas exploré le bout du chemin qui vient du parc de Saint-Cyr jusqu'à Mantes ; nous sommes persuadés cependant qu'il est très ancien. Nous persistons à croire que ce vieux chemin de Beauvais, sur le trajet duquel se rencontrent à chaque pas, des traces du séjour des Romains aux environs de notre ville, venait aboutir à Mantes pour se diriger sur Dreux et Chartres, en passant par Houdan. Nous espérons pouvoir l'étudier plus tard, avec plus de détails.

————

A propos de Jeufosse, page 72, nous n'avons jamais dit que nous ne savions pas ce qu'y faisaient les Normands, en l'année 856 (et non 862). « Etaient-ils arrêtés en cet endroit par une forteresse importante ou seulement par les facilités d'hivernages qu'ils trouvaient en ce lieu ? Nul ne le sait. » Cela signifie simplement et assez clairement que nous supposons que les Normands se sont arrêtés à Jeufosse, parce qu'un obstacle quelconque se trouvait devant eux : cet obstacle pouvait être Mantes qui existait déjà. Quant à ce que les Normands firent à Jeufosse, cela n'entrait pas dans le cadre de notre *Chronique*.

(1) Communiqué par M. l'instituteur d'Arthies.

Sur cette question d'ailleurs, on pourra facilement consulter le très intéressant volume de M. Depping : *Histoire des expéditions maritimes des Normands* (1).

Page 116. « *Berthe étant morte*, Philippe s'éprit d'une folle passion pour Bertrade de Montfort. » C'est là une grosse erreur dont nous avons été vertement repris. Aussi, conformons-nous au conseil *bienveillant* qui nous a été donné, faisons-nous aussi modeste que possible,

Et souple à la raison, corrigeons sans murmure.

Donc, Berthe de Flandre vivait encore et était reléguée au château de Montreuil, quand Philippe 1er épousa Bertrade de Montfort.

« On ne sait pas précisément qui célébra ce mariage, contre lequel s'élevèrent tant d'anathèmes (même page 116). » Il paraît, d'après un critique d'une grande autorité, que c'est encore là une erreur. Notre modestie, qui n'est que grande et qui aurait besoin d'être énorme, ne peut nous empêcher d'avouer que nous nous étions contenté de l'opinion, considérable aussi, de MM. Aug. Le Prévost et H. Martin. Ce dernier historien dit positivement (T. III p. 151) : « Enfin Philippe à force de présents, décida un évêque, *on ne sait pas bien lequel*, à consacrer son union avec Bertrade. »

Ajoutons pour avoir l'air très savant, que d'après Guillaume de Malmesbury, le mariage fut célébré par Guillaume Bonne-Ame, archevêque de Rouen. D'un autre côté, Urbain II, dans une lettre adressée à l'archevêque de Reims, déclare que le mariage fut béni par Ursion, évêque de Senlis. Enfin, Orderic Vital dit d'une façon non moins positive : « Eudes, évêque de Bayeux, fit ce mariage exécré. *Odo, Bajocensis episcopus, hanc execrandam desponsationem fecit.* » Le lecteur peut maintenant choisir en connaissance de cause. Nous, avec ou sans modestie, nous nous en tenons à ce que nous avons dit à ce propos, page 116.

Page 167. Baillet n'a pas parlé du séjour de saint Bonaventure à Mantes, dans : *Les vies des Saints*, réduites en un volume.

(1) 1 vol. Paris, Didier.

Mais dans son grand ouvrage en 4 vol. in-f°, il dit en effet qu'il travailla à la vie de saint François, dans les couvents de Mantes et de Paris. Un Jésuite, le P. Georges Fournier prétend même que saint Bonaventure reçut à Mantes, la visite de son ami Thomas d'Aquin, qui s'écria en entrant dans sa cellule : « N'empêchons pas à un saint d'écrire la vie d'un saint. »

La présence des deux religieux italiens à l'Université de Paris, vers l'an 1245, rend ce séjour et cette visite très possibles.

————

Page 175. Le couvent de Saint-Corentin, portait encore le nom très caractéristique d' « Abbaye-aux-Harengs. »

————

Page 233. « Jean le Bon était mort à Londres, dans la nuit du 8 au 9 mai. » On devine aisément que c'est le 8 avril qu'il faut lire, comme on l'a vu à la page précédente.

————

Page 318. « Versoris qui plaida contre Arnaud etc. » C'est encore une erreur qui nous est échappée. Versoris défendait les Jésuites contre Etienne Pasquier qui soutenait l'Université (1564). Antoine Arnauld ne plaida contre les Jésuites, qu'en 1594.

————

Page 355. La note suivante, nous a échappé pendant la composition de la *Chronique*. Nous la glissons dans nos additions :

Voici une lettre qui doit se rapporter aux mesures prises par Catherine de Médicis, pour assurer la paix. Nous ne savons de quel ordre il est ici question, mais la lettre est écrite par Anne de Laval, femme de Louis de Silly, seigneur de La Roche-Guyon, auxquels, suivant M. Léon Palustre (1), on doit le beau portail méridional de l'église de Vétheuil. Leurs lettres L et A

————

(1) *La Renaissance en France.*

entrelacées se trouvent dans le tympan des arcs doubleaux de ce porche; et comme la missive d'Anne de Laval est datée de Vétheuil, nous pensons qu'elle est doublement intéressante, puisqu'elle concerne en même temps notre ville et peut-être la bienfaitrice d'un des plus jolis monuments de l'arrondissement (1).

« Messieurs, puis que vous avez receu le commandement de « la Royne, Je vous prye l'executter selon sa teneur. Et de ma « part, encores que n'en ayez receu aucun commandement, « vous y aideray de ce qu'il me sera possible, comme estant « vouée au très humble service du roy et zélatrice du repos pu-« blic. Et en cest endroict, vous porteray mes très humbles re-« commandations. Priant nostre seigneur, Messieurs, vous don-« ner en santé, longue et heureuse vie. A Vétheul ce premier « jour de juing 1574.

« Vʳᵉ bien bonne amye et voisine Anne de Laval. »

Anne de Laval, dame d'Aquigny, femme de Louis de Silly, seigneur de la Roche-Guyon, était fille de Guy XV de Laval et d'Anne de Montmorency.

———

Page 354. Voici encore une autre note omise. Henri IV avait d'autres raisons de n'être pas favorable aux Cordeliers de Mantes. Un de ces religieux avait été accusé de l'avoir voulu tuer pendant son séjour dans la ville. « Le Roy avoit toujours esté dans la ville de Mantes, en laquelle on avoit accusé un cordelier du lieu, disant qu'il avoit entrepris de tuer le Roy; l'ayant faict venir par devant luy, et il avoit dict : « qu'il n'avoit entrepris cest affaire; mais que s'il en eust eu la volonté, il l'eut faict volontiers ». Et sur ce que le Roy lui avoit demandé la raison pourquoy, il lui avait faict responce : « que « ce seroit pour mettre fin aux guerres, et mettre le peuple en « repos; d'autant qu'il ne tenoit qu'à luy que la Relligion « Catholique, Appostolique et Rommayne ne feust révérée en sa « primitive splendeur; et que la guerre que l'on faisoit contre « luy, n'estoit pour autre occasion que pour la Relligion qu'il « tenoit. « Quoy ayant entendu, le Roy avoit commandé qu'il feust faict mourir. » *(Journal d'un bourgeois de Gisors*, par M. H. Le Charpentier.)

(1) Archives de Mantes, liasse 17.

Page 413. « Pendant que Sully se décidait à rentrer dans le giron de l'église, etc. » Nous nous sommes laissé prendre à la rédaction ancienne de notre *Chronique*. Sully, qui était alors le seul gouverneur de Mantes, ne s'est jamais converti. Tallemand des Réaux assure bien qu'il voulut être inhumé en terre sainte, mais il n'abjura jamais ouvertement. Le marquis de Rosny, *gouverneur de Mantes*, ou plutôt lieutenant du gouverneur, était probablement le fils aîné de Sully, qui mourut avant son père.

Les vingt-quatre panneaux de la grande rose de Notre-Dame, ne représentent pas autant de scènes de l'Apocalypse, comme nous l'avons répété d'après M. Viollet Le Duc (page 417). Ce très beau vitrail du XIIIᵉ siècle, restauré par Didron l'aîné, représente vingt-quatre scènes du Jugement Dernier.

ERRATA

Pages 23, ligne 8 d'en bas. *Boqueteux,* lisez : *Boqueteaux.*
— 103, note 2. *1158,* lisez : *1058.*
— 114, au titre. *1807,* lisez : *1087.*
— 146, ligne 21. *Frappée,* lisez : *frappés.*
— 158, note, dernière ligne. *Cassen,* lisez : *Cassan.*
— 163, ligne 23. *Baronnage,* lisez : *baronage.*
— 184, ligne 7. *Vu,* lisez : *vus.*
— 188, ligne 7 d'en bas. *Aucune,* lisez : *aucun.*
— 197, ligne 8 d'en bas. *Bases,* lisez : *basses.*
— 209, ligne 19. *Livre,* lisez : *livres.*
— 214, ligne 7 d'en bas. *(2),* lisez : *(3).*
— 232, dernière ligne. *Passy,* lisez : *Pacy.*
— 243, titre courant. *1575,* lisez : *1375.*
— 252, ligne 12. *Fermerets,* lisez : *formerets.*
— 259, ligne 3 d'en bas. *Oculi,* lisez : *Oculi.*
— 260, ligne 22. *1380,* lisez : *1280.*
— 265, ligne 15. *De porche,* lisez *du.*
— 272, ligne 18. *Leurs,* lisez : *leur.*
— 275, ligne 7 d'en bas. *Quand,* lisez : *quant.*
— — dernière ligne. *Predirent,* lisez : *perdirent.*
— 284, ligne 10. *Louis XII,* lisez : *Louis XI.*
— 342, ligne 5 d'en bas. *Bonnincau,* lisez : *Bonnineau.*
— 358, ligne 13 d'en bas. *XXXIX*,* lisez : *XXIX*.*
— 373, ligne 25. *Rentra son obéissance,* lisez : *rentra sous.*
— 413, ligne 6 d'en bas. *Campvalon,* lisez : *Champvalon.*
— 415, ligne 7 d'en bas. *Carosse,* lisez : *carrosse.*
— 464, note 3. *Brienne,* lisez : *Turenne.*
— 503, ligne 5 d'en bas. *Leurs,* lisez : *leur.*

TABLE ALPHABÉTIQUE

DES MATIÈRES

A

B

D

38

Q

R

S

T

U

V

W

AVIS AU RELIEUR

POUR LA PLACE DES GRAVURES

Imprimerie du *Petit Mantais*, G. GILLOT, directeur

Lightning Source UK Ltd.
Milton Keynes UK
UKHW031341030419
340412UK00007B/698/P